东南大学史

A History of Southeast University

第三卷
1992—2012

时巨涛 主编

东南大学出版社
南京

东南大学

上善若水

山水至善

编 委

主 编

时巨涛

主 审

胡凌云

编写者

时巨涛　刘云虹　肖太桃
王向渤　郭淑文　徐　源

韦钰，南京工学院院长、东南大学校长
（1986.12—1993.11）

陈万年，南京工学院党委书记、东南大学党委书记（1986.12—1993.5）

朱万福，东南大学党委书记
（1993.5—1999.6）

陈笃信，东南大学校长
（1993.11—1997.10）

顾冠群,东南大学校长
(1997.10—2006.5)

胡凌云,东南大学党委书记
(1999.6—2011.1)

易红,东南大学校长(2006.5—2015.11)
东南大学党委书记(2015.11—2017.12)

郭广银,东南大学党委书记
(2011.1—2015.11)

张广军,东南大学校长(2015.11—2021.11)

左惟,东南大学党委书记(2017.12—)

黄如,东南大学校长(2022.1—)

2000年四校合并大会在东南大学大礼堂举行

百年校庆大会会场

江泽民主席为东南大学建校 100 周年题词

九龙湖校区南大门俯视图

总序

胡凌云

今年是东南大学建校120周年,按传统说法恰逢"双甲子"生日。中国素有"人生难逢两甲子"的说法,躬遇盛世,抚今追昔,东大人在满怀喜悦地庆贺120周年生日的时候,也需要好好回顾一下自己的历史,鉴往而知来,温故以知新,知道我们从哪里来,要往哪里去,从而不忘初心使命,励精图治,接续奋斗,把我们的事业不断推向前进。习近平总书记指出,历史是最好的教科书,是一个民族、一个国家形成、发展及其盛衰兴亡的真实记录。"要全面宣传党的历史,充分发挥党的历史以史鉴今、资政育人的作用",做到"学史明理、学史增信、学史崇德、学史力行"。值此120周年校庆之际,《东南大学史》第三卷编撰完成,并与再版的第一、二卷合集出版,形成一部较为完整的《东南大学史》(1902—2012),这是学校文化建设的一项重要成果,不仅为校庆献上一份厚重的贺礼,也为东大师生员工学习重温学校历史,坚定我们创建世界一流大学的决心和信心,提供了一份很好的教材。

东南大学的前身三江师范学堂创建于1902年,迄今已经120年了。作为中国最早建立的第一批具有现代意义的大学,伴随着中国近现代化历程和高等教育的发展,它经历了晚清、民国和新中国三个不同的历史时期,见证了中国由曾经的风雨飘摇、战乱频仍、积弱积贫、任人欺侮,到今天站起来、富起来、强起来的全过程;见证了中国高等教育从弱小幼稚、艰难起步,到曲折前行、逐步发展壮大,在为中国经济社会发展进步作出巨大贡献的同时,日益走向世界科教舞台中央的全过程。在120年的历史中,东南大学曾屡经更迭、十易校名,数度合分、几落几起,在每一个历史时期,东大都守其初心、艰辛探索,走在中国大学前列;一代代东大人,始终艰苦奋斗、用志不分,担负起历史的责任,为学校发展建设作出自己的贡献。东大的历史是苦难辉煌的国家历史的一部分,也是中国近现代高等教育艰难曲折发展的一个缩影。如何正确地看待学校丰富深邃的历史,如何真实客观地记述和保存这段历史,如何通过历史总结经验教训,把握办学规律,如何通过校史教育在师生中绵延传承学校精神和文化传统,增强我们不断开拓前进的勇气和力量,都是这部校史应该关注和回答的问题。

盛世修史,以史鉴今,资政育人。一部好的校史,应该具有"留史、资政、育人"的功能。

首先是"留史"——比较真实客观全面地记叙和保存学校的历史。编写校史,要用史实说话,坚持用唯物史观来认识历史，反对历史虚无主义，既不盲目自大，也不妄自菲薄。要有通贯的历史观，把学校的历史放在中国和世界历史发展的大背景下加以考察，放在中国高等教育发展的不同历史阶段对其实事求是地进行分析评述，从中看到学校发展的来龙去脉，梳理出重大事件的产生背景和发展逻辑，说清楚学校发展战略和奋斗目标的演进及重要决策形成的过程，如实评价为学校做出贡献的历史人物和一代代师生的奋斗成果，以及分析总结办学过程中的成败得失和经验教训等，也就是说，校史应该使人们能够了解东南大学的历史，知道我们是怎样一路走过来的，不忘记过去；说清楚我们做了什么，为什么要这么做，从而使人们牢记自己肩负的使命责任。真实性是校史的生命和存在的价值，只有较为全面记叙和留存下来的"信史"，才能起到以史鉴今，启迪后人的作用。

校史的作用不仅仅是"留史"，其"资政"作用也非常重要。东南大学在120年的办学历程中，经历了无数艰难困苦，取得了辉煌成绩，也遭遇许多挫折，走过不少弯路。在这一过程中，东大人摸索积累了丰富的办学经验和良好的办学传统，形成了自己的办学特色和深厚的文化底蕴，这些都是办好学校的宝贵财富，我们要把它总结出来，传承下去。同时，校史中也保存了大量珍贵的档案数据、生动鲜活的史实故事，把它们梳理汇集起来，可便于查阅传播，教育后人。对学校的各级领导者来说，从校史中可以汲取这些"饱含着成败和得失，凝结着鲜血和汗水，充满着智慧和勇毅"的历史经验，对不断提高治校理政的本领，提高应对风险、迎接挑战的能力也是十分有益的。

校史亦是"育人"的有效方式，是学校文化传承的重要途径。历史是最好的老师，校史是对师生进行爱校教育最生动、最有说服力的教科书。学习学校的历史，可以使我们不忘走过的路，牢记初心使命，传承红色基因；可以使我们了解学校发展的历史，追寻先辈的足迹，继承光荣传统。校史也是学校精神和文化的重要载体，是凝聚师生员工的纽带、维系校友情感的桥梁，重温这部深沉厚重、波澜壮阔的校史，会使每一个东大人更加热爱我们的国家、我们的党和我们的学校。

应该说，放在我们面前的这部《东南大学史》基本达成了这个目标，也体现了习近平总书记提出的通过党史（历史）教育做到"学史明理、学史增信、学史崇德、学史力行"的要求。

编撰校史是一件十分严肃和艰巨的工作，作为学校正式组织编写的"官史"，要做到事出有据、论从史出，具有权威性、准确性、可读性，要求还是很高的。东南大学120年的历史跨越了漫长的历史时空，涉及办学育人、建设发展的方方面面，是如此丰富多彩又繁难复杂，要在有限的篇幅中做到面面俱到、叙事周全，脉络清晰、详略得当，是不容易的。这三卷校史分别记叙不同历史时期，成书于不同年代，史料档案的欠缺（尤其是新中国成立前）、时代的局限性、认识水平的差异及社会主流意识形态的变化，导致材料取舍、知人论世、臧否评价和讲述重点的不同，也是可以理解的。要做到实事求是地通贯还原历史，写出其发展的本然性和必然性，还要防止肤浅化和碎片化，不是只停留在简单讲故事或单纯记事层面，更是殊为不易。加之文出多人，数易其稿，书中文字数据及编辑上有这样那样的差错、遗漏和不足恐怕就更加难免了。可喜的是，校史编写组的同志在学校党委的领导下，在各级部门和许许多多老领导、老同志的支持和帮助下，克服种种困难，付出巨大努力，面对浩如烟海的史料，爬梳剔抉、披沙沥金、博采众长、统一条理，最终完成了这样一部明白晓畅、丰富翔实，基本立论严谨，有着东大鲜明特色又可读性较强的校史，非常不容易！我谨向他们表示真诚的感谢和祝贺！

我是1977年恢复高考后第一批考入南京工学院即今天的东南大学的，后毕业留校工作，至2011年调任北京航空航天大学，在东大校园里学习工作整整33年。东大朴实严谨的校风、优良的办学传统和深厚的文化底蕴给了我长久和深远的影响。作为这一时期学校改革建设的亲历者，我经历了校史第三卷记述的那段难忘岁月，参与了改革建设发展的全过程，目睹了学校发生的翻天覆地的变化。我有幸与班子里的同事和全校师生一道，坚持改革，团结奋斗，突出体制机制创新，排除万难，抢抓发展机遇，把学校各项事业不断推向前进。虽然每一步都不容易，但每一天也都过得丰富而充实，这是我人生中一段最宝贵最值得记忆的经历。我在东大时常翻看校史，从中汲取不少经验和启示。到北航工作后也首先是了解他们的历史，了解学校的光荣传统和前辈留下的宝贵经验，这对自己的工作非常有启发和帮助。在阅读校史第三卷书稿的过程中，再一次重温过去，往事历历在目，看到许多熟悉的人和事也倍感亲切，常有新的认识和对那段历史更深刻的感悟。从改革开放到今天，东南大学的历史就是在党的领导下，全体师生员工在改革中探索一流大学建设发展的奋斗历史，这也是学校120年的历史贯穿始终的一条主线：办中国最好的大学，通过一代代人的接续奋斗，让学校一步一步地走向世界大学前列。现在，学校提出的奋斗目标是到2035年前后，把东南大学建设成为世界一流大学，这是一项宏伟的目标，是东大人矢志不渝的追求，也是东南大学必须担负起的对国家、对民族、对中国高等教育事业的历史责任。我相信，这是一个一定能够实现的目标。

放在我们面前的《东南大学史》难免会有这样那样的不足，但毕竟有了一个很好的基础，我希望东大的校史研究工作能够持续进行下去，扩大领域，深入开掘，不断有新成果问世。这部校史只写到2012年，过去的十年学校又发生很大变化，有了更大进步，我相信故事也会更加精彩。我还希望有可能的话，校史研究室的同志能够组织力量，结合最新研究成果和学校发生的新变化、取得的新成就，再编写一本篇幅适中、精炼权威的《东南大学简史》，以使校史传播更加普及，更便于师生学习了解学校的历史，毕竟这部三卷本的"东大通史"对于普通读者长了一些。

《东南大学史》（1902—2012）出版了，是一件值得庆贺的事，写了以上的话，是为序。

（作者系东南大学、北京航空航天大学原党委书记，现为东南大学校史编纂委员会主任）

2022年2月

序

左惟

"国有史、方有志、家有谱",编史修志是中华民族的优良传统,是一项传承文化、经世致用的系统文化工程。校史是一所学校发展轨迹的真实记录,是学校文化建设的重要内容,也是传承学校精神的重要载体。在东南大学120周年校庆之际,《东南大学史》第三卷付梓面世,这是学校文化建设中值得庆贺的一件大事,也是学校百廿年校庆重要的文化贺礼。

一部真实、客观、系统的校史,记载着学校创建、发展、壮大的历程,是一所学校办学传统、办学特色和学校精神的重要载体,发挥着"铭史、资政、育人"的重要作用。持续不断地推进校史编纂工作是拓展学校精神文化内涵的重要工作,是凝聚广大师生员工和校友的文化和情感认同的有力纽带,是增强全校上下创建中国特色世界一流大学的历史自信、文化自信的必然要求。基于以上原因,2019年学校党政决定启动《东南大学史》第三卷编撰工作,这是为续写1992—2012年学校历史的重大文化工程。呈现在我们面前的这部80余万字的厚重大书,读来让人感慨不已、收获颇丰,其中感受启示概而言之:

其一,校史第三卷充分展现了1992—2012这二十年,东南大学对建设世界一流大学初心使命的坚守与传承。办中国最好的大学,办一流大学,是东南大学自建校以来始终不变的初心,是一代代东大人矢志不移的追求。纵览校史一至三卷,我们深切地感受到,从1902年肇建三江师范学堂到南京高等师范学校,再到国立东南大学、国立中央大学、国立南京大学,从南京工学院到复更名东南大学,东大人办中国最好的大学,建设有中国特色世界一流大学的初心和使命从未中断过。从1992到2012这二十年东南大学的奋斗历史,我们可以更清晰地看到这一点。

其二,校史第三卷充分展现了1992—2012这二十年,东大人把握住了每一次重要发展机遇,创造了持续快速发展的辉煌业绩。从20世纪90年代,在全国高校中率先进行校内管理体制综合改革、招生及奖学金制度改革,到较早进入国家"211工程""985工程";从新世纪之初,实现四校合并、组建成立新的东南大学,到克服种种困难,建设九龙湖新校区;从实施"人才强校战略""国际化强校战略"和"五大校园建设",到加强高峰学科建设,主动融入国家与区域经济社会发展战略,在全面提升学校发展硬实力的同时,不断优化学校发展的软环境等,这二十年来,全校上下持之以恒推进改革,抓住机遇加快发展,真正做到了"聚精会神搞建设、一心一意谋发展",办学规模不断扩大,办学条件日益改善,办学水平显著提升,完成了由单一多科性工科大学向综合性大学的转变,基本形成了以工为主,工理医文管协调发展、特色鲜明的学科生态体系,实现了由教学科研并重的高校向研究性大学的转变,总体学术水平和各项办学评价指标走在了国内一流大学前列。这是二十年来,东南大学发生的最重大变化和取得的最主要成就,这些在校史第三卷中都得到了丰富、翔实和生动的体现。

其三,校史第三卷充分展现了1992—2012这二十年,东大人勇于改革、开拓奋进的精神风貌和脚踏实地、与时俱进的发展路径。以邓小平同志1992年视察南方的重要谈话为标志，中国进入了政治上稳定、经济上高速发展、改革全面持续推进的新阶段，国家对科技、教育更加重视，社会对高等教育的需求更加强烈，中国大学进入了一个加快发展的时期。正是在这个大的时代背景和历史机遇面前，东南大学坚持从学校实际出发，不等不靠，自强不息，长期艰苦奋斗，紧紧围绕国家战略需求和经济社会发展需要，主动推进改革、抢抓机遇、加快发展；始终坚持把立德树人、培养社会主义事业建设者和接班人作为根本任务；坚定不移地走以创新为主导的研究型大学发展道路，坚定不移地走与国家和区域经济社会发展相结合的建设道路，坚定不移地走国际化办学的强校道路，走出了一条有自己特色的建设发展之路，为建设中国特色世界一流大学积累了宝贵的经验。

其四，校史第三卷充分体现了编写组同志严谨的工作态度和对历史责任的担当。编写校史是一件严肃重要的工作，是一项繁重艰辛的工程，没有正确的历史观，没有科学方法和认真负责的态度是做不好这项工作的。近3年来，编写组的同志们克服了时间紧、任务重等困难，查阅、研究了大量原始档案和文献，做了大量的访谈调研工作，统计、分析、梳理了许多数据，厘清了二十年学校发展的来龙去脉，基本做到了大事不遗漏、小事有特色，重大事件写全写透，比较真实、客观、全面地反映这二十年学校的历史，也从一个侧面反映出中国高等教育发展的历史，这是一件非常有意义的工作。这部凝聚了编写组同志们心血的著作，为这二十年东南大学的改革发展留下了一部信史，也为研究这一时期中国高等教育的发展提供了丰富生动的研究史料。

我是1979年进入南京工学院也就是今天的东南大学学习的，1983年留校工作，有幸与很多同志共同见证了四十年来学校发生的天翻地覆的变化，也有幸参与了学校这二十年改革与建设的全过程。阅读校史第三卷，让我回忆起那段激情满怀的岁月和艰辛奋斗的历程。这里，谨向所有为东南大学改革建设发展做出贡献和正在为把东大建设成为世界一流大学而努力奋斗着的同志们致以崇高的敬意！也向为校史第三卷编撰和出版付出辛勤努力的同志们表示深切的感谢！

凡是过往皆为序章，凡是未来皆可期待。对历史的最好纪念，就是创造新的历史。今天的东南大学正站在新的历史起点上，让我们以前所未有的奋进决心，坚定不移地向着中国特色世界一流大学的目标大步迈进，为实现中华民族伟大复兴的中国梦，为推进人类文明进步续写新的历史篇章。

（作者为东南大学党委书记）

2022年3月

目录

总　序	012
序	016
引　言	020

第一章　在改革中探索一流大学建设发展之路 … 025
　　第一节　改革发展历程 … 026
　　第二节　学校奋斗目标和发展战略的演进 … 053
　　第三节　"211、985工程"有力推动了一流大学建设 … 063
　　第四节　四校合并，东南大学站在新的历史时点上 … 072
　　第五节　建设九龙湖新校区 … 088
　　第六节　具有全国性影响的三次重要改革 … 100

第二章　人才培养与教育创新 … 119
　　第一节　本科生教育 … 121
　　第二节　研究生教育 … 162
　　第三节　继续教育 … 183
　　第四节　学生思想政治教育 … 190

第三章　学科与师资队伍建设 … 201
　　第一节　学科建设发展历程 … 202
　　第二节　优先发展重点学科 … 216
　　第三节　强化工科优势 … 225
　　第四节　大力发展理学与医学学科 … 247
　　第五节　积极发展人文社会科学学科 … 253
　　第六节　师资队伍建设 … 265

第四章　科学研究与科技服务 … 289
　　第一节　科技发展历程 … 290
　　第二节　理顺科技管理体制 … 300
　　第三节　加强科研基地建设 … 310

	第四节　深化产学研合作	326
	第五节　校办产业的改革与发展	341
第五章	**公共保障体系建设**	**357**
	第一节　学校财力在改革发展中不断增强	359
	第二节　后勤管理改革和基本建设发展	371
	第三节　教职工薪酬增长和居住条件改善	391
	第四节　学校的信息化和信息资源建设	410
	第五节　图书、档案和实验室建设	422
第六章	**国际及港澳台交流合作**	**441**
	第一节　国际合作交流发展历程	442
	第二节　推进开放式办学	452
	第三节　发展留学生教育	470
	第四节　开拓合作办学新模式	482
第七章	**党的领导与党的建设**	**493**
	第一节　坚持党的领导，不断提升治校理政能力	494
	第二节　加强党的建设，认真履行主体责任	512
	第三节　推进五大校园建设，努力营造和谐校园	531

结束语	**556**
附图表	**558**
东南大学两院院士校友名录	**582**
主要参考资料	**584**
后　记	**586**

引言

本卷记述的是东南大学从1992年到2012年这二十年的历史，是东南大学师生员工在改革中探索一流大学建设发展之路的奋斗历史。

"物有本末，事有始终，知所先后，则近道矣。"① 自1902年东南大学的前身三江师范学堂创建之始直到今天，办中国最好的大学，建设一流大学始终是一代代东大人不变的"初心"，肩负的使命，矢志不渝的追求。

1992—2012这二十年，是东南大学历史中一段比较特殊和重要的时期。以邓小平同志1992年视察南方的重要谈话为标志，中国进入了政治上稳定，经济上高速发展，改革开放全面持续推进的新阶段，国家对科技教育更加重视，社会对高等教育的期望和需求更加强烈，中国大学亦进入一个快速发展的新时期。东南大学也是这样，办学规模不断扩大，办学条件大为改善，办学水平明显提升，在历史上第一次真正做到了"聚精会神搞建设、一心一意谋发展"，实现了长达二十年并仍在延续的快速稳定发展，这在此前是从来没有过的。虽然前进的道路从来不是一帆风顺，虽也历经波折、辛苦备尝，但学校各项事业取得了巨大进步，东大人奋斗的脚步更加坚定，确是有目共睹、毋庸置疑的。

二十年来，东南大学实现了两个重要转变：一是完成了由单一的多科性工科大学向综合性大学的转变，基本形成了以工为主，工理医文管协调发展、特色发展的学科生态体系；二是实现了由教学科研并重的高校向研究型大学的转变，以学科建设为核心，以人才培养和科学研究为两翼，以师资队伍建设为重点，总体学术水平和各项办学评价指标显著提高。这是学校最重要的转折，也为学校向世界一流大学迈进奠定了学科基础。

二十年来，东南大学的奋斗目标和发展战略不断演进，路径更加清晰。始终紧紧围绕国家经济社会发展需要，坚持改革、抓住机遇、加快发展；始终把立德树人、培养社会主义事业建设者和接班人，不断提高教学科研水平作为学校的根本任务和中心工作，坚定不移地走以创新为主导的研究型大学发展道路、坚定不移地走与国家和区域经济社会发展相结合的建设道路、

---

① 《大学·中庸》，中华书局2006年版。

坚定不移地走国际化办学的强校道路。从提出建设国内第一流、国际有影响大学的目标，到确立创建有中国特色的世界一流大学目标，既是学校自身进步的结果，更是时代发展的推动，以及国家意志国家战略对东南大学的要求。

二十年来，东南大学的经济实力和办学条件有了极大改变。学校财力持续快速增长，各项基础设施和办学环境有了根本性改善，教职工收入和生活水平不断提高，一个与社会主义市场经济体制和高等教育发展要求相适应，基本满足学校事业发展需要的新的公共保障服务体系初步建立起来。这是学校这一时期最大的变化之一，也是一流大学建设必须具备的物质基础。

二十年来，东南大学始终坚持社会主义办学方向，在党中央、各级党委和政府的领导下，学校党委及历任领导集体紧紧团结依靠和带领全校师生员工，面对新形势下的激烈竞争和各种挑战，意志坚定、上下同心、攻坚克难，围绕建设一流大学这个总目标，解放思想、实事求是、与时俱进，坚持发展是硬道理，持之以恒地推进改革，调动全体东大人的积极性、创造性，长期艰苦奋斗，抓住了每一个重要发展机遇，各项事业保持了持续上升、不断进步的趋势。这是学校在创建世界一流大学进程中重要的思想基础和组织保证。

习近平同志指出：历史是一个民族、一个国家形成、发展及其盛衰兴亡的真实记录。历史是最好的教科书，也是最好的清醒剂。要"学史明理、学史增信、学史崇德、学史力行"[①]。

东南大学是我国最早建立的高等学府之一。学校的历史既是一部历经沧桑、曲折艰难的历史，又是一幅波澜壮阔、激动人心的画卷。学校的命运始终与国家、民族的命运连在一起，东南大学的历史亦是中国高等教育历史的一个缩影。

---

① 习近平：《在党史学习教育动员大会上的讲话》，《求是》2021年第7期。

第一章

在改革中探索一流大学建设发展之路

从 1992 年到 2012 年，是东南大学变化很大、发展最快的二十年。这一时期，学校持之以恒地坚持改革开放，抓住了几次重要发展机遇，保持了持续稳定发展的态势。本章回顾了这二十年学校改革发展的历程，讲述了学校奋斗目标和发展战略的演进，以及发生的几件关系重大、影响深远的大事。在改革中积极探索有东大特色的一流大学建设发展之路，始终是这二十年不变的主旋律。

第一节　改革发展历程

一、"行百里者半九十"，1990 年代的东南大学（1992—1999）

1992 年，东南大学迎来了建校九十周年。

这一年开春，东大老校友、著名语言学家吕叔湘先生从北京寄来了他的校庆祝词："行百里者半九十。"谆谆叮嘱，任重道远，合景合情，又寓意深长。

（一）抓住机遇、强力推进改革，加快发展

1992 年，是新中国历史上一个极其不平常的年份。这年一月，邓小平同志到武昌、深圳、珠海和上海等地视察并发表重要讲话，深刻地分析了国际国内形势，提出了衡量改革开放的"三个有利于"标准，从理论上深刻回答了"什么是社会主义和怎样建设社会主义"这一重大问题，极大促进了广大干部和群众解放思想，鼓舞了全国人民的精神和干劲，掀起了新一轮改革开放的大潮。

这一年 10 月，中国共产党第十四次代表大会召开，江泽民总书记在会上做了《加快改革开放和现代化建设步伐，夺取有中国特色社会主义事业的更大胜利》的报告，大会确定我国经济体制改革的目标是建立社会主义市场经济体制，提出用邓小平同志建设有中国特色社会主义理论武装全党，进一步深化改革、加快发展。

邓小平同志的南方讲话和党的十四大召开，标志着中国改革开放和社会主义建设事业进入了一个新阶段，对中国的未来发展，对中国高等教育发展，对东南大学的改革建设发展都有着极其深远和重大的影响，这一点当时每个人都意识到了，并且随着时光流逝、时代发展，这种认识和感受愈加深刻！

只是 1992 年刚刚开始的时候，小平同志南方视察的消息还没传来，东大校园一切如常，各项工作和一些改革虽有些迟缓犹疑但仍继续推进。

1991年初，学校召开了第六次党代会，党委书记陈万年在会上做了工作报告，报告在突出改革是学校近期工作重点的同时，继续强调要保持安定团结的局面，做到持续稳定发展。会议审议通过了学校"八五计划"和十年规划指导思想，提出"八五"期间学校工作总的指导思想是：坚持方向，深化改革，发挥优势，突出重点，提高质量，办出特色。①

这一年学校的工作总结和计划，也对上一年工作做了简要回顾：

——在国家教委和江苏省委省政府的直接领导和支持下，积极而又稳妥的进行了校内管理体制改革，这项工作取得比较明显的成效，基本达到了预期预定目标。

——在江苏省第2次优秀教学质量奖评选中，有7项成果获得一等奖。建筑系教学评估成绩显著，被国内外专家一致评为一流水平。

——科研工作取得比较突出的成绩。全年纵向科研经费超过1460万元。发表的科研论文，鉴定的科研成果和获奖数也好于上年。获两项国家自然科学奖和一项国家发明奖，9个重点科研基地建设开始起步。

——校办产业和科技开发工作改变了前几年的徘徊状态。预付合同到款经费达到1800万元；校办工厂完成产值1400万元，获利润310万元，均为历史最好水平。

——国际合作交流及横向联合工作在前几年的基础上有新的进展。建成了后藤体育馆，争取到了邵逸夫先生的捐款和新留学生楼的建设项目。

截至1991年底，东南大学全校在编教职工总数3966人，其中，专任教师1401人，教授（含正高职称）154人、副教授（含副高职称）634人；全日制在校本科生7149人，研究生1156人。校园面积1100多亩，校舍建筑面积41万平方米。当年学校财务预算收入为3457.4万元。②

以今天的眼光视之，这些成绩似乎比较平凡，但却是这段历史开启时东南大学的真实情况，也是此后二十年发展的起点和基础。

韦钰校长在1992年《新年献词》中指出："如果说前些年学校的工作是呈现出一种上升趋势的话，那么现在我们可以比较肯定地说，这种上升的趋势已经成为一种上升的进程。"她要求全校师生"一定要抓住时机，充分利用现在比较好的内部环境和外部条件，在继续深化和完善校内管理体制改革的基础上，进一步推进教学和科研改革的深入，提高我校的办学水平和

---

① 陈万年：《在中国共产党东南大学第六次党代会上的工作报告》（1991年1月10日）。
② 以上引自《东南大学1991年工作总结和1992年工作计划纲要》《东南大学年鉴》及《东南大学1992年财务报表》。

办学效益，争取在新的一年里，使学校各项工作有新的更大的进步"①。

这一年，形势发展变化很快。小平同志南方讲话发表后，全国掀起新一轮改革热潮，国家教委也发出文件，要求高校要进一步加快和深化改革。3月，韦钰率国家教委组织的大学校长代表团到广州、深圳、珠海、中山等地进行考察，回校后立即向全校中层干部传达，她激情满怀，喜悦之情溢于言表，提出近期全校深化改革要抓五件大事：一要抓住当前大好时机，面向经济建设主战场，把我校的教学、科研和科技开发搞上去；二是要深化管理体制改革，简政放权，机关各部处和各系所领导要对分管的工作全面负责，主动改革，有问题不往上推，让校领导集中精力考虑全局性工作；三是学校的根本任务是出人才、出成果，核心是学科建设，各级党政一把手一定要聚精会神，抓住这个核心不放；四是要通过改革解决发展的动力和机制问题，重奖在教学、科研、学科建设和科技开发上的成绩突出者，调动广大教师积极性；五是学校机关和后勤要主动为基层服务，为出人才出成果创造一个良好的环境。②为此，校报特地发了一篇激情洋溢的特写，标题是"小平同志讲话似春风吹进校园"，东大改革又进入快车道。

自党的十一届三中全会以来，东大的改革开放一直没有停步。特别是韦钰出任校长以后，各项改革举措更是密集出台。抓住机遇、加快发展、强力推进改革，是这一时期东大工作的鲜明特色，许多改革走在了全国高校前列，产生较大社会影响，也给学校带来很大变化。

进入90年代后，东大一方面继续保持了比较强劲的改革发展势头，另一方面也遇到一些新的问题和难解的矛盾，发展遭遇瓶颈。这些矛盾和困难最突出地表现在三个方面：一是学校财力非常困难。国家投入严重不足，学校自身"造血"能力有限，长期维持吃饭财政状态，难以满足学校改革建设发展需要。二是稳定队伍难。由于当时中国正处于计划经济向市场经济转型过程中，来自学校外部的冲击影响较大，师资流失比较严重，如何保持人心稳定，队伍不散，是时任校领导面临的严峻挑战。三是办学条件特别是教职工住房困难是当时难中之难。1992年，教职工人均住房面积仅6.3平方米，远远低于省市平均标准，一大批中青年教师无法分配到住房，已严重影响教职工的工作与生活，成为影响学校安定和队伍稳定的主要问题。这些问题和矛盾相互交织，与当时整个国家经济十分困难及社会转型有关，是当时中国高校普遍遇到的问题，也是整个90年代制约学校发展的主要瓶颈。这些问题不解决，学校发展就缺少基础，教职工积极性就受到影响，就难以推进改革，把工作重点真正转到教学科研和学科建设上。对此，学校领导班子有着清醒的认识，唯一的出路就是坚持改革，长期艰苦奋斗。

1991年，东大在国家教委直接领导下启动的学校综合管理改革（又称"三大块"改革），在1992年进入全面推进和实施阶段。这项改革要回答的命题是，在中国由计划经济向社会主

---

① 韦钰：《团结奋斗 争取更大进步——新年献词》，《东南大学报》1992年1月1日。
② 张明亮：《小平同志讲话似春风吹进校园》，《东南大学报》1992年3月30日。

义市场经济体制转型过程中,高校的管理体制如何与之相适应。此次改革的核心任务是在新形势、新情况下,如何建立起学校新的管理体制和运行机制。作为国家教委指定的试点学校,这项改革无先例可循,东大责任重大;作为一项全新改革,涉及学校工作方方面面,任务十分艰巨。在国家教委的直接指导和学校党政的坚强领导下,经过全校师生员工的艰苦努力,改革成效显著,基本理顺了校内管理体制,初步建立起学校新的运行机制和管理框架并延续至今。东大的"三大块"改革得到国家教委和江苏省委、省政府的支持和肯定,在省内外高校中引发较大反响并得到推广。1992年启动,1993年开始实施的招生及奖学金制度改革,是一项由东大最先发起、实施的改革,在国家教委和江苏省委、省政府的支持和推动下,后来成为政府决策和国家行动,产生了全国性的影响,并最终在一定程度上推动了中国高校招生和就业制度的改变,为中国高等教育改革做出了特殊贡献。

与此同时,这一时期学校继续深化本科教育教学改革,主动调整学科布局,修订教学计划,全面实施学分制。在科研方面,比较早地提出与经济建设主战场结合,以任务带学科,积极争取重大项目,建设了十大科研基地,科研工作有较快发展。以改善激励,激发活力为目标推进人事制度改革,在全校普遍实行聘任制、绩效考核和岗位津贴制度,调动了教职工的积极性。积极发展校办产业,在提升学校创收能力的同时,也合理分流队伍,有利于师资队伍调整提高。后勤和基建改革也紧锣密鼓进行,在没有更多投入和十分困难的情况下,千方百计开源节流,改进服务,改善环境条件,保证了学校正常的工作生活秩序。尽管改革任务繁重,工作和竞争压力较大,但广大教职工精神状态良好,思想没乱,队伍没散,工作积极性普遍提升,对改革的承受能力明显增强。校园安定,人心思进,学校呈现出蓬勃向上的势头。

1993年5月11日,东南大学召开全校中层干部大会,国家教委人事司司长陈文博代表国家教委党组宣布:韦钰同志调任国家教委副主任、党组成员。陈万年同志不再兼任东南大学党委书记(此前陈万年已出任江苏省委高校工委书记并兼任东南大学党委书记),由朱万福同志任党委书记。韦钰同志的校长职务继续保留,由副校长陈笃信同志主持学校行政工作。专程赶来参加这次会议的省委副书记孙家正热情致辞,他对东南大学近10年来的工作给予充分的肯定,对以韦钰、陈万年同志为首的领导班子勤政廉政、勇于开拓创新、不断深化改革所取得的突出成绩表示赞扬,并对即将主持工作的新领导班子寄予殷切的希望。[①]

韦钰在任免大会上即席做了"告别演说",她饱含深情又充满期望地说:"我从1956年进校到现在已经整整37年了,学习了9年,工作了28年,对学校的感情是很深的,真的要离开东大还是恋恋不舍。回想起来,我是从一个普通的教师走上领导岗位的,在我担任学校领导期间,得到了各方面的大力支持,无论是国家教委、省委,还是老领导、老先生,无论是班子

---

① 《东南大学报》1993年5月15日。

里的同志，还是全校的师生员工都给了我很大的支持和帮助。我们有一支很好的干部队伍和师生员工队伍，大家把学校事业搞好的劲头很足，精神面貌很好，对改革的承受能力比较强，虽然我们学校的几次改革难度很大，困难也不少，但都得到了大家的理解和支持。学校的改革初步取得成效，为今后发展也打下了一定基础。我相信在朱万福、陈笃信同志的领导下，在同志们的共同努力下，东南大学一定能办得更好。"①

韦钰1985年初出任南京工学院副院长，1986年12月正式担任院长，1988年学校复更名为东南大学时，成为首任校长。由于当时实行的是校长负责制，韦钰在学校改革建设发展中实际起到了主导作用，她思想解放、视野开阔、勇于争先、敢于担责，在干部群众中威望高，在社会上影响大，在任期内带领班子成员和全校师生抢抓机遇，强力推进改革，使学校的发展战略更加清晰，师生员工精神面貌焕然一新，社会声誉明显提升，各项事业都上了一个新台阶，是东南大学历史上最有建树的校长之一。

陈万年自1986年12月担任南京工学院党委书记以来，顾全大局、工作主动、团结同志、率先垂范，与韦钰校长及班子同志紧密配合，为学校改革发展、各项工作稳定运行做出了重要贡献。应该说，这一时期，学校各项事业之所以取得很大成绩，改革在全国产生较大影响，既有韦钰校长的特殊作用和重大贡献，也有党委的坚定支持、校领导集体和全体中层干部的尽心尽责，更有全体教职工的团结、奋斗与奉献。

校长韦钰（1988—1993）　　党委书记陈万年（1988—1993）

（二）接续奋斗，在稳定中前进，在改革中发展

1993年，朱万福、陈笃信接任学校党政主要领导，东南大学的改革发展也进入一个新阶段。在新的领导集体面前，既有前期留下的比较好的工作基础和发展环境，也有比较大的压力和诸

---

① 韦钰当时是即席讲话，没有留下文字稿和录音，时巨涛做了比较详细的记录，以上引述内容是根据当时笔记中的记录整理的。

多新的困难。

从有利方面看，经过前几年比较全面深入的改革，初步理顺了校内管理体制，建立健全了学校新的运行机制和各项规章制度，各项工作呈现出明显上升势头，许多改革开始收到成效。班子成员大多经历和直接参与领导过学校各项改革，熟悉情况、经验丰富，认识统一、配合默契。全校教职工感受到改革发展带来的变化，士气较高，干劲较大，特别是东大的中层干部，执行力和对改革的承受能力都比较强。全校上下同心，趁势加快发展，这是有利于新班子做好工作的最主要方面。

可从面临的发展压力和亟需解决的困难及挑战看，也相当沉重。不可否认，韦钰校长在任期间，她的改革意识、战略谋划能力、工作推进能力，在社会上的影响力和在师生中的权威是难以取代的。她调任国家教委副主任，对中国教育事业是一件好事，但对于东南大学，从某种意义上说也是一个较大损失，这对新班子领导力是个考验。其次，前几年的改革，虽然取得很大成绩，带来明显变化，但许多深层次的问题和矛盾并没有得到解决，特别是与当时中国经济社会发展阶段，与中国高校普遍存在的困难和矛盾交织在一起的"三大难题"，远不是一个学校可以超然物外独自解决的。1994年学校工作总结中有一段文字，可以看出新班子承受的压力和面临的挑战：

> 我们在总结经验，肯定成绩的同时也应该看到，我们在前进道路上还遇到许多困难和矛盾，我们的改革和事业发展仍面临着激烈的竞争和严峻挑战，我们的工作也有不少不尽如人意的地方，概括起来，主要是三大问题或困难，这就是人才、经费和住房。这三个问题相互关联，相互影响，在一定程度上制约了学校的加速发展。这几年我校的队伍建设取得了比较大的成绩，一大批优秀的中青年同志已经成长起来，并挑起了教学科研重任。但总的说来，我校大师级的帅才还不多，能团结带领一批人在国际国内得"金牌"、拿大奖的尖子人才还不多，而要成为一流大学，必须拥有一支一流的专家学者队伍。这几年我校的总经费中，预算外收入虽然增长比较快，但经费短缺一直未得到缓解。国拨事业费基本用于人员开支，真正用于建设的资金十分缺乏，而无论是学科建设、人才引进、住房建设，还是改善职工生活，都是与经费密切相关的，所以说，经费不足已成为当前制约学校发展的最主要因素。再就是教职工住房问题，这些年学校投入了极大的力量用于住房建设，但供需矛盾依然十分尖锐，尤其是青年教师住房极端困难，已成为青年教师流失和队伍不稳定的主要原因。要解决这些困难和矛盾，只有靠改革和发展。通过改革寻找新的出路和办法，通过发展创造更多的资源和条件。同时也更需要我们的党员干部和全体同志同心同德，艰苦奋斗，相互理解支持，共同克服困难。当前形势下，特别要倡导拼搏和奉献精神，全校各单位和各级领导干部都要顾全大局，反对分散主义和本位主义，加强集中统一领导，把有限的

资源用到最需要、最有效益的地方,集中力量加快学校事业发展。①

1993年5月12日,新班子召开了第一次校务会,由陈笃信代校长主持(1993年11月,国家教委正式任命陈笃信为东南大学校长)②。他首先表明态度,自己一定以身作则,努力工作,竭尽全力,恪尽职守,充分发挥班子集体的力量,保持党政紧密配合的好传统。他要求各位副校长独立开展工作,承担起责任来,在职权范围内的事大胆决定,校务会今后应多研究一些重大问题。他说,我们一定要继续深化改革,韦校长在任时定的一些重大原则和改革措施是经过班子集体讨论的,不能变。要保持政策的连续性,工作的稳定性,但对一些具体问题和改革中比较突出的矛盾,可以根据实际和群众意见做出及时改进和适当的调整。

新任书记朱万福也在会上讲了话。他说,韦校长离任会给班子的工作带来一定困难和较大压力,但有困难有压力,也有希望有动力。韦校长调走后,领导班子的权威度可能会下降,许多人都在观望,看你们到底怎么办。因此,新班子的权威必须树立起来,必须坚持改革,加强班子的团结,发挥集体的作用,一旦讨论决定的事就必须坚决执行,不能让人感到韦校长调走了,这个班子就成了"软"班子。③

朱万福、陈笃信主政的几年里,东南大学党政领导班子做到了团结一心、合作无间、接续奋斗,经过艰苦努力,延续了向上发展的势头,较好地完成了学校"八五""九五"规划中制定的目标和任务,一些重要改革继续推进并不断完善,一些新的改革举措陆续出台,一些重要工作和重大建设项目完成得较好,学校继续保持了上升趋势。比较突出的有以下一些方面:

——全校学科专业布局调整基本完成,工科继续得到加强,理科和人文经管学科有很大发展;在教育部、江苏省组织的重点学科评估中均取得比较好的成绩;学校初步实现了由过去单一工科大学向综合性大学的转变。

——完成了"211工程"申报、预审和正式立项工作,实现国家教委和江苏省共建东南大学,比较早地进入国家重点建设高校行列,给学科建设和学校事业发展注入强大动力。

——顺利通过国家教委组织的"本科教学工作优秀学校评估",成绩优秀,是全国三所最早通过评估的学校之一。教育教学改革持之以恒,在历次全国优秀教学成果评比中名列全国高校前列。

——科研和科技开发继续保持上升势头,科研基地建设得到加强,以我校为主要参研单位的北京第一机床厂CIMS项目获国家科技进步二等奖和美国国家工程师协会大奖(国内首

---

① 《东南大学1994年工作总结和1995年工作纲要》。
② 韦钰在接到调令去北京接受国家教委领导谈话后,5月7日回校与全体班子成员有一次谈话。她说,让她继续兼任一段时间的东大校长是朱开轩同志提出的,目的是保持工作连续性,对外影响有利些,但她将不再管学校具体事。她已跟教委提出,行政工作由陈笃信同志全面负责,明确为正校级的常务副校长。为便于工作,对内可称代校长,对外交流称执行校长(英文)。时巨涛日记,1993年5月7日。
③ 《校务会议记录》(1993年5月12日)。

次),科技经费大幅增加,一直稳居江苏高校第一,多次被国内相关机构评为国内高校科研十强。

——新建浦口校区二期工程,二年级本科生如期进驻,有效缓解了四牌楼本部各类用房压力,为扩大研究生教育规模和改善科研工作环境创造了基本条件。在学校财力十分困难的情况下,建设了龙江、中保等教师公寓,明显缓解了教职工住房紧张状况。

——积极拓宽对外合作领域,在多渠道筹集办学经费支持学校发展上有较大突破。其中,与金坛、高淳等市县地方政府合作共建,吸引投入学校建设资金4000多万元,被誉为"金坛模式",受到国家教委和江苏省领导肯定和支持并得到推广。争取台湾余纪忠校友捐资100多万美元修葺大礼堂,出资设立"华英基金",长期稳定资助优秀学者和青年骨干教师赴国际一流大学做访问学者,在海峡两岸引发较大影响。

——在学校内部管理改革方面,这一时期进行了两项对学校发展和管理产生比较深远影响的改革。一是,1995年启动的干部制度改革,通过"两公开一推荐"等方式,改革干部选拔任用办法,拓宽民主渠道,增强群众参与程度,强调德才兼备,严格执行民主集中制,充分体现党管干部原则,比较好地完成校、院(系)两级行政换届和机关中层干部的调整、轮岗工作。1997年在校行政领导班子换届中,民主推举校长取得圆满成功,平稳实现了由试行校长负责制到实行党委领导下的校长负责制的转变。这些改革都受到中组部和教育部的肯定和表扬。二是对学校财务和公用房管理进行了重大改革。通过财务改革,学校建立起新的财务预决算制度,严格财务管理,集中资金管控,规范经费使用,积极开源节流,避免了可能出现的财政风险。通过公用房改革,学校各类公用房的管理更加科学和有章可循,房屋资源配置使用更加合理高效,在一定程度上缓解了院系科研和管理用房的压力。这两项改革成果后来都成为学校制度建设的重要组成部分,并一直延续下来。

1997年10月23日,东南大学在大礼堂召开有全校中层以上干部、全体教授、各民主党派负责人和部分离退休老领导、老同志参加的校长任免大会,国家教委副主任周远清代表国家教委党组宣布,顾冠群同志任东南大学校长,陈笃信同志任期届满,不再担任东南大学校长。会上同时宣布,从即日起东南大学实行党委领导下的校长负责制。

周远清副主任在讲话中,对东南大学和陈笃信校长过去几年的工作予以充分肯定:

> 东南大学党政领导班子在国家教委党组和江苏省委的领导下,带领学校广大教职员工团结合作,开拓进取,在稳定中前进,在改革中发展,学校的教学科研和学科建设都取得了很大成绩,其中一些领域走在了全国高校的前列,并为我国高等教育事业的改革和发展提供了不少有益经验。[1]

---

[1] 《周远清同志在东南大学校长任免大会上的讲话》(摘要),《东南大学报》1997年10月30日。

卸任的陈笃信校长在会上讲了话，他首先向顾冠群同志出任校长表示热烈祝贺，同时感谢上级领导及东南大学师生对他任校长期间工作的支持表示衷心感谢，表示自己离任后，将尽其所能继续为东大的改革发展出力。

陈笃信1983年任南京工学院副院长，此后长期分管教学工作，主持了全校教改和学科专业布局调整工作，取得很好成绩。他谦逊求实、公道正派、工作细致、恪尽职守，1993年11月担任东南大学校长后，与党委书记合作无间，与班子其他同志一道，坚持社会主义办学方向，紧密团结和依靠广大干部和群众，克服困难，积极进取，为学校的改革和发展付出了艰辛的劳动。在他的任期内，东大的招生及奖学金制度改革顺利实施，与地方合作共建的"金坛模式"得到国家教委和省委省政府的肯定和支持，学校理科和人文学科有了很大发展。在他的提议下，东大制定了中国高校第一部《学生政治思想工作大纲》（后修订更名为《东南大学德育大纲》），为推动学生思想政治教育科学化、系统化、规范化作出了努力。周远清副主任称赞他任校长期间，东南大学"在稳定中前进，在改革中发展"，是十分准确和恰如其分的评价。

新任校长顾冠群是我国著名计算机专家，曾担任东大副校长和计算机系主任，学术造诣深厚，科研实践和管理经验丰富，是第一位经全校民主推举，国家教委正式任命的全国重点大学校长，全校师生对他寄予厚望。他在会上表示，有校党委的坚强领导，有执着于东大事业发展的广大师生员工做后盾，自己有信心不辱使命、竭诚奋斗，担负起这一历史重任。①

1999年6月22日，中共东南大学第十一次代表大会召开，朱万福书记代表十届党委做工作报告，他全面总结了四年来学校党的建设和各项事业取得的成绩，对今后几年学校奋斗目标和主要任务提出建议，号召全体共产党员和广大师生员工坚持改革发展，面向新世纪，再创新辉煌。这次大会选举产生了东南大学新一届党委、纪委，胡凌云当选为党委书记，林萍华、王卓君、杨树林当选为副书记，杨树林兼任纪委书记。已到龄的朱万福同志不再任书记。至此，东南大学党政领导班子实现了平稳交替。

朱万福1983年起任南京工学院副院长，后任东南大学常务副校长、党委副书记（主持工作），1993年3月任校党委书记。他平易近人、为人宽厚，任劳任怨、处事周密，有很强的组织协调能力和处理复杂问题矛盾的能力，在20世纪80年代后期和90年代前期学校改革中做出重要贡献，是韦钰校长的主要助手之一。任东大党委书记期间，他主动担责、深谋远虑，放手支持班子其他同志大胆工作，与两任校长配合默契。他注重思想政治工作，在青年教师成长上，提出要知识、能力、素质协调发展和做学问、做事、做人协调发展的理念。他重视师德师风建设，在全校倡导并推动了向"二老"（杨廷宝、钱钟韩）学习活动。东南大学党委和党的工作多次受到教育部和江苏省委表彰，是与朱万福同志的努力工作和领导作用分不开的。

整个1990年代，是本卷所记述的二十年间，东大历史上一段比较特殊、变化巨大、十分困难、

---

① 《东南大学报》1997年10月30日。

又发展比较快速平稳的时期。

从大的外部环境看,在1992年邓小平同志南方讲话后,中国进入了政治稳定,经济快速发展,各项改革全面深入推进的新阶段,国家对科技教育更加重视,社会对高等教育的期望和需求更加强烈,中国大学第一次可以免受各种政治运动干扰,真正做到了"聚精会神搞建设、一心一意谋发展"。与此同时,中国又处在经济社会转型时期,体制改革引发的争议,国企改革和"九八"亚洲金融危机带来的冲击,国际国内及社会上的各种问题和矛盾,都对学校工作产生很大影响和冲击,改革和发展遇到许多新的挑战,面临诸多困难。

从内部情况看,90年代初东大绵密和剧烈的改革,一方面给学校带来巨大变化和进步,初步奠定了新的管理体制和发展基础;另一方面也使部分干部群众产生一定倦怠心理,遗留了一些需要进一步完善的改革和亟待解决的问题。此外,这一时期,国家对科技教育投入不足,也使学校财政极度窘迫,办学条件和教职工住房十分困难,如何在坚持改革的同时,切实解决发展中遇到的困难和矛盾,妥善处理各种关系,做到张弛有度,持续稳定发展,是时任东大领导集体必须面对和解决的迫切问题。

应该说,以朱万福、陈笃信为"班长"的东大党政领导班子勇敢地迎接了这些挑战,很好地担负起历史赋予的责任,团结带领广大师生员工经过艰苦努力取得了很大成绩,为东南大学改革建设发展做出了重要贡献。

校长陈笃信(1993—1997)

党委书记朱万福(1993—1999)

二、"十年辛苦不寻常",新世纪初叶的东南大学(2000—2012)

如果说20世纪90年代,东南大学发展的主要特点是,通过改革理顺内部管理体制,激发了广大干部及教职工的动力和活力,通过抓住机遇、加快发展,完善了学科布局,实现了规模的快速扩张,通过全体师生员工的团结奋斗、艰苦努力,保持学校持续稳定发展,取得了较好成绩的话,那么进入新世纪后,情况发生了比较大的变化。

首先，党中央做出的"在2020年前后，形成一批达到国际先进水平的学科，使若干所大学跻身世界一流大学行列；使一批学校整体水平和国际影响力跃上一个新台阶，成为国际知名的高水平研究型大学"的重大战略决策，对东南大学这样的大学提出更高的要求。其次，随着东大进入"985工程"，列入国家重点建设的大学，国家和江苏省对学校的投入有了较快增长，各项改革的不断深入，办学环境和工作生活条件的明显改善，特别是九龙湖新校区的落成，彻底解决了学校未来发展的空间问题，使长期困扰学校发展的经费、住房、土地及人才流失等困难得到极大缓解。再次，随着中国经济快速增长、社会全面进步、国际合作交流日益频繁，中国高等教育发展进入一个新阶段，高校之间的竞争愈加激烈。因此，进入新世纪后，如何进一步深化改革、坚持发展是硬道理，如何进一步加强学科建设，不断提高人才培养和科学研究水平，如何进一步提升治校理政能力，从"量"的扩张转变到"质"的提高，不断增强学校综合实力和竞争力，就成为摆在新一届东大领导集体和全校师生面前的艰巨任务和沉甸甸的责任，这是新世纪初叶的一次"大考"。一路走来很不容易，可谓"十年辛苦不寻常"！

（一）新世纪、新东大，迎接新挑战，开启新征程

新世纪最初的几年，东大连续发生的几件大事，对学校未来发展有着十分重大和深远的影响：

2000年4月，在国务院和教育部、铁道部、交通部、国土资源部、江苏省的支持和领导下，东南大学与南京铁道医学院、南京高等交通专科学校合并办学，南京地质学校并入东南大学，组建了新的东南大学。这是东南大学百年办学历史中的又一大事，对学校发展具有深远影响。由于医科、港航、测绘等学科的加入，使新东大的学科布局更加完备合理，标志着经过十多年的努力，东南大学最终完成了向综合性大学的转变。

2001年2月，教育部和江苏省人民政府签订了《关于重点共建东南大学的决定》

2001年2月,教育部和江苏省人民政府签订了《关于重点共建东南大学的决定》,除对学校正常经费安排外,将向东南大学投入巨额建设经费。在2001至2003年内,教育部和江苏省分别向东南大学投入建设经费各3亿元人民币,三年投入6亿元。2003年后双方将根据学校改革和发展的情况,继续给予必要的支持。同时明确,东南大学领导班子由中央组织部和教育部共同管理。这标志着东南大学正式进入国家"985工程"重点建设的高水平大学行列和中管高校行列。进入"211""985"不仅表明东大始终是中国高校第一层次的"国家队",而且累计获得国家和江苏省27.9亿元的投资,是学校历史上获得的最大专项投资,对学科建设和学校发展起到极大推动作用。

2002年11月,东南大学开启了九龙湖主校区建设,2006年6月一期工程竣工落成,为学校新百年发展提供了一个广阔的空间,为世界一流大学建设奠定了坚实的物质基础,也标志着长期困扰学校发展的土地问题的彻底解决。

新世纪初的这几件大事,工程浩大、情况复杂、决策艰难、过程曲折,胡凌云书记、顾冠群校长和班子里的其他领导及有关同志一道,做了大量艰苦细致的工作,付出了极其艰辛的努力,终于完成了这些艰巨的任务,取得很好的结果,也为新时期东南大学的建设发展提供了重要的前提条件,产生了极其深远的影响。

回顾起来,尽管90年代的改革发展取得很大成绩,学校发生巨大变化,但在新世纪开始的时候,也面临着更大的挑战和竞争压力,许多新的矛盾和难题亟待破解。当老的"三大困难"有所缓解,学校面临最突出和各级领导最关注的问题又是哪些?

> 我们优势学科的优势不太明显,高峰学科的显示度还不够;国家级优秀团队不多,在创新创业方面的拔尖人才奇缺;30到40岁之间的优秀专家和学术带头队伍成长不快,选拔、培养、引进工作亟需加强;研究生生源不够理想,研究能力、创新能力不足;标志性的重大科研成果不多,科技成果转化还有待加强;学校经济状况不容乐观,收入途径较为单一,增长点不多,办学经费、办学条件、基础设施与事业发展需求之间的矛盾非常突出并将长期存在;机关各部门集成不够,优良的服务和深层次的创新管理不够。还应当看到,高教体制改革后,传统的高校格局已经发生了深刻的变化,在相当长的一段时间内各校之间的竞争将更加激烈。在国家新一轮"洗牌排队"和民间的大学排名中,学校将面临更加严峻的挑战和压力。[1]

如何应对这种压力,破解这些难题?东南大学发展的主要思路是:坚持改革、集成创新、

---

[1] 《东南大学2003年工作总结和2004年工作计划》。

突出特色、扬长补短，坚持有所为有所不为，集中有限的人力物力财力，优先发展重点学科，实施人才强校战略，补上各项发展短板，巩固学校的优势地位，不断提升学校的综合实力和核心竞争力。用顾冠群校长常说的话，就是"要在战斗中锻炼队伍，在竞争中成长壮大，走一条有东大特色的发展之路"。

如果把东南大学新世纪头十年的主要发展思路做一概括性描述，即：一条贯穿十年的发展主线；两大关系全局的综合性改革；三个坚定不移发展战略；四项保障快速稳定可持续发展的基础性工程。①

——毫无疑义，建设国内外知名高水平研究型大学，始终是贯穿东大新世纪头十年改革建设发展的一条主线。

——以高水平师资队伍建设为核心的人事制度改革和以高水平学科建设为核心的科研及学科管理体制改革，是新世纪的头十年，东大推出的一系列改革中关系全局、分量最重、成效最明显的两项综合性改革。

——坚定不移地走以创新为主导的研究型大学发展道路、坚定不移地走与国家和区域经济社会发展相结合的建设道路、坚定不移地走国际化办学的强校道路，是新世纪头十年，东大在改革实践中逐步形成的发展战略。"三个坚定不移"已成为东大建设世界一流大学日益明晰的路径抉择。

——四项保障学校快速稳定可持续发展的基础性工程是：九龙湖新校区一期建设工程；以本科教学评估、研究生学科评估为代表的人才培养工程；以依托"211、985工程"进行的教学、科研实验室建设和信息、网络平台建设为主体的支撑保障工程；十年来一直常抓不懈并逐步形成系统谋划的"五大校园建设"工程。

这些发展思路和工作重点的转变，表明东南大学开始从追求规模扩大和数量增长转变为更加注重办学水平和质量的提升，从做"大"变为做"强"。这些变化与国家经济社会发展对高校需求的变化是一致的，与建设国内外知名高水平大学的目标是一致的，是东南大学发展进入一个新阶段的标志，也是与90年代相比，学校工作中的一个最重要转折。

还需要补充说一个非常重要但容易被忽视的变化，就是从2001年开始，在学校工作总结和计划中，谈学科、谈人才、谈发展中不足的篇幅越来越多，分量越来越重；谈经费、谈住房、谈后勤等方面困难的比重越来越少。这实际反映出，随着国家经济的快速发展，对教育科技的投入越来越多，学校财政状况明显好转；随着住房、医疗、社保制度改革的深入，高校办社会的压力大大减轻，教职工住房及工作生活条件有了明显改善，这也使得各级领导的精力和全校工作的重心更加聚焦于学科建设、队伍建设和人才培养。

---

① 参见时巨涛：《十年辛苦不寻常——写在东南大学建校110周年》，《东南大学报》2012年6月5日。

（二）继往开来、与时俱进，百年东大谱新篇

2002年，东南大学迎来了她的百年华诞。

100年前，东大前身"三江师范学堂"诞生在南京四牌楼这块土地上，先贤们创校筚路蓝缕，办学辛苦备尝，使"三江"成为中国最早一批具有现代意义的高等学校之一，声名很快"居于东南之冠"。但那时的中国积贫积弱，晚清王朝风雨飘摇，尽管李瑞清先生呕心沥血，视"教育若生命、学校若家庭、学生若子弟"，可教育救国、富国强兵只是一个破碎的梦想。

80年前，郭秉文校长八方奔走，苦心经营，在南高师基础上建立了国立东南大学，使之成为当时国内仅有的两所国立综合性大学之一，时有"北大以文史哲著称，东大以科学名世"和"东南学府第一流"之誉。1928年，东大易名国立中央大学，发展曾一时之盛，其规模之宏、学科之全、师资之强，被誉为"民国最高学府"。但那时的中国动荡不已、山河破碎、战乱频仍，虽然前辈们坚韧奋斗，抗战烽火中千里西迁，颠沛流离中坚持办学，为早期中国大学建设，为民族教育科技发展做出重要贡献，可在经济薄弱、科教落后、政权腐败、国破民穷的国度中，建设一所世界先进水平的大学，只是一个虚幻的理想。

50多年前，新中国成立，在中国共产党的领导下，中国大学迎来新时代。1952年全国高校院系调整，在四牌楼原中央大学旧址组建的南京工学院，励精图治、艰苦奋斗，为新中国工业化建设培养了大批专门人才，成为当时享誉全国的"四大工学院"之一。可那时中国经济科技教育与先进国家全方位的差距，连绵不断的政治运动，都影响和阻碍了学校发展。

20多年前，邓小平开启的改革开放和社会主义现代化建设，极大地推进了中国高等教育事业发展，南京工学院顺势而为，团结奋进，进入快速发展阶段。1988年，南京工学院复更名为东南大学，积极调整学科布局，大力推进改革开放，由单一工科院校转变为一所以工为主，工、理、医、文、管等多学科协调发展的综合性大学，综合实力进入全国高校前列。

2002年，当东南大学迎来她建校一百年的时候，中国已发生沧桑巨变，东南大学也今非昔比，建设国内外知名高水平研究型大学已成为全体东大人坚定不移的奋斗目标！

这一年五月，中共中央总书记、国家主席江泽民为东大建校百年题词：严谨求实团结奋进，把东南大学建设成一流人才和创新成果的培育基地。

全国人大常委会委员长李鹏为东大题词，殷殷期望：传承百年优良传统、培育更多建国人才。

全国政协主席李瑞环欣然命笔，为东大百年庆生：求是笃行、育才报国。

党和国家领导人李铁映、许嘉璐、宋健、朱光亚、老校友顾毓琇、吴良镛、丁衡高、倪光南等、老领导刘忠德、宋瑞祥、韦钰等，以及著名华裔科学家、东南大学名誉教授杨振宁、丁肇中、袁家骝等纷纷题词、发来贺信，或祝贺东大建校百年，或表达对母校的深情祝福。

校庆前夕，江苏省委书记回良玉，省长季允石，省政协主席曹克明，省委副书记、南京市委书记李源潮，市长罗志军等省市领导来校视察并指导百年校庆工作。回良玉书记说，东南

大学是江苏的骄傲，为我省改革开放和现代化建设作出巨大贡献。百年华诞是东南大学的一件盛事，是全省教育系统的一件大事，也是全省人民的一件喜事。教育部长陈至立等专程到东大考察，听取学校工作汇报，肯定东大各项事业取得的成绩，对百年校庆表示热烈祝贺。

2002年5月20日，南京大学、东南大学、南京师范大学、南京农业大学、河海大学、南京工业大学、南京林业大学、江苏大学、江南大学等九所同宗同源的高校百年联合庆典大会在南京五台山体育馆隆重举行。党和国家领导人李铁映、彭珮云、许嘉璐、钱伟长等参加了庆典。省委副书记任彦申主持大会，省长季允石宣读了江泽民主席、李岚清副总理的贺信。江泽民主席在贺信中说："你们九所高校一脉同源，有着光荣的革命传统，长期以来在我国革命、建设、改革中作出了突出成绩。当今世界，教育科技与经济的结合越来越紧密。希望你们认真贯彻党的教育方针，面向现代化、面向世界、面向未来，以培养高素质创新人才为根本任务，传播先进文化，增强创新能力，攀登科学高峰，在回答和解决中国现代化进程中面临的重大理论和实际问题上有更大的作为。"

教育部长陈至立在会上致辞，代表教育部对九校百年联合校庆表示热烈祝贺。东大校友、著名计算机专家倪光南院士，东大无线电系主任尤肖虎教授分别作为校友和教师代表在大会上发言。会上，江苏省人民政府向同宗同源、血脉相连的九所大学赠送铜鼎。省委书记回良玉发表了热情洋溢的讲话，希望师生们"承百年传统、扬九校新风，青蓝相继，薪火相传，创造出无愧于时代和人民的业绩"！

东南大学建校100周年庆祝大会

6月5日上午，东南大学建校100周年庆祝大会在四牌楼大礼堂隆重举行。全国政协副主席钱伟长，全国政协常委、全国政协教科文卫委员会主任刘忠德，江苏省人大常委会主任陈焕友，江苏省政协主席曹克明，国家地震局局长宋瑞祥，教育部副部长韦钰、周济，科技部副部长刘燕华,江苏省委副书记、南京市委书记李源潮和诺贝尔奖获得者、东大名誉教授丁肇中等在主席台前排就座。出席庆典的还有江苏省和南京市领导同志,教育部直属高校、江苏及南京部分高校主要负责同志,江苏十三个市的领导同志,企业代表及30多所海外大学嘉宾。数千名东大师生、老校友、老同志代表在大礼堂主会场和多个分会场参加了庆祝大会。

庆祝大会由胡凌云书记主持,校长顾冠群院士作了《秉承百年优良传统、开创世纪新的辉煌》的校庆报告,他回顾了东大百年来走过的光荣辉煌而又艰难曲折的道路,追忆先辈奋斗的足迹,历数取得的闪耀业绩,誓言在新的百年,东大人一定继承发扬优良传统,牢记使命,不忘嘱托,奋发进取,为中华民族腾飞做出更大贡献。

教育部副部长周济代表教育部向东大师生及海内外校友致以热烈祝贺和崇高敬意,充分肯定了百年来东大对国家经济、科技、教育发展做出的重要贡献,在人才培养方面取得的突出成绩,表示教育部将一如既往地关注支持东南大学建设发展,支持东南大学早日建成国内外知名高水平大学。

会上,1963级校友、中国工程院院士李德毅少将,美国马里兰大学牟德校长,飞利浦公司执行副总裁万德坡先生,重庆大学吴中福校长,1980级校友、微软亚洲研究院副院长沈向洋博士,以及教师代表王保平、学生代表鲁束也先后在大会上致辞,共同祝贺东大建校百年。

6月5日,还举行了东大杰出校友、世界著名物理学家吴健雄纪念馆开馆仪式,全国政协常委、东大前党委书记刘忠德,诺贝尔奖获得者、著名物理学家丁肇中,江苏省政协主席曹克明,国家地震局局长宋瑞祥,教育部副部长、前校长韦钰,科技部副部长刘燕华,亚洲博鳌论坛秘书长张祥和吴健雄先生之子吴纬承共同为吴建雄纪念馆剪彩,这也是国务院批准建造的第一个华人科学家纪念馆。

2002年相较1992年,十年来东南大学发生了很多的变化,这里仅列举几个主要方面:

——1995年进入国家"211工程"重点建设大学行列;1996年顺利通过教育部优秀本科教学评估;2000年实现"四校合并",组建新的东南大学;2001年进入国家"985工程"重点建设大学行列。现有10个国家级重点学科、10个江苏省重点学科,全校共有40多个院、系,学科覆盖工、理、医、文、法、经管、艺术、教育等门类,已成为一所多学科协调发展的综合性大学。

——十年间,学校培养全日制毕业本科生18 368人,研究生4808人,成为国家现代化建设的生力军;韦钰、冯纯伯、顾冠群、吕志涛、钟训正、孙忠良等六位教师光荣当选中国工程院、中国科学院院士;中青年教师成长较快,有100多人进入国家、教育部和江苏省的"人才工程"和重点培养计划。

——近十年来,取得较大科研成果1000余项,其中一半以上获得国家、部委、省市科技成果奖;申请专利连续多年位居全国高校前列;在科技为地方经济与区域发展服务方面,一直是江苏省高校第一;2002年,科研经费达3.179亿元,约是1992年0.55亿元的5.78倍。

——近十年来,学校与美国、德国、日本、法国、英国、瑞士、澳大利亚、我国香港等国家和地区的50多所大学和研究机构签订合作交流协定;邀请了包括诺贝尔奖获得者在内的一千多位国外专家学者来校访问、讲学;派出留学及访问学者数千人。

截至2002年9月1日,东南大学在校各类学生合计为47 532人。其中:

各类研究生5965人,其中博士研究生1383人;硕士研究生4582人。

全日制本专科生(国家计划)18 784人,其中本科生16 676人;专科生2108人。

成人教育学生11 356人,其中函授在校生2372人(本科1407人、专科965人);夜大在校生3223人(本科2147人、专科1076人);脱产在校生5761人(本科1799人、专科3962人)。

网络大学在校生11 392人(全部为本科)。

外国留学生35人(读学位,不含短期进修)

东南大学在编教职工总计6447人,其中:专任教师1870人,专职科研人员584人,教辅人员594人,行政人员821人,工勤人员605人,校办企业职工480人,其他附设机构(主要为附属中大医院)人员1493人。

全校教职工中,具有教师(及相当)业务职称的合计5104人,其中教授505人、副教授1159人、讲师2159人、助教1281人。

截至2002年,学校占地面积约2300亩,校舍建筑面积98.96万平方米;固定资产总值约12.6亿元人民币;学校办学收入约11.22亿元。①

党委书记胡凌云(1999—2011)

校长顾冠群(1997—2006)

---

① 相关内容及数据引自《东南大学报》百年校庆专刊,《东南大学年鉴》2002年。

（三）开拓创新、争先进位，向世界一流大学迈进

2006年6月8日下午，学校在大礼堂召开大会，宣布中共中央、国务院任命易红同志担任东南大学校长（副部长级）的决定。① 中央组织部干部三局局长王京清，教育部党组书记、部长周济，江苏省委常委、组织部部长王国生，江苏省副省长何权等领导同志出席大会，参加会议的还有现任校党政领导班子成员，部分学校前任老领导，各院（系）党政主要负责人，校机关部处及直属单位主要负责人，教师代表、各级人大代表、政协委员和学校各民主党派负责同志及学生代表等。

王京清局长宣读任免通知并讲话，他高度评价了顾冠群校长对东南大学改革和发展作出的重要贡献，对易红同志担任东南大学校长表示祝贺。教育部部长周济、江苏省委组织部长王国生同志分别代表教育部和江苏省委、省政府讲话，希望东大在新一届党政领导班子的带领下，以科学发展观统领学校发展全局，全面提高教育质量、科研水平和办学效益，努力成为我国培养高水平创新人才、高新技术研发的重要基地。

刚刚卸任校长职务的顾冠群院士深情回忆了近半个世纪以来在东大学习生活工作的点点滴滴，并对历届党政领导、全校广大干部以及奋战在教学、科研、管理、后勤第一线的全校广大教职员工表示感谢。他表示离任后，作为一名教授他将回归学术领域，但仍会继续关心、关注学校的发展。

顾冠群任校长以来，与校领导班子同志们一起团结奋斗，与全校广大师生员工共同顽强拼搏，为学校事业发展倾尽全部心血。他高度重视学科建设和科技工作，积极推动与世界一流大学和企业间的国际合作，促成了丁肇中先生"AMS"项目在东南大学落户。他自觉坚持党委领导下的校长负责制，尊重党委书记（胡凌云曾是他学生），做到学校重大事项在党委常委会上集体讨论决定。他刚直不阿，坚定维护学校利益，在学校进入"985工程"和并校等重要工作中付出艰辛努力，承受巨大压力，做出重要贡献。到他任职后期，身体已非常不好，但仍殚精竭虑，恪尽职守，勤奋工作，与会同志用热烈掌声表达对离任老校长的敬意。

新任校长易红在讲话中感谢中央和上级党组织的信任，感谢学校全体师生员工的信任。他说，受命担任东大的校长，深感责任重大。今后，将在上级组织和校党委的坚强领导下，党政密切配合，谦虚谨慎，克己奉公，团结和带领东南大学4万名师生员工向着更高更远的目标前进！②

毋庸讳言，新世纪开始的时候，东大面临着十分严峻的形势，百年华诞的隆重庆典，并不能掩饰东大人内心的焦虑。与一些通过并校"暴发"的学校相比，新东大体量的加大，人员

---

① 2001年2月，教育部与江苏省决定重点共建东南大学的决定中明确，东大校级领导班子的管理和任免，按中央组织部和中共教育部党组的有关规定执行。后中组部发文，东南大学党委书记、校长由中组部管理任免，明确为副部长级。
② 郑立琪：《继往开来 开拓创新 再创东南大学新辉煌——中共中央、国务院任命易红同志为我校校长》，《东南大学报》2006年6月13日。

的增多，没有带来综合实力的提升，反而稀释了师资队伍的质量，降低了人均产出。同时学校的一些重要指标也徘徊不前甚至出现下滑。如何根据高等教育形势和学校发展的变化，及时使学校工作重心由规模的扩张转变为质量的提升，由学科结构布局调整到进一步做优做强，是新一届领导班子需要应对和回答的重要问题。

2006年8月23日，在一年一度的秋季中层干部大会上，易红做了《开拓创新、争先进位，确保实现学校发展战略目标》的报告，这是他出任校长后的一次重要讲话，从某种意义上讲，亦是他的"就职演说"。他在这次讲话中明确提出，"实现学校发展战略目标，基本路径是开拓创新、争先进位，除此之外，别无他途""要大力改革，重点突破，强力推进，努力解决影响学校发展战略目标实现的主要矛盾与问题，而且要明显见效，这是凝聚人心、振奋人心最重要的举措"。在那次会上，易红校长还说了一段振聋发聩的话：

> 我校"三步走"的发展战略目标在国内外高校的激烈竞争中，只有通过不断超越才能实现。可看看排在我们前面的学校，哪一个基础比我们差？哪一个名气比我们小？东南大学的基础不比别人好，得到的外部支持不比别人多，我们靠什么实现超越？怎么样才能走在一流大学的前列？最重要的就是要改革，要通过开拓创新，争先进位，走出自己的超越之路！①

"开拓创新、争先进位"的核心要义，就是要紧紧围绕建设世界一流大学目标，学校每一个院系学科，每一项工作都要对标先进，坚持改革，扬长补短，开拓进取，勇于争先。学校明确提出的这一发展方略，很快成为各个院系、学科、部门单位负责人肩上的压力和工作的推动力，也成为凝聚东大人精神和努力方向的聚焦点。

这一时期，东大推出了一系列改革，但关系全局、影响深远、成效最明显的应该说是两项综合性改革，即，以高水平师资队伍建设为核心的人事制度改革和以高水平学科建设为核心的科研及学科管理体制改革。

师资队伍和学术水平是衡量一所大学综合实力和竞争力最重要的评价指标，是办学最宝贵的资源。抓住了人才和学科就抓住了学校发展的命脉，这也是十年来学校改革力度最大、用力最甚之所在。

东南大学的人事制度改革是贯穿二十年始终的重要改革，有两个突出特点：一是主动改革，持之以恒不断深入；二是从学校实际出发，根据不同发展阶段和情况变化及时调整。改革着力点始终是希望解决两方面的问题：即如何及时调整改革重点和政策导向，使之聚焦于中心工作，

---

① 易红：《开拓创新、争先进位，确保实现学校发展战略目标》，《东南大学报》2006年8月30日。

保证人力资源适应和满足学校发展建设的需求；如何通过改善激励，调动广大教职工的积极性，不断提高工作效率和效益。进入新世纪后，人事制度改革的重点逐步由稳定队伍、改善激励、留住人才转变到优化结构、提高质量、吸引和集聚人才上。

2004年2月，学校召开"人才强校战略研讨会"，把实施"人才强校"战略作为各项改革之首。提出瞄准高水平研究型大学建设目标，加强师资队伍及高水平专家队伍建设，积极推进校内人事分配制度改革，加大投入力度，以灵活的机制和更好的发展环境吸引高层次人才。

2006年以后，这一进程加快，力度加大。在"985工程"和"211工程"的加持下，学校大力推进人事管理与运行体制的改革和创新，出台多项人事制度改革创新文件，以培养和引进院士、"千人计划"、长江学者为重点，有力地促进了一批高层次人才和创新团队的成长。通过积极申报国家各类人才工程和校内进人的"333标准"（即每年引进100名左右青年教师，海外名校、国内名校和本校的博士各占1/3），加大学术带头人、优秀学术骨干和优秀青年教师的培养和引进，对低学历专任教师的学历提升（攻读博士学位）和转岗分流，不断优化教师队伍的年龄结构、学历结构和学缘结构，全面提高了教师和人才队伍的整体水平。据统计，学校2006年以来推行的系列改革中，大部分是围绕人事制度改革来进行的，仅制定或修订的有关人事制度文件多达50余个。

建设高水平研究型大学，核心是高水平学科建设，而高水平学科必须有高水平的师资队伍和高水平学术研究及成果作后盾。东大素以工科见长，到新世纪初，虽然已形成综合型大学的格局，但学科发展不平衡的矛盾日渐突出。应用研究历来是东大强项，但相对薄弱的基础研究和新兴学科研究，却拖了研究型大学发展的后腿。如何通过科技体制改革和学科结构调整，使强者更强，弱者变强，实现均衡发展、创新发展，就成了十年来学科建设发展的一条主线。通过"985工程"和"211工程"，学校加大对重点学科的建设投入，瞄准世界顶尖大学的相关学科，学先进、找差距，力争在世界学术舞台上与强者比拼，形成了一批"高峰学科"，在几次教育部和江苏省组织的学科评估中都取得可喜成绩。

这一时期，东南大学坚持"育人为本"的办学理念，不断加大教学投入，深化教育教学改革，努力推进素质教育，着力培养学生的创新精神和实践能力。

2003年5月，东大提出"建设高水平研究型大学，培养高层次创新人才"，全面修订本科生培养方案，新一轮教学改革项目全面启动。2005年，学校提出大类培养模式，从"三元一体"向"四元一体"的探索研究型教学转变。2008年4月，东大以优异成绩又一次通过了教育部组织的本科教学评估。

进入新世纪以来，随着研究生招生规模的扩大，学科结构的变化，国际化程度的加深，研究生教育面临新机遇与新挑战。2006年，学校瞄准国际知名的高水平研究型大学目标，进行研究生培养机制改革，确立了"研究型、创新型、国际化"的人才培养目标，坚持高标准选人、高质量育人，坚持不懈地进行改革和创新，有力推进了研究生教育能力和水平的提升。

这一时期，东大按照现代大学制度的要求，以制定和实施《东南大学章程》为基础，推进学校内部治理结构改革；进一步完善党委领导下的校长负责制，通过规范决策程序，保证决策的科学化和民主化；积极探索民主管理的形式和方法，切实落实师生员工在学校管理中的知情权、参与权、表达权、监督权；切实推进管理重心下移，建立结构合理、责权统一的校、院（系）两级管理体系，逐步解决制约学校发展的体制机制性障碍，提高了管理水平和治校理政能力。

这一时期，东南大学最大变化之一是财力不断增强，收入持续大幅增长，办学条件明显改善。如果说，九龙湖新校区建设为东大新百年基业奠定了广阔的发展空间，那么，国家对教育科技持续大力的投入，"211工程"和"985工程"的实施，则为高水平大学建设搭建了坚实的平台，提供了有力的物质保证。

十年间，学校年办学经费从2002年的11.2亿元增长到2010年的23.37亿元，8年增长了一倍多，年增长率达13.6%。仅以基本建设为例，2006至2011年期间，五年累计完成投资25.3亿元，交付建筑面积39万平方米。2001年2月12日，教育部与江苏省签署共建东南大学协议，计划3年投入6亿元支持东南大学建设，东南大学正式列入"985工程"国家重点建设大学行列。2005年，"985工程"二期，仍保持了国家和江苏省6亿元的投入。到"985工程"三期，从2010至2013年中央财政和江苏省配套经费将达12亿元。十年间，学校依托"985""211"工程，投入数亿元，加大对教学科研实验室及其设备投入；投入数千万元，稳步推进"数字化校园"建设。学校办学环境、办学条件和服务管理水平得到极大改善和提高。

这一时期，也是东南大学发展目标及战略日益清晰和逐步成熟的时期。明确"新三步走"奋斗目标和确立"三个坚定不移"发展战略就是这一成果的具体体现。

这一时期，东大把和谐校园建设作为增强学校凝聚力和师生归属感的重要举措和提升办学水平的重要载体。和谐校园是一流大学的重要特征，其建设是项系统工程，主要包括文化校园建设、民主校园建设、法治校园建设、平安校园建设和温馨校园建设。学校党委的一项重要任务，就是通过大力推进和谐校园建设，为学校改革发展创造良好的软环境。

2011年1月20日上午，东南大学党委书记任免大会在榴园宾馆新华厅举行。经中央批准，郭广银同志任东南大学党委书记（副部长级）。免去胡凌云同志的东南大学党委书记职务，调任北京航空航天大学党委书记。

受中共中央组织部委派，干部三局副局长赵凡在会上宣读了《中共中央关于东南大学党委书记调整的决定》并讲话，他在讲话中代表组织充分肯定了胡凌云同志任职以来，与两任校长密切配合，团结和带领全校师生坚持改革、长期奋斗，为学校建设发展做出的重要贡献，对他付出的辛勤努力表示衷心的感谢。他在会上还介绍了郭广银同志的相关情况，指出她曾长期从事高校党的工作和在地方党委组织部门工作，熟悉高校情况，党务工作经验丰富，有较强的组织领导和协调能力，在江苏干部队伍中和高校界有较高威信。中央认为，郭广银同志任东南大学党委书记是合适的。①

教育部党组成员、中纪委驻教育部纪检组长王立英，江苏省委常委、组织部长石泰峰分别在会上讲了话，他们代表教育部党组和江苏省委对胡凌云同志为东南大学改革发展做出的重要贡献表示充分肯定和衷心感谢，对郭广银同志调任东大党委书记寄予厚望，希望新的校领导班子紧紧依靠全校师生员工，秉承东南大学的优良传统，弘扬改革创新精神，把东南大学的改革发展推上一个新的台阶。

新任党委书记郭广银也在会上讲了话。她说："今天，我重回高校工作，接过东南大学党委书记的担子，深深地感受到一份暖融融的亲切感和沉甸甸的责任感。作为一个新东大人，我感到肩头的责任重、压力大。我一定尽快进入角色，尽心竭力工作，努力做到不负重托、不辱使命。"

胡凌云在会上做了一个充满深情的离任感言。他回顾了自己在东南大学学习、成长的历程，为自己见证了从南京工学院到东南大学，并参与了东南大学建设一流大学的整个过程而深感荣幸。胡凌云是1977年恢复高考后进入东大计算机系学习的，毕业后留校工作。自1991年任学校党委副书记，1999年任党委书记，担任学校主要领导长达20年。他熟悉高等教育规律，办学指导思想明确，工作思路清晰，组织领导能力强，处事稳重，长于谋划。在工作中，他团结带领一班人，紧紧围绕国家发展战略需求，积极推进学校改革发展，主动为国家和地方经济社会发展服务，是学校确立"三个坚定不移"的发展战略，提出"五大校园建设"发展思路和建设九龙湖新校区的主要倡导者和领导者。他具有丰富的党务工作经验，抓班子带队伍能力强，坚持党委集体领导，支持校长依法履行职责，自觉维护班子团结。他组织观念强，坚持原则，为人正派，作风民主，办事公道，赢得了班子成员和东大广大教职员工的尊敬和信任。正如易红校长所说，"胡凌云书记为东大的各项事业做出了全过程、多方面、不可磨灭的巨大贡献，在全校师生中享有很高的威望，是全校师生员工信得过的好领导和贴心人"。

2012年6月2日，东南大学建校110周年庆祝大会在大礼堂内隆重举行。海内外嘉宾和校友、兄弟院校代表、东南大学师生代表齐聚四牌楼，共庆东南大学110周年华诞。

中共中央政治局常委、国务院总理温家宝为校庆题词"以科学名世、以人才报国"，中共中央政治局常委、全国政协主席贾庆林发来贺信。回良玉、刘延东、李源潮、陈至立、李金华等党和国家领导人分别题词或致贺信。

易红校长在大会上作了题为"荣耀与传承、使命与行动"的报告。易红说：110年来，我校历代先贤殚精竭虑、辛勤耕耘，取得了卓越的办学成就，也形成了丰厚隽永的办学传统。新中国成立后，东南大学继承优良的育人传统，矢志不渝地为祖国培养了一大批优秀的建设者和

---

① 郭广银任东南大学党委书记前，曾任南京大学党委副书记，中共江苏省委组织部副部长（正厅级）。

接班人。进入新世纪以来,我校结合时代需要和学校实际,不断丰富和深化人才培养的认识和实践,形成了"四个协调发展"的育人理念和"重基础、重实践、重素质"的育人传统。110年来,东南大学共为祖国培养了25万人才,成为我国高层次人才培养的重要基地。

清华大学校长陈吉宁教授,澳大利亚蒙纳士大学校长爱德华·拜恩教授分别代表兄弟院校和海外合作院校发表了热情洋溢的致辞。校友代表、2003届毕业生、途牛网总裁于敦德,教师代表、信息科学与工程学院院长、2011年度国家技术发明一等奖获得者尤肖虎,学生代表、电气工程学院苏玮等也在大会上发言。

教育部党组副书记、副部长杜玉波代表教育部对东大110周年校庆表示祝贺。他说,教育部将一如既往地关心和支持东南大学的建设与发展,希望东南大学以建校110周年为契机,深入贯彻落实胡锦涛总书记在清华大学百年校庆大会上的重要讲话精神和教育规划纲要,紧紧围绕提高质量这一核心任务,科学谋划,加快发展,全面推进学校各项事业科学发展。

中共江苏省委书记罗志军在讲话中指出,东南大学在江苏创办和发展壮大,见证和推动了江苏大地百余年的发展变迁。尤其是进入新世纪以来,东南大学主动适应地方经济社会发展需要,积极融入区域创新体系建设,大力开展产学研合作和科研成果转化,为我省改革开放和现代化建设提供了人才智力支持、做出了突出贡献。支持东南大学高水平发展,是江苏义不容辞的责任。我们将继续为东南大学创建世界一流大学提供服务、创造条件,共同把东南大学打造成为江苏在国际上重要的文化名片和教育品牌。

回望新世纪的这头十年,是东大历史上发展最快,变化最大的时期之一。在学科建设、人才培养、科学研究、社会服务等各个方面始终呈现着快速发展的趋势;学校各项评价指标在激烈的竞争中,一直保持着持续上升的势头。

2010年泰晤士报亚洲大学排名统计结果显示,东大位列亚洲第87名,内地大学第11名。在一些国内外认同度较高的大学、学科、学术排行榜评价中,东大各项指标大多稳定地居于中国大学前20名之列,这在一定程度上也反映了社会及同行对东大的认可。

回顾这一时期,东南大学之所以能比较快速平稳可持续发展的一个重要原因是有一个志存高远、改革创新、团结奋进、一心一意谋发展的领导集体;有一大批同心同德、顾全大局、敬业担当、凝心聚力、敢于争先的干部和教师。十余年来,东大人不动摇、不内讧、不折腾,比较好地处理改革、发展与稳定的关系,统筹兼顾、协调发展。十余年来,东大发展不是没遇到困难,工作不是没有问题,但始终能正视困难,尽可能妥善解决学校改革发展中遇到的各类矛盾,积极回应师生员工对学校工作的各种期望与诉求。十余年来,在激烈的竞争和挑战面前,东大人团结拼搏、改革创新,抓住了每一次机遇,做到了争先进位,也基本实现了"三步走战略"第一步的目标。

"十一五"期间(2006—2011),在"985工程""211工程"的强力支持下,高水平大学建设卓有成效,综合实力大幅增强,办学层次大力提升,办学条件大为改善。主要表现在:

——进一步完善了学科布局,形成了工、理、医、文、管等协调发展的学科生态,综合性大学的格局在更高水平上形成。高峰学科日益凸显,共有一级学科国家重点学科5个,二级学科国家重点学科5个,国家重点(培育)学科1个。有一级学科博士点29个,一级学科硕士点49个,博士后科研流动站23个。在教育部学位与研究生教育发展中心公布的2007—2009年全国一级学科整体水平评估中,东大有11个学科进入全国前十名,其中4个学科进入全国前三名,生物医学工程排名第一。根据ESI数据库排名,东大工程学、材料学、数学、物理学、化学、临床医学、计算机科学等7个学科进入世界前1%。2011年入选江苏高校优势学科建设工程一期项目11个,获得经费1.7亿元。获批江苏省一级学科重点学科10个。

——队伍建设成效明显,人才队伍不断壮大,初步形成了一支更加适应高水平研究型大学建设的师资队伍和若干支高水平教学、科研团队。专任教师达2573人,其中,具有正高职称711人,副高职称1025人,具有博士学位的比例超过70%,具有海外博士学位的人员占比达到17.74%,具有一年以上海外工作及学习经历的人员比例达到44.61%。[①] 五年来,入选、引进中国工程院院士5人,引进并申报入选国家特聘专家(千人计划)9人;引进具有正高职称的教师48人,副高职称的教师65人;引进具有博士学位的青年教师559人,现有"长江学者奖励计划"特聘教授23人,"长江学者奖励计划"讲座教授7人,长江学者创新团队4个,国家自然科学基金创新群体2个,国家杰出青年科学基金获得者27人,国务院学科评议组成员12人,国务院学位委员会委员2人,人事部百千万工程培养对象17人。

——人才培养质量稳步提升。五年来,获得国家特色专业建设点23个,位列全国高校第10位;国家精品课程40门,位列全国高校第9位;国家级教学创新团队11个,位列全国高校第7位;国家级实验教学示范中心及建设点6个,位列全国高校第5位;获国家教学名师荣誉称号6人,位列全国高校第12位;成为教育部"卓越工程师教育培养计划"首批实施高校。2008—2010年,获全国优秀博士学位论文5篇。2009年,获国家级教学成果奖10项,其中一等奖2项,二等奖8项,一等奖数位列全国高校第3位,获奖总数位列全国高校第5位,取得历史性突破。高质量完成国家建设高水平大学公派研究生项目,五年来共派出572名研究生赴国外高水平大学进行联合培养或攻读学位。学校研究生和本科生的比例接近1:1,实现了本科教育与研究生教育并重的目标。

---

① 截至2012年10月数据,引自《东南大学年鉴》2013年。

——科技创新和社会服务能力显著增强，基础研究和人文社会科学研究发展迅速，取得了一批高水平的标志性成果，研究型大学建设取得重要进展。五年来，科研经费合计超过40亿元，获得国家自然科学基金项目922项，获得牵头的国家"973"项目8项，承担国家"863"项目104项；承担国家社科基金项目49项，其中重大项目2项，重点项目5项；获教育部人文社科规划基金97项，实现省级人文社科基地零的突破，建成省级人文社科基地6个。五年来，新建各类科研基地22个，其中教育部重点实验室5个，江苏省重点实验室9个，并正在筹建一个国家实验室。国家级科研基地工作取得新突破，2011年获批国家级科研基地1个，1个国家级科研基地和1个部级科研基地已通过最后一轮评审。共申请各类专利5786项，其中发明专利2871项；共获专利授权3009项，其中发明专利1021项，发明专利申请与授权量平均每年以31.4%的比例增长。五年来，发明专利申请量和授权量均位居全国高校前六位，2010年度国际专利授权数量位列全国高校第6位。

——高水平论文不断涌现。SCI论文方面，由2007年收录588篇，排名全国25位，上升到2010年的1271篇，排名第17位；EI论文方面，由2007年收录1050篇，排名第17位，上升到2010年的1704篇，排名第8位；SSCI论文方面，五年来共收录81篇，是上一个五年的8倍。表现不俗论文方面，由2008年140篇，排名第15位，上升到2010年324篇，排名第13位。在2010年《自然》出版集团公布的"自然出版指数"排名中，东大位列中国科研机构第8名，大陆高校第5名。

——国家级奖项逐年增加。五年来，共获国家级科技奖励17项，较上一个五年增长10项，其中作为牵头单位共获得国家级科技奖励9项，较上一个五年增长6项。2009年作为牵头单位获得国家发明二等奖2项；2010年作为牵头单位获得国家科技进步二等奖3项；2011年作为牵头单位获得国家技术发明一等奖1项，国家科技进步二等奖2项，取得历史性突破。根据江苏省公布的省内高校科技工作为江苏服务情况统计结果，学校在全部7项指标中连续三年名列前茅，2008年7项指标全部位列全省第一，2009年和2010年在7项指标中均有6项位列全省第一。

——国际化办学水平大幅提升。五年来，学校加强了与世界一流大学的交流与合作，与麻省理工学院、马里兰大学、剑桥大学等全球30多个国家及地区的100多所大学和研究机构签订了合作交流协议。与飞利浦、波音、安捷伦科技、西门子等20多家世界著名跨国企业建立了稳定的合作关系，共开展合作项目120多个。稳步推进与澳大利亚蒙纳士大学合作建立联合研究生院和联合研究院工作，新建白俄罗斯明斯克国立语言大学孔子学院；共举办国际会议83个，两岸会议13个。加强师生交流，共接待境外校级代表团300多个，交流来访团组400多个，聘请专家来校讲学及合作研究达4000多人次。现有国家级"创新引智基地"3个，派出教师参加学术交流活动每年在700人次以上。派遣学生赴外学习的人数明显增多，2011年度派遣约1000人，为2006年的10倍。来校留学生规模显著增加，2006年留学生总人数为86人，其中学位生28人；2011年总人数已达到1202人，其中学位生976人，占总人数的81%。

——办学条件得到极大改善。九龙湖校区建设日益完善，各项配套设施、安全管理手段、育人环境大幅提升；稳步推进"数字化校园"建设，网络和信息系统运行服务体系建设取得明显进展；实验室建设及仪器设备的配置更趋完善，能够满足人才培养和科学研究需求；拥有各类图书资料357.75万册，服务环境和水平得到较大提高。

截至2011年底，学校校园土地面积6396亩，校舍面积123.85万平方米[①]，固定资产总额33.88亿元；2006年以来，累计接受社会捐赠近4亿元；2012年，学校预算收入达到29.2625亿元。

2005年6月，东南大学第十二次党代会报告中提出了新世纪的奋斗目标和"二步走"战略，要求到2012年建校110周年前后，基本实现东南大学"三步走"战略的第一步目标，若干学科达到或接近世界先进水平，建成综合实力位居国内一流大学前列、有一定国际影响的研究型大学。易红校长指出：

> 通过上述指标的进步和发展可以看出，总体而言，经过"十一五"的努力，我们比较好地实现了这个目标，学校已经跃上了一个更高的平台，驶入了更加快速的发展轨道，为东南大学实现新的百年腾飞奠定了良好的基础。实践证明，"十一五"期间学校推行的一系列改革方向正确，措施得力，成效明显。展望未来，我们应当更加充满信心——经过更长一段时间的努力，改革的成效必将日益凸显，我们一定会在创建国内外知名高水平研究型大学和世界一流大学的道路上迈出更加坚实的步伐。[②]

---

① 因统计口径变化，这里的校舍面积不含原校区内的教职工宿舍以及学校集资建设的龙江、中保、将军路教职工住宅，也不包含东南大学无锡分校和苏州研究院的校舍面积。
② 上述内容及数据主要引自2011年12月，易红校长在东南大学第七届教职工代表大会上做的《振奋精神，凝心聚力，以新一轮改革创新加快世界知名高水平研究型大学建设步伐》的学校工作报告，《东南大学年鉴》，2013年。

2012年，有两件事具有明显的象征意义，一是尤肖虎教授团队经过十多年的探索，其研究成果"宽带移动通信容量逼近传输技术及产业化应用"获得国家技术发明一等奖，这是我国在5G领域取得的领先世界的重要成果。二是我校与世界名校澳大利亚蒙纳仕大学联合建立研究生院，这是国家正式批准的第一所中外高校合办的研究生院。前者标志我校一些学科的研究水平已走到了世界前列，后者则意味着我校国际化办学程度进一步提升，可以与国外一流大学"平起平坐"。这似乎预示着，东南大学牢牢抓住了新世纪头十年的战略机遇，在向着世界一流大学目标奋进的航程中，励精图强，划出了一条不断腾跃向上的轨迹。

党委书记郭广银（2011—2015）

校长易红（2006—2015）

第二节　学校奋斗目标和发展战略的演进

改革开放以来，东南大学一直有一个比较好的传统，就是每五年召开一次党代会，每五年制定一次学校发展规划（一般与国家五年计划同步，在党代会通过后实施）。每一次党代会都全面回顾总结学校工作取得的成绩和经验教训，提出学校的奋斗目标和发展战略，每一个"五年规划"都根据形势变化和事业发展要求提出未来五年新的目标、要完成的主要任务和具体指标。1991—2011年的二十年间，东大前后召开了五次党代会①，形成了四个"五年规划"，党代会报告和学校发展规划成为全校师生员工共同的行动纲领，聚焦工作重点，引导资源配置，同时成为党政领导班子履行职责、约束自身行为和考核各项工作的依据，做到了执行蓝图不走样，一茬接着一茬干。这也是学校能够一直保持持续稳定快速发展的重要原因之一。

二十年间，东南大学的奋斗目标和发展战略演进经历了一个不断提升、逐步清晰、日益成熟的过程，虽然根据形势变化和学校发展的不同阶段有所调整，但追求的目标和前进的方向是不变的。这就是始终坚持从实际出发，坚持改革创新，建设一流大学目标坚定不移、持之以恒；在制定发展战略和路径选择时，做到实事求是、与时俱进。

这些调整和变化有着明显的时代和阶段性特征，是与中国改革开放的进程，与国家经济及社会发展的需要，与党和政府对高等教育的要求，与学校各个时期发展面临的主要任务紧密相连的，既相互衔接、一以贯之，又侧重不同、各具特色，大体可以分为三个阶段：

一、建设"国内第一流、国际有影响的大学"（1986—1995）

目前可以看到的，比较早地明确提出学校奋斗目标和发展思路的规划是1986年制定的《南京工学院1987—1990年发展纲要》（简称《纲要》）。②这个纲要虽然比较粗略，多是一些定性的目标和比较宽泛的工作要求，但它第一次比较清晰地提出了学校的奋斗目标、基本的发展战略和近期需要完成的主要任务，所以对明确学校未来行动方向、调配资源和聚焦力量起到了重要作用。

1986年的《纲要》主要有三个方面贡献：

第一次明确提出学校的奋斗目标是，"到2000年前，把我校建设成为国内第一流、国际有影响的大学"。在此之前，关于学校奋斗目标也曾有过一些提法，但多意有不足，在校内难

---

① 学校党代会起初是每四年一次，从十一次党代会后改为每五年一次，大致与学校"五年规划"同步。
② 这是在时任南京工学院院长管致中主持下，主要是为落实中央关于经济体制、科技体制、教育体制改革的三个决定和结合"七五"规划而制定的学校到1990年前的一个中期发展规划。1987年初韦钰接任院长后又对规划做了一些调整。

取得共识，也不易流行。这一次的提法是在1987年初的"南工发展战略研讨会"上，韦钰校长代表学校提出，经过校系部处领导、学者专家和各方代表反复讨论后确定下来的，鲜明、实在、好记，大家都乐于接受。① 关于"国内第一流、国际有影响的大学"这一奋斗目标的内涵，管致中院长曾经有过解释，大意是全国有两千多所高校，南京工学院居于前1%（前20名左右），就能视为国内第一流了；国际同行在谈到中国大学时，能想到南京工学院，或者国外一些高水平大学在与中国大学交流时，南工位列其中，就可以说是国际有影响了。这个标准不算高，但确是东大建设世界一流大学目标的最初起点。

第一次在学校发展规划中明确提出，"把我校办成以工为主，理、工、文、管相结合的综合性大学"。南京工学院自1952年院系调整以后，一直是一所单一的工科大学，1977年恢复高考以后，虽然办了少量的理科和文科专业（师资班），进入八十年代后，又开办了管理专业，但直到1986年，工科专业仍占全校本科专业的90%以上，学生更是占95%以上。时任学校党政领导班子，在深入分析高等教育发展趋势，总结国内外一流大学的共同特征和成功经验后一致认为，南工要达成一流大学建设目标，必须实现由单一工科向综合性大学的转变。不过当时主要的考虑是，一所高水平大学应该是综合性的，有好的理科，有基础研究，才能有力支撑工科发展，提高科研水平；有一定数量的文科，有利于提高学生综合素质，丰富校园文化；推动多学科综合发展有利于产生新兴学科和交叉学科，适应高等教育发展趋势和国家建设需要。② 根据这一思路，《纲要》提出的发展方针是"提高工科、加强理科、积极发展人文社会科学学科，大力促进新兴学科和交叉学科发展。"这是学校发展战略的一次重要和主动的转变，对此后东大发展起到重要引领作用，历任学校领导也较好地坚持了这一方针。

第一次在规划中提出了比较明确的量化指标，即到1990年全日制在校学生数达到10 000人，其中本科生7800人，研究生1500人，留学生100人，另外成人教育2000人。全校本科专业发展至40个左右，重点学科、博士点20个左右，使学校成为全国有影响的教学、科研基地。③ 1986年《纲要》中提出的量化指标很少，其最主要的是两条：一是在校生达到万人规模；二是大力发展研究生教育，成立研究生院。这在当时是进入国内"一流"大学的门槛，而东大能否完成这两项指标，当时是有很多争议的，因为到1990年学校达到万人办学规模，其中研究生达1500人，最大的约束条件就是校园面积太小和办学条件紧张。④ 1989年，东大克服种种困难上马建设浦口校区，1992年提出研究生教育与本科教育并重，与这个规划有很大关系。

应该说这个《纲要》虽然比较粗略简单，但对东南大学此后的改革发展建设还是起到了

---

① 朱斐主编：《东南大学史》第二卷，东南大学出版社，1997年，第251页。
② 东南大学校史研究室整理：《陈笃信访谈录》（2018年4月）。
③ 朱斐主编：《东南大学史》第二卷，东南大学出版社，1997年，第250页。
④ 当时曾有一个说法，国家教委要重新认定"重点大学"，其中重要标准有，在校生要达到"万人规模"，要求生均土地约达到一人一分地；有研究生院，要求是在校研究生达1500人规模并具备基本培养条件。而这两条东南大学当时都不具备。

重要的引领、促进和约束作用。

奋斗目标表明学校的志向和追求，发展战略指出组织未来的行动方向。可如何使目标和战略落地，还需要有清晰的发展思路，选择正确的发展策略和路径。在这方面，韦钰校长起到关键作用。

韦钰任校长后，对东南大学发展有比较全面的思考和清晰的认识，归纳起来有：

一是，明确学校的奋斗目标，就是要办一流大学；在发展方向上，走综合发展道路。① 在整个九十年代这一直是学校始终坚持的奋斗目标和遵循的主要发展战略。

二是，在具体工作推进中，坚持以改革促发展，"通过管理体制改革主要解决学校发展的动力和机制问题，通过人事制度改革解放和调动教师的积极性"。20世纪80年代中后期到九十年代初期，东大进行的一系列校内管理体制改革和人事制度改革，概括起来主要是抓了两件事：定规矩、建队伍。②

三是，在发展思路和路径选择上，强调要把握科技教育发展的大趋势，从学校实际出发，抓住机遇，强力推进改革。她先后提出的"以科研为先导、以任务带学科、以联合求发展"的发展方略，对加快学校各项事业发展起到了重要引领作用。

"以科研为先导"，是韦钰于1985年任南工分管科研的副院长时，针对当时学校科研比较薄弱，师资队伍学术水平不高，校内还存在教学科研孰重孰轻的争论这一现状而提出的鲜明观点。她认为建设一流大学，高水平的教师队伍是关键，没有高水平的科研，不站在学术前沿，就不可能有高水平的师资，不可能有高水平的教学，也不可能培养出一流人才，因此必须把科研放在十分重要和优先发展的位置上。在这方面她主要推进了两项改革，一是实行了科研项目负责人负责制，做到责权统一；二是在职称评审和教师考核中加大了科研成果的权重，破格提拔了一批优秀中青年学术骨干。一系列改革举措，极大调动了教师的积极性，学校科研工作在这一时期发展很快。

"以任务带学科"，是韦钰推动学科建设的一个主要思路。她认为学科建设是学校工作的重中之重，但不能指望国家和学校短期内有大的投入，而应该通过主动承接国家、行业和企业的重大任务，获取资源、构建平台、集聚人才、锻炼队伍，从而带动学科发展。东大一直以来十分重视科研基地、科研团队建设，鼓励支持承接国家重大项目，就与这一指导思想有关。而韦钰所在的生物医学电子学科，以及东大的移动通讯、交通工程等全国领先学科的快速发展也为这一发展方略做了很好的诠释。

---

① 1988年8月28日，韦钰在全校中层干部会上，谈到办学指导思想时指出：我们首先开了战略研讨会，对校情和发展战略进行了研讨，确定了办学目标，就是要走综合发展道路，办一流大学。（学校各项工作）要有紧迫性、责任感，居安思危，围绕中心，力争一流，《时巨涛笔记》（1988年6月）。
② 1991年12月3日下午，韦钰在校长系主任联席会上的讲话。《时巨涛笔记》（1991年4—12月）。关于这方面内容，参见本章第五节。

"以联合求发展",是韦钰分析国内外高等教育发展趋势,针对东大发展路径选择而提出的一个重要思想。① 她把开门办学、开放办学,通过联合推动高等教育(学校)发展分为三个层面:一是推进校内各院系、各学科之间的联合合作,促进新兴学科交叉学科发展;二是推进与国内外高校、科研院所的联合合作,学习先进、取长补短、共同发展;三是推进与地方政府、大中型企业的联合合作,主动服务经济建设和社会发展,多渠道争取外部支持,实现共同发展。这一发展思路后来成为全校共识,在打破封闭式办学、拓展办学空间、主动服务经济建设、争取更多外部支持、推动学校事业发展等方面起到重要作用。

严格讲起来,这一时期东南大学并没有一个明确的成系统的"发展战略",韦钰校长提出的"以科研为先导、以任务带学科、以联合求发展",主要是针对学校发展中遇到的具体问题而提出的一系列改革思路和发展策略,但它抓住了影响发展的关键症结所在,清晰地指出了发展路径,有力地推动了各项改革,而且环环紧扣,有很强的针对性和可操作性,在实践中逐步成为全校共识,也成为这一时期推动学校各项工作的重要指导方针和发展战略。②

朱万福、陈笃信接任学校领导后,基本延续了韦钰、陈万年时期确立的学校奋斗目标和发展战略。先前制定的发展方针,提出的主要改革任务,继续得到落实并进一步完善。在调整专业学科布局,积极发展理科和人文学科,推动向综合性大学转型方面取得明显进展。在"以联合求发展",开拓办学空间,多渠道合作共建方面有新的突破。做到了"坚持改革,开拓进取,在稳定中前进,在改革中发展"。

1994年,根据国家《教育改革发展纲要》,学校结合实际,审时度势,组织制定了《东南大学改革发展规划》("九五"规划),并于1995年1月召开的校第十次党代会上讨论通过了这个规划,从而明确了学校的奋斗目标和改革发展的基本思路。朱万福书记在党代会报告中指出,要从历史和时代高度,增强竞争的危机感,发展的使命感,改革的紧迫感,正视挑战,深化改革,奋力创新,认真做好学校发展战略和"九五"规划的研究和制定,并在这个报告中提出了东南大学未来建设和发展的总目标:

> 到 2012 年建校 110 周年时,把东南大学建设成为以工为主,理工结合、文理渗透、工理文管协调发展,有自己特色的居于国内一流大学前列,有较大国际影响的大学,成为我国高层次人才培养,科学研究和高新技术辐射的重要基地,在教育质量、科学研究和学校管理等方面处于国内领先地位,学校的教育质量和部分重点学科接近或达到世界先进水平。

---

① 1987年,韦钰在《大自然探索》杂志第6期发表了《以联合求发展——论高等教育发展的一个趋势》的文章,比较系统地阐述了她的这一观点。1987年8月9日,中国教育报全文转载该文。
② 2015年12月,韦钰在北京接受校史研究室同志访谈时曾回忆说,当时改革并没有一个完整的计划,也不是事先想好的,但大体有个方向,目标也清楚,就是一定要改革,要加快发展。实际推进的时候,还是要实事求是,遇到什么问题解决什么问题,不可能事事都先考虑到,就像武侠中说的"见招拆招"。

这一提法，较之 1986 年《纲要》中提出的学校奋斗目标，内涵更加具体，标准有所提高，战略取向也更加清晰。

二、建设"国内外知名高水平研究型大学"（1996—2005）

1990 年代中期以后，东南大学关于学校奋斗目标和定位的提法有了一些变化，在正式文件中不再沿用过去"国内第一流、国际有影响"或"国内一流大学前列、有较大国际影响"的提法，而是更多地采用"建设国内外知名高水平大学"的提法，或者加上一些定语，如"综合性研究型开放式的国内外知名高水平大学"，或"国内外知名高水平研究型大学"等。这一时期，东南大学也第一次把学校奋斗目标确定为"努力创建世界一流大学"，并提出了"三步走"的发展战略。①

2001 年元旦，胡凌云书记、顾冠群校长发表《新年献词》提出：

> 我校 2001—2010 年的奋斗目标是：把我校建设成为以工为主、理工医结合，科学与人文交融，工理文管医协调发展，在教育质量、科学研究和管理等方面居于国内一流大学前列，部分学科达到或接近世界先进水平，有较大国际影响的综合性研究型社会主义大学，成为我国高素质创新人才培养和科学研究尤其是高新技术产业化的重要基地，为逐步向世界高水平大学迈进，力争 21 世纪中叶建设成为世界一流大学奠定坚实的基础。②

学校奋斗目标的修订，不是简单的提法改变，而是积极响应国家对高等教育提出的新要求，是面对新形势、新任务主动作出的战略抉择，是学校奋斗目标和发展思路的一次深刻转变。其重要背景是国家"211 工程"和"985 工程"的实施，是学校经过长期发展，综合实力不断增强的必然结果，也是东南大学发展历程中的重新定位。

这一时期，东大的发展战略和工作重点也发生重要变化，就是紧紧围绕国家战略和高水平研究型大学建设，更加重视重点学科建设、更加重视人才培养质量、更加重视高水平师资队伍建设、更加重视为国家和区域经济建设及社会发展服务，不断提高办学水平和治校理政能力。与之相应，学校提出并实施了一系列改革发展举措落实这一战略，其中影响最大的是"两个坚定不移"发展战略和"人才强校"战略。

---

① 1999 年秋季学校工作会议上，胡凌云做了题为《坚定信心 知难而进，努力创建世界一流大学》的报告，这是第一次在学校层面明确把建设世界一流大学作为奋斗目标，《东南大学报》1999 年 8 月 30 日。
② 胡凌云、顾冠群：《新年献词》，《东南大学报》2001 年 1 月 1 日。

"两个坚定不移"的完整表述是：坚定不移地走以创新为主导的研究型大学发展道路，坚定不移地走与国家和区域经济社会发展相结合的建设道路。这一战略的提出有很强的针对性，其形成也有一个过程，标志着东南大学发展进入一个新阶段。

提出坚定不移地走以创新为主导的研究型大学发展道路，就是把创新作为学校内在的精神特质，把研究贯穿于各方面工作的全过程，按照培养高层次人才的要求，造就教师队伍、培养优秀学生；以创新成果迈向世界学术前沿，服务于国家、区域经济建设和社会发展；以体制机制创新，推动学校又快又好发展，其目标是建设国际知名高水平研究型大学，重点是学科建设。

顾冠群任校长后，一直高度重视学科建设，提出要以"985工程"建设为契机，"以学科建设为核心，以师资队伍建设和研究生教育为两个支撑点"，大力推进高峰学科建设，紧盯国际前沿，聚焦优势学科和有较大发展空间的新兴学科，突出重点、集成创新、优化结构、扬优扶新、适应需求，鼓励和支持若干院系、若干学科率先达到国际先进水平，走精而强的有东大特色发展道路。他认为：

> 学科建设不能平均用力，一所高水平大学必须要有几个国际知名的高峰学科。高峰学科需要学校内部多个优势学科的支撑和集成，通过集成创新形成优势并带动学校内的各学科的发展。一所高水平的大学和高峰学科，必须拥有若干个乃至一批"科研尖刀"团队作为支撑。优秀的"科研尖刀"团队不仅要具有各个关键环节的集成创新能力、科技攻关的突破能力和突出过硬的研究成果，而且要能够在科学前沿、关键技术、成果转化、推动产业进步和科技服务体系方面形成自己的特色和优势。①

东大把"坚定不移地走与国家和区域经济社会发展相结合的建设道路"作为重要发展战略，因为它是一条在改革中探索出的行之有效的发展之路。它从"以联合求发展"的思考中起步，从与地方政府合作共建的"金坛模式"中获益，在主动服务于企业和地方经济发展的"科技大篷车"活动中逐步成熟，是实践中总结出的宝贵经验，也是东大鲜明的办学特色和优势所在。胡凌云书记在多个场合反复强调东大发展一定要坚持这个道路，要求全体干部教师一定要关注"三个最"，即：政府最关心、企业最感兴趣、老百姓最需要的是什么？并以此作为我们主动服务国家经济建设和江苏"两个率先"实现的出发点和归宿点，以服务求支持，以贡献促发展。②

2004年2月，东南大学召开"人才强校战略研讨会"，把实施"人才强校"战略作为学校各项改革之首，提出坚持以人为本，构建重视人才、珍视人才的环境，形成人人争做贡献，

---

① 顾冠群：《加强战略研究 提高核心竞争力——在学校工作研讨会上的讲话》（2004年8月16日）。
② 胡凌云：《加快建设国内外知名的高水平大学——在全校秋季中层干部大会上的讲话》（2003年8月14日）。

个个都能成才的氛围。这一战略的核心，是采取有力的措施，做优做强各支人才队伍，以适应一流大学建设要求。主要包括三个层面：一是大力加强优秀人才，特别是学术领军人才、优秀中青年骨干教师的培养、引进、提高力度，优化结构，提高质量，全面提升师资队伍水平；二是深化人事制度改革，改善激励、严格考核、优化环境，形成有利于优秀人才脱颖而出、各展其能的体制机制，使东大成为优秀人才的向往之地，集聚之地；三是注重把师生员工的根本利益维护好、实现好、发展好，使每一个为东大发展做出贡献的人都能得到相应的回报和发展，使广大师生员工都以自己是东大人而感到自豪，都能自觉地为实现学校的发展目标而努力工作。

2005年6月14日，东南大学召开了第十二次党代会，会上通过了《东南大学2006—2010五年发展规划纲要》（"十一五"规划），胡凌云代表党委做了题为《以科学发展观统领全局，努力提高办学治校能力，不断开创国内外知名高水平研究型大学建设的新局面》的工作报告，报告中提出了新世纪的奋斗目标和三步走战略，即：

> 到2012年建校110周年前后，基本实现东南大学"三步走"战略的第一步目标，若干学科达到或接近世界先进水平，建成综合实力位居国内一流大学前列、有一定国际影响的研究型大学，到2032年建校130周年前后，把东南大学建设成为国内外知名高水平研究型大学，为在本世纪中叶建成世界一流大学奠定坚实的基础。

胡凌云在报告中指出：本世纪头二十年，是中国发展的重要战略机遇期，高等教育在现代化建设中的基础性、先导性和全局性作用日益突出。全面建设小康社会和江苏加快推进"两个率先"，为东南大学创造了加快发展的重大机遇。同时，高等教育的国际竞争趋势明显，国内高水平大学之间的竞争日益激烈，资源不足、资金短缺和体制束缚依然存在，东南大学也面临前所未有的竞争和挑战。面临机遇和挑战，盲目乐观、好高骛远不可取，不思进取、妄自菲薄更不可行。我们必须进一步增强忧患意识、危机意识、责任意识和改革意识，抢抓机遇不放松，应对挑战更从容。为此，我们的改革务必求新求深，发展务必求快求实，以更新的改革举措、更深的改革进程、更快的发展速度、更实的发展成效，不断开创东南大学发展的新局面。

三、确立"建设世界一流大学"奋斗目标（2006—2012）

2005年的东南大学第十二次党代会报告和"十一五"发展规划清晰具体地勾勒出学校未来发展的蓝图：

——在奋斗目标上，第一次确立了到本世纪中叶"把东南大学建设成为世界一流大学"的目标。

——在发展思路上，提出以邓小平理论和"三个代表"重要思想为指导，以科学发展观统领全局，以建设和谐东大为载体，以高峰学科和高层次人才队伍建设为核心，以扬长补短、争先进位为基本方略，以创新发展、内涵发展、提高水平质量为导向，以提高社会契合度、增强内生发展动力为着力点，走出一条有东大特色的发展之路。

——在发展战略上，在继续坚持"两个坚定不移"发展战略的同时，提出加快推进"三大兴校战略"，即人才强校战略、开放办学战略和制度创新战略[①]，持续增强学校发展动力。

——在提升学校综合实力上，提出全面推进"三大重点工程"，即加快推进教育创新工程，实现人才培养质量的更大提升；加快推进知识创新工程，实现学科发展和科技创新的更大跨越；加快产学研合作工程，实现社会服务贡献率的更大提升。

——在和谐校园建设上，提出切实加强"三项基础工程"建设，即推进科学民主依法治校工程，努力构建现代大学制度；推进校园精神文明创建工程，培育现代大学精神；推进办学条件提升工程，不断充实和谐校园建设的物质基础。

与以往相比，此次党代会报告和"十一五"规划有较大变化和鲜明特点，突出地表现在：奋斗目标更加坚定、指导思想更加明确、发展战略更加清晰、重点任务更加突出，在注重提出量化"硬指标"的同时十分重视"软环境"建设。规划覆盖了学校工作的方方面面，每一项目标任务下都有一系列具体的改革举措，都有比较系统完整的工作思路，都有具体的量化评价指标。概括起来，这一时期学校的工作，就是紧紧围绕一流大学建设这个总目标，以"三个坚定不移"为总体战略，以"开拓创新、争先进位"发展方略为抓手，对标国内外先进大学，扬长补短、创新发展，使规划的引领作用愈加明显，战略思维愈发成熟，也反映出校领导集体治校理政能力的显著提高。

2010年9月20日，中共东南大学第十三次党代会召开，胡凌云书记在报告中回顾过去五年学校改革发展取得的成绩，总结了五年工作的经验和启示，提出了今后工作的奋斗目标与主要任务，代表学校党政提出了"新三步走"的发展目标和更加系统的发展战略：

第一步：从2011年到2015年左右，作为我校创建世界一流大学的加快建设

---

① "开放办学战略"在"十一五"期间明确为"坚定不移地走国际化办学的强校道路"，其内涵为：拓宽国际视野、增强国际理念、掌握国际标准、加强国际交流、深化国际合作、参与国际竞争、实现国际知名，并上升为学校"三个坚定不移"的重大战略之一。"制度创新战略"主要指围绕制订《东南大学章程》而进行的一系列管理改革。

期。主要任务是加快强本固基、集聚人才，夯实人才、物质和环境等各类资源基础，初步构建符合世界一流大学发展要求的队伍结构和学科体系。主要目标是学校综合实力稳居国内一流大学前列、若干学科达到或接近世界先进水平，在教育和科技领域具有一定的国际影响。

第二步：从 2016 年到 2020 年左右，作为我校创建世界一流大学的初见成效期。主要任务是强化优势、重点突破，高峰学科、大师级人才、创新平台等方面的国际化程度得到明显提升。主要目标是学校办学指标基本达到国际公认的知名高水平研究型大学水准，在教育和科技等领域具有较大的国际影响。

第三步：从 2021 年到 2035 年左右，作为我校创建世界一流大学的整体跨越期。主要任务是全面提升、整体跨越，拥有一批具有世界级水平的科学家和学术团队，建成若干个具有世界先进水平的科研基地。主要目标是学科建设水平、人才培养质量、科研创新能力等主要办学指标达到国际一流水平，学校迈入世界一流大学行列。①

2011 年 1 月 14 日，中共东南大学第十三届委员会第三次全体会议审议并原则通过了《东南大学"十二五"改革和发展规划纲要》（简称《规划纲要》）。易红校长在"十二五"规划实施动员会上的讲话中指出："这个《规划纲要》的起草和制定工作历时一年多，召开座谈会、研讨会和调研会数十场，易稿十余次，广泛听取和认真吸纳了来自各方面的意见、建议，凝聚了全校广大师生员工的智慧和心血，体现了全体东大人对于学校发展的热忱期望和坚定信心。《规划纲要》对东大已有的成绩、优势和特色做了实事求是的分析，对学校进一步发展所面临的机遇和挑战进行了科学系统的研判，是学校党政对未来发展的方向和要求做的前瞻性谋划，是一个比较全面、科学、高水准的规划纲要。"②

细读整个"十二五"规划，可以把其中的战略思考和要点概括成：一个目标、两大任务、三个战略和四项要求。

一个目标，就是到 2015 年，学校的国际影响力要大幅提升，综合实力稳居国内一流大学前列，若干学科达到或接近世界一流水平，国际知名高水平研究型大学建设格局初步形成。

两大任务，就是高水平学科建设与和谐校园建设并举。一方面要紧紧扣住高

---

① 胡凌云：《深入贯彻落实科学发展观 为建设国际知名高水平研究型大学而团结奋斗——中国共产党东南大学第十三次代表大会工作报告》。
② 易红：《勠力同心，实现"十二五"规划良好开局》，《东南大学报》2011 年 2 月 28 日。

水平学科建设，大力推动队伍建设、人才培养、科学研究和国际合作等各方面工作取得重大进展；另一方面要加强制度创新、和谐校园建设和党的建设，创造和谐美好的幸福校园，让师生员工心情舒畅，学校事业健康发展。

三个战略，就是坚定不移地走以创新为主导的研究型大学发展道路、坚定不移地走与国家和区域经济社会发展相结合的建设道路、坚定不移地走国际化办学的强校道路。这三个"坚定不移"有的是已经过实践检验的学校发展的成功经验，有的是现阶段学校发展面临的新形势和新需要对我们办学提出的新要求。

四项要求，就是快速发展、特色发展、内涵发展、和谐发展。要继续解放思想、勇于超越；坚持特色、质量优先；优化结构、突出效益；以人为本、统筹兼顾。

这个"新三步走"奋斗目标的最大变化，就是把建设成为世界一流大学的目标，从二十一世纪中叶提前到2035年左右，这与中央提出的"985工程"建设目标和到2035年初步建成现代化国家的目标是一致的，对东南大学来说，这是一个更高的目标和更艰巨的任务。这个目标高不高，这一战略是否能够实现，也是萦绕在东大人心中的疑惑。时任党委常务副书记左惟在回答校报记者提问时指出：

> 中央明确提出建设世界一流大学的目标，既是现代化建设的需要，也是综合国力提升的体现，是一种国家意志。东南大学作为中国高等教育"国家队"的一员，必须承担起这一份责任，努力把东南大学建设成为世界一流大学。尽管这个过程会很艰苦、很漫长，可如果连这份决心和自信都没有，那么一切都无从谈起。[①]

东南大学，任重道远！

---

① 左惟：《东南大学必须承担的历史责任——校十三次党代会前答记者问》，《东南大学报》2010年8月30日。

第三节 "211、985 工程"有力推动了一流大学建设

"211 工程"和"985 工程"（又称《面向 21 世纪教育振兴行动计划》）[①]是新中国成立以来，由国家立项在高等教育领域进行的重点建设工程，是党中央在世纪之交，立足于中华民族的伟大复兴，为落实科教兴国战略，提高自主创新能力实施的重大决策，是从根本上提高我国高等学校办学水平，实现高等教育跨越式发展，缩短与世界先进水平差距而采取的重大举措。对于东南大学来说，这是一个难得的发展机遇，也是近二十年间，在学科建设上获得投入最多、成果最大，人才培养和科学研究进步巨大、成果丰硕，教育服务体系日益完善、成效明显，管理体制改革持续深入、办学水平和治理能力提升最快的时期。通过"211 工程"和"985 工程"建设，不仅极大地推动了研究型大学建设，提升了办学水平和办学效益，而且有力地支持了东大创建世界一流大学的奋斗进程，大大缩短了与国内外先进大学的差距。

一、"211 工程"和"985 工程"建设历程回顾

东南大学的"211 工程"和"985 工程"建设，自 1993 年"211 工程"一期申报及预审工作启动，至 2013 年"985 工程"三期完成，前后经历了近二十年时间[②]，是新中国成立以来，东大以学科建设为重点，持续时间最长，涉及面最广，获得国家支持最多，专项经费投入最大的一项综合性建设工程，对东南大学一流大学建设起到极大推动作用。整个建设过程曲折艰难、成效明显、意义重大，学校历任领导和全校师生员工抓住了这一机遇，迎难而上、坚忍不拔、接续奋斗，比较圆满地完成了预定目标和任务，使各项事业实现了跨越式发展。

（一）"211 工程"建设历程概述

"211 工程"是指国家面向 21 世纪、重点建设 100 所左右的高等学校和一批重点学科的建设工程，于 1995 年 11 月经国务院批准后正式启动，至 2012 年先后实施了三期。这项工程

---

① 1991 年 4 月 9 日，全国人大七届四次会议批准的《中华人民共和国国民经济和社会发展十年规划和第八个五年计划纲要》明确提出："有重点地办好一批大学。加强一批重点学科点的建设，使其在科学技术水平上达到或接近发达国家同类学科的水平。"7 月 27 日，国家教委向国务院正式上报了《关于重点建设好一批重点大学和重点学科的报告》，报告中提出："建议由国家教委设置重点大学和重点学科建设项目，该项目简称为'211'计划。"1992 年 8 月 26 日，国务院常务会议原则同意"211 工程"规划意见。
  1998 年 5 月 4 日，时任国家主席江泽民在庆祝北京大学建校 100 周年大会上指出："为了实现现代化，我国要有若干所具有世界先进水平的一流大学。"1999 年，国务院批转教育部《面向 21 世纪教育振兴行动计划》，简称"985 工程"，正式启动建设。
② 1993 年，国家教委会同国务院有关部门有计划地选择一批代表国家水平的高等学校和学科、专业，列入国务院已原则批准的"211 工程"计划（即面向 21 世纪，在全国重点办好 100 所大学），分期滚动实施。2011 年 12 月 30 日，教育部部长袁贵仁在十一届全国人大常委会第二十四次会议时表示，"211"工程和"985"工程的规模已经稳定，不再新设这两个工程的学校。2019 年 11 月 28 日，教育部官网发布声明：已将"211 工程"和"985 工程"等重点建设项目统筹为"双一流"建设。

的提出和各项准备工作实际开始得比较早，高校之间竞争也十分激烈。东南大学清楚地意识到进入"211工程"对学校发展的重要性，从1993年下半年就开始了申报和迎接预审的各项工作，起步较早，行动较快。

1993年11月，学校成立由陈笃信校长、朱万福书记为组长，毛恒才、何立权、李延保、胡凌云为副组长的"211工程"领导小组，下设"211工程"办公室和七个子项目工作组，李延保副校长具体负责该项工作的组织、协调等日常工作，由此，学校"211工程"的申报和迎接预审的各项工作紧锣密鼓展开。

1994年，学校工作计划明确提出，要结合申报"211工程"，以学科建设为核心，以队伍建设和研究生教育、本科教育改革为支撑点，继续推进学校改革和发展。以学科建设为核心，就是要始终把学科建设作为学校工作的中心环节，根据学科建设需要来考虑全校的学科布局、队伍建设、人才培养和学校各项工作，不断提高办学水平和办学效益。根据这一要求，在一年多的时间里，学校组织制订了"211工程"建设规划和学科建设规划，明确了下一步学校的奋斗目标和改革发展路径，并对照教委预审要求，发动全校教职工，进一步深化改革，做好迎接预审的各项准备工作。

东大申报"211工程"也得到国家教委和江苏省的大力支持。1994年11月18日，国家教委和江苏省人民政府就共同建设东南大学签订协议，国家教委副主任张孝文、国家教委专职委员陶遵谦、江苏省副省长季允石等领导同志和陈笃信校长、朱万福书记及东大领导班子全体人员、部分部处负责人出席了签字仪式。协议中明确，江苏把东南大学发展列入江苏省经济和社会发展整体规划，以多种形式支持东大发展；到本世纪末投入不低于2000万元的拨款用于建设一批重点学科，并从1994年起到本世纪末，每年省财政将补助学校一定数额的共建费；在如住房建设用地、税费减免、教师配偶落户及子女就学等方面，东大享有与地方高校同等待遇等。① 这是江苏省首次与国家教委签订共建东大的协议，是深化高教管理体制改革的重大举措，既体现了江苏省委、省政府对教育科技的重视，也是对东大长期以来为江苏经济及社会发展所做贡献的肯定。

1995年10月中旬，以上海交通大学原校长翁史烈院士为组长的专家组，对东南大学的整体办学条件、重点学科及重点实验室，以及学校公共服务体系建设进行了考察，对学校申请进入"211工程"的建设规划进行了认真审阅，一致认为东南大学已经成为我国一所师资力量较强，部分学科优势明显，教育质量和科研水平较高，居于我国同类高校前列，并有一定国际影响的社会主义大学。② 东大顺利通过国家教委和省政府组织的"211工程"部门预审。1997年5月通过了教育部专家组对东南大学"211工程"建设项目可行性研究报告的审核。1998年5月，

---

① 《国家教育委员会 江苏人民省政府关于共建南京大学、东南大学议定书》（1994年11月18日），东南大学档案馆藏档案。
② 《我校顺利通过国家教委和省政府"211工程"部门预审》，《东南大学报》1995年10月15日。

国家发展计划委员会正式发文，批准该可行性研究报告，东南大学正式进入国家"211工程"建设行列。

尽管国家发展计划委员会批复较迟，但学校的"211工程"建设实际上从通过国家教委部门预审起就开始启动，1995—2000年为一期工程。

2000年下半年至2001年4月上旬，学校组织专家组对10个"211工程"子项目逐个进行验收。在此基础上，向教育部提出申请，对东大"211工程"一期整体项目进行验收。4月26日至27日，以翁史烈院士为组长的教育部"211工程"验收专家组，对东大"211工程""九五"（1995—2000年）期间建设项目进行了全面考察，专家组考察后一致认为，东南大学"211工程"建设投入和产出效益较高，学科建设成绩显著，科研出了一批标志性成果，青年教师队伍成长迅速，超额完成原定的建设任务和具体指标，比较圆满地完成"211工程"一期建设任务。[1]

随着一期建设项目完成，东大又启动了"十五"期间"211工程"二期建设（2000—2005年），2002年10月，通过了教育部专家组的可行性论证，2003年12月13日，国家教育部、发改委、财政部批复同意东南大学进行"十五""211工程"建设。[2]

"211工程"二期建设目标是：走精而强的发展道路，加强重点学科建设。通过"211工程"二期建设，东大的学科建设跨上新的台阶，若干重点学科达到或接近国际先进水平；教学、科研条件明显改善，取得一批有显示度的标志性成果；师资队伍素质全面提高；精神文明建设取得新成果；国内外知名的研究型综合性开放式的社会主义大学的框架基本形成。

2006年4月，以翁史烈院士为组长，同济大学戴复东院士等7位专家组成的国家"211工程"验收专家组，在三天时间里对东南大学"211工程"二期建设项目进行了全面验收。经过认真评议，专家们对东大"211工程"建设取得的长足发展给予充分肯定。他们认为，在"211工程"建设中，东南大学发展战略目标明确，高峰学科交叉集成效果显著，学术团队年轻精干，科研能力大幅提升，师生员工精神状态饱满，经过"十五"期间"211工程"的建设，办学水平和综合实力有了很大提高，在学科建设、人才培养、科学研究与科技开发、队伍建设、公共服务体系建设、基础设施建设等方面都有了长足的进步，为冲击世界高水平大学奠定了坚实的基础。[3]

东南大学的"211工程"三期建设为期四年（2008—2011年），主要任务是，在巩固和发展"211工程"一期、二期建设成果的基础上，重点建设新一代宽带无线移动通信基础研究平台等12个重点学科建设项目；实施"人才强校"战略、创新人才培养和队伍建设项目；加强

---

[1]《我校"211工程"建设成果获教育部专家组一致好评》，《东南大学报》2001年4月30日。
[2]《国家发展改革委关于东南大学"十五""211工程"建设项目可行性研究报告的批复》（发改社会〔2003〕1808号）东南大学档案馆馆藏档案。
[3] 郑立琪、王兵：《天开云雾东南碧 日射波涛上下红——东南大学"十五""211工程"建设巡礼》，《东南大学报》2006年4月30日。

和完善数字化校园、图书文献资源等校内公共服务体系项目建设，提升学校的整体水平。

与一二期不同，"211工程"三期支持重点更加聚焦一批有希望冲击国际先进水平的"高峰学科"，更加关注人才和队伍建设，更多投入建设教学、科研和管理支撑服务平台。通过实施"211工程"三期建设项目，东南大学在学科建设、科学研究、队伍建设、人才培养和校内公共服务体系建设等方面实现了跨越式发展，学校整体水平大幅度提升。"211工程"三期建设强有力地支持了东南大学创建世界一流大学新"三步走"发展目标的实现，对于东南大学各项事业的健康可持续发展发挥了不可替代的作用。

2012年3月，学校向教育部及有关部门提交了《东南大学"211工程"三期总结报告》，对三期工程建设进行全面总结回顾，认为"按照'211工程'三期项目的总体建设目标和任务，依靠全体师生员工的共同努力，全面实施了重点学科建设项目、创新人才培养和队伍建设项目，以及校内公共服务体系建设项目的建设，较好地完成了各项建设任务，除专任教师中硕士比例等个别具体指标比原定指标略低外，其余绝大部分超额完成了原定计划"[①]。

（二）"985工程"建设历程概述

"985工程"是党中央在世纪之交为建设具有世界先进水平的一流大学而做出的重大决策。其建设目标是，在2020年前后，形成一批达到国际先进水平的学科，使若干所大学跻身世界一流大学行列；使一批学校整体水平和国际影响力跃上一个新台阶，成为国际知名的高水平研究型大学；使一批学校成为特色鲜明的高水平研究型大学。

这表明"985工程"就是瞄准建设世界一流大学目标"扶强""做优"，就是要建立一支代表国内高校最高水平，能参与国际高等教育竞争的"国家队"，而不再考虑地区、行业分布及学校曾经历史地位等因素。因此，能否进入国家"985工程"重点建设行列，不仅关系到学校能否争取到国家的巨额投入，而且对各个学校在中国高等教育体系中的地位和社会声誉也有重大影响。因此，从一开始竞争就十分激烈，特别是第一批重点投资建设学校（2+7）确定，东大未被列入，一时学校上下承受巨大压力。

东南大学党政领导对严峻的竞争态势和面对的内外部困难有着清醒的认识，对迎接巨大挑战和战胜诸多困难抱有坚定决心。在坚持深化改革，保持学校安定团结，努力做好各项工作的同时，学校主要领导四方奔走，主动出击，利用一切机会向教育部、江苏省领导汇报工作，申诉理由，争取理解支持，最终获得教育部、江苏省委、省政府以及各级领导的首肯和支持。李岚清副总理一直关心东大发展，1999年10月9日第三次来校视察时，他充分肯定了学校取得的成绩，并语重心长地对时任党委书记胡凌云、校长顾冠群说："东大有东大的特色，有很

---

① 《东南大学"211工程"三期总结报告》（2013年3月），东南大学档案馆馆藏档案。

好的工科基础，要有信心走出一条不同于南大的发展道路。"①1999年7月16日下午，时任江苏省委书记陈焕友在听取顾冠群、胡凌云汇报时表示，东大要理解国家，顾全大局，积极对待，一流大学不是谁任命的，而是自己奋斗出来的。他代表省委省政府承诺，江苏一定积极支持东大进入"985工程"，国家投入多少，省里就投入多少。鉴于同城的南京大学已经得到中央资金支持，陈焕友书记决定将他当年可以动用的3000万元机动费全部用来支持东南大学发展，并建议东大加强与省内各市的科技合作来争取更多支持。这也是后来东大开展"科技服务大江南北行"活动的重要缘由。同年7月28日，教育部长陈至立在与顾冠群校长谈话时也表示，教育部对东南大学一直很关心，在（进入"985工程"）这件事上不会不支持的；东大要早做规划，早做准备。各级党委政府和领导同志对东南大学进入"985工程"的支持，更坚定了东大人的信心和决心，"坚信我们确定的发展战略和奋斗目标是正确的，只要下定决心、埋头苦干、排除万难、深化改革、艰苦奋斗、扎实工作，我们创建世界一流大学的目标就一定能够实现"②。

2001年2月12日，教育部和江苏省人民政府签订了《关于重点共建东南大学的决定》（简称《决定》），《决定》中指出：

> 江苏省将东南大学的改革和发展纳入本省的经济建设和社会发展的总体规划之中并给予相应的政策支持；教育部支持并鼓励学校在坚持面向全国服务的同时，积极参与华东地区特别是江苏省的经济建设和社会发展，提供强有力的人才支持和知识贡献。东南大学校级领导班子的管理和任免，按中央组织部和中共教育部党组的有关规定执行。教育部和江苏省人民政府根据学校改革和发展的情况，对东南大学的建设给予必要的资金和政策支持，除对学校正常经费安排外，在2001至2003年内，教育部和江苏省分别向东南大学投入建设经费各3亿元人民币，三年投入6亿元。2003年后双方将根据学校改革和发展的情况，继续给予必要的支持。③

至此，东南大学正式进入国家"985工程"重点建设的高水平大学行列。

"985工程"自2001年正式启动，至2013年止，共分为三期，即：2001—2003年为第一期，2004—2009年为第二期，2010—2013年为第三期。建设计划由五个分计划组成，即：学科建设分计划、队伍建设分计划、科研基金分计划、公共服务体系分计划、基础设施改造与建设分计划。其中，学科建设项目是"重中之重"，与"211工程"交相融合，各有侧重（从"211

---

① 郑立琪：《李岚清副总理来我校视察》，《东南大学报》1999年10月20日。
② 上述内容参见胡凌云《坚定信心、知难而进，努力创建世界一流大学》、顾冠群《高举旗帜、艰苦奋斗、争创一流》，两位领导在1999年下半年学校工作会议上的讲话。《东南大学报》1999年8月30日。
③ 《教育部、江苏省人民政府关于重点共建东南大学的决定》（教发〔2001〕8号）（2001年2月12日），东南大学档案馆馆藏档案。

工程"二期开始，与"985工程"合并校内规划，统筹建设）。"985工程"更加突出了建设世界一流大学这个总目标，更加强化了重点学科建设这个核心，经费投入更加向高峰学科和优秀人才及团队倾斜。顾冠群校长指出：

> 我校"985工程"建设要按国家要求，以国际科技前沿和国家现代化建设重大需求为导向，围绕国家基础研究、战略高技术研究和重大科技计划，坚定不移地走研究型大学发展道路。要以学科建设为主体，科研、教学为两翼，整合、建设一批高水平"985工程"科技创新平台和高水平学科团队，不断提高竞争力，力争形成一批重大科技成果和世界一流学科，在国家创新体系中发挥重大作用。[1]

经过十年艰苦努力，东南大学的"985工程"比较好地完成了各个建设项目预期的阶段性目标，部分任务指标高质量和超额完成，学校的整体实力得到大幅提升，通过了教育部、财政部组织的各期"985工程"验收，在学科建设、人才培养、科学研究、队伍建设、基地平台建设、国际交流与合作和服务保障体系建设等方面都有了长足的进步，办学水平和综合实力有了很大提高，缩小了与世界一流大学的差距。在教育质量、科研水平、社会服务能力等方面已位居国内高校前列，为向国际知名的高水平研究型大学迈进，力争在21世纪中叶建成世界一流大学奠定了坚实的基础。[2]

二、"211工程""985工程"建设经费投入及使用

"211工程"和"985工程"建设之所以能取得显著成效，是与国家和江苏省对东南大学的大力支持和持续投入分不开的。据不完全统计，这两项工程，教育部、国家计委、财政部和江苏省政府对东大的直接投入累计达26.77亿元人民币，这是东大自新中国成立以来，也是其110年历史上，获得外部支持最多、经费数额最大的建设项目。与此同时，东南大学还自力更生、克服困难，自筹了2.4亿元投入"211工程"和"985工程"建设，这也是前所未有的。两项合计超过29亿元，这些巨额投入和大规模建设项目实施，有力推动了学校各项事业发展，明显缩小了与国内外先进大学的差距，学校面貌发生巨大变化。

现对这两项工程的经费投入和使用情况约略记述如下[3]：

---

[1] 顾冠群：《关于"985工程"二期建设工作的若干问题——在校长、院长、处长联席会议上的讲话》，《东南大学报》2004年6月20日。
[2] 《东南大学"985工程"（2010—2013年）建设情况报告》（2013年10月），东南大学档案馆馆藏档案。
[3] 关于"211工程""985工程"经费投入的相关数据，因缺少专门统计，本文数字均引自该两项工程每一期的《建设情况报告》，并根据学校财务报表做了核实和修订。

（一）"211工程"资金投入、使用情况

"211工程"共分为三期，累计投入5.99亿元，其中国家有关部门和江苏省投入5.08亿元（含专项经费投入），学校自筹经费投入9110万元。

1. "211工程"一期（1995—2000）建设资金投入及使用情况

"211工程"一期建设总投资约为1.09亿元人民币，其中中央专项资金（计委、财政部下拨）为3000万元，江苏省投资5700万元，学校自筹2200万元。江苏省人民政府除上述资助的5700万元外，还有300万元投入了"211工程"配套设施建设，二者合计6000万元。

经费到位情况：预算计划数10 900万元，经调整后计划数（含预备费）11 373万元；实际到位数11 376万元，其中国家计委拨款2040万元，财政部拨款960万元，地方政府拨款5700万元，学校自筹2676万元。

经费使用情况：实际使用经费1.134亿元，其中购置仪器设备经费为10 029万元，占建设总经费比例88.16%；实验室修缮费546万元，占建设总经费比例4.80%；业务费712万元，占建设总经费比例6.26%；其他70万元，占建设总经费比例0.62%；人员费19万元，占建设总经费比例0.17%。经费使用总体情况符合上级要求。

2. "211工程"二期（2001—2005）建设资金投入及使用情况

"211工程"二期建设项目的总投资约为1.94亿元人民币。其中，中央专项资金6300万元；江苏省人民政府配套资金6300万元；学校自筹资金6760万元。

建设项目中，中央专项资金6300万元，其中5670万元用于重点学科建设，占中央专项资金的90%；630万元用于校内公共服务体系建设，占10%。

江苏省人民政府为"211工程"建设的配套经费为6300万元，其中3480万元用于重点学科建设（省重点学科），占省政府配套资金的55.2%；290万元用于校内公共服务体系建设，占4.6%；2530万元用于师资队伍建设，占40.2%。

学校自筹建设经费6760万元。其中1600万元用于重点学科建设，1400万元用于校内公共服务体系建设，70万元用于师资队伍建设，3690万元用于基础设施建设。

在二期建设经费使用上，重点学科建设项目10 750万元，占82.2%；校内公共服务体系建设项目2320万元，占17.8%。与此配套的师资队伍建设项目为2600万元，基础设施建设项目为3690万元。总计投资为19360万元。与一期工程相比，用于学科建设和师资队伍建设的经费大大增加。

3. "211工程"三期（2006—2010）建设资金投入及使用情况

"211工程"三期建设项目的总投资约为1.87亿元人民币。其中，中央专项资金9300万元（其中国家发改委6350万元，财政部、教育部2950万元）；江苏省人民政府配套资金9300万元；学校自筹资金150万元。

中央专项资金主要用途：9300万元中，用于重点学科建设项目7000万元（其中国家发改委6350万元，财政部、教育部650万元），占75.3%；用于创新人才培养和队伍建设项目

2300万元（财政部、教育部2300万元），占24.7%。

江苏省人民政府配套资金主要用途：9300万元中，用于创新人才培养和队伍建设项目5000万元，占53.8%；用于校内公共服务体系建设项目4300万元，占46.2%。

学校自筹资金150万元，全部用于重点学科建设项目。

在三期建设资金使用上，用于重点学科建设项目7150万元，占38.1%；用于创新人才培养和队伍建设项目7300万元，占38.9%；用于校内公共服务体系建设项目4300万元，占23%。

（二）"985工程"资金投入、使用情况

"985工程"自2001年正式启动，至2013年共计三期，总投入27.67亿元。其中，中央有关部委投入18.69亿元人民币，江苏省配套资金投入7.5亿元（截至2013年10月），学校自筹资金1.48亿元（仅有二期数据）。在"985工程"建设中，国家投入占了67.5%，无论是总量还是占比都大幅度增加，这得益于国家经济实力的快速增长和对教育科技的高度重视。

1."985工程"一期（2001—2003）建设资金投入和使用情况

"985工程"一期建设项目总投资6亿元，教育部、江苏省各投入3亿元，全部如期兑现。（"985工程"一期总结中未包含经费投入方向和使用的数据）

2."985工程"二期（2004—2009）建设资金投入和使用情况

"985工程"二期建设项目的总投资为8.19亿元人民币。其中，中央专项资金3.71亿元；江苏省人民政府配套资金3亿元；学校自筹资金1.48亿元。其中用于科技创新平台和哲学社会科学创新基地建设项目34108万元，占41.6%；用于队伍建设项目9400万元，占11.5%；用于条件支撑项目37261万元，占45.5%；用于国际交流与合作项目1136万元，占1.4%。

"985工程"二期建设项目中，中央财政专项资金37100万元（其中4100万元为偿还"985工程"一期建设中被"211工程"二期建设借用的资金），在37100万元经费中，用于科技创新平台建设和哲学社会科学创新基地建设项目30700万元（含"985工程"一期建设的4100万元），占中央专项资金的82.7%；用于队伍建设项目6400万元，占17.3%。

"985工程"二期建设项目中，江苏省人民政府配套经费为3亿元，其中用于队伍建设项目3000万元，占10.0%；用于条件支撑项目25 900万元，占86.3%；用于国际交流与合作项目1100万元，占3.7%。

"985工程"二期建设项目中，学校自筹经费14 805万元，其中用于科技创新平台和哲学社会科学创新基地建设项目3408万元，占23.0%；用于条件支撑项目11 361万元，占76.7%，用于国际交流与合作项目支出36万元，占0.3%。

3."985工程"三期（2010—2013年）建设资金投入和使用情况

"985工程"三期建设项目总投资为7.5亿元人民币。其中，中央专项资金投入6亿元，江苏省人民政府配套资金到位1.5亿元（截至2013年底）。

2010年至2013年，中央专项资金到位6亿元，其中用于：重点学科建设项目20 075万元，拔尖创新人才培养项目7715万元，学术领军人物和创新团队建设项目27 860万元，提升自主创新和社会服务能力项目2250万元，国际交流与合作项目2100万元。

截至2013年10月，江苏省人民政府配套资金到位1.5亿元，其中：重点学科建设项目到位7400万元，拔尖创新人才培养项目到位800万元，学术领军人物和创新团队建设项目到位6500万元，国际交流与合作项目到位300万元。

三、"211工程""985工程"对学校建设发展的意义和推动作用

到2020年，在中国建成若干所世界一流大学和一批国际知名的高水平研究型大学，是党中央着眼21世纪，为实现全面建设小康社会的目标，把中国建成现代化强国，实现中华民族伟大复兴做出的重大战略决策。世界一流大学是一个国家科学文化和教育发展水平的标志，中国要实现现代化、增强国际竞争力，就必须要建设世界一流大学和一批国际知名的高水平研究型大学。东南大学始终把建设世界一流大学作为自己不变的初心和奋斗的目标，把为中国教育科技事业发展、为国家经济建设和社会发展做出更大贡献作为自己义不容辞的责任。

"211工程"和"985工程"建设，对东南大学的改革、建设、发展都有着十分重要的意义，是东南大学实现这一目标奋斗征程上强有力的"助推器"。

通过"211工程"和"985工程"的建设，东南大学得到国家和江苏省的大力支持和巨额经费投入，使学校第一次可以真正做到聚焦学科建设，全面提升办学水平和综合实力。在此之前，学校经费一直是"吃饭财政"，只能够保证日常运行和师生工作生活的基本需要，即使深知学科建设和人才队伍建设的重要性，但仅凭自身力量，也难以做到不断增加建设投入。而"211工程"和"985工程"建设的持续足额投入，有力地推动了学科建设和各项事业发展，学校涌现出一批居于国内高校前列、达到和接近世界一流的重点学科，人才培养和科学研究取得明显进步，国际合作交流和教育服务体系建设等方面实现了跨越式发展，这从工程实施前后的数据对比和历次国家组织的学科评估成绩，可以看得很清楚。

通过"211工程"和"985工程"建设，东南大学的管理水平和治理能力上了一个新台阶。这两项工程的目标之一，是通过改革建立高等学校新的管理体制和运行机制。东南大学在这一进程中，紧紧围绕建设世界一流大学总目标，坚持从实际出发、抢抓机遇、深化改革，使学校发展的目标更明确、战略更清晰、措施更具体、特色更鲜明、管理更规范，新的管理体制和运行机制基本形成，办学水平和学校治理能力大幅度提升。

通过"211工程"和"985工程"建设，东南大学牢牢抓住本世纪头20年的重要战略机遇期，实现了跨越式发展，在教育质量、科研水平、社会服务能力等方面已位居国内高校前列，进一步确立在中国大学中的领先地位，为实现创建世界一流大学新"三步走"发展目标奠定了坚实的基础。

第四节　四校合并，东南大学站在新的历史时点上

一、"四校合并"的背景及过程

历史上，东南大学经历过多次分分合合，每一次调整重组都对学校发展产生长远影响。1988年南京工学院复更名为东南大学之前，影响较大的调整重组有两次：

第一次是1927年。当年4月，北伐军攻占南京，6月9日，国民政府教育行政委员会命令将江苏省内的东南大学、河海工科大学等九所高校组建为国立第四中山大学，后又更名为江苏大学（1927年6月—1928年5月）、国立中央大学（1928年5月—1949年4月），虽然这次合并重组原因复杂，争议很大，风波不断，但客观上使国立中央大学成为当时国内规模最大、院系学科最为齐全的大学之一。同时，在这一次调整中，原东南大学设在上海的商学院、医学院先后独立办学成校，成为后来上海财经学院和上海第一医学院的前身之一。[①]

第二次是新中国成立以后，1952年开始的全国高校院系调整。

1949年4月，南京解放，国立中央大学更名为国立南京大学。1950年10月10日，华东军政委员会教育部签发通知：根据政务院核定，各级学校不再加"国立、省立、县立及公立字样"，学校遂称为"南京大学"。[②]

旧中国高等院校数量少，分布也极不合理，主要集中在沿海几个大城市。院系设置脱离实际，课程设置庞杂，办学规模很小，远不能适应国家建设需求。为改变这一状况，1950年6月召开的全国高等教育会议提出院系调整方向，调整的总方针是：以培养工业建设人才和师资为重点，发展专门学院与专科学校，逐步创办函授学校和夜大学，从各方面为大量吸收工农分子进入高等学校创造条件。根据中央要求，1952年教育部制定了《全国高等学校院系调整计划（草案）》，根据调整方案，在全国范围内，对相近学科专业适当重组，各地区各高校之间适当调整，对口相应产业部门，组建一批国民经济建设急需的专门学院。经过调整，原有的高等学校分别成为综合大学、专门学院与专科学校。[③] 这一新的高等教育体系，改变了旧中国大学分布和学科布局不合理的状况，并且与当时的计划经济体制是相匹配的。

1952年院系调整中，以南京大学工学院为基础建立南京工学院[④]，并入金陵大学的电机、化工两系，江南大学的机械、电机、食品工业三个系，南京大学农学院的农化系，武汉大学园

[①] 参见朱斐主编《东南大学史》第一卷，东南大学出版社，2012年。
[②] 朱斐主编：《东南大学史》第二卷，东南大学出版社，1997年，第4页。
[③] 当代中国研究所：《中华人民共和国史稿》第一卷（1949—1956），人民出版社，2012年，第248页。
[④] 1952年全国高校院系调整，以原南京大学为主体，整合了华东地区高校相关系科，先后成立组建了南京大学、南京工学院、南京师范学院、南京农学院、南京林学院、华东水利学院、华东航空工业学院、华东药学院等8所院校。

艺系的农产品组，浙江大学和复旦大学农化系。1953年又并入浙江大学、交通大学、山东大学的无线电通讯组，厦门大学的机械、电机两系，组建成为一所多科性的工业大学。到1953年，华东地区高校院系调整基本完成，南京工学院共设有7个系、10个本科专业、10个专修专业；专任教师349人，其中，教授55人、副教授19人、讲师80人、助教195人。[1]1955年根据国防建设需要，南工无线电系抽调15名骨干教师支援新组建的成都电讯工程学院（今天的电子科技大学）。1958至1960年间，南京工学院又先后分出化工系、食品工业系、农机及汽车拖拉机专业等系及其所属专业，独立建立了南京化工学院、无锡轻工学院和镇江农机学院，即今天的南京工业大学、江南大学、江苏大学。尽管分出这些系科对南京工学院的综合实力和学科发展有比较大的影响，但这些学校后来都成为中央部委所属重点大学，为国家培养了大批专门人才，为新中国工业化建设做出了重要贡献。南京工学院自成立起，一直是教育部直属重点高校，是全国规模较大、师资雄厚、综合实力很强的工科大学，是全国著名的"四大工学院"之一。

从20世纪80年代中期起，东南大学就把"由单一工科转变为以工为主，工理文管相结合的综合性大学"作为学校主要的发展战略，一直积极探索多学科综合发展道路，在理科、人文、经管等学科发展上取得较大进展。根据"以联合求发展"的战略，东大也曾与南京的一些高校开展过联合合作。1987年，东大与南京医学院组建了教学科研联合体，成立了合作委员会。1988年与南京交通专科学校签订了联合办学初步协定，拟与省交通厅三方共建"南京交通学院"。1996年，东南大学和南京铁道医学院签订了联合办学协议，提出："双方本着优势互补，平等互利以及求实进取的原则，着眼于发展与提高，通过共商、共享、共建等形式，统筹规划，分步实施，加强合作，联合办学，以促进共同发展。并随着形势的发展和双方合作的加深，逐步向合作的更高形式——'东南大学医学院'过渡。"[2]这些协议多是在师资交流、课程互认、科研合作层面的合作，并未上升到实质性联合办学的层次。但这些建立在双方自愿基础上的深度合作，也为后来并校打下基础。在20世纪80年代末和90年代代末，东南大学与南京大学曾有过两次"合并"的动议，在学校内部及社会上也有多种议论传言，但因为种种原因，两校合并一事并没有进入学校层级的实质性商议阶段。

由于历史原因，中国的高校一直分为两大系统，一个是由国家各部委直接管理的高校，主要承担为国家和行业培养高级专门人才任务，即部属高校；一个是由省一级地方政府主办的高校，主要承担为地方经济和社会发展培养高级专门人才的任务，即省（市）属高校。20世纪90年代后期，随着社会主义市场经济体制的建立，国家部委机构有比较大的精简调整，大批工业部委裁撤，国务院部委不再直接办学成为趋势。为适应这一转变，1999年6月，中共

---

[1] 朱斐主编：《东南大学史》第二卷，东南大学出版社，1997年，第35、72页。
[2]《南京铁道医学院和东南大学联合办学协议》（1996年11月16日）。东南大学档案馆馆藏档案。

中央、国务院《关于深化教育改革，全面推进素质教育的决定》颁布，明确提出："今后3年，继续按照'共建、调整、合作、合并'的方式，基本完成高等教育管理体制和布局结构的调整，形成中央和省级人民政府两级管理、以省级人民政府管理为主的新体制，合理配置教育资源，提高教育质量和办学效益。"① 这一改革的核心内容之一，是对过去行业办学和重复办学进行改革调整，将一批原国家部委主办的高校由行业部门管理调整为由教育部或各省市管理；对同一地区的教育资源和相关学校根据不同情况进行合理配置和合并重组。"这是党中央、国务院经过充分论证的一项重大决策，必将对我国高等教育改革和发展产生深远的影响，这轮改革实施完成之后，21世纪我国高等教育体制和高等教育发展的格局将基本确立。"②

这是四校合并最重要的时代背景，也是东南大学主动推进四校合并的基本前提和主要动因。但在当时，四校的情况，遇到的问题和各自考虑并不一样。

东南大学是四校合并的主动方和主导者。当时学校领导作出这种选择和决策主要有两个原因：一是，从建设一流综合性大学的发展战略出发，东大一直希望有自己的医学院，发挥已有的生物医学电子等方面的学科优势，大力推动生命学科和新兴交叉学科发展，补上学科布局上的短板。南京铁道医学院此时面临铁道部不再直接管理高校，今后学校如何发展的选择，再加之两校原先有一定的合作基础，在整个高校管理体系调整重组的大趋势下，合并对双方都是一个比较好的契机和选择。二是，当时东大发展遭遇办学空间严重不足的制约。由于四牌楼校区面积狭小，扩大研究生教育规模，改善科研及实验室条件，几乎是无解难题。而当时，南京交通高等专科学校浦口校区与东大浦口校区紧邻，南京地质学校与东大四牌楼校区一路相隔，通过合并扩大办学空间，缓解因办学资源不足制约学校发展的矛盾，就成为时任学校领导考虑与这两所学校合并的"合情合理"选择。这一想法，经过校内广泛讨论逐渐形成共识，也得到教育部和省政府、省教委的赞同和支持。

1999年7月7日，东南大学召开体制改革领导小组会议。胡凌云提出，要抓住高校管理体制和布局结构调整改革的机遇，积极推进"四校合并"工作。开展合作共建，以提高办学水平效益为目的，以内涵发展为主，优化学科布局，拓展办学空间，扩大研究生教育规模。通过与铁医合并，可以增加医科，促进生物医学工程和生命学科发展。与交专合并，可以加强交通港航学科发展，两校浦口校区毗邻，可满足本科三个年级入驻需要。并入地校，可实现校本部面积扩大，实现低成本扩张，研究生教育才有扩招条件。③

东大与南铁医的合并，经历了一个过程。东南大学对与铁医合并办学表现了较高诚意和

---

① 《国务院办公厅转发教育部等部门关于调整国务院部门（单位）所属学校管理体制和布局结构实施意见的通知》（国办发〔2000〕11号）。
② 周远清：《在东南大学、南京铁道医学院、南京交通高等学校合并及南京地质学校并入大会上的讲话》（2000年4月14日），《东南大学报》2000年4月20日。
③ 东南大学校史研究室整理：《杨树林访谈录》（2020年10月）。

主动性。1999年1月28日，东南大学向教育部报送了《关于东南大学与南京铁道医学院合并办学的请示》，报告中指出：

> 东南大学与南京铁道医学院具有合并办学的基础和条件。两校有原中央大学的历史渊源。自1996年11月两校签订合作共建协议以来，已经在多个科研项目进行了卓有成效的合作。南京铁道医学院是铁道部直属高校，是一所以医科为主，医学、公卫、医保法学等学科相互渗透，协调发展的医学院校；东南大学是以工为主，理、工、文、管、艺术等多学科协调发展的综合性大学。两校合并不仅有益于学科之间的优势互补和交叉渗透，而且对推进符合社会发展需要的生命科学和生物医学工程等相关学科建设起到重要促进作用。[①]

从铁医方面看，虽然干部教师都清楚新一轮高校合并重组是大趋势，但开始还是有一些曲折争议，有不少犹疑担心。

1999年4月，南铁医领导班子在广泛听取各种意见，安抚群众情绪，稳定学校正常工作秩序的同时，召开党政办公会就学校出路问题进行充分深入研讨。党委书记简大钧就学校面临的形势和处境做了详尽分析，与会同志就各种可能的选项充分讨论，权衡利弊，绝大多数同志认为与教育部高校合并是对学校未来发展和教职工长远利益最有利的选择，而东大是比较理想的合并学校。经过这次会议，班子成员基本统一了思想，各项工作抓紧展开，在大多数教职员工中，这一选择也逐渐被理解和认同。

5月5日，东南大学接到教育部的电话通知，教育部与铁道部已原则同意东南大学与南京铁道医学院合并，可以进行合并前期的论证准备工作。

5月11日，东南大学领导班子全体成员赴南铁医沟通交流，商谈两校合并事宜。5月12日，东南大学、南铁医校机关主要职能部门进行了对口交流。

5月20日，教育部发展计划司纪宝成司长到南铁医听取了学院党委书记简大钧、院长孙载阳的工作汇报后表示，通过教育部和铁道部4月20日的正式商谈，两部已原则同意东南大学和南京铁道医学院两校合并。

5月27日，铁道部教育司副司长许守祜一行到校调研，并召开各类人员座谈会，与领导班子成员单独谈话，了解并校问题。他指出，铁路高校的改革要符合中央精神，铁医与东大合并是互补性的，教育部和铁道部对两校的合并均表示支持。他肯定了铁医领导班子在这一问题上顾全大局，理智清醒，宣传教育工作做得很细，透明度很高，表示铁道部相信学校领导完全有能力带领大家搞好这项工作。

1999年5月31日，南铁医党委书记简大钧在全院中层干部会议上，就并校工作和教育部、

[①] 《关于东南大学与南京铁道医学院合并办学的请示》（东大委〔1999〕4号）。东南大学档案馆馆藏档案。

铁道部领导来校调研情况做了通报，代表学校党政就并校工作做出部署，提出要求。他指出，与东南大学合并办学，是学校领导班子在广泛听取各方意见，经过反复研究后做出的慎重选择，已经得到铁道部、教育部的同意和支持。大家对学校合并有各种看法，也有各种担心，这是可以理解的。但学校合并是政府行为，可以保留意见，但要讲政治，讲大局，与党中央保持一致。[①]

1999年6月10日，南京铁道医学院向铁道部报送了《关于南京铁道医学院与东南大学合并办学有关事项的请示》和《关于与东南大学合并前期准备工作情况的报告》。在报告中表示："为贯彻全国铁路工作会议精神和铁道部不再行业办学的决定，学院经充分论证并与东南大学磋商，共同认为在合作办学的良好基础上，进行实质性合并的时机已经成熟。"[②]

9月27日，铁道部副部长蔡庆华约见南铁医领导，就并校问题听取他们的意见。简大钧书记、孙载阳院长汇报了工作进展，向部领导表示，并校期间工作不断，干劲不减，请组织放心。1999年10月中旬，铁道部蔡庆华副部长、许守祜副司长率调研组再次来校调研，对铁医并校工作予以极大关注和支持。

这一期间，两校都与省政府和省教委密切联系，主动汇报。省教委主任陈万年、副主任葛锁网也到铁医了解情况，听取汇报，代表省里表示支持东大和铁医合并办学。

南京交通高等专科学校是交通部直属的全国重点高专，在50多年的发展历程中，已经成为我国及华东地区培养交通建设人才和输出交通工程技术的重要基地之一，专业基本覆盖了交通基础设施建设"修路、造桥、治河、筑港"的业务范围，形成了以交通土木工程为主体，以港航、路桥为特色，工、管、文相结合的专业格局。其中公路与桥梁工程专业和港口工程、航道工程专业在全国有较高水平和较大影响，许多毕业生在全国交通战线的领导岗位、技术岗位和管理岗位上成为骨干力量。两校学科专业重合度较高，交专的长江路校区和浦口校区都与东大毗邻，这也是促进合并的有利条件之一。

1999年9月8日，东南大学向教育部报送了《关于恳请将南京交通高等专科学校并入我校的请示》，提出："希望在高校管理体制改革和布局结构调整过程中，将南京交通高等专科学校并入我校，以优化教育资源，扩大我校办学规模，积蓄力量，继续向高水平一流大学进取。"报告中提及，江苏省政府已明确表示，如果该校下放江苏省，即无条件并入东南大学。[③]

交专作为交通部直属院校，当时面临的问题与南铁医相同，都是要与原主管部委脱钩，下放地方，有一个重新选择学校隶属关系和发展去向的问题。由于升格本科独立办学这条路一时难以走通，学校下一步如何发展在校内各个层面多有争论，所以对当时交专领导班子来说，

---

① 部分内容参见王向渤《并校大潮中的南京铁道医学院》，2015年4月。王向渤时任南铁医党办主任，参与了并校工作全过程。东南大学校史研究室校史资料选编。
② 《关于南京铁道医学院与东南大学合并办学有关事项的请示》（院发〔1999〕124号）。东南大学档案馆馆藏档案。
③ 《关于恳请将南京交通高等专科学校并入我校的请示》（东大办〔1999〕235号）。东南大学档案馆馆藏档案。

与知名高校合并重组是一个比较现实和优先的选择。据时任党委书记刘光荣的回忆，他去交通部汇报工作时，张春贤部长明确指示："交专要进就进国家队。"①

2000年1月18日，南京交专党委和行政联名向交通部报送了《关于同意并入东南大学的请示》，报告中说：

> 根据第三次全教会精神，高校管理体制改革正在向纵深发展，部委属院校面临隶属关系调整，我校不再由交通部直接管理已成定局。在此大背景下，东南大学最近主动向我校提出合并办学的意向。
>
> 东南大学是一所办学历史悠久、实力雄厚，在国内外享有盛名的教育部直属重点高等学校。我校的多个学科、专业与其相近或相容，新老校区地理位置均与其相毗邻，尤其在与交通事业相关的一些专业和学科上更具有合并办学、做大做强的潜力。长期以来两校在诸多方面进行了成功的合作，联合办学的意向也曾多次洽商，1988年双方曾草签过联合办学的初步方案。这次部委院校调整之际，经东南大学提议，双方经过初步磋商，达成了合并办学的共同意向。在国家大力发展高等教育的难得机遇面前，东南大学的办学规模有待进一步扩大，我校的办学层次亟待提高，两校合并办学后教育资源将进一步优化重组，办学规模、办学效益必将会进一步提高。合并办学符合两校根本利益，亦对国家的教育事业和经济发展有利。
>
> 考虑到国家确定的部委属高校划转的几种模式中，与东南大学合并对我校更为可行、更为有利、更为长远，学校党委经慎重考虑，集体研究，拟同意我校并入东南大学。②

2000年1月19日，东大党委和行政也向教育部报送并抄送交通部《关于东南大学与南京交通高等专科学校合并办学的请示》，请示中说：

> 这次部委院校调整之际，双方进行了多次友好磋商，达成了合并办学的重要共识。……两校合并后将有力促进学科建设，交专港口工程和航道工程专业的加盟将使我校交通工程学院学科专业更加齐全，层次呈多元化。另外，占地900亩的我校浦口校区，刚完成二期工程，实现了本科生一、二年级进驻，但因财力和周围空间的制约很难在近期内启动后续工程，而南京交专占地330亩的浦口校区与我校浦口校区毗邻，打通院墙即成整体，其基

---

① 东南大学校史研究室整理：《刘光荣访谈录》（2020年12月22日）。东南大学档案馆馆藏档案。
② 《关于同意并入东南大学的请示》（交专党办字〔2000〕005、交专校办字〔2000〕008）。

建工程已基本完成。两校合并后将有效扩大我校的办学空间,以适应当前全国和地方各高校逐年扩大招生规模、提高办学效益的形势。两校合并可为我国交通事业培养更多的高层次人才,同时加强与交通部门开展科技合作,共同为国家经济建设服务。[①]

南京地质学校的前身是解放军华东军区测绘学校,是直属国土资源部的具有鲜明行业特色的全国重点中专校,为国家培养了大批地质测绘方面的专门人才。在新一轮教育管理体制调整的大潮中,南京地校也面临隶属关系转变的问题。客观地讲,东大与地校办学层次差距较大,本不适合合并办学,但两校校园仅一路之隔,东大当时急于扩大研究生教育规模,希望通过并校解决校园面积严重不足的困难,也是提出希望地校并入东大的一个重要原因。地校的领导同志和许多教职工虽然缺少思想准备,有一些顾虑,但还是顾全大局,接受了国家和省政府的决定。

1999年11月,顾冠群校长赴京向教育部周远清副部长及有关司局领导汇报与几所学校合并工作的进展情况和建议方案,得到教育部的认可并上报国务院。

2000年4月11日,教育部正式发文《关于东南大学、南京铁道医学院、南京交通高等专科学校合并组建新的东南大学的决定》,批准三校合并,全文如下:

> 根据《国务院办公厅转发教育部等部门关于调整国务院部门(单位)所属学校管理体制和布局结构实施意见的通知》(国办发〔2000〕11号)精神,现决定东南大学、南京铁道医学院、南京交通高等专科学校合并组建新的东南大学,同时撤销原三校建制。新的东南大学为教育部直属高校。希望新的东南大学的全体师生员工同心同德,加快校内管理体制改革和教学改革,尽快实现实质性融合,不断提高教学水平、科研水平和办学效益,为我国和江苏省的经济发展、社会进步、学术繁荣作出新的贡献。
>
> 教育部
2000年4月11日

同日,教育部发文给国土资源部,通知如下:

> 根据《国务院关于进一步调整国务院部门(单位)所属学校管理体制和布局结构的决定》(国发〔1999〕26号)和《国务院办公厅转发教育部等部门关于调整国务院部门(单位)所

---

① 《关于东南大学与南京交通高等专科学校合并办学的请示》(东大委〔2000〕5号2)。东南大学档案馆馆藏档案。

属学校管理体制和布局结构实施意见的通知》（国办发〔2000〕11号），经研究，决定将国土资源部所属的南京地质学校并入东南大学。①

至此，四校合并工作在组织层面基本完成，这是东大在高等教育体制改革中，抓住机遇、加快发展的积极步骤，也是东南大学发展历程中意义重大、影响深远的一件大事。

二、新东南大学成立和并校后的调整融合

（一）四校合并，组建成立新东南大学

2000年4月14日，东南大学、南京铁道医学院、南京交通高等专科学校、南京地质学校四校合并大会在东南大学大礼堂隆重举行。中共中央委员、原地矿部部长宋瑞祥出席大会。教育部副部长周远清、江苏省委副书记顾浩、铁道部副部长蔡庆华、交通部科教司副司长沈以华和在宁兄弟高校领导，四校党政负责人及教师干部代表1000余人出席了大会。周远清副部长代表教育部党组宣布了并校决定和新的东南大学领导班子成员：胡凌云任党委书记，林萍华、王卓君、杨树林任副书记；顾冠群任校长，孙载阳、吴介一、王卓君（兼）、邹采荣、浦跃朴、赵启满任副校长，赵瑞林、刘乃丰、左惟任校长助理；杨树林任纪委书记（兼），刘光荣、张学泳任纪委副书记。②

周远清副部长在讲话中指出，此次四校合并标志着当前国务院部门所属学校管理体制和布局结构调整工作中又顺利地完成了一项重大任务。新组建的东南大学将在教育部直接领导下，实行教育部、铁道部、交通部、国土资源部和江苏省"四部一省"共建的新模式，以加快东南大学建设世界一流大学的步伐。③

省委副书记顾浩在讲话中指出，东南大学、南京铁道医学院、南京交通高等专科学校、南京地质学校分别是我国最好的工科大学和具有行业特色的院校之一，在国内外、各行业中都有一定的地位和影响。今天，四校共同组建新的东南大学，是在优势互补、合理配置和充分利用教育资源的基础上的联合，也是教育部、铁道部、交通部、国土资源部和江苏省为了贯彻党中央、国务院关于深化高等教育管理体制改革的方针政策而进行的一次成功的合作。江苏省委、省政府将一如既往地为东南大学的改革与发展提供支持，促进东南大学在新的历史时期取得更大的发展，为科教兴国、科教兴省作出新的贡献！④

---

① 《关于南京地质学校并入东南大学，上海市邮电学校并入华东理工大学的通知》（教发〔2000〕14号）。
② 四校合并后，原南铁医党委书记简大钧调任江南大学党委书记。原四校部分领导同志工作作了相应调整，部分同志因年龄或任期届满亦不再担任学校领导职务。
③ 周远清：《在四校合并大会上的讲话》（2000年4月14日），《东南大学报》2000年4月20日。
④ 顾浩：《在四校合并大会上的讲话》（2000年4月14日），《东南大学报》2000年4月20日。

顾冠群校长代表新组建的东大领导班子和全校近四万名师生员工发言,他说,从今天起,东南大学站到了新的起跑线上,将以崭新的面貌迎接新的挑战、创造新的辉煌。四校合并不是简单意义上的"谁并谁",而是我们四校在新的历史条件下,联手实施中央的重大决策,为中国高等教育的快速、健康、持续发展走到一起来,共同创造东南大学的美好明天。这是国家现代化建设的需要,也是历史赋予我们的崇高使命。新的东南大学应该明确地把创建具有世界一流水平大学作为战略目标,团结奋斗、开拓进取,为中国教育事业作出更大的贡献![1]

(二)多措并举,保证并校顺利进行

四校合并工作进行得比较顺利只是一个良好开端,如何通过深入细致的工作,发挥合并优势,达成预期目标,使新的东南大学不仅做到组织上合并重组,而且实现思想统一、身份认同、情感融合是更艰巨长久的任务。

关于并校指导思想,东大领导班子从一开始就十分明确:认真贯彻国务院、教育部文件精神和李岚清副总理讲话要求,顺应高等教育改革的大趋势,按照"五统一"(即统一法人、统一机构和领导班子、统一管理制度、统一发展规划、统一学科布局建设)原则进行实质性融合,加快学校改革发展,为建设世界高水平大学创造良好的机遇和条件。"全体东大人,都要互相关心、互相理解、互相尊重、团结奋斗、携手共进。四校的同志特别是各级领导干部,要讲政治、讲大局、讲团结,坚持稳定压倒一切的方针,不利于合并、影响稳定的话和事,坚决不说和不做,切实保障正常的教学、科研秩序和生活秩序,做到人心不散、工作不断、秩序不乱。"[2]

2000年2月18日,东大召开全体中层干部大会,正式启动并校工作。胡凌云书记在会上强调,并校工作要做到"三讲"——讲大局、讲政治、讲团结;达到"四融合"——领导班子融合、学科专业融合、机构人员融合、资产财务融合。并校期间,要保证学校教学、科研和管理秩序正常运行,做到稳定第一,安定团结第一。在4月13日全校分党委书记及机关各部门负责人会上,胡凌云通报了国务院批准四校合并的决定,代表党委对下一步工作做出部署,将并校工作分为五个阶段:(1)统一思想,顾全大局,增强认同感,四校所有师生员工从此都是"东大人";(2)组织落实,尽快完成机构人员合并,保证各项工作正常进行;(3)摸清家底,整合全校资源,防止因管理疏漏,造成国有资产流失;(4)加强沟通交流,相互理解支持,实现工作和情感融合;(5)先融合、后优化,先稳定、后调整,所有干部职务、教师聘任(工作量及考核)和各校原福利待遇维持不变,一年后根据实际再做调整。[3]

四所原行政隶属关系不同,办学层次规模不同,管理方式和校园文化不同的学校合并在

---

[1] 顾冠群:《在四校合并大会上的讲话》(2000年4月14日),《东南大学报》2000年4月20日。
[2] 评论《牢牢把握历史机遇 共创东大明日辉煌》,《东南大学报》2000年2月29日。
[3] 东南大学校史研究室整理:《杨树林笔记及访谈录》(2020年12月)。

一起,成为一个新的"大家庭",是一项复杂的系统工程,也是一项艰巨困难的任务,稍有不慎,不仅难以达到预期目标,而且可能造成思想和工作的混乱,对学校长期发展产生不利影响。

2000年4月14日,在东南大学大礼堂举行四校合并大会

新东大领导班子对此有清醒的认识,对并校工作做了比较周密的安排部署。学校成立了并校工作领导小组和三个并校工作组,4月14日合并大会之后,各工作组与原三校领导及各对口职能部门的同志一道立即展开工作。针对存在的问题和可能出现的情况,主要做了以下几个方面的工作:

1. 把思想工作贯穿于并校的全过程

四校合并的决定下达初期,四校的师生员工心态不一,大多数表示拥护,也有一部分同志存在担心和忧虑,特别是原铁医、交专和地校的同志,有一定心理落差,关心合并后的"位子、票子、发展"等问题,情绪有些波动。原东大也有一部分教职工担心三校并入后会影响东大的办学水平和名牌大学的声誉。针对种种疑虑,学校党委通过理论学习、座谈会和调查访谈等形式,组织师生员工特别是中层以上领导干部,认真学习中央有关高等教育管理体制改革的精神,讲清我国高等教育改革的大形势及其发展的大方向,明确四校合并的意义,消除干部群众的顾虑,以此统一全校师生员工的思想,认清改革方向,坚定改革的决心和信心。要求原东大的同志,要尊重历史,加强团结,严于律己,宽以待人,理解新并入的同志对老校怀旧的情绪,努力营造宽容和谐的环境。希望全校的同志,要意识到,从现在起,四校同志就是一家人了,没有你我之分。大家要互相关心,互相帮助,相互尊重,共同进步。努力做到对不利于合并、可能影响团结和稳定的话和事,坚决不说和不做;在合并调整进程中,做到顾全大局、

人心不散、秩序不乱、工作不断，切实保证学校各方面工作的正常运转。

2. 切实关心群众利益，缓解合并带来的矛盾

在并校过程中，目标宏大和远景美好并不能消除部分干部群众眼前的顾虑，特别是并入学校的同志，职务安排、待遇福利和职业发展是他们最关心的问题。为此，学校坚持从实际出发，主要采取了三方面的举措：

一是，在并校改革中，以原铁医为主体，成立医学院、公共卫生学院、临床医学院，新组建生命科学学院，原铁医附属医院更名为东南大学附属中大医院，医学专业院系及医院组织机构和干部保持稳定，并可以充分享有东大的学科平台及相关资源，从而为医学和生命学科发展创造更广阔的平台。三校其他教师及管理人员按学科专业对口原则并入相关院系，对并入教师一年内不作工作量和考核的硬性要求；中层干部采取对口合并的方式安置，各部处的正职领导暂由原东大的干部担任，原三校的正、副职均安排为副职，保留其原职级待遇，并入单位不受编制限制，这样既保证了工作的稳定性和连续性，同时，四校的干部在一块工作，也能取长补短，互相了解，共同进步，为一年后机关精简、干部竞争上岗作了准备。①

二是，尊重各校现状，保持原工资福利待遇不变。由于各校分配办法不同和行业差别，合并前原四校的教职工待遇存在较大差距。就校一级发放的奖金福利而言，原南京地校最高，交专第二，铁医第三，东南大学最低。并校后若按东大岗位津贴方案执行，由于原三校教职工学历及职务层级相对较低，待遇可能会出现不同程度的倒挂现象。因此学校规定，在工资奖金、职务待遇上，就高不就低，"各类人员的岗位津贴如高出本方案规定的标准，在2000年财政年度内继续按原标准发放"②。

三是，制定优惠政策，鼓励支持原三校的教师进修提高，要求40岁以下的中青年教师攻读硕士或博士学位，通过在职学习和培训提高水平，更好地胜任工作。允许并入校同志从实际出发，发挥自身优势，合理选择工作去向，促进队伍分流。

通过一系列措施，有效缓解了并校过程的现实矛盾，稳定了人心，增强了凝聚力，减少了离心力，对合并工作的顺利推进起到了很大作用。

3. 加快融合，走实质性合并之路

从一开始，学校就坚定走实质性合并的道路，始终按照"五统一"要求，推进合并的各项工作。主要体现在：

——以干部融合推动全校的人事融合。合并后东南大学的校级领导班子做了相应调整和

---

① 四校合并后，人员安排是最大的难题，比较突出的问题是各级干部增加很多，远远超出正常编制数。例如，教务、科研、财务、后勤等部门，处级干部增加到七八人甚至十余人。交通学院、经管学院、人文学院等也都一下要并入数十名教师，给工作安排和保证教学质量带来一些困难。

② 《关于执行岗位津贴实施方案的通知》（校通知〔2000〕54号）。这里讲的各校教职工收入差距，主要指的是学校"账面"上奖金及岗位津贴、相关补贴上的差距。由于原东南大学实行的是校院两级分配，而其他三校主要是学校一级分配，因此，奖酬金差距主要体现在机关干部和普通员工身上，教师中的差距并不大，东大教师甚至实际收入更高。

分工，班子的成员以诚相待，融洽共事；没有进班子的原校级领导也都能站在合并后的东南大学的角度看问题和处理问题。全校各级干部在并校过程中，表现出高度的党性、组织纪律性和工作责任心，能够顾全大局，不计较个人得失，广大教职工也坚守岗位，认真履行工作职责，做到人心不散、秩序不乱、工作不断，使整个合并交接工作得以顺利进行。正如东大党委在给教育部的工作报告中指出的那样，"并校工作的顺利进行，最关键的是得益于一个团结有力的领导班子，得益于讲政治、讲大局、讲团结的一批党员领导干部"[1]。

——以学科融合加快教学科研队伍的融合。并校过程中，学校把学科的融合作为最重要的工作来抓，一是将各专业学科同类归并，实行优势互补，提高规模效益；二是发挥合并后学科集成的优势，联合申报新的博士点和硕士点，增加了一大批研究生导师，为学科发展特别是医科的发展提供了更高和更广阔的平台；三是充分发挥多学科交叉互补优势，积极发展新兴交叉学科，生命科学学院的组建和快速发展就是其中比较成功的范例。

——以管理融合促进全校资源的优化配置。根据合并后的实际情况，学校首先对"一校四区"进行规划和布局调整，四牌楼校区调整为研究生教育基地和科学技术研究基地；丁家桥校区作为医学学科和生命科学学科教学科研基地以及附属医院所在地；浦口校区作为本科生教育基地；晓庄校区逐步发展成为职业技术教育和科技服务（科技园）基地。对全校财务、校舍、固定资产、实验室、图书档案、信息资源实施统一制度、统一管理、统一调配。此外，按照已经实行的原东南大学后勤改革方案，对并入三校的后勤工作进行统一管理和改革。

——以制定新发展规划构建共同理想。四校合并工作基本完成后，东大召开了"2001—2010年发展研讨会"，提出制定新的东南大学发展规划，描绘出新的发展蓝图。

2001年初，陈至立部长在听取胡凌云书记、顾冠群校长关于并校工作及今后学校发展思路的汇报后说："东南大学并校工作比较顺利，对东南大学今后发展有着重要战略意义。你们从实际出发，服从大局，知难而进，埋头苦干，经受住了考验，很不容易，我向你们及领导班子全体成员表示感谢，向全校师生员工表示感谢。"[2]

---

[1] 《关于并校工作的汇报》（东大委〔2000〕77号）（2000年7月25日）。
[2] 据胡凌云回忆，在2001年初召开的教育部直属高校咨询会上，有些学校的同志对东大"强＋弱"合并模式有些议论，陈至立部长说了上述的话。东南大学校史研究室整理《胡凌云访谈录》。

附：原南铁医、交专、地校简介及并校时基本情况

（一）原南京铁道医学院历史沿革及并校时基本情况

南京铁道医学院坐落在南京市玄武湖畔的丁家桥，原中央大学医学院旧址内。新中国成立后，中央大学医学院改为解放军第五军医大学，1954年迁往西安，与西北军区卫生学校合并，组建成为第四军医大学，留下的部分教师及附属医院与三所军队医科学校改建为第六军医学校。1958年解放军总后勤部将第六军医学校及附属医院移交铁道部，改名为南京铁道医学院，成为铁道部全路卫生工作和医学教育科研的重要基地，学院附属医院一直是南京最好的几所三甲医院之一。

至2000年并校时，学院设有基础医学部、临床医学部（含临床医学系、医学影像学系和医学检验系）、公共卫生学院（含预防医学系、劳动与社会保障系）、人文与社会科学系、研究生部、体育部、成人教育学院等教学行政组织。设置临床医学、预防医学、医学影像学、医学检验、劳动与社会保障（医疗保险专业方向）、法学（医事法律专业方向）等6个本科专业和1个临床医学专科专业。有22个学科、专业拥有硕士学位授予权（含在职硕士学位授予权）。成人继续教育开设有临床医学、预防医学、医学检验、高级护理等多个专业，是铁路系统唯一的"铁路继续教育医疗卫生基地"。建院以来，学院已为全国铁路和地方培养了12 100余名各类毕业生。

学院设有1个医学研究所和31个研究室，有分子生物等50个实验室，其中4个为铁道部开放实验室。建有现代医学实验中心、理化测试中心、分析检测中心、放射免疫中心、全路卫生动物实验中心、铁路艾滋病检测中心等。学院图书馆藏书33万册，馆藏中外期刊3655种，其中外文期刊1355种。图书馆建有计算机网络中心和电子文献阅览室，是铁路医药卫生科技查新工作站和中国学术期刊文献检索咨询站标准级站。学院出版《南京铁道医学院学报》《铁道医学》《中国肿瘤临床与康复杂志》《中国医学文摘内科学分册（英文版）》等报刊和《中国肿瘤临床年鉴》，均面向国内外发行。

学院平均每年在研课题200~250项，其中省部级以上课题约占一半，"七五"以来，已有100多项成果通过鉴定，100多项成果获省部级以上奖励，其中一项获国家科技进步三等奖。年均发表论文300篇左右。1995年被中国科技论文统计源收录的论文数居全国高校第127位，居全国176所医学院校第29位。医学生物学与遗传学学科点是铁道部的重点学科。

学院计有附属医院4所，其中第一附属医院是铁道部重点医院，并被确定为铁路心血管疾病防治技术中心，是中华医学会介入放射技术推广中心。该院也是江苏省首批三级甲等医院，多次被评为省级文明医院。至1999年，全院有床位613张，泌尿外科、胆膜外科、神经外科、整形外科、心血管内科、神经内科、影像诊断科是铁道部的重点科室。附属徐州市第四人民医

院、附属扬州市第一人民医院、附属南京市第二人民医院为非直属附属医院。

学校设有(党政)办公室、组织人事处、教务处、科技处等24个党政职能部、处、室。在编教职工2080人(含直属铁医附院1200人),其中具有正高职称73人、副高职称235人、中级职称254人;专任教师中,具有硕士学历以上者占37%,其中具有博士学位的20余人;全校有硕士生导师108名,被外校聘为博士生导师1名,博士生指导教师7名。[①]

1999年全日制在校生3288人,其中:研究生173人,本科生2987人,专科生128人。另有成人教育学生1651人。

学校占地面积26.3万平方米,有丁家桥、晓庄两个校区,全校各类建筑面积21.05万平方米。

学校财务实行统一核算、分块管理体制。截至2000年4月14日并校日,总资产19 157万元,其中:流动资产3233万元(包括货币资金3010万元),对外投资37万元,固定资产15 887万元,负债1232万元,净资产17 925万元。

1999年预算总收入3649万元,预算总支出4185万元,收支相抵赤字536万元。该年实现总收入4559万元(不含附属医院收入)。1999年,全校全年科研经费160万元左右。[②]

2000年并校时,南京铁道医学院党委书记为简大钧,副书记为张福珍;院长为孙载阳,副院长为高锦武、李春城、刘乃丰(附属医院院长)、浦跃朴;纪委书记为张福珍,副书记为张学泳;附属医院院长为刘乃丰,副院长为范健、沈晨钟;党委书记为张凤兵、副书记为唐洪丽。

(二)原南京交通专科学校沿革及并校时的基本情况

原南京高等交通专科学校是交通部直属高校,成立于1951年。它的前身是交通部干部学校南京分校,1958年9月改为南京交通专科学校。1978年恢复高校招生后,改名为南京航务工程专科学校。1992年更名为南京交通高等专科学校。近50年来,学校为国家培养输送了17 000余名交通工程技术和管理人才,在全国交通行业特别是华东地区享有较高声誉。原交通部部长黄镇东,港珠澳大桥桥隧工程总指挥、总工程师林鸣等是交专优秀校友代表。

学校设有港航、土建、机械、管理、社科5个系及基础课、成教2个部,有10个专科专业。有学校办公室、教务、科研、学生、后勤等12个职能处室。逐步形成了以交通土木工程为主体,以港航、路桥为特色,工、管、文相结合的专业格局。基本覆盖了交通基础设施、路桥建设、港航建设等专业范围,成为华东地区培养交通工程一线人才和输出交通工程技术的重要办学基地,在全国交通高校中,该校是同时具备公路监理和水运监理工程师培训资格的两所学校

[①] 原南铁医为学校与附属医院合一模式,铁道部给全校定编为2172人,并校时实有2080人,其中附属医院近1200人。附属医院相对独立,领导干部任免和进人计划由学校控制,科室干部的任免权在医院。

[②] 东南大学审计处:《关于对原南京铁道医学院1999—2000年4月14日财务收支及并校资产审计调查的报告》(2000年11月29日)。

之一。

学校具有较强的交通工程设计监理能力。1993年成立了江苏华宁交通工程咨询监理公司,已发展成为江苏省乃至全国同行业中享有较高声誉的3A级信誉企业,建设部甲级工程咨询监理单位和交通部先进监理企业。原勘测设计所经过几年发展于1996年经交通部批准,更名为南京交通勘察设计院。

原南京交专占地面积25.25万平方米,有长江路、浦口两个校区,各类建筑面积6万平方米。在校教职工575人,其中高级职称75人,中级职称234人;离退休人员200人。1999年全日制在校生2628人,均为专科生;成人教育学生626人,有校(系)办产业9家。

学校财务实行一级核算、分块管理体制。截至2000年4月14并校日,学校总资产8535.03万元,其中流动资产1863.60万元,固定资产6671.43万元,负债1104.49万元,其中向银行借入款600.00万元;净资产7430.54万元,其中,事业基金854.47万元,固定基金6671.43万元,专用基金408.92万元,未完项目收支差额504.28万元。1999年学校预算总收入2399万元,实际实现总收入3099万元,实际总支出2679.00万元,收入大于支出708.79万元。①

2000年并校时,南京交通高等专科学校党委书记为刘光荣,副书记兼纪委书记为李伟令;校长为赵瑞林,副校长为李晋三、丁汉山。

(三)原南京地质学校沿革及并校时的基本情况

原南京地质学校是国土资源部所属的国家级重点中专学校。其前身是中国人民解放军华东军区测绘学校,1953年划归国家地质部,同年成立南京地质学校,并沿用校名至2000年。南京地质学校具有军队严格纪律和地质工作者艰苦创业精神的良好传承,在50年的办学历程中,学校形成"严教、勤学、团结、奋进"的优良校风,以祖国建设需要为己任,为新中国地质和测绘等行业培养了3万多名中等和高等应用型人才。校友们遍布祖国各地,为社会主义现代化建设做出贡献,为母校赢得了赞誉。实现中国人对珠峰高度首次精确测量而受到国家表彰的"英雄大队"郁期青等校友,地质矿产部原部长宋瑞祥,中科院院士袁道先、莫宣学等就是他们之中的优秀代表。

南京地校先后开设有地质、测绘、岩土工程、工民建、营销、计算机等十多个专业;1997年开始创办高职班,当年共开设三个班,学制分别为两年和五年,1999年高职招生已扩大到11个班。通过改革发展,学校已由原先主要面向地质行业办学的单一工科学校,发展成为以地质、测绘为特色,工管并重,立足行业,面向社会的中等专门教育、高等职业教育和各种函

---

① 东南大学审计处:《关于对原南京交通高等专科学校1999—2000年4月14日财务收支及并校资产审计调查的报告》(2001年1月8日)。

授培训相结合的新型中专校。学校积极走产学研相结合的道路，成立有北极测绘研究院、岩土工程研究所，南地营销企划事务所等研究服务机构，其中北极测绘研究院具有国家甲级资质。

学校地处南京市中心，有较为完善的办学设施和良好校园环境，是国土资源部职业技术培训中心，部、省级文明校园，连续二次被南京市授予"文明单位"称号，1999年获得"南京市德育工作先进集体"称号。

学校进香河校区占地面积100余亩（6.85万平方米），各类建筑4.80万平方米。图书馆3000余平方米，藏书16万余册。学校设校办公室等12个职能科室，校（系）办产业7个；全校在职教职工262人，其中高级职称44人，中级职称120人；有离退休人员216人。1999年全日制在校学生2776人，其中专科生778人，中专生1998人；

学校财务实行一级核算、分块管理体制。截至2000年4月14日并校日，总资产6144.17万元，其中流动资金1510.50万元，固定资产4397.93万元；负债1485.12万元，净资产4659.05万元，其中事业基金285.24万元，固定基金4397.93万元，专用基金421.67万元。

1999年学校预算总收入1602.00万元，预算总支出1602.00万元。经审计调整后实际收入2314.92万元，实际总支出2081.00万元。[①]

2000年并校时，学校党委书记兼校长为庄宝杰，副校长为黄在宇、徐悦，党委副书记兼纪委书记为余嘉龙。

---

① 东南大学审计处：《关于对原南京地质学校1999—2000年4月14日财务收支及并校资产审计调查的报告》（2001年1月8日）。

第五节　建设九龙湖新校区

1992 年至 2012 年，东南大学最大的基本建设项目是九龙湖新校区建设。如果要问这二十年间发生了哪些对学校未来产生长远而深刻影响的重大事件，那九龙湖新校区建设一定榜上有名。2002 年开启的九龙湖校区建设，彻底解决了长期困扰学校发展的土地问题，为创建世界一流大学奠定了坚实的物质基础，也为东南大学新百年发展提供了一个广阔空间。

一、九龙湖校区建设前的校园概述

东南大学自 1902 年创办，历经三江师范学堂、南京高等师范学校、国立东南大学、国立中央大学、南京大学和南京工学院等不同历史时期，主校区一直在南京玄武湖畔、鸡鸣山下的四牌楼一带，由于地处闹市、车马喧嚣、校园蹇促，随着办学规模扩大，已不敷使用，历任校长多有扩建或选址新建的打算。早在 1934 年，时任校长罗家伦就报请国民政府批准同意并拨款，拟在今南京安德门外石子岗一带，征地 2700 亩建设新校区，后因抗日战争爆发，中大辗转西迁，学校新址未成。[①] 新中国成立后，国立中央大学更名为国立南京大学，1952 年全国高校院系调整，以原工学院为主体，在四牌楼中央大学旧址成立南京工学院（1988 年复更名为东南大学）。扩大校园面积，拓展办学空间，一直是学校历任领导念兹在兹，不断努力，迫切希望解决的重大问题，但因种种原因，始终未能如愿。直到 1988 年，东大校园面积一直在 560 亩左右，长期是教育部直属高校中面积最小的学校之一，严重限制和影响了学校发展。[②]

1988 年，时任校长韦钰再次提出建设新校区的设想，得到江苏省、南京市政府和国家教委的支持，学校自筹经费近 1 亿元，克服重重困难，越江北上，在浦口高新技术开发区南端的泰山新村一带征得土地 863 亩，建设东大浦口校区。经过几年艰苦努力，建成一个教学设施相对齐全的本科教学基地，一定程度缓解了办学场所和教学设施的紧张状况，也为学科建设、科研工作和研究生教育提供了改善缓冲和发展的空间。[③]

浦口校区于 1988 年 12 月 30 日奠基，1989 年 4 月正式开工建设，到 1990 年 9 月第一届新生入驻，一期工程建设仅用了 15 个月，建成面积约 18 万平方米，工程投资 8000 多万元。浦口校区除去丘陵，实际可使用的土地约 610 亩，加上四牌楼本部 560 亩，全校共计有土地

---

① 朱斐主编：《东南大学史》第一卷，东南大学出版社，2012 年，第 190 页。
② 当时国家教委 36 所直属高校，校园面积最小的 3 所大学是：上海交通大学、东南大学、南京大学。20 世纪 80 年代，上交大建设闵行校区后，东南大学就变成校园面积最小的高校，当时教委领导到东大视察，开玩笑说，在四牌楼校区走，呼吸都困难。
③ 详见朱斐主编《东南大学史》第二卷，东南大学出版社，1997 年，第 350-354 页。

1100多亩。当时国家教委规定，高校生均办学土地应为1分地左右，即使按当时批准的东南大学发展规划，到2000年各类全日制学生为10 000人规模，这一土地面积也刚刚符合规定要求。

1993年陈笃信接任校长，立刻上马建设浦口校区二期工程，主要新建扩建了教学楼、宿舍楼、实验教学中心、图书馆等建筑约8万平方米。1995年，二年级本科生也大部入驻浦口，办学条件进一步得到改善。但是，随着国家经济建设及社会快速发展，对高等教育的需求日益增长，东南大学也进入快速发展阶段，到1995年上半年，各类在校生总数达13 000多人，其中本专科生8200多人，博士、硕士研究生1500多人，各类成人学历教育在校生3600多人；到2000年10月，在校本科生已达到17 681人，研究生3447人，远远超出当年规划。这一时期，学校一个突出的变化，就是科研和研究生教育在学校中的地位愈加重要，规模越来越大，对工作条件与科研环境的需求不断增加，各类科研实验用房和研究生宿舍也变得极度紧缺。由于浦口校区地处江北，大桥时常拥堵，交通极为不便，科研活动及研究生教育很难迁移至江北，校园面积狭小，缺少办学空间，再一次成为制约学校发展的最主要瓶颈。毋庸讳言，2000年4月，南京铁道医学院、南京交通高等专科学校、南京地质学校与东南大学合并，组建新的东南大学，其中原因之一，也有东大领导希望通过并校，实现校园的"低成本扩张"，满足研究生教育快速发展的基本需求。①

东南大学五校区建筑物、土地面积及使用情况（2002年）

序号	项目	四牌楼	浦口	晓庄	丁家桥	长江后街	合计
1	教学用房（万平方米）	7.83	6.85	2.58	1.82	0.39	19.47
2	科研用房（万平方米）	9.59	2.3		2.76		14.65
3	行政用房（万平方米）	3.74	3.74		0.97	0.81	9.26
4	学生宿舍（万平方米）	9.59	6.99	2.35	3.72		22.65
5	其他用房（万平方米）	31.1	3.62		16.8		51.52
★	建筑物面积合计（万平方米）	61.85	23.5	4.93	26.07	1.2	117.55
★	土地面积（亩）	641.4	1241	178	176	45	2281.4

并校后的东南大学校园包括原东大的四牌楼校区和浦口校区、原铁道医学院的丁家桥校区和晓庄校区、原交专的长江后街校区和浦口校区（与东大浦口校区毗邻）、原地校的进香河校区（与四牌楼校区一路之隔），共七块地，经整合后形成一校五区的办学格局，学校总占地

---

① 据胡凌云回忆：当时四校合并，我们并了南京地质学校，许多人不理解。其中一个重要原因是我们的研究生教育发展很快，但校园用地非常困难，四牌楼校区已没有任何扩张的可能，如果地校并进来，就在我们一条街之隔，那里有一百零几亩地，这样我们办学空间就增加了。四牌楼正式办学区域只有270多亩，通过并校可以增加30%~40%的办学用地面积，所以我说，这是低成本扩张。要是没有与地校合并，从2000年并校一直到2006年九龙湖新校区开张，这一段时间，我们日子是没法过的。后来陈至立部长也说："谁都不如东南大学聪明，通过并校，以极小的代价在市中心拿了一块地。"郑立琪、丛婕：《胡凌云书记谈东南大学九龙湖新校区建设始末》，2012年6月4日访谈。

面积达 2281 亩。但这些校区分布在市区各处、大江南北，且大多地块狭小、功能不全、无法进一步扩展，仍然无法满足建设一流大学需要。多校区办学格局，造成公共资源投入分散，使用效率较低，管理难度加大，也影响办学效益的提高，学校长期发展后劲受到了制约。因此，另择新址建设新的主校区就成为迫在眉睫的大事。

二、九龙湖校区选址、征地和规划设计

2000 年前后，中国大学大规模扩招，引发新一轮高等教育发展建设高潮。由于学生数量急剧增长，各类办学资源十分紧缺，许多高校积极新建扩建校园，各地政府为发展教育，拉动经济，纷纷建设"大学城"吸引高校入驻，东大也迎来了建设新校区的难得机遇。经过校内反复征求意见，权衡利弊，几经周折，最后学校领导班子下定决心，抓住机遇，重返江南，一步到位，择址新建东南大学主校区。

（一）九龙湖校区选址始末

要再建一个新校区，选在哪里好？当时南京市已规划建设有浦口、仙林、方山三个大学城，并初具规模。东大决意南下，加之省市领导及有关部门都希望新校址选择在大学城，所以最初考察重点是在栖霞区的仙林大学城和江宁区的方山大学城，但这两个地区当时都远离南京市未来发展的主要区域，可选择的地块已在大学城边缘，且面积、交通及地理环境都不大理想。新校区建设是百年大计，事关重大，学校不能不慎之又慎。整个 2002 年下半年，东大主要领导和有关部门负责人一直在四处寻地，直到年底的一个偶然机会，才看上位于江宁高新技术开发区南部的九龙湖畔，紧邻南京保税区的一块地。这块地原是用于引进外资的建设用地，后外商资金迟迟不到位，政府收回准备重新招商，已初步完成征地拆迁和三通一平，且地势开阔、交通便利、环境优越，征地费用相对优惠，基础配套设施可以满足新校区的建设需要以及将来的教学、科研和生活需要，具备了建设新主校区的良好基础条件。东大的到来得到江宁区领导的热烈欢迎和积极支持，双方一拍即合。

决心一下，学校上下立即行动。经过与省、市、区领导反复陈诉沟通，终于征得各方原则同意。同时，学校立即组织校内中层以上领导干部、专家教授、各民主党派负责人和离退休老领导实地察看，召开各种座谈会征求意见，在一周的时间里，就很快形成全校共识，一致赞成在江宁开发区建设新的主校区。2002 年 11 月下旬，学校党委常委会、校长办公会经过认真讨论，最终做出了全力以赴建设九龙湖新校区的正式决策。

12 月 18 日，东南大学江宁校区建设签约仪式在江宁开发区管委会隆重举行，东南大学领导和江宁区领导先后致辞，赵启满副校长和江宁经济技术开发总公司总经理郜同福代表双方在协议上签字。学校各院系、机关部处党政负责人，民主党派负责人，老干部代表，教代会常委，

江宁新校区建设咨询专家组成员，江宁区党政领导及开发区管委会领导等出席了签约仪式。①

江宁经济技术开发区是南京市建设规模最大、发展速度最快的国家级高新技术产业开发区。开发区地处南京城市南部，是南京主城发展的核心区域，水、陆、空交通极为方便。区内大学、科研院所、国内外知名的高新技术企业众多，具有广阔的产学研合作远景。经过多年建设，园区生活服务设施配套齐全，已初步形成了良好的办学环境。根据协议，规划中的江宁主校区坐落在南京绕越公路内侧，机场高速公路与宁溧公路之间，地形规整，距四牌楼校本部约22公里。新校区首期拟征地3700亩②，学校向江苏省政府和教育部报批获准③，新校区选址尘埃落定，但更艰难的工作刚刚开始。

（二）艰难的征地历程

九龙湖校区建设，最难在征地。与1989年韦钰校长顶着重重压力，毅然北上，跨江建设浦口校区一样，此次学校决意重返江南，建设九龙湖校区，开始遇到的最大困难也是征地。④

九龙湖校区征地有三难：一难是变更土地用途，由企业用地变更为教育用地，这涉及国家政策和南京市的区域功能规划调整；二难是因为"铁本事件"的突然出现，国家暂时"冻结"了土地审批，特别是大面积用地申请，必须报国务院批，大大提高了征地难度；三难是如何处理好学校发展需求与国家政策规定，东大与地方各级政府的关系等等，许多时候很微妙，须把握好尺度，理解各方关切，兼顾各方利益。

对这些，胡凌云曾有生动回忆：

> 确定新校区定在九龙湖以后，大约是12月18号，我们挑了个好日子就签约了。签约以后，开始跑土地，真正办征地手续的麻烦就开始了，征地是一项艰巨的工程，真的是非常非常困难！所以最后一次找市委罗志军书记时，我说，我真的最后一次找你，以后再也不找你了，我以后再也不征地了，实在吃不消。因为江宁毕竟是一个区，他很欢迎我们到他那里去，但可以拿哪块地，他说了不算，得南京市认可才行。我们就跑南京市吧，市里很支持建新校区，但是我们搬往江宁开发区，跟南京市规划不符，各种意见反映强烈。浦口区坚决不让东南大学走，栖霞区又一定要我们去，他们理由很充分呀，南京市规划有三个大学城，你就是

---

① 郑立琪：《我校在江宁征地办学签约仪式隆重举行》，《东南大学报》2002年12月20日。
② 一开始，江宁区领导的意见是给东大新校区土地1500~2000亩，但学校领导坚持认为新校区建设是百年大计，要能够支撑起一流大学建设的需要，不能一搬再搬了，必须一次到位。经过反复协商，并通过用学校原在江宁开发区将军路的一块土地与九龙湖置换，最终争取到一次征收3700亩土地的初步协议。
③ 《教育部关于东南大学建设新校区有关问题的批复》（教发函〔2003〕278号），东南大学档案馆藏档案。
④ 当时南京市不同意东大在江南主城区增扩校园，要求新校区建在当时江北比较偏远的江浦县珠江镇。韦钰校长反复做各方工作，付出极大努力，最后以建设"东大科工园"的名义，落户浦口高新技术开发区，在离长江大桥最近的泰山镇建设了浦口校区。

搬迁也应该进大学城。因此有人说，江宁区是破坏南京市规划，你把东南大学放到一个开发区去，这肯定不行。所以，南京市的规划部门开始也是不同意的。江宁就说，人家要来，我也不能挡着不让来啊？其实，当时各区都想让我们过去，都有自己的算盘，各不相让，弄得我们压力很大。征地这个事情搞不下来，然后我就去市里找蒋市长、找罗书记，市领导态度很积极，但他们也有难处，我们就再找到省里，找省领导和有关部门汇报，到处做工作，总算赢得各方同意。可后来又出了"铁本事件"，简直是雪上加霜，难上加难。幸亏有省里、市里、区里各级领导、各有关部门和校友们的支持，不然真弄不下来。我为什么坚持去九龙湖？主要还是为东南大学长远发展考虑，那里交通方便，周围又有很多高新技术企业，搞产学研合作，学生实习都很便利。为这事可能也得罪了一些人，可为了学校就顾不了那么多了。①

南京市规划这一关总算过去了，就进入征地程序，可这一步更加艰难。2003年2月，学校向江苏省发展计划委员会报送了征地立项报告，并同时抄报教育部和省政府。在省政府和省计委的大力支持下，东南大学九龙湖新校区列入江苏省重点工程。②由于征地面积较大（当时国家规定征地超过1000亩，必须报由国务院批），为尽快获批，保证2006年新区基本建成入驻，学校又与省计委、省国土厅沟通商量，在不违反国家法令法规的前提下，采取了分批次申报用地计划的办法。同时，九龙湖校区各项筹建和规划工作亦同步进行。

经过一轮轮申报、审批，无数次汇报、盖章，就在最后所有手续齐备，就要出省国土厅的"窗口"时，发生了常州"铁本事件"。③2004年4月29日，国家有关部门暂时冻结全部用地申请，重新逐一审核查处，一时间九龙湖征地被按下暂停键，学校领导心急如焚！一直到当年年底，国家征地审批终于解冻了，优先解封的是教育、文化、卫生用地，东南大学属于第一批解封之列，全校上下，总算石头落地，至此花费了近两年时间。赵启满副校长当时已被暂时免除其他分管工作，全力以赴跑征地事项，其间艰难曲折、辛苦备尝，直到十多年后回忆起来仍觉惊心动魄，直言这是他四十年职业生涯中最艰难、压力最大的一项工作，"如果我们不是短短几周里，在全校取得共识，选址九龙湖；如果不是行动快，在'铁本事件'前就办好了各种征地手续；如果不是书记、校长决策果断，立马行动，只要再迟几个月，肯定就没有九龙湖新校区了！如今想想都后怕"④。

---

① 郑立琪、丛婕：《胡凌云书记谈东南大学九龙湖新校区建设始末》。
② 《关于东南大学江宁开发区新校区建设项目建议书的批复》（苏计投资发〔2003〕119号）。
③ 民营企业江苏铁本钢铁有限公司，未经国家有关部门审批，2003年6月开建800万吨钢铁项目，在常州市新北区春江镇违法占地近6000亩，4000多农民被迫搬迁。2004年4月国务院派出专项检查组，核实查处江苏铁本钢铁有限公司违规建设钢铁项目，认定这是一起典型的当地政府及地方有关部门失职违规，企业涉嫌违法违规的重大事件。
④ 东南大学校史研究室整理：《赵启满访谈录》（2020年9月23日）。

（三）九龙湖校区的规划设计

2002年11月10日，学校成立了新校区建设领导小组、新校区建设咨询论证专家组和新区建设指挥部。新校区建设领导小组组长为赵启满，副组长为易红、浦跃朴；咨询专家组长为赵启满，成员有王建国、卢志昌、张星、李爱群、段进、葛爱荣等土木建筑专家和工程管理专家。① 在征地紧张进行同时，九龙湖校区的规划和设计工作也紧锣密鼓地进行。

学校委托江苏省工程咨询中心进行了新校区建设项目可行性论证，2003年7月，该公司完成了论证报告②，提交的主要结论是：

1. 东南大学新校区的建设，是我国高等教育和江苏地方教育事业发展的需要，是实现东南大学的可持续发展、牢固确立学校重点大学地位、创建世界一流大学的必然选择，也是解决目前该校多校区办学矛盾、扩大办学空间的必然选择，因此本项目的建设是必要的。

2. 新校区建设地点位于江宁经济技术开发区南部的九龙湖畔，地势开阔、交通便利、环境优美，征地费用相对优惠，基础配套设施可以满足新校区的建设需要以及将来的教学、生活需要，因此本项目的建设具有较好的基础条件。

3. 新校区建设应该采用一次规划、分期建设的方案。根据学校事业发展测算，需要征用土地3700亩（其中含水面面积200亩），到2015年全部工程建设完成后，新校区将达到在校生40 000人（其中含研究生10 000人）的规模，全部新增校舍总建筑面积1 181 700平方米，其中教学及科研用房543 200平方米，后勤用房638 500平方米。

4. 经初步估算，本项目建设投资合计为210 756万元。项目建设所需的资金筹措方案暂定如下：（1）学校自有资金投入43 000万元（含各级政府财政拨款）；（2）办学收支结余滚动投入82 767万元（含成贤学院办学收入）；（3）银行贷款84 989万元（含建设期利息借款5 139万元）。

5. 经综合测算，项目银行借款偿还期为14.20年（含建设期），全部投资财务内部收益率为8.63%，以6%为折现率计算的全部投资财务净现值为38 011万元，全部投资回收期为13.8年（含建设期）。分析结果表明，在本报告设定的条件下，该项目既能保证投资的合理收益，按时偿还长期借款，又能确保学校教学的正常运转和发展所需的资金，该项目在财务上资金能够平衡。

---

① 《关于成立东南大学新校区建设领导小组及新校区建设咨询论证专家组的通知》（校通知〔2002〕228号）。
② 江苏省工程咨询中心《东南大学江宁开发区新校区建设项目可行性论证报告》（项目编号：JECC-KY016.FG-2003），东南大学档案馆馆藏档案。

2003年7月31日,学校向江苏省发展计划委员会报送了这份报告,并同时抄报教育部。

与此同时,东南大学2003年3月召开了"东南大学九龙湖校区总体规划设计发标会",向全社会征集九龙湖校区建设规划方案。规划设计总要求是:学校21世纪发展建设的主要区域,东大新百年形象的标志,展示学校形象和对外开放合作的窗口;学校行政管理中枢、本科生和研究生教育基地、留学生培养基地、科学技术研究基地和高科技产业发展的孵化基地。设计原则为:生态化、现代化、园林化、网络化、人性化、社会化。力求做到以人为本,充分体现人与自然、人与环境的和谐相处。

参加投标的单位有江苏省规划设计研究院、东南大学城市规划研究院、东南大学建筑设计院、同济大学建筑设计院及华南理工大学建筑设计院。5月召开了评标会,应邀参加评审会议的省内外专家及与会领导详细审阅了五个投标单位的规划设计文件,通过热烈的讨论,在分析、归纳的基础上,以无记名投票方式综合排序,选出了前三名规划设计方案。6月,东南大学通过多种渠道组织中层及中层以上干部、全校教职员工、学生等对3个方案进行无记名投票,在汇总这些投票结果和以上专家评审意见的基础上,最后研究确定东南大学建筑设计院的4号方案中标,并以此为基础进一步吸收各方意见修改完善。

2003年中标的九龙湖校区总体规划设计图

根据规划要求,初步确定本项目教学及科研、后勤用房等校舍规划建筑面积为:543 200+638 500=1 181 700 (m^2),建设投资预算控制在人民币18亿元左右。

东南大学江宁新校区规划建设主要工程内容

序号	项目名称	建筑面积（m²）
一	教学及科研用房	543 200
	教学楼	100 800
	图书馆	81 200
	实验用房	229 600
	风雨操场（体育用房）	20 000
	校系行政用房	102 000
	会堂	9600
二	后勤用房	638 500
	学生公寓	300 000
	研究生公寓	120 000
	学生食堂	52 000
	教师公寓	75 000
	教工食堂	11 500
	其他后勤服务用房	80 000
	合计	1 181 700

三、九龙湖校区建设及落成

为加强九龙湖校区建设，2003年1月17日，学校成立了江宁校区建设指挥部，在校党委和校行政的直接领导下，全面负责新校区的建设和管理工作。最初成立时，总指挥是赵启满副校长，副指挥是刘国庆、郭学军。由于征地受阻，迟迟无法入场施工，直到2004年底，终于拿到国家批文时，一期工程仍未发标，工程进度受到严重影响。为进一步加强新校区建设组织领导，确保一期工程如期完成，学校再次调整新校区建设领导小组，改由顾冠群校长、胡凌云书记任双组长，易红常务副校长任常务副组长，赵启满、杨树林、浦跃朴任副组长。2005年1月，新校区建设指挥部也做了调整，郭学军任总指挥，方少骅、朱亚东、倪秋云、葛爱荣（兼）任副总指挥；聘请知名土木工程专家蒋永生教授、建筑专家卢志昌教授、建筑工程管理专家陆惠民教授分别担任总工程师、总建筑师和总经济师。[①] 后方少骅调离学校，学校又增补有着长期基建和工程监理经验的土木工程学院副院长张星任副总指挥。同时调集学校基建处和设计院的主要力量，进一步充实纪检监察、审计、招投标和工程管理等方面人员，大大加强了新区建设和管理的力量，但此时距离2006年6月只有18个月的时间，要完成58万平方米建筑和校园基础设施及环境建设，时间紧迫，任务艰巨，责任重大，新区建设指挥部和所有参建同志都承受了极大压力。

---

① 《关于调整东南大学新校区建设领导小组成员的通知》（校通知〔2003〕94号）。

郭学军临危受命，更是压力巨大。他回忆说：

易校长找我谈话，代表学校给指挥部下了死命令，一期工程必须在 2006 年 6 月 30 日前竣工交付。因为如果不能如期把全部本科生搬过来，及时腾出四牌楼校区，不仅秋季入学的研究生没地方住，来年春季扩招研究生也会受影响，一环扣一环，哪里也不能出问题。他还交待，学校会全力支持我们工作，但一期工程 16 亿元的投资预算不能超。胡书记找我谈话，除了必须保证工期外，他反复强调一定不能出大的安全和质量事故，不能"大楼建起来，干部倒下去"。他说，已经跟班子里的同志都打了招呼，任何人不能干预九龙湖建设，不能插手工程，不能介绍工程队，不能递条子，如果有人这样做，马上报告他。两个领导反反复复叮嘱，归结起来就是四条：① 不能延误工期，② 不能出大的安全和质量事故，③ 不能廉政出问题，④ 不能超预算。中间两条我们自己还能控制把握，可第一和第四条实在太难了，赶工期要加钱，材料人工涨价要多花钱。当时看来，这简直是不可能完成的任务。①

九龙湖校区是东南大学新百年的基业工程，是学校发展史上的又一个重要里程碑。为建设好九龙湖新的主校区，全校上下一心，艰苦奋斗，攻坚克难，集中人力物力财力，全力以赴投入新校区建设。这里无法展开叙述这一艰巨曲折的建设过程，只选取其中几个节点加以概述：

2003 年 12 月，学校成立新校区建设指挥部，汇集了全校基建、设计、财务、审计、监察等方面的精兵强将，开始了征地、规划、建筑设计等工程前期工作。2005 年 3 月 24 日打下第一根桩，拉开了大规模施工建设的序幕，九龙湖校区工地先后有五六十支队伍进场施工，施工高潮时有近一万五千多名工人同时奋战在施工现场，塔吊林立，施工场面极为壮观。2006 年 6 月底，除大学生活动中心和图书馆等因种种原因工期延误外，大多数建筑按期交付，进入内部装修、设备安装阶段，水电、道路、网络、绿化和校园环境整治大体就绪。到 2006 年 8 月 8 日，九龙湖校区第一批本科生搬迁入驻，历时 502 天。

在九龙湖校区施工建设过程中，新区建设指挥部始终坚持"百年大计、质量第一"方针，克服工期紧、任务重、施工环境复杂等诸多困难，利用学校学科齐全、土建专家多的优势，精心选择施工队伍，严把建筑材料和设备招标关，抓施工全过程的质量控制，为每一个土建标段配备业务精、施工经验丰富的业主代表。由于这些努力，一期工程期间没有出现一起重大质量和安全事故，许多工程获江苏省和南京市优质工程奖，其中李文正图书馆工程获中国建筑质量最高奖——鲁班奖。

---

① 东南大学校史研究室整理：《郭学军访谈录》（2020 年 9 月 23 日）。

九龙湖校区地势低洼，属于漫滩地，鱼塘遍布，地质情况极差，淤泥层最深达十六米。建设过程又逢建筑材料普遍涨价，如铜材从每吨2万多元上涨至8万多元，有些紧俏建材拎着现金都买不着货，加上人工费和赶工费不断增加，都给工程造价控制带来了巨大压力。指挥部克服了一个又一个困难，千方百计控制基础工程造价，努力降低建材招标价格，在保持装修效果的前提下，巧用替代材料，降低了装修成本。经过多方的努力，投资预算没有失控，规避了财务风险。九龙湖校区一期工程建设总投资约16.2亿元（包括1.8225亿元征地费），工程总造价基本上控制在预算范围内。

基建岗位是一个高危工作岗位，工程建设是防腐倡廉前沿阵地。学校领导极为重视廉政建设，绝不允许"大楼建起来，干部倒下去"，为此，专门为指挥部邀请了东大原纪委书记潘瑞民担任纪检监察特派员，同时设立与新区建设指挥部并立的监察审计部，对整个九龙湖招投标过程和建设工程进行全程跟踪审计。特派员、监审部人员全部参加指挥部办公例会，使得指挥部的所有决策公开、透明，形成强有力的监督约束机制。学校招投标办公室深入现场服务，所有招投标项目均做到公平、公正、公开，在九龙湖校区建设过程中没有发现发生一起腐败违法案件。

截至2006年底，九龙湖校区完成的一期建筑工程有：

- 已建成各类建筑57.4万平方米。其中，公共教学楼建筑面积8.58万平方米；院系楼群分为机械动力、电子及计算机、人文社科经管、土木交通、化工材料等五大类，总建筑面积为14.93万平方米；图书馆建筑面积5.38万平方米；行政大楼建筑面积1.25万平方米；学生宿舍及食堂建筑面积23.22万平方米；其他辅助用房包括大学生活动中心1.68万平方米、接待中心建筑面积1.32万平方米；医院建筑面积4532平方米；保卫处办公楼建筑面积2000平方米。
- 沥青道路23.05公里
- 人行道27.52公里
- 护校河（含排洪沟）6.18公里
- 箱涵6座
- 桥梁4座
- 田径场及运动场地3片
- 给排水管线27.4公里（其中供水管线15.31公里）
- 高压电缆敷设24.9公里
- 低压电缆敷设16.65公里
- 弱电线路敷设16.17公里
- 路灯921座

● 景观绿化 119.5 平方米

其中：乔木 9.74 万棵

灌木 11.8 万平方米

草坪 41.8 万平方米[①]

可以说，东大人在短短的四年时间里"再造"了一个东南大学。

建成的九龙湖一期校园是什么样子？校报主编郑立琪充满激情地写道：

> 当你进入南京江宁开发区向南走去，一片片新崛起的建筑会赫然映入眼帘。经过新区指挥部和全体东大人近四年的呕心沥血、艰苦奋斗，九龙湖校区已初步建成了 57 万平方米的建筑，一座基础设施配套完善的现代化大学城拔地而起。
>
> 在这里，一座座楼群巍峨矗立，按照传统经典的三段式立面处理及四坡屋面设计，注重形体本身的组合，立面的虚实凹凸变化，以及金属和玻璃的细部运用，使建筑在端庄中不失轻巧，典雅中不失明快，传统中不失清新。建筑大面采用灰白、灰蓝色涂料或面层，底层为石材，屋面为灰蓝色瓦屋面，立面局部点缀金属及玻璃材料。既有汉唐余韵，又颇具现代气息。置身九龙湖新校区，犹如聆听一部辉煌的乐章，主旋律贯穿始终，变奏曲丰富多彩，起承转合，大器天成。
>
> 这些造型各异的建筑和东西两侧的方山与牛首山互相映衬，融为一体。不同角度即形成不同的景致，置身其中，使人不禁想起罗家伦校长当年赞美理想中的中央大学新校区而写下的诗句："……南望牛首，东望方山，北望紫金。山头放眼啊，大江雄浑，秦淮澄清。这二水三山的中间，正是理想的学术都城！"先辈当年的梦想，如今已经变得触手可及。
>
> 东大人惊喜、赞叹之余，又不禁将信将疑：眼前这一切是真的吗？[②]

2006 年 8 月，南京最热的时候，东南大学开始了史上最大的校园搬迁，万名学子过大江，百户千车大搬家，这是一场史无前例的协同行动，是一次复杂精密的庞大工程。[③]

8 月 8 日，浦口校区第一批本科生开始搬迁，拉开入驻九龙湖新校区的序幕。

8 月 24 日起，校机关和有关院系开始主体搬迁工作。到 8 月 26 日，各搬迁至九龙湖校区的机关部处已按计划完成搬迁任务，并迅速启动各项工作。

[①] 郭学军：《关于九龙湖校区建设情况的报告》（2006 年 12 月 23 日），在教代会年会上的报告。
[②] 郑立琪：《雏形初现 浑然天成——东南大学九龙湖新校区印象》，《东南大学报》2006 年 1 月 1 日。
[③] 郑立琪等：《梦圆九龙湖——见证东大历史上规模最大的校园搬迁》，《东南大学报》2006 年 9 月 1 日。

8月26日、27日两天，包括四牌楼和浦口两个校区的8000多本科生在学生处、学工部老师及各系辅导员的指挥和带领下，全部安全稳妥地实现了校区搬迁，自此东大全体本科生已经成功转移到九龙湖校区，结束了在浦口校区办学十六年的历史。

8月28日，人文学院、经管学院的1000多名硕士生、博士生入驻九龙湖校区。

9月1日、2日，2006级4000多名本科新生在九龙湖校区报到。

9月5日，2000多名新入学的硕士生、博士生在九龙湖校区报到。

短短一个月，数以万人，上百辆的大客车大卡车，夜以继日往返于大江南北，奔跑在各校区间。在大搬迁的日子里，全体在家的校领导，各院系部处几乎所有的中层干部，还有无数教师和职工，日夜忙碌，有条不紊，辛苦异常，却欣喜无比。

九龙湖，多美的名字！从四牌楼到九龙湖，承载了几代东大人的梦想。今天看来，九龙湖主校区的位置实在太好了，它地处南京南部新城的核心区，周围高新技术企业和研发机构集聚，环境优美、生活便利，九龙湖板块已是江宁高新产业最密集、发展最好、房价最高的区域。学校位于国际空港——禄口机场和亚洲最大火车站——南京南站之间，紧邻机场高速和绕城高速，大交通十分通畅。特别是2014年地铁三号线开通，把东大的九龙湖、四牌楼、浦口三个主要校区连在一起，成为名副其实的"东大线"。

建校已104年的东南大学，终于有了自己新的主校区。

第六节　具有全国性影响的三次重要改革

从20世纪80年代中后期到整个90年代，是东南大学改革比较活跃、发展较快、变化较大的时期，改革始终是推动学校各项事业发展的重要动力。坚持从学校实际出发，相信和依靠群众，与时俱进、持之以恒地推进和深化改革，是东南大学这一时期改革发展的一个比较鲜明的特色。

改革始终贯穿学校工作的各个方面，由于其他领域——教学、科研、学科建设、后勤、党建等方面的改革本书会有专门介绍，所以本节讲述的主要是这一时期比较重要和在全国高校中产生较大影响的几次校内管理体制改革。

东南大学的管理及人事制度改革起步较早，1985年，韦钰出任南京工学院（东大前身）副院长，分管科研和外事工作。她针对当时科研工作中存在的教师科研积极性不高，力量分散，有分量的科技成果少等突出问题，推进了科研项目负责人负责制，组建科研平台（跨学科联合体），重视科技项目申请（组织和鼓励教师出去"跑项目"）等改革，取得了较好的效果。这应该是东大此后一系列管理改革的发端。

1987年1月，韦钰出任东南大学（南京工学院）校长后，又于1987至1988年间，大力推动了"以人事制度改革为核心的校内管理改革"。这一改革的主要内容是：通过实施教师职务聘任制，建立岗位编制意识，调整优化师资队伍；通过推行"累积计分制"，改革职称晋升机制，破格提拔了一批优秀青年教师；通过"四定一聘"（定岗、定编、定职、定责，全员聘任），精简机关机构和人员；通过"干部述职"和"系主任民主推荐、竞聘上岗"，强调工作实绩和绩效考核，调动各级干部的积极性。这一系列改革，极大地激发了全校教职工的改革热情，有力地推动了学校事业发展，在全国高校和社会上产生较大影响。[1]

进入90年代以后，东南大学又有几项改革走在了全国高校前列，其中影响较大的改革有：1992年开始的按"三大块"推进学校综合改革；1992年启动，1993年实施的"招生及奖学金制度改革"；1995—1996年，以"金坛模式"为代表，东大与地方政府合作共建，在主动为地方经济社会发展服务的同时，多渠道筹资推动学校建设的改革。这些改革都有一个共同的特点，就是坚持问题导向，主动而为，既是前期自发自觉的"校内"管理改革的继续和深化，又是我国由计划经济向社会主义市场经济转型过程中，因外部环境变化对学校冲击而激发的主动改革，是面对不断出现的新问题的积极应对，而且都是在国家教委和江苏省委、省政府支持、指导下进行的改革，从一开始就纳入了国家对高校改革的总体思考中，都产生了全国性的影响，

---

[1] 时巨涛：《20世纪80年代中后期东大管理改革述论》，《中国大学校史研究》（2016），天津大学出版社，2018年。

受到了上级的肯定和媒体的关注,对中国高等教育的改革发展做出了积极贡献。①

一、"三大块"改革的核心是理顺校内管理体制

1990年代初,东南大学的"三大块"改革,是在国家教委直接指导下进行的一次规模宏大、波及面很广的校内综合改革,改革的目标是在新形势下理顺校内管理体制。

"三大块"改革的背景,是在当时经济体制改革带来的冲击和高校职能日趋多元的情况下,学校的内外部环境已经发生变化,很难再用同一种方式管理不同类型的工作和人员。在计划经济条件下,高校完全是事业单位的管理模式,国家给计划、给经费、给进人计划、给基建指标,学校按国家计划培养人、盖房子、发工资、进教员,给职工提供基本服务和福利,缺少自主性和发展活力。当时校办产业完全是空白,只有少量的实验、实习工厂,科技服务近乎于无,因此在学校工作中,这一块可以忽略不计。后勤也比较简单,在国家和学校划拨的经费条件下,有多少钱办多少事,为师生员工提供无偿的服务和福利,尽管这是一种低水平温饱型的服务。进入九十年代后,情况发生了很大的变化,国家经费在学校总开支中占的比例逐年缩小,以前学校事业费中"人头费"占比很低,80年代初还在30%左右,但到90年代初仅工资一项已占到70%以上。以1993年为例,国拨事业费只占学校总收入的36%左右,自筹经费占到了60%多;全校1.3亿预算收入中,有七八千万是通过科研费、校办产业和科技服务等创收得来的,其中科研经费已达5500多万元。此外,校办产业年产值3300多万元,利润1000多万元,校办产业各类职工有600人左右,已成为学校的一个重要组成部分,成为支撑学校事业发展不可或缺的一大块,而且这一块必须与社会接轨,必须按经济规律、价值规律办事,必须追求经济效益。因此在人事、财务和管理上应该与企业相同,而与学校事业部分有所区别。后勤也是如此,一是家大业大入不敷出,学校下拨费用缺口极大,难以维持;二是服务的范围和内容多了,要求也高了,更新设施,改善服务都要花钱;三是后勤职工生活水平要提高,他们的奖酬金从何而来?教职工收入低,后勤职工收入更低,所以,原有的学校管理体制已不能适应国家大环境和学校建设发展的要求了。

为适应这一变化,东大主动对校内管理体制进行改革,根据工作性质的不同,将教职工分为教学科研及党政管理(被称为"主干队伍")、后勤服务、校办产业三支队伍,在管理模

---

① 时任政治局委员、国家教委主任李铁映是最初推动东南大学、南京大学综合管理改革的。1992年5月,他在中南海听取9所高校的改革汇报时,对东南大学的"三大块"改革予以较高评价,认为"搞得比较好,不仅可操作,而且有气氛,教师的积极性上来了"。时任政治局常委、国务院副总理李岚清曾三次到东大视察,对东大改革在多个场合予以肯定。1993年11月1日,他在与在宁高校部分书记校长座谈时说:"东大(招生及奖学金制度改革)的做法是好的,我很赞成,这是一个方向。"1996年4月26日,时任国家教委主任朱开轩在听取东大领导同志汇报时说:"你们说自己太稳了,但我感到你们这个班子还是很有开拓精神的,比如校内综合改革,招生并轨改革,干部制度改革,还有与地方共建等等,都走在前面。"这一时期,全国多家主流媒体也对东大的改革做了比较多的报道。东大领导在教委直属高校、省属高校及全国性会议上多次介绍改革经验。全国各地高校来东大学习、交流的有数百家之多。

式和利益划分上，采取不同的管理方式和分配办法，从而理顺校内管理体制，稳定主体队伍，调动各方面的积极性，保证学校中心任务的完成。这项改革前后持续了多年，取得较好成果。国家教委对这项改革评价较高，在全国高校中也产生较大影响，许多做法经过不断完善沿续至今。

"三大块"改革的起因，是1991年3月全国"两会"期间，时任国务委员、国家教委主任的李铁映同志到江苏代表团参加讨论，有高校代表反映，现在大学经费困难，收入低，人留不住，希望国家增加对高等教育的投入，改善教师待遇。李铁映说，国家不投入，教育质量上不去；学校没有钱，人才留不住，这是个大问题。但国家现在拿不出更多的钱，只有深化改革，打破"大锅饭"，提高工作效率，拉开分配差距，才能使学校中真正干事、贡献大的教师收入有较大提高。他说想找两个京外的学校做改革试点，改得好，国家也可以给一点钱。与会的东南大学校长韦钰、南京大学校长曲钦岳当即表示愿意承担试点任务，在座的江苏省领导沈达人、陈焕友、孙家正等也表示江苏支持两校搞好此项改革。①

韦钰返校后即行传达部署，由朱万福副校长牵头，成立了7个小组，开展调研，制定方案，紧锣密鼓地开展工作。可究竟怎么改，改什么，当时并不清楚。一开始，两校的理解有偏差，改革方案设计的重点都是放在"收入分配——工资奖金制度改革"即所谓"工改"上，还寄希望于国家给些特殊政策。但在制定方案、征求意见过程中遇到一些难以回避的问题，比较突出的是，当时学校事实上有多支队伍，如教学、科研、教辅、党政管理、后勤服务和校办产业等，它们的工作性质不同，目标任务不同，评价方式不同，面临的内外部（竞争）环境不同，因此很难设计一种适用于所有人的收入分配方案。再就是当时学校受到外部冲击较大，内部管理比较松懈，有些教师私下在外兼职赚钱。一些系成立公司，利用学校资源搞创收，教学科研等主体工作受到影响，也导致学校内部收入差距拉大，队伍出现不稳定现象，这就不仅仅是收入分配问题了。经过多次反复，工作小组和学校领导逐步形成了根据不同工作性质，对各支队伍实行分类管理的想法②，认为不能单提收入分配制度改革，而是要以人事制度改革为突破口进行内部管理体制改革，重点是理顺关系，优化队伍，提高活力，促进人员分流，提高工作效率，让各支队伍都能够安心做好自己的工作。

4月29日下午，在向朱开轩、孙家正等国家教委和江苏省委领导汇报时，韦钰校长比较明确地提出，"这次改革是以聘任制改革为核心的校内管理体制改革，关键是推行全员聘任制、定岗定编、严格考核，让每个人各尽所能，各得其所"。在这次汇报中韦钰还提出了三条对后

---

① 韦钰向校领导班子成员传达"两会"精神，见《校务会议记录》（1991年3月）。
② 当时，教务处提出要搞教学质量、教学课程、专业教学和系级教学评估，根据工作数量质量发放奖酬金。科研处提出按经费算任务，算（专职科研）编制，按科研任务完成情况提绩效工资，发奖金；主要抓两头，一是抓获大奖，一是得奖后给予重奖。人事处提出按教委给的总编制数分类进行定岗、定编，实行工资总额包干，与各单位定岗、定编和聘任制相结合。后勤和产业提出，独立核算、自负盈亏，按效益提成等。朱万福副校长将其归纳为，校内可实行"岗位实绩工资"，教师是职务聘任＋工作量；机关是岗位＋等级；后勤和产业是效益＋提成。

来改革产生重要影响的改革"设想",一是凡是入编上岗的人,工作量不满80%的不能聘任;二是把创收权集中到学校,今后绩效工资(教师收入改善)主要由学校包下来,系里主要任务还是搞教学科研,不能办公司实体,校办产业由学校集中统一管理;三是大力发展校办产业,增加学校收入,不然(分配改革)没基础。

朱开轩在听取了东大改革情况汇报后说:

我同意韦钰同志的观点,必须非常明确,这次改革不是工资改革,而是校内管理体制改革,是学校综合改革的一部分,一定要与教学、科研、科技开发等结合起来,分类管理,量力而行,不能超越阶段。在改革的时候不要只从一个学校孤立地考虑,要从整个高等教育改革的高度考虑,与国家的改革联系起来,思路宽一些,方向明一些。你们先行一步,要能够为国家提供思路,为兄弟学校提供借鉴。不靠特殊政策,你们的改革经验才有普遍意义,才可以推广。①

根据上级领导要求和各方意见,学校组织力量,重新修订方案,制定各项实施细则,1991年5月28日,正式向国家教委递交了《关于在我校进行深化校内管理体制改革的请示》,提出改革的指导思想是:

通过深化改革,解决目前学校管理体制中一些深层次问题,运用政策导向、思想教育和物质激励的手段,充分调动广大教职工的积极性,逐步建立主动适应经济建设和社会发展的运行机制。建设一支又红又专、精干高效、结构合理、充满活力的教职工队伍,推动学校各项事业发展,提高办学水平和办学效益。改革的基本思路是:首先深化人事制度改革,根据学校"八五"任务,严格定岗、定编、定职、定责,完善聘任和考核,积极调整优化和组织队伍,努力创造新的工作岗位,充实和加强校办产业队伍,所有受聘人员需满80%工作量。在此基础上,通过分配制度改革,打破平均主义和"大锅饭",逐步将校内奖酬金等工资外收入纳入校内分配制度,根据工作实绩,实行浮动的岗位实绩津贴。改革住房、医疗、退休养老保险制度,把原来完全由学校包下来的做法,改为由学校、职工所在单位和个人三方面合理负担。同时加快校办产业发展,为学校提供比较稳定的补充财源。②

---

① 韦钰、朱开轩讲话,见1991年4月29日下午,在东南大学梅庵,东大领导向国家教委、江苏省委、省教委领导同志汇报改革情况的会议记录,《时巨涛笔记》(1991年4月)。
② 《关于在我校进行深化校内管理体制改革的请示》(1991年5月28日),东南大学档案馆藏档案。

国家教委肯定了东大改革的指导思想和基本思路，同意试行。1991年7月，在天津召开了由教委直属部分高校的校长、党委书记参加的咨询会议，讨论了东南大学、南京大学两校改革方案，并增加了清华大学、南开大学、天津大学、上海交大作为校内管理体制改革的试点学校。9月27日国家教委正式批复，同意南大、东大按所报方案进行校内管理体制改革试点工作。

1992年1月，国家教委在南京召开第三届咨询委员会全体会议，李铁映同志、国家教委主要领导和有关司局长，委属36所高校的校长、党委书记均到会，听取了东大、南大两校的改革汇报并进行了实地考察，两校的改革得到了充分肯定。朱开轩副主任在会议总结中说："听了两校的介绍，现场考察了情况，两校做了大量的工作，把群众发动起来了，方案是可行的，效果是好的。教委基本肯定他们的思路，对他们的工作是满意的。"①

1992年，学校《工作纲要》将"三大块"改革列为"重中之重"，根据总体思路，进一步理顺学校主体部分与校办产业、后勤三者之间的关系，同时理顺校、院、系及学科群体之间的相互关系，明确各自所承担的责任和义务，享有的权利和权益，调动各个方面的积极性。韦钰要求改革工作组和各部门负责人要广泛听取各种意见，详细制定各项改革的实施细则，使改革在全校取得共识，方案具有可操作性，做事"有法可依"。她说："我们提出'三大块'改革，这个思路行不行？到底怎么搞？还是要通过实践，要把长远与眼前结合起来。教学科研是一块，产业是一块，后勤是一块，对三块要研究不同的管理办法。关键是主体部分的改革，队伍不能散，就是要把工作重点，把主干队伍的力量集中到教学、科研和学科建设等学校最重要的方向上。"②

1992年6月初，国家教委转发了题为《1992年东南大学深化改革的思路》的简报并加了按语，肯定了东大综合改革思路和具体措施，认为这是对小平"南方讲话"和中央政治局会议精神，以及国家教委要求的主动响应。按语指出：

> 东大改革的特点是：它不是一个改革的"理念"和"设想"，而是一个切切实实的行动方案。

1992年9月7日，江苏省委和国家教委领导又一次听取了东大"三大块"改革汇报，充分肯定了东大的改革思路和做法。省委书记沈达人指出：

> 东大的"三大块"改革思路是符合办学规律的和中央改革方针的，改革的思路和方向

---

① 1992年1月16日，朱开轩在教委直属高校1992年工作会议上的讲话，《时巨涛笔记》（1992年1月）。
② 1992年5月23日下午，韦钰在校长、处长联席会议的讲话，《时巨涛笔记》（1992年5月）。

是正确的,省里支持东大的改革。

国家教委直属司司长陶遵谦也指出:教育改革必须与国家经济体制改革和政治体制改革相适应:

>"三大块"改革的核心就是理顺校内管理体制,主动适应新形势、新变化。东大在这方面先行一步,很不容易,下面委属36所高校要全面推开,试点继续深化。①

1992年底,学校工作总结中对这项改革的目标、做法和意义做了比较"权威"的阐述:

>按"三大块"深化学校综合改革的思路,明确了学校管理体制改革新的框架,并在学校改革和发展的实践中努力实施了这一构想,向前迈出了坚实的一步。这个改革的核心是对不同性质的工作采取不同的管理方法,理顺校内管理体制。教学、科研等学校工作的主体部分,按事业单位管理,集中精力抓教学科研和学科建设,上水平、上层次,不断提高办学水平和人才培养质量;对校办产业实行企业化管理,把校办产业推向市场,加快科技成果转化,推动高科技产业发展,不断提高经济效益;对学校后勤实行事业单位企业化管理,大力发展校内第三产业,由过去的福利服务型向经营服务型转变。"三大块"改革思路的形成,对进一步理顺关系,稳定队伍,调动各方面的积极性,促进学校事业更快更好发展,有着重要的意义。②

东南大学的"三大块"改革,自1991年提出,1992年全面实施,以后几年逐步细化完善,直到1996年以后,作为校内新的管理体制才稳定下来。而那几年,改革并非一帆风顺,而是充满争议,遇到不少阻力的,学校各级领导特别是主要负责同志也承受了很大压力。这些压力和阻力,既来自外部也来自内部;既有思想认识上的问题,也有实实在在的利益问题。就改革本身而言,高校内部管理体制改革是中国大学由传统的计划经济向社会主义市场经济转型中遇到的新问题,无先例可循,无经验借鉴,东大先行改革,本来就具有较大风险和压力,国家教委将东大作为改革试点学校,本身也包含对东大和东大领导班子的期待和信任,而东南大学勇敢地担起了这个担子,较好地完成了改革试点任务。

东大的"三大块"改革之所以比较成功,引起各方重视,其原因归结起来主要有:一是

---

① 1992年9月7日,江苏省委和国家教委领导听取东大领导关于"三大块"改革汇报的记录,《时巨涛笔记》(1992年9月)。
② 《东南大学1992年工作总结和1993年工作纲要》。

顺应了中国由计划经济向市场经济转型这一"大势",在面临外部冲击和内部压力下做出了主动改革的抉择,反映出时任东大领导的勇气和睿智。

二是改革没有"坐而论道",不是为改革而改革,而是通过改革切实解决发展中遇到的困难和矛盾。东大的"三大块"改革一开始就有比较明确的目标,"管理体制改革主要解决的是动力和机制问题,目的是解放和调动教师的积极性,其结果应体现在把学校水平搞上去,把教学科研搞上去,出人才,出成果。这是学校的中心工作,办学水平上不去,一切都是空的"[①]。对每一项改革都是在调研基础上,充分发动群众,广泛听取各种意见后推出的,又经过不断地争论讨论,校正偏差,在磨合妥协的过程中逐步形成、完善的,因而具有较强的针对性和可操作性。

三是,东大在改革中坚持问题导向,积极探索和解决当时高校在管理体制上面临的一系列问题,即在市场经济的冲击下,如何稳定学校各支队伍?如何改进学校管理提高工作效率?如何保证教学科研和人才培养这个学校中心任务的完成?应该说,通过"三大块"改革,东南大学比较好地回答了这些问题。

"三大块"改革是东南大学历史上持续最长的改革之一[②],也是当时在全国产生较大影响的高校管理改革,并奠定了此后二十多年东大校内管理体制的基本框架。以后历任领导,虽然也根据时代变迁和学校发展不断改进完善,但大方向一直是坚持的,其中许多做法,如对校内各类人员的聘任制及考核办法,在分配上实行的岗位实绩津贴制度,以及对后勤服务和校办产业的管理模式等,仍然延续下来,并经受住了时间的考验。

二、为中国大学招生制度改革探索新路

1992年开始的"招生及奖学金制度"改革,是一项由东南大学最先发起、实施的改革,在国家教委和江苏省委、省政府的支持和推动下,后来成为政府决策和国家行动,产生了全国性的影响,并最终在一定程度上推动了中国高校招生和就业制度的改变,为中国高等教育改革做出了东大的特殊贡献。

东南大学为什么会发起这项改革?要说清这一点,须先简要介绍一下当时改革的背景和最初的出发点。

在20世纪80年代末、90年代初,与当时经济建设上的价格"双轨制"改革相似,中国高校招生也实行"双轨制"。国家下达各校的招生指标分为"计划内"和"计划外"两种:"计

[①] 1991年12月3日下午,韦钰在校长、系主任联席会上的讲话记录,《时巨涛笔记》(1991年4月)。
[②] 据时任党委副书记胡凌云回忆,陈笃信校长曾委托他代管过一段时间人事工作,他清楚地记得,直到1998年,各院系新一轮的岗位、编制设置和聘任工作才最后结束。东南大学校史研究室整理:《胡凌云访谈录》。

划内"由国家全额拨款，学生上学不交学费；"计划外"国家差额拨款，学生上学须缴纳一部分学费。这项改革的初衷是，由于经济建设及社会发展需要，国家迫切希望加快高等教育发展，扩大招生规模，但当时国家和地方政府的财力和投入都跟不上；广大人民群众有强烈的接受高等教育的渴望，但每年的招生计划远不能满足这种需求；高校经费严重短缺，仅靠国家事业拨款已经入不敷出（当时学校事业经费都是根据招生数划拨），希望有新的收入来源等，因此，当时招生计划的"双轨制"适应了这一需求，在一定程度上缓解了这些矛盾，是一种"多赢"的帕累托改进，因此受到普遍欢迎。

但随着时间延续和改革深入，这一做法也遇到一些难以回避的问题：一是，仅仅因为高考成绩差了几分，入学就分为"计划内、计划外"，一个交钱一个不交钱，而且"一考定终身"，入校后四年不变，与个人努力和学习成绩无关，这对学生不仅不合理不公平，也不利于调动学习积极性。二是，计划外招生虽然可以增加学校收入，可指标过少，对缓解经费不足只是"杯水车薪"，所以各校纷纷要求增加计划外招生指标，但教育主管部门因面临各方面的压力和政治上的顾虑，不敢贸然扩大计划外招生规模，更不能一下子放开全部实行缴费上学这个口子。三是，由于招生的"双轨制"，客观上存在"降分录取，缴费上学"的事实，因而容易产生权力寻租，找关系、走后门等不正之风，群众中意见不少，政府和学校左右两难。这些问题矛盾交织在一起，剪不断，理还乱。要解决这些问题，只能依靠改革。但在中国，高考是极其敏感和政治性很强的大事，任何改革都牵一发而动全身，政府民众社会高度关注，不可不慎重。1992年初，邓小平"南方讲话"和党的"十四大"确定了建立社会主义市场经济体制的目标，全国兴起新一轮改革高潮，为适应这一趋势，高校的招生及就业制度也须随之改变。可改革的切入点在哪里？谁来带头趟出一条新路？各个学校都在积极探索，教育部的领导也在寻找突破点，东南大学在这一变革中就"无意"扮演了先行探索的角色。

东南大学最初提出这项改革，主要还是从学校内部改革和如何调动学生学习积极性这个出发点考虑的，而且想法由来已久。早在1988年9月，韦钰校长在向时任国家教委副主任藤滕汇报学校改革思路时就指出："当前学校改革最大的不适应就是观念的不适应，没有打破三个'大锅饭'，即学校躺在国家身上吃大锅饭，教职工躺在学校身上吃大锅饭，学生躺在包分配包就业上吃大锅饭。"学校下一步改革，要"对毕业生分配实行供需见面，双向选择，择优录用，打破学生就业的大锅饭，调动学生学习的积极性。同时，通过招生与分配制度的改革，促进学校面向社会，调整专业设置和培养规格，改革教学内容和教学方法，增强学校自我调节、自我改善的能力"[①]。这项改革后来因为各种原因延误了。

1992年9月初，陈笃信副校长陪同国家教委领导同志到苏锡常考察，回来向韦钰校长汇

---

① 韦钰：《关于东大下一步改革的思路（提纲）》（1988年9月），东南大学档案馆藏档案。

报时说，此次考察有两个很深印象：一是乡镇企业发展得非常好，对人才需求渴望强烈，现在苏锡常每年考出去的大学生很多，但毕业后不肯回去，人才缺口很大。二是江苏省已计划从1993年起，每年增招一万名大学生，主要是自费生，陶司长希望东大改革的步子再大一些，希望我们在招生改革方面有所突破，可以扩大自费生、委培生招生范围。韦钰说，我们要抓住这个机会，争取试点。①

1992年9月18日上午，校务会第一次专题讨论招生改革一事。韦钰说：

> 国家教育二十条出台后，有一个大动作，就是招生改革，扩大自费生比重，这是一个很大的转变，意味着学校要走市场经济的道路，要参与（学校间的）竞争，要允许学生选专业、主辅修，这样你学校的特色、声誉、质量就是生命攸关的了。这一改革会牵动方方面面。②

会上指定时任分管学生工作的党委副书记胡凌云、分管教学的副校长陈笃信负责此项工作。1993年工作计划中又将它列为学校改革的一项重要任务，组成了有学生处、教务处和校办等单位负责人参加的改革工作小组。

从一开始，东南大学对这项改革就有一个比较明确的思路，关键是打破"计划内"和"计划外"的界线，实现招生并轨，统一收费上学，改变学好学坏一个样，调动学生学习积极性。再就是要考虑改革的可操作性，要领导会支持，群众能接受。还有就是如何在扩大交费比重的同时，还能够吸引优秀考生。不过在具体设计改革方案时，还是遇到了一些必须回答的问题。

10月16日，校务会听取了关于招生制度改革的专题汇报，胡凌云比较系统地谈了对改革中可能遇到的问题和方案设计的考虑：

> 一是，高校招生改革（学生缴费上学）是高校面对市场经济的一项根本性的改革，以后肯定是上大学容易毕业难；二是，改革后学生中可能会出现两极分化的现象，即高分学生和低分学生，一些人跑在前头，一些人可能跟不上，因此各项改革必须配套，如可以提前毕业，允许自费重读，允许延长学习年限等，交费也不一样，因此教学管理改革必须跟进，现行的学分制要变成真的学分制，实行模块化教育，使学生在学习上有更多的选择权；三是，专业设置必须动态平衡，以适应市场需要，增加灵活度，一些长期招不满学生的专业，可以缓招或停招；四是，教师队伍要能够保持动态稳定和平衡，与专业动态平衡相适应，因为很有可能出现有的专业招不满的现象，学生选择专业、选择老师将是普遍的现象；五

---

① 陈笃信与招生改革工作小组同志开会时的讲话记录，《时巨涛笔记》（1992年9月）。
② 《校务会议记录》（1992年9月18日）。

是，学生生活将逐步走向社会化，实行完全的学分制可能出现年级、年限跨度很大的现象，住宿也将实行公寓化，食堂也要逐步走向社会，一切实行合同化，后勤改革要与之相适应；六是，学生的学习自觉性和学风将有很大的改变，可能会出现少数"贵族学生"，但大多数学生学习态度会有好转，学生分配也将走向市场，面向社会需求，实行自由选择职业；七是，学生的"三自"（自我教育、自我管理、自我服务）教育要加强，教师"三育人"工作必须真正做到位，教育质量和教师工作是密切挂钩的。

对改革可能遇到的直接风险，与会同志认为主要是两个，一是招生分计划内计划外，谁交钱谁不交钱是国家和地方政府决定的，一个学校没有权力改变这个政策，东大这么改，必须争取省里支持。二是如果只有东大一家实行招生全收费，而别的大学还是大部分人不交费，考生及家长能否接受？会不会没人愿意报你这所学校？要准备承担相应风险。建议向教委上报方案时，主要提两条要求，一是申请将自费生比例由原来的10%提高到35%；二是，为吸引优秀考生报考，可以实行"高额滚动奖学金"。①

校务会原则赞同胡凌云提出的改革思路并同意方案修改后上报教委。韦钰强调，"这里关键是观念要有个转变，今后一律实行交费上学。一部分人给高额奖学金以吸引最优秀人才，一部分缴费上学接受高等教育，这一步是对的，也符合国际惯例，高等教育不是义务教育""以前你们考虑要的优惠政策，如没有普遍性就不要提了。只有具有普遍性，我们的改革才有推广意义"。②

围绕这些问题，经过校内反复讨论争论，最后形成了一个后来被称为"ABC滚动竞争奖学金制度"的招生改革方案。10月下旬，校领导向来校考察的国家教委副主任朱开轩汇报了这一改革设想，立刻引起开轩同志的高度重视，他敏锐地意识到东大的改革符合小平"南方讲话"后国家改革大势——由计划经济向市场经济转型，正是教委和各高校关注的热点和难点，而且思路清晰，方案比较合理，操作性比较强，于是果断决定把东大的招生改革纳入国家教委试点，明确要求要将改革的进展和每一轮修订方案及时报教委直属高校司，接受教委的直接领导和指导。他还要求东大要主动向省委、省政府汇报，求得地方政府对学校改革的支持；要广泛听取中学和考生及家长的意见，使改革更易于被社会和人民群众接受。实际上，从这时起，东大的招生及奖学金制度改革就不再仅仅是校内的改革，而是纳入了国家高等教育改革的总体思考和布局中，开始具有了全国意义和全国影响。

根据国家教委要求，学校又对改革方案进行多次修订和仔细测算，努力做到在使多数新

---

① 《校务会记录》（1992年10月16日），东南大学档案馆馆藏档案。
② 《校务会记录》（1992年10月16日），东南大学档案馆馆藏档案。

生的实际学费支出不增加或少增加的前提下,又能有效引入竞争激励机制,调动学习积极性。同时,学校积极向省委、省政府及教育厅主要领导汇报,得到了肯定和具体指导建议。在省内的南京、扬州、无锡、南通等市县多次召开有各重点中学校长和部分考生及家长参加的座谈会,听取意见建议,争取他们的理解和支持。

在当年11月召开的全国招生工作会议上,东南大学提出的改革方案和大会发言引起高度关注。这个方案的核心内容是,变招生双轨制为单轨制,学生上学原则上都要收费,取消所谓"公费生"和"自费生"的概念,实行高额、高比例(分A、B、C三类)滚动竞争式的奖学金制度[1],在学校教育和学生学习中全面引入竞争机制,使学生学习有动力有压力。根据教育教学改革要求,调整专业结构,主动适应国家经济建设需要,在明确专业方向的前提下,实行按系(或专业类)招生。实行灵活的学分制,允许学生通过考试(只要接收系同意)可以转系转专业学习,加大学生学习自主权和选择权,充分调动学习积极性。而且,当时就在改革方案中明确提出"东南大学的毕业生可以进入人才市场,双向选择,自主择业,学校引导学生到国家需要的地方去,帮助每个毕业生找到能发挥其才智的工作岗位"。与此同时,学校还制定了一系列帮扶措施,确保不让一个学生因家庭经济困难而辍学。[2]

由于东大的改革方案,道理上说得比较明白,方案照顾各方利益,具有较强的操作性,因而受到普遍赞同和支持,许多学校纷纷表示愿意加入到招生改革试点中。当然,会上也引起一定争议,除一些技术上的问题外,主要争议还是在于老百姓是否能接受上大学要交钱这个观念,改革会不会导致招生分数大幅度下降,以及上大学收费后会不会出现穷人的孩子上不起学的现象。国家教委领导充分肯定东大改革的大方向,要求根据大家的意见和建议进一步修订完善方案。本着摸着石头过河,先试点、后推广的一贯做法,教委确定只有东南大学和上海外国语大学作为1993年高校招生的第一批试点学校,实施新的招生方案,其他学校仍按旧方案执行。

1993年高考,东大在全国率先实施了新的招生方案,结果出人意料。在江苏,60%以上的考生填报了C类(即全自费生,允许学生填报志愿时选择是否同意),全部入学新生录取分数超过省重点线,部分紧俏专业分数还相当高。在外省,也只有少数省份录取线略低于往年分数线(大多为边远省区)。国家教委对这项改革高度重视,除密切关注进展,及时听取学校报告外,当年新生入学后,还专门派了直属司的两位处长来校召开新生座谈会,直接听取学生特别是农村及边远省区考生意见,得到了比较肯定的回答。由于大多数考生及家长普遍能够接受上大学收费这个观念,各项配套措施比较周到,所以,这项"重大"改革并未在社会上引起

---

[1] 分A、B、C三类"高额高比例滚动竞争式奖学金制度"是指,将每年录取新生按入学成绩分为A类、B类、C类三类,A类生不交学费并享有每年1000元奖学金;B类生不交学费也不享有奖学金,相当于原来的"公费生";C类生每年需交3000元学费。入学一年后按学习成绩重新排队,成绩好的可以提升一个等级,成绩落在后的需缴纳学费,即所谓"滚动竞争"。
[2] 《东南大学招生及奖学金制度改革实施方案》(1992年11月),东南大学档案馆馆藏档案。

很大波澜和争议。因此，到 1994 年，教育部普遍推广了东大的做法，所有直属高校和许多省区都实行了上大学收费改革。在中国，延续了四十多年的上大学不用交钱的惯例被打破了。到 1997 年，国家又出台了大学毕业生就业，逐步实行"双向选择、自主择业"的改革，让市场更多更好地配置高等教育资源。至此，大学"统招统分"这一计划经济的重要支柱之一也完成了它最后的历史使命。

也许是顺应了改革大潮，符合国情民意，这场波及全国的高校招生制度改革进行得意外顺利，当时并没有引起大的争议。作为计划经济时代重要象征之一的"大学生统招统分"，在短短几年里被无形化解，居然也没有引起大的社会波动，这在当时一些大的改革中是不多见的。这可能与小平同志"南方讲话"后人们观念极大改变，对改革的承受力增强有关，当然也跟东南大学一贯的谦虚和低调，跟当时国家教委奉行多做少说的原则，为避免不必要的争论，没有进行大规模的宣传有关。然而，历史是不能忘记的。1993 年 11 月，李岚清副总理到东大视察，在听取了陈笃信校长关于招生改革的汇报后，对在座的省市领导和在宁部分高校书记校长说："东大的做法是好的，我很赞同！"[①]

三、创办"金坛学院"，开与地方政府合作共建之先河

主动为地方经济及社会发展服务，"以服务求支持，以联合求发展"是东大改革开放以来比较鲜明的办学特色，也是"开放式"办学战略的具体体现。二十年间，东南大学有三次比较大的与地方政府和企业的合作共建：一是 1996 年前后，东南大学与金坛等县市合作办学，开创了在为地方发展培养人才的同时，汲取社会资源推动学校建设的先河，被教育界和舆论誉为"金坛模式"。二是 2000 年前后，以东南大学科技成果巡回展为载体，主动与江苏 13 个市的政府和企业对接，开展科技合作，促进成果转化，为地方产业结构调整和技术升级做出积极贡献，被企业亲切地称为"科技大篷车"。三是从 2005 年开始，东南大学陆续建立了"苏州研究院"等一批新型的官产学研平台，与地方政府和企业共同打造技术开发、成果转化和人才培养的"三高平台"，孵化科技企业，推动产业升级，成效明显，被地方政府赞为"市校合作最成功的范例"。三次大规模的合作共建，不仅仅是方式和内容的不同，更是合作层

[①] 1993 年 11 月 1 日，周三下午，李岚清副总理视察东南大学。在与在宁部分高校书记校长座谈会上，关于东大招生改革，他原话是这样的：东大的做法是好的，我很赞同（注：指分 A、B、C 三类招生，实行收费，滚动竞争）。但要慢慢来，将来过渡到全部收费上学，成绩好就给你奖学金，这是个方向。我们是穷国办大学，高等教育是非义务教育，上大学收费也符合国际惯例。但是要避免一种现象，就是谁出钱谁上学，不能你出 5 万块钱，你就收我一个不合格的学生，这是不行的。如果有的地方需要一个学生，又担心学生不愿意到这个地方去，就可以设立定向奖学金，我跟你签订合同，双向选择的合同，你拿我的钱读书，毕业后要到我这里工作，当然有一定年限。如果你达不到成绩要求，毕不了业，你就得退我钱，所以你每年的成绩要达到一定的分数。这里有个概念，我们国家对公民的义务教育只有 9 年，9 年以上都是要花钱的。但是你交不起钱，我也会给你机会，你要成绩好，要德智体全面发展，我就给你奖学金。东大的 A、B 类是免费的，免收培养费的学生实际上就是拿国家奖学金嘛。但是你们这个 A、B 类的学生是比例相当大的，可以降得小一点，国家奖学金不是随便拿。根据时巨涛 1993 年 11 月笔记录整理。

次和深度的不断提升，东南大学在坚定不移地为地方及区域经济建设和社会发展服务的同时，也汲取了更多社会资源壮大自己，有力地推动了学校各项事业发展，走出了一条具有东大特色的建设道路。

关于后两次合作共建，会在本书第四章的"产学研合作"中专门介绍，这里只从"体制创新"角度讲述"金坛模式"产生的经过。

东南大学1987年就提出了"以联合求发展"的发展战略，其中为地方经济建设及社会发展培养人才，一直是合作的主要内容之一。当时在学历教育上主要采取的是两种方式，一是在一些县市或企业设办学点，主要是成教大专层次；二是校外办分校，如东大与华晶集团公司联合创办的东大无锡分校。这两种形式在一定时期一定历史条件下，为缓解地方及企业发展急需的人才缺口起到积极作用，但都存在同样难以克服的弱点，即远离本部办学，教学质量难以保证。除师资、图书设备和实验实习条件难以保证外，由于缺乏大学校园特有的学术文化氛围，对学生成才也是不利的。因此，国家教委一直不赞同异地办学。

进入90年代以后，情况发生了变化，地方政府、企业和人民群众对人才、对教育的需求和渴望与过去不同了。主要表现在，一是经济发展对人才数量质量的要求不同了。江苏是我国经济最发达的省区之一，改革开放以来，江苏的地方经济特别是县（市）域经济发展迅速，其中乡镇工业在江苏乡以上工业产值中的比重已是"三分天下占其二"了。尤其是在苏南、苏中地区，许多县市的经济实力已与所在中心城市（城区部分）旗鼓相当，甚至有后来居上之势。但这些县市在进一步发展中也遇到许多困难，其中最突出的问题之一，就是经济结构中产业层次不高，科技人才匮乏，难以适应经济工作"两个转变"的要求，难以满足"九五"及二十一世纪经济和社会发展的需要。同时苏南、苏中一些县（市）的人才需求也发生很大变化，专科及中专人才趋于饱和，随着经济的发展对本科层次人才，尤其工科本科毕业生需求量大增，对现有干部的培训，包括学历层次上提高的迫切性加大。但当时本科以上的毕业生，尤其是工科毕业生愿意到县及县以下企事业单位工作的很少。二是地方政府和人民群众对高等教育的渴望比较强烈。江苏基础教育发达，每年高考升学率及高考录取分数线都比较高，但由于考生基数较大，致使每年都有相当一部分高考成绩尚可的考生无法升入高校。同时，江苏老百姓又素有重视教育的传统，许多家庭宁可节衣缩食也要送子女上学。随着生活水平的提高，大多家庭都愿意也有一定能力花钱让子女受教育，这也是高校上学收费在江苏较易为群众理解的原因之一。因此这些县（市）迫切希望能有自己留得住、用得上的大学生，同时高考录取率低，孩子上大学难，也使地方主官承受一定压力。当时苏南一些县市有提出自己办大学的设想，但县（市）办大学也有难以克服的困难，首先是国家严格控制新建学校，对县以下办大学不开口子；其次作为县一级办高校在师资、设备、图书资料等方面基本条件难以具备，质量无法保证；三是办学需要长期而巨大的投入，作为县级财政是难以承担的。这样，一些有远见的县（市）领导就把目光转向高校，希望通过与高校共建来满足其对高学历人才的需求。这是东大能推进与地方共建学院的最基本的外部环境。

从学校内部看,异地办学,有诸多不便,对学校建设发展的直接贡献并不大。而当时,东大浦口校区二期工程正在建设,资金缺口很大,也急需多渠道筹集建设资金,拓宽学校发展空间,这也是积极推进与地方共建学院的主要动因。

最先与东大合作办学的是常州属下的金坛市。金坛是我国著名科学家华罗庚的故乡,素有重视教育的传统,较早提出"科教兴市"发展战略,从上到下十分重视教育和科技,与大学和科研院所联系密切,1993年即与东大签订了全面合作的协议,双方往来密切,合作良好。1995年下半年,东大领导在与金坛市领导洽谈深化合作时,金坛方面提出了希望东大帮助其办大学的想法,东大方面在帮其分析利弊条件后,建议双方合作办学,把办学地点设在东大校内。经过多次友好商谈,本着相互支持、互惠互利的原则,1996年1月10日,东南大学陈笃信校长与金坛市邹宏国市长共同签订了《东南大学与金坛市人民政府联合办学协议书》,就共同在东大浦口校区建立"东南大学金坛学院"达成协议。协议主要内容为:

——根据金坛市经济和社会发展的需要,双方在东南大学内共同建设建立"东南大学金坛学院",定向为金坛培养经济建设所需人才,计划五年内为金坛市培养各类人才600人左右。

——学院设立董事会,审议学院发展规划和事业建设计划;聘任院长及领导机构主要成员;审议学院投资计划并筹集有关经费;审定每年招生计划和专业方向。

——东南大学负责学院日常管理;负责制订教学计划,组织教学;确保人才培养任务的完成。

——金坛市参与学院日常管理,提出人才培养要求;参与学院基本规划的制定,负责组织施工,承担部分基建费用。

根据协定,金坛市在东南大学浦口校区投资建设教学楼,该楼命名为"金坛院"。金坛市人民政府承担其中6000平方米的费用,按每平方米造价1300元的标准,共780万元,由金坛市人民政府分六期支付。[①]

在东大与金坛市洽谈合作办学的同时,同属常州的溧阳市,南通下属的启东市等闻讯也主动前来洽谈合作办学事宜。东大抓住时机,在1996年学校《工作纲要》中提出,"以大力推进合作共建为突破口,加快办学体制改革,发挥区域优势,在为经济建设和社会发展多做贡献的同时,多渠道争取社会对学校的支持,促进学校各项事业的发展"。陈笃信校长要求将与

---

① 《关于在东南大学建造金坛学院有关基建工作的备忘录》(1996年1月10日),东南大学档案馆馆藏档案。

地方政府合作共建,"多渠道引进社会资源,拓宽办学空间作为学校近期的一项重要工作",要每位副校长分工承包省内一个县(市)的共建任务,学校也组建了"横向联合办公室"专注此项工作。①

东大的做法得到江苏省的有力支持,在向省政府和省教委领导汇报"金坛学院"的情况时,省领导一致表态支持,并明确同意在当年增招一万名新生的计划中,对这些县(市)予以倾斜,实行定向招生,适当降分录取。

1996年1月19日下午,国家教委办公厅向学校电话传达了朱开轩主任、周远清副主任在东大与金坛共建"金坛学院"简报上的批示。朱开轩的批示是:

> 现在东大校区内办学,质量会有保证。学院是"虚体"而不是"实体",就不会演变成许多个县办大学。

周远清副主任的批示是:

> 这是我国县市在原有大学内共同创办学院的第一个试点,是体制改革的一种尝试,要使试点搞好,学校要更加明确加强为区域经济服务的思想,要按照教育规律办学,按开轩同志批示精神保证质量。②

3月16日,根据教委主要领导要求,东大向国家教委提交了《关于我校与金坛、启东、溧阳市联合办学情况的报告》,其中说到:1996年1月10日至26日,我校先后与江苏省金坛市、启东市、溧阳市人民政府签订协议,在东南大学内联合建立"东南大学金坛学院""东南大学启东学院"和"东南大学溧阳学院"。根据协议,我校将在5~7年里为三市分别培养600名、750名和600名经济和社会发展急需的各类人才。三市也将分别投资在东大浦口校区内兴建6000平方米左右的教学楼、实验楼各一座,以及三幢总面积约为12 000平方米的学生宿舍。协议总投资为2000多万元(地方政府承担部分)。此举在省内县市、各高校和社会上引起很大反响。省教委给予充分肯定并专此向省内各高校通报了情况。驻宁各新闻单位也表现出了极大的兴趣,新华社、《人民日报》、中央人民广播电台、《光明日报》、《文汇报》、《新华日报》、《南京日报》、《扬子晚报》、《常州日报》,以及省市电视台、电台也为此发了消息、配发评论或新闻分析,予以较高评价。

1997年9月,"金坛院"正式落成,总建筑面积13 400平方米,高五层,底层为图书资

---
① 陈笃信:《在学校发展战略研讨会上的讲话》(1996年1月6日)。
② 《关于我校与金坛、启东、溧阳市联合办学情况的报告》(1996年3月16日),东南大学档案馆馆藏档案。

料室和阅览室,供学生自修之用,二至五层为教室,可同时容纳5000名学生上课。金坛院的落成,大大改善了浦口校区的办学条件。

部属院校和地方县(市)联合办学,是我国高教办学体制的一次新尝试。与地方政府合作共建学院,是东大主动适应经济体制和经济增长方式的两个根本转变而出台的一个新举措,这样做,就高校而言,强化了为地方经济建设服务的宗旨,学校的发展也得到了保证;就地方而言,学校为县(市)定向培养经济建设急需的人才,满足了地方的人才需求,也使该地区学生得以优先进入学校接受高等教育。此举被教育界和媒体称为"金坛模式",并且得到了国务院领导同志和国家教委的肯定,"是贯彻《中国教育改革和发展纲要》精神,合理配置教育资源,增强综合实力,提高高等教育水平的一项重要举措"[1]。《人民日报》评论:这种做法是"人力物力贡献多,投入少效益大"[2]。

1995—1997年,东南大学先后与金坛、溧阳、启东、高淳、扬中、如皋等多个县市合作办学,共建的方式也更加多样,不再拘泥于建立"学院"。合作对象也由政府扩大到企业,吸引了更多资金投入学校建设,据不完全统计,几年间仅投入浦口校区二期工程建设的合作共建资金就有4000万元。

---

[1] 李岚清副总理是金坛人,1997年教委咨询会议上,在听取陈笃信校长有关"金坛学院"汇报时予以肯定和赞扬。1997年9月25日,"金坛院"落成启用之际,国家教育委员会专此发来《贺信》。
[2] 《人民日报》1997年4月5日。

第二章

人才培养与教育创新

东南大学始终以创建一流大学为目标,把人才培养、立德树人作为办学的根本任务,积极探索人才培养规律,创新人才培养模式,持之以恒地推进教育教学改革,虽是波澜不显,但静水深流,持续前行。

东南大学历来重视本科教学,将本科生教育作为立校之本。本科教学工作稳步发展,教学改革走在全国前列,并取得了许多重要成果。如在全国高校中较早实施了"大电类"人才培养模式改革、全面推行学分制、率先进行招生及奖学金制度改革、首批开展文化素质教育改革试点,以及实行"理论教学、实践教学、自主研学、网络助学"四位一体教学模式改革等。在1996年、2008年教育部组织的两次本科教学评估中,东南大学均以优秀成绩顺利通过,并经不断总结,进一步明确了教学改革的方向,为构建研究型教学新体系奠定了坚实基础。

研究生教育肩负着为国家培养高层次、高素质人才的重任,在提升学科建设和创建世界一流大学方面具有举足轻重的地位,是建设国家创新体系和夺取国际科技教育制高点的重要支撑力量。自1986年获批试办研究生院起,东南大学的研究生教育经历了起步、规范到内涵式发展三个阶段,确立"本科教育和研究生教育并重"的方针后,研究生培养规模不断扩大,"强校之策"的地位得以确立。通过深化教学改革、加强联合培养,重视质量保障,研究生培养规模迅速扩大,教育质量得到显著提升。

高水平的本科及研究生教育是一流大学的核心指标,反映了学校办学层次和教育质量的高度。继续教育的开展则拓展了学校教育体系的长度和宽度,不仅实现了教学资源的充分利用,还满足了社会对人才的多样需求,在发挥优势、服务社会的同时,也增加了办学收入,推动了教学科研等各项事业的蓬勃发展。

第一节　本科生教育

一、探索培养模式，推进教育创新

（一）调整培养目标，更新教育理念

1952年，经全国高等学校院系调整，南京工学院成为教育部直属的重点工科大学，其主要任务是为社会主义工业化建设培养高级专门人才。"文革"以后，学校逐步恢复正常办学秩序。随着改革开放和教改推进，东大的人才培养目标和教育理念也发生变化，明确提出要办成"以工为主，理工结合，具有自己特点的多科性的社会主义工科大学""自觉担负起为国家培养高质量的人才、多出先进的科技成果的双重任务"。1981年，学校改革传统的以传授知识为主的教学体系，按"打好基础、加强理论与实践的结合、提高能力"的方针，进行面上的教改，实行"窄进窄出宽培养"。1985—1988年，在全国高校中较早地试行学分制，将学年按照两长一短划分为三学期，便于跨系跨专业选课，加强实践环节培养。1986年，学校确立了建设"国内第一流、国际有影响，以工为主、理工文管综合发展的大学"的奋斗目标。1988年，学校复更名为东南大学。自1989年起，围绕"拓宽专业、打好基础、培养能力、提高素质"，进一步拓宽专业口径，优化课程体系，进行了比较系统的教育教学改革。其中，由管致中教授牵头实施的"大电类"人才培养模式改革，1992年进行的招生与奖学金制度改革，均在全国产生了引领性的影响，推动了中国高等教育的改革。这一时期，为着眼培养基础厚实、知识面广的复合型人才，学校广泛开出辅修专业，开设了双学位。1995年，东南大学进入国家"211工程"重点建设大学行列，制定了《东南大学改革发展规划》，明确本科人才培养目标是培养有社会主义觉悟，德智体全面发展的高级专门人才，并提出教育教学改革的思路：加强公共基础，拓宽学科基础，突出能力培养，提高全面素质。[1]

东南大学是国内最早全面实施素质教育的高校之一。1995年，学校即作为国家首批文化素质教育的试点高校，开始了素质教育的研究与实践。1997年，全校开展教育思想大讨论，在全国率先推出了《东南大学素质教育实施指南》，明确提出了大学素质教育的整体框架和具体内涵，阐释了实施素质教育的思路是："以掌握整体优化和内容更新的知识为基础，以培养学习能力、表达能力、实践能力、创新能力和协作能力为重点，以提高思想道德素质、文化素质、业务素质和身心素质为目标，培养德、智、体、美全面发展，知识、能力、素质协调发展，

---

[1] 《东南大学改革和发展规划》（1995年），东南大学档案馆馆藏档案。

做人和做事协调发展的人才。"① 在理论上于国内首次提出知识、能力和素质三者之间主要是一种层次逐步深化的关系：知识属表层，能力属里层，素质是核心。提出实施素质教育应"以掌握知识为基础，以培养能力为重点，以提高素质为目标"。在此理念指导下，学校逐渐确立了"重基础、重实践、重素质"的本科教育教学传统。

随着 21 世纪的临近，"创新"成了时代的关键词。1998 年，《中华人民共和国教育法》出台，提出要培养具有创新精神和实践能力的高级专门人才。东南大学积极探索创新人才培养模式，把自主创新能力作为评价人才质量的核心要素，把国际竞争力作为人才质量的检验标准，形成了与东大办学特色相适应的长远价值追求。1999 年，学校制定了面向 21 世纪的第一个人才培养方案，突出学生创新能力培养和全面素质的提高。2001 年，学校进入"985 工程"一期重点建设高校行列，在发展规划中明确以创建世界一流大学为目标，建设综合性、研究型、开放式大学，培育拔尖创新人才，将本科生培养成复合型人才②，"努力探索和构建培养具有创新精神和实践能力的高素质人才培养模式"③。

2005 年，学校召开本科教学工作会议，提出东南大学作为研究型大学，定位于成为世界一流的大学，应培养能够造就引领社会前进的时代精英、参与国际竞争的领军人物和各行各业的优秀人才，在"高级专门人才"这一定位上进行了提升。2008 年，学校在本科教学评估报告中明确指出本科人才培养目标为"高层次、创新型、复合型、多样性、国际化"。高层次是对所育人才未来担当的社会责任和历史使命的期待；创新型是对人才培养核心素质的定位；复合型是对人才知识、能力、素质结构的基本要求；多样性体现了人才成长个性化、多样化的特点；国际化是研究型大学人才培养主动适应全球化要求的战略选择。"十一五"期间，东南大学以建设综合性、研究型、开放式的高水平大学为奋斗目标，探索并构建了研究型大学创新人才培养体系的路径。其本科人才培养呈现出五个基本特点：（1）培养目标精英型；（2）教学活动研究性；（3）价值追求创新性；（4）培养活动实践性；（5）培养模式开放性。同时，学校还提出了四个协调发展的理念，即：通识教育与专业教育协调发展，人文教育与科学教育协调发展，理论教育与实践教育协调发展，共性教育与个性教育协调发展。④

随着办学水平的不断提升和开放程度的日渐提高，2010 年，学校在第十三次党代会报告中提出"新三步走"的发展目标和"三个坚定不移"的发展战略，以"培养能承担国家和民族

---

① 左惟：《以科技创新活动为载体提升大学生科学素养》，蒋建清主编：《东南大学教育教学论文选编（上）》，南京：东南大学出版社，2008 年，第 87 页。
② 《东南大学 2001—2005 五年行动计划》（东大委〔2001〕31 号）（2001 年 3 月 30 日）。
③ 《东南大学"2001—2010"十年发展规划纲要》（2000 年 8 月 8 日）。
④ 第一个协调，旨在夯实宽厚的基础并培养一技之长，使学生拥有发展潜力以适应未来的挑战；第二个协调，旨在将科学精神与人文精神融入培养过程，培养和谐发展的高素质人才；第三个协调，旨在促进人才的理论素质和实践素质的综合培养；第四个协调，旨在促进人才的共性和个性的协调发展。

发展重任的精英人才和各条战线上的领军人才"①为目标,加快了向世界一流大学迈进的步伐。2011 年,在"重基础、重实践、重素质"教学传统的基础上,学校又进一步提出了"卓越化、国际化、研究型"的本科教育教学新境界②,确立了卓越化、国际化、创新型、复合型、多样性的人才培养目标。这一目标也导引着本科教学改革的方向:按照"强基础、强实践、强能力、重素质,创一流"的改革思路,不断深化通识教育基础上的个性化、多样化人才培养模式改革,构建与高水平研究型大学相适应的高素质创新型人才培养体系。

(二) 探索通识教育基础上的宽口径专业培养模式

20 世纪 80 年代以来,东大在传统工科"窄进窄出宽培养"的基础上不断拓宽专业口径,逐步改变原先对应工业部门,强调专业对口和专业技能,一个模子培养的教育方式,积极探索人才培养新模式。1995 年,学校在《东南大学改革发展规划》中明确提出了"加强通识基础,拓宽学科基础,凝练专业主干,灵活专业适应"的本科教育教学改革思路。1996 年,陈笃信校长在东南大学本科教学评价汇报会的报告中指出,到 2002 年东南大学建校 100 周年时,要基本建立和完善有自己特色的人才培养模式。

通过总结前一阶段本科教育教学改革,1997 年时任教务处处长陈怡提出《东南大学人才培养目标、模式及能力培养和素质教育纲要》讨论稿,指出东南大学的人才培养模式是建立在通识教育基础上的宽口径专业人才培养模式。这一提法在 1998 年颁发的《东南大学素质实施纲要》中明文列出,并在学校 1999 年人才培养方案中得到进一步落实。至此,明确东南大学的人才培养模式是"建立在通识教育基础上的宽口径人才培养为主,以双学位、辅修、3+1 等复合型人才培养及本硕博连读的纵深型人才培养为辅"③。

学校还阐明了通识教育和宽口径专业教育的定义:

> 通识教育:将学生培养成现代文明社会中德学才识兼备、爱国爱家、具有高雅生活情趣、良好人际关系的有教养的文明公民的基础教育。它的作用可以这样表述:人在成为律师、医生或工程师之前,首先是人。专业教育可以将人培养成律师、医生或工程师,但通识教育可以使他们成为有哲理、有情趣、有品位的人。
>
> 宽口径专业教育:以二级学科为主兼顾工作领域设置专业(鼓励按一级学科设置专业类),面向一级学科打好学科基础,以学科基础为核心组织教学。

---

① 胡凌云:《深入贯彻落实科学发展观,为建设国际知名高水平研究型大学而团结奋斗——在中国共产党东南大学第十三次代表大会上的报告》(2010 年 9 月 15 日),《东南大学年鉴》2010 年,第 12 页。
② 郑家茂:《育人为本 追求卓越——本科教学工作的新境界:卓越化、国际化、研究型》,2011 年本科教学工作会议,东南大学档案馆馆藏档案。
③ 李延保:《学习 研究 优化 创新——东南大学以教育思想学习统领新一轮人才培养方案制订的实践与体会》,教育部高等教育司编:《高等教育教学改革——1999》,北京:高等教育出版社,2000 年,第 317 页。

着力培养学生运用基础知识解决实际问题的能力，将专业课（或方向课）的学习作为运用基础知识解决实际问题的一种实践和训练。①

在此培养模式下，学校建立起了由"通识教育课程＋学科基础课程＋方向训练课程"组成，体现"文理渗透、理工结合、学科交叉"，基础扎实、知识结构优化的课程框架体系。课内总学时初为2500学时，通识教育课程占50%，学科基础课程占35%，方向训练课程占5%~8%。后经完善，形成"通识教育课程＋学科基础课程＋专业主干课程＋方向训练课程＋实验实践课程＋自主研学要求"的课程体系，课内总学时削减至2100学时左右，通识基础课程（包括自然科学、人文社会科学、外语、计算机等）占总学时的50%~55%；学科基础课程由8~10门整合课程组成大类学科基础课程平台，占总学时的20%~25%；各专业按照专业内核要求凝练建设4~6门左右的专业主干课程，占总学时的16%~20%；各专业追踪学科前沿与工程应用热点，与研究生课程打通，开设灵活的专业选修课，占总学时的10%左右；另外，还增设自主学习与科研实践学分，设置灵活多样的实习环节、课程设计、综合设计和毕业设计，形成了与理论教学并重、相对完整的实践教学体系。②

进入21世纪以后，东南大学在研究型、综合性、国际化上寻求突破，不断深化通识教育基础上的个性化、多样化的人才培养模式，通过校院联动，分类培养，逐渐形成了由点到面、立体交叉、因材施教的创新人才培养新格局。2007年，学校成为教育部、中国工程院实施工程教育改革试点的10所高校之一，立项建设12个国家级人才培养模式创新实验区。2010年，成为教育部首批"卓越工程师教育培养计划"实施高校。

1. 大类培养

自2005年开始，学校开始分批实施按大类招生培养计划，探索实施完全学分制改革，至2010年，已全面实施按院招生、按大类培养、按专业分流的人才培养模式。大多数院（系）开设主辅修专业，双学位课程计划，鼓励学生跨专业选修，拓宽学科基础。为全校3%的优秀学生配备学业导师，实施个性化指导培养。

2. 优才优育

东南大学坚持因材施教、优才优育。从20世纪80年代中期起，即开始遴选全校各专业前3%的学习优秀生进行重点培养。1985年，学校设立了"少年班"，1990年将少年生与高分考生混编成"强化班"。2003年，在原"强化班"的基础上按照精品教育模式正式建立了"吴健雄学院"，由诺贝尔物理学奖获得者丁肇中担任名誉院长。吴健雄学院依托重点学科，汇集一流师资，享用优质资源，采用分级导师制培育英才，是学校教学改革的实验基地和管理改革的

---

① 东南大学教务处：《东南大学素质教育实施纲要》（1998年），第7页，东南大学档案馆馆藏档案。
② 参见郑家茂、潘晓卉：《深化研究型大学本科人才培养体系改革》，《中国高等教育》2008年第23期。

示范基地。教育模式是按照"强基础、强实践、强能力、成大器"的要求,进一步凝练培养目标,优化培养方案,深化课程体系改革。至2012年,吴健雄学院设有面向大工科优秀学生的本研贯通、个性化培养的"高等理工实验班",面向电子信息类、机械动力类优秀学生的"2+2学科大类强化班",在校学生500余人。①

各院系也根据自身学科特点在拔尖人才方面进行了有益的尝试,建立了院系教学改革试点班,如建筑学院的"杨廷宝班"、交通学院的"茅以升班"、土木学院的"丁大钧班"、机械学院的"南高班"、计算机等学院的"计算机理论强化班"等。各院系还积极探索复合培养和长学制培养,如软件学院进行了"1+3""3+1""1.5+2.5"等复合培养模式;生物科学与医学工程学院及医学院实施了本硕贯通的人才培养模式。长学制培养的不同阶段各有侧重,本科阶段立足强化通识基础和进入专业研究领域进行初步训练,硕士阶段强化学科基础和研究开发训练,博士阶段强化深入研究和创新发明。

2010年,东南大学入选首批"卓越工程师计划"建设高校,与企业联合推动基于问题、项目、案例、实践等多种研究性学习,强化工程实践能力、工程设计能力与工程创新能力。至2012年,已初步建成36个校企合作工程实践教育中心和50多门校企合作课程,有17个专业开始了卓越工程师教育培养试点改革。

3. 产学研合作培养

学校以"强化工程实践能力"为重点积极探索产学研联合培养模式,与地方政府或企业共建了无锡分校、软件学院、集成电路学院、苏州研究院,与微软、爱立信等知名企业建设集产学研为一体的优秀学生联合培养基地。学校还积极参加"长三角八校人才培养合作计划"以及"卓越联盟学校计划",为优秀学生跨校学习、拓展实习经历提供了新途径。

4. 国内外联合培养

以面向国际办学,加强国际联合培养和合作教学为突破口,学校积极推进教师、学生、以及课程、教材、联合培养等各个层面的教学合作与交流,开拓学生的国际视野,提高其国际竞争力。至2012年,学校已与多所国际一流大学开展了"3+1""2+2""1+3"等多种联合培养模式,在建筑学、信息工程、临床医学等7个本科专业开设了英文授课实验班。

(三)改革招生制度,适应时代发展

随着经济体制改革的深入,高等教育体制改革被提上议事日程。1992年9月,东南大学开始探索以招生和奖学金制度改革作为突破口,利用"并轨"契机,建立新的教育教学机制。

经过广泛征求意见和反复论证,东南大学在国家教委的支持和指导下,于1993年上半年在全国率先进行了招生和奖学金制度改革。改革的主要内容是,变以往的免费教育为收费教育,

---

① 《吴健雄学院:打造成长高地建设英才摇篮》,《东南大学报》2012年6月2日。

打破公费生和自费生的界限，在国家财政拨款是主渠道的情况下，设定综合奖学金实行滚动竞争，同时辅以各种激励和必要的保护措施，调动广大学生学习的积极性。当年底，国家教委宣布由东南大学和上海外国语学院作为第一批全国高等学校招生并轨改革的试点院校。①

学校规定：自1993年起新入学的本科生均为收费生，当时的收费标准为培养费2500元、学杂费500元、住宿费200元；1994年调整为培养费2000元、学杂费1000元、住宿费200元。第一学年，学生依据入学成绩划分为A、B、C三类，前10%为A类生，减免全部培养费、学杂费，并奖励每生1000元/年；B类生占65%，减免培养费；余下25%为C类生，交全部培养费、学杂费。从第二学年起，实行滚动竞争，学生根据上一学年德智体综合测评结果重新排队。凡进入A类学生均可享受一等奖学金；原C类进入B类的学生享受三等奖学金，减免一半培养费，连续两次进入B类的，全免培养费，享受二等奖学金；原A、B类学生第一次降入C类授予三等奖学金，连续两次进入C类，则不再享受综合奖学金。②除综合奖学金外，学校还设立了单项奖学金和专项奖学金等，并提供贷学金、困难补助、勤工俭学基金帮助家庭困难的学生完成学业。

招生及奖学金制度改革滚动竞争方案

第一学年新生分类	奖励标准	比例
A类	免培养费、学杂费，并奖励1000元/（人·年）	约10%
B类	免培养费，收学杂费	65%
C类	交全部培养费、学杂费	25%

第二学年起学生测评分类	综合奖学金等级	奖励标准	比例
A类	一等奖	减免培养费、学杂费，并奖励1000元/（人·年）	约10%
连续两次进入B类	二等奖	减免全部培养费	约60%
原C类升入B类；原A、B类第一次降入C类	三等奖	减免一半培养费	无
连续两次进入C类	不享受	无	无

同时，学校全面修订教学计划，实行按系按专业类招生，进一步调整专业结构，拓宽专业口径，设立社会急需并符合学科发展需要的新的专业方向。1992年，学校将当时的43个本科专业调整合并为24个专业类，从1993级起按调整后的专业类进行招生和培养。

---

① 招生并轨即取消在高校招生中区分公费生、委培生和自费生，并分别划定录取分数线，实行不同收费标准的办法，改为所有学生按统一录取标准和收费标准入学，不再区分公费生和自费生。关于招生改革始末及主要内容详见本书第一章第六节。
② 参见《关于以招生制度改革为切入点深化教学、教育改革试点的请示》（东大学〔1993〕25号）（1992年10月20日），东南大学档案馆馆藏档案。

1995年，东南大学召开招生改革和人才培养座谈会

东南大学的招生及奖学金制度改革得到了国家教委的充分肯定，也获得了广大考生和家长的赞同与理解。此后，招生制度改革的试点高校不断增多，至1997年，全国高等学校的招生制度基本全部实现了由国家"统包"经"双轨"到"并轨"的改革。此外，学校在招生制度方面还做了一些尝试，如1994年，学校经上海市高教局同意，在沪试行了自主招生试点；探索招收"宽进严出"试点班等。

1999年2月，教育部颁布《关于进一步深化普通高等学校招生考试制度改革的意见》，确定了高考制度改革要坚持有助于中学实施素质教育、有助于高校选拔人才、有助于高校扩大办学自主权的原则。① 2001年，经教育部批准，江苏省开始试行高校自主招生改革，东南大学与南京理工大学、南京航空航天大学首开先河，开展自主招生试点工作。

东南大学试行自主招生改革起念于对发明奇才戴戈的破格选拔。戴戈自小醉心于无线电研究，高三前的暑假曾参加江苏省青少年科技发明竞赛并获一等奖。时任东南大学无线电系党总支副书记张锡昌对于戴戈拥有如此扎实的电子工程学基础知识非常惊讶。1999年，戴戈参加高考，成绩虽已过东南大学的分数线，但距无线电专业线还差20多分。于是，他尝试向学校提出申请，希望能获得无线电专业的学习机会。在张锡昌的极力推荐下，戴戈被无线电系破格录取。在无线电系的学习中，戴戈的创造潜力得到了充分挖掘，他先后三次参加"挑战杯"全国大学生课外学术科技作品竞赛，获得两个特等奖和一个一等奖的优异成绩，并因此被破格推荐为免试硕士研究生。② 由此，东南大学尝试探索不以成绩作为录取的唯一依据，"不拘一

---

① 参见教育部师范教育司编：《师范教育工作资料汇编（1996—2000）》，长春：东北师范大学出版社，2001年，第166页。
② 参见张淑娟、郁进东：《戴戈：不会考试的发明奇才》，《中国青年报》2006年4月27日。

格降人才",创造条件使更多具有创新意识的优秀人才获得学习机会的高考新机制,率先迈出了自主招生改革的关键一步。

2001年,东南大学首次试点自主招生改革,录取106人,经过对2001级学生的跟踪调查,自主招生录取学生的优秀率高出普通高考录取学生7个百分点,出现不及格科目的比率低于正常录取学生5个百分点,试点工作取得了良好成效,赢得了社会赞誉。有鉴于此,教育部进一步扩充自主招生改革试点,2003年扩大到22所全国重点高校,2004年增加到28所高校。

开展招生改革的同时,学校的本科教育规模也不断扩大。1999年,国家计委向中央提出了包含扩招的12条有关扩大内需的建议,基于现代化建设的全局及科技社会发展形势变化的考虑,国务院作出了"扩大高等教育规模"的决策,从1999年起开始大规模扩招。据教育部统计,1998年,普通高校招收本专科生108万人,1999年招生人数迅速增长至159万人。而东南大学的本科招生人数亦从1998年的2362人增长至1999年的2949人。2000年4月14日,四校合并,当年本科招生人数增至4014人,此后招生规模基本保持在4000人左右,进入稳定发展阶段。1992年至2012年,东南大学累计招收本科学生68 418人,59 258人顺利毕业。①

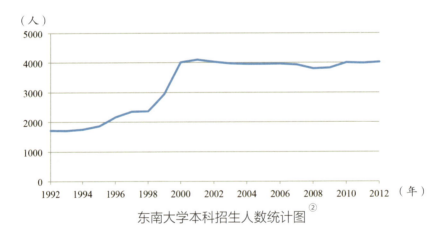

东南大学本科招生人数统计图②

二、重视知识基础,开展研究型教学

(一)优化专业结构,创建品牌专业

1. 优化专业结构

南京工学院作为一所以工科为主的多科性大学,其主要任务是为国家工业化建设培养高级专门人才。在专业设置上主要对应各工业部门,因此存在强调对口、分类过细的现象。虽然这样培养出的人才具有专业性较强、工作上手快、适应性强等优点,然而过细的专业口径,也

---

① 数据参见东南大学历年上报教育部的《高等教育基层统计报表》。
② 数据参见东南大学历年上报教育部的《高等教育基层统计报表》。

带来了知识面狭窄，后继发展乏力等问题。1982年教育部修订《高等学校工科本科专业目录》，减少专业门类，统一了专业名称，但在总体上口径仍然偏窄。学校虽然按照《目录》分设专业，但从实际出发，提出了"窄进、窄出、宽培养"的人才培养新思路，即：招生、分配仍按较窄的《专业目录》进行[①]，在培养过程中则尽量拓宽知识和专业范围，为后来系办专业、按系按大类招生准备了条件。1978年学校仅设8系22个本科专业，且均属单一的工科门类。随着经济社会和学校的迅速发展，到1992年，学校已发展到4个门类，43个本科专业，包含39个工科专业、2个理科专业、1个文科专业及1个哲学专业。专业数目日渐增多，但专业年平均招生人数却不足60人，办学效益不高。其时，国家教委又限定学生规模总数，并限制本科专业数不得超过41个，专业结构的进一步调整遇到了困难。学校领导迫切地意识到：只有将比较狭窄的"对口"专业教育转变为"适应"社会发展需求的宽口径教育，扩大服务面向，增强适应能力，办学才有活力。提出专业口径拓宽的根本取向在于其学科基础的拓宽，是面向一级学科确定基础，而不是面向二级学科甚至三级学科确定基础。

　　1989年，东大建筑系和无线电工程系在全国率先开展改革，拓宽专业口径，实行按系招生和培养，为后来在全校推广改革打下了良好的基础。1992年，学校再次全面修订专业教学计划，提出"以整体优化为主旨，拓宽专业口径、优化课程体系、加强能力培养、重视素质提高"的指导原则，对学科专业布局进行了比较大的调整。同时采取"系管教学、系制订教学计划、系聘任教师"的教学管理体制改革，淡化专业教研室的作用。学校在拓宽专业（学科）基础课的基础上，将43个专业合并为24个专业类，从1993级本科生起，"按专业类招生、按专业类培养"，执行专业类教学计划，低年级打通，高年级设专业方向。[②]1994年10月，东南大学主动呈报国家教委，提出将原设的12个本科专业调整为6个专业，提前5~6年大体上执行了教育部1998年颁布的《普通高等学校本科专业目录》，在全国同类高校中起了先导作用。1993年初，管致中、陈笃信教授主持了国家教委立项的教学研究项目"工科电工类课程教学改革研究"，课题组广泛收集国内外相关资料，并参考无线电系的改革试点经验，于1995年初提出了"电工类基础学科教育方案"，在全国产生了很大影响。[③]1997年初，国家教委着手组织普通高等学校本科专业目录修订工作。1997年5月，学校提出将原设电工类、电子信息类19个本科专业调整合并为8个本科专业的调整建议方案，并将之提交国家教委召开的专业目录修订工作研讨会讨论，得到了与会领导专家的肯定。经过一年的立项研究、分科类调查论证，1998年7月，教育部颁布了新修订的《普通高等学校本科专业目录》，按照科学、规范、拓宽的原则，将专业数从1993年颁布的504种调减到249种。从1992年至1999年，东南大

---

① 因当时在计划经济体制下，学校招生计划和毕业分配指标都十分强调专业对口。
② 参见《本科教学评估自评报告分项附件》，《1996年本科教学评估材料》，东南大学档案馆馆藏档案。
③ 参见黄祖瑚：《关于我校本科专业调整和99级本科培养计划修订工作的意见》，《教学工作会议资料汇编（1995—2002）》，《2008年本科教学评估材料》，东南大学档案馆馆藏档案。

学的本科专业数从43个调整为35个，合并调减专业13个，撤销专业5个，累计新增专业13个。正是由于电类系在专业改革与建设中进行了大量的合并调减，才使得学校在不削弱原有工科专业的同时，新设了经济学、法学、工商管理和医学等门类近10个专业，初步形成了以工为主，工理文管医多学科发展的格局。

2000年四校合并，学校新增医学类专业7个，本科专业数达42个。为与国际接轨，2001年，学校将本科、研究生课程统一分类编号，打通本科和研究生教育。为适应时代发展和高新技术的迭代更新，学校调整了学科专业结构的思路：大力支持优势和特色学科专业发展，优先支持信息电子、土建交通、生命科学、新材料及经济管理等学科的专业建设；大力促进和支持新兴学科和交叉学科专业发展，创办了集成电路、软件工程、电子商务、物流管理等新兴专业或方向，设置了医工结合的七年制本硕连读生物医学工程专业、工管结合的工业工程专业、工医结合的生物工程专业等；鼓励运用高新技术改造传统专业，机械、动力、电气工程等一批历史悠久的专业融合学科前沿成果，完成内涵改造，形成品牌优势；调整和建设应用型基础学科专业，发展了应用物理学、信息与计算科学、光信息科学与技术、工程力学等专业，形成了与学科优势相适应的专业生态布局。① 至2012年，学校的本科专业个数已发展至75个，较1999年调减专业3个，累计增加了专业42个，建成了一批以高新技术为主要内容的新兴学科专业以及适应战略产业发展需要的新专业。

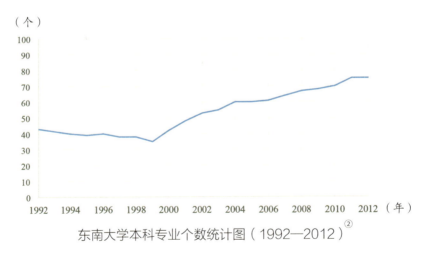

东南大学本科专业个数统计图（1992—2012）②

2. 创建品牌特色专业

在调整本科专业结构的同时，东南大学还十分重视创建品牌、特色专业，专门成立专业设置评议委员会，加强对专业建设思路与规划的引领和指导，制订并实施专业建设经费资助计

---

① 《东南大学本科教学评估分项报告》，《2008年本科教学评估材料》，东南大学档案馆馆藏档案。
② 参见《东南大学年鉴》（1992—2012）、历年招生简章。

划。2001年，学校将七个本科专业的改革与建设列入"江苏省新世纪高等教育教学改革工程"研究项目。2002年初，学校实施"振兴行动计划"，拨专款对省级立项研究项目进行重点资助。2003年，学校还制定《本科品牌、特色专业建设规划》，提出分省级、校级两个层次分期推进品牌特色专业建设。至2012年，学校共有34个专业被列为省级品牌、特色专业建设点并通过验收。2007—2011年，学校共有23个专业入选国家级特色专业。

东南大学入选国家级特色专业一览表[①]

院系名称	专业名称	批次类别
建筑学院	建筑学	2007年第二批（一类）
	城市规划	2009年第四批（一类）
机械工程学院	机械工程及自动化	2007年第二批（一类）
能源与环境学院	热能与动力工程	2009年第四批（一类）
信息科学与工程学院	通信工程	2007年第一批（二类）
	信息工程	2007年第二批（一类）
土木工程学院	土木工程	2007年第二批（一类）
	工程管理	2009年第四批（一类）
电子科学与工程学院	电子科学与技术	2007年第一批（二类）
	新能源材料与器件	2011年第七批（一类）
	传感网技术	2011年第七批（一类）
数学系	数学与应用数学	2010年第六批（一类）
自动化学院	自动化	2007年第二批（一类）
计算机科学与工程学院	计算机科学与技术	2008年第三批（一类）
软件学院	软件工程（软件工程方向）	2007年第一批（二类）
	软件工程（网络工程方向）	2007年第一批（二类）
生物科学与医学工程学院	生物医学工程	2008年第三批（一类）
材料科学与工程学院	材料科学与工程	2010年第六批（一类）
电气工程学院	电气工程及自动化	2008年第三批（一类）
交通学院	交通工程	2007年第二批（一类）
	道路桥梁与渡河工程	2010年第六批（一类）
仪器科学与工程学院	测控技术与仪器	2009年第四批（一类）
医学院	医学影像学	2010年第六批（一类）

学校始终把"抓学科带头人、抓名教授参与、抓教学团队"领衔专业建设放在突出位置，促进学科建设与专业建设联动，把优势的学科资源和高水平的科技成果转化为优质的本科教学资源。各建设点积极追踪国内外同类专业办学的最新经验，抓住专业办学的关键要素积极进行

[①] 教务处：《教学改革与建设成果荟萃》，东南大学档案馆馆藏档案。

建设，全力组建高水准的本科教学队伍，大力进行课程建设、教材建设、实验实践平台建设。

（二）建设精品课程，规划优质教材

1. 建设精品课程

结合培养方案修订，东南大学不断优化整合课程结构、整合教学内容，突出主干，删除重复，加强综合，追踪前沿，促进学科交叉，使课程体系构成更为科学。1995年，东南大学以国家教委"面向二十一世纪教学内容和课程体系改革计划"为契机，推进课程改革和建设。东南大学的课程建设经历了三个阶段：第一阶段是单门课程建设，按一定规范建立课程的质量保障体系，注重课程自身学科知识的更新和完备；第二阶段是系列课程或课程系列的建设，着重于专业或基础学科知识结构的整体优化；第三阶段是课程体系的整合集成，将不同学科背景的知识、内容有机地融合到课程中去，软化学科界限，强调相互衔接。①

学校整合课程资源，逐渐构建起了学科基础教学平台和大类专业基础实验教学平台。例如，1980年代，在探索大电类宽口径人才培养时，无线电系就初步形成了由10门理论课程和5门实践课程组成的学科基础课程平台；90年代，大土木整合形成了共享的学科基础平台；2000年以来，医学院、交通学院、经管学院、人文学院也都相继建成大类学科基础课程平台。

在专业主干课和专业方向课方面，按专业内核要求重点建设6门左右的专业主干课程，并推出专业选修课，整体提升了教学水平。至2012年，学校已建成300余门大类学科基础与专业主干课程，500余门英文/双语授课课程。②

通识教育基础课程改革取得了显著成效。1999年，东南大学开始设置全校统一的通识基础课程，先后开出中华人文精神、中国文化概论等涉及文、史、哲、艺术、综合等多个学科的公选课和人文必修课，并邀请知名学者开设"系列精品人文选修课"。至2012年，学校已重点规划和建设了140门左右的通识基础课程，其中，"大学语文"课程是当时全国唯一的"大学语文"国家级精品课程，"美学与艺术鉴赏"是江苏省精品课程。

精品课程是具有一流教师队伍、一流教学内容、一流教学方法、一流教材、一流教学管理等特点的示范性课程。③在优化课程体系的基础上，学校加强规划，形成了院级、校级、省级、国家级四个层次的精品（重点）课程建设格局。2003—2010年，学校有40门课程入选国家级精品课程，2012年有3门课程入选教育部精品视频公开课。2006—2010年，学校有28门课程入选省级精品课程。到2012年，学校建设的校级精品课程已达100门。

---

① 李延保：《抓住历史机遇，完成世纪过渡——关于面向21世纪专业教学计划修订的思考》，《教学工作会议资料汇编（1995—2002）》，《2008年本科教学评估材料》，东南大学档案馆馆藏档案。
② 参见《追求卓越 止于至善——打造一流的本科教育，努力培养拔尖创新人才》，《东南大学报》2012年6月2日。
③ 《东南大学"十一五"精品课程建设规划》，徐悦主编：《东南大学精品课程撷英》，南京：东南大学出版社，2008年，第3页。

东南大学入选国家级精品课程一览表（2003—2010 年）

院　系	课程	负责人	年份
建筑学院	中国建筑史	陈　薇	2005
	建筑设计	王建国	2008
机械工程学院	机械设计	钱瑞明	2004
	机械制造实习	张远明	2006
	机械工程测试与控制技术	贾民平	2006
	机电控制技术	王兴松	2009
信息科学与工程学院	数字信号处理	吴镇扬	2003
	信号与系统	孟　桥	2004
土木工程学院	工程结构设计原理	蒋永生	2004
	建筑结构设计	邱洪兴	2005
	工程结构抗震与防灾	李爱群	2006
	工程合同管理	李启明	2008
	土木工程施工	郭正兴	2009
	结构力学	单　建	2010
自动化学院 电子科学与工程学院	电子电路基础	刘京南	2008
自动化学院	微机系统与接口	戴先中	2004
	检测技术	周杏鹏	2010
数学系	高等数学	管　平	2005
	数学建模与数学实验	朱道元	2007
	线性代数与解析几何	陈建龙	2010
计算机学院	数据库原理	徐立臻	2010
物理系	大学物理（工科）	叶善专	2004
	大学物理实验（工科）	钱　锋	2005
	双语物理导论	恽　瑛	2008
人文学院	大学语文	王步高	2004
	唐宋诗词鉴赏		2008
经济管理学院	供应链与物流管理	赵林度	2009
	财务管理（网络教育）	陈良华	2010
电气工程学院	电机学	胡虔生	2007
外国语学院	大学英语	李霄翔	2004
体育系	大学体育	陈　瑜	2005
交通学院	交通（规则）	王　炜	2004
	路基路面工程	黄晓明	2008
	结构设计原理	黄　侨	2010
仪器科学与工程学院	传感器技术	宋爱国	2009
医学院	放射诊断学	滕皋军	2010
电工电子实验中心	电工电子实践课程	黄正瑾	2004
	综合电子系统设计	胡仁杰	2008
	数字系统课程设计		2009
东南大学	新生引导性实验实践课程	熊宏齐	2010

东南大学入选教育部精品视频公开课一览表（2012年）

院系	课程名称	负责人	批次
艺术学院	戏曲史话（1~4讲）（5~6讲）	王廷信	2012年（首批）（第二批）
经济管理学院	管理学—解剖组织成长与揭示前沿趋势（1~5讲）	李 东	2012年（第二批）
医学院	传统文化与中医养生（1~7讲）	王长松	2012年（第二批）

此外，东南大学还积极参与部省网络课程建设工程，构建了校、院（系）二级网上教学平台，并开发了精品多媒体课件和网上教学资源库。至2012年，课程资源上网已达600门左右。

2. 规划优质教材

学校素来重视教材建设，20世纪五六十年代，南京工学院曾承担了全国通用教材的编审工作，先后编写出版了40余种统编教材，为全国高校广泛采用，许多教材多次再版，沿用至今。1987—1995年，在全国第一、二、三届优秀教材评选中，学校有81部教材（不含参编）获国家级或部委级优秀奖，在同类高校中名列前茅。其中，建筑系刘敦桢教授所编的《中国古代建筑史》还在1987年首届全国高等学校优秀教材评选中荣获国家优秀特等奖。马文蔚教授主编的《物理学》、谢家奎教授主编的《电子线路》、管致中教授主编的《信号与线性系统》、黄锡恺教授主编的《机械原理》等一批优秀教材都是在传承的基础上经过时间考验、不断锤炼而成的精品。

东南大学对教材选用定有严格要求，要求优先选用教育部、国家各部委经过专家评审推荐的优秀教材，特别是"面向21世纪课程教材"和"十五"国家规划教材，并尽量选用近三年出版的新教材或修订版教材。鼓励部分专业根据教学需要，选用优秀的外文原版教材；鼓励教师采用高水平、高质量的多媒体电子教材或网络课件。[①]

为适应课程建设的需要，学校先后制订"九五""十五""十一五""十二五"教材建设规划，将规划教材的选题重点放在对人才培养至关重要的公共基础课、学科基础课和专业主干课教材上。通过申报与建设国家级、省级和校级规划教材，学校不断更新教材内容、创新教材体系、完善教材系列，规划出版了电子信息类、土建交通类、机械动力类等一批与东南大学学科与课程紧密联系、理念先进、体系科学并彰显专业特色的高水平教材，构建起了具有东南大学学科特色的、适应新世纪人才培养需要的高质量课程教材体系。大学物理立体化系列教材被200多所高校使用；《大学语文》成为全国最有影响的大学语文教材之一；学校电子信息类专业出版了近百部教材，其中《信号与线性系统》《电子线路》《数字信号处理》等多部经典教材在传承的基础上不断创新；土木类专业出版了《工程结构设计原理》《建筑结构设计》《结构力学》《工程结构抗震与防灾》等80多部教材；建筑类专业编写出版的《建筑制图》《中国建筑史》《建筑物理》《现代建筑理论》等系列教材大都获得过部省级以上优秀教材奖。

1987—2011年，在历届国家级、省部级、部委等教材评选中，东大有170部教材获国家

---

① 参见《2008年本科教学评估分项报告》，《2008年本科教学评估材料》，东南大学档案馆馆藏档案。

级或部委级优秀奖,在同类高校中名列前茅。其中,获国家优秀特等奖1部、国家优秀奖8部、国家级教学成果奖4部、教育部科技进步奖5部、教育部优秀教材8部、教育部精品教材10部、国家级精品教材8部。"十二五"国家级规划教材中东大共有41部入选,位列全国高校前列。全校2000多门课程中选用国家、部省、校级规划教材约70%以上,选用近五年出版的新教材80%以上。针对内容更新速度快的课程,自编教材讲义200多部,确保了教学内容的先进性。

(三)改革教学模式,推行研究型教学

随着改革的深入,传统的知识传授型教学模式已不能适应时代发展需求,东南大学以全面加强知识能力素质培养为旨归,不断优化教学模式。1995年,学校在《东南大学改革和发展规划》中提出:教学方法上要从传统的"三中心"模式(以教师为中心、以课堂为中心、以教材为中心)转变为理论教学、实践教学和科学研究"三元一体"的以学生为主体的开放式教学体系。① 1998年,《东南大学素质教育实施纲要》明确东南大学的教学模式是:"贯彻文理渗透、理工结合、学科交叉的指导思想,采用理论教学、实践教学、科学研究三元结合,通识基础、学科基础、专业方向相互渗透和以基础为核心组织教学的教学模式。"②

2001年,东南大学成为"985工程"重点建设高校,"研究型"是东南大学新时期拔尖创新人才培养工作基本价值追求的新要求。为与研究型大学相适应,学校加快推进教学模式从传统的以教师为中心的知识传授型教学向以学生为中心的研究型教学转变。2005年,顾冠群校长在本科教学工作会议上指出,要树立"以生为本,以师为导"的研究型教学理念。③ 在时任教务处处长郑家茂的推动下,本科教育以人才培养模式改革为突破口,将原"三元一体"的教学模式推进到理论教学、实践教学、自主研学、网络助学"四位一体",并按照"精炼课堂教学,强化实践教学,活化课外研学,丰富网络助学"的思路,逐步构建起了学生自主、教师主导下的学习、研究、实践相结合的研究型教学模式。

在理论教学上,学校鼓励开展启发式、发现式、讨论式、参与式教学,鼓励教师结合研究项目,采用案例式、问题式、情境式教学方法,通过"研究问题、自主探究、讨论互动、批判改进"等过程环节,将优化的内容以精彩的方式传授给学生,激发其探究热情,培养学生的创造性思维。具体有以下几种途径:

第一,改造传统课程教学,渗透自主探究、讨论互动的方式。如国家精品课程"高等数学"推行大班授课与小班习题讨论课相结合的教学模式,采用单元讨论、双向互动、专题讲座等灵活多样的教学方法,建立起"课堂主讲—习题课研讨—实验课加深理解和创新—专题讲座拓宽

---

① 《东南大学"211工程"整体建设规划》,《东南大学改革和发展规划》(1995年9月),东南大学档案馆藏档案。
② 东南大学教务处:《东南大学素质教育实施纲要》(1998年),东南大学档案馆藏档案。
③ 《大力推进教育创新深化教学质量工程培养高素质创新人才——顾冠群校长在2005年本科教学工作会议上的讲话》(2005年1月6日),《2008年本科教学评估材料》,东南大学档案馆藏档案。

知识面—小论文检验素质"的教学模式;"大学物理"采取课堂讲授与演示实验相结合、大班讲课和小班讨论相结合的课型,并建立了大学物理课程的网络教学平台——大学物理工作室,构建了集辅教、辅学、自主学习等为一体的学习环境;"大学英语"实施大班多媒体授课与小班听说操练相结合、网络课程自主学习与研究生机辅相结合、第一课堂教学与第二课堂活动相结合等多样化的语言教学形式。

第二,改进学科概论课,增设新生研讨课、系列专题研讨课等研究型课程。从2004年起,东南大学在各专业逐步开设了多门Seminar课程,规定学生修读学分必须达到15个以上。学校还努力建设高水平双语研讨课,规定每个专业至少设置3门双语授课课程和2门英文授课课程。教师与学生在小组环境中围绕学术主题进行研讨,着重引导学生掌握探究问题的思路、方法和过程,激发了学生进行探究式学习的兴趣,为后续学习和研究打下了良好的基础。

第三,各专业由高水平教授为学生开设学科导论课和系列专题研讨型课程,广泛开展联合教学、合作教学、项目教学、案例教学等形式的教学。一批"长江学者特聘教授"为本科生上课,结合其高水平科研项目,引入学科前沿内容,激发学生的创新思维。如崔一平教授主讲的"光电子技术"课程采用讨论式教学法,组织"光电子技术发展"科技论坛,鼓励学生参与,极大地提升了学生的自学能力;王炜教授从1998年起筹设"交通工程导论"课程,他结合任国家"畅通工程"专家组组长时考察的国内外100多个城市交通工程资料,精心筛选了数万张实例照片结合自身研究成果及教学要点,形成了独特的"看图识知"教学模式,形象直观地介绍了交通工程领域的发展历史、现状与发展趋势,以大信息量、大广角的授课模式,提高学生的识见水平,引领其开展学术探究。

三、强调能力培养,提高文化素质

(一)构建实践教学体系

实践教学是高等教育,特别是高等工程教育的重要内容,是培养学生能力的关键环节。重视实践环节是学校自南工以来的优良教学传统。1985年,学校将每学年按两长一短划分为三学期,短学期用于加强实践环节。90年代中期,学校在改革实践中逐渐明确:实践教学体系的建设关系到学生的能力培养能否真正落实,是培养出具有创新精神和实践能力的人才的关键,提出要结合"211工程",以基地建设为重点,实践教学环节为主线,探索构建面向21世纪的实践教学体系。学校将1998年定为本科教学的"实践教学年",改进以"实践+实习与实践+设计与论文"[①]为主的实践教学体系。通过"高等工程教育的实验与工程实践教学体系改革的研究与实践""理工科教育创新人才成长环境的研究与实践""高等学校开放式创新

---

① 东南大学教务处:《东南大学素质教育实施纲要》(1998年),东南大学档案馆馆藏档案。

实验教学的研究与实践"三个国家级教改项目的研究,学校突破了课程壁垒和学科界限,对全校实验课程与项目进行跨课程、跨专业、跨学科的整合。目前东南大学已建设起了一批高水准的教学实验平台,并形成了突出自主开放与综合性、设计性、研究性训练的"三层次的实践课程体系+三层次的大学生科研训练计划"框架体系。

1. 建设高水准的教学实验平台

东南大学按照"方案设计超前、优化资源配置、强化集中管理、综合自主开放、提高水平效益"的原则,结合"985工程"的三期建设,先后完成了公共基础实验平台、大类学科基础实验平台、专业基础实验平台等与学科特色相匹配、适应高素质创新人才培养的实验装备平台的建设。至2012年,学校已建成由数学、物理、力学、化学、电工电子、计算机、外语、图学、医学公共基础、工程训练等组成的十大公共基础实验中心;由机械动力、土木交通、电子信息、材料化工环境、现代医学基础、人文社科、经济管理、建筑艺术等组成的八个大类学科基础实验平台;建有20多个本硕共享的学科专业实验室及30多个学生自主管理的课外创新实验室。在实验教学平台中,有7个国家级实验教学示范中心,12个国家级工程实践教育中心,15个江苏省实验教学示范中心。

东南大学国家级实验教学示范中心

- 电工电子实验中心
- 物理实验中心
- 机电综合工程训练中心
- 计算机教学实验中心
- 土木工程实验教学中心
- 道路交通工程实验教学中心
- 信息与电子专业实验中心

2006年,学校出台了《东南大学学科重点实验室面向优秀本科生开放管理办法》,在基础实验室、专业基础实验室和部分专业实验室开放的基础上,进一步面向优秀本科生开放国家重点实验室、国家级科研基地、省部级重点实验室、各类学科重点实验室等,使实验室成为学生开展自主研学的重要场所。[①] 每年进入实验室进行课外自主项目训练的学生超过2万人次,每年从"973""863"以及自然科学基金等项目中分离出的大学生科研训练项目有1000余项。

2. 建立三层次实验实践课程体系

2009年,熊宏齐接任教务处处长后,愈加重视实验教学。为使实验教学真正成为高层次

---

① 参见《东南大学学科重点实验室面向优秀本科生开放管理办法》(2006年2月21日),《东南大学实践教学工作会议文件汇编》,《2008年本科教学评估材料》,东南大学档案馆馆藏档案。

创新人才培养的主渠道，学校通过与生产实际、科研项目、社会需求相结合，设置实验学习模式引导课程，整合原有实验基础课程，增加新型综合实验教学环节，构建起了三层次实验实践课程体系：

一是普适基本要求层次：引导学生及早进入开放式的实验环境进行自主学习，培育工程实践意识与研究探索意识。如大一上学期开设的"预备性物理实验"引导学生实现学习模式从中学到大学的转变；"工业系统认识"课程帮助入学新生了解工业生产全过程和相关要素，增强工程意识。[1]

二是学科基础实验层次：通过基础科学原理课程的实验训练，使学生养成科学的思维方式和规范的研究方法。学科基础实验课程中，"电工电子实践""机械制造实习""微机系统与接口""综合电子系统设计""数字系统课程设计"已建成国家级精品课程。

三是综合实践训练层次：基于项目的实践教学，通过专业课程实验、课程设计、生产实习和毕业论文研究等综合实践环节，使学生亲历完整的研究、设计、实现的科学研究与工程实践过程。如信息工程学院毫米波国家重点实验室开设大型综合设计项目课程，让学生模拟"科学研究"与"工程实际"，经历从设计、方针、优化，到制版、测试、分析的完整过程。

此外，学校还积极开设综合性、设计性、研究探索性实验。目前全校专业课程体系中含有综合性、设计性实验项目的课程占实验课程总数的90%。实验教学体系贯穿学校的育人全程，从自主开放引导、基础综合训练、项目专题研究到自主研学创新，拾级而上，循序渐进，学生实验技能和创新意识渐次提升。

3. 建设各类校外实习基地

实习是学生理论联系实际，了解和认识社会的主要途径，是锻炼和培养学生创新精神和实践能力的重要环节。东南大学的实习教学改革与实际安排注重源于工程、依托工程、指导工程和回归工程。校内重点实验室、研究所、工程中心、教学实验中心承担了约30%的实习任务，每年还有70%以上的实习任务需在校外完成。为此，学校以世界著名企业（中外合资）、我国500强企业[2]为合作共建对象，积极营建符合教学要求、相对稳定的校外实习基地。至2012年，已建成近500个校外实习基地，几乎每个专业都建成有1~2个具有先进的生产要素及实习条件的校外实践基地，基本满足了各类教学实习需要。能源与环境学院建立了以现场教学为核心的"校内参观模型+校内讲课+现场教学"的认识实习教学模式。土木工程学院每年均安排学生到重大建设工程现场进行参观，提高其对专业的感性认识。电气工程学院则以南京供电公司、南京南瑞继保电气有限公司等为实习基地，锻炼学生在企业生产线上进行真刀真枪的训练。

---

[1] 郑家茂、熊宏齐、潘晓卉：《构建开放创新实验教学体系，推动学生自主学习》，《中国高等教育》2009年第5期。
[2] 世界著名企业如微软、IBM、SUN、HP、Intel、CISCO公司等，国内企业如中兴公司南京研发中心、摩托罗拉公司南京研发部、中国石化集团南化公司、苏宁电器集团、福建富士通通信软件有限公司、南京地下铁道总公司、上海现代建筑集团、中国建筑设计研究院等。

为加强管理，学校制定了《东南大学本科学生实习教学工作条例》《校外实习基地建设及管理办法》，并对实习基地进行定期评估，制定激励政策，调动指导老师的积极性。为做好实习保障工作，学校还与同济大学、浙江大学签订了三校《关于学生实习期间学习生活后勤工作协议书》，本着相互支持、资源共享、优势互补、互惠互利的原则，给对方师生在实习期间的学习、生活、后勤服务提供便利，使其更为顺利地完成异地实习教学任务。

（二）搭建自主研学平台

　　课外研学是东南大学四位一体教学模式的重要组成部分，并落实于人才培养方案中。2002年，学校成立了校创新活动指导委员会、创新活动指导小组及院（系）创新活动指导小组三级组织机构，统一管理课外科技创新活动。从 2003 级起，培养方案规定每位学生在四学年中必须通过科研实践、创新实践和学年作品等活动取得 2 个课外研学学分，作为毕业的必要条件。[①]
2004 年，学校推出了"大学生科研训练计划"[②]，鼓励以学生自行设计的研究课题为 SRTP 项目的主要来源，本、硕、博相结合，跨学科、跨院系组建团队开展课题研究。学生的课外科技创新活动以立项形式进行，学校提供了六种课外自主研学途径：（1）自主选题申请科研训练立项（年均新立 2000 项，年均在研 3000 项，年均在研 10 000 人左右）；（2）参加教师科研项目（1500 人 / 年）；（3）参加国际数模、"挑战杯"课外科技作品、电子设计等各类学科竞赛活动（约 80 种、近 15 000 人次 / 年）；（4）听课外研学讲座并撰写文献综述（50 场 / 年、15 000 人次）；（5）提交课外自主研学作品（400 件 / 年）；（6）发表论文或申请专利（50 项 / 年）。[③] 为掌握课外研学进展情况，学校为此开发了专门的管理软件，方便学生进行项目申请，了解研学学分状况。学校还定期对自主研学项目进行成果汇编。据统计，80% 以上的项目可以顺利通过结题验收，约 20% 的项目成绩优秀。

　　学校鼓励开展研究型教学，通过研讨课和学科概论课，使教师导学与学生自学相结合，确立学生学习的主体地位，激发其自主探究的热情。物理系恽瑛教授提出"两个及早"教学理念，及早培养学生的科学研究素养，及早培养学生阅读英文参考资料能力，提高其自主研学能力。2007 年，*Science* 杂志还曾刊载专文，详细报道了恽瑛教授的课程教学探索并给予高度评价。在课堂之外，学校依托校、院（系）及实验中心，以"点""面"结合的形式布局，构建"东南大学创新实践基地"，设立专项基金，出台《学科重点实验室面向本科生开放的管理办法》《构建研究型大学本科创新人才培养体系的意见》，为学生提供科技竞赛、产品研发、作品研制的创新实践环境。

---

① 《东南大学本科生课外研学学分认定办法》（试行），东南大学档案馆馆藏档案。
② "大学生科研训练计划"（Students Research raining Program，简称 SRTP）是学校开展自主研学的重要内容，旨在培养大学生创新创业意识、团队合作精神，增强其研究创新能力和综合实践能力。
③ 参见《追求卓越 止于至善——打造一流的本科教育，努力培养拔尖创新人才》，《东南大学报》2012 年 6 月 2 日。

出于对科研的盎然兴趣，学生还自发成立了许多科技学术类的社团组织。1982年成立的大学生科技协会是其中的元老，拥有计算机、无线电、机械、建筑、电子等多学科分会，每年5月举办"东南大学科普月"系列活动，面向低年级学生开展科普活动，面向高年级学生开展科技开发类活动。自2004年起，学校每年12月中下旬举办大学生课外科技创新作品展示会，集中展示学生在各项学术科技竞赛中的获奖作品和课外自主研学作品，反响热烈。2011年，学校开始举办大学生学术报告会，为学生展示国创、省创项目的研究成果提供了平台。

大学生课外科技作品展示

东南大学的自主研学体系已成为教育部质量工程项目"强化创新实践的工程人才培养试验区""基于知行合一理念的创新创业人才培养实验区"人才培养体系的重要组成部分。至2012年，学校已建起国家级、部省级、校级、院（系）级四层次的大学生科研训练体系，并开展国际、全国、省或地区、学校、院系五层次的大学生学科竞赛，为学生搭建了广阔的创新实践平台。

（三）开展文化素质教育

在开展科学教育的同时，东南大学赋予人文教育以同等重要的地位，注重引导学生树立正确的世界观、人生观、价值观，培养人文精神与科学精神，全面提高学生的综合素质。

1995年，东南大学成为国家首批文化素质教育的试点高校，1996年颁发《东南大学关于进一步加强文化素质教育的决定》，提出坚持"专业教育与文化素质教育相结合、教育者与受教育者相结合、工理文管相结合、普及与提高相结合"[1]的指导方针，并成立文化素质教育工

---

[1] 《东南大学关于进一步加强文化素质教育的决定》，东南大学档案馆馆藏档案。

作领导小组和专家组,推进文化素质教育的基础建设、学科建设、专题研究及普及工作的开展。该《决定》规定,学生在四年内必须听完8个讲座,提交一份读书报告,以取得文化素质教育的一个学分。

在时任教务处处长陈怡的积极推动下,学校将1997年定为本科教学的"素质教育年",在全国率先推出《东南大学素质教育实施指南》,并于次年正式颁布《东南大学素质教育实施纲要》,提出了大学素质教育的目标、重点、途径,指出实施素质教育应"以掌握知识为基础,以培养能力为重点,以提高素质为目标",详细制定了知识结构优化纲要、能力培养纲要、素质提升纲要。学校开展文化素质教育的指导思想是:"加强文化素质教育既切中时弊,能匡正人文精神失落的流俗,同时也是时代的呼唤和世界教育改革的共同趋势:科学教育和人文教育再度走向融合。文化素质教育的核心是培育科学人文素养和精神。文化素质通过人类的文化即人文社会科学的学习和教育、博雅文化氛围的熏陶、教师为人师表言行的潜移默化和学生自身的体验与高品位活动而养成,是一个人外在精神面貌和内在气质的综合体现(如品位、情操、风骨、境界等),体现人的灵魂净化和情感升华,同时,又随处外现于一个人的言谈举止。"[①]学校开展文化素质教育的目标是,活跃校园气氛,加强人文熏陶,培育人文精神,促进科学和人文的和谐发展,使东南大学学生成为有哲理、有情趣、有品位、有高尚人格的人。《纲要》颁布后学校即开始着手调整教学计划,通过发掘和整合优质教学资源和社会资源,逐步构建起"立体化、层次化、多元化"的文化素质教育体系。

1999年,东南大学成为首批国家大学生文化素质教育基地建设单位。2003年成立了隶属教务处的文化素质教育中心,统一组织和管理文化素质教育活动。文化素质教育的宗旨在于以文化来陶冶情操,净化心灵,完善知识结构,提高全面素质。东南大学的文化素质教育确立了"塑造高峰体验,用优秀文化育人,促进科学教育与人文教育融合,培育和谐发展人才"的核心理念,通过传承优秀文化营造浓郁的文化氛围,提升学校的文化品位与格调,充分发挥"学术大师、大学精神、大学文化"的化育作用,使学生接触大师、接触优秀文化的顶级学术成果,涵养气质品性,追求有文化情调、有生命意义的人生。在实践探索中,学校不断创新文化素质教育的理念、体系、机制,形成了"外联内融"的东大模式,对外加强和社会各界的联系,对内加强科学教育与人义教育的融合,构建起了"高质量的人文课程—高水平的人文讲座—高品位的文化活动"三位一体的建设模式,成效卓著。

在修订培养方案时,学校明确要求理工科学生要修读人文类课程,人文类学生要修读"自然科学概论"课程,以突破学科藩篱,促进文理融合。学校鼓励校内外著名学者开设精品人文选修课程,先后建设了"大学语文""唐宋诗词鉴赏""美学与艺术鉴赏""经济管理基础"等500多门人文选修课程。其中,由王步高教授领衔开设的"大学语文""唐宋诗词鉴赏"为

---

① 东南大学教务处:《东南大学素质教育实施纲要》(1998年),第25页,东南大学档案馆馆藏档案。

国家级精品课程。在致知堂讲课时，王步高常对学生讲："这是当年闻一多、徐志摩站过的讲台，也是我的导师唐圭璋先生站过的讲台，甚至是王国维、梁启超站过的地方。……我的学养不如他们，我的敬业精神一定要不亚于他们。我是用整个身心在上课，我的课十分投入。讲古诗词时，我不仅是一名教师，更是一名作家和诗人，我要以李白、杜甫、苏轼、李清照的知己、知音者的角度去分析这些传世名篇，深入阐发其内涵，道出其诗心词魄，甚至也道出其缺憾与不足。"每讲《长恨歌》，王步高从头背到尾，不错一句，同学们都报以长时间热烈掌声。他还曾在四牌楼校区为大家上"黑课"，因为停电，所有的教学内容由王步高在讲台上背出来，到了下课，学生们竟然也能背出来。王步高教授在文章中回忆道："……效果比有电时还好。几年后还有学生记得我给大家上'黑课'的事。"[①] 高质量的人文课程如暗夜中的蜡烛，老师亮起来，学生们也被点亮，发出自己的光。学校还精选"文化素质教育经典阅读书目"，开设"经典导读类"课程，以"原典、老师、学生"三者互动的经典导读模式，启发和激励学生直接契入高深学问。

延请科学巨匠、学术权威以及文化名家来校讲学，给予学子极致的高峰体验，也是东南大学开展人文素质教育重要途径。学校先后推出"东南大学人文大讲座""东南大学科学大讲座""华英文教系列讲座""大师系列演讲""人文名家讲坛""百年校庆人文大讲堂"等高水平讲座。在时任文化素质教育中心主任陆挺的主动联系和热情邀约下，费孝通、钱伟长、杨振宁、丁肇中、张岂之、金耀基、许倬云、叶嘉莹、柏诺兹（J. Georg Bednorz）、易中天等数百位海内外名家大师登上了学校的人文讲坛。至2012年，东南大学已举办了1500余场高水平讲座，近40万人次的听众享受人文盛宴。

学校还积极将本国优秀传统艺术和世界各民族的高雅艺术引入校园，以提升学生对本国传统文化和世界优秀文化的热爱，开阔文化视野，提升对多元文化的包容力。为提高学生艺术素养，培养学生的审美能力，拓展其从事高等工程研究和高深学术研究的想象力，十余年来，学校坚持实施"高雅艺术进校园"工程，著名作家、艺术研究专家白先勇和知名表演艺术家刘育熙、黄孝慈等都曾受邀来校演讲或演出，展现中国传统文化艺术的博大精深，激发学生继承和弘扬优秀传统文化的热情。此外，学校还多次举办大型国际知名音乐会、大型演出活动100多场，超过20万人次参与其中。

东南大学利用区位文化优势，与江苏省文联、江苏省文化厅、江苏省演艺集团、南京新华书店等单位都建立了密切的合作关系，通过合作共建，开拓文化素质教育的社会资源。学校建立了南京博物院、陶行知纪念馆、林散之纪念馆、吴文化纪念馆、徐霞客纪念馆等一批校外文化素质教育基地，引入丰富的、高水平的文化资源，弥补了学校人文教育资源的不足。

通过开展文化素质教育，东大学子在文化浸润与高峰体验中获得心灵的震撼、思想的启

[①] 参见东萱：《六朝松下听箫韶——纪念东南大学人文学院王步高教授》，东南大学新闻网，网址：https://www.seu.edu.cn/2017/1102/c17408a202240/page.htm。

迪和生命的感悟,激发了创新思维,提升了人生境界。一位毕业生在给母校的来信中说:"文化素质教育活动给我们的影响是潜移默化的。它给我们的学生时代留下的是一笔永恒的精神财富,在给我们带来心灵震撼的同时也使我们的思想观念不断更新。"① 曾任教育部高等学校文化素质教育指导委员会主任的杨叔子院士也评价:"东南大学长期坚持文化素质教育工作,不断深化,不断扩大,收效不断增加,是全国文化素质教育的一面旗帜。"②

2007年5月29日,著名社会学家、香港中文大学原校长金耀基教授应邀来校作主题为"大学之道——现代大学之理念"的精彩演讲

四、加强教学督导,健全质量监控

长期以来,学校牢固树立教学质量生命线意识,以教育科研为先导,以教学改革为引领,有效地保障了本科教学工作水平和人才培养质量。其中,以专家教授为主体加强教学督导,重视培养青年教师,健全教学质量监控评价体系是东南大学教学管理的一个突出特色。

(一)坚持教学督导,培养教学中坚
1. 形成立体交叉的教学督导体系

东南大学开展教学督导的初衷源于对青年教师的培养。20世纪80年代末,与全国大多数

---

① 《坚持文化育人理念 提升学生文化素质——东南大学着力打造高水准文化素质教育平台》,中华人民共和国教育部网站,网址:http://www.moe.gov.cn/jyb_xwfb/s6192/s133/s173/201004/t20100419_84221.html。
② 《实施文化引领战略,创新文化育人体系——东南大学110周年华诞之文化建设巡礼》,《东南大学报》2012年6月2日。

高校一样，东大的教师队伍也快速进入新老更替、青黄不接的阶段，一大批教学经验丰富、教学水平高的资深教师将在短短几年内结束执教生涯，大批青年教师将在缺乏经验的情况下仓促走上讲台，教学质量难以得到保证。青年教师是未来学校教学的中坚，如何使他们在资深教师的言传身教下过好教学关，让优良的教学传统世代相传，是当时教学面临的突出难题。

1989年，在时任教务处处长李延保的推动下，学校首先组建了校"听课组"，不久后正式启动青年教师首次开课培训工作，成立了由资深教学专家组成的首次开课培训组，通过对首次为本科生开课的青年教师组织试讲、课堂观摩、听讲座、督导专家随堂听课指导、召开学生座谈会了解情况等环节，系统培训提升青年教师教学的基本能力和水平。1993年，为鼓励青年教师在教学上勇于创新，时任教务处处长陈怡决定成立授课竞赛组，负责组织开展与教学实际进程完全融合的青年教师授课竞赛活动。①其时，正值市场经济发展初期，一些教师热衷于第二职业，甚至"将主业当副业"，教学投入明显不足，课堂上放松对学生要求，难以做到言传身教。有鉴于此，学校于1994年6月成立了面上教学督导组，每学年听课指导范围扩大到1000余门次，加强了对面上教学情况的监控，增加了对青年教师的随堂教学指导。②1995年，陈笃信校长将原校"听课组"扩充，正式命名为"东南大学教学督导组"，聘请单炳梓、罗庆来、叶善专等数十位知名退休教授担任教学督导委员，监督教学工作。这些老先生不分寒暑，不计报酬，随机听课，给予教师中肯的帮助和指导，使教学秩序和教学质量有了更坚实的保障。如单炳梓教授深谙讲课艺术，授课言简意赅、井然有序、深入浅出、层层解剖，他漂亮的板书、优美的绘图、准确的叙述、生动的举例，无不令听者推崇备至，本来枯燥无味的力学问题，经他一讲就会趣味无穷。退休后，单炳梓殚精竭虑，根据多年教学经验总结出"教学要诀二十条""教学艺术与风格"等教学法，在教学督导中毫无保留地传授给青年教师。③1996年，东南大学被国家教育委员会评为首批本科教学工作优秀学校，青年教师培养即作为学校鲜明特色之一得到褒扬。2000年后，针对创新能力培养对加强实践教学的迫切需要，学校组织成立了实践教学督导组；并校后又在原医学院教学督导工作基础上结合医学教育教学特点，组建了新的校级医学教学督导组。2002年，随着院（系）基层教学组织由学科组逐步取代教研室，青年教师教学培养在院系有被弱化的趋向，学校决定加强校院两级教学管理，对青年教师实行校、院两级教学培养，要求各院（系）组建自己的教学督导工作组，与校级教学督导组一起开展督导工作。2003年，时任教务处处长郑家茂决策，构建校、院两级教学督导体系。至此，学校基本形成了五组并进、校院结合、立体交叉的两级教学督导体系。

---

① 参见单炳梓《东南大学本科教学督导体系概略》，郑家茂主编：《东南大学本科教学督导创新18年》，南京：东南大学出版社，2008年，第11页。
② 陈绪赣、郑家茂、单炳梓：《坚持本科督导，培养教学中坚——东南大学本科教学督导体系探略》，蒋建清主编：《东南大学教育教学论文选编》（上），南京：东南大学出版社，2008年，第296页。
③ 吴志龙、郑立琪：《桑榆情未了，杏坛续华章——记教学名师单炳梓教授》，郑立琪主编：《史乘千期记东南》，南京：东南大学出版社，2006年，第255页。

2003年4月3日,教学督导组组长单炳梓教授在第十届授课竞赛动员、交底会议上为青年教师做精彩示范

通过开展两级教学督导,分层次指导,学校的教学督导更具针对性和适应性。校级教学督导组由20余名专家组成,他们交叉式①地组成五个小组(面上授课督导小组、首次开课培训小组、授课竞赛评比小组、医学教学督导小组、实践教学督导小组),分工合作,执行全校的教学督察、指导、评比、咨询等工作。院(系)教学督导组则执行本院(系)的教学督察、培养、考核、咨询职能。两者无行政隶属关系,在业务上交流指导,配合互补。校级督导组和院系督导组每学期均独立开展工作,小组与小组打通,学校与院系打通。各小组一般从第3周开始工作至第16周结束(每学期共18周),督导专家亲临教室、实验室、操场或实习基地进行现场听课或观课,课后将现场感受与任课教师进行交流,指出值得肯定和需要重点改进之处,帮助青年教师尽快成长。每学年校、院近百名教学督导专家听课超过2000门次,有效地督导了本科教学课程。

2. 系列化培养青年教师

东南大学十分重视主讲教师资格的认定工作,严格要求只有具有研究生学历并通过首次开课培训的教师才能从事本科教学工作,长期坚持有计划、有目的地培训青年教师。从抓青年教师培养、选拔这一"源头"做起,学校把"督导"与培养工作有机地融合在一起,形成了系列化培养、分层次选拔教师的新模式。从80年代末开始,学校逐步建立起了从入校教育、院(系)

---

① 交叉式,即授课竞赛评比组实际上是一个"扩大"了的督导组,其专家除来自其他四个组外,每学期还根据参赛人员情况另聘若干院系学科专家组成,他们按照各自的专业背景组成若干小组开展工作。

培养、首次开课培训、青年教师授课竞赛、青年骨干教师培养、东南大学教学名师培养六个层级一条龙的教师教学培养制度。

第一层级：新教师入校后，由人事处安排为期两周的脱产"入校教育"，进行校史、职业道德及高等教育学、教育心理学等方面基础知识的学习。

第二层级：完成入校教育后，新教师进入相应院（系）培养，由院（系）教学督导组为新教师制订教学培养计划，实施开课前的岗位培训及定期考核等。

第三层级：完成所在院（系）教学督导的岗前培训后，教师才能向校教务处提出担任主讲教师的申请，继而参加教务处组织的为期一学期的校"首次开课教师培训"，培训合格后方有资格担任本科教学主讲教师。

第四层级：广泛、持久地组织全校40岁以下青年教师进行授课竞赛。获奖者在进修、晋升、申请教研课题等方面享有优先权。

第五层级：根据东南大学《关于选拔和培养优秀青年骨干教师的暂行办法》，组织专家综合考察青年教师在教材建设、教学法研究、课程改革及科学研究等方面的成绩，评选校级优秀骨干教师。

第六层级：选拔教学名师培养对象，遴选东南大学教学名师。

东南大学向来有精心育人的优良传统，教师上课极其认真负责。据李延保回忆："即使只有一个学生在教室里，教师都坚持为他上课，我曾亲眼看到物理系的薛豪老师在给一个学生上课。"[①] 选拔、培养教学名师正是为了弘扬东南大学的这一优良传统，充分肯定一批优秀老教师为学校的教学工作辛勤耕耘几十年开创的光辉业绩和所作的杰出贡献。学校十分重视教学名师的选拔培养，1995年以来，学校每年设立50万元的教学奖励金，用于奖励在本科教学中取得突出成绩的教师，还先后设立了"东南大学突出成果奖""教学工作突出贡献奖""东南大学教学名师奖""东南大学模范教师奖"以及各类教学成果专项奖，激励和引导教师提高教学质量。1996年，学校遴选首批东南大学教学名师，选拔教龄在三十年以上，教学成就卓著，在校内外享有崇高威望，具有高尚师德，深受学生爱戴的教授，给予他们在教学上的最高荣誉。经过认真遴选，管致中、陈景尧、单炳梓三位知名教授获此殊荣。2004年学校启动"东南大学教学名师工程"，每年推选5~8名优秀教学科研骨干给予重点培养，全方位支持其成长为高水平教学带头人，并争取获得国家级或省级教学名师奖。自2003年国家级教学名师奖评选以来，先后有蒋永生、戴先中、王炜、吴镇扬、李爱群、李霄翔等6位教授荣获国家级教学名师光荣称号。2名教师获评国家"万人计划"教学名师，16名教师获省级教学名师称号。

[①] 东南大学编写组：《李延保访谈录》（2019年12月19日）。

东南大学教学名师名单

奖励名称	获奖年份	获奖教授	院系
国家级教学名师	2006	蒋永生	土木工程学院
	2007	戴先中	自动化学院
		王　炜	交通学院
	2008	吴镇扬	信息科学与工程学院
	2009	李爱群	土木工程学院
	2011	李霄翔	外国语学院
"万人计划"教学名师	2012	戴先中	自动化学院
		王　炜	交通学院
省级教学名师	2003	黄正瑾	电工电子中心
		黎志涛	建筑学院
		江德兴	人文学院
	2006	叶善专	物理系
		戴先中	自动化学院
		王　炜	交通学院
	2007	李霄翔	外国语学院
		钱瑞明	机械工程学院
		吴镇扬	信息科学与工程学院
	2008	邱洪兴	土木工学院
		王步高	人文学院
		胡仁杰	电工电子中心
	2009	孟　桥	信息科学与工程学院
	2011	黄晓明	交通学院
		钱　锋	物理系
		王建国	建筑学院

　　这些教学名师承担了大量教学改革任务，指导和帮助中青年教师不断提高授课水平，在他们的带领下，学校目前已拥有国家级教学团队 11 个，省级教学团队 12 个，校级教学团队 30 多个。教学团队在队伍建设、模式改革、国际交流等方面开展了卓有成效的建设工作，取得了丰硕成果，为东南大学教学质量的提升做出了突出贡献。

　　东南大学把高水平教师上讲台作为教师资源配置的重要任务，把教授、副教授承担本科教学任务作为一项基本教学制度。《东南大学加强本科教学工作提高教学质量的意见》中明确规定：55 岁以下的教授和副教授每学年必须至少为本科生讲授一门必修课，或选修课，或独立设置的实验课；鼓励 55 岁以上的教授和副教授讲授本科生课程，鼓励院士和博士生导师为本科生讲授基础课或开设专题讲座。[①] 王炜、陆祖宏、谢维、崔一平等 20 多名"长江学者特

---

① 参见《东南大学加强本科教学工作提高教学质量的意见》，东南大学档案馆馆藏档案。

聘教授"走上本科生讲台,开设了"学科概论课""研讨课""综合项目课"等渗透学科前沿知识的新型课程,让学生得到高峰体验,萌发探索新知的热情。

东南大学国家级教学团队

院系	团队名称	负责人	时间
建筑学院	建筑设计课程教学团队	王建国	2009
机械工程学院	机械设计与制造系列课程教学团队	钱瑞明	2008
信息科学与工程学院	信号与信息处理系列课程教学团队	吴镇扬	2008
土木工程学院	工程结构设计系列课程教学团队	蒋永生	2007
自动化学院	自动化专业教学研究与实践团队	戴先中	2008
物理系	物理实验课程教学团队	钱 锋	2009
外国语学院	大学英语教学创新团队	李霄翔	2009
交通学院	交通工程专业教学团队	王 炜	2007
电工电子中心	电工电子实践系列课程教学团队	胡仁杰	2010
交通学院	道路与桥梁工程核心课程教学团队	黄晓明	2010
仪器科学与工程学院	传感器与检测技术系列课程教学团队	宋爱国	2010

(二)健全质量保障体系,全程监控教学运行

学校不断完善质量管理组织体系,重视主要教学环节质量标准建设,建立起了较为健全的教学管理规章制度,持续监控教学运行过程。

1. 建立健全教学质量管理体系

学校建立了相对完整的教学质量管理组织体系。学校及各院(系)的党政一把手是教学质量的第一责任人,主管教学的副校长、副院长(副系主任)是教学质量的直接责任人。从1995年起,学校每年召开一次教学工作会议或研讨会,理顺工作思路,出台相关政策;每月召开一次教学院长(主任)会议,落实教学改革的各项部署;每学期召开3~4次教务助理会议,使各项工作同步进行。1996年至2001年,学校每年确定一个主题,重点开展一项中心工作,如1996年为"教学质量年",1997年为"素质教育年",1998年为"实践教学年",1999年为"现代教育技术建设年",2000年为"创新教育年",2001年为"院系教学建设年"。通过主题建设,在调整学科专业、优化课程体系、更新教学内容、规范教学管理、加强人文素质教育、应用现代教育技术、加强实践环节等方面进行了大量卓有成效的工作,全面提升了本科教学质量。

2. 制定主要教学环节质量标准

学校十分重视主要教学环节的质量标准建设,先后制定了包括专业设置、培养计划、课程建设、课堂教学、教材建设与选用、实验实践教学、课程考核、学籍审核、教改项目管理等

各环节的规范性文件。学校还成立校教学委员会、专业设置与评议委员会、课程建设工作组，在专业建设、课程建设、教材建设以及教学改革立项中要求学科专业带头人领衔建设。学校支持专业接受所属行业或第三方开展的专业认证（评估），重点评估国家级特色专业、省级品牌与特色专业、校级特色专业。至2012年，学校已有4个专业通过全国工程教育专业认证，4个专业通过教育部和住建部组织的专业评估，其中工程管理通过了英国皇家测量师学会(RICS)专业评估。学校紧扣六个基本环节，相继出台了《关于进一步提高本科课程教学质量的实施意见》《关于落实东南大学本科课程教学六环节质量要求、检查与监控措施的通知》等管理制度，确立教学环节质量标准。学校还制定了《东南大学教学工作规范》《教师教学工作规范》《教师岗位考核积分办法》《东南大学教学事故认定办法》等制度，落实教学运行检查，实现教学过程的连续监控，对教学不合格者在年度聘任、晋升时实行一票否决制，对于教学突出者颁发"东南大学突出成果奖"及各类教学成果专项奖，激励约束并举，提升教学质量。

3. 建立健全教学管理规章制度

围绕教学质量监控，东南大学建立了一整套教学管理规章制度，形成了包括"计划—运行—控制—反馈—改进"在内的质量管理闭环。学校坚持"四年大修订、两年小修订、每年有微调"的教学计划，定期修订评审制度。按照社会需求调研—培养规格论证—资源条件分析—国内外同类教学计划比较—院系汇报答辩—专家论证评审等程序，对教学计划进行定期修订，保持其先进性和权威性。学校还规定教学计划需要严格执行，课程的增减、学分的增减须经教学校长审批，教学进程的改变须经教务处处长审批，保持了教学计划的严肃性和稳定性。学校倡行专家教授共同承担质量管理职能，长期坚持专家委员会和专家工作组制度。从1993年起，学校成立了校教学委员会，下设专业设置与评议委员会，课程建设、教材建设、教风学风建设、实践教学和现代教育技术建设等5个工作组，以及工科数学、物理、化学、力学、大学英语、计算机基础、人文社科、电工电子、机械设计等9个课程指导小组，他们与各院系的教学委员会共同组成教学质量管理的主体。[①] 在教学决策过程中，专家教授的核心地位十分突出，在培养方案、教改立项、教材评审、课程评估、成果评审、经费资助、教学检查、教师评优、教学制度修订等重要事项的决策上，专家意见起决定性作用，确保了教学管理工作的科学性和权威性。

本科教学运行实行定期检查监控制度，日常检查监控有三大特点：（1）主要监控点覆盖教学全过程；（2）日常监控活动与教学运行周期相吻合，从不间断；（3）有检查，有反馈，形成管理闭环。多年来，学校坚持对教学运行过程进行监控，主要监控点覆盖教学全过程，且与教学运行周期相吻合，周而复始，循环往复，实现了对教学活动过程的连续监控。

---

① 郑家茂、潘晓卉、黄祖瑚、单炳梓、邱文教：《本科教学质量监控与保障体系的建立与探索》。蒋建清主编：《东南大学国家级省级教学成果汇编》，2008年，第173、174页。

东南大学本科教学定期检查监控表

时段		环节	检查监控重点
短学期		实践环节检查	重点检查教师到岗指导、学生出勤、教学安排及环境等
长学期	第1周	全天候、大密度的教学检查	重点发现教学任务下达、课表安排、教室安排、教学保障等各方面的问题
	第2周起	校、院（系）两级督导组开始随机听课	随机检查课堂教学和实验教学的运行情况与日常教风学风状况
	第7~11周	期中教学检查	教学日历执行情况、教师调停课情况、教师教学效果和学生学习成效以及教学保障及管理工作情况等
	第15~16周	学生评教活动	
	第17~18周	大密度的考场巡查	全面掌握考风考纪，以巡查促监考，以监考促良好考风，以良好考风促进良好学风的发扬光大
	假期中	课程小结与成绩统计分析	
	开学后	试卷检查	
毕业前		设计（论文）检查	

学校长期坚持学生评教制度与教师评学制度。早期学生评教需"填写表格—人工统计—口头反馈"，后改进为"填涂信息卡—机器读卡—书面反馈"。2000年以后实行"网上评教—网上统计—网上反馈"，采集学生对教师教学满意度的评价信息，并反馈到教师教学考评中去。从2002年起，每学期进行一次教师评学活动，在期中教学检查时，请每位任课教师填写教师评学信息卡，就任课班级的听课情况、作业情况、答疑情况、自学情况等充分听取教师的反映和意见，统计分析后通过教学简报反馈到各院系，促进学风建设。

学校还制定了学生成绩评定、检查、统计、分析制度，出台了《本科课程考核工作条例》，从命题、试卷印刷保管、考务安排、考前思想教育，到监考流程、巡考流程、作弊处理、成绩管理等环节作了明确规定，确保成绩评定的公正公平。学校还按学科大类组成专家组，到各院系进行毕业设计（论文）中期检查和成果验收，有效地保证了毕业设计（论文）质量。在1998年国家教委组织的工科大学生毕业设计评比和2004年江苏省大学生优秀毕业设计（论文）评选中，东南大学都取得了十分优异的成绩。

五、教学评估优异，育人成果丰硕

（一）教学评估优异

从1995年起，国家决定对进入"211工程"的重点高校分批进行本科教学工作评价，西安交通大学、北方交通大学、华中理工大学、东南大学成为首批试评高校。

学校高度重视本科教学评价工作，早在1995年下半年就开始了迎接评估的各项准备工作。1996年4月，学校成立东南大学教学评价工作领导小组和专家组，由陈笃信校长任领导小组组长，计有为教授任专家组组长，钟秉林、李延保副校长先后负责具体组织领导工作。校内本科教学迎评工作先从院系开始，6月，学校按照"以评促建，评建结合，重在建设"的工作方针，进行院系自评，完成了本科教学工作的摸底。经校务会议研究决定，东南大学率先向国家教委提出对学校进行本科教学工作优秀评价的申请。10月17日，国家教委高教司下达通知，将于12月初对华中理工大学、东南大学进行本科教学工作优秀评价工作。

1996年12月9—14日，受国家教委委托，天津大学原校长吴咏诗带领专家组一行12人，对东南大学进行了为期一周的全方位、渗透式的随机检查。陈笃信校长首先作了本科教学工作报告，向专家组汇报了学校的办学指导思想及面向21世纪建设和发展的目标、新时期教学改革的回顾和进一步深化教学改革的思路、学校抓教学建设的主要做法和今后的举措规划、对本校教学质量的预估及教学工作的几个特色。在学校的密切配合下，专家组听课48门次，先后召开了6次座谈会，院系领导、老中青年教师、工程技术和实验技术人员、教学管理人员66人参加了座谈；专家组还走访了相关的6个部、处和9个院系，参观了21个实验室以及图书馆、电教中心、网络中心、工业培训中心、食堂、宿舍、体育馆，参观了学生"挑战杯"科技作品选拔赛展览，观看了学生文艺演出；发出并回收调查问卷555份，其中本科生问卷355份、教师问卷200份；对147名学生进行了"英语""高等数学""材料力学""电路与电子技术"及"线性代数"等5门课程的测试；抽查了19个系138份毕业设计。[1] 经过深入考察，认真分析评议，专家组于12月14日举行了本科教学工作评价情况通报会，由组长吴咏诗教授宣读了对东南大学本科教学工作的评价意见：

> 东南大学作为一所有近百年历史的重点高等学校，担负着培养高级专门人才、发展科学技术文化的重大任务。东南大学始终坚持全面贯彻国家的教育方针，为国家输送了大批高质量人才，对国家和江苏地区的经济建设和教育事业发展做出了重要贡献。
>
> 首先，学校有明确的办学指导思想，重视本科教学工作，遵循教学规律，把培养人作为学校的根本任务，坚持教学工作的中心地位，有清晰的教学改革思路，教学思想比较活跃，并能长期坚持进行教学改革，拓宽专业口径，加强教学管理，重视教学基本建设。

---

[1] 参见《国家教委专家组对东南大学本科教学工作的评价意见》，《东南大学报》1997年1月1日。

第二，学校十分重视学生德、智、体全面发展，重视对学生全面素质的培养，在加强德育和体育工作方面做了大量的工作和有益的探索，对提高学生的全面素质起到了积极的作用。

第三，学校积极支持江苏省实施"科教兴省"的战略，主动为地方经济建设和社会发展服务，不仅为江苏省培养了大批高质量的人才，而且从学生的毕业设计与论文中反映出教师的科研也注意紧密结合江苏省经济建设和社会发展的实际。

第四，学校重视自身的长远发展，努力克服经费不足的困难，积极进行新校区的建设，新校区已初具规模，办学条件有明显的改善。

东南大学有丰富的办学经验，在教学改革中有许多好的思路与措施，其中具有特色的是：

一、重视对青年教师的培养，有比较系统的思路，采取了配套措施，促使了青年教师较好的成长，涌现了一批教学和管理工作的骨干。

二、学校较早地在无线电系率先进行了适合宽口径专业的新的课程体系的建设，取得了明显的成绩，在国内有较大的影响。

希望东南大学继续保持已经形成的优良传统，加强对学校教学工作的宏观管理与调控，继续加强教学基本建设，深化教育教学改革，把学校建成具有中国特色的社会主义一流大学，并建议：

一、进一步总结推广系列课程改革试点经验，加速教学内容课程体系改革的进程。

二、进一步加强理科专业的建设。设置新专业时希望注意与原有专业拓宽口径的协调。

三、在适当集中的基础上，进一步加强主要基础课和技术基础课实验室的建设。[①]

1997年3月5日，国家教委正式下发《关于公布华中理工大学、东南大学本科教学工作评价结果的通知》，宣布东南大学本科教学工作的评价结果为优秀。通过此次评估，学校全面审视了本科教学工作，重申并完善了各项教学规范，陆续出台了一系列加强本科教学工作的举措，为本科教学质量的稳步提升奠定了坚实基础。作为全国首批本科教学优秀学校，学校评建工作的成功经验，也为其他高校开展评建工作提供了参考借鉴，推动了全国高校教学评估工作的开展。后来，教育部改革评估方式及指标体系，更强调教学基本质量，把优秀评估、合格评估、随机性评估合并为本科教学工作水平评估。至2001年底，已有25所高校接受了评估，其中8所获评优秀，16所获评良好，1所获得合格。

---

① 《教育部对东南大学本科教学评价结果的通知》，《1996年本科教学评估材料》，东南大学档案馆藏档案。

2008年4月20—25日，以中国科学院院士、原华中理工大学校长杨叔子为组长的教育部本科教学水平评估专家组，对东南大学开展了第二次本科教学工作评估。评估期间，专家组认真审阅了《东南大学本科教学工作水平评估自评报告》，听取了易红校长的汇报，查阅了相关材料和原始档案，考察了物理实验教学示范中心、移动通信国家重点实验室等16个教学研究与实验单位，走访了建筑学院等27个院系以及教务处等14个职能部门和直属单位，随机听课47门次，调阅了36门课程的1521份试卷、25个专业的923份毕业论文（设计）、1个专业的222份实验实习报告，进行了7场基本知识和技能测试，分别对228名学生进行了大学数学知识能力、英语口语能力、计算机应用能力、电工电子技能、交通土建专业基本技能、内科及外科基本技能等抽样考察，召开了教师代表、学生代表等7个座谈会，对1214名各院系应届毕业生进行了问卷调查。[1]

2008年，东南大学以优异成绩通过教育部本科教学工作水平评估

4月25日，东南大学本科教学工作水平评估考察意见反馈会召开，专家组对学校的本科教学工作给予了充分肯定和高度评价，专家组组长杨叔子院士宣读了专家组对学校本科教学工作水平评估的意见反馈报告。

报告指出，专家组经过认真研究和讨论，认为东南大学始终坚持以人才培养为根本任务，高度重视本科教学评建工作，认真贯彻"以评促改、以评促建、以评促管、评建结合、重在建设"的方针，扎扎实实开展自评自建，成效显著。

专家组认为，东南大学办学指导思想明确，本科教学中心地位突出；全面构建创新人才培养体系，教育教学改革成效显著；建设高层次的师资队伍，教师教学水平显著提高；学校加

---

[1] 参见《我校本科教学水平评估工作圆满结束》，《东南大学报》2008年4月30日。

大投入，完善教学条件，为人才培养提供了有力保障；教学管理规范，保障体系完备，质量监控有效；全面推进素质教育，学生综合素质高。

专家组还指出学校的办学特色：在长期的办学历程中，东南大学一直与国家同命运，秉承"诚朴求实、止于至善"的精神传统，与时俱进，培育英才，传承文化，创新知识，服务社会，造就了一大批做出重要贡献的杰出人才。形成了"重基础、重实践、重素质的育人传统与立体化运作、层次化递进、人性化指引、长效化督导教学科研兼优的青年教师培养模式"的鲜明办学特色，学校正以开拓创新、争先进位的跨越式发展思路，凝心聚力，弘扬传统，追求卓越，以研促教，以教助研，集成创新，向着建设国内外知名高水平大学、建设世界一流大学的目标奋进。[1]

最后，专家组建议：希望学校继续围绕建设研究型大学创新人才培养体系这一目标，进一步激励具有高级职称的教师为本科生上课，不断提高基础学科的学科建设水平，充分利用国际优质教育教学资源，拓宽师生国际视野。希望教育部和江苏省委、省政府继续关心东南大学的建设和发展，为加速实现学校的发展目标提供更多的支持。

两次教学评估，学校均以优秀成绩顺利通过。教学评估的开展不仅使学校对本科人才培养进行了全面回顾与系统总结，进一步明确了教学工作和学校的发展方向，还发现了本科教学工作中存在的问题，从评估专家处获得了许多极具针对性、科学性和指导性的建设性意见，为学校建立长效机制，努力构建研究型教学新体系，建设世界一流大学奠定了坚实的基础。

（二）教学成果迭出

国家级教学成果奖与国家自然科学奖、国家技术发明奖、国家科学技术进步奖并称为四大国家级奖励，是教育部为了奖励取得教学成果的集体和个人，鼓励教育工作者从事教育教学研究，提高教学水平和教育质量而设立的最高级别的奖励。在1989年至2012年的六届国家级教学成果奖评选中[2]，东南大学作为第一完成单位，共获得国家级教学成果奖40项，其中特等奖1项，一等奖3项，优秀奖4项，二等奖32项，在全国高校名列前茅。

---

[1] 《教育部专家组对东南大学本科教学工作水平评估的考察意见》，《东南大学年鉴》2008年，第24页。
[2] 高等教育国家级教学成果奖是国家在教学研究和实践领域中颁授的最高奖项，每4年评审一次，获奖项目需在教育教学理论及实践中取得重大突破。奖项名称有几次调整，1989年为全国普通高等学校优秀教学成果奖，1997年改为普通高等学校国家级教学成果奖，2001年改为高等教育国家级教学成果奖。

东南大学获国家级教学成果奖（1989—2009）[①]

获奖年份	获奖等级	成果名称	获奖单位	获奖人		
1989	特等奖	无线电技术专业教学改革的示范性成果	无线电工程系	沙玉钧	祝宗泰	柯锡明
	优秀奖	创建我国学科型电气技术新专业	电气工程系	徐德淦	周泽存	周鹗
		加强实验环节，实行"讲、习、做"结合——数字电子技术课程改革	自动控制系	丁康源	戴义保	黄春生
		不断深化改革体育教学，努力提高学校体育整体效应	体育系	王志苏	刘维清	李勒基
		加强信息反馈，实行科学管理	教务处	陈笃信	李樟云	高辉
1993	二等奖	建筑师职业素质基础培养的有效模式——建筑设计基础教学改革的研究与探索	建筑系	顾大庆 赵辰	单踊	丁沃沃
		"工程流体力学"教学的新模式	动力工程系	王文琪	蔡体菁	于荣宪
		公路与城市道路的专业建设	交通运输工程系	邓学钧 黄卫	陈荣生 刘其伟	叶见曙
		博士生培养方法的研究与实践	无线电工程系	何振亚 吴承武	茅一民 贡璧	王太君
		教学管理机制建设的研究与实践	教务处	李延保 姚灼云	高辉 范旨福	黄祖瑁
		建立激励机制加强能力培养——混凝土结构学课程改革重点	土木工程系	蒋永生 蓝宗建	邱洪兴 徐文平	曹双寅
1997	二等奖	《汽轮机变工况特性》（教材）	动力工程系	曹祖庆		
		《机械原理》（教材）	机械工程系	黄锡恺 张融甫	郑文纬 郑星河	吴克坚
		建筑学专业教学体系的研究与实践	建筑系	王国梁 刘先觉	黎志涛 赵军	单踊
		《电力系统稳态分析》（教材）	电气工程系	陈珩		
		加强工程基础性教学、建设电子信息类专业新的课程体系	无线电工程系	沈永朝 彭沛	孙崇洲 黄正瑾	邹家禄
		潜心研究，锐意改革，扎实建设，科学管理，教学工作创优秀	教务处	陈怡 潘久松	黄祖瑁 钱梅珍	姚灼云
2001	二等奖	建设一流的工程基础训练基地	工培中心	张文锦 马萍相	万玉纲 冯志鸿	赵贵才
		计算机硬件应用系统实验教学改革的研究与实践	自动控制系	戴先中 孟正大	马旭东 顾群	李久贤
		大学素质教育的研究与实践	教务处	陈怡 陆挺	黄祖瑁 宋其丰	赵晴
		电气电子信息类专业人才培养方案、教学内容和课程体系改革的研究与实践	无线电工程系等	陈笃信 沈永朝	陈怡 黄正瑾	邹家禄
		《多维数字信号处理》（教材）	无线电工程系	何振亚		

[①] 参见《东南大学年鉴》、教务处文件《教学改革与建设成果荟萃》。

（续表）

获奖年份	获奖等级	成果名称	获奖单位	获奖人
2005	一等奖	土建类专业工程素质和实践能力培养的研究与实践	东南大学土木工程学院 同济大学	蒋永生 邱洪兴 陈以一 郭正兴 黄晓明 单建 何敏娟
2005	二等奖	国家工科基础课程电工电子教学基地的建设	电工电子教学基地	陈 怡 吴镇扬 胡仁杰 孟 桥 吴乃陵
2005	二等奖	交通规划教学体系的建设与实践	交通学院	王 炜 陈学武 陆 建 陈 峻 过秀成
2005	二等奖	深化机械设计课程体系改革，强化学生实践能力培养	机械工程系	吴克坚 钱瑞明 许映秋 黄 克 姚 华
2005	二等奖	改革创新 提高大学英语教学的整体效益与效率	外国语言系	李霄翔 施培芳 陈美华 石 玲 蒯劲超
2005	二等奖	本科教学质量监控与保障体系的建立与探索	教务处	郑家茂 潘晓卉 黄祖瑚 单炳梓 邱文教
2005	二等奖	大学语文教学改革的理论与实践	东南大学人文学院 南京大学	王步高 丁 帆 张天来 邵文实 乔光辉
2005	二等奖	营造培养电子信息类创新人才的综合实践环境	电工电子中心	胡仁杰 徐莹隽 王凤华 赵 扬 常 春
2009年	一等奖	构建立体开放的实验教学体系，打造"做、学、研"相结合的创新实践平台	东南大学	郑家茂 熊宏齐 胡仁杰 张文锦 张远明 戴玉蓉 方 霞 潘晓卉
2009年	一等奖	物理实验课程"多重交互"教学新模式的创建与实践	物理系	钱 锋 熊宏齐 叶善专 孔祥翔 孙贵宁 周雨青 王勇刚 石 然
2009年	二等奖	示范性国家大学生文化素质教育基地建设的理论与实践探索	东南大学	易 红 陈 怡 陆 挺 蒋建清 徐 悦
2009年	二等奖	开放·交叉·融合——以设计创新为核心的建筑学专业本科教学新体系	建筑学院	王建国 钱 强 龚 恺 韩冬青 陈 薇
2009年	二等奖	建立科研与教学相结合、学习与研究一体化的创新人才培养模式	仪器科学与工程学院	宋爱国 况迎辉 陈建元 祝学云 崔建伟
2009年	二等奖	"双语物理导论"课程的研究型教学模式创新	物理系	恽 瑛 朱 明 张 勇 李久贤 孙荣玲
2009年	二等奖	基于"工程实现"理念的机械类人才培养模式创新研究与实践	机械工程学院	许映秋 钱瑞明 贾民平 张远明 郁建平
2009年	二等奖	自动化学科（专业）知识与课程体系的研究与实践	自动化学院	戴先中 孟正大 马旭东 周杏鹏 谈英姿
2009年	二等奖	土木工程优质教学资源体系创新建设与实践	土木工程学院	邱洪兴 李爱群 冯 健 童小东 吴 京 曹双寅 肖土者 李启明 郭正兴
2009年	二等奖	基于高层次学科平台的道路交通类高素质人才培养模式	交通学院	王 炜 黄晓明 秦 霞 陈一梅 陈 峻

此外，在1990—2011年的八届省级教学成果奖评选中，东南大学以第一完成单位荣获奖项104项，其中特等奖12项，一等奖53项，二等奖31项，三等奖8项。参加教学成果奖评选活动是对学校人才培养工作和教育教学改革成果的集中展示，体现了近年来学校在立德树人、教书育人、教学改革方面取得的重大进展和成就，为推动人才培养机制创新、转变教学模式、

提升教学质量、实现领军人才的培养目标奠定了坚实基础。

（三）学生培养 成绩斐然

1. 竞赛获奖不断

学校按照"强基础、强实践、强能力、重素质、创一流"的改革思路，精心塑造东南大学优秀人才品牌，努力搭建学生自主研学平台，积极组织大学生课外科技创新活动与各类学科竞赛，一批又一批优秀学生在竞赛中斩金夺银、成绩斐然。

"挑战杯"全国大学生系列科技学术竞赛，是由共青团中央、中国科协、教育部和全国学联共同主办的全国性的大学生课外学术实践竞赛。竞赛有两个并列项目："挑战杯"全国大学生课外学术科技作品竞赛、"挑战杯"中国大学生创业计划竞赛。两个项目的全国竞赛均是每两年举办一届，按年份交叉轮流开展。学校十分重视学生的自主研学活动，在教务处和团委的精心组织下，学生踊跃参加科技创新活动，在比赛中收获了丰硕成果。

2001年、2007年，东大分别在第七届、第十届"挑战杯"全国大学生课外学术科技作品竞赛中捧得挑战杯

"挑战杯"全国大学生课外学术科技作品竞赛又称"大挑"，是全国规模最大、规格最高、影响最广、竞争最为激烈的综合性学生科技创新赛事，被誉为中国大学生科技创新创业的"奥林匹克"盛会。自1989年首届竞赛举办至2011年，"挑战杯"已成功举办了12届，参赛学校由最初的52所高校发展到1000多所，其中曾以第一名成绩捧得"挑战杯"的高校有6所，清华大学、复旦大学各4次，东南大学、上海交通大学各2次，北京大学、北京航空航天大学各1次。早期东大在挑战杯赛事中表现差强人意，前三届排名分别为第28名、第25名、第21名；随着竞赛影响的扩大，学校的重视程度不断加强，1995年第四届竞赛时，李延保副校长亲自带队参赛，获得总分第14名，成绩有了较大幅度的提高；1997年、1999年学校再接再厉，在第五届、第六届竞赛中连续获得优胜杯；2001年，学校成绩更上一层楼，在第七届竞赛中以2项特等奖、1项一等奖、2项二等奖、1项三等奖的成绩，荣获"挑战杯"；2007年，学校在

第十届竞赛中以 1 项特等奖、3 项一等奖、2 项二等奖的成绩，再次捧得挑战杯。此外，学校还在第八届、第九届竞赛中荣获"优胜杯"。

"挑战杯"中国大学生创业计划竞赛又称"小挑"，起办于 1998 年，旨在培养学生的创新意识、启迪创意思维、提升创造能力、造就创业人才。学生通过申报商业计划书参赛，在此基础上进行商业运营实践，由专家评定出具备一定操作性、应用性以及良好市场潜力和发展前景的优秀作品，给予奖励。学校十分重视学生自主创业活动，2000 年，成立了大学生创业协会。2006 年，大学生创新创业中心正式入驻东南大学国家大学科技园，将创新与创业进行连接，支持学生的创业活动。至 2012 年，在历届国家级竞赛中，东南大学累计获金奖 8 项。其中，在 2000 年第二届竞赛中，获得金奖的竞赛项目"基于卫星移动通信的信号实时跟踪伺服器创业计划"团队还荣获了最佳团队表现奖。尤值一提的是，2012 年，学校更以两金一银的优异表现取得了并列第一的好成绩。

东南大学参加"挑战杯"系列赛事成绩一览表（2001—2012）

竞赛名称	竞赛成绩	等级	作品名称
第七届"挑战杯"全国大学生课外学术科技作品竞赛（2001）	挑战杯	特等奖	OSC2001 微型数字存储示波器
			南京市流动民工现状调查
		一等奖	均压型行波形超声波电机
		二等奖	微波反射式公路自动收费系统
			无线掌上电脑
		三等奖	新兴微量滴汞仪
第三届"挑战杯"中国大学生创业计划竞赛（2002）		金奖	64 位平板显示器驱动芯片创业计划书
			金飞公路养护技术有限责任公司创业计划书
		铜奖	安捷汽车防撞预警系统创业计划书
第八届"挑战杯"全国大学生课外学术科技作品竞赛（2003）	优胜杯	特等奖	无线移动信息终端平台
		一等奖	通用手持概念仪器
			江苏省企业电子商务应用调查研究报告
		三等奖	新型生化传感检测系统
			基于蓝牙技术的通信新技术教学实验平台
			VI2003 系列网络化虚拟仪器
第四届"挑战杯"中国大学生创业计划竞赛（2004）		金奖	飞凌显示技术——高亮度荫罩式等离子模组
		银奖	光纤通信系统收发机芯片
		铜奖	优联电子创业计划书
第九届"挑战杯"全国大学生课外学术科技作品竞赛（2005）	优胜杯	特等奖	高性能海量存储数字荧光示波器
		一等奖	手持式气象监测仪

（续表）

竞赛名称	竞赛成绩	等级	作品名称
第九届"挑战杯"全国大学生课外学术科技作品竞赛（2005）	优胜杯	二等奖	钙锌固态植物油
			可绘制环境地图的自主避障智能移动机器人
		三等奖	车载导航Telematics信息终端
			加强西部公共卫生建设，创建和谐公平小康社会
第五届"挑战杯"中国大学生创业计划竞赛(2006)		金奖	磁性纳米磁共振造影剂
			泡沫铝
		铜奖	朗奇微显示有限责任公司
第十届"挑战杯"全国大学生课外学术科技作品竞赛（2007）	挑战杯	特等奖	基于六县市调研的我国农户融资现状比较与改革研究
		一等奖	立足地区实际，协调城乡发展，统筹区域平衡——基于江苏省昆山、海门、铜山三地社会主义新农村建设的调查研究
			矿井救援监测系统
			多自由度多功能综合康复训练机器人
		二等奖	新型结构自适应管道机器人
			新型侦测机器人
第六届"挑战杯"中国大学生创业计划竞赛(2008)		银奖	新型液相生物芯片检测产品——科迪生物技术有限责任公司
		铜奖	飞讯电子有限责任公司创业计划
第十一届"挑战杯"全国大学生课外学术科技作品竞赛（2009）		二等奖	我国农民专业合作社推广现状与规范发展研究——基于六省十县的调研分析
		三等奖	关于乡村旅游业可持续发展的伦理研究
			网络化一对多远程助老助残康复机器人
第七届"挑战杯"中国大学生创业计划竞赛(2010)		银奖	普瑞帆环保科技有限责任公司
			科凌空调设备股份有限公司
		铜奖	博泰医疗电子科技股份有限公司创业计划
第十二届"挑战杯"全国大学生课外学术科技作品竞赛（2011）		一等奖	具有力触觉的新型人机交感智能肌电假手
			广域水面泄漏原油的收集与处理一体化装置
		二等奖	智能化手机视频监控系统
			社会网络的舆论传播与舆情动力学研究及其应用
		三等奖	"落叶归根"还是"落地生根"：新生代农村"两后生"城市融入意愿与城市化进程研究——基于全国31省市
			基于国产CPU内核的Android平板电脑
第八届"挑战杯"中国大学生创业计划竞赛（2012年）	全国高校第一名	金奖	江苏苏之芯电子有限公司创业计划书
			集盒科技有限责任公司创业计划书
		银奖	宇舜科技股份有限公司创业计划书

在教育部组织和资助的全国性大学生学科竞赛[①]中，东大学生亦有突出表现。2004年首届全国结构设计大赛，学校斩获一等奖2项，缪亮、雷文斌、高瑞平团队的作品"云梯"，马骏骧、黄凯、吕军团队的作品"白月光"分获一等奖第一、第二名。在2004年全国IC应用设计竞赛中，顾颖逵、朱明、温小静团队以作品"超声波测距系统"取得本科生组中唯一的一个特等奖。2005年，李奚鹏、袁帅、任滨团队的作品"单工无线呼叫系统"获得全国大学生电子设计竞赛唯一的最高奖"索尼杯"，另有其他团队取得了两个一等奖，创历史最佳。东南大学在全国大学生英语竞赛、全国大学生数学建模竞赛、中国机器人公开赛、全国软件设计创新大赛等赛事中亦是连创佳绩。2010年，获得RoboCup国际赛救援组冠军、中国机器人大赛暨RoboCup中国公开赛冠军、全国大学生结构设计竞赛冠军。

学校还鼓励学生参与国际赛事，与世界一流高校学生同台竞争。国际大学生数学建模竞赛是美国国家科学基金会、美国数学会、美国运筹与管理学会及其应用联合会联合举办的数学竞赛，也是世界上影响最大的高水平大学生学术赛事。自1995年以来，东大学生团队多次获得一等奖，1998年获得一等奖三项，位列全国第二。此后，成绩愈佳，2003年，张震宇、许威、邓晓蔚团队项目在国际大学生数模竞赛中荣获特等奖。2011年，学校派出38个学生团队参赛，其中，吴健雄学院学生翟晨曦、郑心如、霍雨翀团队荣获特等奖一项，此外，其他团队还获一等奖12项，二等奖17项，获奖等级、获奖项数均创东南大学历史最好成绩。在2007年"建设可持续世界国际建筑设计竞赛"中，学生刘迪的作品"中国湖北洪灾区生态可持续性建筑设计"获得最高奖项Autodesk特别奖。

2. 毕业生大展宏图

20世纪80年代末、90年代初，我国正值计划经济向市场经济转型的变革时期，东南大学在高等教育改革的浪潮中起伏涌进，一批批毕业生走出校门，也在大浪淘沙中磨砺成才。1993年，正当东南大学在全国率先开展招生和奖学金制度改革之时，国家也在部署毕业生就业制度改革，为此国务院颁发《中国教育改革和发展纲要》，明确提出要改革高校毕业生"统包统分"和"包当干部"的就业制度。1994年，国家教委在《关于进一步改革普通高等学校招生和毕业生就业制度的试点意见》中提出，国家不再以行政分配而是以方针政策指导、贷学金制度和社会需求信息来引导毕业生在一定范围内自主择业，引导毕业生参与人才市场的竞争。1995年国家教委《关于1995年进行普通高等学校招生和毕业生就业制度改革的意见》要求，普通高校"并轨"后所招学生毕业时，原则上在本系统、本行业范围内自主择业，条件成熟后逐步过渡到大多数毕业生自主择业，并于2000年基本实现此目标。1998年，首批"并轨"改革后

[①] 包括全国大学生机械创新设计大赛、全国大学生数学建模竞赛、全国大学生电子设计竞赛、全国大学生结构设计大赛、全国大学生智能汽车竞赛、全国高等医学院临床基本技能竞赛、全国大学生桥牌锦标赛、全国大学生物流设计大赛、全国大学生广告艺术大赛等。

的大学毕业生走向社会，按照自身能力条件参与到市场竞争之中，自主择业。2000年，为适应高校扩招后的就业趋势，教育部进一步改革毕业生就业制度，对毕业生取消派遣证，改发毕业生就业报到证，基本完成了新旧体制的转轨。

就业制度的变革深刻地改变了毕业生的人生际遇，既带来了前所未有的压力，又给予了他们更多的机会与选择。1985年以前，毕业生在计划经济的"单轨制"下完全依靠国家的统招统分，几乎没有任何择业、创业的可能。1985年后，毕业生在"双轨制"下，通过选报志愿—学校推荐—供需见面—双向选择进行就业，有了一定的自主权。1993年以后，随着市场经济的完善，招生改革的开展，"政府调控指导、学校推荐、毕业生和用人单位双向选择"的就业模式逐步形成，毕业生在市场竞争中获得了极大的择业自主权和创业主动权。这一时期，一批优秀的东大毕业生在国内外学术舞台和业界大展宏图，显示了突出的创新实践能力。

黄如，1991年东南大学本科毕业，1994年获东南大学电子工程硕士学位，后到北京大学读博并留校任教。2015年当选为中国科学院信息技术科学部院士，2019年12月任北京大学副校长，2022年1月任东南大学校长。

芮勇，1991年东南大学本科毕业，曾任微软亚洲研究院常务副院长，2016年担任联想集团首席技术官、高级副总裁。2018年11月起，芮勇开始担任东南大学人工智能学院和人工智能研究院兼职院长，2020年6月15日当选加拿大工程院外籍院士。

刘晓东，1993年毕业于东南大学公路与城市道路专业，为中交公路规划设计院有限公司副总工程师、港珠澳大桥岛隧工程设计总负责人。

胡旭东，2003年本科毕业于东南大学能源与环境学院，文昌航天发射场副总工程师，主要负责长征五号运载火箭的统筹谋划、指挥决策和任务抓总工作。

于敦德，2003年毕业于东南大学数学系，获学士学位。2006年创建了途牛旅游网，任途牛旅游网CEO。

第二节 研究生教育

一、践行并重方针，扩大培养规模

（一）从起步、规范到内涵式发展

东南大学是我国最早开展研究生教育的高校之一，早在1938年国立中央大学时期就创办了中央大学研究院。其时，研究院分为五所七学部，由各院院长和系主任兼任所和学部负责人，自1939年9月招生起，可顺利毕业获硕士学位者仅逾百人。1952年南京工学院成立后，曾在五六十年代招收和培养了近百名研究生，但也曾两度中断。由于当时国家没有恢复学位制度，因此毕业的研究生没有被授予学位。

1978年，学校恢复了中断十余年之久的研究生教育，开始招收硕士研究生。1981年，国务院学位委员会遴选首批博士生指导教师，著名建筑学家、中国科学院学部委员杨廷宝，著名热工专家、中国科学院学部委员钱钟韩，建筑学家童寯，电子学家陆钟祚，机械铸造专家舒光冀，电子学家吴伯修，土木工程专家丁大钧等7位德高望重的教授成为学校首批博士生指导教师。随后，齐康、冯纯伯、何振亚、韦钰、吕志涛等一批著名专家学者也走上了博士研究生导师岗位，研究生导师队伍初步建立起来[1]。1978年至1985年是研究生教育的起步阶段，学校在研究生招生、培养和学位授予等方面进行了广泛探讨和尝试，初步形成了自身特色。初创时期，研究生培养规模整体较小，至1985年，学校共计招收博士生58名，硕士生932名，并建起了10个博士点、32个硕士点，许多学科后来建设成为各级重点学科，成为学校研究生培养的基地。[2]

1986年4月4日，国务院下发《关于同意南京工学院试办研究生院的通知》，正式批准学校试办研究生院，9月11日研究生院举行成立大会，韦钰校长兼任研究生院院长，东南大学成为全国建有研究生院的33所重点大学之一。1992年，研究生院提出实现本科教育和研究生教育并重的建议，1994年学校确立了"并重方针"，并起草了"十八条"[3]，进一步深化研究生教育改革。1986年至1995年，学校研究生教育高速发展，逐步进入规范化发展阶段：在培养模式上已经形成从硕士、博士到博士后的全方位研究生培养层次，以及与企业、研究所及国外联合的培养体系；学科不断上规模、上水平；一批中青年教师迅速成长，充实了研究生导师队伍。这一时期，研究生培养规模依然相对较小，但培养质量却显著提高，毕业生中涌现了尤肖虎、陆祖宏、王建国、王澍、洪伟、王炜、黄卫、樊和平等一批在学术领域贡献颇丰的领军人物。

---

[1] 1994年国务院学位委批准自行审定博导试点以前，国务院学位委员会于1981年至1993年间共批准五批博士生指导教师名单（另1984年有特批一次），其中东南大学获批的博士生导师有50名。
[2] 参见归柯庭《见证三十年：东南大学研究生教育发展回顾》，《东南大学报》2008年11月30日。
[3] "十八条"为1994年提出的《关于深化研究生教育改革，加快研究生教育发展若干意见》简称。

1996年3月,国家教育委员会批准东南大学正式建立研究生院,研究生教育进入了新的发展阶段。2000年东南大学经四校合并,规模进一步壮大,2001年进入"985"重点建设高校行列,基本形成了高水平研究型大学的学科体系,开始由以工为特色的大学向综合性、研究型大学转变。新起点,新定位,新目标,研究生教育也确立了新思路,更加注重内涵式发展。2002年,学校的研究生招生人数已达2300人,较1992年的399人增长了4倍之多。在研究生招生规模已得到显著扩大的同时,学校专注于研究生教育质量的提升,持续探索教学改革,开展教学资源建设,加强校企地及中外联合培养,不断改善研究生培养环节,改革培养机制,大力实施研究生教育质量工程,论文质量节节攀升,学生综合素质和创新能力不断增强。

1996年,东南大学举行研究生院建院十周年庆祝大会

(二)转变教育观念,贯彻"并重"方针

东南大学素有重视本科生教育的传统,本科生教育规模大、发展成熟,在学校各项工作中始终居于中心地位,而研究生教育起步晚、规模小,早期在教学工作中处于比较次要的地位。研究生教育是我国高等教育的最高层次,承担着为国家现代化建设培养高素质、高层次创造性人才的重任,研究生导师及其博士、硕士研究生是科研工作的重要力量。随着改革开放的不断深入和社会主义市场经济的逐步建立,世界高新科技革命的飞速发展,对高层次人才的需求日益增长,发展研究生教育的重要性愈加凸显,大力发展研究生教育成为建设研究型大学的必然要求。学校领导逐渐认识到,"研究生教育和本科教育并重是提高学校学术水平的有力措施之一,也是实现把学校办成国内第一流、国际有影响的需要"[①]。

1992年6月30日,学校制定了《实现本科教育和研究生教育并重,加强研究生工作的建

---

① 《实现本科教育和研究生教育并重,有关研究生工作的建议》(1992年6月30日),东南大学档案馆藏档案。

议》，提出树立全校办研究生教育的思想，形成本科教育与研究生教育并重的共识，扩大招生规模，为经济建设主战场、高校、科研机构和高科技事业输送大批高层次人才。1993年，时任研究生院副院长邱成悌发表《贯彻"并重"方针，深化研究生教育改革》的文章，阐释了实施"并重"方针的必要性，并详细叙述了深化研究生教育改革的十项举措。

研究生教育是科技教育与经济社会发展进步的结合点，也是建设研究型大学的重要方面。1994年，国家开始酝酿"211工程"，推动一批大学由"教学型大学"向"研究型大学"转型，东南大学即在此列。学校在"211工程"建设规划中，明确提出发展总目标是：经过十年或更长一点时间，把东南大学建设成多学科综合发展，有自己特色的国内第一流，国际有影响的研究型大学。1994年6月，陈笃信校长主持召开全校研究生工作会议，正式确立了"研究生教育与本科生教育并重"的办学方针。会上，李延保副校长提出研究生教育改革发展的基本思路：一是提高研究生培养质量和扩大研究生的招生规模，这是当前研究生教育改革和发展的两个重要着眼点，也是学校研究生教育发展水平的重要标志；二是学科建设与研究生教育相辅相成、相互促进，建设一批具有特色的高水平学科是发展研究生教育的基础；三是把更新观念、坚持改革作为研究生教育发展的动力；四是以优良的学风和严格健全的管理制度作为发展研究生教育的重要保证。①在统一思想、形成共识的基础上，学校制定了《深化研究生教育改革、加快研究生教育发展的若干意见》等指导性文件及一系列配套措施，开始按内涵发展的道路积极稳妥地推进研究生教育改革：在教学改革方面，通过拓宽基础、重视应用、加强实践、培养能力，优化研究生的知识结构和能力；与本科招生及奖学金制度改革相应，不断推进研究生招生及奖学金制度的改革。

2000年以来，随着招生规模的扩大、学科结构的变化、国际化程度的加深，研究生教育迎来了新机遇与新挑战，学校的研究生培养观念也随之转变：由单一的发展观向协调的发展观、培养专业素质教育观向全面素质教育观转变，由知识教育观向创新能力系统开发、协调发展的教育观转变。②在建设国际知名的高水平研究型大学战略目标的指引下，东南大学研究生教育确立了"研究型、创新型、国际化"的人才培养目标，坚持高标准选人、高质量育人，坚持不懈地进行改革和创新，推进研究生教育能力和水平的提升。

（三）扩大培养规模，丰富规格类型

招生规模是衡量一个学校研究生教育发展水平的主要指标之一。1986年南京工学院研究生院成立时，招生人数为464人（其中博士生42人、硕士生422人）③。由于早期研究生教育

---

① 参见李延保《研究生教育改革和发展的基本思路》，《东南大学研究生工作简报》1994年8月。
② 胡敏说：《大力发展研究生教育，全面推进高水平大学建设》，《东南大学研究生院工作简报》2003年2月。
③ 数据参见易红《开拓创新 争先进位 开创东南大学学位与研究生教育新局面——在东南大学研究生院成立20周年庆祝大会上的讲话》（2006年12月29日），《东南大学年鉴》2006年，第120页。

仍处于探索之中，招生计划多由国家教委下达，再加上学校对研究生教育重视不足，导师遴选标准过高、队伍较小，直到1992年学校研究生招生人数仅为399人（其中博士生80人、硕士生319人），约占本科招生人数（1714人）的23%。① 在全国同类高校中，东南大学的招生规模和导师数量都比较小，已不能适应一流大学建设要求，也在一定程度上影响了科研和学科建设水平的提升。

"并重方针"提出后，东南大学于1994年明确提出，为扩大培养规模，应加快研究生导师队伍的建设，"对有国家级或部、省级重点科研项目、学术水平较高的教授和具有博士学位的副教授，经审批后可指导博士生"②。伴随着导师队伍的扩大，研究生招生人数自1995年起开始逐年增长。1999年全国高校扩招，本科及研究生招生人数均有大幅增长。2000年学校经四校合并，规模进一步扩大，本科招生人数增至4014人，此后规模逐渐趋于稳定，而研究生招生人数则在增至1398人后，每年仍保持显著增幅。2009年，全国开始招收全日制专业型学位硕士，东南大学当年招收676人，超额完成了教育部下达的400人的招生计划。至2011年，研究生招生4095人，超过本科招生的3986人。2012年招收研究生4107人，为1986年研究生招生数的8倍之多，本科生教育和研究生教育在规模上实现了并重。1992年至2012年，学校累计招收研究生45 385人，其中博士研究生7876人，硕士研究生37 509人。

东南大学招生情况示意图（1992—2012）③

研究生教育不仅在培养规模上实现了突飞猛进的发展，结构也日渐趋于合理。博士生教育是我国高等教育的最高层次，是培养高层次专门人才的主要途径，也是学校科研的重要力量

---

① 数据参见东南大学历年上报教育部的《高等教育基层统计报表》，具体数据详见附表。
② 《深化研究生教育改革，加速研究生教育发展》，党委办公室、校长办公室编：《东南大学情况》第3期（总第55期），1994年3月29日。
③ 数据参见东南大学历年上报教育部的《高等教育基层统计报表》。

来源。1994年，李延保副校长就在全校研究生会议上指出：研究生的招生规模，尤其是博士生的招生规模，也是衡量一所高校师资水平、科研状况和学术地位的重要指标。① 自1992年起，学校博士生招生人数呈不断增长态势，2012年招生630人，为1986年的15倍，博士研究生与硕士研究生的招生比由1986年的10%提升至2012年的18%，增幅显著，结构也趋于合理。但与国内其他同类高水平大学相比，东大的博士研究生规模总体较小，还存在一定的增长空间。

在研究生教育规模扩大的同时，培养类型也在不断丰富。早期东南大学的研究生教育以培养学术型人才为主，研究生院正式成立后，应用型人才培养得到重视，研究生教育类型不断丰富。1996年经国家教委批准，东南大学被批准新增为工商管理硕士（MBA）专业学位的试点单位，1998年起正式开始招生。1997年10月，国务院学位委员会和国家教委发布《关于实施〈工程硕士专业学位实施方案〉的通知》，自1998年起东南大学获准在10个工程领域招收工程硕士（专业）学位研究生。2001年，学校首批获准公共卫生（MPH）硕士专业学位授予权。至2012年，东南大学学术型研究生招生专业达138个（含29个一级学科和109个二级学科）；全日制专业学位研究生招生类别17个，其中工程硕士招生领域17个。除全日制培养模式之外，还有面向用人单位特色需求的定向培养和委托培养、联合培养、专业学位教育以及研究生课程进修班等。

（四）改革招生制度，完善奖助体系

学校力行改革，多措并举，吸纳优质生源。如在校内积极开展推荐免试生制度；推出"硕博连读""提前攻博"培养方式；鼓励青年教师在职攻读研究生；加大研究生招生及奖学金制度的改革力度；调整考试科目设置，吸引跨学科优秀生源。此外，学校还面向社会，多途径发掘优秀生源，如进行产学研合作联合培养研究生；积极帮助和接收具有同等学力的在职人员申请博士、硕士学位；与江苏省委组织部、省高校工委、有关地市、省交通厅、省建委及多家银行等部门或单位合作举办系列研究生课程进修班。这些探索，不仅扩大了研究生教育的规模，也为研究生培养质量的提高奠定了基础。

为提高生源质量，1996年东南大学对硕博连读生和提前攻博生全面推行了博士生资格考试制度。针对优秀生源不足的问题，2003年学校在提前攻博和硕博连读的问题上突破传统的考核标准，建立科学的考评体系，不以分数为唯一标准，对研究生实际创新素质、科学研究能力、导师评价等多方面综合衡量，着重考察其创新能力、思维能力和动手能力，对个别平均分数不高但创新素质突出的研究生破格选拔。2005年，学校实行"两段式"考试方式，继续推行按一级学科招收硕士生，进一步扩大硕博连读比例。

2006年，经教育部遴选，东南大学进入全国17所研究生培养机制改革试点单位之列。

---

① 李延保：《研究生教育改革和发展的基本思路》，《东南大学研究生工作简报》1994年8月。

2007年学校正式试行研究生培养机制改革，改革招生及奖学金制度，不再分"计划内"（非定向和定向）和"计划外"（自筹和委托培养），只分全日制和非全日制研究生，在免试生录取工作、研究生复试录取工作和导师遴选评聘工作等方面做相应的改革。学校设立研究生培养基金，改革后，入学当年根据研究生的入学成绩及综合表现确定基金等级，以后则由院系和导师根据研究生的学习成绩和科研业绩一年一评，按研究生培养基金管理办法实行动态管理。培养基金实行奖助学金和"助研"岗位制，集中管理，统筹使用。硕士生奖助学金分为四个等级：一等每生每年1.6万元，二等每生每年1.2万元，三等每生每年0.8万元，四等每生每年0.4万元。此外还设有基础类、人文社科类及医学等学科硕士研究生专项基金，以资助研究生的培养。博士生培养基金主要由普通基金、重大项目基金和专项基金构成，分为A、B两级，每年根据生源情况动态调整，其中A级为每生每年2.2万元，B级为每生每年1.8万元。此外学校还设立了博士研究生创新研究基金和国际学术交流基金以及"三助"工作岗位。[①]2008年，学校进一步推进培养机制改革，在公平、公正、公开的原则基础上，给予各招生院系和导师充分的自主选择权，以利于吸引和选拔优质生源；考虑学科、方向的差异，由院系成立奖助学金滚动评选领导小组自行制定评选细则。

2006年9月27日，学校在春晖堂举行东大研究生培养机制改革新闻发布会，出台东南大学研究生培养机制改革方案

2008年，学校试行博士生招生改革，改招考为一年一次，并改革考试方式。次年又推动博士招生工作机制改革，首次在理工医类重点学科中选拔优秀推免生直接攻读博士学位。2011

---

① 《"东南大学研究生培养机制改革方案"解读》，《东南大学研究生院工作简报》2006年10月。

年，东南大学加入卓越联盟高校的互换推免生计划，生源质量进一步提升。2012年，为推进博士生招生制度改革，学校建立科学的考核选拔机制，扩大导师招生自主权，在择优选拔优秀的本科直博生和硕博连读生的基础上，在理工医类重点学科范围内试行博士生招生"申请—考核制"，择优选拔来自国内高校国家重点学科的应届或往届硕士毕业生。2011年，根据国务院学位委员会《关于下达工程博士专业学位授予单位名单的通知》（学位〔2011〕72号），清华大学等25个学位授予单位被批准开展工程博士专业学位授予工作，东南大学为江苏省唯一入选的高校。2012年，学校在电子与信息、先进制造等两大领域首次招收工程博士专业学位研究生12名。

为配合招生制度改革，学校自1994年起开始实行硕士生优秀奖学金制度、博士生兼任助教制度，开展研究生"三助"工作，引导研究生在助教、助管、助研中提高能力，不断扩大研究生资助的覆盖面，逐步建立起了"奖、贷、助、补、减"的科学资助体系。学校还采取多项措施，加大了对优秀研究生的奖励和扶持力度，如通过社会捐赠设立企业奖学金；奖励被SCI和EI收录的论文；设立优秀博士论文基金及培育对象基金，鼓励研究生紧密结合国际研究前沿开展研究，产生创新的学术成果。

经多年改革实践，东南大学已逐步形成了一套有利于激发研究生创新热情和创新实践的培养机制，在招生制度与办法、奖助研金设置以及导师负责制等诸多方面力求与国际接轨，全面提高了生源质量。

二、深化教学改革，加强联合培养

在招生规模迅速扩大，学位类型、攻读渠道和培养模式日趋多样化，培养单位办学自主权不断扩大的情况下，学校将研究生教育的重心从扩大规模转向提高质量，从各个培养环节入手，不断深化教学改革，创新培养模式，切实提升培养质量。

（一）修订培养方案，拓宽培养口径

培养方案是实现培养目标的具体实施计划，制定科学的培养方案，确定研究领域和方向，并建立起合理的知识结构，是培养高水平创新型人才的关键。东南大学实行建立在加强通识教育基础上的宽口径专业人才培养，着力构建知识、能力、素质三位一体的新型培养模式，每隔三年进行一次全校性的研究生培养方案修订工作，根据不同层次、不同类型的研究生培养特点，优化培养方案，设置不同的课程体系。对于学术学位研究生，课程设置以科学研究为主导，突出科研创新能力培养，课程设置体现前沿性、综合性和基础性；而对于专业学位研究生，课程设置则以提升职业能力为导向，以专业知识技能提升为主，注重实践能力、应用能力和创业能力的培养。学校十分注重拓宽培养口径，统筹安排硕士、博士两个培养阶段，规定大部分学科、专业可按一级学科口径考核招收硕士研究生，按二级学科或较宽学科口径进行培养。

1996年,东南大学按照新的学科专业目录草案,修订了博士生培养方案,实现了宽口径培养的要求。1998年,学校根据新的研究生学科专业目录,按照"科学、规范、拓宽"的思想,对博士生和硕士生培养方案进行了修订,对新增一级学科点、二级学科点的招生和培养做出了相应规划,以提高培养质量为中心,制定了从课程学习、中期考核、实践环节到论文评审等一系列评估制度。2003年,学校提出了培养方案制定的科学性、前沿性和创新性的原则,并指出调整修订的指导原则是:在培养方向上,科学、规范、拓宽,重点突出一个"宽"字;在培养目标上,着眼未来,瞄准前沿,重点突出一个"新"字;在培养环节上,优化结构,增大柔性,重点突出一个"活"字;在管理方式上,加强目标管理,抓好过程监控,重点突出一个"严"字。在此基础上,修订各专业学位研究生培养方案,使其更具针对性,避免套用科学型的培养方案。[1]2005年12月,为适应研究生教育国际化的发展要求,促进新兴学科和交叉学科的发展,提高研究生教育质量,学校根据"宽口径、厚基础、高起点、重创新"的原则,全面修订硕士生、博士生、硕博连读生的培养方案。改革后的研究生培养方案,在培养目标上更体现学科的特定要求,在学分要求和课程设置上相对缩减课程学分要求,而加强了实践环节和参加学术活动的要求,规定研究生在学期间应在本一级学科范围内积极参加学术研讨活动以及本学科领域重要的学术会议并做学术报告。新方案还调整了研究生课程库,开设了公共讲座,要求硕士研究生在学期间至少听5次公共讲座,以拓宽其视野,营造良好的学术氛围。[2]2009年学校完成了新一轮培养方案的修订工作,并制定了各相关学科直博生的培养方案,从2009级研究生起开始执行,所有在校生使用新的课程库进行选课。为更好地开展全日制工程硕士专业学位研究生教育,2010年学校制定了工程硕士专业学位研究生培养方案,更加强调工程实践能力的培养,培养高层次应用型工程人才。

　　每轮培养方案修订,东南大学都是从学科前沿和社会需求出发,围绕"强化基础理论、突出创新能力、拓展国际视野、提高综合素质"制定并严格执行,有效地提升了研究生的创新能力、综合素质和国际竞争力,促进了教育质量的提高。

(二)优化课程体系,编写教学用书

　　强化基础理论形成坚实的知识储备,是研究生培养能力、素质及创造性的基础,东南大学一直把优化课程体系、编写特色教材作为教学改革常抓不懈的工作。研究生课程具有时效性、前沿性及教学组织多样性,早期研究生教育发展不充分,尚未形成系统完整的课程体系。2002年,顾冠群校长在学科建设与研究生教育工作会议上提出要求,要以建设研究生课程体系为目标,合理设置、扎实建设研究生各类课程,在课程设置上"课程要精、内容要新、基础要扎实、

---

[1] 胡敏强:《大力发展研究生教育,全面推进高水平大学建设》,《东南大学研究生院工作简报》2003年2月。
[2] 参见《2006年工作总结及2007年工作计划》,《东南大学研究生院工作简报》2007年1月。

适应性要强"①。随着改革的持续推进，学校不断优化课程体系，实现本、硕、博课程互通，使之既具足够的宽广度和纵深度，又具前沿性和前瞻性。为规范管理，2003年，学校全面修订课程教学大纲（共1200多门），制定《研究生课程管理规定》，规范了研究生课程开设的申请条件、任教资格、审批程序、课程的中止与撤销流程。2005年，学校还制定了《东南大学研究生课程库调整办法》，对所有硕士生和博士生课程库进行了调整，淘汰内容陈旧、层次偏低的课程，鼓励开设创新性课程和实验，突出对研究生创新能力、实践能力和创业精神的培养。调整过程中还将课程分为理论、技术、应用三个层次，明确硕博课程各有侧重，硕士生课程注重基础性、宽厚性和实用性；博士生课程注重综合性、前沿性和交叉性。

精品课程与优秀教材建设是建立优质研究生课程体系的关键。学校在"十一五"规划中提出，各学科在制定培养方案和课程设置时要有意识地规划若干门主干课程为精品课程建设项目，若干本教材作为优秀教材建设项目，给予重点支持。力争在未来5年内，建成100门左右校级以上研究生精品课程和100本左右校级以上研究生优秀教材。2005年，学校出台《东南大学研究生精品课程建设实施办法》和《东南大学研究生教材建设实施办法》，设立专项经费，每年评选基础较好的校级研究生精品课程/教学用书给予重点资助，并遴选、推荐申报省级和国家级研究生精品课程/全国研究生教学推荐用书建设重点项目，从而逐步构建起富有东南大学特色的研究生课程体系。至2012年，学校已建设29门省级研究生精品课程，172门校级研究生精品课程，为研究生教育提供了一个高水平的课程教学平台。②围绕精品课程建设，学校开展了多种形式的教学用书建设，包括：引进适合我校学科、专业的国外一流原版教材；选用适合我校研究生培养目标的国家推荐研究生教学用书；鼓励教师结合所在学科、专业发展需要，积极编写出高质量、有特色、填补国内空白的研究生教学用书，提高我校研究生教学用书在全国研究生教育中的选用比例。③2003—2005年，学校有4种教材入选教育部推荐的研究生教学用书，分别是《艺术辩证法》（姜耕玉编）、《现代控制理论与工程》（王积伟等编）、《毫米波准光理论与技术》（窦文斌编）、《多元统计分析与软件SAS》（朱道元编）。

东南大学不断推进研究生公共课程改革，建设研究生公共讲座体系。学校调整学分要求，对外语、政治和数学三门公共课程进行改革，以适用为目标改革英语课程体系，设立国际学术沟通技能、大学学术沟通技能、学术写作等3门新课程和学术英语衔接课程。从2008级研究生开始，以系列讲座形式在理工科研究生培养方案中增设力学、数学、物理、化学4种学科进展类课程，后又增加医学、人文进展两类，由相关院系定期邀请国内外著名专家就基础学科前沿课题进行演讲。至2012年初，共邀请国内外知名教授开设学科进展类讲座177场，听讲师

---

① 《校长、研究生院院长顾冠群院士在我校学科建设与研究生教育工作会议上的讲话》，《东南大学研究生院工作简报》2002年9月。
② 《研究生教育改革与实践》，《东南大学报》2012年6月2日。
③ 《东南大学研究生教学用书建设实施办法》（校研生字〔2005〕第28号）（2005年6月8日）。

生近 32 000 人次。①自 2011 年起，学校根据高等教育新形势对国际学术交流能力的新要求，以国际交流能力为核心，对研究生英语课程的读、听、说、写、译传统体系做出重大调整，提高学生的英语学术论文的书面表达能力及参与国际学术会议交流研讨所必备的口语表达能力。②2012 年进行了研究生公共英语教学改革试点，在国内产生了较大影响。

通过改革，东南大学逐步建立起科学合理的研究生课程体系，编写了一批高质量的教学用书，并通过开设专家讲座和学术论坛，扩大了研究生的知识面和学术思维空间，提升了其学术素养和学术水平。

（三）加快平台建设，鼓励学术交流

为建设研究型大学，2003 年，东南大学即向教育部申请建设"研究生创新中心"。2005 年出台《东南大学研究生创新平台建设规划》，利用"985 工程""211 工程"建设经费，依托重点学科、重点实验室和工程中心的优势，校、院共建研究生创新中心，为研究生进行学术交流和自主开展科学实验提供专门场所。自 2007 年以来，经过三次滚动建设，东南大学已经共建了 18 个研究生公共实验创新平台。研究生公共实验平台创造了良好的科研机会与条件，不仅服务于教学实验、科研活动，而且面向全校研究生和本科生开放。以此为依托，学校积极实施教育部创新工程和江苏省研究生培养创新计划，对研究生进行系统严格的科研训练，最大限度地挖掘了其科研潜能和创新能力。

随着现代信息技术的飞速发展，网络教学资源建设成为实现知识共享的重要途径。2008 年，研究生院决定建设网络辅助教学平台，次年建成上线。平台具备网上实时交互式教学、课件实时制作、网上协作学习、教学评价和数据统计等功能，是师生实施教学活动的数字化虚拟环境，方便学生在不同时间、不同地点根据自己的需要进行自主化、个性化学习。网络教学平台对分散的课程资源进行统一管理，实现了课程网格化，为优质课程资源提供建设平台和共享窗口，推动课程建设上台阶、出精品；平台提供了包括答疑讨论、课程作业等多种师生互动方式，为师生交流提供了更为便捷的途径；平台还实现了对教师教学和学生学习过程的跟踪统计，使学校能够更为精准细致地了解和评价网上教学活动，从而有针对性地调整、改进课程教学。③

在研究型教学的课堂知识学习之外，东南大学还十分注重学生创造能力的培养，通过举办校庆学术报告会，组织研究生学术论坛，开展文化活动和竞赛等方式，积极搭建各类学术活动平台，开展学术交流活动。每年学校都在全校范围内举办"校庆研究生学术报告会"，以校级主会场报告结合各院系分会场报告的形式，使学生 100% 参与其中。2003 年首届全国博士生

---

① 《东南大学创新人才培养项目总结报告》，《"211 工程"三期总结报告》，东南大学档案馆藏档案。
② 参见郑玉琪：《研究生公共英语课程改革与实践》，《东南大学学报》（哲学社会科学版）2014 年 3 月。
③ 参见《我校研究生网络辅助教学平台已通过验收并正式投入使用》，《东南大学研究生院工作简报》2009 年 10 月。

学术论坛在清华大学举行，通过遴选审核，东南大学有 18 名博士生参加，入选论文数量仅次于中国科学院和哈尔滨工业大学，在全国名列第三。为加强博士生的国际交流能力，2005 年学校还设立博士生参加国际会议基金，对成绩优秀、科研能力强的博士生参加本学科领域有重要影响的国际学术会议实行资助，帮助其了解学科前沿及研究动态，加强与国际学者的直接交流沟通，从而提高博士论文学术水平及学校的国际知名度。为鼓励研究生科技创新，2010 年 5 月 5 日，学校还举行了首届研究生学术科技节。2004 年，东南大学与国内其他 25 所高校共同发起了全国部分高校研究生数学建模竞赛，2008 年后发展为有 200 多所高校参赛的全国研究生数学建模竞赛，并被教育部列入研究生创新教育计划项目。2011 年参赛规模为历届之最，包括台湾高校在内的 242 所院校、研究所的 2245 支代表队、6700 多名研究生参加了比赛。竞赛以促进研究生创新能力培养、提高研究生培养质量为宗旨，逐渐成为广大研究生探索实际问题、开展学术交流、提高科研能力和培育团队意识的有效平台。

东南大学研究生创新平台[①]

平台名称	院系
力学计算理论与实践研究生创新平台	土木工程学院
材料科学研究生创新平台	材料科学与工程学院
科学计算实验室	数学系
化学学科研究生创新平台	化学化工学院
"金属生物医药"研究生创新平台	化学化工学院
"检测技术与虚拟仪器"研究生创新实践平台	仪器科学与工程学院
微生物土木建筑与环境材料研究生创新平台	材料科学与工程学院
可再生能源（新能源）与建筑节能创新实验平台	能源与环境学院
"污染控制与资源化"研究生创新平台	能源与环境学院
"地下空间技术"研究生创新平台	交通学院
电气工程研究生新能源和节能创新平台	电气工程学院
"创新设计能力培养与实践"研究生创新平台	机械工程学院
"分子及细胞生物学"研究生创新平台	生命科学研究院
医学院研究生公共基础实验教学平台	医学院
"分子病理"研究生创新平台	医学院
"核酸与蛋白质"研究生创新平台	医学院
抑郁症白质髓鞘损害病因机制的临床与基础研究	医学院
公共卫生学院研究生公共实验室	公共卫生学院

各类平台的建设为研究生开展课程学习、科学实验和科研创新活动提供了跨学科平台，创新工程和学术交流活动的广泛开展，营造了多学科交叉和交流的学术环境，促进了研究生创新素质和实践能力的提高。

[①] 至 2012 年 3 月数据。《东南大学创新人才培养项目总结报告》，《东南大学"211 工程"三期总结报告》，东南大学档案馆藏档案。

(四)更新办学理念,加强国际化培养

为适应研究生教育国际化的挑战,培养具有国际竞争力的高素质人才,东南大学通过加强双语教学课程建设、开展全英文授课专业建设、开展合作培养和联合教学、参与国际学术交流等方式,加快推进研究生国际化培养进程。目前东南大学已与国际200多所大学和研究机构建立了学术联系,并与澳大利亚蒙纳士学校、法国雷恩一大等多所高校签订联合培养协议。

学校与国外高校联合办学,加快推进全英文专业建设,加强了国际化办学能力和水平,如与法国雷恩 大共建了微电子、信息处理、应用经济学等3个硕士生专业;与澳大利亚蒙纳士大学共建了苏州联合研究生院,建设了计算机技术、工业设计、交通运输工程等3个全英文专业。

学校建成了一批反映学科发展前沿和教学改革成果的研究生双语课程。2008年至2012年,共建设双语教学课程60门,其中校内教师承担22门,校外专家承担38门。[1]学校精心挑选优秀的国外原版教材,逐步提高研究生课程的双语教学水平。在教学过程中,任课教师尤其注重进行国内外同类教材的比较研究,对授课方式、手段及考试方法等进行研究和改革,收效良好。

学校还设立专项资金,资助研究生出国参加所在学科领域的重要国际学术会议,探索学科前沿及研究动态,提高其国际学术合作与交流能力。2011年修订《东南大学博士学位研究生培养方案》,要求博士生在读期间,至少应参加本学科领域国际学术会议(境外)1次,促进博士生直接与国际同行学者的沟通交流,更深入地了解所在学科领域的研究动态。2007年至2012年,学校和导师资助研究生出席国际学术会议900多人次,资助研究生进行联合实验、合作研究等短期学术访问活动200多人次。2007年起,学校连年开展"国家建设高水平大学公派出国留学项目"的选拔和推荐工作,至2012年累计派出研究生690名,其中攻读博士学位294人、联合培养396人。

通过强化全英文专业建设和营造国际化教育环境,东南大学努力扩大和提高留学生中学历生的规模和比例,优化留学生结构,积极拓展生源国别和专业范围。近年来,留学生教育取得了突飞猛进的发展,吸引了包括欧美国家在内的许多国家和地区的留学生来校攻读硕士和博士学位,至2012年,在校的硕士和博士留学研究生(学历生)已达300人左右。

(五)建设实践基地,校企地联合培养

自2009年起东南大学开始进行全日制工程硕士专业学位研究生教育。工程硕士专业学位研究生在培养目标、课程设置、教学理念、质量标准和师资队伍建设等方面,与学术型研究生有所区别,更加强调工程实践能力的培养,校企联合培养成为学校工程专业学位拔尖创新人才培养的重要教学环节。学校素来重视产学研基地建设,2008年以来借江苏省企业研究生工作

---

[1] 《东南大学创新人才培养项目总结报告》,《东南大学"211工程"三期总结报告》,东南大学档案馆藏档案。

站建设之机，在国有大型企业建立了一批研究生联合培养基地和研究生企业工作站，作为研究生培养模式改革的试验基地及高层次应用型人才培养的示范基地。至 2012 年底，东南大学共建有 116 个江苏省企业研究生工作站，居全省部属高校第一。企业研究生工作站的建立，为专业学位研究生的培养提供了良好的实践基地，便于学校组织学生进行社会实践和课外创新活动，实现教学与科研的互动、学生与企业的互动，使学生既能探知学科前沿、了解社会需求，又能增强迅速融入社会的能力。

学校还十分重视与地方政府及企业的合作，加强研究生实践育人环境和综合素质教育基地建设，以博士挂职锻炼、暑期社会实践、校企科研合作等形式选派研究生到地方和企业去接受锻炼，获得了地方政府和企业的一致好评。2008 年学校组织了 13 名博士研究生代表东南大学参加仪征市政府主办的"百名博士仪征行"活动。2008 年起实施博士生挂职锻炼计划，7 批次近 30 名博士研究生赴南通地区挂职锻炼。2009 年以来，与淮安、昆山、南通、太仓等周边城市的地方政府和企业共同建立研究生社会实践基地，近百名研究生参加暑期社会实践。学校还鼓励研究生在服务社会之中实现自身价值，引导其树立奉献社会、服务人民的人生志向，如组织"扎根基层，服务大众"的"三下乡"活动，开展"用爱点燃希望""鼓楼特教""情系夕阳红、温暖老人心"等志愿服务活动。

三、规范管理制度，重视质量保障

（一）齐抓共管，科学管理

研究生教育的迅速发展，得益于校领导和各院系的高度重视。"并重方针"确立后，学校树立了全校办研究生教育的理念，定期召开研究生工作会议，制定发展规划，发动全校力量，共同推进研究生教育改革。1994 年，朱万福书记在研究生工作会议上阐述了研究生教育的重要性，指出："必须要把研究生教育放在学校工作的战略位置来提高认识，确保我校研究生教育改革顺利进行。"[①] 1998 年，学校成立了以冯纯伯院士为主任委员的研究生教育咨询委员会，聘请资深教授对研究生教育的发展规划、创新改革、教育评估以及相关政策问题等提供决策咨询。2000 年，学校进行机构改革，在国内大学中率先成立了学位与研究生教育研究办公室，兼具管理和研究双重职能，以适应新时期研究生教育的发展需要。

研究生教育质量的提高，有赖于各部门的通力合作。2002 年，胡凌云书记在学校学科建设与研究生教育工作会议上提出，要"努力形成全校齐抓学科建设与研究生教育的合力"[②]，

---

① 朱万福：《深化研究生教育改革的三点思考》，《东南大学研究生工作简报》1994 年 8 月。
② 胡凌云：《切实加强学科建设与研究生教育，精心构筑东南大学核心竞争力——在我校学科建设与研究生教育工作会议上的讲话》（2002 年 9 月 22 日），《东南大学研究生院工作简报》2002 年 9 月。

进一步把学科建设与研究生教育工作落实到院（系），努力造就具有东大特色的学术精神，把全校各方面的力量凝聚到学科建设与发展研究生教育上来。为加强研究生的思想政治教育与日常管理，2003年，学校出台文件，建立院（系）研究生管理工作体制，明确校、院（系）二级管理以及各自的职责。各院系结合自身情况制定了适合本院系的研究生培养管理细则。为改进教学管理，加强与院（系）研究生管理人员和师生的联系，研究生院每学期主动到4至5个院（系）听取意见和建议，及时解决问题，提高管理效率。近年来，学校制定和完善有关招生、培养等的一系列规章制度，逐步向科学化、制度化、规范化发展。

东南大学严把质量关，对研究生实施严格的中期考核与筛选。1999年在原研究生中期考核与筛选办法的基础上，首次实施研究生课程学习的综合评价，对均分≤70分或有一门学位课程补考的硕士生进行黄牌警告，对学位课程考试不及格的研究生作退学处理。

规范管理之下，学校也努力创造宽松开放的研究氛围，建立更为科学的评价体系，全面提高研究生的综合素质和培养质量。2000年，学校出台《东南大学研究生实行弹性学制的暂行规定》，实行弹性学制，允许研究生分段完成学业，并规定硕士生学习年限不超过4年，博士研究生入校学习年限不超过6年。2003年，学校改革研究生创新成果评价体系，出台《东南大学博士学位论文申请答辩、授予学位前成果考核标准》，强调博士生的学术水平和创新能力不以发表学术论文为唯一标准，并增加对科研项目、科技奖励及专利等指标的考核，鼓励研究生特别是博士生涉足学科前沿、有重大理论意义和现实意义的高难度的研究课题，取得理论方法、技术创新的突破性成果。

（二）建立质量保障体系

质量是研究生教育的生命线，为了更好地评估教学质量，促进教学改革，东南大学建立了网上评教系统和权威教学专家督导相结合的研究生质量监督和评估机制，对研究生培养的各个环节进行督查，提出问题及改进的建议，严格执行淘汰制，确保研究生培养的质量。

2003年3月24日，东南大学成立了研究生教学督导委员会，分工学、理学、文管、医学四个小组开展教学督导工作，对教学工作进行督促和指导，更有效地提高教学质量。研究生教学督导工作并不是简单机械的重复，每年都有阶段性督导重点。2003年，研究生督导的重点是研究生公共课和学位课，2004年则重点针对研究生选修课开展督导。2005年，研究生院对《东南大学研究生教学督导条例》进行了修订，加强过程监控，强调督导委员会不仅要对研究生课程的教学情况进行督导，还要对研究生培养过程的开题和答辩环节等进行督导。2006年，研究生教学督导工作的重心从听课和调查教学情况转移到对研究生培养过程中各环节的抽查和监督，如检查新一轮研究生培养方案和课程计划的实施执行情况；检查校级研究生精品课程和优秀教材资助项目的建设进展情况；检查研究生培养环节，特别是开题报告和论文答辩的情况；制定研究生课程教学情况考评标准和相关措施；等等。2008年，学校对督导工作提出了新要求，要求督导委员在完成日常教学督导外,还要对研究生培养机制改革的效果和执行情况、专业外语课程的教学效果以及考核情况、网络教学的效果、学科进展类讲座的效果等进行专项调研。为及时了解教学运行状态,学校发挥学生参与教学管理的主动性和积极性,自2008年起实施研究生教学联络员制度,聘请了100余名思想觉悟高、学习态度端正、成绩良好、责任心强、热心为同学和班级服务的在读研究生担任教学督导联络员,协助开展教学调查工作。2009年,学校决定对硕士研究生课程和导师试行网上评教工作,把学生评教数据作为评价教师授课水平的基础,并且作为一项重要的指标与任课教师的招生名额、开课资格、职称评定、导师遴选等挂钩,促进任课教师重视研究生教学,提高教学水平。教学督导的思路也在不断改进,2011年督导委员会主任刘道铺提出,督导工作不仅要"督",更重要的是"导",强调督导工作要转型,要从教学督导向教育督导转型,从常规型督导向研究型督导转型,从规范型督导向评价型督导转型。要开展全方位、全过程的研究生教育教学督导工作。要深入调查研究研究生培养过程中的实际问题,并提出对策和建议,积极发挥咨询参谋作用。①

研究生教学督导工作扎实推进、卓有成效,督导委员通过深入课堂听课、召开师生座谈会、面谈、巡视、抽查、参加研讨会、论文开题会、论文答辩会、与联络员和学生直接交流、与相关管理人员积极沟通等,分析评价教学现状和存在问题,共同商讨改进措施,大大规范了研究生课程教学秩序,促进了教学质量的提升。

(三)倡导优良学风

"从严治学"是东南大学的优良学术传统。1994年,李延保副校长就在研究生工作会议上提出:"优良的学风和严格健全的管理制度是发展研究生教育的重要保证。所谓学风是指学术环境和治学的精神。没有浓郁的学术空气、严谨的治学精神和崇尚科学的氛围,是很难培养出社会公认的优秀人才的,更不要说是世界公认的学术权威和知名学者了。良好学风的形成需要培植和引导。"②2002年,顾冠群校长也在学科建设与研究生教育工作会议上强调:"学风的培养、知识的培养和能力的培养是培养研究生的三大支撑点,我们的导师和研究生都必须做到'道德第一、文章第二',尤其是导师,一定要严谨治学,学风要正。"③在此思想指导下,东南大学对研究生学风建设和道德素质培养常抓不懈,制定并完善规章制度,开展了有益的探索。

学校建立了由分管学生工作的党委副书记兼副校长为组长、党政各部门负责人为成员的校学生工作领导小组,负责统一规划、决策和协调全校学生包括研究生的德育工作,从组织上

---

① 《研究生院召开教学督导会议部署新学期工作》,《东南大学研究生院工作简报》2011年3月。
② 《研究生教育改革和发展的基本思路》,《东南大学研究生工作简报》1994年8月。
③ 《校长、研究生院院长顾冠群院士在东南大学学科建设与研究生教育工作会议上的讲话》(2002年9月23日),《东南大学研究生院工作简报》2002年9月。

建立起研究生道德教育和学风建设的实施体系。2000 年东南大学制定了《研究生德育大纲》，提出了研究生道德思想素质培养的基本要求。结合导师负责制为主的研究生培养体系，学校明确导师教书育人的责任，要求导师言传身教，对研究生的理想信念、科研作风、道德情操等进行教育引导。学校还出台了《东南大学教书育人、管理育人、服务育人工作暂行条例》，对全体教师和管理人员的教书育人、为人师表要求提出了严格的规定。

学校十分重视在研究生培养与教学过程中，加强学风建设和学术道德培育环节。新生在第一周入学教育期间，即开设学术道德教育和学术论文写作与引文规范讲座，提高研究生对学术规范的认识和重视。研究生院还以书信《致博士研究生新同学》的方式提醒研究生："希望同学们加强思想道德建设尤其是学术道德建设，求真务实，尊重他人科技成果和权益。在学术研究和学术活动中不能有违反学术道德的行为，例如：不得侵占、抄袭、剽窃他人学术成果（凡引用他人成果、数据、思想等，均应明确说明并详细列出有关文献的名称、作者、年份、出版机构等）；不得请他人代写文章或代他人写文章；不得篡改、伪造研究数据；不得在未参与工作的研究成果中署名；不得以不正当手段影响奖学金评定、论文评阅、答辩等；发表论文不得一稿多投；不得虚开发表文章录用通知；在各类考试中，不得以任何形式作弊等等，否则，按素质考核不合格，将给予警告直至退学处理。"[①]

引导研究生科学诚实地完成学位论文和实现学术创新，也是加强研究生的思想素质培育和学术道德建设的重要环节。学校在制定《博士研究生和硕士研究生中期考核与筛选办法》时，将考核内容分为思想素质考核和业务考核，并特别强调研究生的思想素质考核内容，对于"有严重道德品质问题者"，或"在提出的文献综述、开题报告、专题报告与发表的学术论文中弄虚作假、抄袭剽窃他人成果者"，作为"素质考核不合格"，给予筛选。2003 年学校颁发《东南大学研究生学术道德规范管理条例》和《研究生发表论文原始稿件导师审核规定》，要求研究生在学位论文扉面上签署"东南大学学位论文独创性声明"。此外，学校还修订了《东南大学研究生违纪处分条例》，遇有学术失范现象，按章处理，以儆效尤。

通过以上举措，东南大学从规章制度、组织管理和培养教育方面建立起了一个比较完整的研究生思想教育和学术道德建设体系，树立了良好的教风、学风。

四、强化导师责任，提高论文质量

（一）强化导师责任制

研究生培养过程中，"创新是灵魂，科学研究主导是核心，导师负责制是基础"，保证和提高研究生培养质量，导师是关键。

---

① 《致博士研究生新同学》，《东南大学研究生院工作简报》2003 年 3 月。

由于历史原因，研究生教育起步之初，学校研究生指导教师队伍的整体年龄偏大，在1981年第一批遴选的7位博士生指导教师中，最大的已经81岁，最小的也已经58岁。随着研究生教育的迅速发展，对研究生指导教师的需求越来越大。1993年起学校开始自行审定博士生导师，后又改革博导遴选制度，允许并鼓励学术造诣较高、具有副教授职称的年轻教师申报博士生导师。学校明确并坚持博士研究生导师是一种工作岗位，建立动态的上岗制度，分三层次建设博导队伍：参加博士生指导小组；在校内有指导博士生资格；正式挂牌招生和指导。学校建立起了集体培养制度，要求以二级学科或跨越一级学科成立博士生指导小组，小组成员中要有年轻的博士（副教授）参加，还要有跨学科的教师参加，以发挥导师指导和集体培养的双重作用，使博士生"博采众长"、克服"师傅带徒弟"的弊端。由博士生指导小组负责学位论文的指导工作，博士生"开题、选题"由集体审定，论文进展由集体审核，有效地提升了博士生培养质量。[①]

研究生指导教师队伍综合素质的高低，直接影响着研究生教育教学改革的成效。为持续提高导师队伍的综合素质，提升队伍质量，学校实施导师上岗培训制度，邀请邓学钧、陆祖宏等全国优秀博士论文指导教师为新晋研究生导师介绍工作经验，使他们能立足学术前沿，拓宽学术视野，遵守学术规范，崇尚科学精神，树立良好的师德、师风。在此基础上，学校还逐步完善了导师轮训制度，通过各种渠道提高导师队伍的综合素质和能力，如设立专项基金，支持研究生导师参加国外学术交流活动、进修、访学，使其了解所在学科的国际前沿和动态，并向国外同行介绍我方的研究进展。

经多年实践，东南大学逐渐建立起了以科学研究为主导的导师负责制。1994年，学校就提出要充分发挥导师作用，实行研究生思想教育的导师责任制。学校很早就明确了博士生导师是一个岗位不是一个职称，为规范导师队伍，建立了动态的研究生导师评价、制约、激励、淘汰机制，使博士生导师由学术地位转变为学术岗位，保持导师队伍的创新竞争氛围。2006年学校出台《东南大学审定博士生指导教师资格的暂行办法》，改革博士生指导老师评审条例。新办法将博导认同为一个教学岗位，允许具有博士学位的优秀副教授申请博导资格。在成果审核时，更强调成果的质量，而不是简单的数量叠加，同时将具备博导资格与成为博士生指导教师二者做了区分，明确只有招到学生，开始指导博士研究生才成为名副其实的博士生指导教师。该办法还对申报博导的基本条件、成果认定、审定程序及培养津贴发放等方面都进行了重大改革，其核心是实行评聘分开，打破博导终身制和博导"待遇化"。2007年，学校实行研究生培养机制改革，强化导师责任制，明确导师责任、权利和义务，增强导师在招生、录取和培养中的决策权、自主权，将人才培养与科学研究紧密结合起来。科学研究主导的导师负责制的内涵就是导师注重在科学研究活动中培养人才，研究生则要从科学研究的实践中不断增长知识和

---

① 《全面提高博士生培养质量的实践与思考》，《东南大学研究生工作简报》1995年10月。

提高学术水平，导师既要负责提高研究生培养质量，又要承担资助研究生的相关责任，在研究生培养基金的申请和管理过程中充分发挥导师的作用。[①] 导师条例的修订极大地提高了教师的积极性，2007年新增博士生导师79名，为历年增列人数最多的一年。2012年12月19日，学校经过研究，出台了《关于印发〈东南大学研究生指导教师管理办法（试行）〉的通知》[②]，明文规定了研究生指导教师在研究生招生、培养、就业、全面素质教育、提高研究生培养质量等方面肩负的重要职责，同时建立导师培训制度，规范了导师的日常管理。

通过持续不断的改革，大批青年教师接力走上研究生指导教师岗位，导师队伍规模快速增长，研究及指导水平也在不断提高。1992年，学校拥有博士生导师40名、硕士生教师450名左右，至2012年，学校已拥有博士生导师603名、硕士生导师1456名，为教学质量和科学研究的提升，奠定了坚实的基础。

（二）严格论文把关

学位论文是研究生科研能力和学术水平的综合反映，也是研究生培养质量的集中体现。为了提高东南大学学位论文的总体质量和创新水平，更加客观、公正地做好学位论文的审查、评阅工作，确保东南大学学位授予的学术含量，2002年，研究生院制定《东南大学研究生论文盲审条例（试行）》，规范了学位论文的抽查范围、程序及方法，规定除提前答辩和延期答辩（延期一年以上）的研究生以外，还对即将答辩的硕士生和博士生随机抽取一定比例的学位论文进行三盲评审。[③] 2003年，学校开始实行研究生学位论文盲审制度，每年10月在应届毕业生中抽取一定比例的研究生学位论文参加匿名送审，以保证学位论文评审的公正与客观，提高学位论文的原创性水平。2005年，学校将该年定为"研究生培养质量年"，开始执行新修订的《研究生学位论文盲审条例》，提高要求，改过去"三分之二通过制"为"一票否决制"。此次修订还提升了博士学位论文的盲审比例，抽检比例由2004年的20%增加到2005年的50%。2006年，盲审力度进一步加大，博士学位论文开始实施全面盲审。2008年，学校进一步提出严格规章制定，坚持审核标准，博士研究生论文全部盲审，稳定硕士研究生的论文抽审比例，加大新专业、新导师的硕士研究生论文盲审力度，加强与兄弟研究生院联络，在保证评审标准的前提下，加快学位论文传递及评审速度。[④] 学位论文盲审制度建立后，学校每年对盲审情况进行专项通报，及时发现问题，适时调整，实现了对研究生论文的严格把关，学位论文质量总体有了较大幅度的提高。根据学校外送盲审的研究生学位论文的总体情况统计，评分一般都较高，评价也较好。

---

① 《"东南大学研究生培养机制改革方案"解读》，《东南大学研究生工作简报》2006年10月。
② 校通知〔2012〕148号。
③ 即评审论文中不出现学校名称、导师和研究生姓名，由研究生院选送对口院校或专家进行论文评审。
④ 《2008年工作总结及2009年工作计划》，《东南大学研究生院工作简报》2009年2月。

学校十分重视江苏省每年定期开展的博士、硕士学位论文抽检工作，每次都会根据抽检评议结果进行自我检视，对出现不合格评审意见的学位论文再次重审，提交学位评定分委员会审核。对于出现学术不端嫌疑的学位论文，在调查分析的基础上提交校学术委员会进行判断。结合省学位论文抽检工作，2011年学校还要求院系及研究生指导教师加强学位论文质量控制，提出了学位论文开题、评审、答辩、修改等过程环节的流程控制，详细修订和完善了《研究生学位论文格式规定》，保证了学位论文的规范性。

（三）培育优博论文

研究生教育的最终目的在于提高培养质量、培养具有创新精神的高层次人才。作为衡量研究生培养质量的显著指标，学位论文集中反映了研究生的科研成果和学术水平，是学校着重培育的重要环节。

为培养和激励在学研究生的创新精神，1998年，江苏省启动了优秀博士学位论文评选工作，当年学校就有5篇论文获评优秀。至2012年，东南大学获评江苏省优秀博士学位论文的数量已达115篇之多。2001年，江苏省优秀硕士学位论文开始评选。到2012年，东大共有154篇硕士学位论文入选获奖名单。

在各类优秀学位论文评选中，最受瞩目的当属全国优秀博士论文评选。1999年，教育部和国务院学位委员会组织开展了全国首届优秀博士学位论文评选工作，评选范围为1995年至1997年获得博士学位的博士论文。全国共评出100篇，分布在62所高校，获评两篇以上的院校有14所，其中工科院校有7所。东南大学冯纯伯院士指导的学生张颖的论文《不确定性系统的鲁棒辨识》、邓学钧教授指导的学生孙璐的论文《运动车辆随机荷载及其激励下地面动力响应的理论研究》入选。2000—2002年学校都有博士学位论文入选，入选篇数达7篇，居于全国高校前列。

此后，东南大学的全国优博论文评选经历了一段低谷时期，自2003年至2007年，除2005年有一篇论文入选外，五年中有四年颗粒无收，引起全校上下的高度重视。学校虽早有察觉，推出了一系列措施，但人才培养具有周期性，成效仍需时日。2002年，学校采取创新性措施规范了优秀学位论文的遴选程序。自2003年起，学校开始评选校级优秀博士/硕士学位论文，逐步形成了校级、省级和国家级优秀学位论文三级选拔体系，采用研究生申报、导师与院（系）推荐专家评审结合研究生院专门选拔的方法，通过论文匿名评审制度，层层选拔，推荐优秀博士学位论文参加全国优博论文的评选。

2004年，学校设立优秀博士学位论文基金，专项资助优秀博士研究生的创新性科学研究和学位论文选题，并出台了《东南大学优秀博士学位论文基金条例》，加大对优秀博士学位论文的培育力度，逐步建立并完善了研究生优秀学位论文资助与奖励制度。在优秀博士论文资助培育中，鼓励紧密结合国际研究前沿开展研究，产生创新成果；鼓励围绕国家目标，结合国家专项开展研究，取得重要进展；鼓励发展实用理论与方法，解决重大工程问题；鼓励理论与实际相结合，做出原创性工作。[①]自基金设立至 2012 年 3 月，共遴选出 164 项优博基金项目进行跟踪培育，每项除给予 2 万元的科研经费资助外，还给予获优博基金资助项目的博士生每月 1000~5000 元持续两年的生活费补贴，极大地鼓励和支持了有学术研究潜质的博士生专注科研和论文写作，产出优秀成果。

学校还将 2005 年定为研究生培养质量年，积极举办博士、硕士研究生学术论坛，开展国内外学术交流，邀请专家开设讲座，介绍专业期刊论文写作要领和投稿指南，形成了良好的创新人才培养机制。

经过周期性培育，博士生论文质量普遍提高。2008 年以来，学校的全国优博论文评选又连年结出硕果，2012 年就有三篇论文入选全国优秀博士论文，取得了历史性突破，获优秀博士学位论文篇数居全国高校并列第四、江苏省并列第一。至 2012 年，学校累计获评全国优秀博士论文的数量达 16 篇，另获提名 28 篇。2010 年教育部设立"博士研究生学术新人奖"，至 2012 年东南大学共有 30 名博士生获此荣誉。

东南大学获全国优秀博士论文（1999—2012）

年份	获奖者	论文题目	导师
1999	张　颖	不确定性系统的鲁棒辨识	冯纯伯
	孙　璐	运动车辆随机荷载及其激励下地面动力响应的理论研究	邓学钧
2000	王智顺	EGG 信号分析与识别的神经网络方法研究	何振亚
	肖忠党	基于分子自组装技术的无机/有机功能膜制备、原理及应用	陆祖宏
2001	徐　飚	成器之道——先秦工艺造物思想研究	张道一
	邓慧华	磺化酞菁和卟啉在二氧化钛纳米电极上的自组装及其电转换的研究	陆祖宏
2002	钱卫平	固体表面功能化抗体层的制备和表征	韦　钰
2005	陈振强	基于依赖性分析的程序切片技术研究	徐宝文
2008	刘全俊	三类新型集成化的基因芯片及其相关仪器的研制	陆祖宏
2009	钟文琪	喷动流化床流体动力学特性及放大规律研究	章名耀
	罗国清	基片集成频率选择表面的研究	洪　伟
2010	孙剑飞	电磁控制的几种纳米颗粒的组装研究	顾　宁
2011	杨　芳	超声、磁共振双模式微气泡造影剂的研究	顾　宁
2012	殷勇高	溶液除湿系统除湿/再生过程及其热质耦合机理研究	张小松
	程钰间	基片集成波导多波束阵列天线的研究	洪　伟
	蔡国军	现代数字式多功能 CPTU 技术理论与工程应用研究	刘松玉

[①]《东南大学创新人才培养项目总结报告》，《"211 工程"三期总结报告》，东南大学档案馆藏档案。

东南大学认真践行"并重方针",坚持不懈地进行改革和创新,不断完善研究生培养机制,开展教学改革,全面提高了研究生培养质量,推进了研究生知识、能力、素质协调发展,学术水平持续提升。在良好的学术创新氛围和科研风气熏陶下,一批批优秀拔尖人才脱颖而出。

段进,1992年毕业于东南大学建筑研究所,获博士学位,后留校任教。2019年,当选为中国科学院技术科学部院士。

房建成,1996年毕业于东南大学精密仪器及机械专业,获博士学位。2015年当选为中国科学院信息技术科学部院士。

周源,2003年进入东南大学软件工程学院攻读硕士学位。2010年,创建了知识问答社区"知乎",现任知乎CEO。

第三节　继续教育

一、成人教育

东南大学的成人教育起步于我国第一个五年计划时期,其时国家开展大规模、有计划的经济建设,急需各类工程技术人才,普通高校虽经调整发展,但人才培养数量远远不能满足当时需求,国家遂大力倡导发展成人高等教育,提倡在职业余学习,将之作为从在职人员中培养工程技术人才的重要途径。1956年,学校经教育部批准,在南京市委工业部的支持下创办了夜大学。夜大学学制为6年,设置机械制造、发配电、无线电、工民建四个本科专业,一个机械类特别班,当年录取新生230名。1958年,在"大跃进"的形势下,学校在夜大学之外又增办了函授教育,设机械制造和发配电两个本科专业,学制6年,首届录取新生154名。1960年,应江苏省要求,学校开始以专业、单课、专题三种形式在省内发展函授教育,扩大了在江苏省和华东地区的招生。1966年前,夜大及函授学生人数稳定在千人左右。1966年以后,学校正常的教学秩序一度停顿,夜大及函授教育也随之停办,仅不定期举办了一些短训班和技术讲座。

十一届五中全会以后,党中央提出要不失时机地确定适合国民经济发展需要的教学计划和教育体制,以适应经济发展的要求。高等教育除办好全日制大学外,还应根据自己学校的情况积极举办函授教育和夜大学,提出了"积极恢复、大力发展"的方针。教育部也指出要在恢复、巩固、提高的基础上,积极发展函授和夜大学。1980年,东南大学首次举办夜大青年班(后改为普通大专班),继又开办电视大学、增加自学考试,成人教育又得以恢复和发展。至1986年,在校本科生已达1667人,累计培养成人本专科学生1146人。①

为适应新形势,1986年学校向国家教委申请成立成人教育学院,同年12月,获得国家教委批准,学校成为全国最早成立成人教育学院的六所高校之一,也是江苏省第一家建有成人教育学院的高校。成人教育学院的建立,使本科教育、研究生教育、成人教育并列为大学教育的三大体系,标志着东南大学高等教育的发展进入了一个新阶段。成人教育学院成立后,以"稳定规模,提高质量,办出特色,讲求效益"为指导思想,依托学校办学优势,立足为地方经济、社会发展服务,采取多层次、多形式的办学方针,先后举办了学历教育(脱产、函授、夜大学)、非学历培训、自学考试等多种形式的继续教育。到1996年,十年间累计培养各类成人教育学生7000余人,完成岗位培训15 000余人,当时在校学生人数已达到4000余人,具有了相当的规模。②1996年,在全国普通高校成人教育评估中,东南大学的函授夜大学教育评估被评以

---

① 顾菊生、庄宝杰:《努力办出社会和人民满意的继续教育》,《东南大学报》2006年12月26日。
② 顾菊生、庄宝杰:《努力办出社会和人民满意的继续教育》,《东南大学报》2006年12月26日。

优良等级，江苏省教委还特别授予东南大学"成人高等教育评估优良学"校荣誉称号。

20世纪八九十年代，学校长期面临经费困难的局面，为多元化筹措教育经费，东大于1994年成立职业技术教育学院，积极发展高等职业技术教育，并将其方向定为中职师资的培养与培训。1995年，学校明确指出人才培养的基本思路是："压缩专科，稳定本科，努力扩大研究生教育。积极发展职业技术教育和继续教育，稳定办学规模，提高办学层次。"[①] 随着继续教育规模的不断扩大，办学收入有了长足增长，有力地支持了学校教育事业的发展。2000年，经教育部批准，东南大学职业技术教育学院成为全国首批15所示范性职业技术学院建设单位之一，并获中央财政专项资金476万元，用于重点加强职业技术教育实习实训基地建设双师型教师培训、教材建设和相关教育教学的课题研究。

2001年，东南大学进入"985工程"一期重点建设高校行列，部省共建，获得了比较充足的经费支持，发展平台跃升。随着教育的发展，国家倾向于将大众化教育、专科层次的教育交由地方院校和民办院校去做，有鉴于此，学校逐步明确了学历教育和职业培训相结合的发展方针。2002年前，成教脱产学生的比例较高，后来逐年下降，且下降幅度很大。2003年，学校决定将高职(专科)搬迁至晓庄校区办学，同年，经国务院学位办批准，建立了"职业技术教育硕士点"。2004年与德国马格德堡大学合作联合培养"职业技术教育学"双学位硕士生。2006年，学校决定高职专科停止招生，并于2007年停招成人脱产班与自学考试助学班。

非学历培训是东南大学成人教育的重要组成部分。在各类培训中，学校的职业教育师资班办得卓有声色。1994年11月，江苏省教委正式发文，指定东南大学职教院为江苏省两个职业高中校长培训基地之一。1995年，本科在职职教师资班开始招生。1997年5月，国家教委批准东南大学为委属六所国家教委职业教育师资培训基地之一，为华东、中南等地区培养中等职教管理干部和专业师资。为确保培训质量，学校还成立了"职教师资国家级培训督导组"，对国家级培训中的教师授课、实践训练、企业实训、总结交流等环节进行实时监督。在徐肇杰等教师的不懈努力下，东大职教工作不断迈上新台阶，2003年正式建立了"职业技术教育学"硕士点，学校同时批准成立了"东南大学职业技术教育研究所"。2005年以来，在教育部统一领导下，学校与天津大学、越南胡志明市教育技术大学、德国马格德堡大学四校联合培养"职业技术教育与培训"双学位硕士。除师资培训外，学校还面向企事业单位和党政部门的中高层领导干部开展培训，同时也涉及一般公务员和一般员工的管理素质与技术培训。培训类型以专业型高级研修研讨为主，兼涉素质提升和知识更新。培训中着力塑造培训品牌，如依托东大学科优势的城市规划和工程建设管理专业已初步形成品牌，每年五六个班次，辐射至山东、内蒙古等地。

随着时代的发展，东南大学逐步推进继续教育从以学历教育为主转向学历教育与非学历

---

① 《东南大学"211工程"分项目建设规划》（1995年）。

教育高端培训并重的战略转型，即：在稳定发展成人和远程学历教育的同时，积极发展远程非学历教育，大力发展非学历教育高端培训、执业资格培训。2006年，继续教育学院在发展规划中指出"十一五"期间的工作思路是：稳定成人高等学历教育规模、调整职业技术教育结构、适度发展自考助学、积极发展远程教育和成人非学历教育。①时任副校长、继续教育学院院长刘京南在继续（成人）教育学院建院二十周年大会上讲话时指出："成人教育还是要两条腿走路，一是本科及以上学历教育，二是职业技术和执业资格培训。学历教育方面我们要办好本科及以上的层次……职业技术培训正在越来越得到政府的关注……我们办学也要重视跟国际接轨，我们要敏锐地看到这种发展趋势，争取把更多的职业技术培训和职业资格的认定权设立在我们相关的学科和院系，作为我们继续教育长远发展的新的生长点。"②2008年，学校颁布《东南大学非学历教育办理管理规定(暂行)》，明确把非学历教育培训作为工作的着力点和新的增长点。2010年，学校在编制"十二五"发展规划时，进一步提出"以学历教育与非学历教育协调发展，远程与成教整合发展的发展战略"，指出"十二五"期间，要加快发展的主题和重点是非学历高端教育培训，并要实现"三大突破""一大指标"。三大突破为：一是非学历教育培训实施项目负责制；二是探索成人学历教育与非学历教育培训的互认与衔接；三是国际合作办学。一大指标为：非学历教育培训收入每年递增30%。③

东南大学坚持立足江苏，服务全国，努力为建设终身学习型社会作贡献，形成了函授、业余（含夜大）多种办学形式并存，高起专、专起本等多种办学层次的学历教育以及岗位培训、大学后继续教育并举的成人高等教育办学格局。至2012年，东南大学成人教育学院设有电子科学与技术、土木工程、电子信息工程、电气工程及自动化、工程管理、会计学、国际经济与贸易、工商管理、临床医学、医学检验、护理学等20多个本、专科专业，在读学生近万人。

二、远程教育

随着科学技术的飞速发展，采用网络教育技术手段改造传统成人教育教学方式，实现优质资源共享、优势互补，成为继续教育的重要形式。1999年，东南大学被批准为江苏省两所远程教育试点高校之一，开始探索远程教育。2000年，学校又被批准为教育部15所重点支持兴办远程教育的试点高校之一。东南大学严格按照教育部的文件精神开展远程教育试点工作，谨慎发展，规范管理，注重质量，在教学、技术和管理等方面进行了卓有成效的探索与尝试，形成了具有东南大学特色的网络化、开放式终身教育服务体系。

远程教育在校内依托东南大学的学科优势与教学资源，与相关院（系）合作设置专业、

---

① 《东南大学继续教育学院"十一五"发展规划》（2005年3月审订通过并实施）。
② 刘京南：《科学规划 开拓创新 为东南大学争先进位再作贡献——在庆祝继续（成人）教育学院建院二十周年大会上的讲话》，《东南大学年鉴》2006年，第124页。
③ 《继续教育综述》，《东南大学年鉴》2010年，第423页。

制订培养计划、推荐主讲教师。自 2000 年起远程教育开始招收高起本学生四届，2002 年招收全日制专升本学生，2003 年成功申报"教育技术学"硕士点，2004 年正式招收硕士研究生。① 经过不断增减调整，远程教育开展有高起专、专升本等多层次的学历教学，此外还设有职工资格证书教学、岗位技术培训的非学历教学。在专业设置上，远程教育涵盖理、工、文、医，设有机械设计制造及其自动化、土木工程、工程管理、法学、公共事业管理、政治学与行政学、会计学、电子商务、电气工程及其自动化、护理学等 10 个专升本专业，以及机械制造与自动化、机电一体化技术、建筑工程管理、计算机应用技术、旅游管理、护理等 6 个高起专专业。② 远程教育以立足江苏、面向全国为原则，在校外与电大、地方大专院校及系统、行业开展联合办学，至 2012 年，已在江苏、安徽、浙江、广西、新疆等 5 个省、自治区设立了 22 个学习中心。③

远程教育采用非实时网络教学方式，运用网络多媒体制作技术，录制教师上课的视频形象、声音、讲课内容、动态操作过程，制成课件，保存在服务器上，并通过校园网、教育网、Internet、卫星等传送到远程教学站点服务器上。④ 远程教育以学员自主学习为主，形成了"纸质教学资源（教材＋教学指南）＋网络教学资源（录播课件或 WEB 课件）＋作业答疑辅导系统（作业、练习；课程讨论区、实时答疑；考试辅导）＋考试和成绩评定"的学习模式。⑤ 远程教育十分重视理论课程和实践两大环节。在理论课程的提升上，着力提高课件质量，在《教师工作职责与要求》中提出了保证课件质量的五个要素：优选主讲教师、选用合适教材、制作高质量电子教案、提高讲授质量及规范录制程序。规定主讲教师必须根据远程教育特点组织课程教学，对课程教学质量全面负责。实践环节是培养应用型人才的关键，每个实验都制定有实验大纲，以教学任务书的形式落实到学习中心和指导教师。课程设计、实习由院（系）教师布置任务和指导，学习中心则配备辅导老师协助指导。毕业实践是教学计划的重要环节，为此学校编印了《毕业设计（论文、实习）工作手册》，明确毕业实践环节选题、任务、评阅、答辩和成绩评定等各阶段的要求。

学校坚持在保证质量的前提下适度发展规模，坚持网络教育教学支持服务水平与招生规模相匹配，招生规模与其他高校相比一直比较小，以本科层次为主。经过十余年的发展，远程教育成绩显著，2010 年荣获"中国现代远程教育十年成就奖"。至 2012 年底，已累计培养远程教育毕业生近 3 万名。

---

① 参见东南大学继续教育学院《东南大学远程教育办学大事记》。
② 参见《远程教育专业设置一览》，《东南大学年鉴》2012 年，第 516 页。《2012 年东南大学远程教育教学质量报告》中则表述为："开设土木工程、工程管理、机械设计制造及其自动化、电气工程及其自动化、法学、电子商务、物流管理、公共事业管理、护理学等本科专业，以及建筑工程管理、机械制造与自动化、机电一体化、护理、计算机应用技术、旅游管理等高起专专业。"
③ 远程教育招生简章表述有 22 个远程教育学习中心，实有 30 个校外学习中心和学习点。
④ 曹效英：《加强远程教育管理，确保教育教学质量》，《东南大学报》2006 年 12 月 26 日。
⑤ 东南大学继续教育学院：《2012 年东南大学远程教育教学质量报告》。

三、鲜明的办学特色

1996 年，在全国普通高校成人教育评估中，专家组对东南大学成人教育"适应需求、严谨教学、规范管理、讲求质量"的办学特色给予了充分肯定，这一鲜明特色也在长期办学中得以传承延续。2004 年学校整合医学成人教育、职业技术教育和现代远程教育的办学资源，合并成立了东南大学继续教育学院。2006 年率先完成了远程教育、成人教育实质性融合，不仅统一归口管理、统一管理制度、统一培养方案、统一学位授予标准、统一平台管理，而且实现了资源共建共享和教学模式的优势互补。东南大学的继续教育已形成了学历和非学历教育并举、传统教学和现代远程教学方式互补，以工为主，工、理、文、管、医等多学科、多专业并重，面向社会、面向在职人员的全日制、业余等多种学习形式的继续教育办学格局，进入规模适度、稳定发展的轨道。

1. 适应需求是东南大学开展继续教育的出发点

立足江苏，确立优先为地方经济建设服务是东南大学继续教育建立的初衷。随着办学水平的提高，东南大学的继续教育也响应国家战略，服务全国，在广西、新疆设置学习中心，加大了对西部地区的支持力度。在专业设置上，学校根据企事业单位对各类人才的需要，不断调整专业设置，从 50 年代的 4 个工科专业发展到 2012 年的工、文、管、理、医等学科的 75 个专业。[①] 继续教育是面向在职人员开展的教育，以培养应用型人才为主要目标，学校不断完善课程设置，形成了结合实际工作和岗位所需的、保证基础、拓宽专业面、提高能力等方面符合成人教育特点的学历、非学历教育课程体系。学校还根据系统人才需要，实施订单式培养。对部分省、市司法及税务系统、市县医院、电力、建筑、机械、交通等行业、中职、高职学校校长和骨干教师等，运用网络、成人教育等教学形式，积极举办学历提升和各类培训教育，推进了高等教育大众化。多年来，学校不断密切与系统和行业的合作办学，坚定不移地走与国家、区域经济建设和社会发展相结合的建设道路，实现由规模速度型办学向内涵质量型办学的根本转变，为国家、地方社会经济建设发展和人才知识需求做出了积极贡献。

2. 严谨教学是东南大学开展继续教育的基本要求

依托东南大学的优质办学资源，继续教育学院建设形成了一批成人教育特色专业，如夜大学的电子信息工程、土木工程（建筑工程）、计算机科学与技术等专业；医学的临床医学和医学影像等专业；函授类的电气工程及其自动化、土木工程（道路与桥梁）、交通工程等专业；脱产班的国际经济与贸易、英语（商贸英语）等。继续教育学院还投入大量资金更新改造学习业务与管理平台，建设和开发精品课程，充分利用远程教育的现代化教学手段与技术改造传统成人继续教育模式，发挥网络教育快捷便利的优势，通过内涵发展、特色发展和创新发展加快

[①] 专业个数参见《立足江苏 服务全国 为建设终身学习型社会作贡献——东南大学继续教育学院简介》，《东南大学报》2012 年 6 月 7 日。

继续教育发展方式的转变，着力提高办学质量和办学声誉。至2012年，东南大学共建设有"财务管理"国家级网络教育精品课程，"放射诊断学""病理学""财务管理""计算机网络概论""工程结构设计原理""刑法学""电力市场概论""微观经济学""大学英语"等9门江苏省级成人教育精品课程，医学影像、土木工程、法学、会计学、护理学5个江苏省级成人教育特色专业。作为教育部"高校继续教育数字化学习资源开放服务模式研究及应用项目"首批启动单位之一，东南大学在继续教育方面完成了10门精品课程视频公开课建设，全部免费向社会开放。

3. 规范管理是东南大学开展继续教育的办学原则

东南大学是一所具有优良传统和严谨校风的重点大学，在教学、科研、学术等领域一贯倡导以诚信为本，重视学校声誉。由于大众化教育的迅速扩展，市场经济之下，成人教育和继续教育在招生、教学管理等方面遇到了一些新情况、新问题。教育部办公厅多次下达紧急通知[①]，要求严格规范管理继续教育事业。为保证教学秩序和质量，减少追求利润的思想倾向对教学工作的冲击，东南大学成人教育在管理体制上由东南大学直接管理和领导，基本遵循了学校的优良传统和风格，做到招生以诚信为本、教学以质量为本、管理以服务为本，坚持维护学校办学声誉，正确处理规模、效益、质量三者的关系。为规范管理，学校制定了一系列规章制度，建成了包括教务、考务、学籍、成绩管理以及招生、学生、学习中心、财务、网络管理等一系列管理制度，建立了比较丰富的教学资源，依托网络教学与管理平台，实现了教学管理现代化。两次获得教育部"全国高等教育学籍学历管理工作先进集体"荣誉，并获评"江苏省教育招生网上宣传优秀单位"。此外，学院还下发《关于全面清查成人高等教育、远程高等教育和自学考试助学班教育及非学历培训（办班）中存在问题的通知》，要求各院系对可能存在的各种隐患进行地毯式排查，明确继续教育学院与各办学院系的职责，从十七个方面规范管理。

4. 讲求质量是东南大学开展继续教育的不懈追求

学校十分重视考风考纪建设，建立了一系列有关考试的规章制度并严格加以执行。同时，严格规范校外学习中心点的设置，认真培育和管理各学习中心。对个别办学不规范，管理不到位的教学点进行撤并，对未获批准的站点不安排招生任务；对办学规范，管理科学、注重服务的教学点进行表彰和奖励。2007年，学校按照"不违规、不损害学校办学声誉、不与中介和私人机构合作办学、不挤占校内紧缺资源"的"四不"原则，对成教、远程教学站点进行整顿，终止了29个既不招生又无在籍学生的校外教学站点的合作办学，分批清理整顿，堵住办学"漏洞"。学校还借鉴本科教育经验，聘请了一批资深退休教授担任督导委员，对课件质量、毕业实践环节质量进行监控，开展教学检查及校外学习中心评估。通过建立教学督导制，定期检查交流和工作会议制度等，逐步形成了继续教育的教学质量保障体系。

[①] 如2003年《教育部办公厅关于严格现代远程教育招生工作管理的紧急通知》、2007年《教育部关于进一步加强部属高等学校成人高等教育和继续教育管理的通知》。

2008年，继续教育学院以"把握规律、提升定位、加快转型创新发展"为主题召开发展战略研讨会。会议明确了继续教育学院要立足"三高"目标，坚持"三不"原则，发展"三主"项目，追求"三大"效益的发展方向。"三高"即高层次、高质量、高效益；"三不"即不违规办学、不挤占学校紧缺教育资源、不影响学校声誉；"三主"即职业培训为主、远程教育为主、国内外联合办学为主；"三大"即社会效益大、经济效益大、对学校贡献大。[①]2010年，远程教育创设十周年之际，学校进一步提出"大力发展非学历继续教育，稳步发展学历继续教育的办学路径，高层次、高水平、高质量的办学标准"。从2011年起，学校将成人教育、远程教育各专业的学制改为2.5年，并重新制订业余(夜大)、函授及远程教育各类各专业的教学计划，确定各专业的学位课程。

东南大学以规范办学、融合办学、转型办学、和谐办学作为继续教育的办学举措，不断改革创新，为完善国家终身教育体系，建设学习型社会做出了积极贡献。1992—2012年间，通过开展继续教育，东南大学累计培养本、专科毕业生41 898人，近万名毕业生获得学士学位，并有部分考上了研究生或出国深造，不少毕业生已成长为企事业单位的骨干或技术部门的负责人，成为服务国家、推动地方经济社会发展的重要力量。

---

① 《继续教育综述》，《东南大学年鉴》2008年，第395页。

第四节　学生思想政治教育

东南大学坚持育人为本、德育为先，在学生思想教育工作中，把立德树人作为根本要求，以理想信念教育为核心，爱国主义教育为重点，思想道德教育为基础，学生全面发展为目标，建立了与知识传授、能力培养相匹配的思想政治教育工作体系，形成了全员育人、全过程育人、全方位育人的良好氛围和工作机制。

一、完善德育工作体制

东南大学十分重视德育工作，1991 年，陈万年书记在第六次党代会报告中提出，"必须坚持社会主义方向，坚持把德育放在首位，努力培养德智体全面发展的人才"[1]。1993 年，学校在认真总结 1988 年《东南大学学生思想政治教育大纲》的经验基础上，修订颁布了《东南大学学生德育大纲》，提出了德育的目标、原则和任务，阐述了德育的内容和途径，完善了实施德育的体制及队伍，使学校思政教育工作逐步走向系统化和规范化。东南大学实施德育的体制体现了"决策民主、指挥集中、运行协调、监督可靠"的基本原则。校级决策机构为校党委和行政领导下的校学生工作领导小组[2]，统一领导、规划、组织、协调全校的德育工作；系级决策系统为系党总支和行政领导下的系学生工作领导小组[3]，执行落实学校决策，并从本系学生工作实际出发，使校级决策具体化。指挥系统由分管学生工作的校党委副书记兼副校长和系党总支副书记兼副系主任组成，负责组织、协调各方力量完成相关任务。校系两级由党政工团等部门和学生社团组成分工合作、齐抓共管、运行协调的执行系统，形成了各司其职、有主有从、齐抓共管的特色。党委宣传部、团委为思想政治教育和学生党团建设的牵头执行单位；教务处负责德育课程安排工作；文学院负责德育课教育；军教室组织国防教育与军训；学生会等学生社团组织学生开展自我教育。[4]

在全面推行素质教育的进程中，学校强调抓好"铸灵魂，强重点，夯基础"三个环节，将思想政治教育喻为灵魂来突出，不断增强学生的爱国主义、集体主义和社会主义思想信念。1997 年，学校党委通过了《精神文明建设五年规划实施要点》，修订颁布了本科生《德育大纲》

---

[1] 陈万年：《加强党的领导，坚持社会主义办学方向，团结和依靠全校师生员工为把我校建成一流大学而奋斗——在中国共产党东南大学第六次代表大会上的工作报告》（1991 年 1 月 10 日），东南大学档案馆藏档案。
[2] 校学生工作领导小组：组长由分管学生工作的党委副书记兼副校长担任，副组长由分管教学工作的副校长担任，成员有党政工团各有关部门的负责人和学生会、研究生会的主席。
[3] 系学生工作领导小组：由分管学生工作的党总支副书记、副系主任任正副组长，成员有专职学生工作干部、系办公室主任、教务助理、系学生会主席、研究生会主席等。
[4] 参见《东南大学学生德育大纲》，东南大学档案馆馆藏档案。

和《艺术教育纲要》。①1998年，学校根据研究生培养的特点和规律，设立了党委研究生工作部，探索研究生思想教育与管理的新途径、新方法。1999年，学校成立了党委学生工作部，进一步加强了党委对学生思想政治工作的指导，同年召开全校学生工作会议，制定了《东南大学研究生德育大纲》《关于加强"两课"建设的意见》《学生工作干部队伍建设纲要》等一系列学生工作的指导性文件，次年正式实施，促进了学生工作的规范化和科学化。

2000年，学校制定了《关于加强和改进思想政治工作的实施意见》，把思想政治工作与解决实际问题紧密结合起来。2004年颁布《东南大学弘扬与培育民族精神实施纲要》，增强师生的民族自尊心、自信心和自豪感。2005年，学校制定了《东南大学党委贯彻〈中共中央国务院关于进一步加强和改进大学生思想政治教育的意见〉的实施意见》，积极推进"十大工程"建设：学生党建工程、思想政治理论课建设工程、师德建设工程、校园文化建设和科技创新工程、校园网络文化建设工程、心理健康教育工程、社会实践建设工程、扶贫励志工程、就业指导和服务体系建设工程、三自能力提升工程，有针对性地做好学生思想教育和引导工作。学校通过"抓契机、抓活动、抓实践、抓社团、抓骨干、抓网络"等方式，以理想信念教育为核心，在全体学生中持续推进"三进"工作，深入开展"三观"教育，培养学生的爱国情怀、改革意识和民族精神，明确历史使命、担当时代责任。

2010年，学校出台了《东南大学关于完善学生思想政治工作体制机制的意见》《东南大学关于加强学生思想政治工作队伍建设的意见》。②同年启动实施"青年马克思主义者培养工程"，面向本科生骨干、研究生干部、专兼职团干部开设培训课程。2011年6月，学校成立了独立建制的马克思主义学院，有效整合学科资源和学生思想政治教育干部队伍资源，提升了马克思主义理论学科与课程建设水平。2011年，学校适时启动实施了"大学生骨干培养工程""团组织建设工程""学生创新创业工程""高雅校园文化建设工程""志愿服务活动工程"等五项工程。支持学生党支部、团支部及学生社团等开展形式多样的主题教育活动，开展以"最佳党日""最佳团日"为主题的公益劳动和社会实践活动，形成了全方位德育的格局。

二、建设高水平的思政队伍

"学高为师，身正为范"，学校以"德才兼备、专兼结合、精干高效、相对稳定"的原则，努力创建知识型、职业化、专家化的思想政治工作队伍。

专职思想政治理论课教师是大学生思想政治教育的骨干力量，以江德兴教授为代表的一

---

① 参见朱万福《面向新世纪，创造新辉煌——在中国共产党东南大学第十一次代表大会上的报告》（1999年6月22日）。
② 参见胡凌云《深入贯彻落实科学发展观，为建设国际知名高水平研究型大学而团结奋斗——在中国共产党东南大学第十三次代表大会上的报告》（2010年9月15日）

批优秀教师长期驻足思政讲台，结合时代背景与时势热点，有针对性地开展马克思主义理论教学，教育学生树立正确的人生观、价值观、世界观，切实提升了学生的思想政治素质。为加强师资队伍建设，学校不断规范教学工作，实行集体备课、公开试讲、授课培训、中期考核、统一考试等严格的管理制度，并加强过程管理和教学质量监督。为提升教师的思想理论水平，学校还选派优秀思政教师出国研修，赴井冈山等红色老区进行暑期专题培训，组织开展集体学习研讨，不断完善思想政治教育科学研究体系。

辅导员是大学生健康成长的引导者，学校以"定位准确、结构合理、制度保障、学科支持、资源整合"为建设思路，出台了《东南大学辅导员队伍建设管理规定》《东南大学辅导员工作职责》《东南大学流动助教管理办法》等规章制度，不断完善辅导员培养和管理机制。学校实行职业资格准入制度，严格选拔专职辅导员与流动助教，定期召开工作例会，集中开展岗前培训和实务工作系列培训，制订并实施两年一周期的辅导员培训计划，定期选派辅导员参加江苏省和教育部等组织开展的专题培训，逐步形成了"院系—学校—省—国家"多层次立体的辅导员培训体系。

学校还鼓励并有计划地组织专职政工干部和辅导员脱产或在职攻读思想政治教育专业或马克思主义理论等专业的第二硕士、博士学位，有效地提升了学生工作队伍的专业化、职业化水平。

学校先后开展了一系列活动加强师德师风建设，如1996年学习"二老"活动，1997年学习"三名师"等活动，重点加强对教师的世界观、人生观、价值观教育，强化敬业精神、使命意识和责任观念。此外还加强管理服务部门干部、职工的职业道德建设，坚持以学生为本，把引导、教育学生与对学生的管理、服务有机结合起来。在此推动下，"教书育人、服务育人和管理育人"活动蓬勃开展，育人环境不断改善，涌现了一批"文明院系""文明处室""文明窗口"。

三、多渠道开展思想政治教育

（一）"两课"教育坚定理想信念

政治理论课和思想品德课（"两课"）是对学生系统地进行马克思主义理论教育和思想品德教育的主渠道和基本环节。1952年，南京工学院的马列主义教研室即开始开设思想政治理论课程。1984年，由社会科学系负责政治课教育。1985年，国家教委提出开展"以中国革命史为中心的历史教育、马克思主义基本理论的教育"，推出"85方案"改革政治理论课。1995年，国家教委在《中国普通高等学校德育大纲》中首次使用"两课"的表述。1998年，确定了"两课"课程设置新方案。2005年，中宣部、教育部发文提出"05方案"，确定了"马克思主义基本原理""毛泽东思想、邓小平理论和'三个代表'重要思想概论""思想道德修养与法律基础""中国近代史纲要"四门必修课,同时开设"形势与政策"课,另设"当代世界经济与政治"等选修课。

学校紧跟国家关于学生思想政治教育的部署安排,加强管理并形成了自身特色。2000年,学校成立了以党委副书记王卓君为组长的"东南大学两课建设领导小组",统一领导规划全校"两课"改革与建设。在"两课"教学中,始终坚持正面教育为主的方针,重视马克思主义、毛泽东思想、邓小平理论、"三个代表"重要思想以及科学发展观的内在联系和整合,将马克思主义中国化的最新发展,党的最新举措、理论观点及时进教材、进课堂、进学生大脑,使马克思主义理论课更具有时代性、开放性和针对性。在教学方法上,提倡启发式、研究式和参与式教学,将课堂教学与自学、社会实践相结合,增强了教育的针对性、实效性和主动性。思政课教师还紧密结合国际形势新变化和中国的改革实践,以科学的理论、翔实的论据以及互联网现代信息技术回答青年大学生思想中的模糊认识和疑难问题,妥善处理、正确引导社会热点问题,加强实践环节,适应了大学生思想政治教育的需要,取得了很好的效果。[1] 此外,学校还积极邀请知名专家来校讲授思想政治理论课示范课。如2004年4月,邀请江苏省委副书记任彦申来校讲授邓小平理论和"三个代表"重要思想示范课,5月又聘请清华大学刘书林教授来校做了"研究社会新变化,探索思想教育新方法"的专题报告,受到广大师生的广泛好评。[2]

在"两课"教学过程中,学校参与编写了一批富有特色、发行量大、受益面广的教材。刘道镛参编的《马克思主义原理》是全国高校马克思主义理论课通用教材,1992年获全国高校优秀教材二等奖。江德兴主编的《马克思主义哲学原理》是江苏省高校统编教材,2001年5月被评为教育部"两课"优秀教材。"两课"教学成绩优异,江德兴主持的"思想政治理论的教学研究与教学改革"还荣获2004年江苏省高等教育教学成果一等奖。在老师的悉心教导下,学生研究马克思主义的热情高涨,2012年还成立了"马克思主义理论研究协会"的社团组织。

(二)"第二课堂"践行志愿服务

20世纪80年代,南京工学院以"培养能力,开展智力,陶冶情操"为宗旨探索以学生为主体开辟"第二课堂"。"第二课堂"主要在团委、学生会以及各类学生社团的组织参与下展开,分有讲座、专题报告会、社会调查、科技竞赛、学术研讨、文艺活动及社会实践等多种形式,深受师生欢迎。

1982年9月,学校正式成立了大学生科技文化协会,以学生为骨干大力开展"第二课堂"活动,在当时高校和社会上产生了较大影响,《中国教育报》给予专版报道,并受到团中央领

---

[1] 部分参见江德兴、许苏明、刘云虹等《思想政治理论课的教学研究与教学改革》,蒋建清主编:《东南大学国家级省级教学成果汇编》,南京:东南大学出版社,2008年,第250-254页。
[2] 中共东南大学委员会:《以党建为核心全面加强大学生思想政治教育》,左惟主编:《"三个代表"重要思想的新探索》,南京:东南大学出版社,2004年,第116页。

导的肯定和表彰。1984年"五一",学校举办了一次规模较大的"第二课堂成果展览会",动员了几百名大学生科协会员参与展览并提供展品。① 6月8日,时任共青团中央书记处第一书记胡锦涛、团中央书记处书记刘延东、张宝顺等在江苏团省委书记季允石的陪同下来校参观了此次展览。胡锦涛认真参观了学生的科技成果,听取王澍同学介绍现代交通流量控制的思路以及任雷明、张铁军同学的汇报,与同学们亲切交谈,勉励青年学生坚持走理论联系实际的成才之路。② 最后,他在留言簿题词:"从这次展览中我们看到了南京工学院师生的智慧。为了迎接新技术革命的挑战,国家必须培养出高质量又红又专的人才。在南工团委第二课堂的活动成果中,我们认为围绕培养人才这个中心开展团的工作是高校共青团工作的改革方向。"③

90年代以后,学校结合文化素质教育,在"第二课堂"开展了一系列高品位的校园文化活动,其中"华英文教系列讲座"邀请大师大家来校讲学,成为东南大学文化素质教育的品牌项目。在"挑战杯"全国大学生系列竞赛中,东大学子更是屡创佳绩,在2001年第七届、2007年第十届竞赛中两次捧得"挑战杯",并多次获得"优胜杯"。1994年9月,东南大学大学生文艺活动指导中心正式成立,首任主任为孙子凤。中心向全校学生开设了"音乐欣赏""声乐""钢琴""舞蹈""二胡""笛、箫"等艺术选修课,指导大学生艺术团在校庆、国庆、新生文化季期间推出精彩纷呈的文艺演出,弘扬民族文化,讴歌时代主旋律,展现了当代大学生朝气蓬勃、努力进取的精神风貌。

开展社会实践活动是促使学生理论联系实际和在实践中成长成才的重要途径。东南大学为学生创造了广阔的社会实践平台,有效地提高了学生自我教育、自我服务、自我管理的能力,多次被中宣部、国家教委、团中央授予"社会实践先进学校"称号。

志愿活动是使大学生深入接触社会、学习社会、回报社会的良好途径。1994年校团委组织成立了青年志愿者总队,除在校内开展"青年文明岗"、校园执勤、家电义务维修等志愿活动外,还走出校门开展社区援助活动,通过"三挂靠"④,在南京市玄武区兰园、梅园、丹凤街、新街口等街道建立了社区援助站,并向静海寺、梅园新村纪念馆选送义务讲解员,与南京市儿童福利院达成长期共建协议,与孝陵卫街道共建"民工夜校"和"民工创业援助基地",得到了群众的一致好评。学校还响应国家号召,深入开展"三下乡"活动。1997年暑期,校团委围绕"文化、科技、卫生"主题,创建了建湖、扬州、江都、江阴等12个大学生社会实践基地,组织学生奔赴各地开展科技文化服务活动。其中,硕博实践服务团服务地方经济建设的"科

---

① 参见南京工学院教务处、学生工作部、团委《开辟第二课堂 探索培养全面发展人才的新途径》,《高等工程教育研究》编辑部编:《高等工程教育研究 高等工程教育第三次专题研究会专辑2》,1984年,第81—85页。
② 熊仁民:《难忘的教诲 巨大的鼓舞——忆胡锦涛总书记1984年考察东南大学》,郑立琪:《史乘千期记东南》,南京:东南大学出版社,2006年,第447页。
③ 熊宏齐、单晓峰、曹玢等:《东南大学大学生科研训练计划(SRTP)活动概览》,南京:东南大学出版社,2008年,第9—10页。
④ 校团委与区挂靠、分团委与街道挂靠、团支部与委会挂靠。

技下乡"活动,为企业解决技术难题,推动了地方产业结构的优化调整,深受地方政府欢迎。2012年,学校成立了亚青会志愿者工作协调小组,选拔第二届亚青会志愿者。通过志愿服务,学生在社会学校中得到锻炼,增强了社会责任感。

东大学生还积极投身"希望工程"助学活动。1989年,团中央、中国青少年发展基金会发起了以救助贫困地区失学少年儿童为目的的希望工程,在校团委的组织下,同学们自发组织义卖、募捐、慈善舞会等活动,助学热情高涨。至1996年,全校已有135个团支部参加,当年资助徐州市睢宁县、丰县152名失学儿童。2002年学校成立了研究生支教团。2005年起,面向南京6所农民工子弟小学和希望小学,长期开办暑期爱心夏令营,为小学生开展科普讲座、英文情景对话活动。2003年,团中央、教育部、财政部和人事部实施"大学生志愿服务西部计划",团委与西部支教地之一的内蒙古准格尔旗开展长期帮扶活动,与准格尔旗第一中学共同组建了"东南大学希望之星班",与品学兼优的特困学生建立"一助一"或"多助一"的对口支援,并组织了"医疗下乡"硕博服务团,开展走访调研。此外,学校还开展有"苏北计划""绵竹计划"等支教项目。2011年,由支教协会、信息科学与工程学院报送的"至善黔程"(第二期)西部支教团队的作品荣获第三届"远洋之帆中国大学生社会实践奖"教育类作品唯一一等奖。

(三)党团活动传承红色基因

2004年学校党委制定了《东南大学学生党建工作纲要》,明确提出以党建统领全校大学生的思想政治教育工作,不断创新新党员培养和发展的工作机制,以党建活动的日常化、制度化,带动思想政治教育的经常化和有形化。[①]在学校党委和团委的统一部署下,各院系党委总支、分团委紧跟时代开展了丰富多彩的党团活动,弘扬革命传统,传承红色基因。

学校以纪念"五四"、国庆等重大节日、纪念日及重要事件为契机,以专家讲座、征文、演讲辩论比赛、文艺汇演、书画摄影比赛等形式,开展了雷锋月、纪念南京大屠杀遇难同胞、汶川地震等活动。2002年,共青团诞生80周年之际,团委在全校开展了"永远跟党走"的主题团日活动,举行一次重温入团宣誓仪式,开展一次征文,组织一次义务劳动,举办一次团的知识竞赛,上一堂团课。2011年是建党90周年,学校以"红色校园文化年"为主题,支持、鼓励各院系党委、团委和学生会、研究生会开展"学党史,知党情,跟党走"系列活动,累计开展主题活动近10场,参与学生超过2万人次,涌现出"红星耀东南""红之韵"等精品活动。人文学院、经管学院和化工学院等院系以革命精神和红色历史为主要内容开展实践类、研讨类活动,把对中国共产党奋斗史、探索史和建设史的学习和研究以课题研究和专项活动的形式推

---

① 参见中共东南大学委员会《以党建为核心全面加强大学生思想政治教育》,左惟主编:《"三个代表"重要思想的新探索》,南京:东南大学出版社,2004年,第116页。

展开来，把文化传承创新与光荣革命传统教育结合，极具创新特色。2012年，团委以建团90周年为契机，推出了"与信仰对话""磐石计划"等系列活动，引导基层团组织开展理论学习、青春领航、社会观察、经典诵读，期间经济学家华生的讲座"中国改革——做得对的和没做的"极受学生欢迎。

（四）国防教育磨炼意志品格

东南大学是1985年国家教委确定的首批57所学生军训试点高校之一，经过多年探索实践，在军事技能训练、军事理论课程建设、国防体育运动普及与提高、国防教育活动方面取得了丰硕成果，形成了自身特色。2001年获教育部、总参谋部、总政治部联合颁发的"学生军训先进单位"称号，军教室主任董本植也因其出色的工作成绩获国务院特殊津贴。

学生军事技能训练及军事理论教育是教育部、总参谋部、总政治部规定的学生必修课，是国防教育的重点。集中军事技能训练为必修课，训练时长20日左右，训练内容除解放军共同条令、轻武器射击、单兵战术、行军拉练之外，还有军体拳、刺杀操、格斗术、战场救护、消防演练、紧急疏散等科目。1986年起，学校正式开设军事理论课程，列入本科生培养计划，分必修课、选修课两种。2003年，学校开始承担高等教育国防教育方向在职攻读硕士学位的培养工作，2005年招收全日制研究生。2010年在集体备课制基础上引入督导制，成立了本科教学督导小组和研究生培养指导小组，加强了军事理论教学监督与管理。

1997年，学校建成国防活动中心。以国防活动中心和大学生国防协会为依托，开展多种形式的国防教育活动，如由学生国防协会组织参观南京国防园、南京大屠杀遇难同胞纪念馆等爱国主义教育基地，请地方和部队领导做国防讲座，播放军事题材录像片等。学校还依托学生国防协会、定向运动队、射击运动队，积极参与国防体育竞赛项目，在定向越野、运动枪射击、军用枪射击等国防体育运动中屡创佳绩。通过训练和教育，使学生增强了组织性和纪律性，提高了国家安全意识，培养了艰苦奋斗和吃苦耐劳的作风，强健了体魄，磨炼了意志。

（五）心理教育养成健全人格

学校十分重视学生的心理教育，早在20世纪80年代末就成立了学生心理健康教育中心，开展心理健康教育普及活动，形成了较为成熟的运行机制。

心理中心把大学生心理健康普及教育与咨询工作紧密结合，形成了点面结合的心育工作模式。面上的普及教育是心理健康教育的重点，主要有课程教育和日常的橱窗、板报、讲座、"525"宣传等形式。多年来，心理中心面向全校开设了"大学生心理健康教育""自我与人格""情感心理学""性健康教育""职业心理辅导"等多门心理健康教育课程。心理中心每两周开展一次心理健康教育咨询工作专题培训，分为"心理咨询技能与案例讨论"，"心理健康知识与自我成长"两大专题。通过团体辅导、小组训练、个案分析技能示范、课程教学等互动体验式培训，不断提升心理健康教育与辅导专业技能，加强心理教育咨询队伍专业化、规范化建设。①

心理中心还建立了大学生心理健康档案，不断健全后续的回访、跟踪和管理工作。每年十月中旬通过网络对新生进行心理健康普查、筛选，继而进行大规模的约谈、排查工作，对问题或障碍学生建立长期咨访关系或适时转介，为每位学生建立档案以备日后跟踪并及时干预。经实践探索，逐步构建起以心理健康教育中心为主导、院系积极参与和落实、学生（大学生心理健康协会、班级心理委员）有力协助和配合的"上、中、下"三位一体的面向学生心理危机事件的早期发现、预先制止、快速反应的危机干预"快速化、预制化"反应系统，及时沟通疏导，最大限度地减少了学生心理危机事件的发生率。

（六）网络平台筑造舆论高地

东南大学十分重视网络资源的开发利用，积极开辟理论和宣传的新渠道和新平台。2001年，中共东南大学委员会研究起草了《关于加强思想政治教育进网络工作的实施意见》，全面部署规划思想政治进网络工作。

2001年，学校以"创思想先导，传师生新声"为宗旨，由党委宣传部主导建成了校园红色网站"东大先声"，设有"新闻纵横""理论之窗""时事点击""我的大学""两课建设""校长信箱"等栏目，生动活泼地开展思想政治教育。2006—2007年，"东大先声"在教育部中国大学生在线网站组织的全国高校百佳网站网络评选活动中，分别荣获全国高校"十佳思政类网站""十佳文娱类网站"光荣称号。2010年，学校又制作发布了思想政治教育工作专题网站"至善网"。2011年，在"至善网"上开辟了"创先争优""国家中长期教育改革和发展规划纲要学习""学习胡锦涛总书记在清华大学建校100周年庆祝大会上的讲话精神"等专题学习栏目。同年，东南大学还承办了中宣部、教育部等六部委联合主办的"庆祝建党90周年网上系列活动"之"网上党史知识竞赛"，获得中宣部、中央外宣办等颁发的"最佳组织奖"。

学校还推出了迎新、军训、传染病防治等专题网站，各院系也陆续设立了思想政治教育的相关栏目，及时更新理论学习资料，使之成为广大师生开展理论学习的重要载体，同时积极吸纳学生参与网站运营，开展正面引导，构建起了线上线下相结合的党员教育载体。各类思政网站的相继建成，大大拓宽了东南大学思想政治教育工作的渠道，积极、正确、健康的思想文化占领网络阵地，青年学子自觉地成为网络文明、网络道德、先进文化的倡导者、宣传者、传播者和实践者，展现出了昂扬奋进的精神风貌。

---

① 参见《东南大学年鉴》2009年，第365页。

第三章

学科与师资队伍建设

建设高水平研究型大学，核心是高水平学科建设，而高水平学科必须有高水平的师资队伍和高水平学术研究及成果作支撑，学科与师资是体现学校核心竞争力的最重要发展根基。东南大学始终高度重视学科建设，二十年来，根据国家发展战略需要和经济社会发展需求，立足学校实际，围绕一流大学建设目标，充分发挥工科优势，走"精而强"和"扬长补短"的学科发展之路；优先发展重点学科，瞄准学术前沿，努力打造有国际竞争力的"高峰"学科；积极恢复与大力发展理科、人文社会学科和医科，鼓励集成创新、交叉融合，发展新兴交叉学科，逐步形成了一个以工为主，工、理、文、医等协调发展，相互支撑、良性互动的学科生态。通过持续不断加强师资队伍建设，自主培养与积极引进双轮驱动，改革和完善教师岗位评聘、绩效考核及奖励分配制度，加大对中青年骨干教师的培养扶持，不断优化和提升教师学历、学缘结构，建设高层次人才队伍，打造人才高地，东南大学已基本形成了一支以高层次人才为核心的能胜任一流大学建设发展需要的高水平师资队伍。

第一节 学科建设发展历程

一、学科建设目标与发展思路演进

学科建设是大学建设的核心，对大学发展有着统领、推动和基础性作用。改革开放后，国家大力发展高等教育事业，在不同发展时期分别提出了高等学校学科建设的发展思路和指导原则，这些思路和原则既体现出时代特征和发展的阶段性特征，又表现出一些基本的共性，即：高度重视学科建设，调整优化学科结构，主动适应国家经济发展需要，瞄准国际学术前沿，不断提升学科建设水平和国际竞争力。这些都对东南大学的学科建设有着重要的指导作用。改革开放前，东大素以教学质量高闻名，是一所以教学为主的学校，科研及学科建设比较薄弱。改革开放后，学校逐步提升科研和学科建设在学校工作中的重要地位，提出了"以科研为先导、以任务带学科"的发展思路，形成了"学科建设是龙头，教学和科研是两翼，队伍建设为主体"的共识，学科建设特别是重点学科建设成为学校最受关注的重要工作。在不同发展阶段，学校学科建设的具体目标和侧重点虽有所不同，但方向和任务始终不变。

（一）建立综合性大学的学科布局与和谐发展的学科生态体系

自20世纪80年代中期，东南大学确立了由工科大学向综合性大学转变的发展战略，与之相适应，也明确了建立综合性大学的学科布局与和谐发展的学科生态体系的学科建设目标。

1986 年，在《东南大学"八五"事业计划和十年规划纲要》中确立了发展目标："到 2000 年把我校建设成为国内第一流、国际有影响的以工为主，理、工、文、管多学科相结合的综合性大学，是我们坚定不移的奋斗目标。"[①] 在 1995 年东南大学第十次党代会上，朱万福书记在报告中提出，要在 2012 年建校 110 周年时，把东南大学建成"以工为主，理工结合、文理渗透、工理文管协调发展，有自己特色的居于国内一流大学前列，有较大国际影响的大学"[②]。可见，"瞄准世界先进大学水平，形成覆盖面较宽、布局合理的学科体系，实现以工为主，理工结合、文理渗透、工理文管协调发展"[③]成为 20 世纪八九十年代学校学科建设的目标。

2000 年，四校合并组建新的东南大学后，综合性大学的学科布局基本完成。在保持工科优势的前提下，改善学科结构的不平衡，建立和完善协调发展的学科生态体系成为学科建设的重点。学校提出了新的奋斗目标："建设成为以工为主，理工医结合、科技人文交融、工理医文管协调发展，在教育质量、科学研究及科技成果转化和社会服务等方面居于国内一流大学前列，部分学科接近或达到世界先进水平、有较大国际影响的综合性研究型开放式的社会主义大学。"[④] 2005 年，第十二次党代会确立了"三步走"建设世界一流大学的战略，《东南大学 2006—2010 五年发展规划纲要》确立了学科建设的任务是："若干学科达到或接近国际先进水平；培育新兴学科，在理工医结合、多学科交叉等方面取得显著成效，形成优势互补、交叉互动的学科生态体系。"[⑤] 2010 年，第十三次党代会提出新"三步走"的发展战略，在此基础上，再次确立了构建与国际知名高水平研究型大学相匹配的学科布局及建设目标。

（二）"以科研为先导，以任务带学科，以联合求发展"

20 世纪 80 年代后期，韦钰校长提出的"以科研为先导，以任务带学科，以联合求发展"的发展战略成为之后学校学科建设的重要指导思想。当时，东大的学科建设存在着以下问题：传统学科进展较慢，不能适应经济建设和社会发展的需要；学科带头人数量不足，年龄老化，中年"帅才"缺乏，青年人才"冒尖"不多；学科特色不明显，缺少高水平、有重大意义的科研项目。要改变这种状况，实现学科大的发展，就必须以重大科研任务和重要研究课题为纽带，以任务促学科，以学科争任务，通过科研任务锻炼学科队伍，凝聚人才，取得成果，提高能力，形成学科与任务相互促进；通过学科间联合、学科与校外企业、科研院所等联合合作，集中力量拿大项目、获大成果，提升学科水平，形成学科发展繁荣的良性循环。这一发展战略有力地推动了学科建设，并且在以后的学科建设中一直得以坚持和贯彻落实。

[①]《东南大学"八五"事业计划和十年规划纲要》，东南大学档案馆馆藏档案。
[②] 朱万福：《东南大学第十次党代会报告》，东南大学档案馆馆藏档案。
[③]《东南大学改革和发展规划》（1995 年 9 月），东南大学档案馆馆藏档案。
[④]《东南大学 2001—2005 五年行动计划》，东南大学档案馆馆藏档案。
[⑤]《东南大学"十二五"改革和发展规划纲要》，东南大学档案馆馆藏档案。

学校的"八五"计划提出：学科建设不能坐等国家投入，要不断深化科研体制改革，调动广大科研人员的积极性，争取"八五"期间完成一批对国家经济建设和国防建设有重大意义或较大影响的科研项目，建成一批水平较高，对国内和校内开放的重点科研基地，通过联合和开放，以任务带动学科发展，以基地平台集聚人才，以服务贡献获得支持。《东南大学"八五"事业计划和十年规划纲要》也指出："重点学科建设要以学科方向为灵魂，以学科梯队为基础，以支撑条件为骨架，以重点科研项目为龙头，形成自我发展、自我提高的良性循环。"[1] 顾冠群校长高度重视科研对学科的重要意义，视科研为学科的灵魂，致力于打造一支高水平的科研队伍。他指出：一所高水平的学校和高峰学科，必须拥有若干个乃至一批"科研尖刀"团队作为支撑，"优秀的'科研尖刀'团队具有团结集成能力，攻关突破能力和突出的过硬的成果，能在科学的前沿、关键技术、产业化基础和科研服务体系方面形成科研尖刀"[2]。易红校长一再强调学科建设要"以重大科研项目为纽带，组织不同学科联合攻关，大力推动学科交叉集成，争取产出更多对国民经济和社会发展产生重大影响的标志性成果"[3]。从"八五"到"十二五"期间，学校积极推动学科建设发展并鼓励多学科联合申请国家"863""973"计划等重大科研项目，申报"211工程""985工程"学科建设项目，通过重大科研项目，学校的科研能力得到明显提升，学科发展上了一个台阶。

（三）优先发展重点学科，打造"高峰"学科，走"精而强""扬长补短"的学科发展之路

在学科建设的实践中，学校逐步确立了优先发展重点学科，打造"高峰"学科，走"精而强""扬长补短"的学科发展之路，并一以贯之。"精而强""扬长"即是指充分发挥现有优势学科之长，尽快建成若干个达到或接近世界先进水平的"高峰"学科；"补短"，主要指补上对综合性大学学科生态发展起重要作用，有一定实力，但相对工科强势学科尚有一定差距的学科（如"艺术学""公共卫生与预防医学"和"管理科学与工程"等学科），通过加强建设，使之成为学校工科以外在国内有较强地位的学科。以"高峰"学科带动其他学科的发展，扬长补短，不断壮大提升学科的整体实力。

在资金和资源有限的情况下，东大在学科建设中一直坚持突出重点、整体推进的发展战略，遵循重点支持优势学科和分层次建设各个学科的建设方针。学校"八五"计划就提出要在90年代"建设一批居于国内同类学科前列，在国际上有一定影响的重点学科"。《东南大学2001—2005五年行动计划》提出学科建设的基本原则是"以源头创新为方向，把基础研究特别是应用基础研究放在首位，努力在应用性研究上取得重要进展，尤其要培育和发展一批富有

---

[1] 《东南大学"八五"事业计划和十年规划纲要》，东南大学档案馆藏档案。
[2] 顾冠群：《加强战略研究 提高核心竞争力——顾冠群校长在学校工作研讨会上的讲话》，《东南大学报》2004年8月28日。
[3] 易红：《开拓创新 争先进位 开创东南大学学位与研究生教育新局面——在东南大学研究生院成立20周年庆祝大会上的讲话》，《东南大学报》2006年12月30日。

标志性成果的强势学科""在优势传统学科基础上瞄准前沿方向，发展应用性强的高技术学科，潜心培育新的生长点，开拓发展空间，坚韧不拔地攀登和占领制高点"，"创建'发展极生长点'模式的学科新格局。发展极以重点学科和优势学科为核心而形成，生长点由理工结合、理工医结合、科技与人文结合、传统学科与高技术学科结合而产生"①。顾冠群校长多次强调学科建设要"突出重点、优化结构，扬优扶新，集成创新，适应需求"②。他认为"大学的使命是正确引导社会前进"③，为国家和世界的科学技术进步和社会经济发展做出积极贡献是经济全球化背景下，中国大学必然面临的新的更加艰巨的历史使命。"一所高水平大学必须要有国际知名的高峰学科。高峰学科由学校内部其他优势学科的支撑和集成，并带动学校内的各学科的发展。"④在这一思路引导下，学校在学科建设的实践中逐步形成了走"精而强""扬长补短"的学科发展思路。

2005年，胡凌云书记在第十二次党代会报告中再次明确提出："以'高峰学科'建设为龙头提升学科核心竞争力。坚持走'精而强''扬长补短'学科发展之路，突出重点，整体推进，集中力量重点建设一批有特色的高峰学科，加快向世界一流水平迈进，并带动整体学科水平的提高。"⑤《东南大学2006—2010五年发展规划纲要》也明确提出"强化重点学科建设，提升学校综合竞争力""集中力量重点建设若干有特色的高峰学科""鼓励以工科为核心的优势学科率先发展""抢占制高点，增强国际竞争力和可持续发展能力"⑥。《东南大学"十二五"改革和发展规划纲要》明确提出了"集中力量打造世界一流学科。突出建设重点，加快建设步伐，依托'985工程'和'211工程'，集中力量建设电子信息类、建筑土木交通类和生物医学类等建有一级学科国家重点学科的高峰学科，使之尽快达到或接近世界一流水平"⑦。正是在"精而强""扬长补短"的学科发展思路引导下，在重点学科建设取得重大突破的同时，交叉学科、新兴学科也取得大的发展，学科结构进一步优化。

（四）集成创新、交叉融合、发展新兴交叉学科，推动学科结构的优化升级

随着世界科技的突飞猛进，科学技术的发展呈现多学科相互交叉渗透、高度综合化、系统化、整体化的趋势，对高校学科建设提出了新的要求。为适应世界科技发展的新趋势和新要求，学校确立了集成创新、交叉融合、发展新兴交叉学科，推动学科结构优化升级的发展思路。

---

① 《东南大学2001—2005五年行动计划》，东南大学档案馆藏档案。
② 顾冠群：《在我校学科建设与研究生教育工作会议上的讲话（摘要）》，《东南大学报》2002年10月10日。
③ 顾冠群：《大学的使命与多学科合作的集成创新——在东南大学产学研高层论坛上的讲话》，《东南大学年鉴》2004年，第61页。
④ 顾冠群：《加强战略研究 提高核心竞争力——顾冠群校长在学校工作研讨会上的讲话》《东南大学报》2004年8月28日。
⑤ 胡凌云：《以科学发展观统领全局 努力提高办学治校能力 不断开创国内外知名高水平研究型大学建设的新局面——在中国共产党东南大学第十二次代表大会上的报告》，《东南大学报》2005年6月14日。
⑥ 《东南大学2006—2010五年发展规划纲要》，东南大学档案馆藏档案。
⑦ 《东南大学2006—2010五年发展规划纲要》，东南大学档案馆藏档案。

东大工科虽实力深厚，但是以传统工科为主，规模较小，资源分散，学科间合作不足，学科要获得更大的发展就必须打破学科间的壁垒，实现合作交融。早在80年代，学校就提出"以联合求发展"，鼓励学科间联合合作。90年代，顾冠群校长将网络和CIMS领域中的"集成"概念引入学校管理中，提出了"集成创新"的理念，要求学科建设以集成创新为着力点，"在研究方向、研究内容和研究方法上推陈出新，促进学科交叉、集成，力争利用多学科综合优势，取得重大的源头创新成果"①。集成创新主要是从战略的角度，根据世界科学和技术前沿发展趋势，面向国家和区域经济发展提出的重大课题，以"相关、相融、互补"的原则，建立"开放、融合"的运作模式，以重大科研项目、重大工程为纽带，促进学科的交叉融合，培育新的学科生长点，发展新兴交叉学科，加强理工医结合、文理渗透和多学科综合，实现学科结构的优化升级。

2002年12月10日东南大学召开学科建设规划动员会

"十五"期间，在全国高校合并浪潮下，高校格局发生了重大变化，产生了一批学科综合实力强劲的学校，相比之下，东大的一些学科更显得势单力薄，学科建设面临着严峻的挑战。在这样的情况下，学校更加重视学科的集成交叉与融合，提出要"优先支持理工结合、理工医结合、科技与人文结合、传统学科与高技术学科结合的新学科、新研究方向或新研究领域。要在生命科学、信息技术、纳米技术、新材料、能源环保、先进制造技术等领域中组建一批新兴交叉学科"②。"十一五"期间，学科建设中仍存在着不少问题，如：科技资源相对分散，不

---

① 顾冠群：《在我校学科建设与研究生教育工作会议上的讲话（摘要）》，《东南大学报》2002年10月10日。
② 《东南大学2001—2005五年行动计划》，东南大学档案馆馆藏档案。

能适应大型科技攻关的需要,不利于强势交叉学科形成;学科交叉集成效果不明显,特色不突出。为推动学科更好发展,《东南大学2006—2010五年发展规划纲要》提出:"大力促进学科的交叉集成,培植新的学科生长点,扶持新兴学科发展。在学科协调发展的基础上,以重大科研项目为纽带,组织不同学科联合攻关,大力推动学科交叉集成,培植新的学科生长点,组建新兴学科,抢占制高点。"①《东南大学"十二五"改革和发展规划纲要》提出要"密切跟踪国际科技发展前沿,紧密结合国家经济社会发展的新要求,优选学科发展新方向,逐步建立形成鼓励和支持交叉学科快速成长的机制与环境。积极推动人文社科、理科、医科、工科等进行跨学科合作,在学科交融与合作中产生学科发展的新思路和新方向,谋求学科发展的新突破"②。

为了鼓励促进学科的交叉融合,根据"目标一致,优势互补,共同发展,各得其所"的原则,学校于2010年组建了电子信息、土建交通、机能材化、电仪控制、生命科学与医学、人文社会科学、理学7大学部,统筹学科群的建设和发展规划,组织承担和实施大工程、大项目等研究任务,促进学科的交叉、渗透和综合,培育学科生长点,发挥学科群体的优势。以学部为建设单位的学科建设策略,有效集聚了学科资源,形成了相互支持、优势互补的学科群优势。只是,学部在实践中作用的发挥还有待进一步提高。

(五)开拓创新,争先进位,走超越发展之路

开拓创新、争先进位是学校在日益激烈的高校竞争态势下提出的一个重要的发展方略,也是学科发展的重要策略,对学校发展和学科发展起到了直接的促进和推动作用。

2006年前后,东大学科发展面临"瓶颈",突出表现在高水平成果和国家级的奖励偏少,优秀的学科领军人物偏少,高水平论文和重大基金项目数量徘徊不前,学科之间发展不平衡,学校国际化程度不高等问题。为此,新上任的易红校长提出了"开拓创新,争先进位"的发展方略,学科建设"以学科进位为着力点,实现学校发展的新跨越"③。通俗地说就是每个学科不能安于现状、坐井观天,都要选择一个国内和国际先进大学的相应学科为参照系,根据高等教育和科技发展趋势,在现有的基础上凝练自身特色,确定各自赶超的标杆,通过与国际先进水平的对比分析,正视差距,找到比较优势,明确发展方向,不断"争先进位"。高峰学科要敢于超越对手、超越自我,进一步确立领先优势;一般学科要进一步凝练方向,选择有可能争先进位的突破口,集中力量加快发展,形成后发优势;新兴学科要坚持高起点、高目标,切实选准切入口,构建学科先发优势。根据学校要求,各学科制定了各自的参照系,如:通信与信息系统学科以美国加州大学圣迭戈分校的相关专业为参照系,生物医学工程学科以美国耶鲁大

---

① 《东南大学2006—2010五年发展规划纲要》,东南大学档案馆馆藏档案。
② 《东南大学"十二五"改革和发展规划纲要》东南大学档案馆馆藏档案。
③ 易红:《以学科进位为着力点 实现学校发展的新跨越——在东南大学党委十二届二次全会上的讲话》,《东南大学报》2006年5月22日。

学和日本东京大学的同类学科为参照目标，控制理论与控制工程学科努力追踪加州大学伯克利分校的相应学科的发展，土木结构工程学科则瞄准伊利诺伊大学香槟分校的相关学科为赶超对象。在确立了目标后，这些学科在建设过程中不断紧追目标，查找差距，努力提升学科水平。经过重点建设，这些学科整体实力跃上了新的台阶，在继续保持国内领先水平的基础上，有些学科或研究方向取得了达到或接近国际先进水平的成果。

（六）走特色发展之路

纵观世界著名大学，无不以个性鲜明、特色突出、别具一格的世界一流学科而闻名天下，特色发展是世界高校学科建设和学校发展的成功经验，也是东大学科建设的着力点。学校在《东南大学2001—2005五年行动计划》中提出要"发挥学科集成优势，全力创建学科特色"[1]，积极促进各学科研究和发现本学科的新生长点、寻找新的突破点、勇攀制高点，形成学科新的特色和优势。学校不仅要求优势工科要办出自己的特色和优势，还要求理科、文科、医科也要走特色发展之路。《东南大学2006—2010五年发展规划纲要》提出"要努力发展有特色的公共卫生与预防医学""在发展中努力适应研究型大学对理科的要求，并形成自己的特色和优势""发展特色人文学科""形成学科优势和鲜明标识"[2]。学校根据科学技术演进的趋势，结合国民经济建设和社会发展的实际需要以及学校的实际情况，按照"特色—优势—高峰"的发展路径，引导工学学科审时度势，强化内涵建设，加强传统学科改造升级，建设一批有特色的高水平学科；支持文、理、医等重点发展特色学科，鼓励其与工科优势学科结合，谨慎选择突破方向，以形成合力，寻求在局部领域和若干方向上的重点突破。

二、学科建设的发展历程

大学的历史也是其学科建设和发展的历史，回顾东南大学的学科建设，经历了从初创时的弱小稚嫩，到逐步扩展丰富，几经反复再到日趋壮大成熟的历史过程。

作为近代中国高等教育的先驱，早在"三江""两江"时期，学校就在优级本科中设立了理化数学部、博物农学部和工艺科，这是区别于以传授四书五经为主的中国传统学堂，具有现代科学意义的高等教育学科。1915年，南京高等师范学校成立时即设有国文、理化两部（后改称国文史地、数学理化部）及一个国文专修科，后增设体育、工艺、农业、英文、教育专修科，1917年又设立商科。国立东南大学时期，学校设有文科、理科、工科、商科、医科、教育科、农科等，是当时全国少有的真正意义上的综合性大学之一。1927年，国立第四中山大学时期，

---

[1] 《东南大学2001—2005五年行动计划》，东南大学档案馆馆藏档案。
[2] 《东南大学2006—2010五年发展规划纲要》，东南大学档案馆馆藏档案。

由于并入多所学校，更是形成9院36系之规模，包括自然科学院、社会科学院、文学院、哲学院、教育学院、医学院、农学院、工学院、商学院，一时蔚为大观。国立中央大学时期，学科几经调整充实不断发展，根据1947年3月的统计，学校设有理、工、医、农、文、法、教育7个学院，下设36个系，另有一个研究院（23个研究所）、1所专科学校（全国唯一国立牙医专科学校），其学科之全、规模之大，执全国高校之牛耳。

1949年8月，学校改名国立南京大学，后为南京大学。1952年全国高校院系调整，以原南大工学院为主体，先后并入金陵大学、江南大学、武汉大学、浙江大学、复旦大学、厦门大学等校的相关系科及专业，在四牌楼学校原址成立南京工学院，至此，学校成为一所多科性工科大学，设有建筑、机械、动力、电信、土木、化工、食品工业7个系，10个本科专业、10个专科专业。后在50年代后期，先后有化工系迁出组建南京化工学院，食品工业系迁出组建无锡轻工业学院，电信系迁出有线专业部分教师参与组建成都电讯工程学院，留下的部分成立无线电工程系。60年代初，农机系迁出组建镇江农业机械学院。迁出的化工、食品、农机等系独立建院，虽然有力地促进和扩大了相关工业部门的人才培养，但客观上削弱了南工的学科实力，特别是化工专业完全划出，某种程度使学校工科失去了一个有力支撑（不过也表明南工这些系科专业的实力）。为适应国家建设，特别是国防建设需要，这一时期学校还先后设立了水声、陀螺技术及导航、解算技术及装置（计算机）等新专业。到1978年，学校设有建筑系、机械工程系、动力工程系、无线电工程系、土木工程系、电子工程系、基础课系、自动控制系8个系和马列主义教研室，有22个本科专业。

改革开放后，东南大学的学科建设有了很大发展，新学科不断涌现，特别是非工科类专业和学科发展较快。早在1978年，学校就提出了"以工为主，理工结合"的学科发展方向，后在实践中逐步达成了建设"国内第一流，国际有影响的综合大学"的共识。在这样的共识下，学校调整、加强传统工科，恢复重建理科、文科，开拓新兴交叉学科，开启了谋建综合性大学之路。到1988年学校复更名为东南大学时，全校已设有18个系，41个本科专业、6个专科专业，有博士学位授权点14个，硕士学位授权点37个。①

自1992—2012年，东南大学学科建设在不同发展阶段面临的问题不同，建设的重点也有所不同。

从90年代初到2000年，学科建设以优先发展重点学科，加强工科优势，恢复重建文理科，完成综合性大学的学科布局为主要内容。90年代初，学校学科建设面临以下问题：一是学科结构不尽合理，学科发展不平衡，工科一枝独秀，几乎独撑天下，文、理科薄弱；二是传统工科优势特色不够鲜明，学科间的联合协作不够，代表高新技术发展趋势的前沿学科、交叉学科较少、较弱；三是队伍年龄结构、学缘结构不合理，学科带头人年龄偏大，缺乏学术领军人物，

---

① 朱斐主编《东南大学史》第二卷（1949—1992），东南大学出版社1997年版，第257、269页。

许多学科梯队出现断层;四是学科建设经费紧缺,实验、设备等硬件条件差。针对上述情况,学校坚持以学科建设为龙头,以改革促发展,校长亲自抓学科建设,党政步调一致,上下齐心协力、共同克服困难,推行了一系列有利于学科发展的政策,在职称晋升、岗位设置、引进人才、出国进修、研究生招生指标和经费分配等方面都优先服从学科建设的需要,优先支持重点学科和急需发展的学科。学校以改革促建设,实施以推行聘任制、绩效考核和新的岗位津贴方案为抓手的人事与分配制度改革,出台了一系列激励奖惩举措,如破格晋升、调整考核评价权重、实施高水平强支持(即重大成果奖励)政策等。同时,内求自强,外求支持,多渠道筹集资金支持学科建设。经过近十年的建设,特别是在"九五"期间"211工程"的大力支持下,学科的实力和水平都获得了较大的提高:土木建筑、信息通信、能源动力、交通运输四大学科确立了在全国高校中的优势地位,某些研究领域(或方向)接近国际先进水平;10个省级重点学科为国家特别是江苏省经济社会发展发挥了重要作用;学科点数量不断增加、规模不断扩大。博士后流动站数量由1个增加到9个,比1992年增长了8倍。① 学科布局明显改善,文、理科博士点实现了零的突破,学科门类涵盖工学、理学、哲学、医学、教育学、法学、文学、经济学、管理学,学科布局初步完成,学校由过去单一的工科院校向以工为主,工理文医管艺法等多学科协调发展的、综合性的大学迈进。

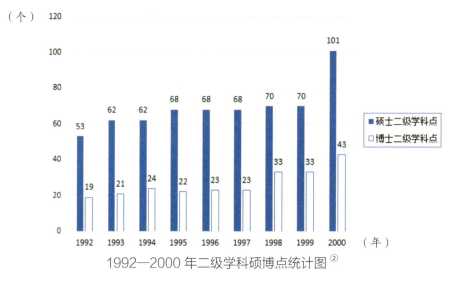

1992—2000年二级学科硕博点统计图②

在"十五"期间,特别是在进入"985工程"重点建设大学行列后,东大的学科建设进入一个由数量扩张到质量提升、由做大到做强的转变阶段。新世纪以来,如何强化工科优势,创建"高峰"学科,使之达到或接近世界先进水平,如何发展文、理、医科,改善优化学科生态,

---

① 《东南大学年鉴》2000年,第128页。
② 《东南大学年鉴》(1994—2000);《东南大学研究生院一九九二年攻读博士学位研究生招生简章》(一九九二年一月);《东南大学研究生院一九九三年攻读博士学位研究生招生简章》(一九九三年一月)。

实现特色发展、创新发展就成为学科建设的一条主线。而这一时期，随着国家高教体制改革和重点支持政策的出台，高校合并浪潮风起云涌，传统的高校格局发生了重大变化，高校间的竞争空前激烈，学校在新一轮发展竞争中面临着十分严峻的挑战，学科建设也面临着诸多问题，比较突出地表现在：缺乏具有世界先进水平的"高峰"学科和具有国际影响的科技"帅才"；学科发展依旧不平衡，理科、文科、医学依然较弱；重点学科和博士点数量偏少，学科整体水平有待提高；学科间的集成交叉、融合不够，新兴、交叉学科数量少、成长慢。面对压力与困难，学校领导和各级干部教师积极作为，不等不靠，努力争取国家和江苏省政府的支持，终使学校于2001年进入了"985工程"一期重点建设高校行列，为学校发展上一个新台阶赢得了重要的机遇，也为学科建设争取到宝贵的资金支持，有力地推动了学科建设向更高更强发展。

通过"211工程"和"985工程"一期建设，"十五"期间，学科建设取得明显成效：

首先，学位授权点增加。一级学科硕士点由32个增加到43个，一级学科博士点由15个增加到23个。

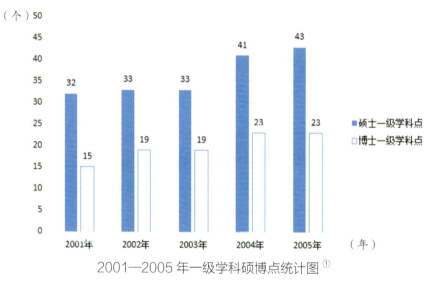

2001—2005年一级学科硕博点统计图①

其次，重点学科数量明显增加。有建筑学、通信与信息系统、生物医学工程等10个国家级重点学科，比上一届的4个学科增长了150%，入选数位居全国理工为主高校前10位。② 未来移动通信系统、艺术学等10个学科入选江苏省重点学科，其中，未来移动通信系统被评为江苏省"重中之重"学科，入选数位居江苏部省属高校并列第一位。

最后，学科评估取得优异成绩。在2004年全国第一轮学科评估中，东大共有11个学科进入全国前10名，其中6个学科进入全国前5名，高水平学科数量位居全国同类高校的前列。

---

① 《东南大学年鉴》（2001—2005）。
② 《东南大学十五"211工程"总结报告》2006年，第108页，东南大学档案馆馆藏档案。

第四，学科发展不平衡有了明显改善。马克思主义理论与思想政治教育学博士点获批，法学门类博士点实现了零的突破；劳动卫生与环境卫生学等博士点的设立使医学学科发展空间更加广阔；艺术学在2004年全国一级学科水平评估中取得了名列第二的佳绩，给以工科为主要特色和优势的东南大学带来新的惊喜。

2006到2012年间，东大学科发展进入新的阶段。针对学科发展出现的一些新问题，如：反映学科综合水平的国家级重点学科数量和高水平成果产出（高水平的论文、国家级的奖励）仍较少，反映基础研究水平的"973项目"和国家自然科学基金重大项目较少，反映研究生培养质量的"优博"论文较少，文、理、医科与"强势工科"相比，差距较大，特色不够鲜明，新的学科生长点不够多等，学校提出"开拓创新，争先进位"的发展方略，在学科建设上采取了一些新的发展举措。包括：通过以促进高水平成果产出、建设高水平队伍和学科平台为导向，推进学科建设提质量、上水平；通过实施差异化发展策略，集中力量重点建设有特色的"高峰"学科，加快向世界先进水平迈进，使之成为向世界一流大学冲击的突击队；通过政策引导、加大投入，积极扶持与高技术和前沿科技密切相关的基础学科、高新技术学科发展；通过集中优势、突出重点、形成特色，加快发展医科和生命科学学科；通过调整结构、拓展领域、促进人文学科与优势工科结合，积极发展有社会需求和东大特色的文科。

2010年，学校提出新"三步走"战略，启动"985工程"三期（2010—2013年）建设，结合学校实际和发展需要制定了《东南大学"985工程"改革方案（2010—2020）》，重点围绕学科建设管理体制和运行机制进行了多方面的深化改革，努力实现创新发展。同年，学校组建了7大学部，集聚学科资源，形成相互支持、优势互补，引领全校学科整体水平提升。

经过"211工程"三期、"985工程"二期、三期的建设，到2012年，东大的学科建设取得了可喜的成绩。一是学位授权点数量有了新的增长[1]，先后获批信息与电子、先进制造两个领域工程博士专业学位授权点，成为全国首批开展工程博士专业学位授权工作的25个试点单位之一。[2]二是重点学科数增加。国家重点学科发展为5个一级学科国家重点学科（涵盖15个二级学科）、5个二级学科国家重点学科、1个国家重点（培育）学科，一级学科国家重点学科数位列全国第17位；新增11个江苏高校优势学科（群）和14个江苏省一级学科重点学科。[3]三是学科评估和学科排名成绩喜人。在2007—2009全国学科评估中，有11个学科排名全国前10位，其中，生物医学工程学科位列全国第1位，交通运输工程位列第2位，建筑学和艺术学均位列第3位，高水平学科数量位居全国同类高校前列。在2012年的第三轮全国学科评估中，有15个学科进入前20%，其中生物医学工程、交通运输工程、艺术学理论（艺术学）位

---

[1] 国家对博士学位授予点控制较严，新设立须上报教育部组织审核，并经国务院学位委员会审批通过，另有少部分学科点是根据国务院学位委员会相关文件由学校自行审核增列而成，书中不做详细区分。
[2] 《东南大学"985工程"阶段检查总结报告》第172页，东南大学档案馆馆藏档案。
[3] 《东南大学"211工程"三期总结报告》，第93页，东南大学档案馆馆藏档案。

列全国第 1 位，有 3 个学科位列全国第 2 位，排名第 1 的学科数并列全国高校第 7 位；有 8 个学科进入全国前 3 位；有 10 个学科位列全国前 5 位；有 12 个学科进入全国前 7 位。2012 年，根据 ESI 数据库排名，东大的工程学科、材料学、数学、物理学、化学、临床医学、计算机科学 7 个学科进入世界前 1%，其中 2011 年新增 2 个学科，其他 5 个学科排名明显前移[1]，学科的国际声誉稳步提升。四是学科发展不平衡得到改善，布局渐趋合理。截至 2012 年，理学、医学、哲学、经济学、法学、管理学、艺术学一级学科博士点已达 12 个；公共卫生与预防医学学科排名全国第 9；一批理、医、文、管学科被评为江苏省一级学科重点学科。一个以工为主，文、理、医、管、艺术等学科协调发展、相互支撑、良性互动、和谐共赢的学科生态已基本形成。[2]

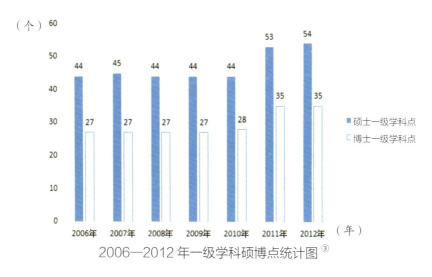

2006—2012 年一级学科硕博点统计图[3]

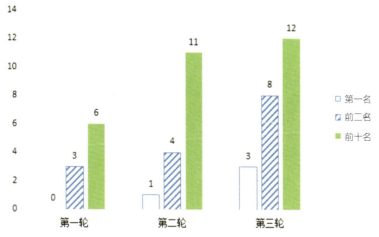

东南大学在学科评估中进入全国前列名次变化图

---

① 《东南大学"985 工程"阶段检查总结报告》第 173 页，东南大学档案馆藏档案。
② 《东南大学年鉴》（1994—2012）。
③ 《东南大学年鉴》（2006—2012）。

自 90 年代初以来，尽管不同时期学科建设的重点会有差别，但是，学校始终将学科建设作为学校的中心工作，许多建设思路与措施一以贯之。近 20 年学科发展取得了令人瞩目的成绩并呈现出比较鲜明的东大特色：

（1）涌现了一批国内高校领先、部分研究领域达到国际先进水平、在国内外有较大影响的"高峰"学科，这些学科中既有建筑、土木交通、电子信息等传统优势学科，有生物医学工程等改革开放后出现的新兴学科，也有在工科为主的大学中全新发展起来的艺术学学科。

（2）一批国民经济和社会发展急需的高新技术学科和应用型学科发展较快，这些学科以自主创新为特色，以产学研联合为载体，积极服务于国家与地方建设，达到了国内一流水平，并成为高校服务国家经济建设和社会发展的生力军。如东大移动通信技术、材料科学、网络及网络安全等就是其中的优秀代表。

（3）学科交叉融合培育出了新的学科生长点，新兴交叉学科崭露头角。在生命科学、纳米技术、新材料等领域的不断开拓，使东大在这些国际科技发展的前沿领域取得了开创性成果。

（4）理科发展较快，特别是理科与工科、医科的结合，如遗传学与生物医学工程学、数学与信息工程、物理学与电子科学的交叉融合等，都为工科发展提供了强有力的支撑；同时数学、物理学和临床医学也获得较快发展，进入 ESI 学科排名全球前 1%。

（5）文科研究水平进一步提升，初步形成了自身的特色和优势，特别是在江苏经济社会发展和政府企业决策咨询中发挥了重要智库作用，学术水平和社会影响力都有明显提升。

（6）科研成果丰硕。1992—2012 年，学校获国家及部省级科研奖励，发表科研论文、专利的数量及在国内高校排名均明显增长。科研水平的持续提升，有力支撑了学科发展。

（7）人才培养成绩显著。1992—2012 年，学校共培养博士 4545 名，硕士（含专业硕士）27 442 名。[①]1999—2012 年，东南大学获全国优秀博士论文 16 篇、全国优博提名 28 篇；获江苏省优秀博士论文（1998—2012）115 篇、江苏省优秀硕士论文（学术）（2001—2012）154 篇。[②]师资队伍建设也取得了丰硕的成果，本章有专门叙述，在此不再赘述。

回顾走过的二十年，东南大学的学科建设虽然一直在曲折与困难中前行，但取得的成绩无疑是令人欣喜的，尽管离建成世界一流大学目标尚有差距，但发展方向和进步趋势是应该充分肯定并满怀信心的。

---

① 此处培养指毕业生，数据参见东南大学历年上报教育部的《高等教育基层统计报表》。
② 东南大学科研院、研究生院统计资料。

2012—2013年度拥有博士学位授予权的一级学科[①]

学科门类	学科（一级学科）
哲学	哲学
经济学	应用经济学
法学	马克思主义理论
理学	数学
	统计学
	物理学
	生物学
工学	力学
	机械工程
	光学工程
	仪器科学与技术
	材料科学与工程
	动力工程及工程热物理
	电气工程
	电子科学与技术
	信息与通信工程
	控制科学与工程
	计算机科学与技术
	建筑学
	土木工程
	化学工程与技术
	交通运输工程
	环境科学与工程
	生物医学工程
	城乡规划学
	风景园林学
	软件工程
医学	基础医学
	临床医学
	公共卫生与预防医学
管理学	管理科学与工程
艺术学	艺术学理论

[①] 《东南大学年鉴》2012年，第225—230页。

第二节　优先发展重点学科

一、建立国家、省级、校级三级重点学科体系

我国作为发展中国家,在一段较长的历史时期内,国家能够投入高等教育的财力是有限的,要在较短的时间内缩小与世界高等教育强国的差距,只能采取重点建设、逐步推进的发展策略,集中有限的资源,重点建设一批高等学校和重点学科。同样,一所大学的资源也是有限的,采取突出重点、扬长补短、分阶段推进、整体提升的学科发展战略亦是必然选择。

1986—1987 年,国家首次进行重点学科评审,1988 年公布评审结果,东大有 4 个学科入选国家重点学科,分别为:建筑设计及理论、通信与电子系统(含信号与信息处理)、电磁场与微波技术、自动控制理论及应用。2001—2002 年,在第二次国家重点学科评选中,东大获批 10 个国家级重点学科,分别为:电磁场与微波技术、通信与信息系统、信号与信息处理、控制理论与控制工程、计算机应用技术、建筑历史与理论、建筑设计及其理论、结构工程、交通运输规划与管理、生物医学工程。2006 年,在第三次评选中,东大获批国家重点学科 10 个,其中 5 个一级学科,分别为:电子科学与技术、信息与通信工程、建筑学、交通运输工程、生物医学工程;5 个二级学科,分别为:艺术学、热能工程、控制理论与控制工程、计算机应用技术、结构工程。这些国家重点学科均为学校实力最强的学科,也是学校学科的优势所在和发展的重点领域。

东大的学科建设得到了江苏省的大力支持,江苏省政府组织评审和支持省级重点学科,对学科发展起到了积极的促进作用。1994 年,为贯彻国家科教兴国战略,江苏省政府组织评审了江苏省普通高校省级重点学科,给予一定的建设经费支持,以推动这些学科尽快达到国家"211 工程"中重点建设学科点的要求,为实施"科教兴省"战略和江苏经济社会发展做出贡献。东大第一批获批 10 个学科,分别为:电力系统及其自动化、半导体器件与微电子学、生物电子学、物理电子学与光电子学、电厂热能动力工程、热能工程、计算机应用、城市规划与设计、公路城市道路及机场工程、精密仪器及机械[1],共获得 234 万元的经费资助。[2]

2002 年,江苏省政府启动"十五"江苏省重点学科评审工作,以促进重点学科成为江苏省高层次创新人才的培养基地,不断提高研究生教育对经济社会发展的贡献份额,将"重中之重"学科建成省内顶尖、国内一流、国际上较有影响的名牌学科,成为江苏省学科建设的最高标志;将重点学科建成省内一流、国内有较大影响的样板学科,带动省内相关学科专业建设。

---

[1] 《关于公布江苏省普通高校省级重点学科名单的通知》(苏教科〔1994〕16 号),东南大学档案馆馆藏档案。
[2] 《关于下达江苏省省级重点学科建设启动经费的通知》(苏教计〔1994〕9 号),东南大学档案馆馆藏档案。

在这次评审中，东大的"未来移动通信系统"被评为"重中之重"学科，另有9个学科被评为江苏省重点学科，分别为：微电子学与固体电子学、物理电子学、热能工程、道路与铁道工程、精密仪器及机械、城市规划与设计、防灾减灾工程及防护工程、遗传学、艺术学。① 其中，未来移动通信系统学科获得40万元的经费资助，艺术学学科获15万元资助，其他学科每个学科获得17万元的资助。②

2006年，为深入实施"科教兴省"战略，加快建设教育强省和创新型省份，提升江苏省高等教育核心竞争力，加强高校重点学科建设，江苏省启动了"十一五"期间江苏省重点学科评审工作，东大有16个学科获批，分别为：微电子学与固体电子学、艺术学、材料学、电力系统及其自动化、应用数学、计算机软件与理论、岩土工程、应用化学、学习科学、影像医学与核医学、劳动卫生与环境卫生学、管理科学与工程、电机与电器、伦理学、制冷与低温工程、遗传学。③ 还有6个学科被评为江苏省国家重点学科培育建设点，分别为：机械制造及其自动化、精密仪器及机械、热能工程、物理电子学、防灾减灾工程及防护工程、道路与铁道工程。2008年，艺术学、机械工程、动力工程及工程热物理、电气工程、计算机科学与技术、土木工程、管理科学与工程被评为江苏省一级学科重点学科。2009年，动力工程及工程热物理、电气工程、计算机科学与技术、土木工程被评为江苏省一级学科国家重点学科培育建设点。2009年，江苏省支持的省重点学科建设经费共775万元。④

2011年，为贯彻落实《江苏省中长期教育改革和发展规划纲要（2010—2020年）》精神，促进高校为江苏建设教育强省和创新型省份，实现教育现代化，推进"两个率先"做出更大贡献，江苏省又进行了"十二五"期间江苏省重点学科评审工作，东大哲学、数学、生物学、光学工程、仪器科学与技术、环境科学与工程、临床医学、公共卫生与预防医学、管理科学与工程、艺术学理论10个学科被评为一级学科重点学科⑤，共获得510万元的经费支持⑥。

2010年，为深入实施科教人才强省战略，建设一批国际先进、国内领先的优势学科，为创建世界一流学科与高水平大学提供支撑，提高高校为转变经济发展方式、增强自主创新能力的贡献度，江苏省实施高校优势学科建设工程。学校高度重视省优势学科建设，2010年11月即成立了由易红校长任组长的"优势学科建设工程"领导小组及办公室，积极组织申报，根据《江苏高校优势学科建设工程实施方案》和《江苏高校优势学科建设工程一期项目实施办法》制定

---

① 《关于公布"十五"期间江苏省高等学校重点学科名单的通知》（苏教研〔2002〕6号），东南大学档案馆馆藏档案。
② 《关于下达2002年高等学校重点学科建设经费的通知》（苏教财〔2002〕173号），东南大学档案馆馆藏档案。
③ 《省教育厅关于公布"十一五"期间江苏省重点学科名单的通知》（苏教研〔2006〕4号），东南大学档案馆馆藏档案。
④ 《江苏省教育厅 江苏省财政厅 关于下达2009年高校重点学科建设专项经费指标的通知》（苏教财〔2009〕77号）、（苏财教〔2009〕212号），东南大学档案馆馆藏档案。
⑤ 《省教育厅关于公布"十二五"期间省重点学科名单的通知》（苏教研〔2011〕14号），东南大学档案馆馆藏档案。
⑥ 《江苏省财政厅 江苏省教育厅关于下达2011年高校重点学科建设专项经费指标的通知》（苏财教〔2011〕192号），东南大学档案馆馆藏档案。

了《东南大学江苏高校优势学科建设工程一期项目实施细则》。东大共 11 个学科被评为省优势学科，分别为：建筑学、生物医学工程、电子科学与技术、信息与通信工程、交通运输工程、控制科学与工程、土木工程、计算机科学与技术、医学技术、新材料及其应用、新能源发电与利用。[①]2011 年 5 月，江苏省政府批复东南大学 2010—2011 年优势学科省财政资金 6800 万元。[②]2011 年 11 月，省政府下达学校优势学科建设工程一期增列项目专项资金补助 1140 万元。[③]2012 年 5 月，省政府下达学校优势学科专项资金 3970 万元。[④]对相关学科发展起到较大推动作用，优势学科建设取得了不俗的成效，在 2012 年 9 月江苏高校优势学科建设工程一期项目立项学科中期报告的评估中，东大的信息与通信工程、交通运输工程被评为优秀，其他学科为良好。

2003 年 11 月，为了加强学科建设，构建国家级、省级和校级有机结合的三级重点学科建设体系，促进学科积极面向科技前沿和国家重大需求，提高学科的核心竞争力，为申报国家级、省级重点学科建立学科后备梯队，学校设立了伦理学、应用数学、机械制造及其自动化、测试计量技术及仪器、材料学、动力机械及工程、交通信息工程及控制、环境工程、劳动卫生与环境卫生、管理科学与工程等校级重点学科。2008 年 10 月，学校以《东南大学 2006—2010 五年发展规划纲要》中对学科建设提出的建设目标为基础，参照国家级和省级一级学科的认定条件，对具有二级学科国家级和省级重点学科的一级学科和部分博士学位授权一级学科认定为校级一级重点学科，作为"十一五"期间学校学科建设的重要组成部分，进行重点建设，它们是哲学、数学、生物学、光学工程、仪器科学与技术、材料科学与工程、控制科学与工程、化学工程与技术、环境科学与工程、临床医学、公共卫生与预防医学。

二、"211 工程""985 工程"重点学科建设项目

"211 工程""985 工程"是国家实施"科教兴国"战略，实现高等教育现代化的重大举措，是学校进行学科建设的最主要和最重要的平台，正是通过"211 工程""985 工程"，学校的学科建设获得了很大发展，上了一个台阶。

---

① 《省政府办公厅关于公布江苏高校优势学科建设工程一期项目立项学科的通知》（苏政办发〔2011〕6 号）；《省政府办公厅关于公布江苏高校优势学科建设工程一期项目增列立项学科的通知》（苏政办发〔2011〕137 号），东南大学档案馆馆藏档案。
② 《江苏省教育厅 江苏省财政厅关于江苏高校优势学科建设工程一期项目 2010—2011 年省财政专项资金支出预算的批复》（苏财教〔2011〕10 号），东南大学档案馆馆藏档案。
③ 《江苏省教育厅 江苏省财政厅关于下达江苏高校优势学科建设工程一期项目增列项目 2011 年省财政专项资金指标的通知》（苏财教〔2011〕209 号），东南大学档案馆馆藏档案。
④ 《江苏省教育厅 财政厅关于下达江苏高校优势学科建设工程一期项目项目 2012 年省财政专项资金指标的通知》，〔苏财教〔2012〕55 号），东南大学档案馆馆藏档案。

（一）"211 工程"1—3 期中的学科建设基本情况

1995 年，国家计委、国家教委和财政部联合下发了《"211 工程"总体建设规划》，正式启动"211 工程"建设，这是国家在面对世纪之交的国内外形势而做出的发展高等教育的重大决策。东大的"211 工程""九五"期间学科建设以重点学科建设为核心，重点建设"建筑学与工程""现代通信综合技术""复杂系统的控制及综合自动化""现代化道路交通系统""洁净煤发电及系统"五个学科建设项目，使其成为我国高水平博士、硕士人才培养和承担国家重大科研任务的重要基地。"211 工程"一期重点学科建设取得了以下较高知名度和显示度的标志性成果，它们是：建筑与城镇规划设计理论方法和应用研究，苏州古城改造控制性详细规划，新型空间结构体系造型、动静力性能研究，预应力混凝土结构设及基本问题的研究，CDMA 移动通信技术，专用集成电路系统设计及其工程技术产业化实施，PVDF 压电薄膜水听器（换能器）系列，CIMS 应用工程，计算机三维放射治疗计划系统，复杂电力系统分析与控制，高速公路路面新结构、新材料与工程应用研究，交通系统规划、建设与管理一体化理论体系及其集成软件系统，增压流化床联合循环中试电站及国家级洁净煤研究基地，大型火电机组稳定可靠运行成套技术研究开发及应用，WFBZ-01 型微机发电机变压器组保护装置。

"211 工程"一期建设项目于 1998 年 5 月正式获批（实际从 1995 年起执行），2001 年 4 月完成验收。学科建设的投入资金达 6695 万元，包括中央专项资金、江苏省政府的支持资金和学校自筹资金。[①] 一期建设经费主要投入硬件建设，约占 85% 以上，"软件"（队伍建设）几无配套经费，出现了"一手硬、一手软"的现象。尽管如此，"211 工程"对于学科建设来说也是十分宝贵的。首先，它对学科建设起到重要的导向和激励作用，引导学校在学科建设过程中，将学科发展与国家重大战略需求相结合；其次，它起到了启动资金的作用，增强了学科的造血功能，因支持而取得更好发展，因发展而对国家做出更多贡献，也因此而获得更多成果和更多支持。

2001 年 4 月，教育部专家组就东南大学"211 工程"一期进行检查验收

---

① 《东南大学"211 工程""九五"期间建设总结报告》附件，第 27 页，东南大学档案馆藏档案。

2002年9月，经国务院批准，国家计委、教育部和财政部联合下发了《关于"十五"期间加强"211工程"项目建设的若干意见》。学校"十五""211工程"二期于2002年正式启动。在重点学科建设方面的任务是优先发展重点强势学科，加紧培植新兴交叉学科，全校规划的重点学科建设项目共9项，分别为：未来高性能无线信息系统综合技术，生物医学信息的获取、分析与应用研究，道路交通现代化建设与可持续发展关键技术，城镇建筑学若干关键科学问题研究，网络环境下的计算技术及其应用，复杂系统控制理论与工程，土木工程结构新体系及防灾减灾新技术，信息电子器件综合集成技术，洁净煤发电技术与环境污染防治。项目承担单位以学校10个国家级重点学科和10个省级重点学科为依托，经过优化组合、交叉集成组建而成。"十五""211工程"二期于2006年6月完成验收，重点学科建设项目取得了10项标志性成果，分别为：我国第三代移动通信研究与开发系统，道路交通系统规划的关键技术与模拟设备，计算机三维放射治疗计划系统，道路交叉口通行能力分析关键技术，大跨径钢桥面铺装成套技术及应用，现代城市设计理论及其方法，江苏交融网络综合业务处理系统，土木工程结构减振控制的理论、方法及其工程应用，32位嵌入式微处理器芯片，选矿综合自动化智能控制及优化系统。重点学科建设项目总支出为6629.8万元，包括国家、江苏省政府的支持经费和学校自筹资金。[①] 与"九五"期间相比，"十五""211工程"二期重点学科建设项目更加强调学科的交叉集成与融合，以促进交叉学科、新兴学科的产生和发展。此外，在建设经费中，大大增加了师资队伍建设项目的投入，达到2600多万元[②]，改变了"211工程"一期建设多为硬件投入的现象。

"211工程"三期项目建设为四年（2008—2011年），于2008年启动。其中，重点学科建设项目包括12项，分别为：新一代宽带无线移动通信基础研究平台，基于环境可持续性的城镇建筑学关键科学问题，道路交通安全科技创新平台，生物医学信息技术，先进显示技术：材料、器件与系统，先进能源转化技术创新平台，工程结构安全、耐久与防灾，网络环境下多运动体协调与控制，下一代互联网接入技术，微纳器件关键参数模拟与测量平台，艺术学理论创新与应用研究，神经发育相关疾病研究。主要依托由学校国家重点学科、国家重点（培育）学科，经过优化组合、交叉集成组建的团队进行建设。"211工程"三期建设项目于2012年7月完成验收，取得了如下标志性成果：宽带移动通信容量逼近传输理论与技术，基于神经网络逆软测量与控制技术及其应用，硅基集成型功率MOS器件及高低压集成技术与应用，稠密多相流及与热化学反应耦合的大型工业装置优化技术，网络教育关键技术及示范工程，大跨空间钢结构预应力施工技术研究与应用，大跨径钢桥面铺装成套关键技术及工程应用，新型消化道支架的研发与应用，新型人工电磁材料，微波毫米波收发信机共10个项目。截至2012年3月

---

① 《东南大学"十五""211工程"总结报告》，第164页，东南大学档案馆藏档案。
② 《东南大学"十五""211工程"总结报告》，第164页，东南大学档案馆藏档案。

底,"211 工程"三期建设项目用于重点学科建设项目支出共 7150 万元,其中,中央专项资金 7000 万元,学校自筹资金 150 万元。① 与"十五""211 工程"二期重点学科建设项目相比,除了传统工科外,增加了"艺术学理论创新与应用研究""神经发育相关疾病研究",说明学校对文科、医科的重视,学科的多元化和均衡发展对文科、医科的发展起到了积极的推进作用。

(二)"985 工程"1~3 期中的学科建设情况

1998 年 5 月,江泽民总书记在庆祝北京大学建校 100 周年大会上发表重要讲话,指出:"为了实现现代化,我国要有若干所具有世界先进水平的一流大学和一流学科。"这是党中央面向新世纪、面向未来做出的一项重大战略决策。1999 年,国务院批转教育部《面向 21 世纪教育振兴行动计划》,"985 工程"正式启动。2001 年 2 月,教育部和江苏省人民政府签订了《关于重点共建东南大学的决定》,东大正式进入"985 工程"重点建设的行列。根据《振兴行动计划》的整体建设目标,东大"985 工程"学科建设分计划从深度和广度两个方面来发展、建设学科:一方面集中力量发展优势重点学科,将这些优势学科建成国内第一流、国际有影响的"高峰"学科;另一方面重点支持与国民经济发展密切相关的、理工医结合的新兴交叉学科,优化学科结构,调整学科布局,将学校建成理工文管医协调发展的、综合性研究型开放式的高水平大学。为此,学校将"振兴行动计划"即"985 工程"一期(2001—2004)学科建设分计划分解成"重中之重"学科建设项目,重点学科建设项目,学科群、交叉学科建设项目和其他学科(文理医管)建设项目四大类。

(1)"重中之重"学科建设项目有 4 个,分别为:城镇建筑环境规划设计和可持续发展、高性能宽带无线信息系统与网络的综合技术、交通系统规划建设与管理、生物医学工程。通过建设具有东南大学优势和特色、在全国有较大影响的"重中之重"学科建设项目,进一步扩大学科的影响力和知名度,提高其竞争力,使其成为东南大学的标志性名牌学科,在保持国内领先的基础上,接近或达到国际先进水平。

(2)重点学科建设项目有 19 个,分别为:现代控制理论与控制工程、网络计算及其应用、结构工程及其防灾减灾、系统芯片、物理电子学、建筑历史与理论、艺术学理论研究系统、火电机组仿真、控制与信息工程、洁净能源技术、发育与疾病相关基因、现代信息测控技术、材料学、先进制造装备与自动化、电力系统新理论新技术应用、新型数字化驱动系统与控制技术、全球化高技术与当代中国伦理发展、应用数学、网络环境下企业经营规模及管理系统。通过建设重点学科建设项目,使与其相关的重点学科达到国内领先或国内先进水平,在国内有较大的影响和知名度,有较强的竞争力。

(3)学科群、交叉学科建设项目有 10 个跨学科学科群,分别为:功能基因组与生物信息学、

---

① 《东南大学"211 工程"三期总结报告》,第 92 页,东南大学档案馆藏档案。

微电子机械系统（MEMS）、网络化制造关键技术、信息光子技术及应用、机器人、纳米技术及其应用、功能材料及其专用化学品、器官组织工程学、环境工程、具有重大工程应用背景的先进材料。通过建设学科群和交叉学科建设项目，重点选择具有创新意义的重大科技问题，开展多学科综合研究，形成学校学科"集团军"优势，并通过学科交叉、综合，产生新的学科生长点，提高学校的学科竞争力和培养高层次人才的能力。

（4）其他学科建设项目，包括基因工程疫苗和联合疫苗、病理学和病理生理学、微创外科学、医学影像与介入放射学、流行病学与卫生统计学、内科疾病诊治、劳动卫生与环境卫生学、食品卫生与食品功效学、软件理论方法与工程、工程力学、界面化学及其关键技术、高等教育学、电力电子、应用经济学、工商管理科学与技术、基础数学、科学技术哲学、电子机械环境适应性关键技术、车辆动力学分析和智能控制技术、外国语言学及英语语言文学、马克思主义理论教育、宪法学与行政法学、系统工程等。在学科平台建设方面，重点建设"高性能计算平台环境"和"物理学科专业实验室"。通过建设以数、理、化、生等基础学科为主的支撑学科，以及规划中拟增博士点的人文、经管、医学等其他学科建设项目，支撑工科优势学科的发展并形成合理的学科布局结构，为建设国内外知名的、研究型综合性开放式的高水平大学打好基础。2004年上半年"985工程"一期完成验收，重点学科建设投入共约13617.1万元。①

2004年2月20日，顾冠群校长在"985工程"二期建设通气会上做报告

2006年，国家提出了增强自主创新能力，建设创新型国家的决定，学校的科技创新也获得更多的支持。在学校"985工程"二期（2004—2008）建设中，学科平台建设主要包括：通

---

① 《东南大学"985工程"一期学科建设项目总结验收报告汇编》（一）（二），东南大学档案馆藏档案。

信技术、生物医学工程、学习科学与工程、城镇建筑环境、道路交通、工程结构安全与耐久、网络与现代服务、现代信息电子器件与系统技术、洁净、高效发电技术、复杂工程系统测量与控制技术等科技创新平台。在人文学科中，建设了科技伦理与艺术哲学社会科学创新基地。"985工程"二期于2010年3月完成验收，在学科建设方面取得以下标志性成果：Beyond 3G 蜂窝移动通信研究开发，大跨径桥梁钢桥面铺装成套关键技术及应用，高速公路路面新结构，新材料与工程应用研究，结构体系与材料的创新研究与应用，泡沫铝超轻功能材料及应用，高性能水泥基建筑材料的性能及失效机理，城市交通系统管理控制的关键技术及工程应用，新一代移动通信基础理论与技术，新型人工电磁媒质研究的重大成果，荫罩式等离子体显示器等。学科建设部分共支出 32 030.29 万元，包括国家资金和学校自筹资金。①

2010年，"985工程"三期启动（2010—2013年），其中的重点学科建设项目包括：通信技术，城镇建筑环境，工程结构安全、防灾与耐久，道路交通，生物医学工程，神经信息工程，高科技文明，生命科学研究，复杂机电系统测控技术，能源低碳利用与环境保护，先进材料研究，机械装备的关键技术与测量，下一代网络与现代服务，微纳制造与表征。根据建设要求，学校制定了《东南大学"985工程"改革方案（2010—2020）》，重点围绕学校整体管理体制和运行机制、人事管理、科研管理、人才培养等多个方面进行创新与改革；启动制定有时代特点、符合教育规律、彰显东南大学特色的现代大学制度，为学校建设世界一流大学提供制度保障；优化二级学科设置、创新建设途径，推动学科差异化发展；鼓励交通运输工程等传统优势学科进一步强化基础研究，加速改造升级，保持并扩大领先优势；支持生物医学工程等交叉学科密切跟踪国际科技发展前沿，凝聚学科发展新方向，找准突破口；支持理科、人文社科等基础学科踏实发展，切实提升研究水平。重点学科建设项目取得了如下标志性成果：宽带移动通信容量逼近传输理论与技术、稠密多相流及与热化学反应耦合的大型工业装置优化技术、网络教育关键技术及示范工程、大跨空间钢结构预应力施工技术研究与应用、大跨径钢桥面铺装成套关键技术及工程应用、新型消化道支架的研发与应用、新型人工电磁材料、微波毫米波收发信机研究。在"985工程"三期中，截至2012年6月19日，中央专项资金用于重点学科建设项目支出为 14 709.57 万元。②

（三）"211工程""985工程"建设的管理

学校高度重视"211工程""985工程"的制度建设与日常管理。

一是加强组织领导，创新管理机制。在组织机构方面，实行条块结合、纵向管理与横向

---

① 《东南大学"985工程"二期建设总结报告》，第189页，东南大学档案馆馆藏档案。
② 《东南大学"985工程"阶段检查总结报告》，第171页，东南大学档案馆馆藏档案。2013年，江苏省政府配套资金到位15 000万元，其中重点学科建设项目到位7400万元。（《东南大学"985工程"（2010—2013年）建设情况报告》第65页）

管理机构共同管理项目。学校先后成立了"211工程""振兴行动计划"("985工程")建设领导小组,由经验丰富的专家、教授和各相关职能部门的负责人组成,在党委和校长的领导下开展工作,贯彻执行国家有关规定,组织制定"211工程""985工程"总体规划,全面领导建设项目的实施。先后成立了"211工程""振兴行动计划"("985工程")建设办公室,由建设办公室牵头,联合校长办公室、财务处、设备处、审计处、基建办、研究生院等职能部门对项目进行具体管理,并对建设中出现的各种问题进行协调。对于各子项目,成立子项目建设领导小组,由分管校长负责,领导小组民主决策,各责任单位及项目负责人执行管理制度,学校与项目负责人签订建设项目计划任务书,明确建设目标及建设指标。学校还先后成立了由经验丰富和不同专业背景的专家教授组成的监理专家组,负责整体建设项目的管理和监督工作。与各项目具体实施过程相对应,分别成立了财务管理小组、财务审计小组和设备管理小组,以保证项目的顺利实施。

二是完善制度建设,加强绩效考核。根据国家和省政府的相关规定,学校先后制定、修订了"211工程""985工程"的相关管理规定,后将两者进行了整合,形成了《东南大学"985工程"("211工程")管理办法》《东南大学"985工程"("211工程")专项资金管理办法》《东南大学"985工程"("211工程")财务审计监督管理办法》《东南大学"985工程"("211工程")仪器设备管理办法》等一系列管理规定,对"211工程""985工程"的项目管理、财务报销、设备采购等作了统一规定。在项目实施过程中,学校坚持目标管理与过程管理相结合的管理模式,对各子项目的年度计划、经费分配、中期检查、标志性成果遴选与项目验收等进行严格把关审核与监督,开展项目建设绩效评价,及时检查项目建设进展情况,以实现项目建设效益最大化。

第三节　强化工科优势

一、工科发展概述

　　1952年全国高校院系调整后，南京工学院成为一所多科性工科院校，是全国著名的四大工学院之一。1978年之前，学校8个系别中7个是工科，分别为：建筑系、机械工程系、动力工程系、无线电工程系、土木工程系、电子工程系、自动控制系。学校的建筑土木、机械动力和电机电子类传统学科基础深厚，均为国家经济建设所急需的学科。改革开放后，学校在原有的工科门类下分离和增设了一些系科，分别是：计算机科学与工程系（1981年，首任系主任王能斌、书记周道信）、生物医学工程系（1984年，首任系主任韦钰、书记李乃弘）、材料科学与工程系（1984年，首任系主任范赓伸、书记任伯胜）、电气工程系（1985年，首任系主任周泽存、书记陈晔）、化学化工系（1988年，首任系主任王盈康、书记邹宗柏）、交通运输工程系（1989年，首任系主任陈荣生、书记沈善士）、仪器科学与工程系（1992年，首任系主任兼书记陈明法）等。到90年代后期，学校工科规模基本稳定，不再追求学科数量的扩大，而是采取了扬长补短，拓宽专业口径，在调整中发展提高的策略。不过，工科始终是东南大学最主要和优势最突出的学科门类，截至2012年，东大10个国家重点学科中9个是工科；在"211工程""985工程"重点学科建设项目中也是以工科为主。保持和加强工科优势是学校学科发展一以贯之的重点策略。

　　南京工学院时期，学校实行的是院、系、教研室（组）三级管理体制，以学科专业划分教研室。在复更名东南大学后，随着学校规模的扩大，教师学生数量增多，学科分化以及层次不断提升，学校先后将大部分系升级为院，实行校、院、系三级管理体制，学院办专业，负责教学和学生管理，系按一级学科或二级学科划分，主要承担专业教学和学科建设。这一时期成立和新设了学院：1995年成立交通学院，首任院长陈荣生、书记汪中洲；1997年成立土木工程学院，首任院长蒋永生、书记黄安永；2001年成立软件学院，首任院长吴介一、书记刘波；2003年成立建筑学院，首任院长王建国、书记安宁；2003年成立集成电路学院，首任院长兼书记时龙兴。2006年，学校分别成立了计算机科学与工程学院，首任院长罗军舟、书记贾瑞萍；生物科学与医学工程学院，首任院长顾宁、书记周曼云；电气工程学院，首任院长程明、书记李和渝；仪器科学与工程学院，首任院长宋爱国、书记丁江；能源与环境学院（在原动力工程系的基础上，将时属土木工程学院的环境工程系并入），首任院长金保昇、书记刘福章；机械工程学院，首任院长史金飞、书记张立武；信息科学与工程学院，首任院长尤肖虎、书记张锡昌；电子科学与工程学院，首任院长王保平、书记任卫时；自动化学院，首任院长费树岷、书记孟怀义；化学化工学院，首任院长孙岳明、书记肖健；材料科学与工程学院，首任院长蒋建清、书记赵弘。在学科所依托的系升级为院之后，工科获得了更大的发展空间。

截至2012年，全校共有14个工科学院，20个工学一级学科博士点，23个工学一级学科硕士点。[1]二十年来，东南大学的工科发展经过了从优势到强势的发展历程，形成了鲜明的特色，取得了令人瞩目的成绩：产生了若干处于国际学术前沿的高峰学科，如信息与通信工程、电子科学与技术、生物医学工程等始终瞄准国际学术前沿，确立了发展优势，部分研究已达到或接近世界先进水平；一些传统优势学科，如建筑学、土木工程、交通运输等通过新科技进行学科的优化升级，积极服务于国家和地方经济建设和社会发展，学科实力位居国内领先地位；以生命科学为代表的新兴交叉学科，也取得了新的突破和不俗的成绩。工科获得了一个飞跃式发展，上了一个新台阶。

二、工科主要学科发展简介[2]

机械工程（0802）

机械工程学科依托机械工程学院，其历史最早可以追溯到1916年南京高等师范学校的工艺专修科。1963年获得国内第一批硕士学位授予权，2000年获机械工程一级学科博士学位授予权。现拥有机械制造及其自动化、机械电子工程、机械设计及理论、车辆工程、工业设计、工业工程6个二级学科博士点、硕士点及博士后流动站。机械工程一级学科是江苏省优势学科，机械制造及其自动化二级学科为国家重点（培育）学科。

学科拥有江苏省微纳生物医疗器械设计与制造重点实验室、教育部新型光源技术及装备工程研究中心、江苏省电磁兼容专业测试中心和江苏省高档数控机床及智能装备制造业创新中心等5个省部级科研平台；拥有江苏省数控机床、纺织机械、板材加工和医疗器械等26个省部级工程技术研究中心。

学科拥有包括"973"首席科学家、长江学者、国家杰出青年基金获得者等一批在国内学术界享有较高声誉的教师队伍。学科创建形成的"理论教学、实践教学、自主研学"三位一体的人才培养模式在全国高校中影响广泛，发挥了示范性作用。学科获国家级和部省级教学成果奖励20多项，其中，获国家级教学成果二等奖5项，包括：黄锡恺领衔的《机械原理》（教材），张文锦领衔的"建设一流的工程基础训练基地"（另获江苏省高等教育教学成果特等奖），吴克坚领衔的"深化机械设计课程体系改革，强化学生实践能力培养"（另获江苏省高等教育教学成果特等奖），易红领衔的"示范性国家大学生文化素质教育基地建设的理论与实践探索"，许映秋领衔的"基于'工程实现'理念的机械类人才培养模式创新研究与实践"。"机械设计

---

[1] 《东南大学年鉴》2012年，第225—232页。
[2] 本书中工科主要学科介绍（也包括书中的理科、文科、医科）皆由各学科提供信息并核实确认，由编写者根据东南大学档案馆所藏档案、教育部和科技部网站及文件等对数据进行了核实、更正与补充。关于教学、科研获奖的完整信息见书附件。

与制造系列课程教学团队"被评为国家级教学团队。贾民平领衔的"机电系统质量工程系列课程的研究与实践"、许映秋领衔的"机械工程创新人才培养模式的研究与实践"获江苏省高等教育教学成果一等奖。

学科入选国家精品课程 4 门，分别为：机械设计（钱端明主讲）、机械制造实习（张远明主讲）、机械工程测试与控制技术（贾民平主讲）、机电控制技术（王兴松主讲）。获省部级以上教材奖 3 项，其中章宏甲等编著的《液压与气压传动》获国家优秀教材奖，出版国家级规划教材 4 本，出版《机械原理》等多部经典教材。

学科在智能制造与机器人、微纳器件设计及制造、空天和海工装备制造、新能源与智能网联汽车等领域具有领先优势，承担包括国家重大专项等国家级科研项目 150 多项。获国家级、省部级奖励 12 项，其中，吴锡英等主要参与的"北京第一机床厂 CIMS 工程"获国家科学技术进步二等奖；易红主持的"微纳医疗器械的设计理论与制造"获江苏省科技一等奖。[①] 截至 2012 年，学科拥有发明专利 1100 余件，发表 SCI/EI 论文 2000 多篇，其中包含在 *Nature Nanotechnology*、*NANO LETTERS*、*ACS Nano*、IEEE 会刊等高影响学术期刊发表论文 100 余篇。

学科重视国际合作与交流，与美国密歇根大学、澳大利亚蒙纳士大学等开展学分互认、学生互访与互换等多种形式的合作；选派学生赴德国阿伦大学、海拉公司和西门子公司进行毕业设计或短期实习，培养学生国际化视野，提高综合创新能力。学科有 20 多名教师在国际重要学术组织中任职或担任国际学术期刊的编委。

仪器科学与技术（0804）

仪器科学与技术学科依托仪器科学与工程学院，其历史可追溯到 1960 年南京工学院设立的陀螺仪及导航仪器专业。1990 年，精密仪器及机械二级学科获博士学位授权点，1998 年，仪器科学与技术一级学科获博士学位授权点。精密仪器及机械二级学科 1994 年入选江苏省首批省级重点学科，2005 年被江苏省遴选为国家重点学科培育建设点。2011 年，仪器科学与技术一级学科被评为江苏省一级重点学科。现建有微惯性仪表与先进导航技术教育部重点实验室、远程测控技术江苏省重点实验室、国土资源部土地实地调查监测技术重点实验室等。

学科具有一支高水平国际化师资队伍，教师中 93% 具有博士学位，48% 具有国外知名大学教学或科研经验。2001—2012 年共授予博士学位 164 名，硕士学位 539 名。宋爱国领衔的"建立科研与教学相结合、学习与研究一体化的创新人才培养模式"获国家级教学成果二等奖和江苏省高等教育教学成果特等奖，"测控技术与仪器本科专业人才培养体系的构建和培养方案的改革"获江苏省高等教育教学成果一等奖、主讲的"传感技术"入选国家精品课程。"传感器

[①] 江苏省科技进步奖自 2009 年改名为"江苏省科学技术进步奖"，2010 年改名为"江苏省科学技术奖"，文中统称江苏省科技奖，完整信息见附表。

与检测技术系列课程"教学团队入选国家级教学团队。出版国家级规划教材 6 本。

学科以解决我国国防建设和经济建设中的重大理论问题和技术问题为目标，形成了"以军工为主、军民两用、亦军亦民"的学科特色，开创了教育部部属高校负责国防重点型号项目的先例。在陀螺仪器与组合当行技术、卫星导航技术、MEMS 惯性器件、机器人传感与遥操作、汽车电子等研究上具有显著优势。学科承担的国防科研项目打破了国外技术垄断和封锁，在国防领域得到应用；通过产学研合作，一批科研成果得到应用和产业化。学科积极开展国际科技合作与交流，承担了丁肇中教授领导的国际重大合作项目"阿尔法磁谱仪"的研究，参与中欧国际重点合作项目"伽利略卫星导航技术"的研究。

2000—2012 年，学科承担了国家"863"高技术、"973 计划"、国家自然科学基金、总装备部等国家级和省级科研项目 198 项，发表 SCI、EI 收录论文 170 篇，出版专著 6 本，获国家发明专利授权 34 项、实用新型专利授权 39 项、转化专利 41 项、登记软件著作权 5 项。获得国家级和省级科研奖 23 项，其中，徐晓苏参与的"×××武器系统研制"获国家科学技术进步二等奖；王庆主持的"土地调查与执法设备研制及系统应用"、宋爱国主持的"小型核化探测遥操作机器人"获教育部科技进步一等奖。①

材料科学与工程（0805）

材料科学与工程学科依托材料科学与工程学院，其历史最早可溯自吴中伟院士和舒光冀教授于 1947 年在国立中央大学时期创建的混凝土实验室和铸造实验室。1962 年开始招收研究生，1981 年获我国首批铸造博士学位授权点。现有材料科学与工程一级学科博士点和博士后流动站，内含材料物理与化学、材料加工工程、材料学二级学科博士点，另设土木工程材料二级学科博士点。新材料及其应用获评江苏省优势学科，材料学获评江苏省重点学科。至 2012 年，建有江苏省先进金属材料高技术研究重点实验室、江苏省土木工程材料重点实验室、先进土木工程材料协同创新中心。

学科拥有一支由中国工程院院士孙伟、缪昌文领衔，以国家千人计划、国家杰出青年基金获得者为骨干的师资队伍，大部分教师都有国外教育学历或进修经历。在人才培养方面，学科注重材料科学及其与机械工程、土木工程、电子信息和医学工程等学科领域的交叉和渗透，培养复合创新研究型人才。1992—2012 年共培养硕士 520 名、博士 125 名，其中培养的学生获江苏省优秀博士论文 10 篇。

1999 至 2012 年间，学科承担了国家级、省部级等科研项目 290 余项，承担了包括载人航

---

① 1992—2013 年，国家教委／教育部科技奖励名称沿革如下：国家教委科技进步奖（1992—1997），教育部科技进步奖（1998—1999），中国高校科学技术奖（2000—2001），教育部提名国家科学技术奖（2002—2005），高等学校科学技术奖（包含自然科学奖、技术发明奖、科技进步奖，2006—2007），高等学校科学研究优秀成果奖（其中科技类包含自然科学奖、技术发明奖、科技进步奖，2008—2013）。文中简称国家教委／教育部科技奖，完整获奖信息见附表。

天工程、长江三峡、南京长江二桥、润扬长江大桥、南京地铁等一大批重大工程建设项目，为国家的经济和国防基础建设做出了重要贡献。1992—2012年，教师发表SCI收录论文500余篇。

学科获省部级科研奖励多项，其中，获国家发明奖3项，分别为：孙伟领衔的"钢纤维混凝土路面性能设计与施工技术"（三等奖）、孔宪中领衔的"节能复合铝铁锅"（四等奖）、吴元康领衔的"钢和铸铁件无熔盐覆盖剂热浸镀铝新技术"（四等奖）；获国家技术发明奖二等奖1项，为何德坪领衔的"三类军用特种超轻多孔金属"；获国家科技进步二等奖2项，分别为：孙伟领衔的"生态型高与超高性能结构混凝土材料的研究与应用"、蒋建清等参与的"高品质中高碳特殊钢棒线材连续生产技术与工艺开发"；获教育部科技一等奖1项，为钱春香领衔的"混凝土裂缝分龄期防治新技术与应用"；获江苏省科技一等奖3项，分别为：何德坪领衔的"高孔隙率泡沫铝合金的制备及应用研究"、孙伟领衔的"高性能水泥基建筑材料的性能及失效机理研究"和"超高性能混凝土抗爆材料与结构的理论及应用"。

学科重视将科研成果与国家发展及国计民生密切结合，解决了一系列与国民经济发展和重大基础设施建设密切相关的重大工程（三峡工程、润扬大桥、苏通大桥等）和国防防护工程（抗爆炸与抗侵彻）中许多理论难题和关键技术，为国防事业和国家及江苏省的经济与社会发展做出了重要贡献。关于先进金属材料的研究成果已在舰船、汽车、轻武器、国家重大工程试验和神五、神六飞船等领域得以成功应用和产业化。学科重视与重要大型企业联合，促进科研成果转化，与中国最大的金属制品生产基地法尔胜集团、线材生产基地沙钢集团、特钢生产基地兴澄钢铁、高速钢生产基地天工工具以及苏博特和金陵石化等一批大型企业建立了长期稳定的合作关系，研究开发的高碳优质盘条技术、中碳钢丝绳技术、稀土空调铝箔技术、稀土高速钢技术、汽车用钢技术等均已投入批量生产，产生直接经济效益80多亿元。

动力工程及工程热物理（0807）

动力工程及工程热物理学科依托能源与环境学院，其历史最早可追溯至1923年国立东南大学时期创立的电机工程系和机械工程系的蒸汽动力方向。1981年获电厂热能动力工程、电力系统及其自动化、工程热物理硕士学位授权点；1984年获电厂热能动力工程博士学位授权点；1994年设立动力工程及工程热物理博士后流动站；2000年获动力工程及工程热物理一级学科博士授权点。2001年，动力工程系与热能工程研究所合并。

学科建有火电机组振动国家工程研究中心、能源热转换及其过程测控教育部重点实验室、低碳型建筑环境设备与系统节能教育部工程研究中心、中国航天低温推进剂技术国家重点实验室以及江苏省污染治理与资源化工程技术研究中心等。

1994年热能工程和电厂热能动力被评为江苏省重点学科；2001年热能工程获评江苏省"十五"重点学科；2005年热能工程获评江苏省国家重点学科培养建设点；2006年热能工程、制冷及低温工程获评江苏省重点学科；2007年热能工程获评国家重点学科；2012年动力工程及工程热物理被评江苏省优势学科。

1992—2012年，学科共获得国家级、省部级教学成果奖16项，其中，王文琪主持的"工程流体力学教学的新模式"、曹祖庆主持的"汽轮机变工况特性（教材）"获国家级优秀教学成果二等奖；获省部级以上教材奖9项。2000—2012年共培养硕士、博士共1021名；获2篇全国优秀博士论文。

学科在稠密多相流反应体系重构、微尺度传热传质、燃煤CO_2捕集储存等基础研究发明处于国际前列。1999—2012年，学科共承担国家级、省部级科研项目近390余项，发表SCI、EI、ISTP收录论文1533篇，出版论著27部；2004—2012年发明专利授权545项。

1992—2012年，获国家级和省部级奖励52项，其中，获国家发明奖四等奖1项，分别为：范铭领衔的"一种流化表面干燥制粉装置"；获国家科学技术进步奖4项，分别为：高矗领衔的"提高徐州电厂国产200MW汽轮发电机运行稳定性、可靠性综合研究"（三等奖）、肖睿领衔的"稠密多相流动与化学反应耦合体系的节能减排关键技术及应用"（二等奖）、林中达参与的"微机数据采集和处理专用装置的研制"（三等奖）、夏良正参与的"IT-1智能电视跟踪系统"（三等奖）；获教育部科技一等奖2项，分别为：陈永平领衔的"微小结构的分形构建及其传热传质机理研究"、张小松领衔的"夏热冬冷地区新型高效建筑冷热能供应技术与装备"；获江苏省科技一等奖3项，分别为：高矗领衔的"提高国产200MW汽轮发电机组运行稳定性、可靠性综合研究"、傅行军领衔的"大型汽轮发电机组异常振动诊断及治理技术"、肖睿领衔的"稠密多相流及与化学反应耦合的大型工业装置优化技术"。

学科重视产学研结合和技术成果转化，促进了相关产业的产品升级和技术进步。在生物质热化学转化、太阳能与建筑一体化应用、燃煤烟气脱硫脱硝、热力系统优化与控制等方面取得一批创新技术并得到了广泛应用，如：新能源制冷空调与建筑节能技术在全国13个省市得到应用，"大型火电机组节能减排智能优化控制系统"创造直接经济效益50亿，增加工业产值150多亿。学科参与制定多项国家"973""863"计划重点基础研究发展规划、国家气候变化计划、国家燃煤锅炉烟气脱硫脱硝行业标准，为国家和江苏省能源规划和节能产业发展提供决策咨询。

电气工程（0808）

电气工程学科依托电气工程学院，其历史最早可以追溯到1923年创立的国立东南大学电机工程系。1979年恢复招收硕士研究生。1981、1984年分别获电力系统及其自动化、电机硕士学位授权点；1986年获电力系统及其自动化、电机（1997年调整为电机与电器）博士学位授权点；1990年获电磁测量技术及仪器硕士学位授权点（1997年调整为电力电子与电力传动）；1998年设立电气工程一级学科博士后流动站；1998年获电工理论与新技术硕士学位授权点；2000年获电气工程一级学科博士学位授权点；2006年按电气工程一级学科招收硕士研究生。

学科为江苏省一级学科重点学科和江苏省一级学科国家重点学科培育建设点；电机与电器、电力系统及其自动化两个二级学科为江苏省重点学科；新设立的新能源发电与利用学科为江苏省优势学科。现有伺服控制技术教育部工程研究中心、江苏省电力工程实验中心、江苏省智能电网技术与装备重点实验室、国家级工程实践教育中心金智科技电气工程实践教育中心。

学科以人才培养为己任，1992—2012年，共授予学术型学位硕士1023人，专业型学位硕士34人，博士161人。获省部级以上教学成果奖9项，其中，陈珩主持的"电力系统稳态分析"（教材）、陈怡主持的"国家工科基础课程电工电子教学基地的建设"（另获江苏省高等教育教学成果特等奖）、胡仁杰等主持的"营造培养电子信息类创新人才的综合实践环境"（另获江苏省高等教育教学成果一等奖）获国家级教学成果二等奖。获省部级以上教材奖3项，其中，陈珩编著的《电力系统稳态分析》获全国优秀教材奖。入选国家精品课程4门：胡虔生主讲的"电机学"、黄正瑾主讲的"电工电子实践课程"、胡仁杰主讲的"综合电子系统设计""数字系统课程设计"。胡仁杰领衔的"电工电子实践系列课程教学团队"被评为国家级教学团队。入选国家级规划教材18部。获评江苏省优秀博士论文5篇、全国优博论文提名3篇。

自1992年以来，学科共承担国家级、省部级科研项目165项，授权发明专利107项，出版论著66部。2004—2012年共发表SCI收录论文142篇，EI收录论文799篇。陆于平领衔的"WFBZ-01型微机发电机变压器组保护装置"获国家科技进步奖三等奖、国家教委科技一等奖。

在产学研和社会服务方面，学科按照"资源共享、专业错位、各具特色"的宗旨，2010年，与镇江市政府共建了东南大学镇江智能电网研究院，并建设江苏省智能电网技术与装备重点实验室，为镇江成套开关设备和中压配电自动化设备制造产业转型升级提供了极大的技术支撑和人才支持。2011年，与盐城市共建了东南大学盐城新能源汽车研究院。学科参与发起建立了江苏省智能电网产业联盟、江苏省风电产业技术创新联盟、江苏省输变电装备产业技术创新战略联盟、江苏省电力电器产业技术创新战略联盟，服务行业相关企业130余家。

电子科学与技术（0809）

电子科学与技术学科主要依托信息科学与工程学院和电子科学与工程学院，是我国最早的电子信息领域学科之一，其历史最早可追溯到1923年国立东南大学电机工程系。1952年，南京工学院电机工程系分设为电力工程系和电信工程系。1953年，先后并入浙江大学、复旦大学等多所院校的电信工程系，建立了南京工学院无线电工程系，首任系主任为陈章教授。1961年，电真空器件专业从无线电工程系分出成立电子器件系，首任系主任为陆钟祚教授，1977年更名为电子工程系。2006年，无线电工程系更名为信息科学与工程学院，电子工程系更名为电子科学与工程学院。

学科研究方向门类齐全，其口径范围涵盖电子科学与技术一级学科的四个二级学科方向，分别为：物理电子学、电路与系统、微电子学与固体电子学和电磁场与微波技术。电磁场与微波技术学科分别于1981、1984年获硕士和博士学位授权点；电路与系统学科分别于1991、1998年获硕士和博士学位授权点；2003年获集成电路设计二级学科博士学位授权点。电子科学与技术一级学科于1998年获一级学科博士学位授权点，2009年设立一级学科博士后流动站。

电磁场与微波技术学科于1988、2002年两次被评为国家重点学科。电子科学与技术一级学科于2007年获评国家重点学科，2011年获评江苏省优势学科。电子科学与技术一级学科在2002、2007、2012年的三次全国学科评估中分别位列第8、第6、第2位。

学科拥有多个国家与省部级重点实验室和研究中心，包括：毫米波国家重点实验室、国家专用集成电路研究中心、MEMS教育部重点实验室、射频电路集成与系统教育部工程研究中心、光传感/通信综合网络国家地方联合工程研究中心、教育部光电显示与可视化国际合作联合实验室、江苏省显示技术工程研究中心、江苏省光通信器件与技术工程研究中心、江苏省光传感/通信与网络技术工程研究中心等，其中毫米波国家重点实验室是目前我国大陆电磁场与微波技术领域唯一的一个国家重点实验室。

在人才培养方面，学科培养的学生获全国百篇优秀博士论文3篇，全国优秀博士学位论文提名奖3篇；电磁场与微波技术学科获"教育部创新团队"称号和国家自然科学基金委"创新群体"科学基金。获省部级以上教材奖11项，其中，谢嘉奎等编著的《电子路线（线性部分）》（第四版）和《电子线路（非线性部分）》（第四版），以及莫纯昌等编著的《物理电子技术中的材料与工艺》获全国优秀教材奖。

在科研方面，学科2006—2012年有共授权发明专利417项，出版论著45部。获省部级以上科研奖励53项，其中，孙大有主持的"专用集成电路系统设计及工程技术产业化实施"获国家科技进步三等奖，时龙兴主持的"硅基集成型功率MOS器件及高低压集成技术与应用"获国家技术发明二等奖；获教育部科技一等奖4项，分别为："半导体场致电子发射研究"（黄庆安主持）、"多晶硅电热微执行器模型、制备与表征"（黄庆安主持）、"高功率扁平放电管氦氖激光器及其应用"（凌一鸣主持）、"微波段超材料对电磁波的调控研究"（崔铁军主持）；获江苏省科技一等奖7项，分别为："调频广播副载波信息服务系统"（孙大有主持）、"专用集成电路系统设计及其工程技术研究"（孙大有主持）、"32位嵌入式微处理器芯片"（时龙兴主持）、"新型荫罩式等离子体显示器"（王保平主持）、"宽带移动通信射频、天线与分集技术"（洪伟主持）、"功率MOS集成电路设计及制备工艺关键技术及应用"（孙伟锋主持）、"服务三农的安全可靠电子交易关键技术研究和应用"（杨军主持）。崔铁军的"三维隐身衣及电磁黑洞"系列研究成果入选"2010年度中国科学十大进展"。

学科在产学研、技术成果转化方面取得显著成效。与华润上华半导体有限公司合作提出的多种集成型高压MOS器件新结构，提升了器件关键参数的指标及可靠性；相应的高低压兼容集成工艺拓展了功率MOS集成电路的应用领域，相关核心技术打破了我国中高端功率集成电路产品90%依赖进口的局面，实现量产，产生经济效益近2亿元。其间PDP驱动芯片已在韩国三星和国内长虹的 PDP 电视中得到量产应用。在微波毫米波卫星通信地球射频设备方面，自主研制的一体化收发信机超越国外同类产品，产生经济效益 8 亿元。2001 年基于毫米波国家重点实验室射频与天线技术方面的研究成果成立了东大宽带通信技术有限公司，PHS 基站功率放大器等实现大规模量产。MEMS 教育部重点实验室牵头研发的气象站系统、路面传感器系统，MEMS 材料参数在片测试系统和硅—硅键合技术等软、硬件产品中性能达到国际同类产品水平，多次荣获省部级科技发明奖项。

学科注重国际合作工作。1994 年，学校与荷兰飞利浦公司签署成立"东飞显示管技术研究开发中心"（简称"东飞中心"）合作开发显示管与显示有关项目，发表论文 100 多篇，获国内外专利 20 多项，其间先后有两位飞利浦专家获得我国授予外国专家的最高奖励——国家友谊奖，在国内高校首创了国际科研合作的成功范例，对学科发展和人才培养都产生了重要影响。在国内率先与美国波音公司开展了机载通信发明的合作研究；与美日等多家国际著名通信产业公司、著名大学建立良好合作关系，建立了一系列国际联合研究中心，如东南大学—三菱电机联合实验室、东南大学—安捷伦联合实验室、东南大学—Synopsys 通信集成电路设计联合培训中心等。学科主办、承办了一系列有影响的国际会议，其中 APMC2005 参会人数超过 1000 人，是微波毫米波领域的三大国际会议之一。

信息与通信工程（0810）

信息与通信工程学科依托信息科学与工程学院，其历史最早可溯至 1923 年国立东南大学电机工程系无线电技术专业。目前学科下设通信与信息系统、信号与信息处理两个二级学科，前者有宽带无线传输理论与多址技术、移动通信网络与系统理论及应用、短距离无线通信等研究方向，后者有信号与信息处理基础理论、海洋信息工程、复杂网络与社交网络等研究方向。1981 年成为全国首批博士学位授权点，1986 年开始设立博士后流动站。1988 年被评为国家重点学科，2001 年被评为江苏省"重中之重"学科，2002、2007 年又先后两次被评为国家重点学科。2011 年被评为江苏省优势学科。

学科拥有多个科研平台，如移动通信国家重点实验室、2011 计划国家级"无线通信技术"协同创新中心、水声信号处理教育部重点实验室、江苏省数码技术工程研究中心等。

学科注重对标国际先进科研理念，通过引进国际一流师资，聚集了一大批国内外领军人才，形成了代表国家最高水平的无线通信研发平台，在人才培养、国际化办学、科学研究、社会服务等各个方面都取得了突出成果。

在人才培养方面，学科获国家级教学成果奖二等奖 5 项，分别为：何振亚主持的"博士生培养方法的研究与实践"，编著的《多维数字信号处理》（教材，另获江苏省高等教育教学成果一等奖）；沈永朝主持的"加强工程基础性教学、建设电子信息类专业新的课程体系"；陈笃信主持的"电气、电子信息类专业人才培养方案、教学内容和课程体系改革的研究与实践"

（另获江苏省高等教育教学成果一等奖）；吴镇扬参与的"国家工科基础课程电工电子教学基地的建设"。入选国家精品课程3门①，分别为：数字信号处理（吴镇扬主讲）、信号与系统（孟桥主讲）、数据库原理（徐立臻主讲）。获江苏省高等教育教学成果奖一等奖5项，分别为：沈永朝主持的"按系招生、加强工程基础性教学、建设新的课程体系"、田良主持的"VLSI设计教育和EDA实践教学的研究"、吴乐南编著的《数据压缩的原理与应用》（教材）、吴镇扬主持的"电子信息系列课程的改革与建设"、沈连丰主持的"将前沿科技融入通信工程专业教学的改革与实践"。获省部级以上教材奖10项。吴镇扬教授获国家教学名师称号奖，领衔的"信号与信息处理系列课程教学团队"被评为国家级教学团队。学科获评全国优秀博士论文2篇。

学科一直以国际学术前沿及国家产业发展、经济建设和国防建设重大需求为引领，推动学科发展与建设，取得了丰硕的研究成果。1996年参与完成国内首个GSM试验系统的研发与实现；1998年完成国内首个CDMA实验系统的研发与实现；2002年在国内首次成功举行了第三代移动通信系统试验；2004年研制出异构网络融合终端和接入设备并实现规模应用；2005年完成国内首个UWB无线传输试验系统研发；2006年牵头完成国内首个第四代移动通信外场试验系统研发；2009年完成国内首个Gbps无线传输实验系统研发；学科牵头完成的国家重大项目是有重要国际影响的B3G研究计划，为启动国家新一代宽带无线移动通信奠定了技术基础，为我国全面参与新一代通信研究开发的国际竞争打下了坚实的基础；有关分布式蜂窝组网研究走在世界前列，成果产生了较大的国际影响。此外，完成多个国防型号装备、配套系统及关键支撑技术平台，有关水声信号处理技术为国防建设做出了突出贡献。近年来，面向国家发展战略需求，在5G移动通信、可见光通信、水声信号处理等领域取得了重大科研成果，学科已处于国际学术引领地位，学科基础研究跨入国际前沿。

学科承担了数百项国家、省部级及境外合作科研项目；近年来，学科平均每年在国际著名期刊发表SCI论文150篇左右，会议论文100篇左右；每年获得专利授权50项左右。学科获得多项国家级、省级科研奖励，其中，国家技术发明奖2项，分别为：袁易全领衔的"PVDF压电薄膜水听器（换能器）系列"（四等奖）、尤肖虎主持的"宽带移动通信容量逼近传输技术及产业化应用"（一等奖）；国家科技进步奖3项，分别为：陆佶人领衔的"H/SQC-552型侦察声纳"（三等奖）与"鱼雷脱靶量及末弹道测量系统"（二等奖，并获国家教委科技一等奖）、尤肖虎主持的"中国第三代移动通信系统研究开发项目"（二等奖）；国家教委/教育部科技一等奖3项，分别为：何振亚主持的"神经网络理论及其智能信息处理应用基础"、沈连丰主持的"基于WPAN的短距离无线接入关键技术研究及应用"、尤肖虎主持的"宽带多载波普适MIMO传输与迭代接收技术"。获江苏省科技一等奖4项，分别为：何振亚主持"盲信号处理理论与应用"与"混沌神经信息处理的几个重要问题研究"、沈连丰主持的"低功率

---

① 1996年江苏省教学成果奖名称为"江苏省普通高等学校教学成果奖"。

无线接入系列设备的研制及产业化"、尤肖虎主持的"基于多径能量窗的 CDMA 移动通信接受技术"。此外，尤肖虎主持的创新成果"新一代宽带移动通信技术及系统"获 2012 年第 14 届中国国际工业博览会金奖。

信息与通信工程学科尤肖虎教授团队获 2011 年度国家技术发明一等奖，为我国移动通信事业做出突出贡献

控制科学与工程（0811）

控制科学与工程学科依托自动化学院，由中国科学院学部委员、著名热工自动化专家钱钟韩教授和中国科学院院士、著名自动控制专家冯纯伯教授领导创建。学科源于"工业电气自动化"专业，1957 年南京工学院设立"自动化"专业，是国内最早设立自动化专业的高校之一。1965 年"电力拖动及其自动化"被批准为全国首批硕士学位授权点。1981 年自动控制理论及应用获全国首批博士学位授权点，1992 年设立博士后流动站，1995 年设立控制科学与工程一级学科博士后流动站。自动控制理论及应用于 1988 年被评为首批国家重点学科，控制理论与控制工程于 2001 年被评为国家重点学科，控制科学与工程于 2011 年入选江苏省优势建设学科。现有控制理论与控制工程，模式识别与智能系统，检测技术与自动化装置，系统工程，导航、制导与控制五个二级学科博士学位授权点。学科建有复杂工程系统测量与控制教育部重点实验室。

学科在人才培养方面取得了丰硕成果：其中，戴先中领衔的"计算机硬件应用系统实验教学改革的研究与实践"获国家级教学成果二等奖和江苏省高等教育教学成果特等奖，"自动化学科（专业）知识与课程体系的研究与实践"获国家级教学成果二等奖和江苏省高等教育教学成果一等奖。刘京南主讲的"电子电路基础"入选国家精品课程；周杏鹏领衔的"注重整体优化建设，突出能力培养与训练——自动化专业主干技术课程改革与实践"获江苏省高等教育教学成果一等奖。戴先中领衔的"自动化专业教学研究与实践教学团队"被评为国家级教学团队。获省部级以上教材奖 6 项，出版国家级规划教材 3 部。学科培养学生获全国优秀博士论文 1 篇。2000—2012 年期间，学科共培养硕士、博士共 1200 余名。

学科是我国复杂系统的建模、控制与优化领域研究的主力军，在复杂系统建模、分析与控制和运动控制理论与智能机器人领域形成了显著特色和优势，在系统建模、混杂控制、神经网络控制、复杂网络控制、复杂制造系统控制等方面处于国际研究前沿。2000—2012 年共承担国家级、省部级科研项目近 300 项，发表 SCI、EI 收录论文 1000 余篇；授权（或转化）发明专利 200 余项；出版论著 10 本；获国家技术发明二等奖 1 项：戴先中领衔的"基于神经网络逆的软测量与控制技术及其应用"；获国家科技进步二等奖 1 项：夏良正参与的"IT-1 智能电视跟踪系统"（夏良正主持该项目另获机电部科技成果一等奖）；获省部级科技奖 14 项，其中，获教育部科技一等奖 2 项：戴先中领衔的"复杂过程变量神经网络逆软测量与控制技术"、郭雷领衔的"非高随机系统的抗干扰控制于估计"；获江苏省科技一等奖 3 项：陈夕松领衔的"复杂选矿工艺流程的优化控制于综合自动化"、冯纯伯领衔的"复杂动态系统及非线性系统的分析与鲁棒控制"、戴先中领衔的"弧焊机器人装备关键技术研究与应用"。2012 年田玉平教授在 John Wiley & Sons，IEEE Press 上出版英文专著 *Frequency-Domain Analysis and Design of Distributed Control Systems*。

学科大力加强产学研合作，推进科技成果转化，许多成果已达到国内领先水平，具有广泛应用推广价值；为徐工集团、南京大地水刀、上海宝钢集团、北京第一机床厂、扬子石化集团等提供技术支持，联合研发，为企业新创产值近百亿元；积极参与国家三大科技计划发展规划的咨询，持续为江苏省科技发展规划提供决策咨询，参与江苏省镇江市智能电网产业、江苏省扬州市新能源新光源双千亿产业等发展规划制定。

计算机科学与技术（0812）

计算机科学与技术学科主要依托计算机科学与工程学院，学科源于 1960 年创建的解算技术及装置专业，是我国最早建立的一批计算机专业之一，其自主研制的我国第一台晶体管数字积分机，填补了国内空白，并成功应用于国防现代化和工业自动化领域。1976 年由顾冠群教授领衔在国内率先开展计算机网络研究，在网络体系结构、协议工程等领域取得了一系列创新性和系统性成果。1981 年学科获计算机应用硕士学位授予权，1990 年获计算机应用博士学位授权点，2003 年获计算机科学与技术一级学科博士学位授权点，建立了计算机科学与技术一级学科博士后流动站。学科建有计算机网络和信息集成教育部重点实验室、江苏省计算机网络技术重点实验室、江苏省网络与信息安全重点实验室、国家"863"CIMS 工程实验室、CERNET 华东（北）地区网络中心等科研平台。

二级学科计算机应用技术 1994 年被评为江苏省重点学科，2002、2007 年连续被评为国家重点学科；计算机软件与理论于 2006 年被评为江苏省重点学科；计算机科学与技术于 2008 年获评江苏省一级学科重点学科，2011年获评江苏省优势学科。学科在国际ESI学科排名中位列全球前1%。

学科基本形成了由中国工程院院士、长江学者、教育部跨世纪人才、江苏省"333"人才组成的、年龄结构合理的师资梯队。在人才培养方面，先后获省部级教学奖励21项，其中，江苏省高等教育教学成果一等奖2项[①]，分别为：孙志挥主持的"数据结构课程建设"、邓建明等主持的"基于现代工程理念的软件人才培养模式创新与实践"。获省部级以上教材奖5项。其中，龚俭等编著的《计算机网络安全导论》、王能斌编著的《数据库信息原理》获国家优秀教材奖。获全国优秀博士论文1篇，获江苏省优秀博士论文3篇。1994—2012年学科共培养博士566名，硕士约2240名。

在科研方面，学科在计算机网络、数据库技术、人工智能及其应用、CIMS及各类信息系统、智能中间件、程序设计语言及软件工程等方面形成了鲜明的研究特色，在多个领域处于国内领先地位，有的已达到或接近国际先进水平。1999—2012年，承担国家级科研项目共148项。1995—2012年，获国际工业领先奖1项，国家级奖励9项，省部级奖33项，其中，国家科技进步奖3项，分别为：由顾冠群领衔的"异种中大型计算机远程OSI网络"（三等奖）、"基于EDI的单证交换系统"（三等奖）、"网络教育关键技术及示范工程"（二等奖）。学科参与完成的国家科技进步二等奖6项，分别为："北京第一机床CIMS工程"（王茜等）、"中国教育和科研计算机网CERNET示范工程"（龚俭）、《高科技知识丛书——电子信息》（顾冠群、吴国新编著）、"广东华宝空调器厂CIMS应用工程"（董逸生等）、"OUR-QGD型立体定向伽玛射线全身治疗系统（全身伽玛刀）"（罗立民等）、"中国下一代互联网示范工程CNGI示范网络核心网CNGI-CERNET2/6IX"（龚俭）。获教育部科技一等奖2项，分别为：顾冠群主持的"计算机网络协议形式技术及其应用研究"与"网络教育关键技术及示范工程"。获江苏省科技一等奖2项，分别为："江苏金融网络综合业务处理系统"（罗军舟主持）、"软件分析测试与算法优化的模型、方法与技术"（徐宝文主持）。徐宝文主持的"软件质量保证支撑系统SQAS"获湖北省科技进步一等奖。

学科重视产学研用结合、技术成果转化，为IT行业的技术进步与地方的经济建设与发展做出了显著贡献。牵头主持国家"十五"科技攻关重大项目"网络教育关键技术及示范工程"，核心技术形成了网络教育系列产品，在28个省市自治区的大中小学校、企业、培训中心得到使用，使用人数达1000多万人。学科制定的标准与规范、研究出的关键技术为我国网络教育发展提供了重要依据和技术支撑。王茜教授参与了ISO/TC184/SC5/WG4的国际标准制定工作，起草了3项国际标准（ISO1600-4/5/6），为中国在国际标准制定方面争取了话语权，学科成为国内唯一软件互操作国际标准主持制定单位。

[①] 1993年江苏省教学成果奖名称为"江苏省普通高等学校优秀教学成果奖"。

2002年,学科在中国大陆高校中率先参加诺贝尔物理学奖获得者丁肇中教授领导的AMS实验。AMS探测器于2011年5月16日升空,相关数据通过美国NASA专用信道传送到东南大学进行MC仿真、事件重构和物理分析。学科建立了AMS科学数据处理中心(云计算平台),实现了AMS数据的深度处理和分析,在该项国际科学实验中发挥了重要作用。

建筑类学科[①]

建筑类学科依托建筑学院,其历史经历了奠基、壮大、蓬发三个时期。

1927—1949年是奠基时期。1927年,国立第四中山大学创立了中国第一个大学建筑系科,曾分别留学于美、英、日、德、法等国的众多教师在此任教,以"艺技并重"为特色的教学体系与范式,确立了中央大学建筑系在中国建筑教育界的领军地位。

1949—1992年是壮大时期。新中国成立后,学科建制逐步建立并完善,形成了建筑学科产学研一体的完型组构,初步完成了建筑教育体系的本土化进程。改革开放后,教学复归正规并积极探新,继1954年培养了4名新中国首批硕士研究生后,于1978年后开始招收建筑设计及其理论、建筑历史与理论、建筑技术等方向的硕士学位研究生。1981年建筑设计及其理论、建筑历史与理论获批全国第一批博士学位授权点。1984年起开始招收城市规划与设计、风景园林规划与设计方向的博士学位研究生。学科以国家建设需要为导向,系统开展了教学结合生产、弘扬民族建筑文化的研究与设计实践,创作了北京火车站、南京长江大桥桥头堡、福建武夷山庄、南京大屠杀遇难同胞纪念馆(一期)等享誉业界的设计作品;出版了《苏州古典园林》等一批重要学术专著,《中国美术全集·园林建筑卷》及《曲阜孔庙建筑》获建设部首届优秀科技图书一等奖,后者又获"全国优秀科技图书"一等奖。在杨廷宝、刘敦桢、童寯等大师的带领下,学科形成了"严谨、求实、创新"的学科文化,在国内外建筑界的学术声誉得到进一步巩固。1989年起成为"全国高等学校建筑学学科专业指导委员会"挂靠单位。

1992—2012年是学科蓬发时期。建筑学科在卓越化与国际化等方面发展迅速,进入了自主、持续的历史性转折与发展阶段。在建制/师资方面应时拓展、充实提升。以建筑系作为主体,先后成立了东南大学建筑设计院深圳分院、东南大学城市规划设计研究院。齐康、钟训正教授先后当选中国科学院、中国工程院院士。普利兹克奖得主葡萄牙建筑师西扎、日本著名建筑师丹下健三等10余位有国际影响的著名建筑师和学者受聘东南大学客座(荣誉)教授。张十庆、王建国先后受聘教育部"长江学者奖励计划"特聘教授。一批有海外教育经历的年轻学者成为教学与科研的新生力量,建筑设计课程团队获得"国家级教学团队"称号。鲍家声教授的开放建筑研究中心、钟训正院士的环境与建筑研究中心、程泰宁院士的建筑设计和理论研究中心先

---

① 建筑类学科是建筑学院所属的建筑学(0813)、城乡规划(0833)、风景园林(0834)三个一级学科的统称。由于后二者于2011年刚升为一级学科,因此其发展未予单列。

后成立。2003 年原建筑系升为建筑学院后，形成"建筑、规划、景观、环境艺术设计、建筑科学技术 5 个系＋建筑历史与理论、建筑运算与应用 2 个研究所＋城市与建筑遗产保护教育部重点实验室"的整体学科架构。

在教育/教学方面多元融合、开放开拓。2001 年率先提出建筑学本科"3+2"培养模式及"一体两翼"课程体系，开始实施"教授工作室制"教学，创办土建共培杨廷宝实验班及海外生学位班，建设国家级工程实践教学基地等，在国内起到引领和示范作用。在组织国际联合教学、聘请外籍师资、招收 GCT 工程硕士、设立建筑学博士后流动站等方面也积极表率。其间，"开放·交叉·融合——以设计创新为核心的建筑学专业本科教学新体系"等教改成果先后 3 次获国家级教学成果二等奖（1993、1997、2009 年），本、硕学生获"UIA 大学生设计竞赛"等国内外重要竞赛奖项百余次。

教研并重相融，课程与教材建设成效显著，《中国建筑史》《建筑制图》和《建筑物理》3 部教材获建设部优秀教材一等奖，《外国建筑简史》《建筑物理》获评 2011 年度全国普通高等教育精品教材，《现代建筑理论》被教育部推荐为我国首批研究生教材（2011），先后 6 部教材入选"十一五""十二五"国家级本科规划教材。住宅、医院、民居、城市设计等方向的研究成果斐然，《现代城市设计理论和方法》《城市设计》等产生了深远的学术影响。

1994 年，城市规划与设计获评江苏省重点学科。2002 年，建筑设计及其理论、建筑历史与理论获评国家重点学科。2010 年，风景园林学获评江苏省重点学科。2011 年，建筑学院拥有了建筑学、城乡规划、风景园林、美术学 4 个一级学科及本、硕学位授予权，以及前 3 个一级学科的博士学位授予权及博士后流动站。建筑学在 2004、2007 年的全国学科评估中分别位列第 3、第 2 位。2012 年，建筑学、风景园林在学科评估中皆位列第 2 位，城乡规划学位列第 3 位。

这期间学科共培养了本科生 2020 余名、硕士生 1380 余名、博士生 240 余名，博士论文先后获省优博 9 篇、全国优博提名 4 篇。

在研究/实践方面全面出击、成绩斐然。科研成果包括：主持国家级科研项目 79 项，省部级科研项目 103 项；获得授权发明专利 227 项；获国家及部委颁发的科技奖励 5 项，其中"现代城市设计理论及方法"获教育部自然科学奖一等奖；出版各类专著 1045 本，其中《江南理景艺术》获第十一届"全国优秀科技图书"一等奖；发表中文论文 1971 篇（含学科权威期刊 222 篇），SCI、EI、ISIP、SSCI 等期刊收录 38 篇；教师主持的规划设计工程项目共获奖 220 余项（国家级奖 70 项，省部级奖 153 项），其中南京梅园新村周恩来纪念馆设计获全国优秀工程勘察设计金奖，绵竹市广济镇中心区灾后重建公共建筑群获全国优秀工程勘察设计行业一等奖，泉州中山路改造规划设计和镇江西津渡历史文化街区规划获联合国教科文组织亚太地区文化遗产保护奖，人民日报社大楼设计、中国国学中心设计、南京大报恩寺遗址公园规划设计、西安阿房宫遗址公园规划设计、南京明故宫遗址公园规划设计在国际竞赛中获第一名；主持召开大型学术会议 55 次（其中国际会议 22 次）；获批教育部"城市和建筑遗产保护重点实验室"；联合国教科文组织与东南大学建筑系合作成立"东南大学—联合国教科文组织 GIS 中心";与高等教育出版社合创了国内建筑类学科领域第一本全英文学术期刊 Frontiers of Architectural Research。

东南大学建筑类学科始终以服务于国家建设和人民福祉为己任,崇尚知识诚笃、崇尚理性思辨、崇尚学术创新、崇尚实践引领,形成了东南学派"做无空谈、融合不疆、批判前行、传承创新"的立场追求,在国内外业界的影响也更加重大而深远。

土木工程(0814)

土木工程学科主要依托土木工程学院,其历史最早可追溯到 1923 年国立东南大学土木工程学科。1981 年获硕士、博士学位授权点(国内首批博士点之一),现拥有土木工程一级学科硕士、博士学位授权点,博士后流动站。拥有国家预应力工程技术研究中心、玄武岩纤维生产及应用技术国家地方联合工程研究中心、混凝土及预应力混凝土结构教育部重点实验室和省级研究平台。

结构工程于 2002、2007 年被评为国家重点学科,防灾减灾工程及防护工程被评为"十五"江苏省重点学科,岩土工程被评为"十一五"江苏省重点学科。2011 年,土木工程被评为江苏省优势学科。学科在 2004、2009、2012 年全国学科评估中排名分别位列第 6、5、3 位。

学科重视人才培养,截至 2012 年,共培养博士 777 名、硕士 3911 名,获评江苏省优秀博士论文 10 篇。获国家级和省级教学成果奖 8 项,其中,蒋永生主持的"建立激励机制加强能力培养——混凝土结构学课程改革重点"获国家级二等奖、"土建类专业工程素质和实践能力培养的研究与实践教授"获国家级一等奖和江苏省一等奖,邱洪兴主持的"土木工程优质教学资源体系创新建设与实践"获国家级二等奖和江苏省一等奖。入选国家精品课程 6 门,分别为:工程结构设计原理(蒋永生主讲)、建筑结构设计(邱洪兴主讲)、工程结构抗震与防灾(李爱群主讲)、工程合同管理(李启明主讲)、土木工程施工(郭正兴主讲)、结构力学(单建主讲)。获省部级以上教材奖 16 项,其中,学科主编的《理论力学》(第二版)(上、下)、胡伍生等编著的《土木工程测量》、黄兴棣编著的《工程结构可靠性设计》获国家优秀教材奖,吕志涛编著的《现代预应力结构体系与设计方法》入选 2011 年国家"三个一百"原创出版工程。出版国家级规划教材 25 本。蒋永生领衔的"工程结构设计系列课程教学团队"被评为国家级教学团队。

土木工程学科面向国家战略需求和国际科技前沿,注重基本理论和基本方法创新,结合重大工程实践开展应用基础研究,解决关键科学与技术难题,为土木工程基础设施安全、高效、可持续运行提供技术保障。学科在以下方面具备理论与技术优势:

在混凝土及预应力结构新体系与基础理论领域,学科围绕新型和复杂结构体系创新,系统研究预制混凝土装配结构和大跨预应力空间结构的基本性能和设计方法,主编了该领域国内首本行业规程。主持或参与完成国家科技进步奖 5 项,分别为:吕志涛参与的"预应力混凝土结构设计基本问题的研究"（二等奖）、郭正兴领衔的"大跨空间钢结构预应力施工技术研究与应用"（二等奖）、杨宗放等参与的"多层工业厂房预应力结构体系及相应性能研究"（三等奖）、赵惠麟等参与的"新型空间结构的强度、稳定性和动力性能的研究"（三等奖）、李维滨参与的"现代化体育场施工技术的研究"（二等奖）。获江苏省科技一等奖3项，分别为：蒋永生主持的"高强混凝土结构变形及设计方法研究"、吕志涛主持的"高层建筑预应力混凝土厚板转换层结构的研究与应用"和"新型住宅结构体系的研究与应用"。学科将预应力技术推广应用到南京长江大桥等一批重点工程项目，并率先将预应力技术拓展到钢结构领域，应用于北京西客站工程等60多项大型场馆工程，产生了巨大的社会经济效益。

在新型纤维增强复合材料（Fiber Reinforced Polymer/Plastic, 简称FRP）增强混凝土结构领域，学科围绕纤维增强复合材料在混凝土结构中的应用，建立了FRP高性能化、FRP增强结构等方面的理论和技术体系。2005年，吕志涛院士设计建造了国内第一座碳纤维增强复合材料拉索斜拉桥。学科成功开发了新型FRP系列制品，并完成了FRP各项技术的规模化和示范化应用，所开发的玄武岩纤维及其复合材料产品已远销国外。吴智深主持的"纤维增强复合材料（FRP）的高性能化及增强结构关键技术与应用"获教育部科技进步一等奖、国家科学技术进步二等奖。

在工程结构灾变分析与安全控制领域，学科围绕重大混凝土结构、大跨结构等大型工程结构在地震、强风作用下的结构响应与控制技术，建立了结构智能监测与安全评估理论和方法。在工程结构减振（震）控制技术、大型结构健康检测与安全评估方面取得了突出的系列创新成果，应用于北京奥运会议中心等50多项重要工程。李爱群参与的"建筑结构减振防灾关键技术与应用"获国家科技进步二等奖，参与的"土木工程结构的振动控制理论"获教育部科技进步一等奖，主持的"土木工程结构减振防灾新技术研究与应用"获江苏省科技进步一等奖。

在大跨混凝土桥梁结构理论领域，学科针对大跨径预应力混凝土桥梁中普遍存在的开裂和下挠病害以及大型桥梁的深水基础问题，提出相应的计算理论和设计方法，深入研究了超长大直径桩承载机理，应用于苏通大桥、南京长江三桥等工程。学科在钢结构高等分析与设计理论、结构疲劳与损伤分析、工程管理理论与实践、水资源保护与利用方面取得了一系列研究成果，应用于南京奥林匹克体育中心科技中心观光塔、南京图书馆新馆、苏州博物馆等多项工程实践。龚维明参与的"十米级斜拉桥结构体系、设计及施工控制关键技术"获国家科技进步二等奖，龚维明主持的"桩承载力自平衡测试方法的研究"、郭彤主持的"长大跨桥梁结构状态评估关键技术与应用"获得江苏省科技进步一等奖。

化学工程与技术（0817）

化学工程与技术学科依托化学化工学院。1958年，南京工学院化学工程系迁出，并以此为母体成立了南京化工学院（现南京工业大学）。1988年学校恢复了化学化工系。现有化学工程与技术一级学科博士学位授权点，材料物理与化学、制药工程、生物材料与组织工程、应用化学二级学科博士点，化学工程与技术、化学一级学科硕士学位授权点。2006年，应用化学被评为江苏省重点学科。主要科学研究基地有：省级化学化工实验示范中心、江苏省生物材料与器件高技术重点实验室等（与校相关院系共建）。

学科拥有一支学术水平较高、结构合理、肯于钻研、勇于创新、善于联合攻关的师资队伍。在人才培养方面，2003—2012年，学科共培养博士79名，硕士689名，获省级教材奖2项。学科坚持"督与导相结合，以导为主、以督为辅"的工作方针，促进教学工作的科学化和规范化，提高办学水平和育人质量。学科培养的学生获省优秀博士学位论文1篇。

在科学研究方面，学科在国内较早将化学工程与工艺（精细化工）专业和制药工程专业兼容集成，形成理工结合、以工为主的特色。承担国家级、省部级科研项目260余项；发表SCI、EI等收录论文1300余篇；获省部级科技进步奖3项，其中，周钰明领衔的"新型天然含氟水处理剂"获2005年度国家环境保护科学技术三等奖；申请发明专利180余项，授权110余项；出版或参与论著近20篇。

学科坚持以"工业生态学"的基本科学思想为指导，为全国特别是江苏的化学化工、制药工业技术进步和成果转化提供科研成果和智力支持，建立了"东大—海昌研发中心"等多个研发平台，和大型企业开展长期稳定的科研攻关、成果转化方面的合作。在油田化学品、化工催化、药物合成、光电功能材料等方面已有30多个产品应用于工业生产中，解决了多个技术难题，取得了明显的经济和社会效益，获得多项省部级科技进步奖。陈志明教授研发的"高性能环氧沥青复合材料绿色工艺"为学校"大跨径桥梁钢桥面铺装成套关键技术及工程应用"项目（该项目2012年获得国家科技进步二等奖）提供了关键技术支撑；生物柴油的绿色连续化生产技术获得国家"863项目"和国家重大专项立项，并与美国Celanese公司开展国际合作研究，完成了省重大科技成果转化专项资金、国家"863"重大计划、国家自然科学基金等项目。成功开发出具有国际先进水平、自主知识产权的吡啶工业化技术，各项指标在当时达到国际先进水平，吲哚系列衍生物医药中间体合成与生产具有鲜明特色，在国内率先实现工业化生产。成功开发了甲苯等工业有机废气净化所用低含量贵金属整体式催化燃烧催化剂等，研制出了低碳烷烃脱氢、裂解工业催化剂，在石油化工工业中得到了推广应用。生物高分子、通用高分子电纺与纳米纤维在组织修复、过滤、药物释放系统中得到应用，形成了自动电纺仪、共轭电纺、纳米纤维产业化技术。开展新型药物及其中间体合成及工艺、专利药物的开发、新剂型等方面的创新研究，在内皮素受体拮抗剂的研究中，从89个化合物中筛选到了拥有自主知识产权的化合物0213（大吉赛坦），用于治疗肺动脉高压及心衰。

交通运输工程（0823）

交通运输工程学科依托交通学院，其历史最早可溯至1923年国立东南大学土木工程系，后为国立中央大学工学院土木工程系路工组、南京工学院土木工程系道路教研室。1981、1990

年先后获公路、城市道路及机场工程（1997年更名为道路与铁道工程）硕士学位、博士学位授权点，1994、1996年先后获交通工程（1997年更名为交通运输规划与管理）硕士学位、博士学位授权点，1998年获交通运输工程一级学科博士点。交通运输规划与管理、道路与铁道工程分别于2003、2007年被评为国家重点学科，交通运输工程2007年被评为一级学科国家重点学科，并在2009、2012年的全国一级学科评估中分别名列全国第2、第1位。目前，已经形成了以交通运输工程一级学科为核心，以交通运输规划与管理、道路与铁道工程两个国家重点学科为龙头，以交通信息工程及控制、载运工具运用工程国家重点学科覆盖点、岩土工程江苏省重点学科、桥梁与隧道工程博士点学科为支撑，以交通测绘与信息技术、交通安全工程、交通地下工程、大地测量学与测量工程、摄影测量与遥感、港口海岸及近海工程、地图制图与地理信息工程等学科为生长点的学科群。

学科建有新型道路材料国家工程实验室、教育部智能运输系统（ITS）工程研究中心、国家道路交通工程技术研究中心东南大学分中心、现代城市交通技术协同创新中心、江苏省交通规划与管理重点实验室等科研基地；交通类工程创新人才培养实验区国家级人才培养模式创新实验区、东南大学道路交通工程实验教学中心国家级实验教学示范中心、江苏省交通规划设计院有限公司国家级工程实践教育中心等人才培养基地。

学科拥有一支以院士、国家特聘专家、国家教学名师、长江学者、杰青获得者为学术带头人，以2个国家级教学创新团队（交通工程专业国家级教学团队、道路与桥梁工程核心课程国家级教学团队）为核心，以具有博士学位的青年教授、副教授为骨干的学科梯队。

1992—2012年获国家级及省级教学成果奖6项，其中，国家级教学成果二等奖3项，分别为："公路与城市道路的专业建设"（邓学钧领衔）、"交通规划教学体系的建设与实践"（王炜领衔，另获江苏省高等教育教学成果特等奖）、"基于高层次学科平台的道路交通类高素质人才培养模式"（王炜领衔，另获江苏省高等教育教学成果 等奖）。《城市交通规划理论及其应用》（教材）（王炜领衔）和"面向现代化交通建设的多层次实践教学模式的改革与创新"（黄晓明领衔）获江苏省高等教育教学成果奖一等奖。入选国家精品课程3门，分别为：交通规划（王炜主讲）、路基路面工程（黄晓明主讲）、结构设计原理（黄侨主讲）。获省部级以上教材奖9项，其中，王炜等编著的《交通工程学》获国家优秀教材奖。出版专著教材228部，出版国家级教材近20部。1999—2012年学科授予学术型硕士1195人、专业型硕士34人，学术型博士303人。1998—2012年学科培养学生获全国优秀博士论文2篇、江苏省优秀博士论文7篇。

学科在城市综合交通系统规划与管理、高等级道路及大跨径桥梁铺装结构与材料等领域一直保持着领先优势，积极参与国家城市交通"畅通工程"、高速公路、长江大桥、地铁工程、国家道路交通安全科技行动计划等国家重点工程的科技攻关项目。1992—1999年承担国家级、国家部委及地方政府科学基金项目48项，2000—2012年承担国家级科研项目188项。1992—2012年发表学术论文5700余篇，2008—2012年SSCI/SCI、EI收录论文840余篇。2007—

2012年授权（或转化）发明专利115项。

1992—2012年学科获国家级以上科技奖励14项，获得省部级科技进步奖、优秀设计奖170多项，其中，牵头完成国家科技进步二等奖3项[①]，分别为：王炜领衔的"道路交通系统规划的成套技术及仿真设备开发""地面公交高效能组织与控制关键技术及工程应用"，黄卫领衔的"大跨径桥梁钢桥面铺装成套关键技术及工程应用"。牵头完成国家技术发明二等奖1项，为刘松玉领衔的"钉形双向搅拌桩和排水粉喷桩复合地基新技术与应用"。参与完成的国家科技进步奖9项，其中一等奖1项，为邓学钧参与的"沪宁高速公路江苏段工程技术和建设管理"，二等奖8项，分别为："大城市综合交通体系规划模式研究"（徐吉谦等）、"公路通行能力研究的装备与技术"（王炜等）、"大跨径钢箱梁斜拉桥关键技术研究"（黄卫等）、"国道205线滨州黄河公路大桥工程综合技术研究"（黄晓明等）、"城市交通系统管理控制的关键技术、设备开发及工程应用"（王炜等）、"润扬长江公路大桥建设关键技术研究"（黄卫等）、"公路在用桥梁检测判定与维修加固成套技术"（叶见曙等）、"纤维增强复合材料的高性能化及结构性能提升关键技术与应用"（万水等）。获省部级一等奖10项，分别为："我国水泥混凝土路面发展对策级修筑技术研究"（陈荣生领衔）、"公路交叉口通行能力分析方法研究"（王炜领衔）、"南京长江第二大桥钢桥面环氧沥青混凝土铺装技术应用"（黄卫领衔）、"高等级路面设计理论与方法研究"（黄卫领衔）、"智能运输系统理论与关键技术研究"（黄卫领衔）、"湖州市二环西路工程"（丁建明领衔）、"先进环氧沥青复合材料及其绿色制备与应用成套技术"（黄卫领衔）、"湖州市三环北路东延工程"（丁建明领衔）、"软土地基新型成套加固技术开发研究与工程应用"（刘松玉领衔）、"江苏省江阴市芙蓉大道西端工程"（赵蓉龙领衔）。

学科长期担任国家城市交通"畅通工程"专家组组长单位、国务院学位委员会交通运输工程学科评议组召集人单位、国家自然科学基金委员会交通工程学科发展战略研究牵头单位，为制定相关政策法规、发展规划、行业标准提供决策咨询，引领新时期我国交通运输工程学科发展方向，为推动国家、行业及地方交通科技发展与应用水平提高做出了突出贡献。

学科注重产学研用结合和技术成果转化，为产业发展提供技术支持，承担了大批面向解决经济建设与社会发展中关键技术问题的工程应用项目，为江苏乃至全国的经济社会发展做出了重要贡献。如为南京第二长江大桥、苏通长江大桥、杭州湾跨海大桥等10多个国家重大桥梁工程提供了环氧树脂沥青桥面铺装技术，提升了大跨径桥梁的通行服务水平与交通安全性；为沪宁高速、京珠高速、南京地铁等16个国家重点高速公路工程、地铁工程提供了路面结构与材料设计、立交与桥梁设计以及软土地基处理技术，提高了工程的建设质量，助力江苏高速公路建设水平领跑全国；自主研发的"交运之星-TranStar"打破国外交通仿真软件的垄断，

[①] 自2000年起，"国家科技进步奖"更名为"国家科学技术进步奖"，文中简称国家科技进步奖，完整信息见附表。

应用于国内外 200 多家单位，为江苏、山东、海南等 9 省和 40 地市的公路网络建设及南京、郑州、合肥等 60 多个城市的交通网络建设提供了道路交通系统规划关键技术，提高区域、城市的交通系统建设水平，赢得了高度的行业认可与广泛的社会赞誉。

环境工程（0830）

环境工程学科依托能源与环境学院，其历史最早可追溯至 1942 年国立中央大学土木工程系卫生组，是当时国内最早开设环境工程专业的母体学科卫生工程的大学。1978 年，学校创办环境工程专业，是五所国家教委部署的创办学校之一。2000 年获环境工程二级学科博士学位授权点，2005 年获环境科学与工程一级学科博士点，2007 年设立博士后流动站。2011 年环境科学与工程被评为江苏省一级学科重点学科。

学科建有环境医学工程教育部重点实验室、能源热转换及其过程测控教育部重点实验室、低碳型建筑环境设备与系统节能教育部工程研究中心、江苏省污染治理与资源化工程技术研究中心等。

1992 年以来，学科获省部级以上教材奖 2 项。在 2000—2012 年学科共培养硕士、博士 250 余名，培养的学生获江苏省优秀博士学位论文 1 篇。

学科在农村生活污水治理、生态修复、燃煤大气污染物控制、污泥处理处置等领域的基础研究及发明处于国际前列。1992—2012 年学科共承担国家级、省部级科研项目 60 余项，发表 SCI、EI、ISTP 收录论文约 255 篇，出版论著 4 部，发明专利授权近百项，获国家级和省部级奖励 2 项。

学科适应国家环境保护和生态文明建设的迫切需要，围绕社会发展中的重大环境问题开展技术研发和成果转化。开发城镇污水深度氮磷去除技术、水环境生态修复技术，成果应用于江苏省生态水利建设等，投资超亿元；围绕烟气脱硝过程，研发出原创性烟气脱硝装置与技术，应用于 300 余台锅炉；研发出新型污泥脱水药剂、干化设备，节约污泥焚烧过程约 50% 能耗和成本，成果应用于 50 多项污泥处置工程。学科参与制定多项国家"973""863"计划重点基础研究发展规划、国家气候变化计划、国家燃煤锅炉烟气脱硫脱硝行业标准，为国家和江苏省能源规划和节能产业发展提供决策咨询。

生物医学工程（0831）

生物医学工程学科于 1984 年由韦钰院士创建，1985 年开始招收本科生，1986 年率先在国内设立生物电子学二级学科，1993 年获生物电子学博士学位授权点，1997 年获生物医学工程一级学科博士点，1998 年设立博士后流动站。现建有生物电子学国家重点实验室、江苏省生物材料与器件重点实验室等科学研究基地。学科 1994 年被评为江苏省重点学科，2002 年被评为国家重点学科，2010 年被评为江苏省优势学科。在 2004 年的全国学科评估中排名第 2，在

2007、2012年全国学科评估中排名第1。

学科面向人类健康与医学发展需求的大方向，瞄准生物医学工程的国际前沿领域开展多学科交叉的研究，是理、工、医、生物学等学科高度交叉结合的新兴学科，在分子电子学、纳米科学与技术、生物芯片、医学电子学等领域确立了国内的优势地位。90年代，学科积极开展科研攻关，部分研究处于国际领先地位，获得了多项省部级奖励，LB膜自动控制制膜系统替代进口，达到国际领先水平。学科发展的ALOK成像技术、全数字化智能探伤技术先后推出三代超声探伤仪，在国内处领先地位。

2000年以后，随着国家对生命科学基础研究和产业发展的投入，东南大学为学科发展提供了较好的医学基础和合作平台，学科抢抓机遇，进入快速发展时期。2000—2006年，学科承担国家自然科学基金、"973""863"等国家级、省级和境外合作项目56项。获多项省部级科研奖励，其中，顾宁参与的"纳米材料若干新功能的发现及应用"获国家自然科学二等奖；顾忠泽主持的"基于微纳结构材料的生物医学检测方法研究"获教育部自然科学一等奖。2000—2012年，学科共发表SCI、EI、ISTP收录论文1451篇。

在人才培养方面，学科积极探索工医复合型人才培养模式，2000年开始招收国内7年制生物医学工程专业本硕连读生，突出工医结合，获得"医工结合长学制创新人才培养实验区"国家人才培养创新模式示范区项目。2012年，与华大基因共同建设东南大学—深圳华大基因研究院国家级工程实践教育中心，取得了一系列成果。陆祖宏主持的"建立优秀学科梯队，培养高质量的研究生"获江苏省高等教育教学成果一等奖，陆祖宏团队获评国家自然基金委创新群体。学科培养的学生共获得全国优秀博士论文奖6篇。2000—2012年，学科授予博士学位194人、硕士学位698人。

学科注重科学研究与科技开发。2007年，建成苏州市生物医用材料及技术重点实验室、苏州市环境与生物安全重点实验室等校外产学研基地，"管盖芯片"的863成果实现技术转让，转让总金额达到450万元。1992—2012年，获发明专利181项，实用新型专利、外观设计专利共63项。

学科广泛开展国际学术交流与合作，与美、英、德等国知名高校和科研机构建立了长期稳定的科学研究和人才培养的合作关系。

第四节　大力发展理学与医学学科

一、理学学科的发展

　　理学是研究物质世界基本规律的科学，理科是构成现代综合性大学学科体系最主要的支柱之一。在东南大学的办学历史中，从三江、两江、南京高等师范学校时期的理化数学部，国立东南大学时期的理科，到第四中山大学时期的自然科学院、国立中央大学时期的理学院，理科一直是学科建设的重要组成部分。1950年代全国高校院系调整，理科几乎全部迁出，南京工学院成为一所多科性工科大学。20世纪60年代，学校仅设立基础课系，内含数学、物理、力学教研组，主要承担工科基础课的教学工作。从1977年起，学校先后创办了数学、物理、力学师资班。80年代起，学校逐步恢复重建理学学科：1983年成立数学力学系，首任系主任鲍恩湛、书记胡康宗；1997年更名应用数学系，首任系主任王明新、书记陈湘才；2002年更名数学系，首任系主任陈建龙、书记管平。1983年成立物理化学系，首任系主任恽瑛、书记阎峰高；1989年，理化系更名为物理系，首任系主任曹恕、书记胡美文。2000年四校合并后生物学学科得以恢复并获得较大发展，2009年12月成立生命科学研究院，首任院长谢维、书记洪宗训。

新成立的数学力学系领导班子在研究工作

目前，东大的理学学科主要包含数学、物理学和生物学，经过 20 多年的发展，已经从教学为主逐步发展为教学科研并重，在与工科的交叉融合中显现了自己的特色和优势，获得了较快的发展和提高，不仅为工科提供了有力的基础支撑，也成为学校重要的基础学科和综合性大学学科体系中的重要组成部分。

数学（0701）

1986 年获应用数学硕士学位授权点，1990、1996、1998、2003 年先后获概率论与数理统计、运筹学与控制论、基础数学和计算数学硕士学位授权点。现有数学、统计学两个一级学科硕士点。2000 年获应用数学博士学位授权点，2003 年设立博士后流动站，2006 年应用数学学科被评为江苏省重点学科。

学科以人才培养为己任，1982 年开始招收应用数学本科专业，1999 年更名为数学与应用数学专业，2000 年设置信息与计算科学本科专业，2008 年设置统计学本科专业。1992—2012 年培养硕士 536 名、博士 135 名。获得省级教学成果奖 5 项，其中，江苏省高等教育教学成果奖一等奖 4 项[1]，分别为："工科数学内容与体系改革的探索与实践"（罗庆来领衔）、"开展数学建模活动推进理工科数学课程体系改革"（朱道元领衔）、"工科数学系列课程教学改革的研究与实践"（宋柏生领衔）、"大学生数学建模与创新能力培养的探索与实践"（朱道元领衔）。入选国家精品课程 3 门，分别为：高等数学（管平主讲）、数学建模与数学实验（朱道元主讲）、线性代数与解析几何（陈建龙主讲）。获省部级以上教材奖 8 项。学科培养学生获江苏省优秀博士学位论文 6 篇、优秀硕士学位论文 11 篇、全国优秀博士学位论文提名 1 篇。

学科坚持走学科交叉、理工结合的道路，在对磁敏及低温半导体器件的数学理论、偏微分方程方向形成了以王元明、王明新教授为首的梯队；在代数学方向形成了以陈建龙、王栓宏教授为首的梯队；在神经网络方向以曹进德教授为学术带头人，开展跨学科研究。1992—2012 年，学科承担国家、省部级科研项目 32 项，发表 SCI、EI 收录论文 90 多篇，出版专著教材 30 多部，获得省部级科研奖励 6 项，其中，曹进德领衔的"复杂网络的动态分析与控制"获江苏省科技一等奖。

学科重视产学研合作，积极服务社会，与美库尔商务信息咨询有限公司、南京金娃娃软件科技有限公司等一批知名企事业单位合作建立了本科生实践基地。

物理学（0702）

1996 年获光学、凝聚态物理硕士学位授权点，2003 年获理论物理硕士学位授权点，2006 年获物理学一级学科硕士点、凝聚态物理二级学科博士学位授权点，2011 年获物理学一级学

---

[1] 1996 年江苏省教学成果奖名称为"江苏省普通高等学校教学成果奖"。

科博士授权点，2012年设立物理学一级学科博士后流动站。至2012年共培养硕士研究生191人，博士研究生21人。

在人才培养方面，学科负责"大学物理""大学物理实验"等课程的教学工作，为学校基础课教学工作做出了重要贡献。恽瑛主编的《大学物理学》系国内首创音像文字结合教材。学科获得省级以上教学成果奖7项，其中，钱锋领衔的"物理实验课程'多重交互'教学新模式的创建与实践"、恽瑛领衔的"'双语物理导论'课程的研究性教学模式创新"分别获得国家级教学成果一等奖、二等奖。叶善专领衔的"创建立体化、网络化、精品化的大学物理教学新体系"获江苏省高等教育教学成果特等奖。获江苏省高等教育教学成果奖一等奖3项，分别为："创新实践，构建工科大学物理（含实验）课程新体系"（叶善专领衔）、"研究型'双语物理导论'课程的教学模式创新"（恽瑛领衔）、"基于计算机TA的物理实验'多重交互'教学新模式的创建与实践"（钱锋领衔）。入选国家精品课程4门，分别为："双语物理导论""新生引导性实验""大学物理实验"（工科）和"大学物理"（工科）。编著教材三十余册（版），获省部级以上教材奖3项，其中，马文蔚主编的《物理学》（上、中、下）（第四版）获中国高校科学技术一等奖、全国优秀教材奖。

学科教师设计开发了多种原创实验仪器，远销至美、日、加等多个国家，其中MOD-5型密立根油滴仪获2000年全国工科物理实验教学仪器研制成果一等奖。2006年，东南大学物理实验中心被评为"国家级物理实验教学示范中心"。2009年，物理实验中心教学团队被评为"国家级实验教学创新团队"。

进入新世纪后，物理学科大大加快了学科发展步伐，时任系主任杨永宏教授主动调整学科发展重点，积极引进海内外优秀人才，物理学科进入快速发展时期。学科主要科研方向包括凝聚态理论与材料设计、强关联与超导物理、微纳光子学与光电材料、磁学与自旋电子学、高能物理与原子核物理等。1992—2012年，承担国家级科研项目104项，发表高水平论文291篇。刘楣参与的"自旋输运和巨磁电阻理论"获国家自然科学二等奖。物理学科正式进入ESI国际排名的前1%。

生物学（生命科学）（0710）

1981年原南京铁道医学院获批遗传学硕士学位授权点。2000年四校合并，生物学学科得以恢复并迎来了发展的春天。2006、2011年先后获生物学一级学科硕士学位授权点、博士学位授权点，2009年设立生物学博士后流动站。遗传学科、生物学分别于2000、2010年获评江苏省重点学科。现有生物学、遗传学、生物化学与分子生物学、神经生物学、发育生物学、细胞遗传学6个二级学科博士学位授权点。建有发育与疾病相关基因教育部重点实验室。2009年至2012年，学科共授予学术学位博士8人，硕士62人。

学科在神经发育的分子机制、细胞分化与发育的表观遗传学机制、神经发育相关疾病的分子机制与防治3个研究方向形成了自身的优势和特色。学科团队在长江学者谢维的带领下致力于科学研究。2009年至2012年，承担国家级和省部级科研项目32项，发表SCI收录论文17篇。

二、医学学科的恢复与发展

2000年，南京铁道医学院与东南大学合并，医学学科并获得较大较快发展。并校后设有基础医学院，院长曾水林、书记张玉汉；临床医学院，院长刘乃丰、书记曹春和；公共卫生学院，院长翟成凯、书记蒋羽飞。2009年，基础医学院和临床医学院合并成立医学院，首任院长滕皋军、书记曾水林。学校现有基础医学、临床医学、公共卫生与预防医学学科。

基础医学（1001）和临床医学（1002）

基础医学、临床医学学科现有基础医学、临床医学、生物学、护理学一级学科硕士学位授权点。2011年获临床医学一级学科博士学位授权点，设立临床医学博士后流动站。急诊与重症医学是卫生部国家临床重点专科，介入放射学、重症医学是江苏省临床诊疗中心，另有15个江苏省临床重点专科，1个江苏省基础医学实验教学示范中心。建有发育与疾病相关基因教育部重点实验室、江苏省高校分子影像与功能影像实验室、江苏省基因诊断与基因治疗医学重点实验室。

在人才培养方面，2009—2012年医学院培养（毕业）硕士796人，博士96人。在全国130多所医学院毕业生参加的国家医师资格考试中，学科毕业生通过率名列前10位。滕皋军主讲的"发射诊断学"入选国家精品课程。王长松主讲的"传统文化与中医养生"（1~7讲）入选精品视频公开课。杨小庆领衔的"面向21世纪医学影像学专业课程体系和教学内容改革的研究""创建特色专业，培养医学影像学创新人才"获江苏省高等教育教学成果一等奖。

学科在医学影像与介入放射学、神经精神疾病的发病机制和治疗干预研究、器官衰竭与功能重建、内科重大疾病发病机制及防治研究、外科疾病的基础理论与微创治疗新技术研究、肿瘤基础与临床研究、神经发育与疾病等方面已经形成了特色及优势，取得了一批研究成果。其中，介入放射学和分子影像学研究与应用在国内处于领先地位；在神经精神药理遗传、认知障碍和抑郁症神经影像研究领域拥有原创性研究成果，处于国际国内领先地位；在ARDS机械通气方面为国内领先水平，在我国重症医学界具有重要的学术地位和较大的影响力。

学科在滕皋军、邱海波、张志珺、赵春杰等教授的带领下致力于科学研究，2007—2012年承担国家级科研项目98项。2006—2012年获得国家级及省部级奖励约20项，其中，滕皋军领衔的"新型消化道支架的研发与应用"，参与的"静脉系统梗阻—高压性疾病（VOH）综合性介入治疗的应用研究"获国家科技进步奖二等奖；获教育部科技一等奖3项，分别为："磁共振分子影像和功能影像研究与应用"（滕皋军领衔）、"严重精神疾病发病机制和药物治疗研究"（张志珺领衔，并获自然科学奖）、"核医学新型靶向技术在医药领域的创新应用"（黄培林领衔）；张志珺领衔的"精神疾病认知障碍的发生机制与临床研究"获中华医学科技一等奖。学科教师每年在 SCI 收录期刊发表论文 100 余篇，申请并获得授权发明专利 30 多项。

学科临床教学基地包括 2 所直属附属医院和 8 所非直属附属医院，总床位数超过万张。直属附属医院——中大医院是江苏省首批三级甲等综合性医院，其重症医学、影像医学等学科在国内有重要影响。以邱海波为首的重症医学学科在历次重大突发公共事件重症患者救援工作中发挥了至关重要的引领性作用，在全国产生了广泛影响：2003 年"非典"疫情后，邱海波担任 SARS 临床救治专家组的组长，指导开展医疗工作；2008 年汶川地震后，邱海波担任国家医疗救援联合专家组副组长，第一时间奔赴一线指导重症患者救治，明确提出以重症医学为平台的多学科救治体系，极大提高重症患者救治成功率；2010 年玉树地震，邱海波担任国家医疗救援联合专家组组长，赴玉树指导重症患者救治；2010 年 7 月南京化工厂发生爆炸事故，邱海波担任省市联合救治专家组组长，中大医院重症科收治重症伤者 132 例；2011 年 7 月温州动车事故后，邱海波担任重症医学专家组组长，谢剑锋担任重症医学专家，赴一线指导、参与救治。学科有多人次教师担任中华医学会各专业学会主委、副主委和委员等职。

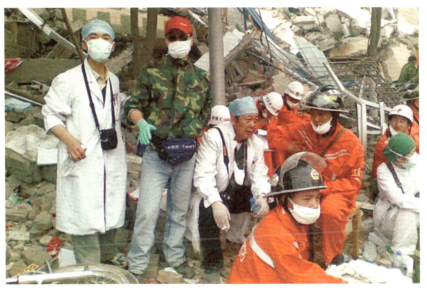

2008 年东南大学医疗队赴汶川参加地震救灾

公共卫生与预防医学（1004）

公共卫生与预防医学学科起始于建于 1976 年的南京铁道医学院卫生系，1999 年更名为公共卫生学院。1984、1995 年先后获批流行病学、劳动卫生与环境卫生学硕士学位授权点；2000 年后，先后获卫生毒理学、营养与食品卫生学、分析化学硕士授权点和公共卫生专业硕士学位授权点；2005年获公共卫生与预防医学一级学科硕士学位授权点；2003、2006年先后获劳动卫生与环境卫生学、卫生毒理学博士学位授权点；2007年设公共卫生与预防医学博士后流动站，也是学校第一个医学学科的博士后流动站；2011年获公共卫生与预防医学一级学科博士学位授权点。2011年，公共卫生与预防医学获评江苏省一级学科重点学科。建有环境医学工程教育部重点实验室。学科在2009、2012年全国一级学科整体水平评估中分别排名第9和第7位。

学科坚持培养医工结合的复合型预防医学高层次人才，截至2012年共培养硕士270人、博士18人，获江苏省高等教育教学成果二等奖1项。

在科学研究方面，2000年以前，学科在支原体、肿瘤环境病因学、室内空气污染、慢性病多因素统计方法、新食品资源、环境生态修复等研究领域形成了一定的学科优势。2000年以后，走多学科交叉与医工结合的发展道路，以太湖污染、淮安地区高发食管癌、纳米材料安全评价等我国公共卫生重大问题为核心，与相关工科合作研究形成鲜明特色和优势。先后承担了国家重大专项（水污染、传染病防治）、"863"（水污染、纳米芯片）、"973"（纳米安全、精神卫生）、国家科技支撑项目（化学污染物暴露评估）等一批国家及省级科研项目143项，发表SCI论文121篇，主编教材和专著20余本，获国家发明和实用新型专利60余项。1992—2012年，牵头获得省部级及其他奖励20项，合作获奖10项，其中，吴巍领衔的"NTY-300型超声手术装置"获国家科技进步三等奖、"NTY-300型多功能超声手术装置"获铁道部科技一等奖。

学科重视科研成果的转化与应用，研制的低功率超声空化除藻技术，与企业合作研发出我国首条超声除藻船，受到广泛关注。学科教师在禽流感勃发、食品中毒等重大公共卫生事件中，作为国家和地方专家组成员为疫情控制做出了积极贡献。

第五节　积极发展人文社会科学学科

一、人文社会科学学科的发展历程

在东南大学的办学历史上，人文社会科学学科曾是学科体系中的重要组成部分，早在三江、两江时期，学校就开设了英文、文学、伦理学、手工、图画、法制、音乐等课程，其中图画手工科是中国高等学校中首创的艺术系科，为中国现代艺术教育培养了第一批师资。国立东南大学时期设有文科、商科、教育科，文科一直很强，占有半壁江山。第四中山大学时期设有社会科学院、文学院、哲学院、教育学院、商学院等五院，一时蔚为大观。国立中央大学时期设有文学院、法学院、教育学院等，更是名师云集，才俊辈出，为国内大学之翘楚。但自1952年全国高校院系调整到1977年恢复高考之前，南京工学院一直是一所多科性工科大学，没有人文社会科学领域的专业，少数文科教师主要集中在马列教研室和外文教研室，担负公共课教学任务。1977年恢复高考，南工创办了马列师资班和外语师资班，招收了第一批文科专业的本科生，成为学校新时期文科恢复创建发展的始点。

80年代中期，学校确立了建设"国内一流，国际有影响的综合性大学"的奋斗目标，明确了以工为主，理、工、文、管多学科综合发展的学科发展思路，在这一思路引导下，为优化学科生态，提升学生人文素质，活跃校园文化，促进多学科交叉融合，学校先后恢复重建了一些文科院系，如：社会科学系（1984）、哲学与科学系（1985）、外国语言系（1987）、管理学院（1987）、体育系（1987），为文科发展奠定了一定的基础。

从20世纪90年代到2000年，学校恢复重建并积极引进学术带头人，大力发展文科，相继成立了文学院、经济管理学院，为文科的重新起步提供了重要平台。陈笃信校长积极支持文科发展，在引进人才、职称评审、住房和创收分成等方面给予文科倾斜支持，在学校实实在在的支持下，文科发展呈现了重新出发、生机勃勃的景象。至2000年，学校的人文社类科已涵盖了哲学、文学、经济学、管理学、法学、教育学6大学科门类，虽然仍比较弱小，但初步完成了东大文科的布局。

在经历了90年代的快速发展后，2000年之后的文科进入了一个以内涵发展为主，相对平稳的发展时期。

2005年，学校提出建设国内外知名高水平研究型大学的奋斗目标，文科进入了更加注重水平提升和特色发展的新阶段。学校在实践中逐步明确了文科发展的指导思想：第一，在学科布局上不追求大而全，而是走小而精的特色发展之路，坚持有所为，有所不为；突出重点，在完成文科的学科布局后以提升内涵、提高水平为主要目标，大力发展应用文科，以提升文科科研水平为重点，实现"有特色、上水平"的发展。第二，充分利用学校工科优势，鼓励文科与工科交叉融合，主动参与到学校创新平台建设，实现借力发展，利用学校公共服务体系建设打造支撑文科发展的平台。第三，鼓励文科积极参与和地方经济社会发展要求相适应的应用研究，努力研究新形势下具有全局性、前瞻性、战略性的重大问题，形成有深度、有分量、有说服力的研究和咨询成果，更好地为政府决策服务，为江苏实现"两个率先"服务。

在"十一五"和"十二五"期间，学校加大了对文科学科建设的支持力度。2008年，学校设立了社会科学处负责人文社科科研工作的管理，建立健全了各项管理制度。2009年11月，学校召开了首届人文社科科研工作会议，总结成绩经验，分析查找不足，探索文科发展的规律、途径和方法。学校制定了《东南大学人文社会科学科研系列管理办法》等一系列人文社科管理办法，加强对文科科研的管理。学校逐步加大投入，为人文社会科学提供资源支持，将"艺术学理论创新与应用研究""全球化、高技术与当代中国伦理发展"等文科项目列入到"211工程""985工程"重点学科建设项目中，并设立了"科技伦理与艺术哲学社会科学创新基地""大学外语研究创新基地""信息化和全球化时代的管理与经济创新基地"，为文科发展及交叉融合提供了平台。

2009年11月5日东南大学召开首届人文社科科研工作会议

从20世纪90年代到2012年的二十多年间，东大文科发展的成绩显著，主要表现在以下方面：

一是，学科组织进一步扩展与加强。在人文学院、经济管理学院之后，随着各学科的不断发展，又先后有一些文科系上升为学院：2006年，外国语言系升格为外国语学院，首任院长李霄翔、书记郑玉琪；法律系从人文学院分离建立法学院，首任院长周佑勇、书记宋涛；艺术学系、艺术传播学系从人文学院分出成立艺术学院，首任院长王廷信、书记王和平。2011年，以原人文学院政治与公共管理系和党委学工部思想政治教研室师资为基础，组建成立了马克思主义学院,校党委副书记刘波兼任学院院长,袁久红任常务副院长兼书记。截至 2012 年,学校已有人文学院、经济管理学院、外国语学院、艺术学院、法学院、马克思主义学院、体育系等七个人文社科类院系,东大文科获得了更为广阔的发展平台。

二是,文科在承担国家和省部级重点项目,产出高水平学术成果,开展基地建设,构建学术平台和服务地方经济社会发展等方面都取得了可喜成绩。截至 2012 年,学校承担国家社科基金等国家级科研项目 98 项,教育部人文社科基金及部省级科研项目 372 项;获得中国高校人文社会科学研究优秀成果奖(社科最高奖项)8 项;获得江苏省哲学社会科学优秀成果奖 81 项[①];发表 CSSCI、SSCI 论文数大幅度提高;建立"江苏省区域经济发展研究基地""道德哲学与中国道德发展研究所"等文科科研基地,发挥了促进地方经济社会发展和政府智库的作用。

三是,学科交叉取得一定成效。2002 年由韦钰院士创立的学习科学研究中心,在我国教育领域中第一个横跨多个学科的前沿学科,结合神经生物学、认知心理学与科学教育等学科,开展了理、工、文、医多学科交叉的前沿研究。法学学科先后建立了"医事法学""工程法学"等特色交叉学科方向,承担了国家社科基金重大项目"现代城市交通发展的制度平台与法律保障机制研究"。

纵观学校人文社科类发展,经历了从以教学为主到教学科研并重,以科研促进教学水平提升的演变历程;已经从最初的"偏师",逐步发展成为东大学科体系中不可或缺的组成部分和新的生力军;通过与工科的交叉交融走出了精品发展、特色发展的道路,在东大由单一工科逐步走向综合性大学的进程中做出了积极贡献,也形成了自身的特色和优势。

二、各具特色的人文社会科学学科

(一)马克思主义理论(0305)

马克思主义理论学科的历史最早可以追溯到南京工学院马列主义教研室。1952 年,根据中央部署,学校设立了马列主义教研室,承担全校本科生的思想政治理论课程教学,汪克之、萧焜焘先后任教研室主任。1984 年,在马列主义教研室基础上成立了社会科学系,承担全校本科生马克思主义理论教育和部分人文素质教育的任务,内设哲学、政治经济学、中国革命史和文史四个教研室。经国家教委批准,从 1984 年起,社科系在全国高校中首批兴办了马克思主义基础本科专业,连续招生十年。学科不断丰富马克思主义理论教育的内涵、提高思想政治理论课程的教学水平,为学校的马克思主义理论教育做出了重要贡献。1990 年获批马克思主义理论教育硕士学位授权点,1996 年设立了政治学与行政学本科专业,2000 年获政治学理论

---

① 社会科学研究处统计数据(1996—2012)。

硕士学位授权点，2006年获马克思主义理论一级学科硕士学位授权点、马克思主义基本原理和思想政治教育二级学科博士学位授权点。1994—2012年，学科共授予学术型博士学位23人，硕士学位373人。

学科在马克思主义理论教学研究方面取得了较好成绩，获省部级以上教材奖2项，江德兴主持的"思想政治理论课的教学研究与教学改革"获江苏省高等教育教学成果一等奖。张祥浩著的《中国传统人才思想（上、下册）》获江苏省第九届哲学社会科学优秀成果一等奖。袁久红于1997年获"首届全国普通高校百名两课优秀教师"荣誉称号。

（二）人文学院所属各学科

从组织架构看，东南大学文科的恢复发展主要是以文学院为基础的，文学院为学校人文学科发展做出了重大贡献。1984年成立了社会科学系，首任系主任刘道镛、书记孙达芳；1985年，在原自然辩证法研究室基础上成立了哲学与科学系（所），首任系主任兼所长萧焜焘、书记孙锦祥；1988年成立中国文化系和旅游资源开发与应用研究所，首任系主任兼所长郑云波；1990年6月，学校成立了文学院，下设社会科学系、哲学与科学系、外国语言系，首任院长刘道镛、书记孙达芳。文学院的建立为文科的发展提供了较为宽广的平台，时任校党委常委、文学院院长的刘道镛教授在这一时期为东大文科发展做出了重要贡献。他根据学校工科为主的特点，从实际出发、扬长避短，力主重点发展应用文科，注重文科与工科、与经济社会发展需要结合，创办了旅游管理、法学、艺术设计等本科专业；一方面大力培养和扶持校内人才，一方面广纳贤才，积极引进了张道一、郑云波、张祥浩、凌继尧等一批知名教授，为东大文科发展集聚了一批人才，打下了重要的发展基础。1994、1995年隶属文学院的艺术学系、法律系相继成立，90年代末又成立了文学院现代艺术设计研究中心（2004年改为人文学院艺术传播系）。

文学院下的系科也经历了合合分分的历程，可谓是东大文科的"母系"，为学校人文学科发展做出重大贡献：1996年，文学院社会科学系分成了经济学系、政治与公共管理系，中国文化系分成了中文系、旅游学系。2000年四校合并后，原铁道医学院医学人文中心并入文学院。2002年，学院更名为人文学院。2006年，法律系、艺术学系、艺术传播学系先后从人文学院分出独立建院。2011年政治与公共管理系从人文学院分出，新组建马克思主义学院。到2012年，人文学院设有哲学与科学系、中文系、旅游学系、公共管理系、社会学系、医学人文系和MPA中心，计有哲学、中国语言文学、旅游学、公共管理学、心理学、社会学六个一级学科。截至2012年，人文学院所属学科共承担国家级、省部级科研项目约130项，发表学术论文545篇，出版著作104部。

哲学（0101）

哲学学科是学校最早的文科学科之一。1977、1978年在"马列师资班"的平台下招收了两届哲学师资班；1981 年以萧焜焘教授为学科带头人创建了学校第一个文科硕士点——科学技术哲学硕士学位授权点，也是全国最早的科技哲学硕士点之一；1993 年获伦理学硕士学位授权点；2000 年获伦理学博士学位授权点；2006 年获科技哲学博士学位授权点；2007 年建立哲学博士后流动站；2011 年获哲学一级学科博士学位授权点。2006 年伦理学被评为江苏省重点学科。建有江苏高校哲学科学重点研究基地"道德哲学与中国道德发展研究所"。

在人才培养方面，截至 2012 年，学科共授予学术型学位硕士 105 人，博士 25 人；学科承担了学校研究生思想政治理论课的教学工作；学科与英国伦敦国王学院、约克大学，美国密歇根州立大学等国际知名大学建立了稳定的合作关系。

学科自复建以来，先后形成了以科技哲学和伦理学为核心的学科优势和学科特色。萧焜焘在自然哲学、黑格尔哲学、科学认识论领域的研究为中国哲学发展留下了宝贵财富，奠定了东大哲学的思辨哲学基色，受到了学术界的普遍敬重。王育殊出版国内第一本《科学伦理学》，为江苏也为全国伦理学发展培养了大批人才。学科逐渐形成以道德哲学、科技伦理、重大应用为三元色、思辨研究—实证研究—实验研究三体贯通的"东大伦理"气象和"东大伦理"品牌。

在长期的发展中，东大哲学形成、传承并不断弘扬创新自己的学科特色，哲学与科学交叉整合，对哲学思辨的追求和严格训练，坚守人文科学的理想主义和服务国家发展，是它在创立之初由萧焜焘教授奠定的三大底色和原色。在日后发展中，樊和平教授领衔的新一代团队不断传承创新，在坚持马克思主义哲学、弘扬中国传统、致力中西汇通对话的基础上，以科技哲学和伦理学为支点构筑自身优势特色，产生了一批有较大社会影响的学术成果，扩大了东大以伦理学研究为主要优势的哲学学科影响力。

自 1996 年以来，学科研究水平及成果走在东大文科发展前列，获得部省级科研奖励 18 项，其中，萧焜焘著《科学认识史论》获江苏省第五届哲学社会科学优秀成果一等奖；樊和平著《道德形而上学体系的精神哲学基础》获教育部第五届高等学校科学研究优秀成果奖二等奖，《道德与自我》《中国伦理精神的现代建构》《中国伦理道德报告》分别获江苏省第五、第六、第十二届哲学社会科学优秀成果奖一等奖；马雷著《冲突与协调——科学合理性新论》获教育部第五届高校科学研究成果三等奖。

中国语言文学（0501）

东大中文学科恢复较晚，但发展较快。1997 年开始招收汉语言文学专业大专生，2000 年招收本科生。2003 年获中国古代文学硕士学位授权点，2006 年获中国现当代文学硕士学位授权点，2011 年获中国语言文学一级学科硕士学位授权点。2010 年起，依托人文学院哲学一级学科博士点招收文学伦理学、中国哲学博士生。截至 2012 年，共授予学术型学位硕士 100 人。学科主要承担了学校人文通识教育，为提高学生的文学素养发挥了重要的作用，其中王步高领衔的"大学语文""唐宋诗词鉴赏"入选国家精品课程，"大学语文教学改革的理论与实践"

获国家级教学成果二等奖和江苏省高等教育教学成果一等奖、主持的"对理工科大学生全面推行文学素质教育"获江苏省高等教育教学成果一等奖。该学科还获省部级以上教材奖 3 项。其中，王步高等编著的《大学语文》获国家优秀教材奖。

旅游管理（120203）

东大 1994 年开始招收旅游管理专业本科生。2000 年获江苏省第一个旅游管理硕士学位授权点。2004 年起依托学校建筑学一级学科博士点招收文化遗产保护与旅游规划方向博士研究生。2010 年获全国首批旅游管理专业硕士（MTA）学位授权资格。截至 2012 年，学科共培养 130 余位硕士。喻学才领衔的"东南大学旅游专业本科生培养目标与考评指标体系"获江苏省高等教育教学成果一等奖；学科参与的"苏锡常都市圈规划"项目获 2002 年建设部城市规划一等奖。学科主编了第一套江苏旅游高等教育教材、普通高等教育旅游管理"十一五"规划教材，主持、参与了江苏省红色旅游规划、江苏省沿江旅游规划等旅游规划和策划项目 100 余项，并为旅游管理部门开展旅游法规等提供政策培训。

公共管理（1204）

2004 年获批行政管理硕士学位授权点。2005 年获公共管理（MPA）专业硕士授权资格。2011 年获公共管理一级学科硕士学位授权点。2004—2012 年，授予行政管理学硕士 138 人、公共管理专业学位 326 人，为培养公共管理人才发挥了积极的作用。

社会学（0303）

2000 年恢复社会学专业。2011 年获社会学一级学科硕士学位授权点。学科汇聚了一支年轻有为、具有海外教育经历的高学历师资队伍。学科参与开展江苏省"居民生活状况与社会心态调查"和全国"伦理道德发展状况调查"，为江苏省相关政策的制定与全省道德文明建设建言献策。

应用心理学（040203）

2003 年获应用心理学硕士学位授权点。2011 年作为"儿童发展与学习科学"教育部重点实验室团队成员，在东南大学心理健康教育示范中心承担心理学硕士的培养工作。截至 2012 年共培养学术型硕士 95 人。学科组织开展了法官、中小学校长、中国心理咨询与治疗专业委员会 EMDR 治疗师等多项培训活动，在促进儿童成长发展、促进社会和谐方面发挥了作用。

（三）经管学院所属各学科

经济管理学院是学校较早成立的，为适应国家经济建设需要，依托东大工科优势，跨学科组建的文科学院。1985年成立管理科学与工程系，首任系主任潘良棣、书记沈再福。1987年，以管理科学与工程系、自动控制研究所系统工程研究室、土木系建筑管理工程专业、社科系工业经济教研室为基础成立管理学院，首任院长徐南荣、书记满保林。管理学院下设管理科学与工程系、系统工程研究所和经济技术社会发展研究中心。1988年成立经济贸易系，首任系主任黄鼎模。经济贸易系设有工业外贸专业，主要培养具有工科专业基础和外经外贸知识的专门人才（2+2）。1991年，经济贸易系并入管理学院，组建新的经济管理学院，首任院长盛昭瀚、书记张开荣。学院下设工业管理工程、建筑经济与管理、工业经济、经济贸易等四个教研室，系统工程研究所和经济技术与社会发展研究中心，对外仍保留管理科学与工程系、经济贸易系名称。1993年成立工商管理系，1994年成立金融系，1998年成立财务与会计系，1999年文学院经济学系并入经济管理学院。后几经调整，到2012年，学院设有管理科学与工程系、经济与贸易系、工商管理系、金融系、财务与会计系、经济学系、物流管理工程系、电子商务系等8个系，拥有管理科学与工程、应用经济学、工商管理3个一级学科。

1992—2012年，学院所属各学科共培养博士生314人，学术型硕士2104人。截至2012年，学科培养学生获全国优秀博士论文提名奖1篇，江苏省优秀博士论文2篇；获江苏省高等教育教学成果奖4项，其中徐康宁主持的"面向理工科学生'经济管理基础'课程的教学改革与创新研究""经济管理专业人才培养模式的研究与创新实践研究"获江苏省高等教育教学成果奖一等奖；赵林度主讲的"供应链与物流管理"、陈良华主讲的"财务管理（网络教育）"入选国家级精品课程；李东主讲的"管理学——解剖组织成长与揭示前沿趋势（1~5讲）"入选精品视频公开课。获省部级以上教材奖3项。出版国家级规划教材5本、精品课程立体化教材1本、"十一五"国家重点图书出版规划1本。

1992—2002年，各学科共发表论文1116篇，出版著作教材95本。2003—2012年，共承担国家级、省级科研项目249项，发表论文2446篇，其中SCI、SSCI、EI、ISIP、CITA收录论文663篇；授权（或转化）发明专利10项。1994—2012年获国家级和省部级奖励48项。

管理科学与工程（1201）

学科历史最早可追溯到1979年成立的自动化研究所系统工程研究室。1990、1993年分别获系统工程硕士、博士学位授权点；1996年获管理工程硕士学位授权点；1998年获管理科学与工程博士学位授权点；现有管理科学与工程一级学科博士后流动站，另设工业工程专业硕士培养点。2006年被评为江苏省重点学科；2008、2011年被评为江苏省一级学科重点学科。

学科紧密结合我国企业和政府管理实践需求开展高层次理论与应用研究，在信息系统管理与电子商务、金融工程、应急管理、创新与知识管理、物流与供应链管理、优化与决策分析等学科主流领域形成了鲜明的优势和特色。达庆利、盛昭瀚等参与的"北京第一机床厂CIMS工程"获国家科技进步二等奖和机械工业部科技进步特等奖；盛昭瀚领衔的"应急管理技术、方法及其应用"获教育部科技进步一等奖。仲伟俊主持设计开发的全国县（市、区）科技进步考核指标体系和信息系统，自2001年以来持续被国家科技部运用到全国各地区，获得广泛好评，持续10年编写的5份《全国县（市、区）科技进步态势分析报告》被国家科技部作为系列报告发布；关于我国企业、产业和区域自主创新的典型案例和政策建议被国家科技部、江苏省科技厅等政府部门吸纳采用。

应用经济学（0202）

1993年招收工业外贸专业（后更名为国际经济与贸易专业）本科生，后又陆续设立经济学、金融学等本科专业。1996年后获工业经济（后更名为产业经济学，1996）、国际贸易学（1998）、金融学（1998）、区域经济学（2000）、国民经济学（2003）5个二级学科硕士学位授权点，2006、2011年分别获应用经济学一级学科硕士、博士学位授权点。建有省级社会科学研究重点基地"江苏省区域经济研究基地"。

学科主要围绕国际经济与开放型经济、区域经济增长、产业组织与产业政策、金融市场与金融创新、国民经济运行与管理5个主要研究方向，跟踪国际学术前沿，注重应用研究，为各级政府部门的重大决策提供智力支持。徐康宁于2001年领衔发布的《国内中心城市经济发展环境与竞争力比较研究》在国务院主办的《经济日报》整版发表，在全国产生较大影响，并带动了国内城市竞争力领域的研究；所著《文明与繁荣——中外城市经济发展环境比较研究》获江苏省第八届哲学社会科学优秀成果奖一等奖、第四届中国高校人文社科研究优秀成果奖三等奖；论文《自然资源丰裕程度与经济发展水平关系的研究》获教育部第五届高等学校科学研究优秀成果奖（人文社会科学）三等奖。

学科在人才培养方面突出国际化特色，连续多年举办采用全英文授课方式的国际留学生硕士项目，并与澳大利亚莫纳什大学联合开办国际商务专业硕士项目，培养了大批优秀人才，获得社会广泛好评。

工商管理学（1202）

1985年开始招收工商管理专业本科生。1998年获企业管理、技术经济与管理硕士学位授权点，先后获会计学（2000）和MBA、EMBA、MPAcc、资产评估等专业学位硕士授权资格，并在系统工程专业下设物流方向。2003年开始在管理科学与工程一级学科下培养工商管理方向博士研究生。2011年获工商管理一级学科硕士学位授权点。

学科主要针对我国各类企业的前沿管理问题开展基础与应用研究，在商业模式创新、政府会计、现代物流与健康管理支撑技术、创新管理、经济系统转型分析等领域具有优势和特色，为长三角地区高新技术企业转型升级过程中管理思想、发展战略、人才建设提供重要支撑。李东在国内较早提出了商业生态系统构建理论，并获国内管理学很有影响力的"蒋一苇企业管理与改革奖",所著"商业模式三部曲"——《商业模式构建》《商业模式测评》和《商业模式原理》是国内在该主题上发行量最大的学术专著。

(四)外国语言文学(0502)

1989年开始招收英语专业本科生,1993年招收日语专业本科生。1994年获外国语言学及应用语言学二级学科硕士学位授权点,2003年获日语语言文学硕士学位授权点,2004年获英语语言文学二级学科硕士学位授权点,2010年获外国语言文学一级学科硕士学位授权点,2011年获翻译专业硕士学位授权资格。

1996—2012年,学科共授予学术型学位硕士652人。学科在"大学英语"教学研究方面成果卓著,获省部级以上教学成果奖4项,其中,李霄翔领衔的"改革创新提高大学英语教学的整体效益与效率"获江苏省高等教育教学成果奖一等奖、国家级教学成果奖二等奖,"网络环境下应用型'大学英语'教学模式优化与实践"获江苏省高等教育教学成果奖一等奖。"大学英语"入选国家精品课程。获省部级以上教材奖2项,出版国家级规划教材2部。2009年,以国家级教学名师李霄翔教授为负责人的大学英语教学创新团队获"国家级教学团队"称号。

学科承担国家级、省部级科研项目共57项,发表学术论文共185篇,出版论著39部。学科积极为社会提供外语考试、培训、商务翻译等服务,是国内较早的雅思考试、日本语能力测试(JLPT)、实用日本语鉴定考试(J-TEST)、托福/GRE的考点,是江苏省全国出国培训备选人员外语考试(BFT)、全国翻译专业(口译)资格(水平)考试、全国大学英语四六级口语的考试中心。

(五)法学(0301)

1995年招收经济法专业本科生。2000年获宪法与行政法学硕士学位授权点,2003年获法学理论、民商法学硕士学位授权点,2007年获法律硕士专业学位(J.M)授权资格,2011年获法学一级学科硕士点。现有法学理论、宪法学与行政法学、民商法学、刑法学、诉讼法、国际法、工程法和医事法8个方向,并在马克思主义基础理论和思想政治教育博士学位点招收博士研究生。建有东南大学交通法制研究中心,是江苏省交通运输行业政策与法规重点研究基地。

在人才培养方面,截至2012年,共授予法学硕士学位254人,授予法律硕士专业学位194人,授予博士学位15人。刘艳红著的《中国刑法解释》获2006年司法部全国法学教材与科研成果奖一等奖。获省级教材奖2项。

在全国十大杰出青年法学家周佑勇和刘艳红教授带领下,学科在宪法与行政法、刑法、民商法领域形成了自己的特色和优势。截至2012年,共获得国家社科基金及其他省部级科研项目48项,发表核心期刊论文248篇,出版论著60余部;获得省部级及其他科研奖励14项,其中,周佑勇论文《裁量基准的正当性问题研究》获教育部第五届中国高校社会科学优秀成果奖二等奖；刘艳红论文《论正犯理论的客观实质化》获江苏省第十二届哲学社会科学优秀成果奖一等奖；李煜兴的论文《社会组织登记管理法律制度研究》获民政部研究成果一等奖。

学科致力于推动法治中国建设、服务地方法治与经济发展，与江苏省各级人民法院、人民检察院、政府机关、企事业单位和律师事务所签订合作协议，多名教师受聘为地方人大、政府、司法机关专家，参与多项重大工程建设项目的法律事务，向政法机关和政府部门提交近百份研究报告，为地方政府非重大决策和立法提供意见，并提供人员培训、法律维权等方面的法律服务。

（六）艺术学院所属学科

东大艺术学科是由我国著名工艺美术史论家、当代艺术学学科主要创始人张道一教授创立的，是学校国家重点学科中唯一的文科学科。艺术学院设有艺术学理论（1031）、美术（1304）、设计学（1305）3个一级学科。1995年招收工业设计专科生，1997年招收工业（艺术）设计专业本科生。1996年获中国第一个艺术学（二级学科）硕士学位授权点；1998年获中国第一个艺术学（二级学科）博士学位授权点，2003年设立艺术学博士后流动站。2011年，艺术学升为学科门类，艺术学理论升为一级学科。

艺术学于2002年被评为江苏省重点学科，2007年被评为国家重点学科，是我国首家、唯一设在综合性大学的艺术类国家重点学科。2011年艺术学理论被评为江苏省重点学科。艺术学在2004、2009、2012年的全国学科评估中分别获得第2、第3、并列第1的优秀成绩。学科建有省级哲学人文社科基地"艺术学研究中心"。

在人才培养方面，1992—2012年，学科培养了硕士227名、博士199名；学科培养学生获全国优秀博士论文1篇、江苏省优秀博士论文1篇，张道一编著的《美术鉴赏》获国家级教学成果二等奖和江苏省高等教育教学成果特等奖，王廷信主讲的"戏曲史话"（1~6讲）入选精品视频公开课；出版国家级规划教材3部。

艺术学理论从人文科学的研究视角对艺术现象与规律等进行综合性研究，从而弥补了艺术分门别类研究的局限性，将艺术学理论的创新、艺术理论与应用的结合、民俗艺术学方法的拓展与资料的研究与采集作为重点，引领了艺术学理论的学科建设。1996—2012年，承担国家级、省部级和其他科研项目约100项；出版论著和教材85部；发表学术论文517篇；获得部省级及其他科研奖励28项，其中，万书元著的《当代西方建筑美学》、姜耕玉著的《艺术辩证法》分别获第四届中国高校人文社科研究优秀成果三等奖、二等奖，张燕著的《中国艺术史纲》获教育部第五届高等学校科学研究优秀成果二等奖，陶思炎著的《中国镇物》获江苏省第六届哲学社会科学优秀成果一等奖。

学科积极为学科及行业的标准化提供建议，2012年牵头为国务院学位委员会起草《艺术学理论一级学科简介》《艺术学理论二级学科设置办法》《艺术学理论一级学科博士、硕士学位基本要求》，制定和引领了本学科的基本规范；推进艺术创意产业研究，梳理风景名胜区法规与标准体系，为国家住建部制定行业规范；搭建苏州市东南动漫公共技术服务平台，为国家和地方发展提供智力支持，培养人才；在艺术知识普及、非物质文化遗产保护等方面发挥重要作用，"昆曲传播计划"使昆曲艺术在大专院校、剧场、博物馆建立了演出机制，得到广泛传播。

1986年设立美术学硕士学位授权点，2006年获MFA艺术专业硕士学位授权资格，2011年获美术学一级学科硕士学位授权点。学科在中西绘画与书法艺术研究、应用美术研究、宗教美术研究方面形成特色，推动了南京市美术事业的普及。

2000年获设计艺术学硕士学位授权点，2005年获全国首批艺术硕士（MFA）专业学位授权资格，2011年获设计学一级学科硕士学位授权点。2012年建立了东南大学—蒙纳士大学工业设计联合实验室。学科依托工程、信息、人文及生命科学等学科形成了工程、技术、艺术与市场相结合的"注重理论、交叉学科、整合创新"学科特色。学科指导学生参加国内外设计类专业竞赛获得各类奖项60余项。

（七）教育学类学科

体育学（0403）

学校历来重视体育教育，早在1916年南京高等师范学校时期即设有体育专修科，是全国最早的体育专业之一。1986年在全国普通高校中率先招收体育理论硕士研究生。[①] 2003、2006年先后获体育教育训练学、体育人文社会学硕士学位授权点；2011获体育学一级学科硕士学位授权点。建有"江苏省学生体质健康数据信息管理中心"。

在体育教育方面，2004—2012年共计培养33名学术型硕士。"大学体育"入选国家级精品课程。学科制定的《学校体育工作条例》获教育部优秀学校奖。张惠红参与的"拓展高校体育课程 促进学生身心发展——大学生野外生存生活训练的教学研究与实践"获2005年国家级教学成果二等奖。陈瑜主持的"现代大学体育课程模式的构建与实践"获江苏省高等教育教学成果一等奖。获省部级以上教材奖1项。截至2012年，学科主持国家级和省部级、国家体育总局等课题21项，发表CSSCI（含CSCD等）及核心论文113篇，出版著作和教材5部。

东南大学的学校体育工作一直处于全国前列，连续六届（第四至第九届）获得全国大学生运动会"校长杯"突出贡献奖，连续五届（第七至第十一届）获得全国运动会"群众体育先进单位"称号。

教育学（0401）

教育学学科起步于20世纪80年代初，主要依托高等教育研究所、职业技术教育学院、

[①] 由东南大学体育系陆仲嘉教授任导师，王志苏、刘维清老师组成研究生培养小组与上海体育学院联合培养体育理论硕士研究生，1988年因国家政策调整暂停招生。

物理系等单位。自 1986 年开始，先后获课程与教学论、高等教育学、教育技术学、职业技术教育学等二级学科硕士学位授权点。2003 年与军事教研室合作培养国防教育研究方向硕士生。2007 年学校成立了教育学科协作组，主要进行现代教育技术理论和应用、职业技术教育、现代教育技术在大学物理教学中的应用、大学物理课程与实验的教学研究等领域的研究。2011 年获教育学、心理学一级学科硕士学位授权点、教育硕士专业学位授权资格。

2002 年，韦钰院士创立学习科学研究中心，在国内率先建立"学习科学"这一新兴交叉学科；2005 年，自主设置了全国第一个"学习科学"二级学科硕士和博士学位授权点；2006 年设立"科学教育"本科专业。"学习科学"是江苏省"十一五"重点学科，建有儿童发展与学习科学教育部重点实验室、临床研究基地等实验基地。

学习科学是以国际新兴的前沿研究——"神经教育学"为主要研究方向，立足于儿童学习的"神经基础及检测技术""儿童社会情绪能力的发展、评测和培养"以及"神经教育学在探究式科学教育中的应用"3 个基本点，开展文、理、工、医跨学科转化研究，建立一个从基因、神经递质、脑功能、生理、心理及其行为等多层次的儿童发展与学习科学创新转化研究平台，提高儿童科学教育发展和创新能力。截至 2012 年，学科获国家级科研项目 32 项，承担了与美国微软研究院等国际知名研究机构合作项目 4 项。2010 年，韦钰团队申报的"'做中学'科学教育改革实验项目"荣获全国基础教育课程改革教学成果一等奖。郑文明（第 3 完成人）申报的"情感特征分析与识别的理论与应用研究"获教育部自然科学二等奖。获授权专利 22 项，发表核心论文 300 余篇，被 SCI、EI 等收录 158 篇。学科开发了一系列具有自主知识产权的研究仪器和系统，并应用于学习过程和教育实践，为我国科学教育水平的提高做出了贡献。

韦钰院士与哈佛教育学院院长 Kurt Fischer 教授等人发起成立了全球学习科学研究网络学会（Mind, Brain and Education）（MBE 学会，全球学习科学研究两大网络之一）。学科致力于中国"做中学"探究式科学教育标准及推广，2005 年韦钰院士和加拿大 Pat Rowell 教授共同完成的《探究式科学教育教学指导》成为科学教育教师培训的专用教材。"做中学"探究式科学教育的教师培训已在全国二十多个省市进行，有近十万名儿童在接受探究式科学教育的学习。学科一直承担教育部"国培计划"小学科学项目，获得优秀评价。学科多次主办国际学术会议，积极开展国际交流，推动了学习科学研究的发展。

第六节　师资队伍建设

师资是学校最宝贵的资源，是队伍建设的主体、学科建设的基础，没有高水平的师资就不可能有高水平的学科，建设世界一流大学就更是无从谈起，因而师资队伍建设始终是学科建设、队伍建设的核心问题。东南大学高度重视师资队伍建设，二十年来，通过持续深化改革，精心组织建设，师资队伍的规模和水平发生了根本性变化，年龄结构、学历结构、学缘结构、职称结构都有了很大改善。

一、师资队伍建设发展历程

自20世纪90年代初期到2012年的20年间，学校充分运用政策导向，通过职称评审、岗位设置、考核和激励等手段，推进改革，强化管理，充分调动广大教师的积极性。在用好现有人才，稳住关键人才，培养未来人才的同时，根据择优扶持、统筹协调的原则，积极扩大师资队伍规模，改善师资队伍结构，提升师资队伍水平，为学校的学科建设、人才培养和一流大学建设提供了有力的师资保障。

近20年来，东大的师资队伍建设呈现出既有连续性又有时代性的特点。一方面，1990年代以来一些被实践证明行之有效的政策和举措得到了持续贯彻执行，以制度化形式延续下来，并在实践中不断调整和完善。如，对中青年骨干教师的培养与晋升政策自80年代中后期以来一直延续下来，从对中青年骨干教师的跟踪培养、破格晋升优秀青年教师，到实施"优秀青年骨干教师资助计划"、实行青年特聘教授制度等。在教师的评聘、考核和分配等教师权益相关方面，不断改革与完善岗位设置、评聘与考核制度；实施岗位津贴制度，将教师收入与贡献挂钩；实施高水平、强支持的奖励制度等，通过引入竞争激励约束机制，调动教师的工作积极性，推动师资队伍的建设。另一方面，由于不同时期师资队伍建设面临的主要问题不同，因此，每一阶段人事制度改革和师资队伍建设的侧重点也有所不同，表现出鲜明的阶段性、时代性的特点。如整个90年代，由于社会处于转型时期，来自学校外部的冲击较大，教师待遇低，人才流失严重，加之新老教师的更替，师资队伍出现了断层。学校采取一系列举措，积极改善教师待遇，千方百计留住人才，大胆破格晋升优秀中青年骨干教师，稳定了师资队伍，较好地解决了师资队伍的断层问题。2000年四校合并后，虽然教师队伍规模扩大，但高学历高职称师资占比却下降，结构不合理，整体水平有所下降的问题变得突出起来，学校及时采取对原有存量教师通过在职进修（攻读学位）、合理分流和大力引进等措施，改善提升师资队伍的结构和水平，较好地完成了全校教师队伍的调整和融合。随着进入"985工程"及建设国内外知名高水平大学目标的确立，2004年学校提出了"人才强校"战略。根据这一战略，队伍建设的重点放在了结构优化和水平的提高上，主要通过积极引进海内外优秀人才，大力选拔培育学术拔尖领军人才，完善高水平人才培养体系，以及深化人事分配制度改革、改进绩效考核激励方式等措施来完成高水平师资队伍的优化。

2004年2月17日东南大学召开"人才强校"战略研讨会

整个90年代，东大师资队伍建设面临的主要问题是：规模偏小（专任教师1401人），师资紧缺，尤其是基础课与社会热门的专业教师短缺严重，如计算机、外语和经管等学科，队伍不稳定[①]；人才外流严重，外派留学进修教师回来的十不及一；师资队伍的年龄结构不合理，青年教师比重偏低，1992年，35岁以下仅占34%，50岁以上占47.5%。[②] 高级职称的教师年龄偏大：教授118人，占比约0.8%，其中45岁以下仅1人；副教授517人，占比约3.7%，其中35岁以下的50人，占比9.7%。[③] 因此，这一时期师资队伍建设的重点是留住骨干、稳定队伍、改善结构。学校在积极改善教师待遇的同时，采取了感情留人、事业留人的举措，大力培养、提拔中青年骨干教师；积极引进年轻教师，特别是具有博士学位的青年教师；改革职务评聘制度，破格提拔优秀中青年骨干教师；改进退休制度，腾出职称岗位等一系列措施，使一批优秀的中青年教师得到快速成长，队伍结构有了明显改善。

---

① 据分管教学和学科的李延保副校长回忆，外语系当年差不多每年进10个青年教师出10个青年教师。计算机系教师跑得上基础课的人都没了，各系计算机基础课只好自己系找人上。经管学院最严重时，全院只剩下36个专任教师。参见东南大学校史研究室整理《李延保访谈录》（2019年12月）。
② 东南大学：《普通高等学校基层报表》（1992年），数据采集截至当年的10月。
③ 东南大学：《普通高等学校基层报表》（1992年），数据采集截至当年的10月。

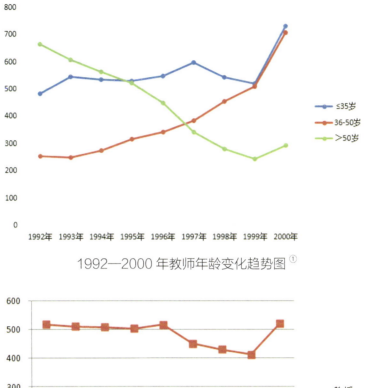

1992—2000 年教师年龄变化趋势图[1]

1992—2000 年教师高级职称变化趋势图[2]

2000 年四校合并后，学校专任教师增加到 1730 人，规模有所扩大，但是，师资队伍的学历层次偏低和能力难以胜任的问题却凸显出来。以学力为例，当时全校专任教师中具有硕士学位的 565 人，占比仅 32.7%，较 1995 年的数据明显下降；具有博士学位的 260 人，占比 15% 左右，较 1996 年的数据也有所下降[3]，具体见下图。

---

[1] 东南大学：《普通高等学校基层报表》（1992—2000 年）。
[2] 东南大学：《普通高等学校基层报表》（1992—2000 年）。
[3] 东南大学：《普通高等学校基层报表》（1995 年、1996 年、2000 年）。

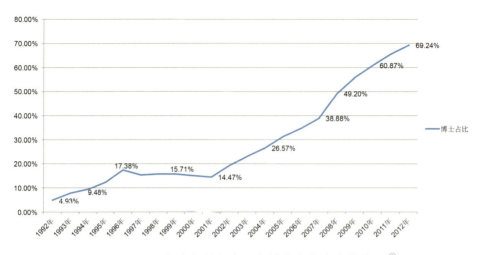

1992—2000年专任教师中具有博士学位占比趋势图 ①

1992—2000年专任教师中具有硕士学位占比趋势图 ②

针对并校后在师资队伍中存在的突出问题，学校把队伍建设的重点聚焦在提高师资的学历结构和其胜任教学、科研工作的能力上。根据这一思路，学校采取了许多措施：一是针对并入学校部分教师学历偏低的现实，鼓励教师在职进修攻读硕士、博士学位，参加各类培训进修，提高自身知识和能力，并特别规定40岁以下教师必须拥有硕士及以上学位才能给本科生上课；二是对一些低学历，很难提升能力、胜任教学科研工作的教师进行合理分流，鼓励他们流向适合其工作和发展的岗位，做到各得其所；三是加大人才引进力度，新进专任教师必须具有博士

---

① 东南大学：《普通高等学校基层报表》（1992—2000年）。
② 东南大学：《普通高等学校基层报表》（1992—2000年）。

学位，提出了"333"引进原则（即每年引进博士生的比例大体为：本校 1/3，国内名校 1/3，海外 1/3），特别注意引进具有海内外名校、一流学科教育背景和学习经历的博士毕业生。

2004年，学校提出并实施了"人才强校"战略，核心就是围绕学科建设积极引才、加强育才、合理用才，以改善和提升师资队伍的结构。同时，大力推进教育部"长江学者奖励计划"、江苏省"333人才工程"和江苏省"六大人才高峰计划"的贯彻落实。这一时期，随着研究生教育，特别是博士生教育的扩大，学校通过加强博士后流动站工作、改革博士生导师制度、允许有博士学位的副教授担任博士生导师等措施，提升师资队伍的水平。经过几年的努力，师资队伍的学历结构、职称结构得到了较大的改善与提升，2006年具有博士学位714人，硕士学位718人，博士占比达到34.7%，硕士学位占比达到34.9%。①

2006年后，随着学校招生数量，特别是研究生数量的增加，高水平的专任教师队伍规模依然偏少，特别是年富力强、具有开拓创新精神和领导才能的中青年学科、学术带头人数量不足，缺乏一批在国际高水平学科前沿有一定影响力的大师级人才。在这样的情况下，一方面，学校将高层次人才建设作为师资队伍建设的重点，实施了"院士工程""高层次创造性人才计划""创新团队计划""教学名师工程"等高层次人才建设工程，加大对院士、长江学者、国家"千人计划"入选者等高层次人才的引进、培养，积极参与国家与地方的各类人才工程；实施特聘教授岗位制度、学术特区制度等；积极引进和培养国际性的领军式人才，构建人才高地，使高层次人才队伍成为师资队伍的核心力量。另一方面，学校启动了新一轮人事制度改革，进一步加强人员编制管理，淡化身份、强化岗位，建立和完善激励与约束相结合的人事分配新机制；完善人才选拔竞争机制、人才激励机制、人才考核评价机制的制度建设；修改完善教师职务晋升的条件；实施"高水平支持"计划，加大对教师科研的支持，推进师资队伍的建设，使师资队伍的学历结构、职称结构都得到了根本性改善和提升。

到2012年，师资队伍的规模、年龄结构、职称结构、学历都得到了根本性的改善和提高：学校共有专任教师2516人，较之1992年增长了79.6%；35岁以下的青年教师占比24.92%，36~50岁年富力强的教师占比59.42%；在646名教授中，年龄在45岁以下的174人，占比26.9%；在1008名副教授中，年龄在35岁以下的643人，占比63.8%②；专任教师中具有博士学位的比例，由1991年的14.7%提高2012年的70%。同时，学校高层次人才数量也有了明显增长，2008—2011年，东南大学培养和引进了两院院士3名，新增国家教学名师3名，国家级教学团队9个，"千人计划"17名，长江学者5名，国家杰出青年基金获得者5名，人事部百千万工程培养对象3名。③2012年，学校各类高层次人才达到225人。④可见，经过20多

---

① 东南大学：《普通高等学校基层报表》（2006年）。
② 东南大学：《普通高等学校基层报表》（2001—2012年），2012年统计表名称为《高等教育事业统计报表》。
③ 东南大学：《"211工程"三期总结报告》，第98页，东南大学档案馆馆藏档案。
④ 《东南大学年鉴》2012年，第450—463页。

年持续不断的改革与建设,尽管离世界一流大学的要求还有一定的距离,但是,总体而言,一支以院士、长江学者等高层次人才为核心的高水平师资队伍已经初步建立起来。

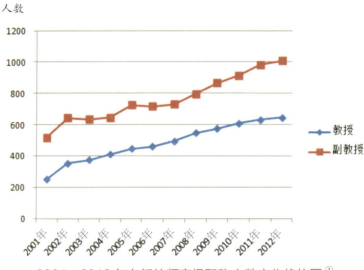

2001—2012年专任教师高级职称人数变化趋势图①

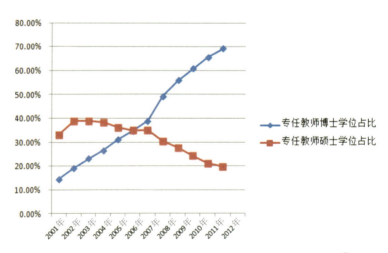

2001—2012年专任教师中具有博、硕士学位占比趋势图②

---

① 东南大学:《普通高等学校基层报表》(2001—2012年)。
② 东南大学:《普通高等学校基层报表》(2001—2012年)。

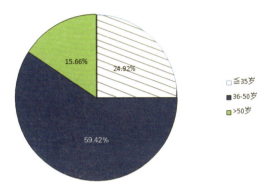

2012年专任教师年龄占比饼状图[1]

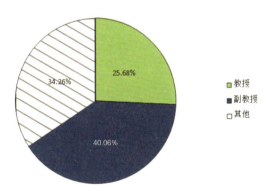

2012年专任教师职称占比饼状图[2]

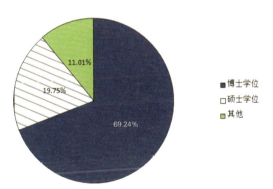

2012年专任教师学位占比饼状图[3]

---

[1] 东南大学:《普通高等学校基层报表》(2012年)。
[2] 东南大学:《普通高等学校基层报表》(2012年)。
[3] 东南大学:《普通高等学校基层报表》(2012年)。

二、加强对中青年骨干教师的培养与扶持

中青年骨干教师是师资队伍的中坚力量,关系到学校未来的发展。因此,尽管在不同时期的工作重点和方式会有变化,但是,对中青年骨干教师的培养与扶持始终是学校师资队伍建设20多年来一以贯之的着力之处,具体有以下几个方面:

(一)对中青年骨干教师的跟踪培养

90年代初,为解决教师的年龄结构和职称结构中存在的问题,建设一支结构合理、优化精干、充满活力的师资队伍,学校确立了立足校内培养,留住骨干,稳定队伍,造就拔尖人才,引入竞争激励,加强考核评估,充分调动活力的指导思想,精选部分中青年骨干教师进行开放培养。1993年,学校提出要培养50名左右跨世纪人才的目标,为全校遴选出的247名青年骨干教师建立了业务档案并跟踪培养[1],为他们创造较好的工作、学习和生活条件,并引入竞争机制,实行滚动发展。1994年,学校制定了《东南大学选拔培养优秀青年骨干教师的暂行办法》,根据上述办法评选出优秀青年骨干教师51人,其中省级优秀教师11人[2],建立了优秀青年教师跟踪考核档案,同时及时兑现相应的支持措施(设立科研启动基金、资助适量出版经费、职务晋升中的倾斜等),对稳定青年教师队伍,激励其更快成长起到了积极的推动作用。

(二)实施"优秀青年骨干教师资助计划"

为促进中青年骨干教师的快速成长,学校对中青年骨干教师的教学、科研工作给予资助。1994年,学校对于遴选出的优秀青年骨干教师给予科研资助,之后,每年约评选20名优秀青年骨干教师,同时加强对已经入选的优秀青年骨干教师的年度考核。1999年,学校实施《东南大学关键岗位津贴及突出成果奖励暂行条例》,以动态管理的形式,实行"高水平、强支持"方案,尤其加大对年轻人才的支持。1994—1998年,学校共遴选出优秀青年骨干教师134人。[3] 2002年,在财力十分困难的情况下,学校设立"东南大学科学基金",资助校内青年教师的基础研究工作,以培养和造就一批中青年学术带头人。自2003年以来,学校不断加大对优秀青年骨干教师的支持力度,出台《东南大学优秀青年教师教学、科研资助计划实施办法》(后修订),每年重点遴选、资助10~20名具有博士学位和高级职称且年龄在35岁以下的一线优秀青年教师,每年提供3万~5万元(以5年为限)的研究经费,为他们创造良好的工作、学习条件,并加强扶持、教育和培养,促进新一代学术骨干和学术带头人的成长。2003—2012

---

[1] 《东南大学1993年工作总结和1994年工作纲要》,《东南大学年鉴》1994年,第5页。
[2] 《东南大学1994年工作总结和1995年工作纲要》,《东南大学年鉴》1995年,第31页。
[3] 《东南大学年鉴》(1994—1998年)。

年共资助 183 人。① 其中很多人入选江苏省"青蓝工程""六大人才高峰"以及教育部"新世纪优秀人才支持计划",东南大学青年特聘教授也全部出自这个计划。这批优秀青年教师后来大多成为各学科领域的领军人才和学术骨干,90% 以上入选教师在科研和教学方面取得了突出的成绩,在资助期间发表 SCI 论文几百篇,有近 50% 的人员晋升了正高级专业技术职务。实践表明,优秀青年骨干教师资助计划是促进人才跨越式发展的行之有效的人才培育模式。

(三)破格选拔晋升优秀青年教师

90 年代初期,学校的教师,特别是具有高级职称的教师年龄偏大,截至 1992 年 10 月,45 岁以下教授只有 1 人,35 岁以下副教授只有 50 人,占 9.7%。② 为改善教授队伍的年龄结构,学校大力推进教授队伍的年轻化:在坚持标准的前提下,扩大优秀中青年教师"破格"晋升教授的比例,改进和完善教师高级职务评审办法,在评审标准、评审程序、岗位设置和指标分配上做到制度化、规范化,适当提高科技大奖、国际核心期刊论文和重大科研项目在晋升高级职称中的权重,对在教学、科研上做出突出贡献的教师在职称上予以倾斜,促进青年教师较快成长。1992 年 12 月,学校一次就破格提拔教授(研究员)7 人,其中最年轻的是年仅 32 岁的陆祖宏博士,这些教师后来大多成为学科的学术骨干和学科带头人。1992—1993 年,破格晋升青年教授、副教授 68 名,其中教授 19 人。③ 学校在每次晋升教师职务时专门拨出高级职务指标(约占当年晋升指标的 30%~40%)用于优秀青年教师的破格晋升。1994 年有 11 位青年教师破格晋升为正教授,2 人"戴帽"上岗;35 岁以下的青年教师中有 30 名破格晋升为副教授,22 人正常晋升为副教授。④ 1995 年,共晋升 11 名 40 岁以下教授,45 名 35 岁以下副教授。教授、副教授的平均年龄分别下降了 8.1 岁和 8.4 岁。⑤ 2001 年,35 岁以下的教师占 46.2%,高级职称占比达到了 49.1%,45 岁以下的教授占 38.6%,35 岁以下副教授占比达到了 82.6%。⑥ 师资队伍的年龄和职称结构有了明显的改善,学术队伍的新老交替已基本完成,一支以中青年骨干教师为主体的教师队伍基本形成。

三、改善与提升教师学历结构和学缘结构

在师资结构中,师资的学历结构和学缘结构是衡量师资水平的重要指标。2000 年以后,提升教师的学历层次,改善师资的学缘结构,成为师资队伍建设的重点。

---

① 《东南大学年鉴》(2003—2012 年)。
② 东南大学:《普通高等学校基层报表》(1992 年)(报表截止时间是当年的 10 月)。
③ 郑立琪:《近年来我校破格晋升近二百人 教研硕果累累》,《东南大学报》1994 年 5 月 30 日。
④ 《东南大学 1994 年工作总结和 1995 年工作纲要》,《东南大学年鉴》1995 年,第 31 页。
⑤ 《东南大学 1995 年工作总结和 1996 年工作纲要》,《东南大学年鉴》1996 年,第 28 页。
⑥ 东南大学《普通高等学校基层报表》(2001 年)。

（一）鼓励教师在职攻读学位，提升师资学历

90年代初期，学校本科以下学历教师的比例占一半左右。2000年四校合并后，师资规模扩大，专任教师达到了1730人，其中具有博士学位教师的比例仅为15%左右，具有硕士学位的教师占比33%，学历结构偏低，因此，提升教师的学历层次，尤其是扩大具有博士学历教师的比例成为师资队伍建设的重点。2000年6月，学校颁布了《东南大学教师在职进修的若干规定》，鼓励教师，尤其是教学、科研第一线的专任教师在职攻读硕士博士学位，在职进修提高。学校拨出专门的师资培训经费，规定对于在职进修的专任教师每年可减免30%工作量；在职进修于校内相关专业的校内委培人员自付10%培养费，少数急需培养的学校师资短缺学科人员经学校批准可到校外委托培养，培养费用原则上学校、推荐单位和个人各承担三分之一；鼓励教师参加学校研究生课程进修班，提高知识水平和学历层次。到2003年7月，学校在职攻读博士学位人数已达309人，在职攻读硕士学位人数达118人，已获博士学位9人、硕士学位8人。[①] 经过一段时期努力，在职攻读学位的教师人数每年稳步增长，师资队伍的整体素质明显提高。2008年5月，学校颁布《关于专任教师在职攻读博（硕）士学位补充规定的通知》，规定：教师在职攻读硕博士学位，给予学费补贴；对数学、物理、外语等教学任务繁重的基础学科及师资严重不足的紧缺专业，学校给予政策上的倾斜；对在职进修专业教师每年给予0.3的编制补贴；在职称判定中对学历提出明确要求。在学校的政策引导和鼓励下，教师在职攻读学位人数逐年增加，从1996年到2012年，在职攻读硕博学位的教师共有1262人次，毕业962人次。[②] 师资中的博士占比也逐年提高，2010年，博士占比首次超过50%，达到55.9%，到2012年，达到了69.2%。[③] 师资的学历结构得到了根本性的提升。

（二）引进优秀博士毕业生，分流部分低学历教师，优化教师学历学缘结构

1994年5月，学校制定了《关于选留和引进具有博士学位的青年教师的若干优惠措施（试行稿）》《关于发放具有博士学位的青年教师的岗位津贴的实施意见》，对于具有博士学位的青年教师发放岗位津贴、设立科研启动基金，用于资助引进博士的科研启动，并采取了为有博士学位教师提供必要的居住条件、解决配偶两地分居等优惠措施。1994年，学校引进海外博士5名，学术骨干16名[④]；1996—1998年引进博士82名。[⑤]

到21世纪，学校加大了人才引进的工作力度，面向社会、面向海内外宣传和招聘，大力引进骨干人才、优秀博士毕业生和教学科研需要的高层次学科带头人，每年引进200人左右。

---

① 刘京南：《实施"人才强校"战略，积极引才、加强育才、合理用才 为把东南大学建设成国内一流，国际有影响的高水平大学而努力》，副校长刘京南2003年8月在全校战略发展研讨会上的讲话。
② 东南大学人事处工作统计。
③ 东南大学《普通高等学校基层报表》（2010年）《高等教育事业统计报表》（2012年）。
④ 《东南大学1994年工作总结和1995年工作纲要》，《东南大学年鉴》1995年，第28页。
⑤ 《东南大学年鉴》1997年第30页、1998年第26页、1999年第65页。

同时，为改善学缘结构，学校在引进师资过程中遵循"333"原则。2000—2003 年，学校共引进具有博士学位和高级职称的教师 240 余人，每年引进海外留学人员 40 余人。① 2003—2008 年，学校新引进具有博士学位教师 457 名，具有海外经历的人员占 1/3，具有海外高校博士学位的教师 99 名。2008 年，专任教师中具有海外博士学位的人数由 2003 年的 24 人增加到 139 人，海外博士占比（具有海外博士学位人数与具有博士学位的专任教师人数之比）达到了 12.9%。② 2011 年，学校出台《东南大学引进人才安家费、科研启动经费等发放办法》，对引进的具有博士学位的人员、具有副高级以上职称的人员享受安家费及一年的租金补贴、科研启动费作了规定。2006—2010 年，学校引进海外博士 90 余名，超过以往引进和培养数的总和，具有海外 1 年以上留学经历的人员已占学校每年引进教师的一半以上，其中，具有海外博士学位人员超过四分之一。③ 从 2006 年到 2012 年，学校共引进有海外学位或海外工作研究经历的教师 173 人。④

针对部分低学历层次，不适合从事本科教学的教师，学校采取了分流转岗的政策，将这部分教师分流到成教、职教、实验室、后勤等行政管理岗位。对一些年龄偏大的教师采取了内部退休的政策，让他们提前一点退休，等到了国家政策规定的年龄时再按政策办理退休手续。

（三）加强师资培训与教育，提高师德与师资水平

学校从 20 世纪 80 年代末开始逐步建立了入校教育、首次开课培训、青年教师授课竞赛、青年骨干教师培养、东南大学教学名师培养五个层次的教师培养制度。1996 年，学校开展了首批东南大学教学名师的评选工作，选出教龄在三十年以上、教学成就卓著、在校内外享有崇高威望、具有高尚师德、深受学生爱戴的教授，管致中、陈景尧、单炳梓三位教授首批获此殊荣，学校开展了向"三名师"学习的活动。同年，学校开展了向杨廷宝、钱钟韩教授学习的活动。杨廷宝、钱钟韩教授是学校在海内外享有盛誉的著名科学家、教育家，他们学识渊博、品德高尚，体现了老一辈知识分子的优秀品格、育人风范和治学方法。学校通过电视报道、座谈会、学习报告等形式，在全校师生中广泛宣传两位教授的事迹，号召师生学习"二老"，奋发奉献，将积极性与创造性凝聚到学校事业的建设和发展上来。2004 年，学校开始实施"东南大学教学名师工程"，选拔具有优良教学科研基础及教学名师潜质的优秀骨干教师作为培养对象，全方位支持其成长为高水平教学带头人并争取获得国家或省级教学名师奖，到 2008 年，其中的 10 名已获得国家级或者省级教学名师奖。⑤ 至 2012 年，学校已有蒋永生、戴先中、王玮、吴镇扬、

---

① 刘京南：《实施"人才强校"战略，积极引才、加强育才、合理用才 为把东南大学建设成为国内一流，国际有影响的高水平大学而努力》，2003 年 8 月副校长刘京南在全校战略发展研讨会上的讲话。
② 东南大学：《东南大学"985 工程"二期建设总结报告（附件二）》，第 8 页。
③ 郭小明：《把人的工作做细做深做实——2010 年人事工作回顾》，《东南大学报》2011 年 1 月 1 日。
④ 东南大学人事处统计数据。
⑤ 郑立琪：《教学管理规范有序 教学监督成效卓著——东南大学本科教学建设巡礼（之五）》，《东南大学报》2008 年 4 月 10 日。

李爱群、李霄翔6位教师获"国家级教学名师"光荣称号。

（四）鼓励教师出国留学进修，加强国际合作交流，拓宽国际视野

为提升青年骨干教师的学术水平、拓宽国际视野，学校积极鼓励教师出国留学进修。2008年出台《东南大学青年骨干教师公派出国培养计划实施方案》，结合国家留学基金全额资助项目、青年骨干教师1∶1配套项目以及东南大学自筹资金项目，从2008年起，每年资助100名青年骨干教师，按照"三个一流原则"，即跟随国外一流大学一流学科一流导师学习、工作，连续支持5年，共有337名青年骨干教师公派出国进修（3个月以上）。[1]这些措施使具有海外教育经历的教师比例有了显著提高，有效地拓宽了师资队伍学术视野，增强了教师开展国际学术交流的能力，提升了学校的国际影响力。

（五）设立青年特聘教授制度

2009年，为促进新一代学术骨干和学科带头人快速成长，推动高水平研究型大学建设，学校颁布了《东南大学青年特聘教授条例（试行）》，根据学科发展规划，在相关领域设立青年特聘教授制度，遴选40岁以下，从事一线教学、科研工作，具有博士学位和教师系列正高级专业技术职务，在教学和科研领域取得同行公认的显著成绩的优秀青年学者，聘为东南大学青年特聘教授，学校给予5万元的校内岗位津贴。截至2012年，全校共有34人次被聘为青年特聘教授。[2]

四、建设高层次人才队伍和创新团队，打造人才高地

大师云集、群贤毕至是一流大学的重要特质，高层次人才是学校最宝贵、最稀缺的资源。90年代以来，高层次人才主要指两院院士、长江学者特聘教授和讲座教授、杰出青年基金获得者、国家教学名师、"千人计划"入选者、江苏省"333人才工程""青蓝工程""六大人才高峰"等国家和地方人才工程入选者。

学校一直以来十分重视高层次人才的引进与培养，如1997年，学校从德国引进了在集成电路设计和生物医学工程等方面做出优秀成绩的王志功教授夫妇，当时学校有个政策，就是拿出总房源的10%作为校长特批房为引进人才使用，校长陈笃信就把一套比校长、书记住的还大的房子批给了王志功教授，可见学校对引进高端人才的渴望和诚意。90年代，在经费十分紧张的情况下，学校启动"人才引进与培养基金"，对特殊人才及紧缺专业人才采取特殊政策，

---

[1] 《东南大学"211工程"三期总结报告》，2012年3月。第98页。
[2] 《东南大学年鉴》（2009—2012年）。

对引进的高层次人才提高安家费和科研启动费，尽力创造良好的生活和科研环境，对特别优秀人员给予特别的高强度支持。

进入 21 世纪，国家更加重视人才工作。2002 年，中共中央、国务院制定的《2002—2005 年全国人才队伍建设规划纲要》首次提出了"实施人才强国战略"；2003 年《中共中央、国务院关于进一步加强人才工作的决定》全面部署了人才工作的根本任务，制定了一系列相关方针政策。在国家"人才强国战略"的背景下，高层次人才队伍建设也成为了学校师资队伍建设的重心。2004 年，学校根据中央"党管人才"的原则，实施"以人为本、人才强校"战略，制定了《东南大学学科建设队伍建设规划》，紧密结合学校及学科发展的需要，先后启动了"院士工程""高层次创造性人才计划""创新团队计划""教学名师工程"等高层次人才建设工程，通过在内挖掘、培育造就，对外吸引、引进等途径，创新完善人才的培养引进机制、考核激励机制、竞争和流动机制、分配机制及社会保障制度。

在打造人才高地的过程中，学校根据国家发展战略和学校学科发展的目标及学校实际情况，进行高层次人才的布局。围绕国家发展战略目标，在国家重点创新项目、重点学科和重点实验室，引进并有重点地支持一批能够突破关键技术、发展高新产业、带动新兴学科的战略科学家和领军人才回国来校创新创业，通过整合、提高国家及省部级的重点实验室、专业实验室、重点学科、工程（技术）研究中心等各类平台，建立海外高层次人才创新创业基地，推进产学研紧密结合，有目标、有重点地集聚一批海外高层次创新创业人才和团队。同时，引导优秀人才向重点学科、新兴交叉学科、重点科研基地、品牌专业和精品课程集聚，努力造就一批引领学科争先进位的带头人、一批产出重大成果的创新团队、一批传承教学优良传统并不断创新的教学名师。

2007 年，学校颁布了《东南大学高水平人才引进暂行办法》，明确了引进人才的原则，坚持科学人才观，科学评价人才的素质、能力和业绩；明确了重点引进两院院士和外籍院士、"长江学者奖励计划"特聘教授、讲座教授和其他学科带头人；确立了引进人才的岗位职责以及学校提供的相关待遇、引进人才的考核、审批录用手续。

2008 年，学校颁布了《东南大学人才引进工作办法》《东南大学引进人才高级专业技术职务评审暂行办法》《东南大学岗位设置与聘用暂行办法》等条例，突破了现有人事制度的限制，为高水平人才特别是海外高层次人才的引进打开一条绿色通道。同年，根据《中央人才工作协调小组关于实施海外高层次人才引进计划的意见》，学校根据学科发展和教学科研任务需要设立岗位，面向海内外公开招聘。之后，又出台多项政策文件，如《东南大学关于"千人计划"的实施细则》《东南大学学术特区建设实施意见》，为推动"千人计划"国家特聘专家来学校开展工作创造条件，引进了一批海外优秀的中青年学科带头人。

2010 年，学校贯彻落实《国家中长期人才发展规划纲要（2010—2020 年）》，制定了学校队伍建设规划，着力培养和引进一批有重大原创性科技成果的大师级人才，提升领军人才队伍规模，造就一批国内拔尖、国际有影响的专家学者群体。

2011年，学校在更高水平上实施"人才强校"战略，将引进和培养国际性的领军式人才作为师资队伍建设的重中之重，持续加大大师级人才及其后备力量的培养力度，健全院士培养机制，加大"973""863"及国防等重大项目首席专家的培养力度，选拔一批后备人才重点培养。

学校实施的高层次人才工程主要有以下几类：

（一）"院士工程"

中国科学院和中国工程院院士是我国科技领域的最高学术称号，是科技人才获得的最高荣誉，也在一定程度上体现了一个学校师资队伍的水准，是学校高层次人才工程建设的重点。学校通过严格考核，遴选在科学研究、工程技术领域做出创造性成就和重大贡献，热爱祖国，学风正派的教授进行重点培养，在教学、科研条件及其他待遇方面给予特殊政策，为培养和引进院士创造条件。学校建立了院士的学术、科研、健康档案，协调安排好院士的学术、社会活动，做好院士的行政事务和生活服务，提高生活待遇，保证他们能够全身心地投入到教学和科研工作中，并积极宣传院士们的科研、学术成就。自改革开放以来，学校先后推选出和引进的14位院士，成为各学科的学术带头人，为学科的发展起到了至关重要的作用。

东南大学两院院士教授名录（1978—2012）[①]

姓名	类别	当选年份	所在学部
杨廷宝	中国科学院院士	1955	技术科学部
钱钟韩	中国科学院院士	1980	技术科学部[②]
齐　康	中国科学院院士	1993	技术科学部
韦　钰	中国工程院院士	1994	信息与电子工程学部
冯纯伯	中国科学院院士	1995	技术科学部[③]
顾冠群	中国工程院院士	1997	信息与电子工程学部
吕志涛	中国工程院院士	1997	土木、水利与建筑工程学部
钟训正	中国工程院院士	1997	土木、水利与建筑工程学部
李幼平	中国工程院院士	1999	信息与电子工程学部
孙忠良	中国工程院院士	2001	信息与电子工程学部
张耀明	中国工程院院士	2001	化工、冶金与材料工程学部
孙　伟	中国工程院院士	2005	土木、水利与建筑工程学部
程泰宁	中国工程院院士	2005	土木、水利与建筑工程学部
黄　卫	中国工程院院士	2007	土木、水利与建筑工程学部
缪昌文	中国工程院院士	2011	土木、水利与建筑工程学部

[①] 中国工程院官网、中国科学院官网。
[②] 技术科学部、中国科学院院士工作局主编：《中国科学院院士画册》，济南：山东教育出版社，2006年，第148页。
[③] 技术科学部、中国科学院院士工作局主编：《中国科学院院士画册》，济南：山东教育出版社，2006年，第380页。

（二）"长江学者奖励计划"

"长江学者奖励计划"特聘教授是我国优秀中青年科技人才的突出代表。学校积极组织优势重点学科和新兴前沿学科的学术带头人申报"长江学者奖励计划"，不断加大对"特聘教授"的资助力度。2003 年，每位特聘教授除享受国家提供的年均 10 万元的津贴外，同时享受校内特聘教授的岗位津贴，学校还提供不低于 100 万元的学科建设经费资助，为其配备 5 名助手，并在学科梯队组建方面给予岗位聘任权。除了给予工作上的条件支持外，还在住房、解决配偶工作、子女入学等生活方面给予最大可能的支持。学校还积极引进"长江学者奖励计划"讲座教授。到 2012 年，共有"长江学者奖励计划"特聘教授、讲座教授 33 人。①

（三）国家和地方各类人才工程

学校积极参加国家和地方各类高层次人才的培育、遴选、资助工作，如"国家有突出贡献的中青年专家"、"国家杰出青年科学基金获得者"、人事部"百千万人才工程"、"千人计划"、"青年千人计划"、"青年拔尖人才支持计划"、国家中长期科学和技术发展规划战略研究专家组、国家高技术研究发展计划（"863 计划"）主题专家组与专项专家组成员、教育部"新世纪优秀人才支持计划"、江苏省"333 人才工程"、江苏省"青蓝工程"、江苏省突出贡献专家、江苏省"六大人才高峰"等。截至 2012 年，学校除了院士、长江学者之外，有 192 人次入选高层次人才名单。②

（四）建设高层次科研创新团队

为改变以往单兵作战、力量分散的组织形式，集中优势、形成合力，学校围绕重点学科建设项目、国家级重大科研项目组建科研团队，形成"学术带头人 + 创新团队"的队伍建设新模式，在学术带头人的领导下群策群力去争取和完成有显示度的标志性成果。充分利用多学科综合的优势，整合全校相关学科研究力量，积极承接国家级重大教学、科研项目，以重大高水平研究项目集聚锻炼队伍，培养科技领军人才。学校重点支持优秀团队出成果、上水平，在岗位聘任、职称评审、研究资助、国际交流等方面优先选拔优秀团队骨干成员。

到 2012 年，学校共建设了 2 个教育部"长江学者和创新团队发展计划"创新团队，1 个国家自然科学基金委创新研究团队，承担了大量国家级重大科技项目，获得多项国家和省部级科技进步奖。如尤肖虎领衔的创新团队培养了长江学者 4 人、国家杰出青年基金获得者 2 人，完成的"宽带移动通信容量逼近传输技术及产业化应用"获得国家技术发明一等奖，团队也因此入选国家自然科学基金委创新群体。洪伟领衔的创新团队培养了长江学者 3 人、国家杰出青

---

① 《东南大学年鉴》2012 年，第 450-463 页。
② 《东南大学年鉴》2012 年，第 450-460 页。

年基金获得者 3 人，入选 2004 年度教育部"创新团队发展计划"、2006 年国家自然科学基金委员会创新研究群体。王志功团队入选教育部 2005 年度"创新团队发展计划"。易红团队入选 2006 年度江苏省"青蓝工程"创新团队。2007 年，洪伟、王志功、罗立民、王炜入选教育部"长江学者和创新团队发展计划"创新团队。2008 年，顾宁团队入选江苏省"青蓝工程"创新团队。

（五）学术特区建设

为打破现有院系界限，集中并优化现有科技创新平台和人力资源优势，促进学科交叉、集成和融合，学校不断探索新的科研和学科建设体制。2010 年，学校印发《东南大学学术特区建设实施意见》，建立学术特区，依托海外资源，向全球公开招聘，引进全球相关领域杰出人才，使之成为高层次人才引进的平台。学术特区采用新的管理模式和学科运行机制，直属学校，采用项目负责人制，研究人员由校内全时工作研究人员和校外全时工作研究人员组成，特区的岗位教授或高级研究员实行合同聘用，工资、待遇等与工作绩效挂钩，实行协议年薪制。学术特区在职称评审、人才引进、研究生招生等方面将单列指标予以支持。学校共建成了三个学术特区，其中，2009 年建立的首个学术特区——由吴智深教授主持的城市工程科学技术研究院，整合土木、建材及交通学科的力量，推动了国家玄武岩产学研联盟建设，为我国玄武岩纤维高性能和稳定化生产核心技术的突破和产业发展做出了重要贡献，在碳纤维复合材料、光纤传感技术及城市工程安全节能与可持续化等方面也取得了不少具有国际领先水平的成果。

（六）特聘教授岗位制度

为吸引和遴选中青年杰出人才，培养造就国内外具有领衔水平的学科带头人，带动一批重点学科赶上国际先进水平，提高学校在国内外的学术地位和竞争实力，2000 年，学校设立校级特聘教授岗位制度，与"长江学者奖励计划"配套实施。对一些学术造诣较深、在科学研究方面取得同行公认的重要成就、国家有突出贡献中青年专家入选者、国家教委跨世纪人才基金获得者、国家杰出青年基金获得者、国家教委"百千万工程"培养对象、江苏省"333 工程"培养对象、江苏省"青蓝工程"培养对象等高层次人才，学校通过校内外公开招聘、平等竞争，择优聘任为"特聘教授"，并规定了校级特聘教授的岗位职责、薪资待遇和聘任程序，实行严格考核、动态管理。2009 年学校正式颁布《东南大学特聘教授条例》，对这项工作做了进一步界定完善和规范管理。截至 2012 年，共有 55 人次受聘东南大学特聘教授。[①]

在各级高层次人才工程的推动和引领下，随着各相关政策和具体举措的贯彻落实，一个具有东大特色、自上而下、相互衔接、相互促进的高层次人才队伍建设体系初步形成，高层次

---

① 《东南大学年鉴》（2009—2012）。

人才队伍的规模逐步扩大、结构不断优化、整体水平得到了提升。

五、博士后流动站建设

博士后是人才后备队伍建设的一个重要组成部分，是优质师资补充的一个重要来源。中国的博士后制度始于1985年，东大于1987年正式建立了首个博士后流动站（电子学与通信学科）。之后，学校一方面不断完善博士后制度，加强博士后流动站的建设及对博士后人员的管理，如1997年，学校颁布了《东南大学博士后研究人员管理办法实施细则》（后修订），2009年出台了《东南大学博士后工作期满考核条例》；另一方面，加强对博士后的科研资助，如根据《东南大学博士后科研资助计划实施办法（试行）》（2009），对所有新进站博士后均给予一定数量的启动资助（企业博士后除外），同时，每年资助20名博士后研究人员1万~3万元科研经费，鼓励博士后申请国家博士后科学基金资助。这些措施对于吸引著名高校的博士毕业生来校从事博士后研究，提升博士后研究人员水平起到了促进作用。为适应社会主义市场经济发展的需要，培养更多的优秀高级科技人才，学校试行按项目招收和企业联合招收博士后的制度，加强与企业博士后创新中心的合作，进站博士后到企业创新中心开展研究。2001年，学校与南京斯威特公司、徐州656研究院、江苏阳光集团等合作培养博士后，当年进站26人。[1]

经过多年的努力，东大博士后流动站获得了长足的发展，到2002年共有10个流动站，2003年博士后流动站增加到15个，2007年又从2006年的15个增加到20个，到2012年，共有28个流动站。[2]在2005年国家人事部对全国博士后流动站和工作站的评估中，生物医学工程、信息与通信工程、建筑学和电气工程4个博士后流动站名列前茅，其中生物医学工程博士后流动站受到国家表彰。2007年新增哲学、公共卫生与预防医学博士后流动站，博士后流动站涵盖了理、工、医、文、管、艺术六大学科。截至2012年底，学校28个博士后流动站中，博士后在站397人，博士后累计招收970人。[3]博士后流动站的建设对于加强学术交流，增强学校科研、教学队伍的活力，培养高水平科技人才均起到了积极的作用。

六、引入竞争激励机制，加强教师岗位评聘，完善考核及奖励分配制度

"没有规矩，不成方圆"，建立科学合理的管理制度是依法治校的必然要求，对师资队伍建设具有重要的意义。师资队伍建设的相关制度和政策主要包括教师的聘用与职务晋升、考

---

[1] 东南大学人事处2001年工作总结，东南大学档案馆馆藏档案。
[2] 《东南大学年鉴》（2002—2012）。
[3] 东南大学人事处统计数据。

核、分配、奖惩等几个方面，其中，核心是聘用与职务晋升，学校始终将以上几个方面的制度改革与建设密切联系、统筹推进。早在20世纪80年代后期，东南大学就实行了校内管理体制改革，1987年颁布的《南京工学院教师职务聘任实施细则（试行稿）》（简称《细则》）明确了各类岗位（职务）设置的要求，对教师职务晋升提出了比较明确的岗位要求、任职条件，增加了定量考核的内容，以可计量、可评价的工作实绩作为评聘的主要依据，而不再是论资排辈。此《细则》在校内引起较大震动，后从实际出发，不搞一刀切，把职称评审分成两条线，凡45岁以下申报教授、40岁以下申报副教授的教师，由系里评审推荐后可直接报到学校统一审批，不占系所的指标，标准从严；凡在系里参加评审的，仍按《细则》执行，各系可根据实际情况，自己掌握标准，但最后通过的名单一律上报学校高评委审议。1988年，经过严格评审，仲德崑、钟秉林、何野、黄可铭4位年轻教师因较出色的科研成果、较高级别学术论文而获得高积分，成为学校第一批"破格晋升副教授"，在全校引起轰动，为年轻教师树立了学习追赶榜样。为解决当时具有高级职称的教师年龄偏大、高级岗位指标不足的问题，学校推行了带有一定照顾和鼓励性质的"提退"政策，为中青年教师腾出了一定数量高级职务的岗位。

进入90年代后，学校总体延续了80年代校内管理体制改革中实施的制度和政策，并根据国家相关规定和学校发展的实际情况，不断探索、持续改进和完善。2000年并校后，学校进一步加大了人事管理制度改革的力度。2007年，根据教育部《高等学校人事制度改革的实施意见》，学校启动了新一轮人事制度改革，先后出台、修订了关于岗位设置、聘用与人员考核、队伍建设与职称评审、人才引进与人事管理等方面的几十个规定。以深化岗位设置与收入分配制度改革、完善考核评价体系为重点，推进了岗位设置、全员聘用、收入分配、考核评价4项重要改革，遵循按需设岗、加强调控、稳定骨干、优化结构、引入竞争、择优聘任的原则，在师资队伍管理方面，进行了比较全面深入的改革，基本实现了从编制管理向岗位管理的过渡，对师资队伍建设，提升学校核心竞争力起到了长远而深刻的影响，具体体现在以下几个方面：

第一，强化岗位设置，实施按岗聘任。1990年，在定编的基础上，学校人事部门通过调查研究拟定了岗位设置办法。1994年，修订完善了教师岗位设置的具体方案。在教师的职务中，高级职务的评聘是重点，学校将教师的高级职务岗位按工作需要设置到二、三级学科，教授岗以学科为主，并向重点学科和校级重点基础课程倾斜；副教授岗以任务为主，并适当向本科教学倾斜，兼顾学科与任务两方面。在具体操作中，每年先进行岗位调查，根据当年可能投放的总指标确定每个单位向学校推荐的岗位数，学校评委会根据申报人的岗位需要情况和择优晋升原则进行评审和聘任。针对一些学科发展不平衡的情况，学校支持学科间人才流动，对接近退休年龄的教师采取减少聘任工作量和设置少量过渡岗位等措施。1999年，学校颁布《东南大学教师高级职务岗位设置实施方案》。2001年，学校适当增加师资队伍中高级职称的结构比例，根据扩大的研究生培养人数增加博士生导师岗位，规定凡高级职称人员或具有博士学位的副高职称人员均给予博士生副导师资格，在校内评审认定，并在职称评定政策上给予倾斜。2003年，学校以建立"精干、优化、高效"的教师队伍为原则，修订了岗位设置原则和设岗方法，确定教师高级职务结构比例和高级教师职务岗位总数。2007年颁布《东南大学岗位设置和聘用暂行办法》《东南大学专业技术岗位分级实施细则》，2008年颁布《东南大学"十二五"专任教师高级职务岗位设岗方案》，进一步规范和完善岗位设置，包括岗位总量、岗位类别、岗位等级、岗位结构、岗位管理等方面，强化编制意识，按需设岗，合理调控，人事相宜，为学校的师资队伍建设提供了比较稳定的制度基础。

第二，加强业绩考核，完善评聘制度。考核是聘任制度的核心，既是评聘的依据，也是聘后管理的关键。学校先后制定了《东南大学关于实施聘任工作的试行办法》（1990）、《东南大学关于94年度主体部分聘任工作的补充意见》、《东南大学各类人员考核办法总则》（1990）、《东南大学教师职务评审累积分考核办法》（1997）、《东南大学教授考核条例》（1998）等规定。在定编、定岗的基础上实施绩效考核，考核的具体做法是将年终考核与平时考核相结合，定量与定性相结合，考核的依据是教师的岗位职责、聘约任务书，内容包括德能勤绩，即师德师风、工作态度、完成教学科研任务的数量和质量、工作业绩及奖惩情况等，重点是工作业绩，成绩分为四等。年终考核成绩与岗位实绩津贴、实绩工资及是否续聘挂钩，并作为职务晋升、调薪和年终评奖的依据。考核实行累积分制度，采用定性与定量相结合方式，即教师平时在教学科研或实验等方面所做的工作和取得的成果，只要符合"标准"中的某一项条件和要求，就相应以积分形式记录在案，逐项积分，逐一累计，尽可能做到规则公开，评价有据。在2003年的积分考核聘任中，有186名教师因工作突出，贡献明显而上浮了岗位津贴，同时对一些工作业绩差的同志下调了岗位津贴甚至缓聘。2009年，学校颁布《东南大学教师岗位聘用聘期考核办法（暂行）》，修订了《教师岗位考核积分办法》等规定，对累计积分制进行了进一步调整与完善，虽然仍存在一些不足，特别是对如工作态度、工作质量、教学投入和论文水平等难以量化的指标存在不少争议，但总体而言，学校的绩效考核制度是符合学校实际，体现了以业绩考核为导向，引入了竞争激励机制，相对公平客观，能为大多数教师所接受，因而激发和调动了教师和科研人员的积极性，为推动师资队伍水平提升提供了机制动力。

第三，制定评聘标准，坚持择优晋升。专业职务晋升是激励高校教师最主要的手段，也是学校人事制度改革起步最早，师资队伍建设着力较多之处。1990年代后，学校先后颁布了《东南大学教师职务评审实施细则》（1997）、《东南大学教师高级职务任职资格评审实施细则》（1999）、《东南大学教师高级职务晋升评聘条例（暂行稿）》（2000）、《东南大学教授（研究员）职务评聘基本条件（试行）》（2005）。2011年，又颁布了《东南大学教授（研究员）职务评聘基本条件（试行）》，即新职称条例。2012年，开始实施《东南大学教师系列正高级专业技术职务评聘校外同行专家学术评议工作暂行办法》。总的趋势是不断提高教师职务晋升的学术要求，特别是对申报副教授及以上高级职称的教师提出了更高的学术评审标准，这与建设一流大学的总体要求是一致的，对加快青年教师成长也是有益的。教师职务评聘关系教师的切身利益，也关系学校的安定团结，为保证评聘公开、公平、公正，学校统一评审程序和评审标准，发挥了校院两级教师职务评审委员会专家在评审工作中的主导作用。同时于1998年颁布了《东南大学专业技术职务评审工作申诉审议办法》，在教代会成立了专业职务评审工作申诉审议委员会，保障教师合法权益，加强对评审工作的监督。

第四，实施岗位津贴，体现按劳取酬。学校在20世纪80年代后期就实施了实绩工资制度、岗位津贴制度，也一直根据国家和江苏省的有关规定及时调整与完善。1994年《东南大学教职工工资制度改革实施方案》中明确规定，在学校教职工中实行专业技术职务等级工资制，工资由职务（技术）等级和津贴两部分组成，前者相对固定，主要体现岗位责任、技术能力、年资和劳动繁复程度等，其占工资总额的70%；后者有一定的浮动性，主要与业绩贡献挂钩，注重工作数量和质量，约占工资总额的30%。[①] 东大是全国高校中最早实行这一分配形式的高校之一。2000年，学校制定并实施了新的岗位津贴制度，2002年又进行了修订。新的岗位津贴制度遵循按需设岗、择优聘任、责酬一致的原则，实施分级目标管理。根据教师的工作性质和特点，分别制定了学科岗位、教学岗位、科研岗位的聘任与岗位津贴实施办法，分7级13档，分别对应不同的津贴标准，对不同的岗位提出了较明确具体的量化的工作量要求。新的岗位津贴制度把人员的待遇与岗位职责、贡献大小紧密结合，加大了对优势、重点学科的扶持力度，向一线教学和科研人员倾斜，尤其向中青年骨干教师倾斜，解决了原方案标准过低的问题，又防止了高起点上的平均主义，调动了教师，特别是学科带头人、学科梯队成员、学术骨干的积极性，对稳定学术骨干，吸引人才，建设一支高水平的师资队伍起到了积极的作用。2012年，学校在《东南大学校内岗位绩效津贴调整方案》中，又对原岗位津贴进行了微调，在基本政策不变的前提下，根据学校财力提高了津贴标准，并允许基层单位按照教师的不同职责和业绩贡献，自行调整确定本单位岗位绩效津贴标准，增加了院系调控能力。近20年东大分配制度改革总的原则和趋势，就是通过不断改革，以注重业绩贡献为导向，鼓励教师职工增加对工作的投入，充分体现按劳取酬，将教职工的收入与工作贡献联系起来，以调动教师的工作积极性，促进师资队伍的建设。

第五，实施高水平、强支持的奖励制度。学校一向重视对教师教学科研成绩的奖励，1999年，学校出台《东南大学突出成果奖励条例》，本着高水平、强支持的原则，对在教学上取得突出成绩的教师，如获省部级教学成果奖、优秀课程奖、优秀教材奖，在科研等方面取得突出成绩，如获国家自然科学奖、科技进步奖、技术进步奖等，按所取得成果的大小实行相应的奖励。2000年，学校完善了《东南大学突出成果奖励条例》，扩大奖励面，提高奖励力度，继续以突出成果奖励方式对更多的优秀人才提供资助，通过政策杠杆来促进大批真正有德有才的骨干

---

① 关于教师津贴内容参见本书第五章第三节相关介绍。

教师迅速成长，体现奖勤罚懒，多劳多得，高水平获得强支持的原则。2007年，学校再次修订突出成果奖励办法，延续并加大对有突出成就的教师的支持力度。

在20多年的实践中，东南大学的师资队伍建设具有自己的特色，推行的改革有着鲜明的时代特点和阶段性特征，虽然有的举措有一定局限性，也未能达到预期目标，但从总体上说，改革的大方向是正确的，对教师队伍的建设起到了积极促进作用，调动了广大教师教学科研的积极性，一大批学术带头人和中青年骨干教师脱颖而出，教师的年龄结构、学历结构、职务结构、学缘结构都得到了优化，师资队伍的总体水平和综合实力得到进一步提升，对学校事业的长远发展起到了重要和深远的作用。

第四章

科学研究与科技服务

1992年至2012年,东南大学的科技工作紧紧围绕学校发展战略和目标,主动面向国家及地方经济社会发展和国防建设需要,坚持以提升科技竞争力和创新能力为中心,以"基地、项目、人才、成果、机制"建设为重点,以重大科研基地为支撑,以重大项目为纽带,以集成创新为导向,深入推进科技体制机制改革,着力于创新能力和科研水平的提升。在这20年中,学校不断探索和调整科学研究和科技管理的思路,建成了一批装备精良的科研基地,完成了许多关系国计民生的重大科技项目,培养和造就了一批高端科技人才,并且初步形成了吸引集聚人才、有利于事业发展和人才成长的环境,获得了一批国家认可、在国内外有较大影响的标志性科技成果,基本形成了支持科学研究和科技服务、鼓励进取创新的体制机制。学校科技综合实力有了很大提升,科技工作实现了跨越式发展,为建设国内外知名高水平研究型大学做出了重要贡献。

第一节 科技发展历程

一、科技发展历程回顾

20世纪80年代中期,东南大学的科研工作基础薄弱,整体研究水平较低,难以满足国家和学校事业发展的要求。主要问题是:科技投入偏低,科研人员数量不足、年龄老化,科研工作没有得到足够重视,研究方向缺乏特色,有重大意义的高水平项目少,队伍组织困难,以及科研实验设备落后,科研用房紧张等。

1985年3月,中共中央发布《关于科学技术体制改革的决定》,要求科技工作要面向经济建设主战场。加之这一时期,国家改革科研拨款体制,指令性的科技投入有所减少,需要学校主动参与竞争,到企业、到市场上去争取课题经费。为适应这一变化,学校进行了科技管理体制改革,提出"以科研为先导"的战略,把加快科技发展作为学校改革和发展的重点。

1987年,学校提出科学研究要面向经济主战场,兼顾基础、应用、开发三个方面,跟踪世界高技术研究发展趋势,着重抓经济建设中有重大效益的关键性技术课题[1],并要求凡是教学科研工作基础较好,实验设备条件较好,学科梯队已基本形成,并有相当水平和职称的学术带头人,以及已有明确的科研方向的学科(专业)都要积极争取国家级和部、委、省、市级"七五"项目及科学基金项目。

"七五"期间,学校大力推进高校与工业企业的横向联合,并将这种联合视作推进教育、

---

[1] 《南京工学院1990年前发展规划(讨论稿)》(1987年5月修订),东南大学档案馆馆藏档案。

科技发展的一项战略措施。当国家决定在无锡建设微电子基地时，学校与有关厂、所和部门积极磋商，共建科研教学联合体。当时李鹏副总理为联合体题词："引进、消化、开发、创新、生产、科研、教育并举，为发展中国电子工业走出一条新路子。"[①]1986年，学校和中国华晶电子集团公司联合筹建无锡分校，开创了我国大型国企和重点大学联合办学的先例。

80年代末，东大的科研工作仍以应用研究和应用基础研究为主，并开始重视基础理论研究，有选择地积极开展高新技术研究，注重抓国民经济和国防建设中有重大效益和贡献的课题，在科研工作上实现了三个转变：一是在目的上，从单纯的为科研而科研转变成主动为国民经济和国防建设服务；二是在方式上，从系所学科各自单打独斗转变为跨学科跨系所联合攻关；三是在管理上，从一般要求、宽泛管理转变为精心计划、精心组织，并热情扶持有发展潜力的学科和队伍。上述转变和一系列举措，有力推进了学校科研工作的发展，但与此同时，在科研方面也存在着高水平的科研成果、学术论文以及国家级科研大奖不多，在"学术榜"上的位次不高等问题。

至1989年，东大共有科研机构74个，专职科研人员510人，科研到账经费1560.2万元，是1985年的2.52倍。其中，基础研究费151.3万元，是1985年的2倍；应用科研费1092.3万元，是1989年的3.5倍；发表论文826篇，是1985年的4.15倍；技术转让收入60万元，是1985年的2.7倍；获国务院各部委科技进步奖12项，是1985年的2.7倍；获省和市科技进步奖18项，比1985年增加了12.8%。[②]科研到账经费在全国高校中位次由1985年的第24位上升到1989年的第13位，其中1988年曾上升到第6位，科技工作总形势是平稳中有升，风浪中前进，求实中创新[③]。

进入90年代以后，学校科研工作坚持以应用研究为主，并更加重视和加强基础研究、应用基础研究，积极促进科研与工程实际相结合，发挥全校学科优势，集中力量攻克重大技术课题。为提高科研工作在市场经济条件下的适应能力和竞争能力，更好地服务经济建设和社会发展，学校不断推进科技体制改革，对全校科研力量进行战略重组。在组建土木建筑、信息通信、能源动力、交通运输等学科群的基础上，按照学科发展和国民经济建设的需要，打破系、所建制，组建了以国家重点实验室、国家工程（技术）研究中心和教育部重点实验室为核心的十大科研基地，同时为加强学科的横向联合，组建了9个跨学科的研究中心。这些举措，突出了工作重点，优化了科技队伍，增强了科研实力，有力促进了全校各学科的交叉渗透，开拓了新兴学科领域，抢占了学科制高点，在应用基础研究和高技术研究领域不断取得重大突破，科研工作开始步入良性循环。

---

① 朱斐：《东南大学史（第二卷）》，1997年，第290页。
② 《东南大学科研、重点学科"八五"规划纲要（第二稿）》（1991年10月），东南大学档案馆馆藏档案。
③ 韦钰：《关于学校"七五"工作回顾和"八五"事业计划、十年规划设想的报告》（1991年1月10日），东南大学档案馆馆藏档案。

1995年，全校鉴定成果50项左右，获国家科技进步奖3项，国家教委科技进步奖5项，江苏省及其他部级科技进步奖16项。特别是东大与北京第一机床厂合作的"北京第一机床厂CIMS应用工程（第一期）"项目，先后荣获国家"863计划"自动化领域CIMS专家组颁发的"突出贡献奖"、国家科技进步奖二等奖和美国制造工程师学会（SME）颁发的1995年度"工业领先奖"（中国第一次获该类奖项），表明学校该领域研究进入了国际先进行列。但从学校整体科研情况来看，仍然存在一些问题：科研项目"短、平、快"的小任务多，重大重点攻关的项目少；课题组封闭式单一学科多，开放式交叉联合少；低水平重复研究多，高水平高起点研究少；鉴定成果多，转化产品少；获一般奖励多，获国家大奖少；等等。①

"九五"期间（1996—2000年），学校承担了大量国家"863计划"、"973计划"、国家科技攻关计划、攀登计划、国家自然科学基金、国防重点项目及横向课题。全校科研到账经费由1995年的7700万元猛增到2000年的1.8亿元，增长约134%，科研到账经费总数达6.65亿元，年均1.33亿元，位居江苏高校首位，名列全国高校前列②。"九五"期间全校共出版专著353部，发表国内外学术论文7852篇，被三大检索收录1717篇，其中SCI收录527篇，EI收录867篇，ISTP收录323篇。五年中，学校获科技进步奖165项，其中国家级三大奖14项，省部级奖151项；获国家级教学成果或教材奖二等奖6项③，较之"八五"科技工作有明显进步。

1997年10月，学校举行吕志涛、钟训正、顾冠群三位教授光荣当选中国工程院院士庆贺大会

1997年，学校一次新增三位中国工程院院士，即钟训正、顾冠群、吕志涛三位教授，这

---

① 《211部门预审报告1》，《东南大学改革和发展规划》（1995年9月），东南大学档案馆馆藏档案。
② 《东南大学"211工程""九五"期间建设总结报告》（2001年4月），东南大学档案馆馆藏档案。
③ 邹采荣：《锐意进取 开拓创新 加速推进东南大学科技工作的新发展——"十五"科技工作会议报告》（2002年）。

是史无前例的。1998年5月，学校正式进入国家"211工程"建设行列。2000年，东南大学被批准为首批大学科技园试点的全国15所高等院校之一（江苏唯一）。

经过"211工程"一期工程（1995—2000年）的建设，学校形成了一批具有较高知名度和显示度的标志性成果：

齐康院士项目组在"九五"期间开展了城市化、城镇建筑环境等建筑设计创作的前瞻性研究，主持设计了河南博物院、浙江镇海口海防历史纪念馆、江苏中国人民解放军海军诞生地纪念馆、辽宁"九一八"历史博物馆等，在全国产生了较大影响，获得了三项省级优秀工程金奖或优秀工程一等奖，一项建设部优秀工程二等奖，由于齐康院士在建筑设计及理论上的卓越贡献，2000年他荣获首届国家"梁思成建筑奖"（国务院批准的中国建筑学个人最高奖）。

吕志涛院士承担的建设部重点项目"预应力混凝土结构设计基本问题的研究"，创造性地解决了预应力工程实践中的若干关键技术问题，某些方面达到了国际领先水平，已在珠海海关大楼、北京西客站、江苏省消防指挥中心、南京国际展览中心等重要工程中得到应用，该项目1997年获建设部科技进步奖一等奖，1998年获国家科技进步奖二等奖。

尤肖虎教授作为"现代通信综合技术"项目负责人，领导研制开发了第三代移动通信系统（CDMA2000，"211工程"子项目），于2000年6月在北京实现了功能演示。这是当时我国唯一的一套演示系统，也是全球屈指可数的几套演示系统之一，该系统由国家信息产业部批准投产，与大唐公司联合生产，总经费8000万元，标志着具有我国自主知识产权的信息通信产业产品已可参与国际市场竞争，其中许多关键技术属国际首创。

由自控、计算机、机械、管理等学科组成的CIMS学科群，在顾冠群院士的带领下，借助学科集成的综合优势，联合攻关，在国内机械行业第一个实现了全厂四个功能系统——管理信息系统、工程设计系统、质量保证系统和自动化生产系统的信息集成，在北京第一机床厂应用成功，1996年获得国家科技进步奖二等奖，美国制造工程师学会向该项目颁发了"工业领先奖"，这是该组织第一次授予非美国企业的国际性大奖。该项目借助"211工程"建设的强劲东风，在全国推广应用CIMS工程，取得了一系列成果，如"华宝集团CIMS工程"获1998年国家科技进步奖二等奖，"FMS-500柔性制造系统"获1999年航空工业总公司科技进步奖一等奖，"威孚集团CIMS工程"获江苏省科技进步奖二等奖等，五年内共完成CIMS示范工程9项，MIS、CAD推广项目20余项，为企业创造了可观的经济效益。

东南大学与北京第一机床厂共同完成的"北京第一机床厂CIMS工程"获得国家科技进步奖二等奖

黄卫教授领衔的"211工程"子项目"现代化道路交通系统"的"高速公路路面新结构、新材料与工程应用研究",解决了交通管理和高速公路建设中的关键技术。研究成果在沪宁高速公路、京沪高速公路、江阴长江公路大桥、南京长江二桥等重点工程中得到应用,获1999年江苏省科技进步奖特等奖、2000年国家科技进步奖一等奖。

王炜教授领衔研究的"交通系统规划、建设与管理一体化理论体系及其集成软件系统",在全国8个省份的公路网络规划及10多个城市交通规划中得到应用,部分技术已达到国际先进水平,其软件已商品化,可与国外发达国家的软件相抗衡,被欧洲专家誉为"国际上最好的软件之一",产生了巨大的经济、社会效益。①

热能所章名耀教授带领的"洁净煤发电及系统"项目组在"九五"期间承担了"贾汪15MWePFBC-CC中试电站建设""九五"国家重大攻关任务,项目经费达4500万元。PFBC关键技术缩短了我国与国外先进国家的差距,达到了国外同类机组的水平,圆满完成了"九五"国家攻关任务,东南大学成为我国洁净煤技术研究和开发的重要基地之一。

2000年,东南大学成功举办了首届科技成果展示暨合作洽谈会,集中展示了经过"211工程"一期建设后的东南大学的科技实力,为学校与地方政府、企业间架起了一座桥梁。

---

① 江苏省科技情报研究所编:《江苏科技年鉴2001》,2001年,第169页。

在"十五"开局之年的 2001 年,东大进入了国家"985 工程"重点建设的高水平大学行列。同年起,学校开展以科技成果巡回展为主体的"大江南北行"活动,作为落实部省共建,在推动区域经济发展中加快科技成果转化的重要举措,在江苏省内外引起较大反响,取得了非常好的成效。2002 年 5 月 31 日,学校与丁肇中教授签订了"东南大学与国际空间站上的 AMS(02)实验合作协议",建立了兼跨信息、电子、计算机、自动控制、机械、物理、仪器、电气等学科的科研队伍,东南大学成为国内第一所参加 AMS 实验的高校。

在"211 工程""985 工程"的支持下,"十五"期间学校的科技工作取得了长足发展。科研经费持续位居江苏高校之首,同时也处于全国高校先进行列。2004 年,全校科研到账经费达到 5.36 亿元,2005 年,科研到账经费达 5.5 亿元,"十五"期间科研到账经费比"九五"期间增长了 217%。学校的科研工作在规模、水平、基地建设及人才培养等方面协调发展、互为促进,医学科研水平明显提升,基本形成了以国家自然科学基金项目、国家"973 计划"项目为主的基础性研究,以国家"863 计划"高技术项目、国防预研项目为主的应用基础研究,以及以国家科技攻关项目和重大工程项目、企业技术改造及技术合作项目为主的应用研究的科研格局。

2001 年至 2005 年,东南大学获省部级科技成果奖 136 项(包括牵头和参与),其中 2002 年、2003 年各有 2 项科研成果获国家科技进步奖和自然科学奖;2001 到 2005 年,东大的学术论文发表数量稳步增长,质量进一步提高,专利申请和授权数大幅递增;2003 年,东南大学国家大学科技园在全国 22 家接受评估的国家级大学科技园中名列第 8。在取得良好成绩的同时,学校依然面临着巨大的挑战,与成为"国内外知名高水平研究型大学"的发展目标以及实现"争先进位"的要求相比,还存在许多不足,如国家级大奖、大项目、创新团队和领军人物偏少且储备不足,基础研究的瓶颈尚未突破,战略高技术领域覆盖面不宽,SCI 等收录的论文数徘徊不前,国际科技合作水平不够高,科技资源的优化配置和共享不够,产学研合作链尚需完善,等等[1]。

从 2006 年起,学校全力贯彻"十一五"科技发展战略,在国家"自主创新,重点跨越,支撑发展,引领未来"方针的指导下,创造性地发挥东南大学的科技综合实力和优势,有重点地配置科技资源,在信息科学、土木建筑、生命科学、能源环保、先进制造、交通运输、材料科学等重点领域多层面展开有组织的科研工作,力争项目、人才、基地建设的明显跨越和成果、应用、收益的重大突破。经过努力,"十一五"期间,学校作为牵头单位承担国家"973 计划"项目实现了零的突破,五年内共牵头承担"973 计划"项目 8 项;国家自然科学基金项目和重大基础研究计划项目的立项也取得优异成绩,全校共获得国家自然科学基金项目 768 项,同比增长 138%;获资助 25 337.6 万元,同比增长 194%;发明专利申请 2871 项,同比增

---

[1] 沈炯:《开拓创新 争先进位 努力开创东南大学"十一五"科研工作新局面——2006 年东南大学科研工作会议报告》(2006 年 12 月)。

长 341.7%，授权专利 1021 项，同比增长 415.7%。还涌现了一批在基础研究方面取得突出成绩的研究团队和年轻学者，如尤肖虎教授团队对于未来移动通信基础理论与技术的研究，完成学校信息领域第一个国家自然科学基金重大项目，且产生了重大的影响。2007 年，基础医学院赵春杰教授作为首席科学家主持国家重点基础研究发展计划（"973 计划"）项目"抑郁症和精神分裂症的基因与环境相互作用机理研究"，该项目是我国精神疾病领域的第一个"973 计划"项目。崔铁军教授团队在基于超材料实现微波段三维隐身和电磁黑洞两个方面取得的系列研究成果，在国际学术界产生广泛影响，并入选"2010 年度中国科学十大进展"。2009 年，学校科技工作克服了国际金融危机的不利影响，抓住机遇，锐意进取，在科技创新、成果转化和产学研合作等方面佳绩迭出、亮点频现，历史纪录不断被刷新，自然科学基金项目数和杰出青年基金项目数均达到历史最高，国家级、部省级奖项喜获"大丰收"，江苏省重大成果转化基金项目数全省第一，到校科研经费亦创历史新高。[①]

2011—2012 年，学校科技工作继续取得快速发展，两年科研到账经费 25.8 亿元。作为第一完成单位的 6 项科研成果分别获得国家技术发明奖和科技进步奖，其中信息科学与工程学院尤肖虎教授等人完成的"宽带移动通信容量逼近传输技术及产业化应用"获得国家技术发明奖一等奖，这是学校科技工作的一个历史性突破，也是江苏省第一次荣获此奖项。2011 年，中大医院张志珺教授获中华医学科技奖一等奖，也实现了学校该奖项零的突破。同年，由东大研制的我国第一台自主研发的"南极天文科考支撑平台"安装在南极冰盖之巅冰穹 A，遥远的昆仑站第一次通过卫星通信系统"送回"科学数据，结束了中国使用国外平台而受制于人的局面。为了能让南极冰穹 A 科考支撑平台能够在第 27 次南极科考队出发之前研制成功，东南大学不仅集合了最优秀的科研团队，甚至还付出了生命的代价，空间研究院副院长郝英立教授在西藏调试机器时因公殉职，年仅 47 岁。[②] 2012 年，学校国防科研到款经费首次突破 1 亿元大关。

二十年来，学校始终坚持科技创新，稳步发展基础研究和应用基础研究，重点发展高新技术及其应用研究，不断拓展科技开发领域，积极面向国民经济建设主战场；充分发挥学校学科门类齐全的优势，不断加强科技创新基地建设，发挥各级重点实验室和工程研究中心的群体优势，组织联合攻关，积极承担国家、部省重大、重点科研项目及国防重大项目，形成了以国家自然科学基金项目、国家"973 计划"项目为主的基础性研究，以国家"863 计划"高技术项目、国防预先研究为主的应用基础研究和以国家科技攻关项目和重大工程项目、企业技术改造及技术项目为主的应用研究组成的三大类科研格局。科技工作呈现出人才辈出、特色鲜明、快速发展

---

① 《逆势而上 亮点频出 不断超越——科技处长李建清谈 2009 年东南大学科技工作》，《东南大学报》2010 年 1 月 1 日。
② 2010 年 9 月 26 日，"南极冰穹 A 科考支撑平台"技术负责人郝英立赴羊八井宇宙射线观测站，对已完成高原实验测试的南极科考冰穹 A 科考支撑平台进行拆卸打包，计划于国庆节前将平台运回南京进行最终维护。为争分夺秒，当天到达海拔 4300 米的观测站后，郝英立即开始高强度作业，连续工作至深夜，由于高原缺氧，外加疲劳过度，引发肺水肿，于 9 月 27 日晨在观测站不幸因公殉职。

的良好态势,并已形成了基础研究、应用开发与成果转化相互支撑、共同发展的良性循环新局面。

二、科技发展思路的演进

回顾二十年的历史,东大科技发展的动力源于能够把握科技发展趋势,主动服务经济建设和社会发展;坚持与时俱进,围绕国家科技发展大局及时调整发展思路和不断改革创新。

总体来讲,东南大学的科技工作始终坚持与探索"以项目研究为载体、以基地建设为核心、以人才成长为重点"的科研发展方针;坚持与探索"将基础研究、应用研究与开发推广有机结合,将科研基地建设、创新队伍培育和大学科技园发展有机结合"的科技发展战略;坚持与探索"鼓励学科交叉、推进原始创新"的科技工作内涵式发展道路;坚持与持续"以提升企业自主创新能力为核心的产学研合作模式"及实践;坚持与持续"以管理改革和制度创新为核心的科技工作运行机制",以保证科技体系的有效运转[①]。但在不同的发展阶段,学校科技工作的发展思路及重点也会根据形势发展及情况变化有所调整。

(一)以科研为先导,以任务带学科,以联合求发展

早在20世纪80年代中后期,韦钰校长就在改革实践中提出了"以科研为先导,以任务带学科,以联合求发展"的发展思路,这也是学校这一时期科研工作比较明确的有战略意义的指导方针。通过改革科技管理体制,实行科研项目负责人负责制,提高职称晋升中科研成果的权重,大大调动了科技人员的积极性;通过组建十大科研基地,实行跨学科联合,积极承接国家和企业重大项目,瞄准科技前沿,培养锻炼了队伍,带动了学科发展;通过主动与国家部委、科研院所和省市众多企事业单位共同承担课题,开展联合攻关,在帮助企业解决大量技术难题的同时,也争取到更多社会资源以发展科技。但这一时期,在取得明显成效的同时,科技工作也面临一些问题,如:当时国家和企业科技投入偏低,争取项目经费难;鼓励竞争带来积极一面的同时,也带来各自为政、部门保护主义、课题分散、联合合作难等问题,集中全校力量争取到的国家大项目不多,在联合发展上仍然没有打破传统的观念和行政组织边界,科研组织形式不够灵活。此外,人才断层、设备老化、实验室建设落后等问题,也在较大程度上影响到科技工作的发展。针对存在的诸多问题,东大加快了科技体制机制改革的步伐。

进入90年代,学校按照国家科技体制改革的要求,积极响应江苏提出的"科教兴省"战略,坚持科学研究面向国民经济主战场,密切结合经济建设、国防建设及社会发展需要,坚持以"改革探新路,任务带学科,联合求发展"的工作思路,发挥重点学科和多学科综合优势,大力推

---

① 《东南大学科技工作状况与成就概览》,《东南大学报》2007年6月2日。

进科研体制改革,加大科研投入,各项科研指标及综合实力居全国高校前十名之列[①]。学校以科研为先导,以项目为纽带,以重点学科和重点科研基地为依托,进一步明确发展思路:强调突出应用研究,稳定基础研究,提倡学科融合,促进新兴交叉学科发展;主动承接对国家经济建设和国防建设有重要意义的大型科研项目;加快重点科研基地建设,改善科研工作环境;鼓励跑"部"、跑企业前进,加强和扩大多层次横向联合,加快成果转化,争取更多外部支持等。一系列改革举措,有力促进了学科建设、科学研究、人才培养三位一体同步发展。

(二)以服务求支持,以贡献促发展

1997年,学校确立了"以学科建设为龙头,以教学科研为两翼,以师资队伍建设为主体,建设综合性研究型大学"的发展思路。顾冠群校长提出,必须强化科研在学校工作中的作用,以此提高学科和教学水平,提升学校的知名度。并且认为在新的历史时期,高等学校的社会服务将大有作为,也必须大有作为。高校的贡献不仅体现在为国家培养人才和参与国家重大科研及技术创新等领域,还要体现在它对区域经济建设的技术支撑力度及对区域经济和社会发展的推动上。

面对科研经费紧缺,队伍水平和能力不足的现状,顾冠群校长有针对性地提出"以服务求支持,以贡献促发展""在炮火中锻炼队伍"的科技发展思路,明确要两条腿走路:一是依靠党和政府的支持,积极申报争取国家和地方重大项目;二是依靠与企业展开科技合作,通过主动服务,多渠道争取经费上的支持,鼓励教师围绕企业需求开展攻关,在科技一线战场上培养和锻炼队伍。

2000年以后,为推动学校办学与江苏经济社会发展的紧密结合,进一步面向经济建设主战场,学校紧紧围绕江苏"两个率先"的发展目标,主动适应产业结构调整和产业升级的要求。在科研方面,紧紧把握科技创新的主攻方向与科技发展的战略前沿,针对经济社会发展的迫切需求,致力于解决事关全局和长远发展的重点应用领域的重大科技问题。学校明确了"坚定不移地走以创新为主导的研究型大学的发展道路,坚定不移地走与国家和区域经济社会发展相结合的建设道路"的发展战略,围绕"政府最关心什么,企业最感兴趣什么,老百姓最需要什么"来确定科技工作重点,坚持立足江苏,辐射全国,主动适应国家需求,主动服务企业发展,主动实践科技创新,不断促进科研活动与国家经济建设的紧密结合,不断加大产学研合作力度,在服务国家、区域经济建设和社会发展中促进高校自身的发展,努力成为区域经济社会发展所需要的先进生产力的策源地、科技攻关的尖兵和重大工程建设的生力军。

与此同时,学校提出这一时期科技工作的重点是:瞄准国际学术前沿,加强基础科学研究,推动科技创新,促进科技进步和高新技术成果转化;以国家重大项目为载体,形成若干个具有特色的应用研究方向,产生一批重要研究成果和专利,创建一批拥有一流科研平台的科研基地,

---

① 《211部门预审报告1》,《东南大学改革和发展规划》(1995年9月),东南大学档案馆馆藏档案。

培育若干个具有较强研究能力的创新群体，形成一批科研尖刀团队；结合国家需求和自身优势，深化产学研合作，促进产业升级和技术进步，推动学校科技成果转化和科技产业可持续发展，提升社会服务贡献率。

（三）开拓创新，争先进位

2006年以来，为推动学校各项事业进一步发展，更好地履行高校人才培养、科学研究、社会服务和文化传承创新使命，东南大学确定了"开拓创新、争先进位"的发展方略，对标国内外一流大学，扬长补短、创新发展、跨越发展。

在《东南大学2006—2010五年发展规划纲要》中，学校回顾总结了此前走过的道路和经验教训，围绕一流大学建设目标，进一步明确了科技发展思路。

（1）顶天立地发展科研，增强自主创新能力。紧紧围绕国际学术前沿、行业共性核心技术以及新兴尖端技术，瞄准国家、区域经济建设和社会发展重大战略需求开展高水平科学研究，产出一流科研成果，大力提升科技服务能力。准确把握学科和研究前沿，在基础科学、战略高技术、新兴尖端技术等方面承担国家重点科技项目、重点工程研究和重点军工项目，实现跨越式发展，跻身关系国计民生全局的重大课题前沿，解决问题，做出回答；同时，努力为国家、区域经济建设和社会发展服务，把高校中蕴藏的巨大的知识、人才优势和创新能力不断转化为国家的利益、社会的财富、人民的实惠。

（2）调整科研结构，提升创新能力。加强基础研究，增加纵向研究项目，以科技创新为重点，带动和推动知识创新，提升自主创新能力和科技竞争实力，不断优化纵横向科研到账经费的结构。

（3）结合国家需求和自身优势，培育出一批标志性成果。面向国际科技前沿、国家和区域发展目标、国防建设需求，大力开展基础研究和高技术研究，开展对国家和区域产业结构优化升级起重大带动作用的共性技术、关键技术和配套技术的攻关研究。

（4）强化产学研合作，提升社会服务贡献率。强化为国家和区域发展特别是为江苏"两个率先"服务的意识，努力探索产学研合作的新模式，深化与各级政府、企事业单位的合作，积极为国家和区域经济社会发展以及产业结构优化升级做出更大贡献。[①]

1992—2012年，东南大学的科技工作一直紧紧围绕国家经济、科技发展重点，以满足国家重大战略需求为己任，始终瞄准国际学术前沿，坚持以科技创新为导向，以科技体制机制改革为动力，以基础研究为突破口，抢占科技竞争制高点，发挥多学科优势，整合校内外各种资源，大力开展协同攻关，取得了一系列高水平科研成果，为国家经济建设和社会发展做出了重大贡献，科技工作进入了新的发展时期。

---

① 《东南大学2006—2010五年发展规划纲要》（2006年），东南大学档案馆馆藏档案。

第二节　理顺科技管理体制

东南大学十分重视科研管理工作，为适应建设知名高水平研究型大学的要求，推进科学研究事业持续发展，学校不断坚持深化改革，调整组织机构，理顺科技管理体制，逐步建立起以提高水平质量为导向，符合科研规律的学术评价体系与激励机制，积极营造良好的科研环境。

一、科技管理机构的建设与调整

早在20世纪60年代，学校（南京工学院）就成立了科学研究处（科研处），负责对全校的科研工作进行组织协调、统筹规划、政策制定和日常管理。科研处的主要职能有：① 制订学校科技发展计划，包括长期科研规划、中期计划（五年规划）和年度的科技工作计划，明确各阶段的战略目标和发展重点，对全校的科技工作起到指导作用；② 组织协调全校科研攻关工作，负责项目计划执行情况的检查；③ 指导、帮助、组织和协调系所及教师争取科研任务，总结经验并及时加以推广；④ 负责全校科技统计工作并报送上级部门和向学校（社会）发布；⑤ 对学校科技工作进行日常管理，提出政策建议和实施方案，完成领导交办的任务。

1998年3月，科研处更名为科学技术处（科技处），下设科研计划科、成果交流科，科技服务中心挂靠科技处，专利事务所并入科技处。同时，为进一步调动广大科研人员的积极性，科技处对横向科研政策作了适当调整，统一管理横向科研到账经费，解决了报销制度不统一、提成比例不一致、学校资金被占用等矛盾，提高了学校资金调控的能力。[①] 根据学校奋斗目标和发展战略，进一步明确了科技处的主要职责是瞄准国家需求和科技前沿，有效地争取从国家到企业的各种科技资源，协助院系组织科研队伍和重点项目，推动科研管理体制和评价激励机制的改革和不断完善，促进学科交叉和学术交流，维护学校知识产权和学术声誉，为学校高水平人才培养、科学研究，以及科技成果服务于经济建设、社会发展和国家安全提供有效的支持和良好的服务。

科技处是组织、管理和服务学校科研活动的职能部门，其内设机构的变化，反映了学校科技活动的规模、范围和重点的变化和调整。根据学校的科技发展思路，科技处在科研管理和服务上实现了"三个转变"，即：一是"变被动服务为主动服务"，主动出击，跑"部"前进，寻求支持，主动到国家部委、省市主管部门和企业去争取项目和推介科技成果，宣传学校的建设成就和科技实力，争取各级政府和社会各界对学校科技发展的支持；二是"变二线服务为一线服务"，主动到院系和科研组（团队）去介绍项目指南，培训专利知识，协调解决项目执行和合作中存在的困难与问题等；三是"变局部服务为全程服务"，为教师提供从争取立项到项

---

① 《东南大学年鉴》1998年。

目验收鉴定，申报专利和奖励，甚至后续产业化的全过程服务。

2008年2月，为适应综合性大学人文社会科学研究发展的需要，学校成立社会科学处（社科处）。该处内设基地与学科建设科、项目与成果科，编制为5人。科技处原内设的人文社科管理科建制同时撤销，人员转入社科处。社科处是负责全校人文社会科学研究规划、管理与服务工作的职能部门。其主要职责包括：制定学校人文社会科学发展规划并负责组织实施；推动全校文科学科建设与科研体制改革；负责文科科研机构和省部级研究基地的规划、管理与发展，汇聚各类高端文科学术人才及学术创新团队建设；负责文科科研管理工作，组织申报和管理各级各类文科科研项目（包括文理交叉的综合性研究项目）及各级各类文科科研成果评奖；负责组织和开展各类文科学术活动，推进全校文科科研工作的国内外交流与合作；开展全校文科科研统计和信息化建设，宣传、介绍、推广学校文科科学研究的成果等。

随着科研规模的不断扩大，科技管理工作日益规范和复杂，2012年8月，经学校研究决定，撤销东南大学科技处，同时设立东南大学科研院，下设：先进技术与装备办公室、应用技术办公室、基础研究与海外合作办公室、高新技术与社会发展办公室、重大专项与协同创新办公室、科研成果与基地管理办公室、综合管理科和项目管理科。

二、主动适应国家发展需求，实现科技工作重点转变

1992—2012年间，国家科技发展形势和政策发生重大转变，东南大学的科技工作也处于新的发展阶段和高速成长时期，为主动适应国家经济社会发展需求，推动科技工作发展，学校必须及时实现科技工作重点的转变，进一步明确发展思路，强化科研组织建设，理顺科技管理体制。为此，学校先后多次召开科技工作会议，统一全校思想，推动工作重点转变，对东大科技发展和科技管理水平提高起到重要作用。

（一）四次重要的全校科技工作会议

1996年5月16—17日，东大召开科技工作会议。校党政领导，各院、系、所，各部处主要负责人，校学术委员会、各学科群负责人，重要科研基地和重大项目负责人，以及部分专家教授出席了会议。会议总结了"八五"期间科研工作取得的成绩，深入分析了面临的形势任务和存在的问题，提出了新的科技发展思路，部署了下一步工作。

为主动适应我国经济体制和经济增长方式的两个根本转变，落实"科教兴国"发展战略和学校"211工程"发展计划，迎接跨世纪的挑战，会上提出了"面向主战场，追踪高技术，承接大项目，争取获大奖"的新的科技发展指导思路，并就项目落实、成果转化、队伍建设、科技管理等方面制定和修订了若干政策和措施。通过总结经验，寻找差距，研讨"九五"科技发展战略，制定各项科技管理政策，表彰先进集体与个人，统一思想、聚焦重点，大大激发了

全校科技人员的积极性和工作热情。

2002年12月6—7日，学校召开"十五"科技工作会议，这是东大进入"985工程"，全面开创学校科技工作新局面的一次重要会议。会议认真总结"九五"计划的执行情况，部署"十五"科技工作发展的主要目标和任务。学校主要领导、两院院士，有关部处和各院系、科研基地主要负责人，各学科领域专家和科研骨干等300余人出席了会议。会议指出，经过多年努力，学校已基本构建了以国家自然科学基金项目、国家"973计划"项目为主的基础研究，以国家"863计划"高技术项目、国防预研项目为主的应用基础研究，以及以国家科技攻关项目和重大工程项目、企业技术改造及技术合作项目为主的应用研究的科研体系，并已形成了科学研究、应用开发与成果转化相互支撑、共同发展的良性循环新局面。①

会议明确"十五"科技工作的总体思路是：以基础科学研究为先导，注重原创性研究，坚持自主科技创新，不断提高科学研究水平；以国家重大项目为载体，形成若干个具有特色的研究方向，产生一批重要研究成果和专利；创建一批拥有一流科研平台的科研基地，培育若干个具有较强研究能力的创新群体，提高学校整体科研水平；加快产学研合作，主动服务于社会，加快科技成果转化。会议提出，要在认清形势与使命，统一和提高认识的基础上，增强紧迫感和使命感，厘清发展思路，明确发展目标，齐心协力，真抓实干，努力实现学校科技工作的跨越式发展。②

2006年，学校召开全校科技工作会议

---

① 邹采荣：《锐意进取，开拓创新，加速推进东南大学科技工作的新发展》（2002年12月）。
② 邹采荣：《锐意进取，开拓创新，加速推进东南大学科技工作的新发展》（2002年12月）。

2006年12月28日，学校召开科技工作会议。此次会议的中心议题是总结东南大学"十五"科技发展的成绩和经验，表彰先进，树立榜样；分析存在的问题和面临的挑战与机遇，明确学校"十一五"科技发展的奋斗目标，以及所需的资源与条件；探讨进一步挖掘科技潜力、推动科技发展的管理体制和运行机制的改革举措；动员全校科技人员进一步鼓足干劲，打破常规，为学校的争先进位、全面提升科技综合实力而奋斗。

　　会议从基础研究稳步发展，高技术研究突飞猛进，人才与队伍建设成果显著，基地建设保持特色，国防科技迈上新台阶，国际科研合作形成特点，产学研合作成效显著，文科科研全面发展，医学科研水平明显提升，国家大学科技园稳步发展等十个方面系统总结了"十五"期间取得的科技成就。① 对"十一五"期间的科研工作提出了三项具体要求：（1）坚持以改革创新作为发展的推动力，加快以人事改革为核心的各项改革，推动和抓紧落实科研体制改革；（2）加强科技创新及科技成果转化，全面发挥大学科技园在转化科技成果、推动创新创业和创新性人才培养方面的核心作用；（3）加强环境建设，增强凝聚力，充分发挥各方面的积极性，共同促进科技工作的大发展。② 会议提出，要从"十一五"多校区发展、多学科集成、多目标汇聚的全局思考全校的科技发展战略，并努力使之成为全校上下的共识。

　　2011年4月25日，为布局"十二五"全校科技工作，学校又一次召开科技工作会议。会议的主题是：以科学发展观为指导，总结全校"十一五"科技发展的成绩和经验，分析"十二五"面临的挑战和机遇，部署下一阶段科技工作任务和要求；探讨进一步推动科技发展管理体制和运行机制改革，挖掘科技发展潜力；动员全校科技人员鼓足干劲，再接再厉，为全面提高学校的科技综合实力、为学校的争先进位而奋斗。

　　会议对学校下一步科技发展提出了五点要求：（1）充分认识当前发展形势，正视我们的不足和差距，逐步加大改革力度，鼓足干劲，艰苦奋斗，努力实现科技工作的跨越式发展；（2）进一步认识科技工作在研究型大学建设中的重要地位，认识到作为一名大学教师和科技工作者所肩负的神圣使命；（3）进一步解放思想，大力提升科技创新能力；（4）进一步落实"人才强校"战略，为全校科技工作提供更加坚实的队伍支撑；（5）继承和发扬东大的优良学术传统，严谨求实，恪守诚信，营造良好的学术环境。③ 会议提出了东南大学"十二五"科技工作发展战略：坚定不移地走以创新为主导的研究型大学发展道路，进一步发挥科技集成优势，全力投入国家层面的自主创新活动和创新体系建设，努力寻求基础研究新突破，强化高新技术、应用基础和国防科技新特色，形成开放性、高层次、紧密型的科技开发和产学研合作新格局。会议明确了"十二五"学校科技发展的主要任务：建立一个能激发科技创新潜力的管理体制和运行机制，建设一批以

---

① 沈炯：《开拓创新，争先进位，努力开创东南大学"十一五"科研工作新局面》（2006年12月）。
② 易红：《在2006年东南大学科研工作会议上的讲话》（2006年12月）。
③ 易红：《扎实开展创新实践 精心培育创新成果——在东南大学2011年科技工作会议上的讲话》（2011年4月25日）。

高水平基础研究实验平台为支撑的科技创新基地，打造一支创新活力强的高素质人才队伍，共建一条可持续的产学研合作链，建设一批高水平的国际科技合作载体，产出一批标志性的科技创新成果。①

同时，会议对全校科技工作提出了四项要求：（1）明确使命，增强能力，以高水平科研支撑国际高水平研究型大学建设；（2）顶天立地，文化引领，找准高水平研究的着力点；（3）营造生态，创新机制，为开展高水平科研提供良好的软硬件支持；（4）凝聚共识，真抓实干，抓好会议精神的贯彻落实。

这四次在关键时刻召开的科技工作会议，对统一思想，推进改革，调整发展思路，明确工作重点，推动全校科技工作持续快速发展起到积极促进作用。

（二）首届人文社会科学科研工作会议

2009年11月5日，东南大学首届人文社会科学科研工作会议（文科科研会议）召开，全校人文科研工作者齐聚一堂，共同展望东大文科科研发展方向，深入研讨文科科研发展路径，积极营造文科发展的良好环境。

学校召开首届人文社会科学科研工作会议的背景是，经过二十多年的发展，人文学科已经成为东南大学学科体系的重要组成部分，文科科研已经成为东大科研的一支重要力量，文科科研管理有区别于理工科的不同特点与方式，学校科研管理工作需适应这一变化。此次会议的主要任务有两项：一是通过回顾学校文科科研工作的发展历程，总结经验，查找差距；二是积极探讨学校实现文科科研工作新突破的思路与办法，推动文科发展的管理体制机制创新，努力开创学校文科科研工作新局面，使其在学校"创建国内外知名高水平研究型大学"进程中发挥更大的作用。

会议对学校文科发展提出四点建议：（1）必须认真规划，进一步明确学校人文社会科学事业发展的总体目标，努力寻求一条适合学校特色的文科发展之路，形成学校独有的文科特色。（2）坚持有所为，有所不为，突出重点，重视交叉融合，努力与工科优势学科结合，谨慎选择突破方向，以形成合力，寻求在局部领域和若干方向上的重点突破。（3）面向国家重大战略和重大部署，面向国家及区域经济社会发展需求，勇于探索和研究经济社会发展中具有全局性、战略性和前瞻性的重大理论和现实问题，加强团队建设，承接重大项目，取得有重要影响的标志性成果。（4）营造浓厚的人文社会科学研究环境，活跃文科科研氛围，尤其是要进一步探索文科科研的管理体制和运行机制创新，加大投入力度，在"985工程"三期建设中对人文社科领域拟发展的重点方向予以有力支持。②

---

① 沈炯：《抓住机遇 奋发作为 不断开创东南大学"十二五"科技工作新局面》（2011年4月）。
② 《易红校长对学校人文学科发展提出四点希望》，2009年。

(三)产学研高层论坛

产学研合作是高校、企业和研究机构合作共建共赢的有效方式。自20世纪90年代起,东大就十分重视产学研合作,举办过多次合作共建活动,并取得积极成效。但由于当时的合作仍常常停留在与个别市县、企业的具体合作上,缺少共同目标、组织保证和固定联系渠道,因而有时容易流于形式,成效不明显,社会影响力也比较低。为主动听取各方意见,促进政府、高校、企业间更好地对接,认真总结经验,研讨和探索新的产学研合作模式,更好地为地方经济社会发展服务,自2004年起,东南大学定期邀请江苏省政府和省内各市政府领导、各市科技主管部门领导及有关专家、知名企业家来到学校,举办产学研高层论坛。举办论坛是东南大学推进产学研联合,提高对江苏经济社会发展的影响力和贡献率,服务江苏"两个率先"发展战略的重要渠道。

2004年,学校召开产学研高层论坛

2004年11月,东南大学在南京举行了产学研高层论坛。江苏省13个市的政府领导、企业精英和东大专家教授汇聚一堂,合力构筑政产学研战略联盟,共商政产学研联合大计,深入探讨如何创建校企合作新模式,如何加快推进科技成果转化,为促进江苏的技术创新和产业升级服务,从而更好地为江苏实现"两个率先"共同努力,做出更大贡献。论坛上建立了由各市科技局派员参加的东南大学科技信息联络员制度,对首批13名科技信息联络员颁发了聘书,使各市科技信息联络员成为联系各市及企业与东南大学产学研合作的纽带。论坛期间举办了"产学研合作市长论坛",江苏省13个市的党政领导结合各市具体情况,以及与东南大学开展产学研合作所取得的成效,纵论如何进一步加强合作,推进各市企业的技术改造和产业结构调整,提高企业的科技创新能力。

2007年6月,学校召开了"江苏省十三个地级市科技局长产学研高层论坛"。论坛上,各地市科技局长围绕各市的经济和科研实际情况，就产学研工作中如何充分发挥企业技术创新主体的核心作用，如何构建产学研合作的新机制，如何加大产学研合作的推进力度等一系列问题与东南大学进行了深入的沟通与交流，并在加大产学研合作的力度上达成了共识。

2009年4月，东大召开了产学研合作校外调研座谈会。13个市的科技局局长、科技联络员参加了会议。与会人员对学校如何进一步拓宽产学研的合作方式提出了新的想法和建议。

三、科技管理制度建设

科技管理制度建设是科技管理中一项重要的基础性工作，也是一项政策性、导向性很强的工作，在科研管理活动中起着重要作用。

东南大学一直把科技管理制度建设作为科技工作的重要内容，切实加强科研管理与制度建设工作，通过不断修订和完善科研管理制度，使科研管理工作逐步做到制度化、科学化和系统化，为科技工作提供了制度保证，为科技人员营造了良好的工作环境；通过改善激励机制，健全考核手段，努力调动科研人员及科研管理人员的积极性、创造性，以适应学校事业发展和科研新形势的需要。

（一）加强科技管理制度化、规范化建设

为推进科研发展，使科技管理工作逐步做到规范化、制度化，1996年，学校在总结"八五"科技工作的基础上，根据学校实际、国家政策调整和科技形势变化，全面修订和制定了八个重要的科技管理文件，其中包括《东南大学科研人员定编办法（试行）》《东南大学科研处批准建立的科学研究机构管理办法（试行）》《关于1996—1997年度计划内可研编制核算办法》《关于"八五"期间结余科研编制的处理意见》《东南大学离退休人员科研项目结题办法（试行）》等，针对当时科技管理中矛盾较多、争议较大的问题，给出明确意见，规范管理办法，如科研工作量和编制核算是教师及院系高度关注和争议较大的问题，在改革和政策制定上，学校采取"一次核准、三年稳定，投入产出、年年考核，掌握机动、合理调配，三年总评、重新核定"的办法，每年只对评估后的编制情况做适量调整，使院系和科研人员有比较稳定的预期。条例对建立新的科研机构的程序、条件以及管理体制做出明确的要求，实行规范管理，避免无序发展；对科研项目结题以及经费结算做出明确规定，既保护了科技人员的利益和积极性，又有利于科研项目及经费的统一管理，防范科研经费流失。

20世纪90年代末，随着科研体制改革的不断深入以及社会主义市场经济体制的初步确立，学校及时出台了《关于加强科学研究和科技开发项目申报工作管理的通知》，决定校内各单位、各实体和校内外带有东南大学名称的机构（包括独立法人和非独立法人的单位），凡申请、承担国家、地方各类科技计划项目，均由校科技处统一归口，并经学校审核批准，加盖学校公章。

此通知加强了科技项目的申报立项管理，防止了科研到账经费"跑冒滴漏"，促进了科研工作规范有序地进行。

随着申报成功的国家级、省部级科研项目越来越多，管理难度和要求也越来越高。2000年，学校对科研项目的管理制度进行了大幅修订和完善，发布了新的《东南大学科技项目管理办法》，该办法按照科技项目的形式和特点进行项目分类，划分了纵向科研项目和横向科研项目的范围，同时明确了科技合同签署和管理的规则流程，要求各院（系）、科研机构和个人不得私自以学校名义同外单位或个人签订科技合同，违规产生的一切法律责任由签约双方负责。该办法提出科技项目管理既要立足于学校科技发展的需要，又要着眼于学科的未来发展，遵循科技发展规律。要结合本单位学科特色和科技规划，认真组织科技项目的实施，并对科技项目的类型管理、立项选题、过程管理、检查验收等做出了明确的要求。

为进一步明确科技人员和管理人员的职责，加强科技管理工作，2003年，学校对原有的科技管理规定和办法进行了比较全面的修订和补充，其中包括《东南大学科技项目管理办法》《东南大学科技合同管理办法》《东南大学国防科研项目管理办法》《东南大学科技成果管理办法》《东南大学科技服务管理办法》《东南大学专利管理办法》《东南大学知识产权管理办法》《东南大学科研机构管理办法》《东南大学技术保密暂行规定》《东南大学重大科技项目岗实施办法》等，使东南大学的科技管理制度更加完备。

2009年，为鼓励团队协作、跨学科联合，激励科研人员承担国家重大、重点项目，学校出台了《关于纵、横向课题校内合作经费分割的管理暂行规定》，对于科研人员承担的国家、省部级重大、重点科研项目，可根据项目实施启动时的实际情况，允许校内合作经费进行分割，该规定方便了各科研单位结合新科研管理信息系统顺利开展工作，促进了科研人员之间的团结、科研团队之间的合作，增强了科研工作的内部活力。

为更好地发挥基本科研业务费在国家重大项目竞争前培育中的作用，支持新进教师和优秀青年教师自主进行科学研究，培养造就一批进入世界科技前沿的优秀学术带头人，充分发挥部、省级重点实验室和人文社科基地在学校开拓创新、争先进位中的作用，2010年，学校制定出台了《东南大学基本科研业务费管理细则（试行稿）》。

在国家政策的指导下，学校结合自身实际，在听取科研人员和教职工意见的基础上，出台了许多关于科研管理的规章制度，全面修改完成了《东南大学科技管理文件汇编》，使科研管理的规章制度越来越完善，实现了科研管理制度化、规范化。

（二）改善激励，调动科研人员的积极性

在科研管理活动中，如何有效地激励和约束科技人员的行为，使之有利于科研事业发展和学校目标任务的实现，如何调动科技人员的积极性、创造性，多出成果、出好成果，是科技管理制度建设的出发点和落脚点。

1986年，国家改革科研拨款体制，取消了"皇粮"，这使得学校的科研管理必须随之改变，科研任务的争取成了首要的问题。当时的改革主要是针对科研项目"小、散、少"和教师争课题不够积极的情况，东大在两个方面进行了改革：一是及时调整科研方向，强调面向经济建设主战场，发挥学校工科优势，集中力量抓对国家经济建设和国防建设有重大意义的科研项目，主动为经济建设和社会发展服务；二是实行课题负责人负责制，使课题负责人做到权责相符，在人、财、物等方面有更大的自主权。

实行课题负责人负责制是东大科技管理改革的一项重要举措，对调动科研人员的积极性起到很大作用。在当时，学校科研实行的是系主任或教研室主任负责制，经费使用、人员调配、设备添置的权力都在单位领导手里，而在第一线争项目、搞科研的人没有支配权，却要对课题项目结果负责，因此矛盾较多，不少教师不愿去争课题，有时也会影响项目任务的完成。针对存在的问题，学校改革科研管理体制，实行科研项目负责人负责制，谁争取到的项目谁负责，人员由他去聘，经费也由他支配，出了问题由他负责。这项改革极大地调动了广大教师的科研积极性，项目经费和科研成果明显增长，有力地推动了学校科研事业的发展。

在高校，考核聘任和职称晋升是激励教师最主要的"指挥棒"。为激发教师科研的积极性，东大通过政策引导和考核晋升两个方面加强了激励制度建设，学校根据国家《高等学校教师职务试行条例》以及《关于〈高等学校教师职务试行条例〉的实施意见》的精神，结合教学科研工作需要、教师队伍现状和东大实际，制定了《东南大学教师职务聘任实施细则》，全面推行教师职务聘任制，通过明确岗位职责及工作量的计算办法，按项目来源与性质分别计算（科研）编制，加强业绩考核，适当加大科研成果在晋升中的权重等一系列措施，进一步调动广大教师的积极性和创造性，提高了教师队伍整体的学术水平，促进了东大科技工作的快速发展。

1996年，为进一步提升广大教师承担科研任务、多出成果的积极性，以推动学校的学科建设和人才培养，根据国家相关政策规定，学校制定了《关于承担重大科技任务的若干优惠措施》《东南大学科技工作奖励办法》，明确了重大科技任务的认定，并提出重大科技任务到款后，从该项目中提取总经费的2%用于奖励争取项目的主要有功人员和单位，对承担重大科技任务的单位和个人，学校给予全面以及优先的支持，鼓励科研人员在基础研究、应用与开发研究领域内多层次、多渠道争取科研任务和科研经费，对年度科研到账经费排在学校前十名的个人和前三位的单位给予奖励，同时鼓励购置科研仪器设备及图书资料，加大了对获得国家三大奖（国家自然科学奖、国家技术发明奖、国家科学技术进步奖）项目的奖励。

在教师科研积极性不断提高的同时，学校的科研工作也存在组织规模较小、研究层次不高、科研项目分散、队伍整合较难、缺少领军人物等情况。针对以上问题，学校通过加强重点学科及学科群建设，明确了重要研究的方向；通过围绕重大项目和重点实验室，建设科研基地及学科平台；通过建立健全聘任、考核、分配制度，把教职工的物质利益、精神荣誉与工作实绩紧密联系，对教师形成了一种自我激励、自我约束的新机制；通过定岗、定编和聘任，促进了队伍的调整和优化，使科研骨干力量和资源向学校重大科研基地和重大科研任务集中，保证了重点科研任务得以完成，使科研工作出现了很好的势头。

政策引导在东大科技发展中也起到积极作用。"九五"期间，学校在财力十分困难的情况下设立了"东南大学科学基金"，每年投入50万元用于资助校内青年教师的基础研究工作。"十五"开始后，学校又拨专款用于国家基础研究项目配套建设，并且加大了"东南大学科学基金"的支持力度，为学校承担国家和部省级基础研究项目、吸引和稳定人才发挥了积极的作用。

2002年，科技部、教育部印发《关于充分发挥高等学校科技创新作用的若干意见》，该意见明确提出高校要改进和完善科研评价制度。2003年，为落实意见精神，更好地实施东南大学中长期发展规划，根据科技发展激烈竞争的态势，学校制定了《东南大学科技成果管理办法》《东南大学科技奖励办法》《东南大学科技功臣奖励办法》等，对科研人员为学校的科学研究和成果转化所做出的突出贡献给予充分肯定和奖励。

"十五"期间，各高校之间科研竞争日趋激烈，学校深入分析了制约科研工作发展的瓶颈，做出"纵向靠专家，横向靠政策"的基本判断[①]，积极推荐专家进入"863计划"领域专家委员会和主题专家组，及时调整横向科研政策。"十五"期间学校入选"863计划"第一届主题专家组专家7人、第二届主题领域专家组专家5人，"863计划"专项专家组专家7人，人数之多位列全国高校前3名。

为进一步贯彻落实《国家中长期科学和技术发展规划纲要（2006—2020年）》精神，加快实现学校创建国际知名的高水平研究型大学与"争先进位"目标，2009年，学校制定并出台了《东南大学博士后科研资助计划实施办法（试行）》《东南大学优秀青年教师教学科研资助计划实施办法》《东南大学关于鼓励承接科技重大项目的管理办法》等一系列文件，进一步调动全校科技人员参与国家重大科研任务的积极性，鼓励科技人员特别是青年科技人员积极争取和勇于承担国家级重大科技项目，优化人力资源配置，集中校内科研力量，按时高质量地完成国家重大科研项目。

2010—2012年，学校以鼓励和支持开展高水平研究、发表高水平论文和出版高质量专著为导向，修订了《东南大学突出成果奖励暂行条例》、出台了《东南大学关于鼓励承接科技重大项目的若干补充规定》，印发了《东南大学科研绩效管理暂行办法》，进一步强化了以质量为导向的科研考核机制；同时修订出台了《东南大学教授（研究员）职务评聘基本条件（试行）》等20个文件，分别针对自然科学、工程科学与人文社会科学不同专业、不同职称、不同水平的教师制定和实行科学合理、符合岗位要求、兼顾学科特点的评聘考核标准，完善了差异化的人员分类评聘考核体系。

---

① 这里指的是，纵向科研项目（国家及省部项目）的争取，主要依靠专家及团队力量，凭实力争取；横向科研项目（企业和地方项目）的争取，主要围绕国家及地方产业政策重点，发挥学校整体优势，主动争取。

第三节　加强科研基地建设

科研基地建设一直是东大科技工作的重中之重。长期以来，学校承担和完成了一大批对国家经济建设和科技发展有较大影响的重点攻关项目及高新技术项目，同时通过与企业和市场的广泛结合，有效地促进了科技成果的转化及产业化，这其中科研基地发挥了巨大作用。

在科研基地的建设与管理中，东南大学努力做到项目、基地、人才统一，抓源头创新及技术创新。经过20多年的建设与发展，科研基地在科技创新、学科建设、能力提升及创新人才培养中的重要作用日益凸显，初步实现了项目、基地、人才三位一体、相互支撑、协调发展的格局，已成为推动学校科技事业跨越式发展的重要平台。

一、聚焦国家需求，建设"十大科研基地"

20世纪80年代，东大的科研任务大多是在系、教研室组织下，以教研室为单位进行的，这种组织形式承担的科研任务规模相对较小、学科单一，研究机构也是系、所合一，人员多以教学为主，兼搞科研，科研队伍流动性大。随着科技形势的变化和任务的加重，这样的组织形式已经很难适应科研事业发展的需要。1985年全国科学技术工作会议召开，要求进行科技体制改革，推动科技工作进一步面向国民经济主战场。根据这一变化，学校审时度势，提出了"以任务带学科"的指导思想，组织科研条件较好的学科，利用自身优势和特色，建设了若干个国家级重点实验室、工程研究中心和专业实验室，以及一批省级、校级重点实验室和工程研究中心。

1992年，东大有四个国家教委批准的独立研究所——建筑研究所、热能工程研究所、无线电电子学研究所和自动化研究所。这些研究所在推动学校科研工作上曾起过很大作用，代表了学校的科研水平，形成了四支能打硬仗的科研队伍。为适应科研工作改革和发展的需要，学校在继续抓好四大研究所的同时，抓住一批新的重点队伍和重大项目，以力争进入"国家队"为目标，组建形成"八五"项目的骨干队伍，按照学科方向、发展潜力、任务、经费和现有力量等方面对全校科研单位（队伍）进行评选，对这批单位及骨干队伍以"重点科研基地"命名。并由校长挂帅，成立科研处牵头，有人事、财务、后勤、设备等部门领导参加的"基地建设协调小组"，从多方面给基地以优惠、支持和倾斜。同时，根据基地任务大小、经费多少以及与市场的结合程度，制定不同的管理办法，根据具体情况分别管理，以保证基地人员的相对稳定和任务项目的可持续增长。

按照这一思路，1992年，学校有计划、有步骤地进行科技机构的调整和人员分流，并在改革中形成资源配置合理，任务各有侧重，具有"国家队"水平的九个研究单位为学校重点科研基地，分别是：毫米波国家重点实验室、移动与多点无线通信网技术国家重点实验室、计算机辅助建筑设计国家专业实验室、分子与生物分子电子学教育部重点实验室（吴健雄实验室）、CIMS 研究中心、燃煤联合循环发电技术实验室、振动工程研究中心、改良型高分辨率显示器件实验室、超大规模集成（VLSI）系统工程技术中心。①1993 年，确立了第十个重点科研基地：光电源研究中心。②

为了在各方面能对这十个重点科研基地给予重点支持和保证，有计划地形成学校学科和科研特色，学校成立了"重点科研基地建设协调领导小组"③，以协调各基地建设工作，领导小组由分管科研的何立权副校长、科研处处长李大骥等 9 人组成，同时还分别成立了各重点科研基地建设领导小组，以统筹规划并负责处理各基地建设过程中的重大问题。

十大基地名称及其负责人 ④

基地名称	负责人
毫米波国家重点实验室	孙忠良
移动与多点无线通信网技术国家重点实验室	程时昕　林福华
计算机辅助建筑设计国家专业实验室	齐　康　卫兆骥
分子与生物分子电子学教育部重点实验室	韦　钰　陆祖宏
CIMS 研究中心	顾冠群
燃煤联合循环发电技术实验室	徐益谦　章名耀
振动工程研究中心	高　覃
改良型高分辨率显示器件实验室	童林凤
超大规模集成（VLSI）系统工程技术中心	孙大有
光电源研究中心	李广安

这些科研基地在当时全校的科研工作中起着举足轻重的作用，是学校科研的主力军，承接了多项高水平的重大课题，不仅成为学校科技发展的核心力量，而且逐步成为国内乃至国际上有影响力的研究基地。全校科研到账经费从 1993 年的 0.7 亿元上升到 2006 年 5.56 亿元，科研基地的科研经费占了很大的比重。

二、创新基地管理方法，灵活组织队伍

学校在重点抓好十大基地管理工作的同时，也十分注意根据实际情况，创新管理方式，调动广大科研人员的积极性。根据中央"科技工作要面向经济建设"的指示精神，为方便对外开展工作，争取项目，学校在一些基础较好，队伍、课题大致落实，且方向明确的院系及学科

---

① 《东南大学科技信息》1992 年 4 月。
② 《东南大学科技信息（科研专辑一）》1993 年 3 月。
③ 1992 校通知字 36 号：《关于成立学校重点科研基地建设领导小组的通知》（1992 年 11 月），东南大学档案馆藏档案。
④ 基地介绍参见《东南大学史（第二卷）》第十章第四节内容，1995 年。

中，审批建立了一批"三无"研究所（中心），即无学校固定经费支持、无固定科研编制、无行政研究级别，但学校按相同的研究所管理方式进行管理。科研处时任处长计有为在提到成立"三无"研究所（中心）时指出，其目的是：打破传统行政组织边界，灵活合理地配置科技资源，做到社会有需要，学科能发展，能组织起队伍，组建之后能争取到课题和任务。

在组建"三无"研究所（中心）时，学校都进行了认真评审和可行性论证，运行一段时间后，还定期对其进行评估。对缺乏活力和竞争能力、无明确科研方向、没有稳定队伍的"三无"所（中心），在评估基础上予以调整或撤建；对出色完成任务、培养出高层次人才、成绩突出的给予表彰嘉奖，以引导和促进研究所（中心）的健康发展；对一些基础较好、方向任务明确的，但缺少启动经费的"三无"研究所（中心），科研处会支持其一定的启动经费，帮助他们打开局面，完善管理。

1996年，学校制定了《东南大学科研处批准建立的科学研究机构管理办法（试行）》，对处批科研机构的建立原则及程序做了明确的规定，进一步规范了管理。成立处批科研机构应具备如下条件：

（1）有明确且意义重要的研究方向和中长期研究目标；

（2）在科学研究和人才培养方面已取得了较好成绩，在国内有一定的影响力，具有承担和完成国家（或地区）重大科研任务和持续培养研究生的能力；

（3）有学术造诣较深、富有开拓精神和组织领导经验的学术领导人及有以中青年骨干力量为主的一支研究队伍；

（4）能通过多种渠道持续获得一定数量的科研项目和经费（每个研究室至少承2~3项国家科研项目）；

（5）有较好的物质基础、学术交流渠道和其他进行科学研究工作所必需的相关条件。

成立"三无"研究所（中心）是学校科研管理的一种制度创新，在不增加正式组织机构和人员编制的情况下，科研人员和教师根据自身的专业特长，积极开展对外联系，争取到科研课题和经费，也就有了科研编制（学校实施按课题到款经费数确定科研编制），从而稳定了队伍，实现了可持续发展。20世纪90年代成绩较为突出的交通运输工程系的"环境工程研究所"、理学院的"力学研究所"、文学院的"中华词学研究所"以及电子工程系的"薄膜研究所"等都有比较成功的"三无"研究所（中心）案例。

三、建设高水平科研创新平台

新世纪以来，东南大学继续保持长久以来形成的科研基地建设特色，充分发挥各类科研基地的作用，在组织建设、政策支持、学术氛围营造等方面采取了一系列促进措施。除了继续加强原有科研基地的建设以外，积极建设新的科研创新平台，加强优势学科中新的国家重点实验室及国家工程中心的培育。

学校注重发挥重点科研基地在科研中的引领作用和溢出效应，在全力做好已有的国家级科研基地的建设工作及省部级科研基地建设提升工作的同时，积极寻找新的生长点，形成了一批具有较强科研实力和工程化能力的学术带头人与学术团队，将科研基地打造成高端人才、创新人才、多方资源聚集的高地，为科研工作和科技人员发展提供了广阔的平台。

2000—2012年成立的国家、教育部重点实验室名单[①]

批准时间	机构名称	批准部门	挂靠单位	负责人
2000年	混凝土及预应力混凝土结构教育部重点实验室	教育部	土木工程学院	李爱群
2002年	微电子机械系统教育部重点实验室	教育部	电子科学与工程学院	黄庆安
2003年	发育与疾病相关基因教育部重点实验室	教育部	基础医学院	谢 维
2005年	生物电子学国家重点实验室	科技部	生物科学与医学工程系	顾忠泽 吕晓迎 肖忠党
	儿童发展与学习科学教育部重点实验室	教育部	学习科学研究中心	陆祖宏
2006年	射频集成电路与系统教育部工程研究中心	教育部	信息科学与工程学院	王志功
	新型光源技术及装备教育部工程研究中心	教育部	机械工程学院	易 红
2007年	复杂工程系统测量与控制教育部重点实验室	教育部	自动化学院	戴先中
	伺服控制技术教育部工程研究中心	教育部	电气工程学院	胡敏强
2008年	城市与建筑遗产保护教育部重点实验室	教育部	建筑学院	王建国 董 卫
2009年	环境医学工程教育部重点实验室	教育部	公共卫生学院	浦跃朴
	低碳型建筑环境设备与系统节能教育部工程研究中心	教育部	土木工程学院 能源与环境学院	吴智深 张小松
2011年	国家预应力工程技术研究中心	科技部	土木工程学院 建筑设计院	吕志涛 冯 健
	玄武岩纤维生产及应用技术国家地方联合工程研究中心	国家发改委	土木工程学院 城市工程科学研究院	吴智深
	能源热转换及其过程测控教育部重点实验室	教育部	能源与环境学院	肖 睿
2012年	光传感/通信综合网络国家地方联合工程研究中心	国家发改委	电子科学与工程学院 生物科学与医学工程学院	孙小菡
	国家专用集成电路系统工程技术研究中心香港分中心	科技部	电子科学与工程学院	时龙兴

① 《东南大学科技工作进展年度报告》2004—2012年。

四、实现重点突破，开创国防科研新局面

东南大学的国防科研起步于20世纪60年代末，在当时的党委书记兼院长刘雪初的倡导下，提出了"面向海洋""面向军工"的科研方针，先后设置了与国防有关的"陀螺仪与导航仪器""水声工程""雷达无线电导航""遥控遥测"等专业。改革开放以来，学校在"军工兼顾"和"面向国民经济主战场"的方针指引下，成立了舰船电子与海洋工程研究院，依托"精密仪器与机械""水声工程"和"机械电子"专业设置了三个研究所，分别为导航定位与测控技术研究所、水声定位与测控技术研究所、电子设备结构与材料研究所。学校积极承担国家下达的各类国防科研任务，为国防现代化培养和输送了一大批高层次人才。

（一）建设整合与国防有关的学科

国防科研与学科发展和基地建设相辅相成，20世纪80年代以后，学校传统国防学科发挥主力军作用，新兴国防学科方向也成为国防科研的生力军。

传统国防学科	新兴国防学科
・电磁场与微波技术　・信号与信息处理　・精密仪器及机械　・机械制造及其自动化　・材料科学与工程	・通信与信息系统　・微电子与固体电子学　・物理电子学　・光学工程

随着国防科研工作的开展，学校涉及国防科研、教学的院（系）、学科不断得到拓展，传统优势学科也逐步向国防科研渗透。"十五"期间，计算机、电气、生物医学、能源等相关学院的相关学科围绕国防重大需求，利用学科优势承担国防科研项目，与国防科研单位开展合作研究，扩展了学科发展空间，提升了学科科研水平，促进了学科交叉。"十一五"以来，围绕国防重大需求及重大专项和重大工程，学校国防科研工作已开始覆盖到土木、交通、化工、自动化、物理、基础医学、学习中心等相关学院和科研基地，并开始向管理、人文、法律等学科拓展。

（二）先进技术与装备研究院

为促进国防科研的发展，学校于2006年12月25日成立了先进技术与装备研究院（国防科学与技术研究院），成为学校直属的国防科研管理和研究机构。研究院下设项目管理办公室、质量管理办公室、科研保密科和若干研究中心。

先进技术与装备研究院的发展目标是利用东大多学科优势,在原有国防科研的基础上,整合校内资源,瞄准学科前沿,围绕国防科研重点领域,开展国防科研创新研究和应用技术开发,建设跨学科研究团队和科研创新平台,促进学科发展,培养高层次人才。研究院以东南大学信息、电子、精密仪器与机械等优势学科为龙头,带动相关学科共同发展;联合国防科研、生产单位,促进产学研工作的开展和科技成果的转化,为国防科研、生产单位输送优质的科研成果和优秀的技术人才。学校积极推动平台建设,形成国防科研联合实验室、国防重点实验室等国防科研创新平台和研究基地,实现先进技术与装备研究院的实体化运行。

"十一五"以来,学校高度重视国防科研工作。在军民融合思想指引下,依托电子信息领域的学科优势,在专家队伍、科研平台、管理保障等方面着力推进建设,2005年12月至2007年1月间,学校先后通过了保密资格、质量管理体系和武器装备科研生产许可证,成为江苏省第一家获得军工科研生产许可证的高校。

2008年11月11日,学校召开首届国防科技工作会议

2008年11月11日,学校召开首届国防科技工作会议,会议回顾了学校的国防科研工作历程,副校长沈炯代表学校提出国防科研发展的总体思路:立足现有海军和舰船系统建立的良好基础,扩大面向海洋的国防科研领域;围绕国家重大专项,重点发展面向空天技术的新领域,形成"面向现代国防,面向海陆空天"的国防科研新格局;坚持有所为、有所不为,选择具有一定基础和优势的关键领域,加大前期投入力度,集中力量、重点突破,产生一批有显示度的国防科研成果;开展跨学科研究团队和科研创新平台建设,形成一批有实力的国防创新科研方

向、研究团队和基地;逐步实现先进技术与装备研究院的实体化运行。①会议还对长期在国防科技工作中做出突出贡献的科研工作者进行了表彰,授予孙忠良、陆佶人、万德均、周百令、何德坪、蒋全兴 6 位同志"东南大学国防科技突出贡献者"荣誉称号。

在全面开展科技工作的同时,学校加强与国防科工委、中国人民解放军总装备部、海军装备部、中国船舶重工集团、信息产业部等军事科研管理部门以及国防科技研究所和军工企业联系,先后承担并完成了一批国防"863 计划"项目、"973 计划"项目、型号项目、重大预研项目、预研基金项目、军品配套和军工企业委托的国防科研任务,在国防系统建立了良好的声誉和信誉。

通过长期的艰苦奋斗和不懈努力,东大的国防科研工作初步形成有自己特色的国防研究方向,逐步建立起适合学校特点的国防科技工作运行机制和管理模式,即:注重理论与工程实际相结合,重视高素质人才的培养,积极争取国防科技重大项目,依托学校建设国防重点实验室,开辟出具有自己特色的惯性技术、毫米波技术、水声技术、信息与光电技术、计算机网络技术、通信技术、新材料、电磁防护技术等国防科研方向,推动国防科技工作更深入地发展。

五、科研团队建设及科技成果

科研基地的建立,给科研人员参与国家级项目的竞争及为地方经济服务创造了条件,锻炼出一批兼具理论与实践经验的优秀学术带头人;科研基地浓厚的学术环境和较好的工作条件也造就和稳定了思想活跃、创新性强、学术水平高的年轻科研团队,保证了科研基地工作的连续性与稳定性。二十多年间,经过广大科研人员及团队的不懈努力,学校完成一批"八五""九五""十五""十一五"的国家科技攻关项目,其中的不少项目经鉴定达到国际先进水平,并获得了国家科技大奖,其中具有代表性的成果如下(完整名单见附录)。

(一)高羣主持的"提高徐州电厂国产 200 MW 汽轮发电机组运行稳定性、可靠性综合研究"项目获 1998 年度国家科技进步奖三等奖

"八五"期间,国产 200MW 机组已投运 100 多台,是电力生产的主力机组。该型机组普遍存在平均利用率低、早期故障多的问题,并相继发生两起断轴毁机灾难性事故,严重影响了电力生产乃至国民经济发展。为此,"提高 200MW 机组运行稳定性、可靠性的综合研究"被列为"八五"国家重点科技攻关项目。

东南大学、江苏省电力局承担攻关任务,高羣团队以理论研究为基础、以技术开发为中间环节、以工业应用为目标研究方法和路线,开展了提高轴系运行稳定性、可靠性,轴系谐

---

① 沈炯:《加强能力建设 实现重点突破 努力开创东南大学国防科研新局面》(2008 年)。

振及其抑制措施，汽轮机叶片动频率、动应力和汽轮机调速系统检测装置等 4 个专题的试验研究，解决了 13 项关键技术难题，取得了 18 项重大科技成果，并通过国家鉴定和验收，其中国际先进技术成果 5 项、国内领先技术成果 10 项、国内先进技术成果 3 项，按期完成攻关合同规定的技术经济指标，达到了"减少一般性事故、避免重大事故、杜绝灾难性事故"的攻关目标，并取得巨大的经济效益。在该项目的实施中，徐州电厂四台试验机组经过综合治理，稳定可靠运行考核等级为优秀，6 年供电煤耗平均下降了 14 g/kW·h，机组等效可用系数提高了 14%。该项目成果应用于 40 多台 200 MW 机组和推广应用于 600 MW、300 MW、125 MW 及 50 MW 等 20 多台大、中小型机组上，可计算的直接经济效益达 525 亿元。

（二）陆于平主持的"WFBZ-01 型微机发电机变压器组保护装置"项目获 1999 年度国家科技进步奖三等奖

WFBZ-01 型微机发电机变压器组保护装置是由东南大学和南京电力自动化设备总厂联合研制的国内第一套用于大型电厂 600 MW 及以下水轮或汽轮发电机变压器组的数字式保护装置。它应用微机智能技术，极大地提高了保护的可靠性和可维护性；在保护原理和算法实现等理论上有重大突破，克服了传统保护存在的疑难问题，其主要技术性能指标达 20 世纪 90 年代的国际先进水平，其中发电机差动保护、定子匝间保护、定子接地保护等技术指标处于国际领先水平。整套保护装置有近 40 种，可针对不同主设备进行灵活配置，工程适应性强。自 1992 年 5 月起已在全国的 29 个省市区全面推广，至 1999 年 6 月已使用超过 300 套，累计实现销售额 1.5 亿元，在大中型机组保护市场中占有率近 90%，大量替代了进口产品。

该装置良好的运行业绩改变了我国主设备保护因技术复杂而造成正确动作率长期处于低水平的局面，为发电机和电网的安全稳定运行做出了重大贡献，大大减少了机组故障损失和误动造成的设备停运损失及振动造成的事故扩大损失，创造了巨大的社会效益和经济效益。①

（三）孙大有主持的"专用集成电路系统设计及其工程技术产业化实施"项目获 1999 年度国家科技进步奖三等奖

开发高科技电子产品的关键，是要设计出超大规模集成电路芯片。为加速我国电子新产品的开发，东大微电子中心在消化吸收国外先进技术的基础上，独立自主地设计出集成电路版图，然后送往国外加工成芯片，再运回国内装配成整机。这样做可利用国外的先进工艺条件，生产目前我国工艺水平还做不出的高集成度芯片。这种芯片拥有我国自己的版权。走这条路开发电子新产品，既少花钱，又能加快开发速度，缩短我国电子产品与国际先进水平的差距。

以孙大有、宋岳明、时龙兴、胡晨、孟绍锋等 5 人为主要完成人的"专用集成电路系统

---

① 国家科学技术奖励工作办公室主编：《国家最新实用科技成果推广指南》，机械工业出版社，2000 年。

设计及其工程技术产业化实施"项目，相继研制开发出干扰雷达、心脏起搏器、中高档电子琴音源、电脑全自动洗衣机和BB机等高科技电子产品的专用集成电路芯片，装配整机均一次性开机成功。"中英电子双向词典"和"俄英电子双向词典"也在当时打入国际市场。

（四）王炜主持的"道路交通系统规划的成套技术及仿真设备开发"项目获2003年度国家科技进步奖二等奖

该项目课题组在交通学院时任院长王炜教授的带领下，由徐吉谦、邓卫、陈学武、陆建、杨涛等老中青三代学人参与研究，历时近20年。该项目系列成果均通过鉴定，项目整体达到国际先进水平，多项子成果达国际领先水平，填补了国内多项空白。

20世纪80年代初，东大交通规划与管理学科就开始着手此项研究，并得到国家自然科学基金委员会的一系列资助。经过多年的研究，建立了我国第一套具有中国特色的城市交通与公路网络建设与管理规划的理论体系、实用技术、系统软件及仿真设备。

该项成果包括三大部分：道路交通规划的技术基础研究、技术工具开发和技术示范工程。道路交通规划的技术基础研究以大量的道路交通特征及出行特征调查数据为基础，研制了面向我国交通基础设施建设规划的理论体系、分析模型与实用方法。道路交通规划的技术工具开发采集了3000多万个有效数据，建立了完整的道路交通特征数据库，提出了服务于各类交通系统规划的技术参数；开发了具有自主知识产权的交通分析系统软件——交运之星，该分析系统软件已成为我国目前唯一商品化，且能与国外同类软件相抗衡的软件；开发了道路交通模拟系统，能进行道路交通系统建设方案与管理方案的"事前事后"交通运行状况的仿真及效果评价。道路交通规划的技术示范工程已经在8个省的30多个地级市域中的30多个城市的道路网络建设与管理中直接应用，并已在全国600多个实施"畅通工程"的城市推广。

该项成果应用于工程实践后，产生了巨大的社会和经济效益。城市道路交通建设与管理规划、城市公共交通规划与管理技术的应用，能大大缓解城市交通紧张状况，提高各种车辆的运行速度，节约居民出行时间。在本成果直接应用的30多个城市中，共有城市人口5000多万，通过交通规划与优化，每年可创造约150亿元的经济效益。公路网络规划、建设与管理一体化成果的应用，能大大提高公路网规划的科学性，避免盲目投资。该成果已经完成了约8000亿元公路工程项目的规划，若按国际上的优化路网节省工程投资2%的节省值计算，可为国家节省约160亿元的巨额工程投资。

（五）尤肖虎主持的"中国第三代移动通信系统研究开发项目"项目获2003年度国家科技进步奖二等奖

为打破国外公司在移动通信领域的技术垄断，1999年经国务院批准，由科技部、信息产业部、国家计委联合组织实施中国第三代移动通信系统开发项目（简称C3G项目），并分别列入科技部"863计划"重大产业化项目和信息产业部移动通信专项研究基金重大项目。经过全国范围内的层层筛选，东南大学无线电工程系主任尤肖虎受命出任项目总体组组长。

经过包括学校无线电工程系在内的国内二十余家单位，东大移动通信国家重点实验室主任程时昕教授、赵春明教授等近3000名老中青科技人员历时三年协同作战，这项投资数亿元的国家级重大科研项目终于实现了三大既定目标：（1）成功开发出适应我国市场需求的实用化现场试验系统，包括符合国际标准的WCDMA、TD-SCDMA、CDMA2000三种无线接入网、核心网和终端设备，其中TD-SCDMA是由我国首次提出，并被国际电信联盟正式接纳的第三代移动通信国际标准；（2）形成了一套相对完整的中国第三代移动通信系统体制标准草案，并作为信息产业部通信技术标准文件发布，用以指导当时正在进行的我国第三代移动通信现场试验与应用；（3）通过自主研发，产生了一批自主知识产权，形成了近百项国家发明专利和国际发明专利，可实现与国外厂商的知识产权交叉互换，从而保护民族企业的利益。

2002年初，在C3G项目顺利通过科技部、信息产业部的联合验收时，科技部、信息产业部领导及专家认为，该项目是在社会主义市场经济条件下发挥"两弹一星"精神的又一典范，对于我国重大科研项目的实施具有极为重要的借鉴意义。C3G项目的实施大大缩短了我国与国际先进水平的差距，打破了国外企业的技术垄断，有关核心模块已实现产品化，取得了可观的经济效益。在国家科学技术奖励大会期间，科技部领导又以C3G项目为例，盛赞我国原始性创新能力的显著提高。

中国拥有世界上最大的移动通信市场。截至2003年底，全国移动电话用户已超过固定电话用户，达到2.69亿户，年产值逾3000亿元人民币，而且潜力巨大。然而无论是已淘汰的第一代还是当时广泛使用的第二代移动通信，其核心技术始终被国外公司所垄断。C3G项目的完成，使我国在移动通信技术领域一举摆脱了核心技术受制于人的尴尬处境，为我国移动通信产业撑起了一片蔚蓝的天空[1]。

（六）时龙兴主持的"硅基集成型功率MOS器件及高低压集成技术与应用"项目获2009年度国家技术发明奖二等奖

这项该领域的重要成果是由东南大学国家专用集成电路系统工程技术研究中心主任时龙兴教授团队和无锡华润上华半导体有限公司共同完成的，主要成员有时龙兴、孙伟锋、陆生礼、苏巍、易扬波、宋慧滨等。

该项成果面向中高端功率集成电路产品的设计与制造，自主研发100V体硅及800V外延集成工艺。通过漂移区梯形电场高压MOS结构及硅基混合电压功率集成结构的创新与发明，

---

[1] 郑立琪：《我国第三代移动通信系统研究开发达国际先进水平》，《东南大学报》2004年3月20日。

突破了集成高压 MOS 器件、高低压集成两项技术瓶颈；通过带缓冲级低功耗转换电路、抗闩锁及工艺误差自校准结构的创新与发明，攻克了高低压转换和高可靠性两项关键技术。基于国内工艺生产线，提出了多种集成型高压 MOS 器件新结构，大幅提升了器件关键参数指标及可靠性；提出了高低压兼容的集成工艺，使得新型器件实现量产并应用于中高端功率 MOS 集成电路；新型低功耗高低压转换电路使芯片功耗降低 20% 以上。

该项成果为我国中高端功率 MOS 集成电路产品的自主设计、制造提供了技术平台，已获发明专利授权 14 项，在无锡华润上华生产线上实现量产，并应用于 14 家芯片设计公司的功率 MOS 集成电路产品中，产品涉及电机应用类、电源应用类及照明驱动类等，获得了巨大的经济效益，打破了国外中高端功率器件和功率集成电路产品对我国市场的垄断，也为我国节能降耗、保护环境带来显著的社会效益，该项目成果大幅提升了我国功率器件和功率集成电路产业的水平。[1]

（七）戴先中主持的"基于神经网络逆的软测量与控制技术及其应用"项目获 2009 年度国家技术发明奖二等奖

该项目由东南大学自动化学院戴先中教授领衔，其成果在该领域处于国际领先水平，主要反映在两个方面：

一是针对复杂过程中许多关键变量难以直接测定的难题，创造性地提出了以难以直接测定量为输入、直接可测量为输出的"内含传感器"的概念及其建模算法，并创造性地将神经网络逼近技术与（左）逆系统动态补偿方法相结合，发明了系统、实用的基于神经网络逆的实时软测量技术。

二是针对非线性系统的解析逆系统控制方法需知原系统精确模型和求出逆系统表达式这两个工程应用"瓶颈"，创造性地将神经网络逼近技术与（右）逆系统线性化解耦方法相结合来构造神经网络逆，获得大范围和高动态的逼近精度，且结构简单、易于工程实现，并创造性地提出了扩展的神经网络逆结构，大大增强了神经网络逆的适应能力与抗干扰能力。

该成果在具有代表性的多电机传动系统（硅钢片剪切生产线的速度和张力解耦控制）、生物发酵过程（产物浓度等关键变量的在线软测量与控制）等多个领域得到推广应用，有效地解决了复杂过程中难以直接测定量的软测量与复杂系统的线性化解耦控制问题。

该项目被鉴定评价为"神经网络逆测量和控制的理论研究成果具有原创性，在该领域的应用研究处于国际领先水平，相关的多个领域的实际应用取得了显著的经济效益"。该成果获 8 项发明专利授权，发表 SCI 论文 12 篇、出版专著 2 部。[2]

---

[1] 东南大学科研院：《东南大学 2009 年科技工作进展年度报告》，2009 年。
[2] 东南大学科研院：《东南大学 2009 年科技工作进展年度报告》，2009 年。

（八）顾冠群主持的"网络教育关键技术及示范工程"项目获 2010 年度国家科技进步奖二等奖

本项目来源于"十五"国家科技攻关计划重大项目"网络教育关键技术及示范工程"（2001BA101A），总投入 12 430 万元，由东南大学顾冠群牵头组织了 41 个高校和企业参加的 800 余人的联合攻关队伍，通过四年（2002—2005 年）的技术攻关和示范以及四年（2006—2009 年）的应用推广，攻克了制约我国网络教育发展的关键技术，取得了显著的应用效果。

该项目探索适合我国国情的网络教育发展战略、标准和规范；攻克网络教学、教学管理、网络教育工具、教育资源管理等四类关键技术；研发 Internet 网络环境下可缩放、能互操作的系统集成技术；提出和实现支持跨平台、易集成、可定制的网络教育解决方案；通过不同层次的网络教育示范工程提升我国网络教育的综合应用技术水平，推动网络教育乃至教育信息化的进程。

该项目获国家发明专利授权 16 项、软件著作权 51 项、发表论文 400 余篇；培养硕士生 320 人、博士生 58 人和博士后 11 人。项目成果得到了良好的应用推广，核心技术形成了网络教育系列产品，在 600 多所高校、300 多所职业学校、30 多家企业、7000 多所中小学和 12 个省级培训中心得到使用，总计使用人数达一千多万，覆盖 28 个省、市、自治区。近三年可统计的直接新增收入 1.484 亿元，新增利润 72 964 万元，节约资金支出 42.547 亿元。①

（九）郭正兴主持的"大跨空间钢结构预应力施工技术研究与应用"项目获 2010 年度国家科技进步奖二等奖

大跨空间钢结构主要应用于大型公共建筑。由于涉及市场的垄断性和技术保密性，国外预应力施工核心技术掌握在为数不多的专业公司手中，可供查询的技术资料极少，也成为 10 年前我国开始进行多种形式复杂大跨空间预应力钢结构施工时必须面对的技术难题。

郭正兴教授团队经近 10 年的系统研究和应用提高，将成果整体应用于 2007 年 2 月 1 日验收完成的国际首个跨度超过百米的武汉体育馆弦支穹顶钢屋盖工程。通过集成创新，其成果解决了近 10 年我国城市建设中大量兴建大跨度场馆工程的关键施工技术难题，突破了国外专业公司的技术壁垒，自主研发和自主施工，实现了我国预应力钢结构施工从简单构件到复杂空间结构的跨越式发展。

截至 2010 年底，研究成果已应用到全国 20 个省、市、自治区的 60 多项场馆工程中，标志性的成果有：中国 2010 年上海世博会主题馆（126 m 跨三折线张弦桁架）、哈尔滨国际会展中心体育场（128 m 跨，国内最大跨张弦桁架）、武汉中心体育馆（135 m×11 m 跨，国际最大跨双层网壳弦支穹顶）、济南奥体中心体育馆（122 m 跨，国际最大跨单层网壳弦支穹顶）、

---

① 东南大学科研院：《东南大学 2010 年科技工作进展年度报告》，2010 年。

黄河口模型试验厅（148 m 跨，国际最大跨张弦网格结构）、无锡新区科技交流中心（国内唯一刚性屋面索穹顶）等。重点应用的 31 项大型预应力钢结构工程量达 17.7 万吨，工程造价 21.3 亿元，直接经济效益显著。①

（十）肖睿主持的"稠密多相流动与化学反应耦合体系的节能减排关键技术及应用"项目获 2010 年度国家科技进步奖二等奖

本项目属流程工业节能减排领域，涉及能源、环境、化工等交叉学科。流程工业是节能减排的重点领域，稠密多相流动与反应耦合体系存在于流程工业的许多大型装备化学反应最剧烈的关键部位，决定了装置的性能、能耗和污染物排放水平。长期以来，由于缺乏该类过程的基础理论和方法，若采用经验方法来设计和优化，装备存在耗能高、污染重等突出问题。肖睿教授团队经过长期对该类问题的研究，形成了以新的测试及表征方法、建模与模型解析、集成的新技术、新工艺为核心的稠密多相流动工业过程关键技术体系，对该类过程进行重构、集成和优化，实现了大型工业装置的节能减排。

研究成果实现了大型工业装置过程优化技术从参数耦合向激励模型耦合的技术跨越。成果已应用于化工、钢铁、电力、材料、环保等行业的大型乙烯裂解炉、催化裂化装置、蓄热式加热炉、球团加热炉、生物质/燃煤燃油锅炉、氢化铅焙烧炉、燃煤电站烟气脱硫装置等大型工业设备。年节能折合标煤 18.4 万吨，年减排二氧化碳 47.3 万吨、污染物 12.1 万吨；新增产值 10.1 亿元，新增利税 2.3 亿元，经济效益 20.2 亿元。本项目具有自主知识产权，已获专利授权 18 项，其中发明专利 9 项；在国内外刊物发表学术论文 139 篇，其中 SCI 收录 64 篇，EI 收录 101 篇次。

（十一）尤肖虎主持的"宽带移动通信容量逼近传输技术及产业化应用"项目获 2011 年度国家技术发明奖一等奖

该成果涉及宽带移动通信领域最为重要的若干核心技术，为启动国家新一代宽带无线移动通信研发奠定了技术基础，为我国全面参与新一代通信研究开发的国际竞争打下了坚实的基础。本发明能够以容量逼近方式有效支撑每秒百兆比特以上的新一代移动通信高速无线传输，并使得功率效率提高 4 dB 以上、信道利用率提高 30%、接收机灵敏度提高 2~4 dB、系统覆盖范围增加 30%，是我国在移动通信领域取得的领先世界的重要成果。该项目由东南大学与华为技术有限公司共同完成，项目负责人为东南大学移动通信国家重点实验室主任尤肖虎教授，东大参与该项目的主要获奖者为尤肖虎、高西奇、赵春明、潘志文。

---

① 东南大学科研院：《东南大学 2010 年科技工作进展年度报告》，2010 年。

始建于 1990 年的东南大学移动通信国家重点实验室，作为我国高校中唯一专门从事移动通信研究的国家重点实验室，承担了中国移动通信技术研发的重大历史使命。尤肖虎自从 1992 年进入实验室以后，作为青年学术带头人，面向世界第二代、第三代移动通信技术，开始了引领移动通信技术的追赶之旅。1996 年与 1998 年，在国家"863 计划"高技术项目的支持下，他先后领衔研制成功我国第一个 GSM 实验系统和第一个 CDMA 实验系统，进而全面掌握了第二代和第三代移动通信系统的核心技术，迅速缩小了我国移动通信技术和发达国家之间的差距，并在移动通信系统理论研究方面和国外居于同一平台。

1999 年初起，尤肖虎开始担任国家"863 计划"重大项目"中国第三代移动通信系统研究与开发"项目总体组组长，全面负责第三代移动通信系统的研究与开发工作。在尤肖虎的带领下，国内二十余家科研单位、近三千名科技人员经过三年的艰苦努力和协同攻关，2002 年，中国第三代移动通信系统现场试验在东南大学首次成功，标志着我国已经全面掌握第三代移动通信系统技术。①

进入 21 世纪，宽带化移动信息服务逐渐成为现代信息社会发展的基本需求。发展以支撑数据业务为主的宽带移动通信技术，将无线传输速率在已有基础上提高数十倍甚至百倍，是 3G 之后移动通信系统研发的主要目标。由此产生了困扰业界的无线传输两大技术难题：如何解决宽带化所引发的系统复杂性；在频率资源日趋匮乏的条件下，如何使其使用效率提高 10 倍以上，并以可实现的复杂性获取逼近容量限的最优传输性能。为此需要引入支撑系统宽带化和频率资源高效利用的变革性技术。

在国家重大项目的支持下，尤肖虎团队发明了可较好解决上述问题的宽带移动通信容量逼近传输技术，经过近 10 年的探索，成功进行了产业化应用，相关产品大规模推向海内外市场，技术竞争力业界领先，并在汶川抗震救灾和上海世博会安保中发挥了重要作用，产生了显著的社会效益，对引领我国 3G 之后的技术发展发挥了重要作用。

本发明被应用于华为公司的 3G、4G 增强及演进型宽带主力基站产品中，已在世界 20 余个国家投入商用；还被应用于展讯公司终端芯片产品及瀚讯公司宽带无线应急通信等系统中。②

（十二）黄卫主持的"大跨径桥梁钢桥面铺装成套关键技术及工程应用"项目获 2011 年度国家科技进步奖二等奖

钢桥面铺装是国内外大跨径桥梁建设的重大难题，我国普遍采用扁平钢箱梁，桥面极端高低温差大，重载交通且超载严重，钢桥面铺装较国外难度更大。20 世纪 90 年代起建设的大跨径桥梁通车不久后铺装均产生严重破坏，多次中断交通重铺，经济损失巨大，社会影响不良。

---

① 《让梦想在移动通信电波中律动——记 2011 年度国家技术发明一等奖获得者尤肖虎》，《东南大学报》2012 年 2 月 16 日。
② 东南大学科研院：《东南大学 2011 年科技工作进展年度报告》，2011 年。

黄卫教授领军的科研团队历经十余年系统研究和工程实践，形成了"材料—结构—设计—施工"成套关键技术，解决了我国大跨径桥梁建设的重大难题。

该成套关键技术已在近30座大跨径桥梁工程中得到应用，南京长江第二大桥（现南京八卦洲长江大桥）首次实施环氧沥青铺装，通车10年使用良好，是首座钢桥面铺装获得成功的桥梁。天津富民桥应用专利环氧沥青，最大容留时间>58min，突破了美国材料的极限。武汉天兴洲长江大桥实现了10℃气温条件下的施工，打破了美国材料>20℃的要求。该成果总体上达到国际先进水平，对大跨径桥梁建设做出了重大贡献。①

（十三）滕皋军主持的"新型消化道支架的研发与应用"项目获2011年度国家科技进步奖二等奖

消化道梗阻是消化道晚期恶性肿瘤导致患者死亡的主要原因之一。我国为消化道肿瘤高发区，并且具有发现晚和梗阻发生率高的特点，以食管癌为例，发病率占全球50%以上，手术切除率仅20%。20世纪80年代以来，金属支架技术成为外科治疗之外的重要手段。然而，由于第一代消化道支架存在固有的不足，导致手术难度大，并发症多，应用受限。经过长期的实践和研发，东南大学附属中大医院滕皋军教授团队研发了新型消化道支架并投入应用。

本项目研究成果显著地提升了消化道梗阻的治疗水平，为患者提供了多层次、个体化的解决方案，使通过支架治疗消化道梗阻成为一项安全、有效、实用的临床技术；项目突破了多项支架应用的限制与禁区，延伸了消化道支架的内涵与价值，丰富了消化道支架治疗的技术与理论。项目成果受到国内外同行的高度认可："你们的工作给如何通过联合介入器械和放射治疗来有效促使肿瘤消退和快速解决吞咽困难带来曙光。"该项目组研发的支架占国内市场60%以上份额，成为国内市场的第一品牌，并远销至欧美32个国家和地区。该成果不仅打破了国外同类产品对中国市场的垄断，并以国外同类产品1/5的价格使国内外1500余家医院的16万多例患者受益。

（十四）吴智深主持的"纤维增强复合材料的高性能化及结构性能提升关键技术与应用"项目获2012年度国家科技进步奖二等奖

针对中国工程结构耐久性不足的严重问题，以及结构高性能化的迫切需求，东大土木学院吴智深教授领导的科研团队率先把先进的碳纤维增强复合材料加固技术引入国内，并系统开展了纤维增强复合材料（FRP）在土木工程中的应用研究。然而，FRP在结构工程应用中尚存在价格偏高、强度利用率低、不能充分满足结构综合性能要求以及缺少新型关键技术等瓶颈问题，经过十多年的自主创新和集成推广，项目组建立了FRP高性能化、FRP加固既有结构及

---

① 东南大学科研院：《东南大学2011年科技工作进展年度报告》，2011年。

增强新结构等方面的理论和技术体系，开发了多项国际领先的关键技术，推动了 FRP 的规模化应用。

项目主要创新内容包括 FRP 的高性能化理论、方法和关键技术；FRP 加固成套技术；增强型结构的关键技术及其设计方法等。该项目直接或间接推动了 FRP 及相关技术的规模化应用，在项目组直接技术支撑下完成的可统计产值达 11.9 亿元，成果在北京人民大会堂改造、广东虎门大桥加固、杭州庆春路过江隧道等典型工程中得到了良好应用。

（十五）刘松玉主持的"钉形双向搅拌桩和排水粉喷桩复合地基新技术与应用"项目获 2012 年度国家技术发明奖二等奖

该技术发明属于软土工程领域，东大交通学院刘松玉教授团队根据软土固化机理和复合地基最优化原理，经过十余年的研究，发明了一系列搅拌桩处理新技术，自主研制了施工机械设备，建立了相应的施工方法，实现了对我国传统搅拌桩及其复合地基技术的根本性变革，从而攻克了我国土木工程建设中因为长期存在中厚层、成层分布、高含水量软土难处理、处理效果不稳定、桩土变形难协调、技术经济性较差等因素导致的工后沉降大、稳定性低、环境扰动影响大、工程造价和管理成本高等难题。

该项技术发明已在沪苏浙高速公路、上海崇启通道、汉宜高速铁路、南京青奥城、宁波地铁、晋江机场等我国主要软土分布区的 150 余项工程中得到成功推广应用。据统计，至 2011 年底累计施工超过 6000 万米，节资总额逾 7.5 亿元。

第四节　深化产学研合作

产学研合作是高水平大学建设的应有之义和必由之路。多年来，东南大学努力推进产学研合作，不断完善管理体制和运行机制，整合学校资源，积极探索更加高效的产学研合作新模式。经过二十多年的发展，学校的产学研合作实现了由过去以零散、小型、短期项目为主向更广泛、更深入、更长效的合作方式的转变，实现了由"点"向"面"的发展，科技研发能力显著增强，成果转化的效率越来越高，产学研合作的途径、手段和方式越来越多，逐步形成了独具特色的"东大模式"。

早在20世纪80年代，时任校长韦钰就提出了"以联合求发展"的办学指导思想，揭开了学校新时期产学研合作的序幕。进入90年代后，学校进一步提出了"以服务求支持，以贡献求发展"的开放办学思路，制定了"坚持走研究型大学的建设道路，坚持走与区域经济和社会发展相结合的发展道路"的发展战略，并且明确了"政府最关心，企业最感兴趣，老百姓最需要"的产学研合作服务宗旨，发挥自身的特色和优势，主动适应区域经济发展需求，把建立以企业为主体、市场为导向、产学研结合的技术创新体系作为突破口，在创建高水平大学的进程中推动区域经济社会的发展。

2000年底，东南大学在南京举办了东南大学首届科技成果展示暨合作洽谈会，此后，学校的产学研合作采取了"请进来，走出去"的策略，开展"科技大篷车"——科技成果大江南北行等一系列活动，产学研合作实践经历了以学校专家教授与企业单一项目合作为主，到以学校与地方政府及企业组建产学研合作体为主，再到以学校与地方政府及企业根据区域经济发展重点和产业规划共同组建研究院（研究平台）为主的三个阶段，形成了多种形式并存的产学研合作的三个圈层，取得了明显成效，产生了较大的经济社会效益。

至2012年，东南大学先后建成了4个区域研究院、8个专业研究院、65个校企联合研究中心。2004年到2011年，东南大学作为依托单位参与了近100项江苏重大成果转化专项资金项目，涉及省资助经费超过10亿元，在全国高校中名列前茅。学校一大批成果落户合作企业，在使合作企业的市场竞争力得到大幅度提升的同时，也为国家和江苏的社会经济发展做出了重大贡献。

一、服务江苏及区域经济发展

（一）敢为人先的"金坛模式"

20世纪90年代初，学校以推进合作共建为突破口，加快办学体制改革，拓宽办学空间，发挥区域优势，在为经济建设和社会发展做出贡献的同时，多渠道争取社会对学校的支持。

1993年10月，在第二届华罗庚家乡科技成果交易会暨93中国金坛经贸洽谈会上，东南大学与金坛县人民政府签订了横向合作协议书，学校在人才培养、科技成果转让、技术攻关等方面与金坛县进行全方位、多层次的合作，金坛县则在学校设立奖学金、奖教金，以奖励德智体全面发展的学生以及在教学、科研上做出显著成绩的中青年教师。双方密切往来多年，合作融洽，取得了良好成效，也为进一步深入合作奠定了基础。1996年1月，在之前签订的全面合作协议的基础上，东大又与金坛市人民政府签订联合办学协议书，本着相互支持、互惠互利的原则，金坛市投资支持学校建设，学校为金坛市定向培养各类"留得住、用得着"的人才，进一步全面推进双方合作办学，共同建立"东南大学金坛学院"。1996年5月，"东南大学金坛学院"正式成立，为学校二级学院，隶属校长和学院董事会领导。学院下设院办公室，挂靠校长办公室。与以往的联合办学、委托培养相比，"金坛学院"有以下一些特点：

一是双方共建、合作办学。学院设立董事会，董事会由东南大学和金坛市人民政府派代表组成。学院接受董事会和东南大学校长的双重领导。董事会的主要职责是：审议学院发展规划和事业建设计划；聘任院长及领导机构主要成员；审议学院投资计划并筹集有关经费；审定每年招生计划和专业方向。

二是学院只设办事机构，不限具体专业和学科，而是根据金坛市对各类、各层次人才的需求，充分利用东南大学现有的学科、专业和办学条件，实施定向培养，做到投入少、见效较快。

三是由地方政府投入部分建设费用，加速学校办学条件的改善，使办学潜力得到发挥；同时又满足了地方政府对人才的需求，避免重复投资办学，确保教育质量。

部属院校和地方县（市）联合办学，是我国高教办学体制的一次新尝试。此次建立地方学院，是学校为积极适应经济体制和经济增长方式的两个根本转变而出台的一个新举措。对学校而言，一方面，满足了地方经济建设对人才的需求，另一方面，学校通过服务地方经济社会发展，也得到了一定的经费支持。对地方政府来说，学校为本地定向培养经济建设急需的人才，使该地区学生优先进入名校接受高等教育，满足了地方的人才需求。对教育主管部门来说，既增加了教育资源，又避免异地办学可能带来的教育质量下降。此举被教育界、舆论界称为"金坛模式"，并且得到了国家教委和省政府的肯定，认为"是贯彻《中国教育改革和发展纲要》精神，合理配置教育资源，增强综合实力，提高高等教育水平的一项重要举措"[1]。此后，江苏省先后有17个县（市）与10所高校联合办学，共增加教育投入5000多万元。

20世纪90年代，学校又与扬州、启东、溧水等县（市）签订了共建协定联合办学，在人才培养、科技服务等方面开展合作。

---

[1] 1997年金坛学院落成启用典礼之际，中华人民共和国国家教育委员会发来的《贺信》。

1996—2000 年东南大学与地方合作共建情况统计[①]

合作共建单位	签约时间
金坛市人民政府	1996 年 1 月 10 日
扬州市人民政府	1996 年 3 月 26 日
扬中市人民政府	1996 年 4 月 1 日
如皋市人民政府	1996 年 4 月 26 日
高淳县人民政府	1996 年 5 月 10 日
泰州市人民政府	1998 年 5 月 14 日
淮阴市人民政府	1998 年 5 月 31 日
宿迁市人民政府	1998 年 6 月 1 日
大丰市人民政府	1998 年 6 月 27 日
淮安市人民政府	1998 年 8 月 18 日
锡山市人民政府	1998 年 10 月 15 日
常州市人民政府	2000 年 6 月 6 日

（二）影响深远的"科技大篷车"

新世纪初，东南大学主动面向经济建设主战场，围绕江苏"两个率先"发展目标，适应产业结构调整和产业升级的要求，提出了"以服务求支持，以贡献促发展"的产学研合作发展思路，坚持走与区域经济和社会发展相结合的建设道路，在服务地方经济建设的同时不断壮大自己。

东大在产学研合作上采取了"请进来，走出去"的策略：一方面，举办科技成果展示暨合作洽谈会，主动邀请江苏省内 13 个地级市数百家企事业单位的领导和技术人员参加科技合作交流及洽谈；另一方面，组织"科技成果大江南北行"活动，由校长、书记带队，院士、"长江学者"和各领域的专家教授 500 多人次，带着千余项科技成果，走遍了江苏的 13 个地级市和鲁皖浙的部分地区。通过成果展示和合作洽谈，让专家教授与企业家和企业的工程技术人员进行面对面的交流与合作，帮助企业解决技术上的难题，推动东大科技成果的转化，地方政府及社会各界也为学校和企业提供了产学研合作的环境和平台。需求与供给的交汇，给学校提供了服务江苏经济建设和产业升级的机会，促进了高校科技成果的落地，给学校带来经济收益和更大的社会影响，产生了非常好的效果。

2000 年 12 月 28 日至 29 日，东南大学首届科技成果展示暨合作洽谈会在南京科学会堂隆重开幕，参加这次展示会的有江苏省人民政府、省计委、省经贸委、省教育厅、省科技厅和省科协的领导和省内 13 个市的 43 个县（市）级政府部门领导以及近 400 个企业的负责人和工程

---

① 《东南大学年鉴》1996 年、1998 年、2000 年。

技术人员，组团参会者达 1300 多人。这次展示会还吸引了包括北京、上海、天津、珠海、成都、西安、青海等 17 个城市的 70 多名企业家和技术人员。这次展示会上，学校组织编印了 707 项科技成果，并通过展厅展出科技成果 330 项、实物展品 70 余件。展示会期间还举办了两场专题报告会，7 位特邀专家分别就风险投资、创业管理、大学科技园、创业板上市、现代通信技术、基因芯片及纳米技术与材料等问题做了专题报告，共有 500 多人参加了报告会。经过两天的洽谈，共有 46 个企事业单位与学校签订了 75 个科技合同和合作意向书。

此后，为进一步加快高新科技成果转化，密切保持与地方政府及企业的合作关系，在首届科技成果展示暨合作洽谈会的基础上，学校正式启动科技成果巡回展工作。2001 年 3 月，邹采荣副校长带领科技处负责人一行前往无锡市、苏州市进行初步洽谈，并与当地的市科委、经委负责同志商讨举办展示会的具体事宜。

"科技大篷车"帮助企业解决难题，受到热烈欢迎

2001 年 7 月 1 日至 3 日，"东南大学科技成果巡回展"到达镇江、苏州两地，此次巡回展由顾冠群校长，林萍华、邹采荣副校长带队，由包括 40 多位教授、博导在内的 15 个院系的 60 多位专家参加。巡回展展示了学校在电子信息、新材料、生物医药、机电一体化等多个领

域的 260 余项科技成果。镇江有近 500 位企业界人士参加了观摩洽谈，苏州市更是有来自 300 多家各类企业的 1000 多位代表参观了展示。[1] 通过科技信息发布与合作洽谈，共达成合作意向 70 余项，其中正式签约 30 项。苏州的一位企业负责人表示：企业手里有资金，但缺少必要的技术支持，而高校有大量适用于我们企业的科技创新成果。此次"东南大学科技成果巡回展"让我们有机会进行合作，使我们能够更快地进行技术改造和新产品的生产，这对企业的发展非常重要。我们真心希望他们以后能常来，今后我们也将主动地与东大联系，进行更深层次的合作。

至 2003 年，学校顺利地完成了第一轮江苏省各市的科技成果巡回展活动，并与各市都签订了全面合作协议，与各企事业单位共达成合作意向 648 个，正式签订合作合同 350 个，协议金额达 8 亿多元，涉及投资 30 亿元，预计产生效益 27 亿元，解决了企业中大量亟待解决的问题，为区域科技和经济发展做出了贡献。地方政府官员、企业技术人员亲切地称其为"科技大篷车"。

东南大学科技成果巡回展情况一览表（2001—2003 年）[2]

名称	时间	参加人员（名）			签约项目数（个）
		长江学者	博导	教授	
东大首届成果展示会	2000 年 12 月 28 日	4	24	34	75
东大—常州科技经济合作洽谈会	2001 年 6 月 2 日		16	31	70
东大—镇江成果巡回展	2001 年 7 月 2 日	1	15	40	46
东大—苏州成果巡回展	2001 年 7 月 4 日	1	15	40	23
东大—南通成果巡回展	2001 年 7 月 16 日	1	20	19	74
东大—扬州成果巡回展	2001 年 10 月 13 日	3	13	14	21
东大—盐城成果巡回展	2001 年 11 月 3 日	3	22	21	79
东大—泰州成果巡回展	2002 年 4 月 27 日	2	18	20	10
东大—徐州成果巡回展	2002 年 11 月 29 日	2	28	17	196
东大—淮安成果巡回展	2003 年 11 月 18 日		4	10	12
东大—连云港成果巡回展	2003 年 11 月 29 日	2	18	33	30
东大—宿迁成果巡回展	2003 年 12 月 6 日		8	17	12

经过三年的探索与实践，学校在科技成果转化工作上积累了经验。2005 年 3 月，"科技成果大江南北行"第一次走出江苏，邹采荣副校长带领学校 15 位建筑、能源、通信、自控、机械、材料、化工等研究领域的专家教授来到山东聊城与当地企业洽谈合作，有 100 多家企业参加了洽谈会，会后专家分成 7 个小组深入到当地的 7 个县（区）的相关企业，现场解答和指导技术问题，并就产学研合作事宜进行了交流和探讨。

---

[1] 东南大学科技处，《东南大学科技快讯汇编》，2001 年度。
[2] 《东南大学年鉴》2003 年第 122 页。

2007年11月，在党委书记胡凌云、副校长沈炯的带领下，包括黄庆安、熊仁根教授等长江学者在内的近40位专家学者带着数百项最新的科研成果到徐州进行了展示，开启了新一轮"科技成果大江南北行"活动。

"科技大篷车——科技成果大江南北行"活动，是东大科技服务工作以"政府最关心、企业最感兴趣、老百姓最需要"为宗旨，主动走出校门与政府和企事业单位进行直接面对面的交流，提升产学研合作层次和效益的一个创举。一方面，能够使高校的科技成果快速地应用于生产实际，加快了科技成果转化为生产力的速度；另一方面，企业在生产实际中遇到的技术难题通过与高校科研工作者直接对接、联合攻关，能够迅速得到解决，可以更好更快地推动技术进步和产业升级。这项活动前后持续了八年，大大加强了学校与地方政府和企业的联系，充分体现了学校面向经济建设主战场，加强技术创新、发展高科技、实现产业化的科技工作宗旨。学校也以此为新的起点，以技术进步和市场需求为导向，动员全体科研人员共同努力，不断将学校的产学研结合工作推上新台阶。

（三）服务地方经济建设硕果累累

二十年间，东大发挥建筑土木、机械动力、能源环保、电子信息、生物医学、交通运输等学科优势和技术创新优势，根据江苏经济和社会发展需求，积极参与重大工程建设，承担重要技术攻关任务，提供决策咨询服务，为江苏重大工程提供支撑力，为企业增添竞争力，不断探索为江苏发展服务的途径和方式，并逐步形成了自己的特色，提高了学校科学研究和科技服务的贡献率和显示度。可以说江苏的每一项重大工程都有东大人的身影，每一次重要技术进步都有东大人的心血和汗水，东大为江苏经济和社会快速发展并走在全国前列做出重要贡献。

——火电机组振动国家工程研究中心与企业联合攻关，攻克了国产汽轮发电机组振动的难题，又先后为18个省市发电厂治理了数十台汽轮发电机组的重大疑难振动问题。

——交通学科针对江苏交通基础设施建设过程中的难题开展攻关，参与了高速公路和南京地铁等重大交通工程的建设。继圆满完成沪宁高速公路路面结构设计后，又承接了南京长江第二大桥"钢桥面环氧沥青混凝土铺装技术及应用"的攻关项目，解决了建桥中的关键技术难题，并经受住了冬季 $-14℃$ 和夏季 $68℃$ 的桥面温度考验，工程质量达到世界一流水平。这项技术在润扬长江公路大桥、南京长江第三大桥、苏通长江公路大桥等重大建设工程中得到应用。在苏北高速公路国道主干线建设中，学校科研人员提出了"动力夯实法"和"沉管干振碎石桩"这两种新方法，应用于宁宿徐高速公路宿迁段、京福高速公路徐州段后，节约费用约6000万元。此外，学校的公路交叉口通行能力研究、智能运输系统、城市交通系统实时模糊控制研究等科技成果在全省许多城市得到应用，取得了良好的经济效益和社会效益，交通学科也伴随着江苏省交通基础设施建设的大跨越而不断成长。

——土木学科在现代预应力钢筋混凝土等方面的研究成果，相继在南京国际展览中心、南京长江第二大桥、南京奥体中心等30多项重大工程中得到应用，解决了大跨径结构的技术难题，同时使节钢率达到20%~30%。学校建筑学科也积极参与各项重大建设工程的规划设计，承担和参与了南京河西新城、南京北极阁风光带、南京狮子山阅江楼等数十项建设工程的规划设计。据不完全统计，学校近年来共参与重大建设工程60多项，仅交通工程项目涉及的投资金额累计近1200亿元。

——根据省委省政府有关推动产业结构调整和技术改造的精神，学校采取科研成果向企业辐射、校企合作研究和产学研联合体等形式，用高新技术改造传统产业，帮助企业提高市场竞争力。仅"九五"期间，学校就与熊猫集团、跃进汽车集团、扬州柴油机厂、法尔胜集团、沙钢集团等十多家大型企业合作开展了20多项关键技术攻关，促进了我省制造企业信息化水平的提升。

——学校研制的十多项拥有自主知识产权和专用芯片版权的电子产品，辐射到熊猫集团等10多家企业，使合作企业新增产值3亿元以上，新增利税近1亿元。

——学校与扬州柴油机厂、法尔胜集团共同完成的江苏省"九五"重大科技攻关项目"高速车用增压柴油机复合材料活塞"，成果具有自主知识产权，应用后使柴油机的额定功率提高了27.7%，全负荷最低燃油消耗率降低13.1%。

——学校与沙钢集团联合完成的"186MPa级PC钢绞线用小方坯连铸连轧盘条的产业化研究"，形成了具有自主知识产权的成套控制技术，改变了一直依赖进口的状况，应用后仅2002年就实现销售收入7.32亿元，利税达1.81亿元。

——学校将"5000吨／年吡啶工业化技术"转让给南京红太阳集团，使该企业产品各项指标达到国际先进水平，被列为国家"十五"重点技术改造项目，2002年获得国债资金支持1.8亿元，投产后年产值达2亿元以上，利税约7000万元。

——为推动江苏省汽车制造业的发展，学校与南京依维柯公司开展技术合作，开发完成了具有完全自主知识产权的依维柯26座和30座高档客车，2001年销售额就达2亿元，并参与军车招标且招标成功，仅一次订货就超过2000辆，产值达10多亿元。

——学校CIMS技术在获得美国制造工程师学会颁发的"工业领先奖"后，在上级有关部门的支持下，成立了以东大为组长单位的江苏省CIMS专家组，集中开展提升江苏省制造业水平和信息化水平的技术攻关，首批选择7家企业进行推广，其中无锡威孚公司一期工程完成后，新品开发周期平均缩短了30%~50%，编制生产计划的效率提高了40~60倍，CIMS的推广实施，大大提升了全省企业的信息化水平。

——继为第三代移动通信系统的成功研发作出突出贡献后，学校又立足国际移动通信技术前沿，与西门子、诺基亚等公司签署协议，开始第四代移动通信系统的研发，并列为国家"863计划"重点项目。尤肖虎教授继担任第三代移动通信系统总体组组长之后，又被国家确定担任中国第四代移动通信系统总体组组长，并明确由东南大学作为牵头单位开展第四代移动通信系统的研发。学校拥有全国唯一的移动通信国家重点实验室，在第三代、第四代移动通信系统的研发方面发挥了重要作用。

2004年5月27日，江苏省科技成果转化专项资金项目正式启动，要求科技成果必须是在江苏的企业进行转化，支持力度很大，在国内引起了强烈反响。在2004—2007年的四年中，东南大学共获得江苏省科技成果转化专项资金项目40项，占全省项目总数的21%，获得省政府资金投入近5.63亿元，列江苏省高校第一。

2007年5月18日，江苏省教育厅公布了江苏省内高校科技工作为江苏服务情况的统计结果。在总共7项统计指标中，东南大学的"承接（江苏）科技任务""（省内）科技经费""（省内）'四技'经费""（江苏项目）专利"等四项指标位列第一。2008年7项指标均位列全省第一；2009年和2010年均为6项指标位列第一，1项指标位列第二。

东南大学与各地市项目合作统计

城市	1999-2001年		2002年		2003年		2004年		2005年		2006年		2007年		合计	
	项目数（个）	金额（万元）	项目数（个）	金额（万元）	项目数（个）	金额（万元）	项目数（个）	金额（万元）	项目数（个）	金额（万元）	项目数（个）	金额（万元）	项目数（个）	金额（万元）	项目（个）	金额（万元）
南京	670	12277.5	278	4914.68	330	5063.3	342	5883.21	317	5569.55	257	3152.2	51	959.56	2245	37820
苏州	77	1263.73	45	666.78	63	1098.96	55	1181.35	60	1536.06	65	1414.29	8	174.56	373	7335.73
无锡	55	627.72	34	404.33	42	734.57	69	1087.62	38	811.7	62	1448.81	6	120.4	306	5235.15
常州	38	440.27	42	341.86	55	450.15	32	227.2	25	637	29	516.03	5	254	226	2866.51
镇江	48	596.2	20	220.25	21	328.91	30	1001.95	22	486.05	15	608.81	8	254.5	164	3496.67
扬州	55	1527.44	27	541.91	27	846.48	23	242.19	17	121.98	17	239.23	5	107.41	717	3626.64
连云港	21	424.01	9	267.28	6	35.2	14	470	3	68.09	7	53.93	1	1.17	61	1319.68
淮安	24	356.66	12	353.7	17	335.22	7	258.7	4	26.5	5	47.8	4	53.7	73	1431.38
南通	32	450.32	11	57.92	14	312.1	27	805.55	26	583.18	28	664.98	4	33	142	2907.05
徐州	25	419.84	12	270.51	14	313.36	24	938.9	12	129.74	13	244.1	0	0	100	2316.45
泰州	18	222.93	10	169.13	8	36.96	17	135.3	12	354.93	14	155.88	1	1.8	80	1076.93
盐城	23	300.08	11	137.48	9	211.9	16	389.62	21	349.21	18	660.2	4	170.6	102	2219.09

二、与地方政府、企业合作建立区域研究院

随着我国高等教育事业的发展，高校间的竞争日趋激烈，为了更积极、更高效地为区域经济建设和社会发展服务，通过服务寻求支持，获取更多的办学资源，促进科技成果的转化，2005年，学校改变了以往产学研合作中教授与企业直接对接的简单做法，而是开创了建立区域研究院（分校）的模式。区域研究院较之以往最大的不同是，以全校整体的力量有组织、有谋划地参与区域创新体系建设，由学校直接领导，科技处实行归口业务管理，产学研合作项目纳入学校整体产学研发展规划。区域研究院的建立为学校向该地区辐射科研成果，开展科技合作和高层次人才培养提供了一个起点较高的合作交流平台。

（一）苏州研究院

2005年10月22日，东大与苏州市人民政府共同签署了《东南大学—苏州市人民政府全面合作协议》，宣布成立东南大学苏州研究院并举行揭牌仪式。2006年2月，学校与苏州独墅湖高等教育区签署《东南大学苏州市人民政府全面合作协议实施细则》，学校委派的苏州研究院工作班子入驻苏州独墅湖高等教育区。2007年2月，苏州研究院开工奠基。

东南大学苏州研究院是由东南大学与苏州市人民政府全面合作共建的，集现代科研、人才培养、成果产业化等功能为一体的新型办学实体，也是研究型、开放式、国际化的创新人才培养和前沿应用科学研究基地。研究院依托学校的学科优势和雄厚的人才、科技资源，面向苏州市的经济发展和市场需求，直接对接政府和企业，为苏州发展培养高层次创新型人才，与企业联合共建实验室，加快成果转化，推动当地经济、社会的全面发展，并辐射长三角地区。

东南大学苏州研究院（2010）

为促进苏州研究院的发展，提升政产学研合作层次，2008年9月，东南大学国家大学科技园（苏州）在苏州研究院内揭牌成立，旨在依托学校优势和资源，密切联系区域产业升级与科技创新的需求，促进政产学研有机结合，孵化科技型中小企业，加速高校技术转移和科技成

果转化与产业化，发展高新技术产业。作为苏州市引入的第一家国家级大学科技园，东南大学国家大学科技园（苏州）不断探索科技成果转化新模式，在此后五年多时间里，已形成孵化场地近3万平方米，累计200家企业入驻，就业人数达两万多人次，在促进高校成果转化和服务区域经济社会发展中发挥了重要作用。2011年6月，东南大学国家大学科技园（苏州）获得苏州市级科技创业服务平台认定，同年9月获得江苏省级科技企业孵化器认定。

2009年6月，东南大学苏州研究院校区在独墅湖高教园区落成。总建筑面积约6.3万平方米，基础设施投资2.5亿余元，校区环境优美，条件优越，为研究院发展提供了良好的工作生活环境。2012年3月，教育部批准设立东南大学—蒙纳士大学苏州联合研究生院，这是国家批准的第一所中外著名大学联合举办的研究生院。

东大苏州研究院成立之初就定位于"高层次人才培养，高水平科学研究，高技术成果转化，为苏州市经济建设和社会发展服务的综合平台"，一个研究型、开放式、国际化的创新人才培养和校企科技合作研究的基地，努力在苏州的产业升级和技术创新中起到引领作用。根据苏州市科技发展、产业升级和企业技术进步需求，充分依托东大的学科优势和科技研发力量，把人才放在当地，把实验室建在企业"家门口"，更直接地为地方经济发展和企业服务，缩短了企业与学校间的距离，使学校的专家教授与企业家能够更便捷地进行面对面沟通合作，更好地为企业发展解决实际问题。同时在研发过程中，企业的工程师或专业技术人员可以到实验室与学校科研人员共同工作，这些企业工程师的加入可以弥补高校科研人员在企业需求、产品设计等方面的诸多不足，也可以帮助实验室研发出更加符合企业需要的技术或产品。

建院以来，苏州研究院开展了面向区域产业的深入调研，深入了解企业需求、专门派出专家走遍了苏州有关区县的大中型企业，收集并整理了企业的创新需求、地方产业的发展需求，遴选出学校可与之结合的优势学科和团队。以校本部优秀团队在苏州的工程技术、应用研究为基础，先后建设了10个苏州市重点实验室、2个研究中心；科研基地总面积约1.2万平方米，科研基地总投入7500多万元，仪器设备价值3200多万元。共引进由东南大学工程院院士、国家杰出青年、长江学者等领衔的12个高水平科研团队，东南大学—蒙纳士大学苏州联合研究中心有7个项目在苏州开展科研工作，与地方企业共建了27个创新平台（联合实验室、联合研发中心等），争取纵向科技经费超8000万元，产学研合作技术转化横向项目近800项，科技经费突破2亿元。累计孵化企业200余家，其中国家级高新技术企业15家，新三板挂牌上市企业5家，市、区领军人才项目40个。

截至2012年，苏州研究院在研"973计划""863计划""重大支撑项目"15项，部省级计划54项（其中牵头"973计划"项目1项，"重大支撑"项目1项，均为苏州独墅湖高教区首个牵头国家级科研项目）；累计获得科研到账经费6500多万元（2011年度，新增科研到账经费2633万元，科研经费到款1434.35万元）；共申请知识产权226件（其中发明专利件数达72%）。

苏州研究院设立的苏州市高技术重点实验室一览	
苏州市无线网络与信息安全重点实验室	苏州市生物医用材料与技术重点实验室
苏州市电气设备与自动化重点实验室	苏州市汽车电子与智能交通技术重点实验室
苏州市儿童发展与学习科学媒体技术重点实验室	苏州市环境与生物安全重点实验室
苏州市集成电路与系统重点实验室	苏州市卫星定位技术与应用重点实验室
苏州市环保节能土木工程材料与技术重点实验室	苏州市微纳生物医疗器械设计与制造重点实验室

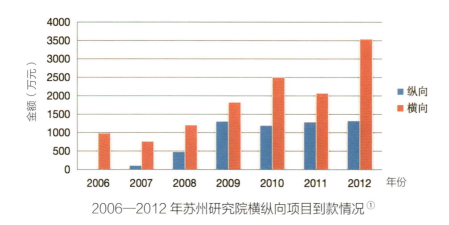

2006—2012年苏州研究院横纵向项目到款情况①

苏州研究院成立七年中，东大与苏州市政府开展了富有成效的合作，先后建成苏州研究院、软件学院（苏州）、国家大学科技园（苏州）、东南大学—蒙纳士大学苏州联合研究生院，在人才培养、科学研究、科技成果转化、国际合作等方面成绩斐然，成为学校面向经济社会发展需求开展创新人才培养、产生创新成果的重要基地之一，为区域经济社会发展提供了重要支撑，为东南大学建设高水平研究型大学提供了创新实践平台，被苏州市誉为"市校合作最成功的范例"。

（二）无锡分校科技创新平台

1988年4月，经国家教委批准，由南京工学院、电子工业部、无锡市政府和华晶集团联合创办了南京工学院无锡分院，成为国内首批重点大学分校之一。1988年，南京工学院复更名为东南大学，无锡分院也随之更名为东南大学无锡分校。其初衷是融教学、科研、生产于一体，实践高等教育改革，为无锡筹建"中国硅谷"提供人才和科技支持。

2003年12月，东南大学集成电路学院成立。2004年12月，东南大学集成电路学院无锡分院揭牌成立，并开始招收研究生，成为东南大学国家集成电路人才培养基地的重要组成部分，

---

① 《高水平科学研究：科研载体与成果（一）》，《东南大学报》，2015年11月14日。

该基地是根据教育部、科技部文件（教高〔2003〕2号）精神于2003年7月批准成立的江苏地区唯一的国家集成电路人才培养基地。

无锡分校自成立起，一直没有自己的校区。2006年，学校与无锡市政府签署产学研合作办学协议，无锡政府无偿提供200亩土地用于建设新校区。次年9月，无锡分校新校区落成，除原有本科生外，工程硕士也开始招生，一些科研团队和实验室也陆续进驻，无锡分校发展进入新阶段。2008年10月，在无锡分校成立20周年之际，学校进一步明确其"三高一平台"的发展定位——高层次人才培养基地、高水平科学研究基地、高科技成果转化基地及经济建设和社会发展的综合服务平台，发展建设自此迈向新台阶。

1980年代末的东南大学无锡分校

无锡分校坚持"培育和建设相结合"，有步骤、有计划地组织各类科研平台建设。已建成无锡市生物芯片重点实验室、国家专用集成电路系统工程技术研究中心（无锡）、东南大学传感网技术研究中心、无锡太湖水环境工程研究中心等，获批江苏省传感网技术重点实验室、传感网技术教育部工程研究中心。无锡分校紧密加强校企合作，努力构建起以技术研发为引领、成果转化为纽带、自主创新为目标、产品市场化为目的的创新型产学研格局。先后成立无锡艾吉因生物信息技术有限公司、无锡东集电子有限责任公司、无锡科晟光子科技有限公司、无锡杰德感知科技有限公司和无锡迈利科技发展有限公司等。无锡分校立足无锡、放眼世界，充分依托和发挥东南大学的学科、科研优势，紧密围绕无锡市发展的战略需求，坚持走以服务为宗旨、以贡献求发展、政产学研合作之路，努力建成高层次人才培养基地、高水平科学研究基地、高科技成果转化基地，东南大学无锡分校为无锡市经济建设和社会发展的综合服务平台。

（三）常州研究院

东南大学一直与常州有着良好的合作关系，"十五"期间，与常州市的科技合作项目有

180多项,合作金额超过2000万元。[①]

2007年5月,学校与常州市签署校地全面合作协议,在常州高新区科教城设立以培养各类高层次专门人才和促进科技成果转化为主要任务的东南大学常州研究院,并聘请诺贝尔奖获得者丁肇中教授、校长顾冠群院士担任名誉院长。同时,学校还充分发挥学科优势,继续加强与常州市的科技合作,促进科技成果在常州的转化,推动常州市信息电子、装备制造、能源环境、生物医药、化学化工等产业的不断发展。2007年6月东南大学常州研究院在常州科教城成立,进一步促进了双方的产学研合作,一批科研成果落户常州,双方的产学研合作不断深化和扩大。

为更好地发挥东南大学的学科、技术和人才优势,探索地方与院校共建技术服务平台的新模式和政产学研合作的新机制,经双方协商,依托东南大学机电类学科的综合优势,常州出资2000万元在东南大学九龙湖校区与学校共建"东南大学常州研究院校内技术服务平台",重点围绕机械、电气工程和自动化、机器人技术等建设重点实验室,开展科研教学工作,并面向常州市相关企业开放服务,科技成果优先向常州转化。

根据协议,由学校负责"东南大学常州研究院校内技术服务平台"项目的具体建设工作,该项目于2009年6月底前完成建设并验收交付使用。另外,东南大学将进一步加强常州科教城的东南大学常州研究院的内涵建设,在政策、人员配备、实验室建设等方面给予大力支持,重点围绕机电一体化、电子信息、新材料、生物医药、环保等领域加快开展应用研发、人才培养、技术转移和成果转化。

此后,学校紧密结合常州发展的实际,充分利用东南大学的人才和科技资源,建立科技项目合作品牌,探究产学研合作的新模式,把科教城发展成为人才培养、科技创新、成果转化、产业并举的创新创业基地。

三、以产业集聚为中心,建立专业研究院

为改变原先产学研合作中优势不够凸显、方向没有聚焦、力量容易分散的不足,自2007年起,东南大学开始组建产业技术研究院,旨在参与某个行业的创新体系建设,帮助地方政府提高产业集聚度,提升企业创新能力,力争成为行业的技术支撑。这一发展思路的转变,不仅为学科发展和科研工作拓展了空间,增添了活力,也得到政府、企业的积极响应和大力支持。通过这些产业技术研究院,学校一方面瞄准了地方战略性新兴产业,加强了前瞻性技术的研发,在最有基础、最有可能的重点领域突破核心和关键技术,抢占未来产业发展的制高点;另一方

[①] 李敏、张晓兵:《2007江苏科技年鉴》,科学技术文献出版社,2007年,第236页。

面，通过产业技术研究院这种产学研合作载体的创新，以潜在的市场需求为导向，有效整合人才、技术、资本等创新要素，促进学科链、创新链与产业链的无缝对接，获得政府和企业经费支持，取得了很好的社会和经济效益。

2007年10月，在江阴市召开的"江阴市第十七届科技节暨节能环保科技促进行动大会"上，学校与江阴市人民政府和法尔胜集团的代表共同签署了三方共建东南大学江阴新材料研究院的合作协议。东南大学江阴新材料研究院以学校和法尔胜集团为依托单位，以江阴国家新材料产业带为背景，其宗旨是进一步加快区域经济的跨越式发展，促进科技成果转化和高新技术产业化。

2008年9月28日，作为东南大学、南京市以及江苏省的科技创新一号工程——"南京·中国无线谷暨南京通信技术实验室项目"正式启动。2012年6月25日，"中国无线谷"正式开园。中国无线谷位于南京江宁开发区南部，核心区域规划面积1平方千米，是国家科技部、教育部和江苏省政府共同支持建设的国家通信与网络产业创新基地。无线谷依托东南大学尤肖虎教授领衔的南京通信技术研究院、中国工程院刘韵洁院士领衔的中国（江苏）未来网络创新研究院、中国工程院邬江兴院士领衔的南京网络空间先进防御技术研究院等核心创新平台，按照国家实验室目标定位，大力推进网络通信与安全紫金山实验室建设。该平台集聚了13名两院院士、6000多名科研人员，培育了易米云通、米乐为微电子、濠暻通讯等400多家高科技企业，建立了东大与华为、未来网络研究院与中国联通等20多个联合研究中心，超高速通信芯片、汽车无人驾驶系统等100多个具有自主知识产权的国际领先核心技术成果实现就地产业化。打造了芯片检测、微波暗室、电磁兼容暗室、通信产品环境试验等20多个专业公共技术服务平台，成立了由东南大学牵头，清华大学、北京邮电大学等7所高校以及中国移动、华为等4家企业共同参与的无线通信协同创新中心。组建了由未来网络创新研究院牵头，中国通信标准化协会、中国移动、央视、华为、腾讯、清华大学等36家单位共同参与的中国未来网络产业创新联盟，牵头建设了我国信息领域唯一、江苏省第一个国家重大科技基础设施——未来网络试验设施项目。

2009年4月，由宜兴市人民政府、宜兴市环科园管委会、东南大学三方共同签署东南大学宜兴环保工业研究院合作共建协议。宜兴环科园是我国唯一一个以环保科技为主题的国家级高新技术产业区。环科园以打造环保特色的科创园区为目标，全力建设江苏宜兴国际环保设计园、环保产业园、服务外包园等公共创新平台，有效提升了园区的承载能力与创新能力。主要面向水、声、气、固、仪等污染治理领域，开展技术研发、成果转化、设计咨询、人才培训等服务。

2009年9月，东南大学成立传感器网络技术研究中心，时龙兴教授任中心主任[①]。东大传

---

① 《关于成立"东南大学传感器网络技术研究中心"的通知》（2009年8月），校科技〔2009〕24号，东南大学档案馆馆藏档案。

感器网络技术研究中心整合学校各个国家和省部级重点实验室、工程中心的传感器网络研究团队构成研究主体，开展传感器、系统芯片以及 TD 融合技术的研究，研究开发传感器网络技术产业技术进步和急需解决的关键共性技术，为产业化提供成套成熟的先进工艺、技术和装备。

2010 年 11 月 8 日，东南大学盐城新能源汽车研究院成立。研究院以服务盐城经济发展为宗旨，在积极发挥东南大学科技、人才、信息、教育优势的基础上，充分依托盐城市的产业和经济优势，用先进的科研成果推动盐城新能源汽车产业的发展。以程明教授（东南大学盐城新能源研究院常务副院长）、陈南教授、花为研究员等知名专家为核心的东大 10 余位专家教授及 40 余名博士硕士研究生组成的研发团队与当地企业科技人员一道，紧锣密鼓地开展与电动汽车相关的研究工作。

2010 年 11 月 9 日，东南大学常熟应用技术研究院揭牌运转，郑建勇教授任院长[①]。研究院针对常熟市产业特征，充分发挥东南大学电子信息、电器能源、机械材料等诸多学科领域的技术、信息和人才等方面的综合优势，积极为常熟市提供可转化为现实生产力的科技成果，并开展各类技术培训，构建技术创新平台，提高常熟企业自主创新的能力。

2010 年 11 月 18 日，东南大学镇江智能电网研究院成立，李建清教授任院长，吴在军教授为常务副院长。研究院主要面向智能电网领域提供技术研发、成果转化、设计咨询和人才培训等服务。研究院依托镇江相关产业和经济的优势，用先进的科研成果推动该市智能电网装备产业的发展，促进企业的经济、科技、文化发展进步。

---

① 《关于任命"东南大学常熟应用技术研究院"领导班子成员的通知》（2010 年 12 月），校科技〔2010〕32 号，东南大学档案馆馆藏档案。

第五节　校办产业的改革与发展

东南大学校办产业起步较早，在五十多年的发展历程中，经历了从无到有、从小到大、从蓬勃发展到日渐式微，从改革改制到规范管理的过程。在此期间，随着经济社会发展和国家政策的转变，校办产业在学校发展中的作用和地位亦发生了变化，学校也在不断探索校办产业的发展之路。

一、校办产业发展回顾

1958 年在党的"教育与生产劳动相结合"方针的指引下，南京工学院积极开展勤工俭学活动，兴办了一批校办工厂，接受工业生产任务，为科研项目试验产品，取得一定的成绩。1965 年学校注册成立了南京工学院建筑设计院，至 80 年代中期，校办工厂已经有机械工厂、电子仪器厂、测振仪器厂、电子管厂、印刷厂和金工实习工厂等。在当时计划经济条件下，高校完全是事业单位的管理模式，国家给计划、给经费、给基建指标，学校按国家计划培养人、盖房子、发工资、进教员，给职工提供基本服务和福利。校办产业只有少量的实验、实习工厂，主要满足学生实验、实习需要，生产教学、科研仪器设备、科技服务近乎于无，生产规模也不大。

20 世纪 80 年代后期至 90 年代中期，随着经济体制和教育体制改革的深入，社会和学校都处于转型时期，校办产业的性质、功能和规模都有了新的变化，除了满足教学和科研需要外，校办工厂也起到增加学校收入，安置教职工子女和人员分流的作用，校办科技产业进入了探索和大发展的时期。

1988 年 5 月，东南大学浦口科学工业园正式建立，作为与之相应的经济实体——浦口科学工业园总公司也同时挂牌成立。工业园是一个以学校和浦口区政府为主体，以发展科技产业为主要任务的科技、生产、教育联合体。第一届董事会由韦钰校长担任董事长，陈学龄（浦口区副区长）、朱万福为副董事长，陈晔为总经理，万才春为总工程师。总公司实行董事长领导下的总经理负责制，对下属企业实行厂长负责制，对干部实行聘任制，对工人实行合同制，这是校办企业管理体制上的第一次重大变化。

1990 年 3 月，为加强对校办产业和科技生产开发工作的统一管理，扶持发展校办产业，学校成立了"东南大学校办产业领导小组"，在校长领导下，负责组织制定校办产业发展规划，制定和协调有关校办产业和科技生产开发等方面的各项政策，统一管理校办产业和全校的科技开发工作。

这一时期，学校先后创办了一批新的校办企业，如建在浦口科工园的乳胶手套厂，建在主校区的放电管厂、南方电脑公司、节能灯生产线（电光源中心），在广东珠海等地合资建立的寻呼机生产企业等。虽然东大在全国高校校办产业中比较早地实行了"企业化管理、集团化发展"模式,形成了工程设计、生产经营、咨询服务三大产业板块,一度发展较快,学校也对其寄予厚望,但由于缺少专门人才和管理经验,资金投入不足,产品技术含量不高,市场竞争力较弱,除少数有学科背景支撑的设计咨询类企业发展较好外,大多数生产型企业逐步凋零,没有达到预期目标。

进入新世纪后,随着国家政策和市场环境的改变,学校更加注重教学科研和学科建设,校办产业发展的内外部环境也发生了根本变化,从学校直接办企业、开发产品,到发挥自身比较优势,以开展科技服务、发展科技第三产业为主,东南大学校办产业经历了三个不同发展阶段后,其职能和作用也有了很大不同。

二、深化改革,探索发展路径

1991年,国家教委批准东南大学为高校深化管理体制改革的试点单位。在"三大块"改革中,学校对校办产业的发展进行了认真分析研究,把校办产业的改革与发展作为深化校内管理体制改革的重要组成部分,并进行了大胆尝试。

1992年,"南京东大科技实业集团"(简称"东大集团")成立

学校按照"一个学校、两种体制"的改革设想,把管理体制改革作为校办产业深化改革的突破口,以组建企业集团为契机,将校办产业从按事业单位管理的束缚中解脱出来,走"企业化管理、集团化发展"的道路。1992年10月,成立了对全校校办产业进行统一管理的科技型企业集团——"南京东大科技实业集团"(简称"东大集团"),注册资本为3730万元人民币,是东南大学全资企业,公司法定代表人为吴克坚。根据"理顺产权关系、实现政企分开、落实经营自主权"的基本原则,从管理体制、运行机制和分配制度入手,采取了一系列的改革措施:

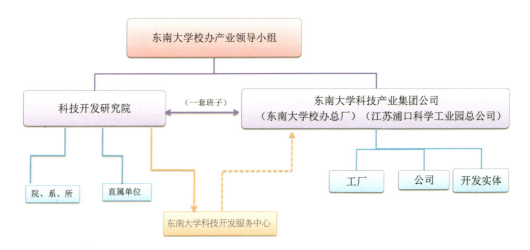

（1）改革校办产业管理体制。东大集团与校科技开发研究院实行两块牌子、一套班子。东大集团资产的产权归学校所有，学校对校办产业的所有权按"企业法"和《全民所有制工业企业转换经营机制条例》的规定办事，对校办产业的管理、监督和指导主要体现在审定企业的产业经营方针和发展规划、决定重大投资计划以及任免主要负责人等宏观方面。

（2）东大集团实行所有权与经营权分离。学校与东大集团之间的关系是学校以资产所有者的身份委托东大集团经营管理，东大集团对校办产业的资产实行总承包，并把承包合同作为划分委托方与承包方利益关系的基本依据。总承包的基本内容包括包上交学校利润，包完成教学实习和科研协作任务，包技术改造任务，包重点产品开发与产业发展指标，实行工资总额与经济效益挂钩，即所谓的"四包一挂"。在完成承包合同的基础上，东大集团具有独立生产者和经营者的法人地位，以真正实行自主经营、自负盈亏、自我发展、自我约束的运行机制。

（3）在东大集团内部实行层层分解承包。总公司对下属企业从原来的过程管理转变为目标管理，逐步放权，以增强企业活力使其积极参与市场竞争。总公司在对学校实行总承包的同时，在其内部实行层层分解承包，即根据制定的有关政策和承包合同对各企业实行承包经营责任制，在完成承包指标的前提下给企业以更大的自主权，而东大集团的功能则主要是对成员企业进行宏观调控、管理和监督，以确保成员企业健康、稳定、快速地发展和总公司整体目标的实现。

（4）建立董事会领导下的总经理负责制，加强校办产业队伍建设。第一届董事会由9人组成，韦钰校长任董事长，吴克坚任副董事长兼总经理。董事会只对重大决策进行适当干预，总经理享有劳动用工、工资分配、财务管理、经营决策等方面的自主权。

（5）引进"三资"企业的管理经验。对人事、工资、劳动用工、职工福利、社会保险等均实行企业化管理，改革不合理的劳动用工制度和工资分配制度，实行总经理聘任制和全员劳动合同制，打破干部与职工、正式工与临时工之间的界限，使个人工资收入与能力、贡献紧密挂钩。

（6）建立和完善财务、会计、审计制度。财务、会计及审计制度要适合校办产业特点，实行全面成本核算，加强财务管理，重视财务分析，提高经济效益。改变校办产业资金分散、零星布点的局面，强化东大集团投资中心的功能，根据自身优势明确集团经营方向，合理配置生产要素，对重点项目实行投资倾斜，实现最佳整体效益。

（7）改革分配制度，建立配套的保险制度。从1993年建立适合校办产业特点的企业工资体系起，总公司的工资总额同经济效益挂钩，并随之浮动。在坚持工资总额增长幅度不大于经济效益增长幅度、职工平均工资增长幅度不大于劳动生产率增长幅度的前提下，校办产业在相应的工资总额内，有权自主使用、自主分配工资和奖金。总公司各成员企业还根据职工的劳动技能、劳动强度、劳动责任、劳动条件和实际贡献，决定工资、奖金的分配档次和适合本企业特点的具体分配形式。另外根据国家、集体、个人三方合理负担保险费用的原则，建立职工养老、工伤、医疗、待业等保险制度，并进行住房制度改革。

与此同时，学校对现有企业进行整顿提高，调整产品结构，注重开发高新技术新成果，挖掘项目潜力，力争形成拳头产品和特色产品。集团新开发的用于现代建筑防火的"消防安全泡"产品填补了国内空白；电光源工程项目也取得了突破性进展，结合学校的成熟技术，生产出质量一流的节能灯，迅速占领国内市场，开始向海外市场辐射；现代通信系统中常用的过载保护元件——放电管，是一种高科技电子产品，过去主要依赖进口，自从学校兴办放电管厂后，研制的放电管得以投入生产，不仅为国家节约了大量外汇，而且促进了程控交换机的国产化进程，成功地使科技成果产业化，实现了生产力的转换，同时也为社会应用和学校创收做出了贡献。

以上改革思路和措施的实施，使得校办产业逐步开始朝预期方向发展。1992年底，全校校办产业实现产值（包括销售额）3014万元，创利943.84万元，上交校、系两级基金363.5万元，全年科技服务到款2650万元，上交校、系两级基金322.11万元[①]。至1993年，校办科技产业

---

① 《东大集团九二年工作总结》，1992年，东南大学档案馆馆藏档案。

总产值超过 1 亿元，实现利润 2000 多万元①，1993 年学校的经费中，国拨事业费占 36% 左右，自筹经费占到了 60% 以上，校办产业已成为支撑学校事业发展不可或缺的一部分，校办产业的发展也进入新阶段。

1994 年 3 月，"三委"联合发布了《关于高等学校发展科技产业的若干意见》。学校抓住时机，有重点有选择地发展了一批科技企业，涵盖了土木建筑、机械动力化工、电子信息等学科类别，校办产业进入了快速成长时期。

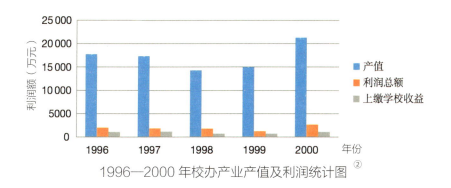

1996—2000 年校办产业产值及利润统计图②

"八五"期间，校办产业基本形成了以四大产业群为核心的格局：①以建筑设计、热能工程设计、城市规划设计为主体的工程设计型产业群；②以电子器件及仪表、照明工业、机电产品类为主体的生产经营型产业群；③以技术开发、技术转让、技术服务、技术咨询为主要内容的技术服务型产业群；④以交流接待为主要内容的接待服务型产业群③。1995 年 9 月，为加强对校办产业的领导和管理，更好地规范和促进校办产业的发展，学校成立了"东南大学校办产业管理委员会"和"东南大学校办产业管理办公室"。至 1995 年底，校办产业产值总额达 3.6 亿元，实现利润总额达 6700 万元，累计上交学校 3600 万元，④ 上交的收益在一定程度上缓解了学校经费不足的问题，改善了办学条件，支持了学校建设和教育事业的发展。

随着市场经济的发展以及工商部门审批手续较为宽松，至 1996 年，全校各类企业已达 140 多家，但许多问题也随之出现，一些原先设想的发展思路和管理方式与现实有比较大的差距，如：难以真正实现"事企分开"，企业法人财产权难以明晰，学校与企业的资产关系和责、权、利难以界定；校办产业人员素质不能适应市场经济的要求，各类人才比较缺乏，产品缺少竞争力；少数人甚至利用学校资源为个人牟利，损害了学校的利益和声誉；校办产业的发展有相当部分是依靠学校资源维系，自身造血机能较差；没有形成有效的监督和调控机制，存在资产不

---

① 《东大集团产值、利润、上交学校统计表（权责发生制、收付制）》，1993 年，东南大学档案馆藏档案。
② 数据来源：《东南大学年鉴》1996 年、1997 年、1998 年、1999 年、2000 年、2001 年、2002 年、2003 年。
③ 《东南大学校办产业工作报告》，1997 年。
④ 《东南大学校办产业工作报告》，1997 年。

实、产权界定模糊的情况；许多产业项目投产时未能综合考虑，引发投资决策和运行失误等。

应该说，这一时期东大的校办产业管理改革是符合国家改革大趋势的，其改革理念和管理模式也比较超前，对推动校办产业发展起到了积极作用。但是，高校办企业终非本业长项，校办产业把重点放在投资建厂、开发产品上，往往投资、技术和管理都跟不上，一些盲目投资行为也给学校造成不小的经济损失，其争议当时在学校内部已有较多反映。1998年，东南亚金融危机爆发，经济紧缩，市场疲软，市场竞争愈加激烈，企业利润率也越来越低，三角债负担加重，校办企业发展遇到严重危机。

这一现象也引起学校领导重视。1997年，学校召开校办产业工作会议，提出深化产业发展的意见和管理改革的任务。以"统一领导，归口管理"为原则，加强对校办企业的协调监督和管理工作，进一步规范和探索学校与企业的责、权、利以及相互之间的关系。

三、调整整顿、规范化建设

2000年前后，东大校办产业实体数量众多、规模庞大，集团总公司下属54家企业，其中总公司内部单独核算的经济实体9家，总公司的分支机构17家，总公司全资控股的法人企业10家，总公司参股的企业18家。随着市场经济体制的建立和完善，原有的校办产业管理体制和企业运行机制已不适应发展的要求。主管部门难以落实产权责任，没有形成有效的监督和调控机制。企业产权不清，权责不明，难以面对激烈的市场竞争，许多企业出现亏损，经营风险加大。一些新建企业实体规范不足，经营管理人才缺乏，经营状况良莠不齐，国有资产的安全性风险剧增，规范整顿校办企业迫在眉睫。

1999年，根据教育部要求，学校完成了对内设机构投资和经营行为的清理工作。2000年，校办产业经历了"四校"合并后的调整、清理、磨合阶段，此后，学校在集中了原各校的资金、产品、人才、技术等综合优势的基础上，重点扶植具有比较优势的科技企业，对原有小型、亏损、缺少发展潜力的企业进行了改组、改制及改造，通过资产重组、股权转让等方式，关停企业12家，转制企业7家（包括东大集团总公司下属企业）。

2003年5月，学校成立东大集团改制工作领导小组和东大集团改制工作组，负责领导学校企业的清产核资和企业改革改制工作，由此，正式启动对东大集团所属企业的改制工作。在对各企业进行全面审计的基础上，根据各企业的资产状况制定具体的整改方案，主要包括企业资产的清理、评估作价、处置，职工安置，债权债务的处理等，对东大集团及其所属的54家企业和经济实体进行整改。至 2005 年底，已完成对其中 26 家企业和经济实体的整改工作，为产业规范化管理做好了准备。

2005 年 12 月，为贯彻落实《教育部关于积极发展、规范管理高校科技产业的指导意见》，学校成立了企业改革改制工作领导小组，由顾冠群校长任组长，易红常务副校长任常务副组长，杨树林副书记、刘京南副校长、沈炯校长助理任副组长。领导小组下设企业清产核资工作组和改革改制工作组，财务处长和产业办主任分别担任工作组组长，工作组成员由学校相关职能部门的负责人组成，主要负责：制定改革改制实施方案和主要工作计划；制定有关政策，协调解决改革改制中的重大问题，处理好改革、发展和稳定的关系；在学校领导下，在政府相关部门支持和指导下，确保企业改革改制和规范化建设有序进行。自此，校办产业以规范化建设为主线，清除沉疴，化解风险，开启了学校企业改革改制的艰难征程。

此项工作从改革改制动员、全面清查、清产核资和企业人员改制分流等方面入手，制定详尽的改革改制方案，明确分解每个人的工作任务、计划进度和完成任务的时间点。改革领导小组及工作组及时督促检查，解决工作中出现的问题，保证了改制方案的顺利实施。同时，学校拨出专项经费用于改革改制和清产核资工作，出台了《东南大学关于规范管理科技产业的实施意见》，对产业改革改制所涉及的管理体制、组织机构、清产核资、资产公司组建、校办企业改制、校办企业注销、企业人事管理、投资行为管理等方面做出了详细的规定。2006 年 1 月，按照教育部要求制定了《东南大学企业改革改制工作实施方案》，并报教育部备案。

2006 年，学校完成了 10 家企业的关停和改制工作，较为妥善地处理了企业合同制职工和临时工问题，对在校办企业工作的事业编制人员采用"老人老办法、新人新办法"的管理方式。原事业编制人员留在企业工作的，须服从企业管理，享受企业相关待遇，也可以"双向选择"回学校事业岗位工作，其退休待遇都等同学校事业编制职工；事业编制人员新到校办企业工作的，须与学校人事部门签订合同，2 年内可在企业工作，享受企业待遇，2 年到期必须做出回校工作或与企业签订劳动合同的选择；对于科技成果转化新组建的企业，学校按转让作价入股价格，规定技术团队成员 5~8 人可在企业兼职担任技术产业化研发工作。经过多方努力，共妥善安置学校事业编制和集体所有制职工 120 多人，较好地解决了企业改革改制过程中的发展与稳定的关系。例如，在放电管厂和电子管厂两家企业的关闭清算过程中，对于人员问题，首先是从稳定的角度出发，认真做好职工理解与参与改革改制工作的思想工作。其次是以人为本，充分考虑企业员工的诉求，所关闭企业的事业编制和集体所有制职工，由学校承担安置任务，通过人才交流中心，经双向选择，分配到院系、部门；合同制职工在解除劳动合同时，经济补偿按照政策就高不就低，如果所属企业财力允许，还可以根据实际情况适当给予额外补偿，在推荐就业方面给予帮助。

在加紧企业改制的同时，学校按照产业规范化建设的要求，一方面，着手组建符合现代企业制度规范的资产公司，另一方面，有序推进学校企业改革改制工作，对存续企业通过改制并按照规范要求向教育部报批后将股权无偿划转到资产公司。

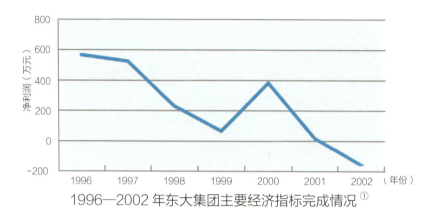

1996—2002年东大集团主要经济指标完成情况[①]

依据教育部关于高校产业规范化建设的精神，高校要依法组建国有独资性质的资产经营有限公司或从现有校办企业中选择一个产权清晰、管理规范的独资企业，将学校所有经营性资产划转到高校资产公司，由其代表学校持有对企业投资所形成的股权[②]。2007年3月，江苏东南大学资产经营有限公司正式注册成立，公司系以学校为唯一股东的法人独资企业。沈炯、吴应宇、任卫时、陈良华、施建辉、吴新珍、王松林任江苏东南大学资产经营有限公司董事，沈炯副校长任董事长；杨树林、支海坤（东南大学审计处处长）任江苏东南大学资产经营有限公司监事[③]；任为时任总经理[④]。

2007年底，根据校通知〔2007〕183号文，学校注销了南京东大科技实业（集团）总公司及东南大学校办总厂。2008年，学校正式成立资产经营管理处，负责对全校地产、经营性房产、经营性资产等实施归口管理，由学校经营性资产管理委员会授权，代表学校行使可经营性资产出资人和所有者的权利和职能。

东南大学校办企业的改革改制工作得到了教育部的充分肯定。2010年5月27日，在中国高校校办产业协会换届大会暨协会2010年年会上，东南大学当选为中国高校校办产业协会第五届理事会副理事长单位。

截至2011年底，东大拥有的44家校办企业完成工商变更登记手续，将股权划转到资产公司统一管理。资产公司充分利用学校科技、人才等资源优势，发挥东南大学国家大学科技园相关政策优势，积极促进产学研结合，加速技术创新和科技成果转化，发展高新技术产业，集

---

① 数据来源：东大集团改制工作组《东大集团整改工作情况汇报》，2004年。
② 《教育部关于高校产业规范化建设中组建高校资产经营有限公司的若干意见》，教技发〔2006〕1号，2006年6月8日，东南大学档案馆馆藏档案。
③ 《关于委派江苏东南大学资产经营有限公司董事长、董事、监事的决定》，东大科技〔2007〕11号，2007年1月10日，东南大学档案馆馆藏档案。
④ 《江苏东南大学资产经营有限公司第一届董事会第一次会议决议》，2006年12月18日，东南大学档案馆馆藏档案。

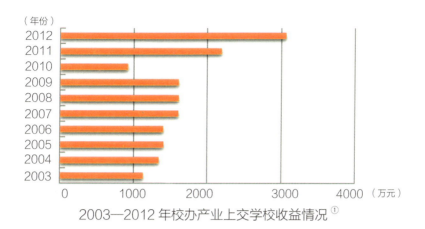

2003—2012年校办产业上交学校收益情况①

中力量推进国家"863计划"项目、国家科技攻关计划项目等国家重大科技专项的成果转化和产业化工作，形成了新型的校企产学研合作共建模式。全资、控股企业形成了具有学校优势学科背景和自身特色的建筑规划与设计、工程监理与检测、文化出版、酒店管理、科技服务等五大板块的科技型企业，初步形成了东南大学科技产业核心产业集群。

——东南大学建筑设计研究院有限公司，受益于学校深厚的建筑学、土木工程学、交通运输工程学及风景园林学等学科背景，在人才队伍、专业技术力量、技术创新和技术水平等方面具有显著的领先优势，提升了公司的竞争力。争取到了一大批具有国际、国内重大影响的建设项目的设计任务，设计成果多次获得省部级以上优秀设计奖，也助力了学校建筑、土木、交通等相关学科的评估。成为江苏省规模最大、实力最强的建筑设计研究院之一。

——江苏东大科技园发展有限公司，依托学校的优势学科，搭建政、产、学、研合作平台，推动科技成果的转移转化，孵化培育高新技术企业，培育创新创业人才，促进区域经济转型发展。

——南京东南大学出版社有限公司，践行"为学校学术科研教学服务"之宗旨，跟踪东大建筑学、土木工程学等重点学科的发展动态，加强与校内外知名专家学者的联系，发挥优势、突出特色，在学术专著、高校教材等层面搭建交流与传播平台，提供优质的出版服务。

——江苏华宁工程咨询监理有限公司、江苏东南工程咨询监理有限公司是工程监理咨询行业的资深企业，它们主动与交通学院、土木工程学院在工程检测、工程咨询领域展开合作，为学生提供建筑施工现场观摩实习平台；南京东大现代预应力工程公司和江苏绿材谷新材料科技发展有限公司，直接服务于学校国家工程中心研究成果的应用和市场化。

2012年，在教育部开展的对设立资产公司的部属高校资产公司年度工作报告的评比中，学校资产公司规范化建设成绩显著，与八所高校同被评为A级，此后，又连续三年获得产业规范化建设A级单位。

---

① 数据来源：《东南大学年鉴》2003年、2004年、2005年、2006年、2007年、2008年、2009年、2010年、2011年、2012年。

回顾校办产业的发展历程，尽管在发展的过程中带有浓重的时代痕迹，在改革改制过程中遇到很多波折和困难，但校办产业在东南大学这二十年的改革发展历程中有着特殊的贡献，较好地完成了其历史使命，为推动学校的建设和发展做出了贡献。

四、东南大学国家大学科技园

20世纪90年代末，科技部和教育部联合决定在国家层面上推进大学科技园的发展，成立两部联合的指导委员会并共同召开大学科技园发展战略研讨会，把发展大学科技园的工作纳入国家火炬计划、科技攻关计划、技术创新计划和《面向21世纪教育振兴行动计划》，东南大学国家大学科技园就在此背景下应运而生。

学校从1998年起就开始积极参与到国家大学科技园的建设之中，1999年正式成立东南大学国家大学科技园（以下简称"东大科技园"），1999年底获批成为科技部和教育部首批15家试点国家级大学科技园之一[1]。学校高度重视科技园建设，将其列入了《东南大学2001—2005行动计划和2001—2005发展规划》和《东南大学2006—2010五年发展规划》中，在政策、人力、物力、财力上对东大科技园给予倾斜，并将科技园作为学校"以服务求支持，以贡献促发展"，为区域经济发展作贡献的重要平台和窗口。同时，南京市政府也积极支持东大科技园的建设，同意科技园享受南京珠江路科技一条街的政策待遇：即进入科技园的高新技术企业享受国家高新技术产业开发区的政策，南京市的各类科技计划和经费优先支持科技园内高新技术项目[2]。

2001年5月，东大科技园被国家科技部和教育部认定为首批22家授牌的国家级大学科技园之一[3]。2001年6月，学校成立了"国家大学科技园管理委员会"，负责大学科技园的重大决策和发展规划的制定，重大投资的审批，科技园负责人的选拔、考评等。管理委员会成员由校长、分管副校长及相关部门主要负责人和校内经济、法律、管理等方面的专家组成，科技园最终决策实行实名投票制，法律专家和财务负责人拥有一票否决权。管委会设立科技园管理办公室，负责科技园的运营管理和园区建设以及科技成果转化与产业化的协调工作，保证国有资产的保值和增值。

东大科技园以长江后街校区作为创业园区，毗邻珠江路科技街，占地28亩，建筑面积2万平方米，地理位置和创业环境优越，其主要任务是发挥学校人才密集、技术密集和信息密集

---

[1] 国科发高字〔1999〕558号《科技部、教育部关于做好国家大学科技园建设试点工作的通知》：15家试点单位为：清华大学科技园、北京大学科技园、天津大学科技园、东北大学科技园、哈尔滨工业大学科技园、上海交通大学科技园、东南大学科技园、浙江大学科技园、合肥大学科技园、东湖高新区大学科技园、岳麓山大学科技园、华南理工大学科技园、四川省大学科技园、云南省大学科技园、西安交通大学科技园。

[2] 《国家大学科技园首批建设试点申请报告》，1999年。

[3] 国科发高字〔2001〕139号《科技部、教育部关于认定首批国家大学科技园的通知》：根据专家考核评估结果和全国大学科技园工作指导委员会的建议，科技部、教育部决定首批认定清华大学科技园等22个大学科技园为"国家大学科技园"。

的优势，促进产学研联合，加速技术创新和科技成果转化，发展高新技术产业，支持人才培养和科学研究。在建设过程中，科技园为入园创业企业提供良好的环境与多方位的支持：（1）进入大学科技园的项目可享受政府以及国家大学科技园给予高新技术产业的各项优惠政策和各种优质服务；（2）对进入大学科技园的高科技企业的办公、试验、生产等用房，提供有偿优惠服务，同时提供优良的办公、通信等配套服务；（3）鼓励在职教师、学生进入大学科技园创办高新技术企业，按入园各方相应的份额分配利益；（4）坚持开放式、产学研结合的办园方向，把学校资源与其他社会资源结合起来，寻求更大的发展；（5）进入大学科技园的教师、科技人员在园区期间发明的各项研究成果、获奖均可计入职称评定内容，对于成果转化成绩突出的，按学校突出成果奖励条例给予相应奖励。

东南大学国家大学科技园首批入园企业名单

江苏东大通信技术有限责任公司	江苏东大金智软件股份有限公司	江苏东大集成电路系统工程技术有限公司
南京东大微电子有限责任公司	江苏东大宽带通信技术有限公司	江苏东奇信息科技有限公司
江苏科建教育软件有限责任公司	南京东大移动互联技术有限公司	南京东大软件工程有限公司
南京东大电子商务系统集成有限公司	南京敏思科技有限公司	

科技园依托学校各研究基地和工程研究中心，用市场化的方式将学校的科技成果，尤其是"863计划"等国家重大科技项目成果与社会资金及相关资源相结合，在地方政府的大力支持与推进下，形成具有学科专业特色的专业孵化器，进而吸引社会相关企业以此为中心形成产业链和产业群。2003年4月，以学校"863计划"项目光电子专家组成员王志功教授的集成芯片技术和南京市及玄武区等政府部门共同组建的建筑面积4000平方米的"东南大学国家大学科技园光电子产业孵化中心"落户玄武区原政府大楼。

为保证国有资产的保值增值，同时保障股东等各方的利益，大学科技园在通过科技成果转化组建企业的过程中逐步形成了一整套较为科学规范的工作程序。拟转化和产业化的科技成果，在进行商业计划的研讨后，经学校科技处进行知识产权界定后，由资产评估机构对其进行评估，并在评估价格的基础上洽谈转让价格。技术成果转让、组建企业的相关文件须经法律顾问审核，并出具法律意见书；商业计划、院系意见、法律意见、投资企业调查报告、公司组建方案等须在大学科技园管委会会议上汇报、答辩，并投票表决，同时依据委派兼职董事、监事管理条例，决定委派兼职董事、监事的人选。学校对参股企业的管理，由大学科技园管委会依照《公司法》和学校的兼职董事、监事管理条例，通过学校委派的兼职董事、监事进行。实现以股权为基础，以董事会、监事会为纽带的现代企业法人治理结构，使企业能按照"产权清晰、权责明确、政企分开、管理科学"的现代企业制度运营。

在科技成果转化中，学校的主要任务是选择和吸引科技含量高、有应用开发前景的科技成果进行孵化。孵化成功后，及时将企业推向社会、推向市场，让它们按照市场规律进行运作。科技园着力于成果转化和企业孵化功能的实现，工作重心是从实验室技术到科技企业的初创期及成长期。科技企业一旦进入扩张期，形成自身的可持续发展能力后，就从大学科技园"毕业"，走向市场。科技园也根据学校事业发展及产业结构调整的需要，实现股权的进退有度，实现经营性资产的良性循环。2004年度，有4家学校参股企业销售收入过亿元。伴随着科技园的发展，也有越来越多的学校参股高科技企业从大学科技园"毕业"。特别是通过江苏东大金智软件股份有限公司（以下简称"东大金智"）学校股权的退出操作，大学科技园逐步探索出了一条规范的股权退出道路，逐步形成了"转化—孵化—发展—退出—再转化"的良性循环系统。

东大金智的前身是1995年以部分国家"863计划"项目成果组建的校办企业；2000年12月，改制重组为股份有限公司，公司注册资本3730万元。东南大学拥有35%的股份，计1305.5万股。公司主要从事应用软件的开发、计算机网络系统集成和电气自动化产品的制造。公司自改制以来发展迅速，经济效益良好，2004年实现销售收入3.55亿元，净利润2517万元。根据信息产业部和国家统计局联合公布的排名，公司在2002年到2004年度连续三年进入全国软件百强企业。2004年初，为推进东大金智股权结构调整，调动核心骨干的积极性，学校减持700万股，并转让给公司管理层核心骨干。经评估，每股净资产为2.19元，最终以每股2.39元完成转让，转让金额1673万元。2005年，东大金智以可持续发展为目标，着手进行新的股权结构调整，并积极运作主营业务的转型。学校为支持东大金智的进一步民营化，调动技术团队和经营团队的积极性，由校长办公会议决定将学校持有的东大金智605.5万股股权公开转让。经评估，每股价值为2.83元，股权通过产权交易机构以每股2.93元公开征集转让方，并顺利实施转让。至此东南大学的股权完全退出东大金智，实现资金回收1774余万元。在企业发展的良好阶段，通过两次股权转让，学校回收资金达3447万元，获利2100多万元，年收益率25%。[①] 实现了学校与企业共赢的局面。

"十五"期间，大学科技园共计形成孵化场地面积5万平方米，入驻单位140多家，2005年度实现销售收入10亿元，利税1亿元，创造就业机会超过3000个。以学校重大科技成果作价入股组建了24家科技型公司，转化国家"863计划"、"十五"科技攻关计划等重大技术成果46项，转让价值达7600万元，吸引社会资金形成注册资本8亿元，其中学校注册资本7500万元。在科技园及周边地区有效地形成了一个以学校参股企业为核心的相关产业的聚集区。

科技园作为高新技术产业要素的聚集区，是高校与社会之间的桥梁，也为校内外大学生创业就业提供了良好的外部环境和推动力。2006年4月，在南京长江后街创业园建成了江苏省首家大学生创新创业中心，并初步形成了以大学生创业协会为基础，东南大学科技园，学校

[①] 江汉、滕航：《东南大学：积极推进与规范管理相结合 促进成果转化与企业孵化》，《全国高校科技产业专题报道——东南大学》，2005年7月。

团委、教务处、研究生院等相关部门及地方政府提供支持和指导的工作格局。通过鼓励本科生、研究生在安排好学业的同时，参与东大科技园的科技成果转化活动，为大学生创新创业提供政策保障；通过遴选优质科技型企业作为共青团中央首批"青年就业创业见习基地"企业，支持大学生参与社会实践；通过聘请创业导师和企业家一对一帮扶，对创业学生和青年骨干进行辅导培训，在推动大学生创业就业工作方面取得了较好成绩。

在科技园建设发展过程中，学校先后出台了多项管理政策，建立了一套管理制度体系，使学校科技成果转化工作有法可依、有章可循。在科技成果转化和企业组建的过程中，逐步形成并完善了一整套较为科学规范的工作程序。学校对参股企业的管理也更加科学合理，改变了过去对全资企业采用的大包大揽的行政管理模式。

学校在"展示供给、主动服务企业，辐射成果、推动校企合作，建立平台、优化合作环境，强化联盟、转换合作模式"产学研合作思想的指导下，以科技成果作价入股、专利许可与转让等多种方式大力推进科技成果转化工作，提升政产学研合作水平，保证了学校的利益。截至2008年，东大科技园以国家"863计划"重大专项研究项目"高清晰度、大屏幕彩色等离子平板显示器（PDP）"为代表的48项国家"863计划"、"十五"科技攻关计划等重大科技成果，共孵化以江苏东大金智软件股份有限公司（上市公司）、江苏东大集成电路系统工程技术有限公司、南京华显高科有限公司等为代表的高新技术企业近80家。吸引创投、风投等各类社会资金组建了25家高科技企业，形成注册资本7.75亿元，其中学校以专利技术等无形资产形成注册资本7895万元。2008年，学校参股的科技型企业产值达到3.7亿元，利润1.03亿元。

为弥补学校在土地、资金等方面资源的不足，东大科技园积极整合地方高新区资源，争取地方政府支持，构建完善的增值服务体系，为科技成果孵化和科技企业发展创造良好的软硬件环境，拓宽学校高科技成果转化渠道，以"一园多区"的发展格局全面推进科技园的建设。自2006年起，先后设立了7个分园区：南通分园（2006年5月成立，孵化面积1.1万平方米）、苏州园区（2008年9月成立，一期孵化面积1万平方米）、建邺园区（2011年11月成立，一期孵化面积4万平方米）、栖霞园区（2012年2月成立，一期孵化面积6万平方米）、扬州园区（2012年4月成立，一期孵化面积4500平方米）、下关园区（2012年9月成立，一期孵化面积1万平方米）、江宁园区（2012年12月成立，一期孵化面积2000平方米）。各园区物业服务、基础设施完善，为科技企业提供了良好的创业环境。

十多年中，东大科技园坚持"整合资源、开放办园、规范运作，促进科技成果转化和科技型企业孵化"的方针，积极完善内部管理，引入市场机制，做大做强学校科技产业。在进一步激活师生创新创业潜能，推动学校科技成果转化和产业化方面的作用逐步显现，也通过学校科技成果转化组建了一批高科技公司，使得一批科技成果转化为产品，走向了市场，培养和造就了一批勇于创新创业、乐于开拓进取的复合型人才，实现了经济效益与社会效益双丰收，为区域经济的快速发展、为地方经济的产业结构升级做出了贡献。

第五章

公共保障体系建设

学校的公共保障体系主要包括两个方面：一是直接为人才培养和教学科研服务的教辅保障系统；二是为师生员工生活、学习和工作服务的后勤保障系统。该体系主要包括经费的管理和运筹，后勤服务和后勤管理，房屋建造及分配使用，网络信息系统建设和信息资源管理，图书、档案建设和实验室建设等方面，这些维持学校运行和发展所不能缺少的办学条件，都是这个体系中重要的工作内容。

1992—2012年，东南大学的各项事业都取得长足进步，公共保障体系建设和各项条件改善，是学校二十年间发生的最重要的变化之一。这期间，东南大学获得了合计217.8亿元的总收入，随着财力的日益增强，学校办学条件明显改善，教职工待遇持续提高，各项基础设施建设不断推进，办学环境和条件发生巨大变化：校园面积从1992年的920 671平方米（约合1381亩）增加到2002年四校合并后的3 104 156平方米（约合4656亩）；2006年，九龙湖新校区落成，校园面积达4 249 574平方米（约合6374亩）。二十年间，学校新建了162万平方米各类用房。其中实验室用房，1995年是3.3万平方米，到2012年底，增加到了14.67万平方米。各类科研仪器、设备、装备，1995年为16 346台件，价值1.2亿元人民币，2012年底增加到78 262台件，价值16.4亿元人民币。实验室经历了从分散落后到集成优化的转变，至2012年底，已建成三个大类、六个层次的各类教学、科研建制实验室（中心）77个。信息化和信息资源建设不断推进。2012年，学校纸质藏书达到371.25万册；电子图书从无到有，并达到257万册；中外文数据库自2001年建立、购买使用权以后，2008年达到70种，2012年为78种；电子资源下载量，2012年达到1362.5万篇次。与此同时，教职工收入也显著提高，仅学校财政直接发放的工资、奖金、津贴等，1992年人均收入大约3000元/年，2012年增加到人均12.7万元/年；离退休人员的生活补贴，1992年为人均2651元/年，2012年增加到人均6.35万元/年。教职工住房，1996年讲师人均仅6.4平方米，教授人均6.8平方米，通过积极新建住房、出售公房、集资建房、货币分房等一系列改革，到2006年，全校教职工普遍性的住房困难问题已基本得到解决。

这一系列巨大变化之所以能实现，既得益于国家经济长期稳定快速增长，及对教育科技的重视并持续增加投入，也是学校抓住机遇、坚持改革、聚焦发展，在为国家经济社会发展做出贡献的同时，不断增强综合实力，提高自身"造血"机能的结果。

第一节　学校财力在改革发展中不断增强

从 1992 年到 2012 年，东南大学的财力经历了一个从困难到好转，增长速度从慢到快的提升过程。2000 年以前，学校曾长期处于经费困难、短缺运行的状况。进入新世纪后，随着国家投入的持续增长，同时学校自身"造血"机能不断增强，特别是"211 工程""985 工程"的有力加持，学校事业收入不断增长，财政状况逐步好转。

一、经费缺乏曾是制约学校发展的主要"瓶颈"

如果说，20 世纪 90 年代学校发展建设遇到了经费短缺、队伍不稳和住房紧张三大困难的话，那么，经费短缺则是其中最主要的"瓶颈"。

翻开 1992 年以后七八年里学校的工作总结和工作计划，经常可以看到的是，"基本建设欠账过多""教职工住房极端困难""教学科研用房紧张""办学经费紧张长期困扰学校发展"等字眼，"缺钱"常常是学校领导最为焦虑，各个方面年年提到的沉重话题，是影响和制约学校建设发展的最主要困难之一。

1994 年学校行政工作总结中说："这几年我校的总经费，预算外收入虽然增长比较快，但经费紧缺一直未得到缓解，国拨事业费基本用于人员开支，真正用于建设的资金十分缺乏，而无论是学科建设、人才引进、住房建设还是改善职工生活都是与经费密切相关的。资金不足已成为当前制约学校发展的最主要因素。"[①]

1995 年学校财务工作综述中说："国家拨款严重不足，与实际需求差距很大。预算内人员经费支出占国家预算拨款数 83.3%；预算内外人员经费合计支出占国家预算拨款数的 120.6%。学校只能压缩公用经费以确保人员经费的支出，制约了学校的运行和发展。"随着社会各项费用标准不断提高，学校的相关费用也随之大幅度上升，尽管采取了各种管理措施来严格控制支出，但费用开支的上升趋势仍难以控制，学校经济负担非常沉重，可动用资金减少，严重影响了学校教学、科研环境及师生生活条件的改善。[②] "学校运行和发展主要靠自己多渠道筹资的情况下，学校事业发展财力的需求迫切性与资金供给能力的有限性差距非常大，加之地方不断出台的无资金来源的津贴和补贴政策及公费医疗巨额超支，给学校带来巨大压力，资金供需矛盾仍然十分尖锐。"[③]

---

① 《东南大学 1994 年工作总结和 1995 年工作纲要》，东南大学档案馆藏档案。
② 《东南大学 1995 年财务工作综述》，《东南大学年鉴》1995 年，第 331 页。
③ 《东南大学 1996 年财务管理工作综述》，《东南大学年鉴》1996 年，第 311 页。

1997年、1998年这两年可能是东大经费困难的"极点"。1998年1月4日，时任常务副校长李延保在全校中层干部大会上作了一个关于学校财务状况的专题报告。他在报告中毫不回避地说："我校目前的财务状况已远远不是偏紧，而是很可能在一个较长的时期内，进入一个'财务危机'的非常时期。"学校"长期在高额负债下运行"，"随时可能出现资金周转困难、现金流断裂的危机"。①

1997年接替陈笃信担任校长的顾冠群曾为此深为忧虑。他在1998年12月召开的学校教代会中指出："这几年学校的总经费中预算外收入虽然增长较快，但经费紧缺一直未得到缓解，国拨事业费基本用于人员开支，真正用于建设的资金十分缺乏，而无论是学科建设、人才引进、住房建设还是改善教职工生活都是与经费密切相关的。截至1998年9月底，学校各类负债合计10 957万元，而且目前尚未见明显的经济（收入）增长点。这固然这是发展中的困难，但已严重地影响了学校各项事业的进程。"②

冰冻三尺，非一日之寒。学校经费的短缺，并不是始于1992年，而是有着历史性的根源。整个计划经济时代，中国的高校普遍家底薄、欠账多，财务都是在低标准下运行的。1978年，当时的南京工学院的收入全部由国家拨款，学校没有任何预算外收入，当年核定的教育经费数仅为700.2万元。其中：工资性经费259万元（含人民助学金42.5万元）；公务费40.5万元；修缮费32.0万元；设备购置费240万元；业务费111.5万元（含科研业务费62万元）；其他费用17.2万元。③

改革开放后，情况有所好转。1992年，学校预算总计3327.50万元，主要分为两大部分：一部分是"人员经费"，为1730.15万元，占预算支出总数的52%；另一部分为"公用经费"，为1597.35万元，占预算支出的48%。公用经费中包括"公务费"302万元（水电费、电话费、车辆维持费等）、设备购置费387万元（教学设备等）、修缮费180万元、业务费437万元（包括学生实习费、教材建设费、课程建设费、体育维持费、外事活动费、留学生经费、外籍专家费、科学事业费等等）等。这对于一个有3966名在职教职工、1007名离退休教职工、几十个专业的各类在校学生过万的大学来说，经费的拮据窘迫是显而易见的。④

负债建设进一步加大了经费压力。1995年10月，东大通过了国家教委和江苏省人民政府共同组织的"211工程"建设的部门预审，较早进入前期的二十余所全国重点建设大学的行列，这是学校发展中的一件大事。由于学校在制定"211工程"规划时，对国家投入有较高的期望，

---

① 李延保：《关于学校财务工作现状、存在问题及下一步改革的思考——在全校中层干部大会的报告（提纲）》（1998年1月4日），东南大学校史研究室整理。
② 顾冠群：《继往开来，集成创新，完成东南大学跨世纪的腾飞——在第四届教代会暨第十一届工代会上的报告》（1998年11月27日），《东南大学年鉴》1998年，第77页。
③ 关于1992年前的学校财力的总体情况，《东南大学史（第一卷）》《东南大学史（第二卷）》中都没有进行完整介绍。此处数据来源于吴应宇的《从财力的持续增长看东大三十年巨变》，《东南大学报》2009年1月1日。
④ 其时社会保障制度尚未建立，离退休人员收入及福利、医疗等也跟在职职工一样，需由学校全额负担。

同时对自筹能力也做了较高的估计，因此在项目建设过程中，经费压力不仅未得到缓解，而且因为超前建设不得不负债运行。如当时计划到 2002 年学校建设总经费约为 8.47 亿元，折算"九五"期间（1996—2000 年）学校应获国家及省里支持约 6.05 亿元，但到 1996 年初，已经知道由于国家财力困难，在"九五"期间只能拨出 25 亿元左右来支持国家教委所有直属高校的"211 工程"建设。东大实际拿到及自己可以筹措的仅为 2.9 亿元，其中国家投入 1.4 亿元，包括：①国家教委 5 年的基建经费 4500 万元；②国家计委"211 工程"专款 3500 万元（其中 500 万元是对公共服务体系的投入）；③省政府配套 6000 万元，其中包含当时每年共建费 400 万元共 2000 万元，省重点学科费 1430 万元。学校自筹约 1.5 亿元。这 2.9 亿元经费计划按三个方面的用途来安排：一是基本建设，1.6 亿元；二是学科建设 7000 万元和教学建设 3000 万元；三是公共服务体系建设 3000 万元（包括图书馆、校园网、医院、电话、交通、供电、供水的改善和建设）。学校财务状况真可以用捉襟见肘来形容。①

进入"211 工程"建设行列，是学校发展难得的机遇，但也面临新的压力和挑战。"在这场面向 21 世纪的挑战和竞争中，谁认识深、行动快、队伍整齐、措施得力，谁就将占据主动，赢得时机。"②"这是历史性的机遇，谁先进入，谁就可能得到更多支持先起跑，如虎添翼；谁后进入，谁就要后起跑，就可能拉大距离，难以追赶；谁不进入，则将面对更大的困难，就需要更长时期的努力追赶，那种艰苦是可以想象的。所以，进入'211 工程'的学科多少、项目多少，进入时间早迟，都是关系到我校与先进的兄弟院校的差距是扩大还是缩小的问题。"③所以，尽管面临很大压力和困难，学校领导还是抓住机遇，尽早行动，千方百计克服困难，努力自筹经费，保证"211 工程"项目按期推进。

在 20 世纪 90 年代前期及"211 工程"建设初期，由于国家拨款不如预期，各项支出明显增加，学校不得不加大自筹经费加快建设的步伐。在一段时期里，学校采取了校内高额负债的预决算体系。例如：①为发展研究生教育和改善办学条件而加快建设浦口校区，一期工程投入约 1.2 亿元，其中学校自筹经费达 8000 多万元。浦口校区二期建设又投资 4400 万元，各类配套经费 1500 万元。②医疗费累计超支挂账 1895 万元，其中 1997 年新增了 495 万元。③江苏省每年出台提高职工待遇的政策，学校需要自筹配套经费每年达到 3000 多万元（全 1997 年，已补贴 2443 万元，尚有约 800 万元未落实）。另外，至 1997 年，学校支出各项政策性的补贴约 3143 万元，其中：学生约 312 万元、在职教职工 2025 万元、离退休职工 106 万元、误餐费 700 万元。另有年终目标奖 100 多万元还没有落实。④连续四年的校园文明检查、"211 工程"预审、本科教学工作优秀评估等检查和评估，都不得不增加投入，比正常维持经费多支付 2000 多万元（仅

---

① 陈笃信：《在全校教职工代表大会上的讲话》（1996 年 3 月 20 日），《东南大学报》1996 年 3 月 30 日。
② 陈笃信：《团结起来，加快发展，为把东南大学建设成为国内第一流国际有影响的著名大学而努力奋斗——在第三届教代会暨第十届工代会上的报告》（1993 年 10 月 30 日），东南大学档案馆馆藏档案。
③ 朱万福：《在第三届教代会、第十次工会代表大会闭幕式上的讲话》（1993 年 10 月 30 日），东南大学档案馆馆藏档案。

1996年、1997年两年就投入2123万元)。①当然由于加大了资金投入,校园环境、教学、科研、实验等条件有了明显改善,特别是浦口校区新建的10万平方米建筑,不仅改善了办学条件,缓解了用房极度紧张的困难,给扩大研究生招生规模提供了空间,而且作为不动产挂在学校账上,也在不断升值,但学校的资金压力和财务风险却在加大。

1997年,学校决定,除原在龙江中保教师新村新购置一幢约2万平方米的住宅楼外,再在江苏省政府和南京市政府的支持下购买龙江阳光广场2幢共计约5万平方米的教师公寓,合计约为7万平方米,730多套住房,以缓解教职工住房严重紧缺问题。这项投入将耗资约1.4亿元($70000m^2 \times 2000$元$/m^2$=1.4亿元)。此外,前工院二期(逸夫建筑馆)工程1.5万平方米,预算约3200万元。这些新赤字将主要通过银行贷款方式解决,因此成为学校的外债,仅银行利息每年就达到800万元,而银行贷款是按季付息,无法拖延迟缓。

正如朱万福在1995年5月24日学校第十次党代会上所指出的,"学校办学规模和事业发展较快,办学条件的制约和资源全面紧张的问题变得比较突出,学校一直处于'短缺运行'状态"②。

保障学校正常运行和筹款是这个时期学校主要领导身上沉重的负担。

1996年9月28日,时任校长陈笃信、党委书记朱万福给国家教委主任朱开轩写信,汇报"目前学校的情况并反映我校实际困难",在汇报了学校学科建设、教学、科研情况后,直言"现在我们遇到的最大困难仍是经费紧张"。由于经费紧张,影响到住房建设,由于住房困难,又严重影响到队伍的稳定,"几年来的工作使我们体会到,学科建设的关键在队伍建设,而吸引人才、留住人才很大程度上又是与住房建设密切相关的。由于历史欠账太多,我校教师住房相当紧张。已实行多年的博士毕业生到校工作分配一套两居室(无厅)住房的政策现已难以为继。一些高层次的学科建设急需人才,因住房条件难以满足而无法引进。一些青年骨干教师因住房迟迟不能解决也难以稳定"。自知"都是不善言辞、不事张扬,也不大喜欢叫苦哭穷"的两位领导人,"感到肩上担子沉重"。③

为了争取到部、省的支持,一向温文尔雅的顾冠群校长,经常在部、省会议上"哭穷",说"我是中国最穷的大学校长"。④从1999年夏天开始,他和胡凌云书记开始了漫长的争取资金支持之路,一次次求见部、省领导,希望他们知道、理解东南大学的困难,支持东南大学的发展。"其间过程可以概括为:四见陈至立(时任教育部部长),二见陈焕友(时任江苏省委书记),一见回良玉(继陈焕友任江苏省委书记)。"为了这七次正式见面,顾校长耗费了大量心血,

---

① 李延保:《关于学校财务工作现状、存在问题及下一步改革的思考——在全校中层干部大会的报告(提纲)》(1998年1月4日),东南大学校史研究室整理。
② 朱万福:《加强和改进党的建设,加快学校改革和发展,为实现我校"211工程"建设规划而努力奋斗——在中共东南大学第十次代表大会上的工作报告》(1995年5月24日),《东南大学年鉴》1995年,第61页。
③ 《陈笃信、朱万福给朱开轩的信》(1996年9月28日),东南大学馆藏档案。
④ 东南大学校史研究室整理:《冯建明访谈录》(2020年8月9日)。

他亲自指导打报告约见领导并准备相关材料。"情况紧急时,他就与我们一起到办公厅送文。"①

转机出现在2000年②,2002年后,办学经费紧缺情况有了进一步好转。"以成功举办百年校庆、进入中管大学行列为契机,学校各项工作取得长足的进展和飞速的进步。""政府明确提出要把教育摆在优先发展的战略地位,更加重视教育在国家经济和社会发展中的基础性、先导性和全局性的重要作用,更加重视人力资源这一战略资本在建设创新型国家、提高自主创新能力中的重要作用。""随着高等教育体制的调整和投资渠道发生的重大变化,国家为打造世界一流大学和世界高水平大学,必将继续加大重点支持和倾斜力度。"③到这时候,学校领导有了财务上的信心。

又经过5年的建设("十一五"),面对全校教职工代表,易红校长以昂扬的心情说道:"实践证明,学校推行的一系列改革方向正确,措施得力,成效明显。展望未来,我们应当更加充满信心——经过更长一段时间的努力,改革的成效必将日益凸显,我们一定会在创建国内外知名高水平大学和世界一流大学的道路上迈出更加坚实的步伐。"④

在易红校长做这番令人鼓舞的宣示时,学校刚刚顺利通过"985工程"二期验收,完成了"985工程"三期总体规划的制定工作,获得2010—2013年中央财政和江苏省配套经费12亿元,同时通过了"211工程"三期和省重点学科中期检查。

2011年,学校又入选江苏高校优势学科建设工程一期(11个项目),获得经费支持1.7亿元。⑤

到2012年,学校的财务预算收入达到29.26亿元,是1992年3457万元的84.6倍。

二、堵漏节流、聚财增利的财务制度改革

东南大学财力的提升离不开改革。"改革是东大的特色,也是东大的优势所在"⑥,这一点在学校财务工作中体现得十分明显。

东大的财务管理制度,1998年前主要还是计划经济时代的运行模式。当时遇到了两个方面的问题:一方面财务管理制度比较僵硬,难以适应改革开放后出现的日益复杂的需求;另一

---

① 朱建设、梅汉成:《坚韧不拔,维护独立办学;殚精竭虑,争取重点共建——顾冠群校长治校片断》(2001年10月),东南大学校史研究室室藏文献。
② 学校1999年工作总结中有"首次实现我校进入90年代后的收支大致平衡"之说。《东南大学1999年工作总结和2000年工作纲要》(2000年3月8日),《东南大学年鉴》1999年,第68页。
③ 易红:《开拓创新,争先进位,为早日建成国内外知名的高水平研究型大学而努力奋斗——东南大学第六届教代会暨第十三届工代会报告》(2006年12月13日),《东南大学年鉴》2006年,第110页、第113页。
④ 易红:《站在新的竞争起点上,以新一轮的改革创新取得争先进位的新成效——在东南大学第六届教职工代表大会第五次全体会议上的报告》(2010年12月22日),《东南大学年鉴》2010年,第129页。
⑤ 易红:《振奋精神,凝心聚力,以新一轮改革创新加快世界知名高水平研究型大学建设步伐——东南大学第七届教职工代表大会暨第十四届工代会学校工作报告》(2011年12月14日),《东南大学年鉴》2011年,第145页。
⑥ "在制定我校'211工程'建设规划时,我们总结了我校的四个特色和优势,这就是改革的优势、学科的优势、人才培养的优势和区位的优势。"陈笃信:《在全校教职工代表大会上的讲话》(1996年3月20日),《东南大学报》1996年3月30日。

方面，改革开放后，学校内部各单位的经济活动种类越来越多，情况越来越复杂，有些情况出现开始是合情合理的，一些管理方式似乎也顺理成章。但后来，在发展中出现许多新情况、新问题，就与原有的管理模式产生矛盾和冲突，带来许多新问题。1997年，国家审计署对学校银行账户进行了专项审计，提出所存在的不少问题；结合1997年底高校财务大检查，学校自己又发现了许多问题。如：①有些单位私自设立校外账户，逃避财务监督。②有些单位和个人暂付款长期挂账，账款长期拖欠不还。全校仅1990年以前未清理的暂付款就达到1493万元。有些当事人已退休或调出了学校，欠账还没有追回。③校内收费项目混乱，一些收费项目设立随意，缺少严格审批；收据管理混乱，甚至有不给收据，直接收取现金的现象。④有些学校委托职能部门代收代管的学校经费也被部门提成，用于本单位分配和发放奖金；有些代收经费被随意减免挪用，导致学校收入流失。⑤企业事业不分，学校水电、设备、房屋、人力等资源被无偿占用，学校有形资产和无形资产流失严重，经济活动缺乏管理，经济合同缺乏严格审批程序，学校二级财务缺少监督机制等。这些问题不仅造成学校资金流失，影响财务正常运行，而且有的行为已经违反了财经纪律或法规。

原有的管理模式已不能适应新形势需要，财务管理改革势在必行。按照国家要求，1998年1月1日起，正式实行新的会计制度。在朱万福、顾冠群两位主要校领导的支持下，在常务副校长李延保和财务处长左惟的积极谋划及强力推动下，按照"整顿财经秩序、严格财务管理、积极开源节流、防范财务风险"的总体思路，学校推出了一系列重要的财务改革举措。通过一年多的艰苦努力，基本完成了财务管理制度、会计核算制度的转轨，第一次建立起全新的比较严格的财务预决算制度。以后又针对各种具体问题不断进行修正、完善，保证新会计制度的正常运行。这次财务管理改革带来的主要变化有[①]：

（1）建立新的会计核算体系，改革预算分配和管理办法，加强了预算执行控制。具体为：

——根据国家《预算法》和《高等学校财务制度》的有关原则和规定，学校制定了《东南大学预算管理条例》，使学校预算管理工作走向制度化、规范化。

——改革了预算管理模式，将学校所有资金全部纳入预算管理，实行统收统支，收支两条线。

——改革了预算指标分配方式，经费由原来的按会计科目切块下达给主管部门改为直接下达给主管校长，减少中间环节，堵塞可能出现的漏洞。

——扩大了预算范围，将原由财务处直接管理、实报实销的校机关办公费、水电费、公务费、医疗费等费用全部分部门下达预算指标，纳入预算控制范围。

——分季度下达预算指标，保证经费使用的计划性。

——利用计算机网络管理优势，实行了预算的事前控制、过程控制，杜绝突破预算指

---

① 《东南大学1998年财务管理工作综述》，《东南大学年鉴》1998年，第377页、第380—382页。

标的现象。

（2）重新调整成立由校长担任组长的财经领导小组。进一步严格执行重大经济问题先经由财经领导小组研究论证，再提交校长办公会决策后方可实行的做法，加强了财务工作的统一领导、统一管理，逐步建立了良好的经济秩序。1998年校财经领导小组对经济工作做出了如下重大决策：

——根据教育部和审计署的要求，理顺科研管理体制，将分散在科研处和科技开发院管理的横向科研经费集中到科研处统一管理，解决了报销制度不统一、提成比例不一致、学校资金被占用的矛盾，提高了学校调控资金的能力。科技经费是学校自有经费的主要来源，也是调节经费使用的"资金池"，因此在学校财务管理中有着十分重要的地位和作用。原先的科技经费管理分属两个部门，管理办法不同，管理费提成比例不同，导致管理比较混乱，经费流失比较严重。

——建立和完善学校的分配制度。在规定收支两条线的原则下，将学校各项创收活动的收入统一纳入学校管理的同时，修订科研提成比例、办班结算办法，制定《东南大学机关服务收入分配办法》，激发教职工的创收积极性。

——规范收费管理。对学校所有的收费项目进行清理，逐项进行讨论研究，制定收费范围、收费标准、收费权限，并将收费工作全部纳入财务处统一管理。

——推行后勤承包新机制，原来由财务处与总务处各科室一一制定承包方案，改由学校和总务处直接签订承包合同，除总务处分管的日常维持费用外，将水电费、公费医疗费全部纳入承包范围，一次包死，调动了总务处广大职工的积极性，取得了明显效果，并为以后的后勤服务社会化打下了良好的基础。

（3）加强财务管理制度建设。出台了《东南大学财务管理工作的若干规定》《东南大学预算管理条例》《东南大学新会计制度实施细则》，修订了银行账号管理、现金管理、经费管理、往来款项管理、投资管理等一系列财务管理文件，促进了学校的财务管理工作走向规范化、制度化。特别是进一步加强了票据管理工作，在1997年全面清理收费收据的基础上，1998年继续加大力度，一方面继续清理往年领用的收据，协助领用单位寻找线索、查明原因、清缴收据，对清查后迟迟无法缴回收据的单位，列出清单，并停止该单位的收据领用权。另一方面制定了收据管理办法，规定了收据领用范围、领用手续，限定了各类收据可使用的经济内容，对领用单位实行以旧换新、限期缴回的规定，使此项工作有章可循，从而杜绝了漏洞的产生，防止了资金流失，有效地遏制了各单位私立小金库和经济违法现象的滋生。

（4）着眼全校事业发展，发挥财务综合管控作用。随着高等教育有偿服务活动的增加，学校部分经济活动逐步社会化，高校也被纳入了物价、税务、工商部门的管理范围。为了学校的经济利益，学校财务处努力协调与政府物价、税务、工商部门的关系，及时反映情况、了解信息、掌握国家政策规定，最大限度地享受国家对高校的优惠，为学校办学争取良好的社会条件。

（5）加强资金的集中管理，提高资金的使用效益。学校成立了校内结算中心，引进银行管理机制，统一集中管理学校各单位的银行账号，有效地加强了银行账号的管理。一是加强学校结算中心的生财、聚财、理财功能，对学校财务实行统一管理，学校内非独立核算单位禁止开立银行账户。二级独立核算单位不得在校外开设银行账号，必须统一在学校结算中心开设账户，所有资金结算业务必须集中，由学校结算中心办理。对于少数因业务工作需要保持校外银行账户的单位，必须经申请批准后，通过规定账户余额的方式予以保留。按照新的财会制度，学校结算中心履行相当于校内银行的职能。二是扎实收入入口，完善防范机制，防止收入流失。从1998年起，全校使用财务处统一发票、收据。设立的收费项目必须经学校审批同意，领取许可证，按规定科目、标准收费。票据收据要有人监督，严格管理，未经学校财务处审计同意，不得自行销毁。三是实行统收统支，收支两条线。从1998年起，所有单位替学校代收项目都进入学校财政，实行统一管理（如水电、增容、房租等），任何人无权减免。四是加强对校内二级财务主管及财务管理的指导和监督。从1998年起逐步完善对二级单位主管会计的资格审查制度。强化学校财务、审计部门对二级财务的指导培训和监督功能。重申学校党委规定，各单位重大财经行为必须实行党政负责人的"双签名"制度。

这一套系统性的改革举措，加上不断采用和改进的信息技术，构建了省工、省时、安全、高效、成本比较低和现代化程度比较高的财务管理体系，为学校之后的大规模建设和持续快速发展提供了优质的金融服务和安全的资金保障。

三、学校事业发展为财力增长提供了不竭动力

关于学校的收入，历来因记账的项目不尽相同，或向学校教职工代表大会、国家教委及有关部门报告的数据口径不一、详略不同等原因，故也往往难说清楚。1998年学校对预算的编制和管理进行了较大的改革，将预算收入分为四个大类：（1）财政拨款收入，包括：①教育经费拨款，②科研经费拨款，③其他经费拨款；（2）事业收入，包括：①教育事业收入，②科技事业收入；（3）附属单位交款；（4）其他收入，包括：①投资收益，②利息收入，③捐赠收入，④其他收入。这样关于学校财力及收入状况才有了比较统一的标准。

关于预算收入各个项目下的明细，以某年为例大致如下：

中央教育经费拨款，包括：①"211工程"专款，②"行动计划"（"985工程"）特殊专项拨款，③"行动计划"中其他司局项目拨款，④修购专项资金，⑤其他专项资金。

中央科研经费拨款，包括：①科学事业费拨款，②科技三项费用拨款。

中央其他经费拨款，包括：①房改经费拨款，②公费医疗拨款，③政府特殊津贴，④引进国外人才专项资金。

教育事业收入，包括：①专户核拨预算外资金，②核准留用预算外资金，③其他教育事

业收入。

科研事业收入，包括：①科研开发与协作收入，②科技成果转让收入，③科技咨询收入，④其他收入。

其他收入，包括：①对校办产业投资收益，②其他对外投资收益，③捐赠收入，④利息收入，⑤其他收入，等等。

东南大学1992—2012年主要收入项目与数额统计表[①]（万元）

年份	财政补助收入						上级补助收入	事业收入		经营收入	附属单位缴款	其他收入	当年合计	当年总收入比上年增长率（%）
	教育经费拨款		科研经费拨款		其他经费拨款			教育事业收入	科技事业收入					
	中央	地方	中央	地方	中央	地方								
1992	2490.5											966.9	3457.4	
1993	3139.3											440	3579.3	
1994	6917.2								7589.3			1932.6	16439.1	
1995	5731				1065							13395	20191	22.82%
1996	6193				9953							15886	32032	58.64%
1997	7559.7				1445							20243.1	29247.8	-8.7%
1998	8381	1808	3896		551			5797	6620	0	775	1222	29050	-0.6%
1999	9630	2478	5676		4909			6378	7019	281	525	5307	42203	45.28%
2000	19401		5845		1131		75	12364	13254	273	921	6330	59594	14.37%
2001	25229		7883		1683		3	17072	10527	744	918	8787	72846	22.24%
2002	40354.58	15082.42	9780		2103		23	18484	18409	278	1223	6484	112221	54.05%
2003	51469	8300					18	43150		238	908	8385	112468	0.22%
2004	48864	12697					24	49410		316	410	8565	120286	6.95%
2005	48573	12750					18	19939	29406	244	232	7589	118751	-1.28%
2006	46646		15869		1652		94	24264	30758	233	115	8441	128072	7.85%
2007	58905		22033		5744		64	24299	31892	169	53	8112	151271	17.22%
2008	73340						77	59163		116	120	46483	179299	17.81%
2009	57746						11	61531		74	120	45164	164646	-8.17%
2010	105874						384	71329		0	183	55929	233699	41.94%
2011	114727						31	83416		0	135	57824	256133	9.60%
2012	118283	19169	38620	12435	6566	563	24	26371	52108	0	88	18398	292625	15.53%
总计	859453.28	72284.42	109602	12435	36802	563	846	522967	207582.3	2966	6706	345883.6	2178110.6	

[①] 1992年数据依据《关于下达一九九二年事业费预算的通知》（〔92〕校通知第76号）；1993年数据是预算数，依据《关于下达一九九三年综合财务预算的通知》（校通知〔1993〕38号）。其余年份依据东南大学1994—2012年间历年年鉴财务报告数据，为决算数。1992年和1993年的收入数据记录或有不准确、偏低的情况。据陈笃信的《团结起来，加快发展，为把东南大学建设成为国内第一流国际有影响的著名大学而努力奋斗——在第三届教代会暨第十届工代会上的报告》（1993年10月30日），"1992年我校预算内外总收入首次超过亿元，在委属高校中名列第八，在工科院校中名列第五"。另据《东南大学1993年工作总结和1994年工作纲要》（1994年3月10日），1993年学校预算内外总收入达1.4亿元。

上表以《1998年预算收入完成情况表》框架为基本依据。1998年以前，财务报告中通常有"预算内外总收入"，包括事业费拨款收入、预算外资金收入、基建拨款这三个数据。本表中，当年预算内外总收入记入"当年合计"栏目，事业费拨款收入全部记入"教育经费拨款"的"中央"栏目，基建拨款收入全部记入"其他经费拨款"的"中央"栏目，预算外资金收入记入"其他收入"。预算外收入内容比较复杂，且各年不尽相同，如1992年包括学杂费收入、工资回收、委培收入、夜大学费等（1998年后这些收入归入"事业收入"项），也包括校发展基金收入、校福利基金收入等；1997年的其他收入，则除如1992年的项目，还包括省政府共建费、省重点学科建设费、地方政府共建费、融资收入等收入，都未作拆分，统统记入"其他收入"。1998年后，财务报告中有将教育经费拨款、科研经费拨款、其他经费拨款区分为中央与地方分别记录的，本表也作了相应的划分，如未作划分，则一律记入中央拨款。①

学校的收入总体上是不断增长的。1994年约1.6亿元，1995年跨上了2亿元台阶，2002年跨上了10亿元台阶，2007年上到了15亿元台阶，2012年达到29亿多元。从1亿元到10亿元，经历了10年时间；从10亿元到15亿元，用了5年时间；从15亿到29亿，用了5年时间。截至2012年，以1992年学校预算收入为3457.4万元计，20年增加了83倍多；再往前，与1978年的700.2万元比较，34年则增长了417倍。

东南大学1992—2012年历年收入数额比较图

学校财力的增长，与坚持改革、加快发展紧密相连。东大抓住了每一个改革、发展的重要机遇，在快速发展和实力不断增强的同时，也获得了国家和社会的认可与支持，争取到了"211工程""985工程"等国家重大项目经费。通过扩大办学规模，提升办学层次，把科学研究和

---

① 学校的支出，1998年前，财务预决算科目通常包括二大类十五个项目。二大类即"人员经费"类和"公用经费"类；十五个项目即"人员经费"类下的工资、补助工资、职工福利费、离退休人员费、人民助学金、主要副食品补贴等六个项目，2000年后增加了社会保障费项目，"公用经费"大类下有公务费、设备购置费、修缮费、业务费、其他费用、留学生经费、业余教育费、科学事业费、机动费等九个项目。

技术开发放在重要的位置,主动服务国家及区域经济社会发展,目标清晰,行动坚决,办学思路不断拓宽,研究水平不断提高,收入来源也不断扩大。贡献愈多,回报愈丰。这些都为办学经费的增长提供了源源不断的动力。二十年间,学校收入的总数合计达到217.8亿元。其中教育经费拨款、科研经费拨款、教育事业收入、科技事业收入4项合计178.4亿元,占全部收入的81.9%。

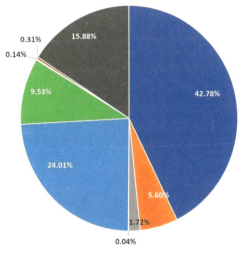

东南大学1992—2012年间各类不同收入项目所占比例图

学校收入持续增加,财务状况不断向好,最根本的是国家对教育科技的投入不断增加,事业拨款标准逐步提高。1995年5月6日颁布的《中共中央、国务院关于加速科学技术进步的决定》,首次提出在全国实施科教兴国的战略。此后,科技创新和教育发展在国家财政收入分配中的地位波动式上升,比例渐渐提高。2012年国家财政性教育经费支出达到了国内生产总值(GDP)的4%。这也表明,国家经济好,学校财路宽。

学校财务统计公布的收入与学校有关工作部门统计公布的收入,有时因口径不完全相同,数额也不完全一样。例如科研经费,按学校科技管理部门历年统计公布的数据,从1992年至2012年底,合计大约有96.57亿元的"到账经费"[1],而学校财务部门统计公布的"科研经费拨款"和"科技事业收入"数额,则小于这个数,这是因为在"科研到账经费"中,也包括学科建设的专项经费和人才建设的专项经费,这些在财务记账中可能会归入"教育经费拨款""教育事

---

[1] 依据学校历年行政工作总结和科技管理部门历年总结,学校历年科研到账经费:1992年,0.558亿元;1993年,0.6632亿元;1994年,0.75893亿元;1995年,0.76459亿元;1996年0.937亿元;1997年,1.03342亿元;1998年,1.3624亿元;1999年,1.5044亿元;2000年,2.12977亿元;2001年,2.7279亿元;2002年,3.179亿元;2003年,4.5亿元;2004年,5.359亿元;2005年,5.5亿元;2006年5.58亿元;2007年,5.76亿元;2008年,8.07亿元;2009年,9.003亿元;2010年,11.38亿元;2011年,12.19亿元;2012年,13.61亿元。总计约96.57亿元。

业收入"和"其他收入"等项目；另外，科研到账经费并不都是学校的收入，有时其中还包括我校作为项目牵头单位需要"拨转给外单位的经费"等。

值得反思的是校办产业收入（"其他收入"项目中的一项），1990年代，校办产业曾经一再被呼唤出"拳头"产品，出现"新的经济增长点"，被寄予改善学校经费困境的厚望。但截至2012年，整个校办产业20年间总计向学校上交2.87亿元，其中上缴学校利润2.53亿元，分红及向学校捐赠3404万元。[1] 2.87亿元，在东大二十年217.8亿元的总收入中，占比仅为1.3%。这和学校曾经投入的资金、房产、场地、水电、人力、领导精力和学校品牌声誉等有形资产和无形资产比起来，显然是得不偿失的（截至2006年改制完成前，校办产业占用学校事业编制443人）[2]。其实，学校真正的优势还是办教育、搞科研，在学校的总收入中，这两项占了绝对大头。

---

[1] 依据学校有关管理部门历年的总结、报告，按年份统计：1992年，363.5万；1993年，250万；1994年数据或缺；1995年，1069万；1996年，1240.8万；1997年，1150万；1998年，754万；1999年，714.68万；2000年，1134.23万；2001年，1083万；2002年，1132.09万；2003年，1230.44万；2004年，1346万；2005年，1406.89万；2006年，1404万；2007年，1610万（另分红276万，捐赠1525万）；2008年，1613.98万；2009年，1615万；2010年，921.8万（另分红984.45万）；2011年，2197.2万（另分红163万）；2012年，3067万（另分红456万）。

[2] 《校办产业综述》，《东南大学年鉴》2006年，第442页。

第二节　后勤管理改革和基本建设发展

1992—2012 年，学校这二十年的发展，每一步都有后勤系统做出的贡献，也离不开持续不断的后勤管理改革（广义上，基本建设也是后勤的一部分）。

计划经济时代，学校后勤是福利型的服务和行政型的管理，教学、科研及学校运行等一切房屋的建设、管理和维护，教职工住房、医疗、子女入托，学生的住宿、伙食、洗浴，校园内各种用水、用电、运输、通信设施的安装、使用、维护、维修等等，都由后勤提供基本上免费的保障服务，学校就是一个"小而全"的社会。这种传统的管理体制和机制，无法适应学校事业快速发展变化的办学需要：各方面需求不断增长，后勤部门难以满足；后勤本身缺少自我积累、自我发展的能力，办学资源的耗费给学校财务带来不断增加的压力；后勤职工收入偏低，积极性难以调动；完全事业型的管理不讲效益，缺乏竞争，往往花了钱没有得到应有的效果。

1992—2012 年间，学校对于后勤工作，一方面不断增加投入，一方面也不断进行改革，以增加后勤队伍的活力，增强后勤系统自我发展的机能，增加学校在选择后勤服务上的主动权，也增强后勤工作对学校发展建设服务的能力；同时通过改革减少后勤在学校经费资源消耗中的占比，减少后勤对学校人员编制的占用，减小学校自有后勤服务和后勤管理的规模，减小后勤服务和后勤管理体制运行中的内耗——这"四增四减"，无论"增"和"减"都有力地支持了学校事业的快速发展。通过改革，推动学校后勤转型，是这一时期东大后勤工作的主旋律。

一、后勤管理体制和机制改革

东大的后勤管理体制和运行机制有过多次改革，从完全的行政机构管理，到尝试在事业体制中引进部分的企业管理办法，再到实行事业管理和社会化服务，这一改革贯穿整个二十年，至 2012 年，也还没有完全结束。[①]

（一）从经费包干、任务包干起步的后勤改革

20 世纪 80 年代初，东大在全国高校中率先进行了后勤改革。当时主要是学农村工厂改革的承包制，任务包干，定工作量，定奖惩标准，提高效率，避免"干与不干一个样、干多干少一个样"的吃大锅饭现象，改变大量存在的"有事没人干，有人没事干，许多人不想干事，想

[①] "制度改革是个很复杂的系统过程，环环相扣，没法子一下子完成。我们东大这几十年，从改革开放起步时就在改，到现在还没有完成。后勤这一块，我们原来有一千几百号人，占去学校编制一大块，改到现在还有二三百人。编制资源国家控制得非常紧，有限资源，高度分散使用，如何办世界一流大学？我们已经好多年不从社会上招工了，除了按国家政策要求接收的复员、转业军人外。也许再有 10 年，我们后勤服务社会化，可以说实现了。" 东南大学校史研究室整理：《王保平访谈录》（2020 年 1 月 14 日）。

干事的没法干事"现象。1982年,学校先后在招待所、汽车队、维修组等单位推行岗位责任经费包干,促进工作的计划性、成本核算和管理的合理性,调动职工的积极性,改进服务质量。① 但是,到了80年代后期,师生对后勤的意见仍是一大堆。时任校长韦钰曾在一次会议上说:"我们总务后勤部门最大的责任本来是为全校师生员工提供一个良好的学习、工作、生活的环境,可现实又是如何呢?校园里又脏又乱,全校的公共厕所几乎没一个是干净的,从吃饭到住宿到处都有一大堆意见。"② 师生员工对后勤工作不满意,不少人认为后勤已经成为学校发展的阻碍和制约因素,是一大包袱,必须进行改革。③

(二)推行"小机关、多实体、大服务"的后勤改革

1991年,在国家教委的支持和指导下,东大成为国家教委直属高校的综合改革试点,学校开始推进"三大块"改革,按教学、科研、党政管理、教辅实验、校办产业、后勤六条线进行定岗、定编、定职、定责,核定工作量和聘任工作,并在此基础上提出了以浮动的"校内岗位实绩津贴"为主要内容的分配改革方案。④ 这为后勤管理体制改革提供了政策依据。后勤部门根据学校管理体制改革的指导思想,结合后勤实际,在前几年改革的基础上,围绕完善包干、转换机制、明确职责、加强考核、优化结构、增强活力、提高效率,提出了后勤管理体制改革的方案。改革重点主要在人事制度改革和分配制度改革两个方面,主要的目标有五点:(1)进一步完善后勤经费任务大包干责任制,把责任落到每个岗位、每个人;(2)通过严格定岗、定编,明确上岗条件和岗位职责,根据任务确定岗位编制数,明确各岗位的工作指标,指标必须具有可操作性和可考核性;(3)打破分配制度上的平均主义,实行按劳分配,做到干与不干、干多干少、干好干坏不一样,把个人利益与后勤集体的责任和学校发展,把职工的收入与工作实绩更紧地联系在一起;(4)建设一支以精干高效的管理骨干、技术骨干为主导,正式工、合同工、临时工比例适当,规模稳定,结构相对合理的后勤职工队伍,在强化后勤骨干责任的同时,落实后勤骨干的各项相应待遇;(5)强化后勤在育人方面的作用,积极推动师生参加后勤劳动。⑤

1992年,按照"三大块"改革思路,学校又对后勤改革提出了实行事业单位企业化管理和由福利服务型向服务经营型转化的要求,核心是转换机制,从传统的"学校办社会"老路中走出来。具体从机构设置、职能划分、运行方式、制约手段四个方面入手,实行"小机关、多实体、大服务"。

首先,将行政管理处和生活服务中心两个处级单位合并为总务处,下属科室全部撤销,

---

① 《东南大学史(第二卷)》,第327页。
② 《韦钰在学校发展战略研讨会上的讲话》(1987年1月19日),东南大学校史研究室室藏文献。
③ 钱一呈:《后勤改革初探》(1988年5月3日),东南大学档案馆藏档案。
④ 《东南大学史(第二卷)》,第395页。
⑤ 《关于深化后勤管理体制改革的意见(第二稿)》(1991年8月),东南大学档案馆藏档案。

干部保留原职级待遇。总务处作为学校行政职能部门的性质不变，机关人员由原来的22人减为12人。在取消科室的同时，按各自工作性质和类别组建12个相对独立的经济实体，它们是：饮食服务中心、房地产服务部、水电服务部、行政服务部、维修服务部、集体宿舍服务部、汽车运输服务部、电讯服务部、校医院、招待所、幼儿园（含托儿所）、新校区后勤服务部。这些实体不属于机关性质，没有行政级别。这样"小机关、多实体"的组织体系减少了中间环节，体现了以服务为中心、精干高效的原则。各实体在原来服务、管理、育人职能的基础上，增加了经营和开发的职能。总务处则代表学校对各实体行使规划、指导、协调、监控、签订承包方案等管理职能，并统筹组织第三产业的开发。经过改革，各个实体有较大的自主权，可独立核算、分级承包、自主经营。12个实体又根据工作性质和任务不同，在管理上分为两类，一类如车队、招待所、维修服务部等，基本上实行企业化管理，实行全成本核算（除资产折旧），全员承包，有偿服务，工资返还，上缴利润。另一类按企业化方式运行，但在人员经费中国家工资这一块仍由学校承担，其余校内津贴、奖金、福利由自己承担。在劳动用工制度上实行严格定岗、定编、定工作量，实体干部实行聘任制，竞争上岗，工人实行劳动合同制。在分配制度上，各实体可自行按岗、按绩定酬，使收入与贡献直接挂钩。各实体在保证学校需要的前提下，积极挖掘潜力为社会服务，增加收入。同时，允许社会服务"化"到校内来，校内用户可以根据服务质量、价格、态度等，做出选择，打破原先独家"垄断"服务的局面。①

这一轮后勤改革推进的速度很快。1992年7月，按照学校"三大块"改革的总体思路，成立总务处；7月13日，组建成立新的总务处领导班子；7月14—31日，招聘所属各实体负责人；至8月下旬，确定各实体副职；8月下旬至9月30日，建立校、处、实体三级财务（这是为适应市场经济、提升经济效益和工作效率而进行的重要配套改革举措）；10月1日到12月3日，新财务试运行，各实体拟订协议书。这一年《东南大学总务处工作小结》把这次后勤改革称为"东南模式"。②

东大后勤1992年的这一轮改革在校内外产生了积极反响，提高了学校在国内高校中的声望和地位。1992年10月中旬，在北京召开的全国高校后勤改革研讨会上，东大总务处《深化后勤改革，重在机制转换》的发言和文章，受到与会代表的好评及国家教委领导的重视。会后至1992年底，来自全国各地的许多高校代表来总务处交流，一些高校还多次来校调研，并表示在自己学校要学习"东南模式"来进行改革。

（三）加快后勤社会化改革

1999年下半年，根据教育部和江苏省教委加快学校后勤服务社会化改革进程的要求，学

---

① 参见《东南大学史（第二卷）》，第401-403页。
② 《东南大学总务处工作小结》（1992年7月—1992年12月）。东南大学档案馆藏档案。

校后勤改革工作组[①]拟定了《东南大学后勤社会化改革方案》，并组织全校各单位讨论，2000年1月，经校长办公会批准通过。[②]

《东南大学后勤社会化改革方案》明确后勤社会化改革的指导思想与原则是：（1）后勤社会化改革必须始终坚持为学校教学、科研、师生服务的方向。遵循教育规律，辩证地处理好经济效益与社会效益的关系。改革的各项工作要有利于提高后勤服务的质量和管理水平；有利于提高后勤职工参与社会竞争的能力；有利于减轻学校的负担，提高办学效益；有利于保障学校的发展与稳定。（2）后勤社会化改革是在任务、经费大承包的基础上，在努力为教学、科研、师生员工生活做好服务的同时，把学校办后勤逐步转化为社会办后勤，即从大承包转向企业化管理。因此，成立后勤服务集团，并逐步与学校分离。后勤服务集团通过优质的服务，扩大经营，合理收取服务成本，壮大后勤经济实力，成为具有独立运作体系的服务实体；逐年减轻了学校在后勤保障上的经济负担，使学校领导把主要精力投入到教学、科研中去。

方案提出的具体改革内容包括：

（1）管理体制上，将后勤服务系统从学校事业管理体制中分离出来，做到事企分开，行政管理职能与服务经营职能分开，学校资产所有权与后勤服务集团经营权分开。后勤服务集团通过精兵简政、分流与重组，纳入社会主义市场经济体系，剥离学校办社会的职能，建立由政府主导、社会承办、学校选择，能够满足学校办学需要的社会化的后勤第三产业和社区服务体系。

（2）在运行机制上，将由主要靠国家拨款驱动的运行机制改变为主要靠市场驱动的运行机制。

（3）在人事管理上，按照社会化方向和企业化管理的要求，建立相适应的劳动人事用工制度。后勤服务集团人员列入企业编制，实行干部聘用制、职工劳动用工合同制，彻底打破干部、工人之间的界限。实行定岗、定编、定职、定责制度。根据公平、公开、平等竞争和按需择优原则，职工竞争上岗。设立在岗、待岗、待岗培训和再上岗等管理办法。建立健全考核办法，调动职工工作积极性。

（4）在分配制度上，后勤管理处人员的工资、奖金由学校列支。后勤服务集团建立"效益优先、兼顾公平、企业自主"的分配制度，分配基础是后勤服务集团的经济效益；分配过程须加强奖惩力度，拉开分配差距，彻底打破"大锅饭"的局面。

（5）在服务价格体系改革上，后勤服务集团对所有的收费服务项目均制定服务范围和收费标准，其收费标准经学校财经领导小组审批后执行。对于学校内部的后勤服务价格，可按不

[①] 《关于成立东南大学管理体制改革领导小组的决定》（1999年7月6日），东大委〔1999〕40号，其中"后勤改革工作组"由钱明权任组长，杨树林任副组长，成员有支海坤、安宁、张家宽、周建华、赵启满、侯金文、施建宁、殷仁家、黄发永，东南大学档案馆藏档案。

[②] 《关于实施〈东南大学后勤社会化改革方案〉的通知》（2000年1月19日），校通知〔2000〕12号，东南大学档案馆藏档案。

同需求的档次，实行不同的服务价格，适当限制面向学生的基本后勤服务的价格。

这次改革的最终目标是实现后勤社会化。一方面，依托社会力量和调动社会资源，为学校承担和提供后勤服务；另一方面，将学校现有的服务经营性后勤系统从学校中规范分离出来，改制为产权明晰、自主经营、自负盈亏、自我发展、自我约束的相对独立的运作体系和具有教育属性的主要为学校服务的社会化后勤第三产业——东大后勤服务集团。后勤服务集团在规范运作2～3年的基础上，依靠政府推动，以专业化、集约化、企业化等形式，立足东大，辐射社会，努力做到不仅承担本校的后勤服务保障，还能为周边地区高校和居民生活提供社区服务。后勤服务集团通过提供服务劳务，收取费用，养活自己，成为社会上具有教育属性的第三产业。

这项改革设计的预期目标，从后来的实践看，未能完全实现。原因在于未充分考虑中国国情以及中国大学的现实情况，没有考虑到市场经济、企业、资本和竞争的基本特质，在设计改革方案时有些理想化了。一般说来，在市场经济条件下，服务价格是由供求关系和服务质量决定的；资本是逐利的，什么有利就做什么；企业是不愿背包袱的，赚不到钱的事不做，不能赚钱的人不用。而这些市场经济的基本原则与必须固定地域（只能或主要在学校校园）、固定项目（学生吃住行）、固定服务对象（主要是师生员工，基本不对外）、固定员工（学校正式职工）的中国大学后勤服务体制是有冲突的。特别是，高校后勤干部和职工多是学校事业编制职工，很难按企业发展要求选人用人，更难以解聘和辞退；在改革中，事实上做不到"干部能上能下，职工能进能出"；在具体服务和考核上，也做不到完全按投入产出和成本效益衡量。这样在实际运行中，就有许多"将就"，无法真正做到市场化、企业化经营管理。学校党政领导也知道这一点，要求后勤服务集团在改革和实行企业化运行的过程中，必须充分利用和消化现有后勤人员，为学校承担起"养人"和队伍分流的任务。当时后勤服务集团人员与学校分离的最大困难在于社会保障体系尚未健全，因此，学校仍对原有事业编制的在编人员保留其事业性福利待遇，后勤服务集团按规定向学校缴纳各种费用。还有非常重要的一点，就是中国大学的社会主义性质决定了学校在为学生提供餐饮、住宿、安保等服务上，不可能完全市场化，不可以营利为目的，而中国国情又决定学校对学生负有"无限责任"，像餐饮、住宿这些关乎学生安全的大事，很难做到"社会化"。因此，后来后勤服务集团并没有不断"发展壮大、自我发展"，后勤服务社会化的构想几年后也开始收缩。不过，这项改革并非全无意义和价值，通过这个过程，学校的后勤服务职能清晰了，机构相对独立了，一些服务内容也在一定程度上社会化了，大多数服务可以通过双向选择的购买方式进行，学校可以根据需要出钱买服务，后勤服务集团可以通过提供服务换取收入。当后勤服务集团不能提供用户需要的服务时，学校也可以从社会上买服务。更重要的是，通过改革和转换机制，引入竞争，既促进了后勤服务质量的提升，也提高了学校资源配置和使用的效率。

2000年4月，四校合并组建新的东南大学，根据并校的要求，按照条块结合、以条管理为主的原则，进行理顺重组，解决了原来各校后勤体制不同，并校后人心不齐的问题。①

2001年12月上旬，国务院办公厅在西安召开了第三次全国高校后勤社会化改革工作会议，会议总结了两年来全国高校后勤社会化方面的经验，提出了"抓住机遇，再接再厉，推动高校后勤社会化改革再上新台阶"的要求。12月24日，学校颁布了后勤改行政拨款为合理服务收费的实施办法，成立"拨改收"工作小组，工作小组由财务处、后勤管理处、审计处、人事处、监察处、后勤服务集团等部门人员组成。工作小组在分管后勤的副校长和后勤工作管理委员会的领导下开展工作，根据后勤服务工作的不同性质确定相应服务项目的收费价格、核算办法及管理办法。以2001年度学校用于后勤服务工作的各项运行经费为基数，并以此基数推算出相应服务项目的价格标准，同时适当参考社会公共服务价格和兄弟院校的服务收费标准确定收费价格。

"拨改收"实行一年一签约。随着学校事业的发展和办学规模的扩大，后勤服务的内容和要求也不断提高，学校视实际财力逐步调整相应的服务总经费，并根据市场行情和实际运行一定时期后的情况，对服务价格作适时调整。"拨改收"工作从2002年1月1日起正式启动。②

按照全国高校后勤社会化改革的要求和东大后勤社会化改革的方案，2002年是后勤社会化改革实现规范分离的最后一年。2002年11月22日，省教委组织专家组来校验收这项工作的完成情况。专家组高度评价了东南大学后勤社会化改革，并给予94分的高分，通过达标验收。

2006年，学校以入驻九龙湖新校区为契机，进一步扩大了后勤社会化试点，力推全新的后勤工作管理体制、运行机制。③在新校区管理体制和运行机制方面，针对九龙湖新校区的实际情况，结合兄弟院校的做法以及江苏省高校物业管理定额，制定了新校区的物业管理方案；按照市场化运作模式，对学校的环境卫生、楼宇安全、设备维修、零星维修、供水供电、基础设施等服务管理的内容，面向全社会公开招标，引进优质社会资源，为学校提供相关行业标准化、专业化的服务。通过招标、评标、考察、合同洽谈等工作程序，引进了深圳中旅联合物业和南京紫竹物业两家优秀企业，为新校区提供部分物业服务。学校后勤也在竞争中得到发展壮大。

2007年，学校后勤管理处调整了内设机构，成立了综合办公室、学生宿舍管理科等十个科室。2008年，后勤管理处在四牌楼校区、九龙湖校区分别设立业务办理大厅，在三个主要校区分别设立了24小时服务热线，推行"一站式"服务。将学生宿舍入住和退宿、固定资产登记和报废、各类保修等工作内容集中在业务大厅，做到"进一个门、找一个人、办一件事"，减少师生"找门、找人"的时间。

---

① 《关于印发〈关于四校合并后我校后勤社会化改革的实施意见〉的通知》（2000年7月18日），校通知〔2000〕87号；《2000年后勤管理处工作总结》，东南大学档案馆馆藏档案。
② 《关于颁布实施〈东南大学后勤社会化改革改学校行政拨款为合理服务收费实施办法〉的通知》（2001年12月24日），校通知〔2001〕247号，东南大学档案馆馆藏档案。
③ 《东南大学后勤管理处2006年工作总结与2007年主要工作打算》，东南大学档案馆馆藏档案。

浦口校区移交成贤学院后，2009年，后勤管理处撤销了浦口校区后勤办，保留基建办、国资办、总务办、丁家桥校区后勤办等内设机构。

2012年，学校从后勤管理处拆分出基建处。新成立的基建处于2012年3月正式运行，职能为"学校校园建设规划和基本建设管理的行政职能部门，全面负责学校基本建设规划组织编制及建设项目的组织和实施"。新基建处的内设机构有"二室二科"，即处办公室、总工程师办公室、计划与造价管理科、工程管理科。[①]

二、后勤服务质量和效益的提升

后勤管理体制机制的每一次改革，都是为了提高后勤服务的质量和效益，进而提升学校的办学效益。1998年学校进行了一次比较集中的主要针对"如何提高后勤管理质量和效益"的改革。

（一）适度回收伙食间接成本的食堂改革[②]

学校食堂在相当长时期中实行的都是面向本校学生和员工的"福利制"和"半福利制"服务，即学校按本校学生和员工就餐人数，给食堂（总务处、后勤处）核拨管理费，由食堂向学生提供平价伙食。这其中的福利、半福利就是人工费、管理费、能源消耗、炊具投入、房产投入等，都由学校事业费无偿提供。食堂物业不需要像企业经营那样逐年提取折旧费，食堂员工由学校发给工资、补贴，不需要从销售饭菜的营业收入中支付人工成本，学生在食堂购买饭菜，付出的只是从市场上购买食材所需要的成本。遇到特殊情况，比如蔬菜、肉食价格快速上涨，学校为了维持价格稳定，还要额外投入经费到学生伙食上。在社会经济水平总体比较低的情况下，学生的经济承受能力薄弱，由伙食不好引发的不满意，往往是学校不安定的重要因素，因此食堂价格稳定也是学校维稳的需要。但这样的供应方式，随着办学规模的扩大，食堂越办越大，物业设备越用越差，学校负担也越来越重。同时，职工吃食堂的大锅饭，没有劳动积极性；食堂（伙食科）吃总务处的大锅饭，没有提高经营管理效益的积极性；总务处吃学校的大锅饭，亏损了也没有压力。随着市场经济观念逐渐为社会各界普遍接受，大学生的学习、生活费用是不是该由国家全部包下来？原有学校大额补贴食堂的方式是否应该继续延续？这些新问题摆在了学校党政领导面前。经过几年的小步尝试，1998年初，学校决定对膳食部门管理费的核拨进行改革，在1997年的基础上减少50%，不再按就餐人数核拨管理费，同意膳食部门强化内部管理，在继续保证食堂硬件投入的同时，严格成本核算，适度回收学生伙食间接成本（即食材成本之外的加工制作管理成本）。最终的目标是食堂要自收自支、自负盈亏、自我积累、自

---

① 2014年1月23日，学校调整后勤管理体制，撤销后勤管理处、后勤服务集团，成立总务处。
② 《总务处1998年工作总结及1999年工作思路》，东南大学档案馆藏档案。

我发展。

食堂改革事关学校稳定大局，学校党政领导高度重视。校长助理、总务处处长赵启满和总务处党支部书记张家宽亲力亲为，密切配合。具体操作从四个方面展开：第一，转变职工的思想观念，宣传改革的意义和要求。通过学习、动员，使上上下下都明白食堂改革的重要性，认识到不改革会越来越穷，会越来越被动，只有改革才能使食堂由穷变富，由被动为主动，为学校发展做出贡献。第二，组织膳食部门干部认真研讨食堂改革的指导思想和基本思路、基本措施。经过干群反复研讨，确定食堂改革的指导思想是：坚持"三服务、二育人"的宗旨，全心全意为师生员工服务。服务的承诺是："师生至上，服务第一""方便、快捷、卫生、实惠"。改革的基本思路是：坚持一个中心，抓好两个重点，达到三个提高，做到三方满意。即：以多品种、多样化、多层次服务，努力办好基本大伙为中心，适度回收伙食间接成本；以配菜规范化为重点，努力做到质价相符，适销对口；以划小核算单位为重点，努力做好成本核算，减少浪费；提高饭菜质量，提高服务水平，提高卫生水平；最终做到师生员工满意，学校领导满意，食堂职工满意。第三，改善就餐环境，划小核算单位，强化内部管理，开展增收节支。1998年暑假，饮食服务中心自筹资金和贷款200万元，调整食堂布局，改造两个学生食堂和一个怡园餐厅，增添餐桌椅220套、彩电12台，改善了就餐环境。就餐者可以免带碗筷就餐，满足了师生员工快捷、方便的要求。食堂改造后，将每个食堂划分为5个以上的核算单位，全面实行小组核算。组长与组员进行公开招聘，双向选择。将各个班组的效益与奖酬金挂钩，鼓励竞争，多劳多得，各食堂、班组、职工之间形成你追我赶，主动开发新品种、主动找市场、主动延长工作时间、主动提供服务的新局面。第四，强化内部管理，控制各项成本。制定和完善各项规章制度，将奖惩条例修订汇编成册，并组织全员学习；各食堂的管理费实行承包，严控各项支出；把住进货关，努力降低食材的采购成本；通过合理配置，各食堂由52人减为35人，人员减少后，并没有出现"人手少，工作忙不过来"的情况，标准没有降低，反而提高了工作效率，职工增加了收入，提高了待遇。

通过改革，学校食堂就餐品种增加、服务改进、环境优美，就餐人数猛增，营业额直线上升，食堂的积累有所增加，职工的收入也相应提高，并为以后进一步深化改革积累了经验，打下了良好基础。几年后，九龙湖校区建成使用，总务部门面向社会从市场招标引进饮食服务公司，与学校举办的食堂同台比艺竞争，实现了学校食堂的社会化服务、企业化经营。

（二）控制浪费的水电管理改革

水电费支出难以控制，跑冒滴漏浪费巨大一直是后勤管理的顽疾。1998年初，东大确定在全校实行"全面计量收费"的水电管理改革，并给总务处下达以1997年学校实际支出的740万元水电费为基数，加上浦口校区二期建设增加的20万元，合计760万元，作为全年的承包经费。完成学校下达的任务，则按760万元兑现；完不成，则由总务处自筹资金填补。

学校党政领导对水电管理改革给予了充分的重视，多次召开全校中层干部会议进行动员，号召全校各单位要支持总务处搞好水电管理改革工作，并成立了以分管后勤工作的副校长钱明权为组长的水电管理领导小组。①由财务处、教务处、科研处、学生处、研究生院、校长办公室、审计处、产业处、总务处及有关院系负责同志参加，负责全校水电管理改革的装表计量、计划核拨、考核收费、节能技改等各项工作。出台了《东南大学水电费管理办法》和《东南大学水电经费指标实施细则》两个文件，经校长办公会审议批准，从1998年7月1日起执行。

为了使水电管理改革顺利进行，学校在1997年投资20万元安装水电表的基础上，1998年又投资68万元在全校各院系部处及直属单位安装一级电卡表，并在主要公共厕所安装节水器。全校共计安装电卡表400多套、节水器138套，为全面实行计量收费提供了技术准备。

实行水电全面计量收费管理改革，是指在保证工作需要、核定用电指标的前提下，谁多用谁付钱。其意义在于：一方面，在全校师生员工中达成一种水电资源宝贵，应该厉行节约、反对浪费的共识，同时切实保证和满足学校教学科研、师生员工工作生活用水用电的需要；另一方面，打破全校水电长期无偿使用"吃大锅饭"的现象，利用经济杠杆，控制水电费的无序支出，形成谁超用水电谁自己付钱的意识。

经过全校各方努力，1998年学校水电管理工作取得了实实在在的成绩。各级党政领导普遍重视起来，对本单位的水电管理采取了行之有效且更有针对性的节电措施。广大师生员工的节能意识大大增强，长流水、长明灯的现象大为减少，水电费回收明显增加，全年水电费回收达486.46万元。全校当年水电费实际支出为743.44万元，其中有21.37万元为水价上涨后增加的费用。水电费支出成功地控制在了总务处总承包的指标之内，学校公共水电费持续增长的势头得到了遏制。

（三）减少漏洞的公费医疗管理改革

计划经济模式下，学校教职工看病是不用自己花钱的，学校公费医疗超支严重。当时，省里发给学校的医疗经费是按人头计算的，额度较低，学校在经费极其困难的情况下，每年还得在公费医疗上贴很多钱。教师看病拿药不要自己掏钱，就出现了个别"一人公费，全家吃药"的现象，还有人拿了很多药又不吃，造成许多浪费。"公费医疗赤字已成为学校主要财政负担之一，其进一步改革将势在必行。"②1998年初，学校领导决定在1997年公费医疗超支496万元的基础上，进一步减少公费医疗开支，确定430万元作为总务处管辖的校医院的承包经费，超过此经费额度由总务处自筹资金填补。③这是一项十分艰巨的任务，因为师生患病有时会出

---

① 《关于成立"东南大学水电管理领导小组"的通知》（1998年3月3日），校通知〔1998〕16号，东南大学档案馆馆藏档案。
② 陈笃信：《我校1994年工作的回顾与思考——在东南大学教职工第三届代表大会第二次会议上的报告》，《东南大学年鉴》1994年，第67页。
③ 陈笃信：《关于我任校长期间工作的几点回忆》（2018年3月），东南大学校史研究室整理口述访谈录。

现意想不到的情况。

为了做好1998年公费医疗的改革工作，学校下发了《关于加强我校公费医疗管理工作的通知》。校医院推出的加强公费医疗管理的主要措施有：

（1）加强医院内部管理，严格治疗过程管理，开源节流，堵塞漏洞。全院投入使用自行研制的计算机管理软件，有效地控制了就诊对象的合规性和部分就诊病人拿药频率不合理的现象。

（2）调动全院职工的工作积极性，鼓励病房医护人员收治常见多发病种的病员，减少转诊率，提高住院率。全年收治424位住院病人，109个观察病员，303个肝炎门诊病人，其中有58例危重病人。全年门诊13万人次，降低了转诊率。

（3）对药品的采购进行招标。采取药品价格"高进高出，低进低出"的原则，使药品的让利在国家规定的批发价基础上进行。采购药品由原来让利的8%～10%提高到改革后的14%～35%。据不完全统计，仅购药经费让利学校就减少支出51万元。

（4）对学生医疗投保的保险公司实行再招标。虽然1998年仍然选择了江苏省人寿保险公司，但通过招标使返还金额由1997年的9万元提高到1998年的22万元，可回冲公费医疗，减少了学校开支。

（5）为了学校整体利益，放弃高考学生体检近10万元的创收，集中精力于主要职责，减少教职工因到外就诊而加大公费医疗的开支。

（6）大力开展健康教育活动。开办健康宣传简报，请校外医院专家来举办有关专题讲座，通过校电视台定期播放。师生员工增加了预防疾病的常识，减少了疾病的发生，间接降低了公费医疗的开支。

（7）严格执行公费医疗报销制度。报销审批由院长亲自把关，控制公费医疗开支增长过快的现象。

虽然外部环境和内部存在的困难对公费医疗改革不利，如1998年校外各大医院收费上涨20%以上（省市物价局、卫生局明文规定），1998年学校癌症病人新增27人，较往年新增10人，但经过校医院全体医护和管理人员的艰苦努力，1998年公费医疗超支数额较1997年仍做到了稳中有降。

2000年并校以后，因为有了附属中大医院，学校医院一度划归中大医院管理，后来又从中大医院划回到学校总务部门。随着国家医保政策的改变和社会保障制度的逐步建立，公费医疗药品目录版本不断调整，学校的公费医疗制度仍处在不断改革之中。

（四）校内公房有偿使用改革

长期以来，学校的各类公用房一直是无偿使用的。教研室、实验室或行政用房变动了，调整起来也是困难重重。学校每年增加很多新教师、新的科研项目，但一些退休教师，或已经完成项目的课题组却常常以各种名目占着原来的办公室、实验室不肯退出，甚至有的人离开了学校，公房也不肯交出。这样一来，一方面，学校事业不断扩大，各类用房更加紧张，公房矛盾突出；另一方面，新进教师和新的项目没有地方办公，却仍存在公房闲置浪费的现象。为解决这个问题，学校提出"公房统一管理、有进有出，新增用房须有偿使用"的改革思路，要求教师退休后，办公用房要有一个退出机制；对新教师、新上的重点项目要克服困难提供他们一个基本的工作环境。1998年，在顾冠群校长的支持下，李延保副校长主持全校公房大调整，对学校所有的实验用房和办公用房做了一次全面清理和调整，核心是制定各类公用房配置标准，运用制度和经济杠杆，推动公房使用调整改革。通过改革，"办学要讲效益，公房不是无偿使用，新增面积要适当缴纳费用"的观念开始成为全校的共识，为公房有偿使用、合理使用机制的建立提供了思想基础，并最终较好地完成了这次全校公房调整工作。

1998年这次涉及全校的服务质量、服务效益改革，是东大后勤管理体制机制改革的重要步骤，它超出了后勤管理部门内部改革的范畴，涉及全校所有单位、所有部门、所有师生，收到比较明显的成效。这次改革对于学校后勤工作走向科学管理、规范运行，推动学校发展都产生了深远影响。

三、改善各项基础设施

学校对基础设施建设和维护的努力，从来没有停止过，尽管办学经费紧张，但在基础设施上每年都有投入，都有修建，都有进展。1992—2012年，除了浦口校区、九龙湖校区的全面配套建设，比较大的校园维修改善有三次，一次是1994年大礼堂的修葺，一次是2002年百年校庆前后校园环境的美化，一次是2012年水电基础设施的更新。

东南大学大礼堂原先是民国时期为开第一次国民会议修建的，曾经是中国大学中最大的礼堂，是东大最重要的建筑，也是校友心中母校的象征。大礼堂质量很好，一直是学校举行重要活动的场所，但也有一些问题。例如，初建时代没有扩音设备，会场设计成八角形，可以产生回声效应，在台上大声说话，大家都能听得到，可到后来增添了扩音设备，就产生了回声干扰，某些区域的声音听不太清。还有因年久失修，看台座椅等设施已十分陈旧。在陈笃信校长任内，校友余纪忠先生捐资对大礼堂做了全面修葺。余纪忠先生1932年毕业于国立中央大学历史系，全面抗战时从军，后来去了台湾省。他曾任中国国民党的中常委，是台湾省《中国时报》的创办人、董事长。余纪忠在校读书时见到了大礼堂的落成，对母校一直怀有深厚感情，当他听到其他校友提起礼堂年久失修，已比较破旧，就主动托人联系学校，表示愿意出钱修葺。开始说捐100万美元，后来实际花费了107万美元，其中还包含了旁边辅楼的一个会议室，命名"春晖堂"，以纪念他的母亲。通过这次修葺，把礼堂看台、座椅、舞台、墙面和两边的音响都彻底整修了。大礼堂修葺在20世纪90年代初，算得上是个大工程，大礼堂作为历史文物，其修葺的各方面要求很高，外观要保持不变，修旧如旧，内部设施要现代化，给人焕然一新之感。通过这次系统的整修，达到了理想的要求，也提升了整个四牌楼校区的观感。

2000年以后，为了迎接百年校庆，学校决定对全校基础设施进行大规模的改造和出新，进一步强化基础设施的配套服务能力，改善硬件条件。通过全面整治校园环境，引进现代造园要素，既保留了东南大学古朴端庄的历史格局，又体现了高等学府的现代风貌，达到美化、亮化、绿化校园的效果。这次出新、改造，共投入约2238万元，主要项目有：四牌楼校区更新、改造了中心配电房的高低压设备，拆除原架空线，重新铺设了高低压电缆；丁家桥校区重新设计，改造了给水、排水管网系统，增加了一路直径150毫米的供水网管，变架空裸线为地下管道，更换了所有建筑物内供电系统的铝质电线；长江后街校区改造了科技创业园的供电系统；浦口校区进行了供电、供水管网的增容改造。通过这些改造与更新，大大地改善了学校内的供电、供水和排水系统，缓解了因水电管网陈旧老化给教学科研、师生工作生活带来的困扰。据当时的测算，仅丁家桥校区经过此次改造，每年将为学校节约因渗漏浪费的水费近70万元，有效避免了安全隐患及事故的发生，改善了师生员工的工作生活条件。

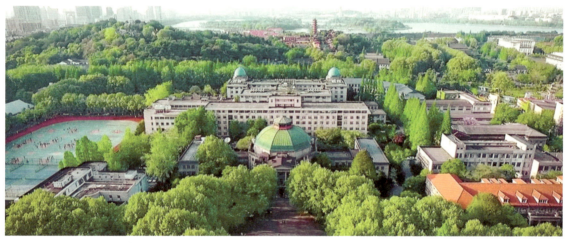

2002年百年校庆时的四牌楼校区风貌

在校园环境建设方面，各校区本着绿、透、亮的原则，改造投入约848万元。主要项目有：四牌楼校区，礼堂门前修建涌泉广场，西北角建成园林"六朝苑"，安置李瑞清雕塑，六朝松修饰，修建陶行知园，恢复梅庵景点，校内各处空地上建草坪喷灌系统等。浦口校区设置了"英语角""三峡石""青石球""铜鼎"等景点，改造新图书馆边的两块草地等。丁家桥校区对杂乱的树木、花草、景点进行调整与改造，整顿大门口环境，修建"止于至善"照壁，设置铜鼎景点，培植草坪等。同时完成了各校区主干道、景观路天然石材路面的铺设，路灯、景观灯的更换与安装，路牌的设计与制作等。

在楼宇维修、校园出新方面，各校区的教学楼、宿舍、办公楼、体育馆、礼堂、报告厅、科技会堂等，都进行了全面维修、加固、改造；对公共厕所（共40个）、食堂、浴室进行了改造；新建多个自行车棚；全面推进外墙出新（仅四牌楼校区就达15万平方米）；还在四牌楼校区与丁家桥校区完成了煤改气工程。

通过这些工程的实施，学校处处焕然一新，校园发生很大变化，植物的"绿"、环境的"透"、灯光的"亮"，鲜花和绿植相拥，灯光与水景相映，高端学术交流与群众文化活动连台，校园成为城市中诱人的文化高地和高水准景观。百年文脉大放异彩，赢得了师生校友、来宾民众好评，也赢得了社会各方面的赞赏，知名度、美誉度大幅提升。

学校的水、电、煤气、电信网络，还有街巷面貌、绿化景观等，都搭接在城市大网上，是城市基础设施中的一个节点。2012年，借助城市推进水电表出户改造的机会，学校投资改造全校基础设施和供水供电系统，更换了多个学生食堂的电气线路，增设了两台变压器以提高九龙湖校区学生宿舍供电的可靠性，改造了4200个学生宿舍卫生间吊顶和隔断，消除了安全隐患，为学生学习和生活提供了有力的保障。完善九龙湖校区污水处理和循环水治理，完成丁家桥校区雨污分流改造。以丰富、美化校园为重点，精心选址和设计，先后建成校友林、老干部林、桂花林、香樟林、玫瑰园等纪念性园林绿地5000余平方米。通过协调市政建设，以捐建等形式引进市政园林种植的大树，快速改变了九龙湖校区的景观，增加了新校区的历史感。改造九龙湖二环路分隔带及两侧绿地6万平方米，添置景观座椅140余套，使校园文化、休闲、交流的氛围大幅提升。[1]

四、大力推进基本建设

基本建设包括前述"校园基础设施"中的一些工作，但最主要的工作是建房。[2]1992—2002年这20年间，是东南大学基本建设规模最大、投入最多的时期，据粗略统计，新建各类房屋达162万平方米。

东南大学1992—2012年零星添建的办学用房情况表[3]

年份	项目名称	建筑面积（平方米）	结构层次	总投资数（万元）
1992	浦口校区实习工厂	3716	框架3层	
1993	浦口校区学生宿舍	4000	框架6层	
1993	浦口校区学生食堂	2500	框架2层	
1993	浦口校区电子类工厂	6800	框架3层	
1994	留学生楼（四牌楼校区榴园宾馆）	10 950	框架12层	1677
1994	逸夫科技馆（四牌楼校区）	5954+3709	框架4层、5层	1050+552
1994	工程教育研究中心（浦口校区工培中心）	7187		705

---

[1] 《后勤管理工作综述》，《东南大学年鉴》2012年，第552-553页。
[2] 基本建设作为大后勤的一个部分，管理上有时是"后勤管理处"负责，有时是独立于后勤管理处的"基建处"负责，特殊情况下也会成立专门的建设指挥部，全权负责专项建设工作，如"将军路住宅区建设指挥部""江宁新校区建设指挥部"等。
[3] 根据1992—2012年间东南大学后勤处、基建处历年工作总结等文件整理。本表中的项目是老校区的几个主要建设项目，不包括将军路住宅小区项目、九龙湖新校区项目等成片建设项目。

（续表）

年份	项目名称	建筑面积（平方米）	结构层次	总投资数（万元）
1994	校东配电房			196
1994	校西配电房			134
1994	校区外水电增容			80
1995	浦口校区锻铸实习车间	1448	框架1层	170
1996	浦口校区二期 大学生科技活动中心（真知馆）	4111	框架3层	520
1996	浦口校区二期 教学楼（金坛院）	12 800	框架5层	1440
1996	浦口校区二期 实验楼（物理实验楼）	6278	框架5层	780
1996	浦口校区二期（三栋学生宿舍）	12 123	砖混6层	960
1996	招待所	3500		350
1997	建筑设计教学楼一、二期（东大建筑设计院楼）	6800	框架4层	5259
1998	逸夫建筑馆（四牌楼校区）	16 900	框架15层	4738
1998	留学生楼（榴园宾馆）餐厅扩建	300	框架2层	45
2001	成园研究生宿舍01栋	7993	框架7层、地下1层	862
2001	结构道桥实验室（四牌楼校区）	2100	框架1层、5层	
2001	浦口校区东区4号学生宿舍	3260	砖混6层	
2001	丁家桥学生宿舍01栋	8000		900
2001	校东学生宿舍餐厅	15 000		1950
2001	进香河路35号研究生宿舍（群英楼）	16 000	框架16层	3200
2001	浦口校区图书馆	15 853	框架6层	4200
2001	全路医疗卫生基地（晓庄校区科创楼）	9000		1100
2001	扩招项目（浦口校区综合教学楼）	27 126		6141
2001	综合教学楼（浦口校区文昌院）	5773		950
2001	丁家桥教学楼扩建	5500		991
2002	吴健雄纪念馆	2129	框架5层	1810
2003	成园研究生宿舍02栋	10 500	框架7层	1360
2003	校东学生宿舍、餐厅（文昌桥8舍）	15 718	框架7层	1950
2003	进香河路35号学生公寓	13 987	框架15层	3200
2003	科技信息大楼（四牌楼校区李文正楼）	27 000	框架6层	8070
2003	丁家桥学生宿舍02栋	8000	砖混5层	975
2003	浦口校区学生宿舍10、11幢	14 100	砖混6层	1707
2003	浦口校区基础实验楼（电子电工实验楼）	25 670	框架7层	6786
2003	晓庄继续教育中心	20 900	框架8层	4598
2003	晓庄校区学生宿舍	18 000	框架7层	2160
2003	四牌楼医院翻建	5000	框架6层	1100
2003	博士后公寓1（A栋，进香河33号16栋）	16 000	框架9层，地下1层	3200
2003	晓庄校区运动场			200
2006	博士后公寓2（C栋，进香河33号18栋）	6400	框架8层，地下1层	1600
2006	科技孵化楼（长江后街）	6400	框架7层	1920
2010	中大医院教学医疗综合楼（丁家桥）	69 000	框架，地上22层，地下2层	38 000
2010	博士后公寓3（B栋，进香河33号17栋）	7000	框架，地上9层，地下1层	1800
合计		466185		114 284

2003年，学校投资18 000万元，在江宁九龙湖征地3749亩（含200亩水面）。校舍规划建筑面积为118.17万平方米。一期建筑面积55.52万平方米，包括学生宿舍、食堂、教学楼、图书馆、行政楼、各院系大楼及配套的基础设施、体育场地等。2004年底完成征地、公开招标、确定各项目施工及监理单位，2005年正式开工，2006年投入使用。

东南大学九龙湖校区一期工程完成项目一览表

序号	项目名称	所含单体[幢号/面积（平方米）]	面积（平方米）	结构与层数	总投资（万元）
1	本科生公寓南区A	梅园01/11410；02/5596；03/5596；04/11410	34 012	框架6层	4591
2	本科生公寓南区B	梅园05/11410；06/5596；07/5596；08/11410	34 012	框架6层	4591
3	本科生公寓北区A	13/11410；14/11410（桃园1—2）	22 820	框架6层	3081
4	本科生公寓北区B	15/11410；16/11410（桃园3—4）	22 820	框架6层	3081
5	本科生公寓北区C	17/11410；18/11410（桃园5—6）	22 820	框架6层	3081
6	北区学舍及青教公寓	19栋/11410（桃园7）；青教公寓/4738	16 148	框架6层、砖混6层	2190
7	研究生二号院	2-01/11410；2-02/5596；2-03/5596；2-04/11410（橘园2—4）	34 012	框架6层	5200
8	博士生公寓及食堂	3-01/3939；3-03/3816；3-05/3816；3-07/3816（橘园5—8）；研究生食堂/9085	24 472	公寓砖混6层 食堂框架2层	4700
9	本科生南食堂	南部+中部	8836	局部地下1层，地上框架2层	2750
10	本科生北食堂	南部+中部	9736	局部地下1层，地上框架2层	2750
11	公共教学楼1—5幢（教1、3、5、7）	01栋/8696；02/2490（西头4层大教室）；03/6275；04/2490（西头4层大教室）；05/5918(即教1、教3、教5、教7)	25 869	框架4层、5层	4671
12	公共教学楼06幢(教7)	教7与连廊	11 994	框架5层	2167
13	公共教学楼7～13幢（教2、4、6、8）	07栋/8862；08/1608（东头3层大教室）；09/5230；10/1608（东头3层大教室）；11/5406；12/1608（东头3层大教室）；13/5034	29 356	框架3层、5层	5301
14	研究生教学楼（纪忠楼）		18 627	框架5层	3661
15	机械工程系		18 200	框架5层，局部地下1层	3780
16	工培中心		11 745	框架3层、4层	2310
17	机械动力平台		9813	框架4层	1848
18	计算机系与软件学院		15 925	框架5层	2972

（续表）

序号	项目名称	所含单体 [幢号/面积（平方米）]	面积（平方米）	结构与层数	总投资（万元）
19	电子电工及网络中心		16 882	框架 5 层	3150
20	物理系（田家炳楼）		12 632	框架 5 层	2358
21	文、管学院	人文学院/13297；管理学院/11945	25 242	框架 5 层	5048
22	化工、材料系	化学化工系/11945；材料系/11290	23 235	框架 5 层	4200
23	土木交通实验平台		15 545	框排架 5 层	2625
24	行政楼		12 548	地下 1 层人防，地上框架 5 层	5575
25	医院		4532	框架 2、3 层	1530
26	接待中心（九龙湖宾馆）		13 228	局部地下 1 层，地上 5 层	2700
27	图书馆		53 828	局部地下 1 层，地上 5 层	15 340
28	大学生活动中心（焦廷标馆）		16 700	局部半地下室、框架 6 层	4690
29	田径场看台（桃园田径场）		5267	框架 3 层	1050
30	保卫处办公楼		2000	框架 3 层	500
31	研究生公寓 5—02（后勤工人宿舍）		2544	砖混 6 层	373
32	南门		338	框架 1 层	
33	西门		143	框架 1 层	
34	北门		54	框架 1 层	
35	接待中心大门（西北门）		38	砖混 1 层	
36	东、西候车室	362+362	724	框架 1 层	
37	东、西运动场更衣室（厕所）	180+180	360	砖混 1 层	
38	危险品库房		417	框架 1 层	
39	垃圾中转站及附房	243+附房 126	369	框架 1 层	
40	新校区建设指挥部办公楼（现为总务处、基建处办公楼）	临时建筑，设计寿命 20 年	1945	框架 2 层	
41	基础设施及运动场				18 910
合计			579 788		130 774

注：（1）指挥部办公楼属于临时用房，在 2004 年初建成；
（2）一期工程全是 2005 年开工，除大学生活动中心和体育看台于 2006 年底交付，图书馆于 2007 年完工外，其余全部在 2006 年 8 月交付使用。

九龙湖新校区一期共建成 58 万多平方米建筑物，包括校区建设指挥部临时办公用房近 2000 平方米。

2008 年至 2012 年，九龙湖校区陆续又新建了九龙湖体育馆、土木交通教学科研楼等项目。

东南大学九龙湖校区 2007—2012 年后续建设工程项目表

序号	项目名称	建筑面积（平方米）	结构层数	总投资（万元）
1	九龙湖学生宿舍（桃园 8）	11 410	框架 6 层	2289
2	九龙湖体育馆	21 000	框架、钢构	13 650
3	材料、化工教学科研楼	13 727	框架 5 层	2510
4	研究生宿舍 2（橘园 1）	29 080	框架 6 层	5816
5	土木、交通教学科研楼	46 000	框架 16、14 层	11 519
合计		121 217		35 784

教职工住房是基本建设中的另一重要部分。1991—2012 年间，续建、改建、新建的教职工住房 45 万多平方米、3500 多套。

东南大学 1991—2001 年间建设的教职工住宅统计表 [①]

年份	住房及投资				按户型分						备注
	面积（平方米）	套数（套）	投资（万元）		三室一厅（含）		二室一厅（含）		一室一厅（含）		
			国拨投资	自筹集资	面积（平方米）	套数（套）	面积（平方米）	套数（套）	面积（平方米）	套数（套）	
1991	9505	156	358		5040	72	4465	84			
1992	9505	156	527	130	5040	72	4465	84			
1993	5000	78	548	380	1680	24	3320	54			
1994	12 026	195	517	181	2516	35	8250	130	1260	30	青年教师住宅
1995	1600	54	540	300					1600	54	
1996	9916	132	551	700			9916	132			25 号
1997	5000	72	500	1500	1800	24	3200	48			29 号
1998	21 800	224	1499	2360							中堡村
1998	5900	50	191	458							兰园 28 号
1999	54 800	512		10 960							龙江小区
2000	30 000	250	600	5400							住宅 30 号
2001	11 000	130	500	1150							危旧房筒子楼改造
合计	176 052	2009	6331	23 519							

---

① 本表依据《关于报送我校教职工住房建设"八五"情况及"九五"规划的报告》（东大基〔1996〕164 号）、2001 年给省教委的报告和后勤基建等工作文件整理。不包括 1992 年至 2000 年并校前其他三所学校的住房建设数量，也不包括将军路住宅区、九龙湖新校区建设的住房。

继1996—2000年在龙江小区购建3幢教师公寓后，2002—2005年间，学校又在江宁将军路1号征地342亩（4400万元），建设教职工住宅61幢及配套设施（后命名为翠屏东南小区），主要工程于2003年3月开工，2004年12月竣工，合计建筑面积273 564平方米，其中住宅1560余套。[①]

东南大学将军路住宅区建设项目统计表

序号	项目名称	建筑面积（平方米）	结构层次	总投资数（万元）
1	将军路住宅01—03幢	21 774	框架12层	2940
2	将军路住宅04—07幢	17 932	框架12层	2421
3	将军路住宅08—10幢	21 774	框架12层	2940
4	将军路住宅11—17幢	4200	砖混6层	441
5	将军路住宅18—20幢	15 174	砖混6层	1517
6	将军路住宅21—23幢	15 174	砖混6层	1517
7	将军路住宅24—26幢	13 173	砖混6层	1317
8	将军路住宅27—29幢	13 265	砖混6层	1327
9	将军路住宅30—33幢	11 952	砖混6层	1195
10	将军路住宅34—37幢	19 509	砖混6层	1951
11	将军路住宅38—40幢	8664	砖混6层	866
12	将军路住宅41—44幢	14 482	砖混6层	1448
13	将军路住宅45—48幢	14 482	砖混6层	1448
14	将军路住宅49—51幢	14 377	砖混6层	1438
15	将军路住宅52—54幢	10 902	砖混6层	1090
16	将军路住宅55—56幢	9786	砖混6层	979
17	将军路住宅57—61幢	19 572	砖混6层	1957
18	住宅区地下车库A	5688	框架1层	1024
19	住宅区地下车库B	4962	框架1层	893
20	住宅区地下车库C	3602	框架1层	648
21	住宅区地下车库D	5943	框架1层	1070
22	住宅区地下车库E	3877	框架1层	698
23	住宅区社区中心	3000	框架3层	450
24	住宅区大门（3处）	300	框架1层	60
25	住宅区室外配套工程			3600
	合计	273 564		35 235

2006年，将军路住宅区又添建幼儿园，建筑面积2500平方米，为框架3层楼，投资500万元。

[①] 《2003年基建项目完成投资情况》，《东南大学年鉴》2003年，第310—311页。

五、校舍、办学用地和固定资产总值

1992—2012 年间，东南大学的校舍面积从 410 474 平方米，增加到了 1 238 474 平方米；教室面积从 40 408 平方米，增加到了 136 191 平方米，都增长了两倍以上。

东南大学 1992—2012 年校舍统计表[①]

单位：平方米

年份	总计	教室	语音实验室	多媒体教室	图书馆	实验室、实习场所	体育馆	会堂	行政办公用房	学生宿舍	学生食堂	其他用房
1992	410 474	40 408			12 141	56 155（含科研用房）	5294		17 747（工厂）	20 867	62 354	8411	1779
1993	417 627	40 408			12 141	59 871（含科研用房）	5294		17 747（工厂）	19 657	66 614	8411	1779
1994	447 824	40 408			12 141		5294	4720	22 763	66 614	11 195	
1995	455 011	40 408			12 141	94 598	5294	4720	22 763	66 614	11 195	
1996	464 114	40 408			12 141	96 046	5294	4720	22 763	66 614	11 195	
1997	488 955	53 208			12 141	98 634	5294	4720	29 593	69 838	11 195	
1998	499 037	53 208			12 141	104 912	5294	4720	29 897	69 838	11 195	
1999	528 269	53 208			12 141	104 912	5294	4720	29 897	69 838	13 557	
2000			864									
2001	1 093 949	104 537			26 423	167 956	8414	6404	98 391	150 654	23 477	
2002	899 670	110 165	954	15 425	20 993	250 992	8414	5130	20 225	167 612	23 477	
2003	963 826	113 965	968	14 710	36 973	267 992	8414	5130	20 225	187 734	23 477	
2004	984 945	113 965	725	14 000	36 973	267 078	8414	5131	20 225	210 226	23 477	
2005	902 215	113 965	502	20 108	36 973	267 078	8414	7259	20 225	220 726	23 477	
2006	948 412	135 965	1460	33 970	36 973	292 684	8414	7260	20 225	234 713	23 477	
2007	736 734	125 204	1399	29 316	36 621	201 701	8452	4579	17 401	201 537	25 985	
2008	735 820	118 404	1323	34 476	36 621	199 136	5332	4579	23 848	201 398	25 985	
2009	755 615	118 404	5313	35 817	36 621	199 136	5332	4579	23 848	217 116	25 985	
2010	751 530	41 536	5403	42 905	17 637	123 664	2349	4079	47 619	129 285	14 504	
2011	1 174 179	110 570	5517	46 664	69 916	369 905	2349	11 092	46 130	342 428	40 778	53 162
2012	1 238 474	136 191	4517	46 644	69 916	376 951	2349	11 092	46 130	362 038	42 086	53 162

二十年间，学校办学用地也有极大增长。原校本部所在的四牌楼校区，仅有531亩（约合35 4001平方米），在20世纪80年代，是国家教委直属高校生均占地面积最少的一家。1988年4月，学校在江北浦口高新区征得650亩土地。1988年10月，经省政府批准，原南京能源工程学院（其办学地址在当时的南京市建邺区南湖地区）并入东南大学，学校为集中办学场所，

[①] 本表中"总计"的数额中，还包括了"教工单身宿舍""教工食堂""生活福利及其他用房""教工住宅"这四个大项。教职工住房涉及住房制度改革，参见本章下节。

将南湖125.7亩土地置换为浦口校区临近的土地213亩。如此，在浦口形成了共有土地863亩的新校区。浦口校区加上四牌楼本部，合计土地1381亩（此为上报统计数，与实际数略有出入）。除去浦口校区的部分丘陵，实际可使用的土地1100多亩，按当时"万人大学"的规划，基本满足生均一分地的国家标准。[①] 这个状况延续至2000年"四校合并"，学校占地面积陡增至约2305亩。2004年，学校征得江宁区九龙湖3749亩办学用地，使校园总面积达到6396亩（约426万平方米）。其后，由于教职工住房制度改革，已经出售的住房及其成片用地不再纳入学校资产和办学土地统计范围，学校的办学格局也有局部的调整，因而向教育部上报和对外发布的占地面积统计口径有所缩小。

学校的固定资产指历年投入资金购买的设备、家具（不同时期纳入统计的标准不尽相同），不包括土地的价值，也不计算增值或减值部分。固定资产总值随着学校财力的不断增长，办学投入的不断增加，总体上是不断增长的，2000年后呈现出大幅度快速增长的局面。

东南大学1992—2012年间办学用地与固定资产统计表 [②]

年份	占地面积（平方米）			固定资产总值（万元）
	总计	绿化用地面积	运动场地面积	
1992	920 671			10 945.33
1993	920 713			12 544
1994	954 391			14 174
1995	954 391			13 897
1996	967 731			15 631
1997	967 731			16 681
1998	967 731			17 906
1999	967 731			42 847
2000	1 475 322			76 772
2001	1 537 006			97 574
2002	1 537 006	511 796	186 496	126 037.78
2003	1 537 006	511 796	186 496	148 695
2004	1 537 006	521 796	197 496	155 283.7
2005	4 285 290	526 496	197 496	188 417.16
2006	4 249 574	1 204 496	279 894	209 744.77
2007	4 232 355	1 204 496	281 694	228 697.15
2008	4 232 021	1 533 881	247 037	244 862.25
2009	4 232 134	1 545 881	247 037	262 427.44
2010	3 894 023	1 432 881	247 037	279 549.51
2011	3 104 156	1 005 000	163 700	311 077.24
2012	3 104 156	1 005 000	167 492	338 796.78

---

① 《东南大学史第二卷》，第350-351页。
② 依据学校历年上报教育部的"基本情况报表"整理。

第三节 教职工薪酬增长和居住条件改善

1992—2012 年间，学校在提高教职工薪酬待遇、推进分配制度改革、改善教职工居住条件以及推进住房制度改革方面做出了巨大努力，也取得了很大进步和成绩，为稳定队伍、留住人才、集聚人才提供了重要的物质条件。

一、教职工薪酬逐步增长

教职工薪酬包括工资、奖金、岗位津贴、职务津贴、地方补贴和除实物之外的其他福利，虽不同时期具体内容不尽相同，结构变化也比较大，但总的趋势是工资占全部收入的比重逐步减小，而其他部分尤其是与岗位、绩效相关的部分比重逐步增大。1978 年前，国家实行计划经济，除国家发给的工资部分，学校没有财力给教职工增加收入。1978 年后，国家以经济建设为中心，经济政策逐步转活，学校的办学自主权也逐步扩大，收入来源不断多样化，能够自主支配的财力逐渐增加，为教职工提供的奖金、福利也渐有增多。据统计，由学校财政直接向教职工发放的工资、奖金、津贴等，1978 年为人均 751.62 元 / 年，1987 年为人均 1333.87 元 / 年[1]，1992 年，全校教职工收入人均大约 3000 元 / 年，到 2012 年，增长到人均约 12.7 万元 / 年。离退休人员的生活补贴，也从 1992 年的人均 2651 元 / 年，增长到 2012 年的人均 6.35 万元 / 年。

（一）在职职工薪酬逐步增长

东南大学 1992—2012 年间学校支付给教职工的工资福利统计表

年份	1 基本工资（万元）	2 津贴（万元）	3 奖金（万元）	4 社会保障缴费（万元）	5 伙食补贴（万元）	6 其他（万元）	1~6 项合计（万元）	教职工总人数	教职工人均年工资福利（万元）
1992	660						1189.5	3966	0.2999
1993	750						1592.85	3965	0.4017
1994	1935.3						3068.4	3968	0.7733
1995	1928.96						3018.92	3933	0.7676
1996	2264.63						3467.15	3914	0.8858
1997								3879	
1998							7998	3824	2.0915
1999	4166			4045			20 067	3751	5.3498
2000	4969			5069			25 229	6355	3.9699

---

[1] 吴应宇：《从财力的持续增长看东大三十年巨变》，《东南大学报》2009 年 1 月 1 日。

（续表）

年份	1 基本工资 （万元）	2 津贴 （万元）	3 奖金 （万元）	4 社会保障缴费 （万元）	5 伙食补贴 （万元）	6 其他 （万元）	1~6项合计 （万元）	教职工总人数	教职工人均年工资福利 （万元）
2001							17 069	6501	2.625 6
2002							19 478	6447	3.021 3
2003							29 313	6347	4.618 4
2004							36 307	6275	5.786 0
2005							38 584	5777	6.678 9
2006	5785	3257	33			2 1951	31 345	5672	5.526 3
2007	8818	2901	970	429	140	13 606	26 864	5625	4.775 8
2008	9705	3170	2412	1043	215	14 709	31 254	5688	5.494 7
2009	8012	3219	556	354	199	15 349	27 689	5708	4.850 9
2010	8878	3025	2124	353	204	19 471	34 055	5675	6.000 9
2011	9771	3642	2945	500	211	51 628	68 697	5731	11.986 9
2012	9617	3600	3473	955	217	54 578	72 440	5720	12.664 3

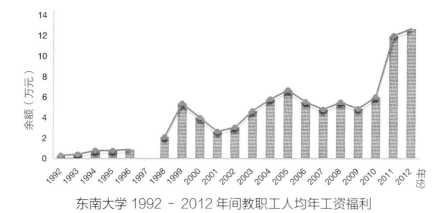

东南大学1992－2012年间教职工人均年工资福利

从上面的表和图可以看出：

（1）这20年中，在职职工的工资福利是持续增长的，1992年为0.299 9万元[①]，2012年为12.664 3万元，数值上后者约是前者的42倍（未考虑物价上涨、币值变化）。

（2）2005年之后，除了基本工资，津贴、奖金、社保等项目确立下来，保障职工薪酬的制度性建设取得明显进步。

（3）统计表和表中各分项，不同时期统计的名称、口径不尽相同。1992年至2006年，总

---

① 1992年和1993年的数据依据为这两年的预算报告。这两年学校的预算外收入和分配或有记录不全、记录偏低的情况。据陈笃信在东南大学第三届教代会暨第十届工代会上的报告："全校教职工工资外人均年收入1988年为570元，1992年上升到3179元，五年增长了4.6倍。"陈笃信：《团结起来，加快发展，为把东南大学建设成为国内第一流国际有影响的著名大学而努力奋斗——在第三届教代会暨第十届工代会上的报告》（1993年10月30日），东南大学档案馆馆藏档案。

口径都称为"人员经费",2007年总口径改为"工资福利支出",下分"基本工资、津贴、奖金、其他"四项。2008年"工资福利支出"口径下分"基本工资、津贴、奖金、社会保障缴费、伙食补助、其他"六项。至2012年口径未变,下分项也未变。以1992年为例,在名为"人员经费"的名称下,有:① 工资660万元;② 补助工资353.5万元,其中包括"交通补贴8万元、兼课酬金3万元、超工作量酬金80万元、四项补贴(含粮油价调整补贴)67万元、保健津贴4万元、夜餐费4.5万元、临时工工资95万元、冷饮费10万元、奖金23万元、其他59万元(含房改基金44万元)";③ 职工福利费51万元,其中包括"福利费14万元、工会经费12万元、丧葬遗属补助6万元、职工探亲车船费2万元、独生子女保健费12万元、退职金1万元、其他4万元";④ 离退休人员费267万元,其中包括"退休人员费201万元、离休人员费66万元";⑤ 人民助学金273.65万元,其中包括"职工助学金0.15万元、硕士生助学金88万元(含研究生兼助教酬金0.5万元)、博士生助学金25万元(含博士生兼助教酬金1.5万元)、本专科生助学金160.5万元(含勤工俭学基金)";⑥ 副食品补贴125万元。本表中,1992年、1993年"人员经费"数据中都已经将离退休费、助学金划出计算,其余小项未划出。

(4)为观察教职工历年收入变化的大概情况,依据学校年度基本报表,统计了历年"教职工总人数",并据此计算"教职工人均年工资福利"。"人均年工资福利"总体上是逐步增长的,但是账面上看起来有"暴涨"的情况,1999年暴涨为5.3498万元,比1998年增长一倍多,主要是因为1998年的校内分配制度改革,1999年这一部分中既有增发也有补发;2010年人均6.0009万元,2011年暴涨为11.9869万元,增长了近一倍,主要原因是2008年分级聘任制度出台,从决定到操作完成有个过程,过程结束时补发了前几年的欠账。另外,1999年、2007年、2009年有人均减少的情况,也跟分配制度改革进入操作阶段,暂停增资有关。

(二)离退休人员生活补贴不断提高

东南大学1992—2012年学校对离退休人员个人和家庭补助支出情况一览表[①]

年份	1 离休费(万元)	2 退休费(万元)	3 医疗费(万元)	4 抚恤金(万元)	5 住房补贴(万元)	1、2项合计(万元)	离退休人员总数	离退休人员年人均补贴(万元)
1992	66	201				267	1007	0.2651
1993	100	255				355	1115	0.3184

---

① 本表与上表都是预算数,1992年数据依据《关于下达一九九二年事业费预算的通知》〔92〕校通知第76号;1993年数据依据《关于下达一九九三年综合财务预算的通知》,校通知〔1993〕38号。其余年份数据为决算数,依据东南大学1994—2012年间历年年鉴数据。

（续表）

年份	1 离休费（万元）	2 退休费（万元）	3 医疗费（万元）	4 抚恤金（万元）	5 住房补贴（万元）	1、2项合计（万元）	离退休人员总数	离退休人员年人均补贴（万元）
1994	837.7					837.7	1235	0.6783
1995	1025.17					1025.17	1469	0.6979
1996	1339.21					1339.21	1547	0.8657
1997							1617	
1998	2148					2148	1802	1.1920
1999							1833	
2000							3251	
2001							3363	
2002							3416	
2003	958	6154				7112	3796	1.8736
2004	1169	7886				9055	4017	2.2542
2005	1285	8770				10055	3667	2.7420
2006	1300	8758	3037		1936	10058	3562	2.8237
2007	1530	10990	3171	444	5879	12520	3545	3.5317
2008	1370	10758	3583	288	9450	12128	3566	3.4010
2009	2405	11099	3924	343	2957	13504	3523	3.8331
2010	2270	12986	4108	418	13077	15256	3666	4.1615
2011	2298	32776	4081	306	6139	35074	3900	8.9933
2012	2206	24365	5050	452	6026	26571	4185	6.3491

离退休人员年人均补贴，由表中第1、2两项的离休费、退休费之和，除以离退休人员总数计算得出。表中第3、4两项医疗费、抚恤金与学校所有人员有关。第5项住房补贴与所有教职工有关（有关住房补贴的情况，可参阅本章中教职工住房制度改革部分）。"离退休人员年人均补贴"中，应该包含医疗费、抚恤金和住房补贴，因统计上未单独列出，此处也未做拆分处理，没有计入。

二、分配制度改革

收入分配制度改革是学校人事制度改革的重要组成部分。在职职工薪酬逐步增长和离退休人员生活补贴不断提高，都伴随着对"大锅饭""铁饭碗"式的分配制度的改革，并且是逐步推进的。1992—2012年间，学校进行过几次收入分配制度改革，其主要内容是，根据责任、岗位和贡献，在考核的基础上，打破平均主义和"大锅饭"，适当拉开收入差距，改善激励，调动教职工的工作积极性。

1994年，学校进行了一次普遍的工资制度改革。经1994年4月30日校务会议研究批准的改革方案，是根据国务院颁发的《事业单位工作人员工资制度改革方案》《事业单位工作人员工资制度改革实施办法》和江苏省苏政发〔1994〕3号文件的规定，结合学校深化校内管理体制改革的具体情况制定的。方案的实施范围"限于全校1993年9月30日在册的正式职工。集体所有制的工作人员，可以参照本实施方案执行"①。

方案旨在建立新的工资制度。新工资制度对人员进行新的分类、分级如下：

（1）教职工分别实行专业技术职务等级工资制、职员职务等级工资制、技术工人技术等级工资制以及普通工人等级工资制。

（2）教职工工资由职务（技术）等级工资和津贴两部分构成。职务等级工资为工资中相对固定的部分，主要体现工作能力、责任、贡献、劳动的繁重复杂程度，适当体现年功差异；津贴具有浮动工资的性质，主要体现各类人员岗位特点、工作业绩、工作量和工作质量，与绩效挂钩。在全部工资构成中，职务等级工资部分占70%，津贴部分占30%。

（3）职务（技术）等级工资：各类人员职务（等级）工资70%固定部分的套改办法按"国发〔1993〕79号文件""国办发〔1993〕85号文件"和《江苏省事业单位工作人员工资制度改革实施方案》的有关规定，并参照国家教委《高等学校教职工工资制度改革实施方案》的文件精神进行套改。

（4）津贴：津贴是此次工改工资构成中的浮动部分。津贴发放的原则是，以岗位性质、聘任和绩效考核情况为基础，与教职工工作的数量和质量直接挂钩，体现为多劳多得、少劳少得、不劳不得。津贴部分的分配，国家对学校实行总量控制、政策指导，津贴项目、津贴标准、津贴档次和发放办法，都由学校自主确定。津贴实施办法与校内管理体制改革相结合，各类人员在严格定编、定岗、定责的基础上，严格考核，择优聘任。聘任上岗的，发给相应的津贴。全校设置专业技术人员工作量津贴、党政管理人员岗位目标管理津贴、技术工人岗位津贴和普通工人岗位津贴等四种津贴项目。每种津贴分特、一、二、三、四共五个等级，以区别不同的工作的量和质。

（5）对在教学、科研、科技开发和管理工作等方面做出突出贡献的人员给予另外的奖励，包括在教学改革中取得开创性成果并产生重大社会效益，在基础研究、尖端技术、高新技术研究中达到国际先进或国内领先水平，在应用科学方面取得重大成果、产生重大经济效益，以及获得国家自然科学技术奖、国家发明奖、国家科技进步奖，部省科技进步奖，全国优秀教学成果奖（优秀教材奖），省哲学社会科学优秀成果奖的人员等，给予另外的奖励。

---

① 《东南大学教职工工资制度改革实施方案》，东大人〔1994〕164号。

全校有 5300 多人参加了这次工改（含离退休）。整个工改进行得比较顺利，在职职工人均月增工资 168.44 元。离休人员人均月增工资 249 元。退休人员月增工资 149 元。

新工资制度从 1993 年 10 月 1 日起执行。

东南大学 1993 年新工资制度中的专业技术人员津贴标准分表

单位：分

职务档次	特	一	二	三	四
教授（含相应职务，下同）	32	28	23	19	14
副教授	26	22	18	15	11
讲师	20	17	14	11	8
助教	13	11	9	7	5
技术员	11	9	7	5	3

东南大学 1993 年新工资制度中的党政管理人员津贴标准分表

单位：分

职务档次		特	一	二	三	四
二级	校级		28（25）	23（21）	19（17）	—
三级	正处		22（21）	18（17）	15（14）	—
	副处		19（18）	16（15）	13（12）	—
四级	正科		17（15）	14（13）	11（10）	—
	副科		13（12）	11（10）	9（8）	—
五级	科员		11	9	7	—
六级	办事员		9	7	5	—

注：（1）校长、党委书记津贴为 30 分
（2）调研员执行括号内的数值

东南大学 1993 年新工资制度中工人津贴标准分表

单位：分

职务档次	特	一	二	三	四
高级技师	18	16	14	12	—
技师	16	14	12	10	—
高级工	15	13	11	9	—
中级工	14	12	10	8	—
初级工	13	11	9	7	—
普通工	11	9	7	5	—

每一个系列中的津贴情况，都有 20 种以上的区别，虽然其差别的幅度还不是那么大，但这在相当程度上改变了长期形成的吃大锅饭的情况。

这次工改明确建立了正常增资制度。教职工在严格考核的基础上，实行定期升级增资制度。凡正常履行工作职责，连续 2 年考核合格的人员，可以晋升一个职务工资档次。考核不合格者，不得晋升。考核优秀并做出突出贡献的人员，可以提前晋升或超级晋升。这样，进一步打开了调动教职工工作积极性的空间。"定期升级增资制度"的建立，改变了以往只有职务提升才能增加工资的现象；突出贡献可以提前晋级或越级晋升，则激励教职工积极进取、奋发有为，这都是重要的制度性和政策性进步。

1995 年，学校试行"工资总额动态包干"。"以全面推行工资总额动态包干为重点，加大人事制度改革的力度"[1]，为的是"进一步深化内部管理体制改革，强化自我约束和激励机制，增强活力，优化队伍结构，促进校内资源合理配置，提高办学效益"。学校预期实行工资总额动态包干后，增人不增工资总额，减人不减工资总额，超支抵扣，节余自用。实行工资总额动态包干，让包干单位有相应的人事、分配自主权，治事、用人相结合，责权利相统一。包干单位与学校签订年度工资总额包干合同书，明确包干工资总额和当年的工作目标、包干任务、责任和权利等项内容，学校每年对包干单位进行一次工作考核评估，根据考评结果，给予奖惩。

这次改革是按教育部要求进行的。学校在设计改革方案时的初衷是进一步调动教职工积极性，提高办学效益。但是，由于教学、科研规模和教职工工作任务等都在不断变化发展，校内二级单位也没有独立法人资格，实行这样的包干，不光难以计量评价，而且需要消耗大量管理成本，制定的包干合同往往因为客观情况下的不断变化而难以兑现。因此，这项改革"阻力不小""推进不快"，在"试行"了几年后，面上的实行即告终止，只在独立经营的校办企业中得到了保留。[2]

2000 年，学校实行新的校内岗位津贴制度。[3] 为了实现建设国内外知名高水平研究型大学的战略目标，稳定骨干，吸引人才，建设一支高水平的师资、管理及专业技术人员队伍，学校决定进一步加大人事分配制度改革力度，提高教职工特别是骨干教师待遇，实施了新的岗位津贴方案。这个方案根据工作性质和特点，把全校岗位按四个系列设置：（1）学科、教学、科研岗位系列，分为 7 级 13 档；（2）党政管理岗位系列，分为 7 级 15 档；（3）其他专业技术岗位系列，分为 4 级 11 档；（4）工人岗位系列，分为 5 级 5 档，津贴标准也有较大提高。新的岗位津贴方案从 2000 年 7 月（新的聘任年度）开始实施。

---

[1] 《关于呈报〈东南大学工资总额动态包干管理实施办法〉的报告》（1995 年 9 月 27 日），东大人〔1995〕362 号。另《东南大学 1995 年工作总结和 1996 年工作纲要》（1996 年 3 月 25 日），《东南大学年鉴》1995 年，第 35、38 页。
[2] 《关于 1997—1998 学年工资总额动态包干的补充规定》（1997 年 6 月 11 日），校通知〔1997〕82 号。
[3] 《关于执行岗位津贴方案的通知》（2000 年 5 月 22 日），校通知〔2000〕54 号。

东南大学 2000 年实行的校内岗位津贴制度中学科、教学、科研岗位津贴标准表

档次	津贴（元）	岗位						
13	50 000	院士　特聘教授	校特聘教授					
12	40 000		校特聘教授	博导				
11	35 000			博导				
10	30 000							
9	25 000				教授			
8	20 000							
7	15 000					副教授		
6	10 000							
5	7500						讲师	
4	5000							
3	4000							助教
2	3000							
1	2000							

东南大学 2000 年实行的校内岗位津贴制度中党政管理岗位津贴表

档次	津贴（元）	岗位						
15	40 000	校长						
14	35 000	校长						
13	33 000		副校长					
12	30 000		副校长					
11	25 000			处长				
10	23 000			处长				
9	20 000							
8	15 000				副处长			
7	10 000							
6	7500					科长		
5	5000							
4	4000						副科长	
3	3000							科员
2	2000							科员
1	1500							

东南大学 2000 年实行的校内岗位津贴制度中其他专业技术岗位津贴表

档次	津贴（元）	岗位				
11	25 000	正高职务				
10	23 000	正高职务				
9	20 000					
8	15 000		副高职务			
7	10 000		副高职务			
6	7500			中级职务		
5	5000			中级职务		
4	4000					
3	3000				初级职务	
2	2000				初级职务	
1	1500					

东南大学 2000 年实行的校内岗位津贴制度中校本部工人岗位津贴表

档次	津贴（元）	岗位				
5	5000	高级技师				
4	3000		技师			
3	1500			高级工		
2	1200				中级工	
1	1000					初级工

2002 年，学校对校内岗位津贴实施方案进行了重新修订，修订后的津贴标准有较大幅度的提高，并进一步引入竞争激励机制，力求体现"绩效优先、责酬一致"的分配原则。

2004 年，学校提出大力实施"人才强校"战略，加强师资队伍及高水平专家队伍建设，积极推进校内人事分配制度改革，决定加大投入力度，以灵活的机制吸引高层次人才。此后，又多次进行分配制度中的局部的、专项的调整，提升一线骨干教师、学术带头人的待遇。①

2008 年，学校提出，将更加关注广大师生的切身利益和民生问题，进一步拓宽学校财源，增强学校实力和财力，根据上级部署及时改革工资津贴和奖励政策，切实增加教职工实际收入，不断提高广大教职工的生活质量。

2009—2010 年，学校启动新一轮人事分配制度改革。这次改革，按照逐步建立以"岗位绩效工资"为主体的分配制度的思路和"按需设岗、公开招聘、择优聘任、合同管理"的原则，全面推行教师岗位分类管理和公开招聘制度，积极探索科学规范，符合现代大学制度的用人制度。

2010 年，学校设想 2011 年将按照国家政策和上级要求全面规范、兑现退休人员的补贴，根据上级部署和学校实际，出台学校绩效工资改革方案，及时推进绩效工资改革。

2012 年，学校再次调整岗位津贴方案。为提高教职工待遇，充分调动广大教职工的积极性、创造性，建立健全校内收入分配激励机制，充分体现按劳分配、优劳优酬、绩效优先、兼顾公平，统筹兼顾、持续发展，重心下移、分层管理的基本原则，参照在宁部分部属高校校内岗位津贴的总体情况，结合学校实际，制定了 2012 年的校内岗位津贴调整方案。② 方案实施范围是 2012 年 1 月 1 日在编在岗并由学校支付工资及津贴的事业编制人员。学校支付工资及津贴的集体人员、人事租赁和非在编人事代理人员参照执行。

方案将学校人员按照岗位聘用分为教师、其他专业技术、管理和工勤四个系列。教师系列，分为一至十三级；其他专业技术系列，分为三至十三级；管理系列，分为二至十级；工勤系列，分为一至五级。岗位绩效津贴分为基础性岗位绩效津贴（占 70%，按月发放）和奖励性岗位绩效津贴（占 30%，根据年终考核目标任务完成情况，打包到院系、部门二级单位发放）两部分。

---

① 所有博士生指导教师，除享受校内岗位津贴标准外，另增发博士生指导教师培养津贴，以增加博士生指导教师的收入。《关于改革我校博士生指导教师校内岗位津贴制度的通知》（2006 年 10 月 16 日），校通知〔2006〕155 号；《关于印发〈博士生、博士后培养津贴实施细则〉的通知》（2008 年 10 月 18 日），校通知〔2008〕153 号，东南大学档案馆馆藏档案。
② 《关于实施〈东南大学校内岗位绩效津贴调整方案〉的通知》（2012 年 10 月 8 日），校通知〔2012〕104 号，东南大学档案馆馆藏档案。

为了体现对高层次人才的重视，对院士、长江学者、特聘教授、青年特聘教授等人才另行制定人才津贴。

这个方案，一方面大幅度地提高了教职工收入的总体水平，另一方面，全面系统地实现了以岗位绩效工资为主体的分配制度和"按需设岗、公开招聘、择优聘任、合同管理"的现代大学的科学规范、分类管理的用人制度。至此，既保持基本队伍的稳定，又能吸引高层次人才的薪酬待遇体系的基底结构大体形成。①

三、教职工居住条件不断改善

教职工住房紧张曾是长期困扰学校发展的严重问题。从1989年到1992年，学校先后在四牌楼校区的校西、沙塘园、文昌村及文昌桥1至6舍等地建成教职工住宅楼10幢624套，共计36 000平方米。在4年内分配了624套住房，同时接龙分配流转后的旧房512套。此外，文昌桥原学生宿舍10舍经加固改建后，解决了青年教职工结婚用房140户。在1989年以后的不到5年时间里，学校共有1198户教职工解决了住房困难，在一定程度上缓解了住房矛盾，改善了条件和居住环境。②但住房问题仍然没有从根本上得到解决，据统计，1992年时，全校在职教职工人均住房面积为6.3平方米，远低于南京市平均水平，住房极端困难，矛盾十分突出。

（一）1996年时东大教职工的住房状况

1996年，东南大学有教职工宿舍162 164平方米（建筑面积，下同），其中套房2342套，计143 029平方米，占总面积的88.2%，套房平均面积为61.07平方米。学校时有教职工3821人，其中，教授（包括所有正高职称，下同）232人，副教授636人，讲师1369人，其他无专业技术职称、职务的干部和职工1584人。学校时有住户3044户，其中，在职教职工1916户，占总户数的63%；离退休人员895户，约占总户数的29%；遗属124户，约占总户数的4%；另有占用学校住房的社会人员109户，约占总户数的4%。在职教职工住房情况是：教授205户，其中三居室（含二室半无厅，下同）174户，二居室（含一室半无厅，下同）31户；副教授586户，其中三居室226户，二居室342户，其他18户；讲师726户，其中三居室48户，二居室363户，其他315户。教授及相当人员未住上三室一厅套房的有300户，副教授及相当人员未住上建筑面积70平方米以上住房的有395户，讲师及相当人员未住上二居室的有643户，青年教职工无房或等房结婚的有686人。学校每年约有150人离退休，人退房不退；学校每年

---

① 工资制度改革并未到此结束。2015年，学校提出"重点构建以岗位绩效工资为主体，年薪制、协议工资、项目工资等并存的多元化工资体系，探索建立规范化的薪酬调整机制和相应的考核激励机制"，《东南大学2014年工作总结和2015年工作纲要》。
② 陈笃信：《团结起来，加快发展，为把东南大学建设成为国内第一流国际有影响的著名大学而努力奋斗——在第三届教代会暨第十届工代会上的报告》（1993年10月30日），东南大学档案馆馆藏档案。

需补充进人约 150 人，进人必需分配住房；每年因职称（职务）变化，住房规格需按政策做相应的调整，实际上因为住房资源紧张却不能调整，或者不能及时按标准调整，教职工对住房意见极大。①

综上所述，东大当时教职工住房问题比较突出地表现在以下几个方面：

（1）住房总量严重不足。1996 年教职工住房存量为 16.2 万平方米，其中在职人员实际居住面积仅 8.9 万平方米，约占 55%，另 45% 的住宅被离退休人员及校外人员使用。按照国家教委制定的高等学校校舍面积定额要求，在职教职工的住宅面积总额应有 14.5 万平方米，据此推算，尚缺教职工住宅 6.5 万平方米（尚不包括危房、险房的改造及未来 3 年内离退休人员占用房 3.5 万平方米）。

（2）教职工的住房标准低、条件差。截至"八五"期末（1995 年底），教职工校内户家庭人均居住面积为教授 6.8 平方米，副教授 6.5 平方米，讲师 6.4 平方米，这不仅离其应有的居住面积标准相差甚远，也低于当时南京市居民的平均水平（8.34 平方米／人）、江苏省省属高校（7.2 平方米／人）和中小学（9.07 平方米／人）的平均水平。更为严重的是，有 230 户青年教师居住在只有公用厨厕的学生宿舍或临时搭建的单室间中；还有 407 位已婚大龄青年教工无住房安排，有的已经生了孩子仍住在集体宿舍中。在 1994 年前，年满 28 周岁的教职工勉强可以申请单间住房一间，使用面积为 12 平方米，而到 1997 年，年满 31 周岁才能分到单间房，副教授和处级干部住单间房的有 40 多户。有 55 户教工居住在无厨无厕的 8~12 平方米的临时搭建的平房中。

（3）四牌楼校区位于南京市城区中心地域，周围无法向外扩展，围墙内可建住宅用地早已用完，要建房只有拆旧盖新，投资效益很低。而浦口新校区周边的基础设施条件很差，又无中小学及商业等配套服务，不具备建设教职工住宅的社会条件。

（4）"八五"期间（1991—1995 年），国家对高校的基建投资增长极少，而同期的建筑材料价格、人工费及各种税费却大幅上涨，使住房建设造价不断提高，投资效益不断下降。

（5）许多变化因素不断加剧住房问题上的困难。如随着市场经济体制的建立和户口制度的放宽，人员流动性加大，工作变动也更加频繁；一些人出国留学、下海经商，与学校的关系已发生变化，却依旧占住学校的房子。这些变化往往使尚未解决的住房矛盾变得更加严重，可单凭学校力量又难以解决。

（6）时有住房中，有相当一部分是 20 世纪 50 年代建造的，这部分住房建设标准比较低，质量比较差，有的已经到了报废期仍在使用，危房、险房不断增加。为此，部分教职工住户曾多次联名请愿，要求"搬出危房，拆迁改造"，群众意见大，呼声高。②

---

① 《关于东南大学出售公有住房的报告》（1996 年 5 月 17 日），东大总〔1996〕75 号，东南大学档案馆馆藏档案。
② 《关于我校教师住房现状及住房建设规划的报告》（1998 年 5 月 4 日），东大基〔199885 号。

上述这些问题，严重阻碍着学校事业的发展。住房紧张与经费短缺、队伍不稳，是这个时期学校发展遇到的"三大"突出问题之一，而住房困难可谓其中"难中之难"。

（二）为改善教职工居住条件采取的举措

学校一直在努力建房修房。"八五"期间，学校在财力十分困难的情况下，5年内共投资3481万元建设教职工住房（其中国拨资金2490万元，学校自筹991万元），建成住房37 636平方米，其中套房585套，单间住宅54户。教职工住房解困户为175户，改善户为1533户。[①]

1992—1993年，学校与所在地玄武区房产经营公司本着互利互惠的原则，对文昌村和兰园11号两处的旧房进行了合作改造，方法是：统一规划，以双方原有占地面积比例分成，所需建设资金各自承担。1993年，南京市制定了住房"解困"规划，政策规定本市的解困房可以免缴所有前期费用。学校通过努力，将教工住宅25号列入了"南京市自建解困房"计划，免缴了前期费用170多万元。1994年，在江苏省政府、省教委的大力支持下，学校取得了中保小区教师新村的参建资格。该新村的土地为省政府无偿划拨，并可免缴一部分前期费用。1995年开工建设教职工高层住宅一幢，建筑面积9900平方米，总投资1302万元，建设套房132套（平均75平方米/套）。

"筒子楼"改造是这一时期改善教职工居住紧张状况的一项重要工作。筒子楼是一段时期内高校普遍存在的一种教职工宿舍，通常由原学生宿舍或集体宿舍改建。每户只有一间房，没有独立的厨房、卫生间，住户在公共走道上支炉子烧饭做菜，多户甚至一层楼共用一个卫生间。当时分管教育的中央政治局常委、国务院副总理李岚清和教育部领导对高校筒子楼改造都作过多次专门指示和批示。教育部为此召开了专门会议，安排专项改造资金。东南大学得到国家专项拨款1479万元。1996年7月24日教育部部署此项工作，会议一结束，学校即成立了以党委书记朱万福为组长的筒子楼改造领导小组。筒子楼改造涉及多幢集体宿舍，任务十分繁杂。由于住房十分紧张，所有需要改造的筒子楼都必须先行腾空，再行维修、改建或重建。八舍拆除重建，十六舍改建，老六舍整修，幢幢都要投入许多工作，投入极大的耐心和高度的热情。由于上下一心，高度重视，耐心细致，筒子楼改造工程取得的结果令人满意。[②]

李岚清副总理还要求地方政府为学校建房提供土地和资金支持。江苏省和南京市为了贯彻李岚清副总理的指示，决定由南京市在草场门外的龙江地区免费提供土地建造教师公寓，省政府每平方米支持500元的经费，估计该批教师公寓的建造每平方米需2500元，学校只需拿

[①]《关于报送我校教职工住房建设"八五"情况及"九五"规划的报告》（1996年5月9日），东大基〔1996〕164号，东大档案馆馆藏档案。

[②] 陈笃信说："韦钰同志做校长时，已经改建了一到六舍的筒子楼。""我接任校长时，学校教职工住房极度紧张，许多老教师，已经是教授了还住着五六十平方米的房子，留校和新进的年轻教师，结婚连一间房子都分不到，意见大得不得了。所以我的一项重要任务就是改善教职工住房条件。"陈笃信：《关于我任校长期间工作的几点回忆》（2018年3月27日、4月3日），东南大学校史研究室整理。

出2000元,就可以拿到这批房子。这样一批教职工搬到龙江,校内可以腾出一批旧房轮转,又可以解决一大批青年教师职工的住房问题。学校领导认定这是一个难得的机遇,要求一定要抓住,立即预订了两幢(32层的塔楼,每层8户,共计512套)。学校同时也对分房制度做了改革,明确龙江属于集资建房,不是福利分房,住房面积标准可以适当放宽,但多出的面积个人需多出钱。当时定了一个标准,决定分三档计算:第一档是原住房交出多少面积,龙江新房按每平方米800元的福利房价格购买同样的面积;第二档是超过原住房面积,但在学校按不同级别规定的住房面积之间的差额部分,每平方米按1100元收费;第三档是超过上述规定面积的部分,按每平方米1500元收费。这样学校可以收回一部分建设投资,减轻学校的财务负担。[1]

1998年,教职工一次性分房736套,是学校此前从未有过的大规模分房工作。为了做好此项工作,校教代会常委会、校房改领导小组、校分房委员会、总务处校产科按照南京市政府新房新制度的精神,反复研讨、反复测算,先后八次修改方案,反复征求教职工意见,校长办公会议多次讨论,最后形成了《东南大学集资建房、购房、扩房暂行办法》和《东南大学中保、龙江高层住宅98年度集资购房暂行办法》,于1998年4月8日教代会全委会审议通过,校长办公会议批准后公布执行。学校这两个"办法"的主要精神是将教职工住宅供应向商品化方向引导。加大教职工在住房上的投资力度,教职工个人承担部分达建房成本的40%左右,有利于加快教职工住房建设的步伐。由于准备充分,调研深入,定位较准,价格适中,教职工普遍努力一下能够承担,工作进展都很顺利。

2000年,学校建成文昌街2号9舍7500平方米共112套、龙江教师公寓58 838平方米共512套,合计66 338平方米,624套。根据2001年1月学校向省教委报告中提供的数据,2000年全校教职工人均住房面积增加到13.83平方米,住房成套率达到98%。

四、住房制度改革

在改善教职工居住条件的过程中,学校逐步推出了集资建房、出售公房和货币化分房等政策,不断推进住房制度改革。

1992年,学校成立了住房制度改革工作领导小组。组长是副校长毛恒才,副组长有钱明权、陈漱秋、杨树林、陶诗昭,其他成员包括各有关职能部门的负责人14人。住房制度改革工作领导小组下设办公室,具体负责学校住房制度改革的日常工作。办公地点在行政管理处的校产科。[2]

1993年,学校出台了《东南大学住房制度改革方案(试行)》。方案明确,住房制度改革是经济体制改革的重要组成部分,其根本目的是建立与社会主义市场经济体制相适应的新的

---

[1] 陈笃信:《关于我任校长期间工作的几点回忆》(2018年3月27日、4月3日),东南大学校史研究室整理。
[2] 《关于成立我校住房制度改革工作领导小组的通知》(1992年3月16日),〔1992〕校通知字第27号,东南大学档案馆馆藏档案。

住房制度，以实现住房商品化、社会化。通过稳步出售公有住房，改变建设、分配、维修、管理住房的体制，以实现国家、学校、个人三者共同筹资建房，转换住房机制，逐步形成住房资金投入产出的良性循环，加快住房建设，改善教职工住房条件，提高教职工教学、科研和生产的积极性，促进学校的改革和发展。学校住房制度的改革，是学校内部管理体制改革的重要组成部分。[①]

方案的主要内容有：

（1）实行住房公积金制度。公积金是一种义务性的长期储蓄基金。通过长期的储蓄积累，逐步提高教职工解决自住住房的能力，同时也扩大学校建房资金的融通。1992年度，在职教职工（退离休教职工不实行公积金办法）按月缴存工资额5%的公积金，学校亦按月提供教职工占工资额5%的公积金，两者均归教职工个人所有。以后随着学校经济情况和本人收入的变化，缴存公积金的比例可分别进行调整。

（2）提高租金，发补贴。改革现行低房租制度，确定合理的公房租金标准，逐步提高公房租金，并发给教职工一定的住房补贴。根据学校各类住房的地段、房屋结构、内部设施、朝向楼层、新旧程度等，确定各类住房的租金标准。1992年月租金暂定为每平方米使用面积0.30元。

（3）分房交定金、现住房交住房建设互助金。这是校内住户个人交纳的建房集资费，作为国家、学校建房资金的补充，用以加快住房建设，增加住房供应。凡教职工新分配学校的公有新旧住房，自1992年7月1日起，按规定交纳定金，1992年交纳定金的标准定为每平方米使用面积20~50元。现住学校自管公房的在职教职工住户及其他住户应交纳住房建设互助金，收缴的标准暂定为每平方米使用面积20~30元。

（4）实行住房超标加租。为使教职工住房得到合理使用，制约不合理的住房需求，实行住房超标加租办法。

（5）多渠道集资建房。校内单位参加的全额集资建房，1992年集资计费标准为每平方米建筑面积740元。符合分房条件的大龄青年结婚户提前申请结婚用房，使用面积为12~16平方米的单间旧房，收集资费4000~6000元。

（6）优惠出售公有住房。为了推行住房商品化，调整消费结构，筹集建房资金，加快住宅建设步伐，学校优惠出售公有住房。优惠售房办法规定，凡具有本市城镇常住户口，以自住为目的，且符合分房条件的教职工，以户为单位，可向学校申请购买新建的（含腾空的）或已租住的成套住房，每户限购一次。优惠出售公有住房，应在规定的标准住房面积之内。1992年为每平方米建筑面积300元，并按住房所在的地段、楼层、成新折扣等因素增减后计价。一次付清全部购房款，可减收房价20%。

---

① 《东南大学住房制度改革方案（试行）》，东南大学档案馆馆藏档案。

1996年，学校首次向教职工出售了4.5万平方米的1130套住房，占学校当时所有住房总面积的27.8%。①

东南大学1996年学校售出的校外房源一览表

序号	房源地点	使用面积（平方米）	建筑面积（平方米）
1	南湖沿河二村11、13、14、15栋	4157	5820.27
2	锁金二村22栋	7042	10 835
3	九华山46号01栋	740	1024
4	西大影壁02、06栋	3526	4937.1
5	兰家庄5号	2133.6	2864
6	峨嵋路8号甲、乙楼	1102.6	1586.5
7	成贤街102号、102号B栋、C栋	3237	4533.12
8	兰园11号1、2栋	3426.1	4798.44
9	蓁巷6#、9#、11#	2057.8	2880.92
10	太平北路130#1、2、3栋	2720.2	3879.4
11	石婆婆庵10号1、2栋	928	1300.15
合计	1130套	31 070.3	44 458.9

本着解决住房问题实行国家、集体、个人三方共同负担的原则，2002年，学校参照龙江、中保住房的集资办法，在江宁区将军大道1号的342亩土地上，开始动工建设教职工住宅，并向教职工出售。这批住宅为多层建筑和小高层建筑，套型中最大建筑面积在200平方米左右。共有1560多套。凡住在学校非售区或者非售房内且在1998年11月30日前参加工作的学校全民所有制在编在聘的、已婚、双方户口均在本市的教职工（含离退休同志），都可以参加集资购房。已经有福利房且面积未达到新标准的，也都可以申请参加集资购房。②

东南大学各类人员选购江宁住房的面积标准一览表

人员分类	面积标准（平方米）	最高面积（平方米）
一般干部、工人、初级职称	75	110
科级干部、中级职称	90	110
处级干部、副高级职称	110	135
厅级、正高级职称	135	160，180
院士	190	200

---

① 《关于东南大学出售公有住房的报告》（1996年5月17日），东大总〔1996〕75号，东南大学档案馆馆藏档案。
② 《关于公布〈东南大学江宁住宅区2002年度集资购房暂行办法〉的通知》（2002年6月27日），校通知〔2002〕148号，东南大学档案馆馆藏档案。

在房价的计算方面，各类人员在江宁的住房面积标准内（按建筑面积），按900元/平方米，并给予相应的折扣，阳台按建筑面积以450元/平方米单独计算，不计入面积标准。超出个人应享受面积的计价按1800元/平方米。教职工集资购买江宁住房，产权归个人所有，并可以享受各种扣减，例如，本校双职工总房价可以有1%～5%的扣减。

与此同时，根据教育部《关于同意东南大学校东非售区改为可售区的批复》（教发司〔2004〕16号）的有关精神、《南京市深化住房制度改革方案》《南京市出售非成套公有住房实施细则》和《在宁二十所高校出售公有住房实施办法》的有关规定，以及江苏省和南京市干部职工清房有关政策和清理军地两处住房有关政策，学校出售了可以出售的市区的公房。①

按《南京市深化住房制度改革方案》的规定，学校出售成套公有住房的价格实行房改成本价。2002年度向教职工出售住房的房改成本价，按南京市的规定，钢混、混合一等、砖木一等均为每平方米建筑面积880元，混合二等为800元。这次实际出售还根据住房层次、朝向和设施进行增减，但最低不得低于房改成本价的20%。另外，办法规定了关于工龄、房屋成新等的各种具体详细的折扣（成新折扣按折旧年限50年计算，每使用一年成新折扣为2%；混合二等、砖木二等的旧住房成新折扣按住房折旧年限40年计算，使用一年成新折扣为2.5%；砖木三等的旧住房成新折扣为每年3.3%；简易旧住房的成新折扣为每年10%；折扣后，现值低于40%的，按40%计算）。规定扣除各种折扣和调节因素后，每平方米建筑面积实际售价低于房改成本价20%的，按房改成本价20%的售价计算。

2005年，学校将江宁将军大道住宅区内剩余住房（不含特批房）和其他住宅区内的剩余住房（不含特批房）一并出售。② 这是最后一次集中出售学校的公有住房。此后，集中建房、集中售房成为历史。随着南京商品房市场的蓬勃发展，针对各种不同经济条件和住宅需求的楼盘不断推出，新进的教职工通过货币化分房、住房公积金、住房补贴和逐步提高的薪资，通过商品房市场解决自己的住房问题。

学校在出售公房的同时，逐步推出货币化分房政策。根据教育部有关住房制度改革的精神及《南京市进一步深化住房制度改革的实施方案》（宁政发〔1998〕278号文件）的规定，结合自己的实际情况，学校制定了货币化分房的办法。③ 办法明确：

①住房分配货币化的实质是在社会主义市场经济体制下，学校将住房以实物分配形式改为以货币分配形式补贴给教职工，由教职工在市场上购买从而获得房屋所有权。

② 住房分配货币化的基本原则是，坚持在国家和省、市统一政策指导下，因地制宜，结合实际、量力而行；坚持国家、单位、个人共同合理负担的原则，积极稳妥地实现住房由实物

---

① 《关于公布〈东南大学2002年度出售公有住房暂行办法〉及〈东南大学剩余公有住房出售办法〉的通知》（2004年6月11日），校通知〔2004〕69号，东南大学档案馆馆藏档案。
② 《关于出售剩余公有住房的通知》，校通知〔2005〕71号，东南大学档案馆馆藏档案。
③ 《东南大学住房分配货币化暂行办法（讨论第四稿）》（2000年10月18日），东南大学档案馆馆藏档案。

分配向货币化分配的转变，建立新的住房建设和分配制度。

③ 学校住房制度改革的目标是停止住房实物分配，实行住房分配货币化，今后教职工解决住房问题的主要途径是个人购房。教职工购买住房的资金来源主要有：教职工工资中的住房消费含量、住房公积金、个人住房贷款以及住房货币补贴。

④ 学校成立由分管校长领导的包括教代会、校办、人事处、财务处、后勤管理处、审计处、老干部处等有关部门负责同志组成的住房货币化分配工作组，研究制定和审批年度学校住房货币化分配方案，指导职能部门开展各项具体工作。

⑤ 自 2000 年 1 月 1 日起，学校逐步停止住房实物分配，实行住房分配货币化。学校在非售区的公寓房是供在职、在编、在聘的全民教职工居住的过渡性住房。

⑥ 1998 年 11 月 30 日前参加工作的我校全民所有制事业单位在编、在聘（包括离退休）的教职工，现为无房户或未达规定标准的可发一次性住房补贴。1998 年 12 月 1 日以后参加工作的，由学校逐月发给住房补贴。1998 年 12 月 1 日以后参加工作的教职工，自本人报到之日起一个月后，由学校逐月发放住房补贴。住房补贴额＝教职工月工资额（同缴存住房公积金基数）× 住房补贴率。1999—2000 年度住房补贴率为 16%。学校逐月发给教职工的住房补贴存入教职工个人住房补贴账户，按公积金原则进行管理和使用。学校还根据具体情况，另行制定了校内非全民所有制事业编制教职工的住房补贴办法。

2004 年，学校公布《东南大学新聘用教职工住房货币补贴暂行办法》[①]，暂行办法指出，为实施"人才强校"战略，加强师资队伍建设，调整和优化人才结构，落实人才引进计划，促进学校事业的发展，随着江苏省、南京市住房制度改革的深入，学校将稳步、有序地推进住房分配货币化，通过实施货币补贴，帮助新聘用教职工解决住房问题（"新聘用教职工"指本办法颁布实施之日后新进校工作的事业编制教职工）。货币补贴的申请条件为：申请人必须具有副高以上（包括副高）职称或博士学位，若在原单位已享受房改房，按照已享受房改房的面积与本人货币化面积标准之差（货币化面积标准参见《东南大学住房分配货币化暂行办法》，校通知〔2001〕181 号）及相关比例计算本人应享受的货币补贴额。

新职工（1998 年 12 月 1 日后参加工作）在享受本办法规定的货币补贴的同时，其按照基本工资基数的 18% 的住房补贴仍然逐月发放。

2005 年，为推进住房分配货币化进程，学校决定从 2005 年 10 月起逐年发放住房货币补贴。补贴资金在国家拨款未下达的情况下，主要靠学校自筹。在财力允许的情况下，在未来若干年内积极筹措资金，加大教职工住房货币补贴的力度。[②]

住房制度改革大体完成后，学校仍保有少量公房，供单身教师、无房教师过渡居住。

---

① 《东南大学新聘用教职工住房货币补贴暂行办法》，校通知〔2004〕68 号，东南大学档案馆藏档案。
② 《关于〈东南大学 2005 年度教职工住房货币化补贴实施细则〉的通知》，校通知〔2005〕115 号，东南大学档案馆藏档案。

东南大学 2004 年公布的新聘用教职工住房货币补贴执行表

职工属性	货币补贴	院士	长江学者	杰出青年基金、教育部青年教师奖获得者等	正高职称	副高职称	中级职称及以下（具有博士学位）
老职工（1998年11月30日前参加工作）	发放金额（万元）	60	45	45~33	33	27	22
	发放办法		一次性发放补贴额的2/3，其余部分按月发放，10年付清	一次性发放补贴额的1/2，其余部分按月发放，10年付清			补贴额按月发放，10年付清
新职工（1998年12月1日后参加工作）	发放金额（万元）		36	36~24	24	19	15
	发放办法		一次性发放补贴额的2/3，其余部分按月发放，10年付清				补贴额按月发放，10年付清

东南大学 1992—2012 年计入学校资产的教职工住房情况统计表[①]

（单位：平方米）

年份	教工单身宿舍	教工食堂	生活福利及其他用房	教工住宅	其他用房
1992		3250	26 085	155 983	1779
1993		3250	26 085	156 370	1779
1994	4419	3523	29 172	160 164	
1995	4419	3523	29 172	160 164	
1996	4419	3523	29 172	167 819	
1997	4419	3523	29 172	167 218	
1998	4419	3523	32 672	167 218	
1999	4419	3703	32 872	193 708	
2000					
2001	12 018	0	13 6871	358 804	
2002	10 618	0	13 6871	145 173	
2003	10 118	0	13 6117	153 681	
2004	10 118	0	13 5657	153 681	
2005	10 118	0	13 5657	58 323	
2006	10 118	0	13 5657	42 926	
2007	11 767	0	83 648	19 839	
2008	16 104	0	85 368	19 045	
2009	16 104	0	89 445	19 045	
2010	13 782	0	338 599	18 476	
2011	31 844	0	87 114	8891	53 162
2012	41 444	0	88 024	8891	53 162

---

① 依据学校历年资产报告整理。

随着住房逐步商品化，住房管理也逐步进入社会化，各住宅小区逐步成立业主委员会，选聘物业管理公司（或者由业主自治）负责住房的维修和日常管理，一种新的住房管理形态开始出现。教职工住房，室内维修由购房教职工自己负责，共用部位、公共设施的维修管理由各住宅小区业主委员会和物业管理公司负责，学校的房屋管理负担大为减轻。学校按住房款 15%（高层为 20%）、购房教职工按成本价 1% 的比例一次性提取和缴纳费用作为共用部位、公共设施的维修基金，由学校住宅管理机构在银行专户存储，监督使用，不足部分按产权人各自所占房屋建筑面积的比例分摊。这是一个历史性的转变。

第四节　学校的信息化和信息资源建设

东南大学的信息化建设可以追溯到20世纪80年代中期,一些数据处理量大的部门(如财务处、人事处、科研处等)使用单机DBASE II 数据库系统进行本部门业务数据处理。80年代末,校长办公室采用Novell技术,将财务处、人事处、科研处,以及校办的计算机连接成计算机局域网,按月动态提取相关部处的科研、财务、人事数据,经汇总打印后提交学校领导,为学校管理和决策提供信息服务。

1992年初,在校长办公室之下建立了"综合信息中心",开始了学校信息化工作的探索。1995年,"东南大学综合信息中心"更名为"东南大学网络与信息中心"(简称"网信中心"),主要负责校园网的建设、管理、维护、服务和开发工作。

信息化和信息资源建设是学校建设发展中的新事物,一方面是基础设施建设(包括"网络硬件"和"系统软件"),一方面是在基础设施之上的应用和开发。这两个方面工作紧密联系,逻辑上有先后,实际进程中则是一体推进,交互发展。

一、校园网基础设施建设

在中国的信息化浪潮中,大学从一开始就走在了前头。东南大学是中国现代计算、控制和通信技术学科的发祥地之一,在信息化建设过程中进行过重要的探索和开拓,有过重要的贡献。

信息化的基础是计算机技术以及网络技术的推广和运用。东南大学的计算机科学与工程技术发展较早。1960年,学校建立了"解算装置及技术"专业,曾自主研制我国第一台数字积分机,填补了国内空白。[①]1981年,随着我国高等教育事业和现代科学技术的迅猛发展,以及学科建设的需要,学校建立了"计算机科学与工程系"(时为学校"九系"),同时决定利用世界银行贷款引进了美国Honeywell公司的DPS-8中型计算机系统,建立了计算中心为全校科研服务和为学生提供上机操作环境。1987年,为使计算机资源得到合理配置和统一调度,学校将计算中心和计算机系合并。计算机系内机构也做了相应的调整,设置"计算机体系结构""计算机应用""计算机辅助工程""计算机理论基础""计算机网络与通信""知识工程""人工智能"等教研室。1997年,计算机专业顾冠群教授当选为中国工程院院士,是全国计算机网络方面的第一个院士。

1994年4月,国家教委组织6所(后扩展为10所)委属重点大学建设中国教育科研计算机网(CERNET),东南大学作为江苏、山东和安徽三省教育科研网的区域网络(即

[①]《东南大学计算机科学与工程系简史(1960—2002)》,东南大学计算机学院:《流金岁月》,东南大学档案馆馆藏档案。

CERNET华东北地区）中心，负责三省的教育网建设与管理。嗣后，江苏教育科研网（JSERNET）在东大建立，顾冠群任主任。1995年，学校主建的"中国教育科研计算机网"华东（北）地区网管中心，在CERNET十大地区网管中心中第一个通过国家验收，在计算机信息网络建设和应用、为教学科研提供优良信息环境方面，走在了国内高校前列。

在校园网建设方面，1993年上半年，学校决定利用世界银行贷款余款（20万美元）建设校园网，委托计算机系（计算中心）相关教师起草了东大校园网初步建设方案。

1994年3月，教育部在北京（清华大学）组织世界银行贷款项目招标工作，校综合信息中心主任张月琳代表东南大学参加世行贷款校园网项目招标工作，其他相关高校有上海交通大学、浙江大学、西安交通大学、哈尔滨工业大学、北京大学。根据当时全球网络技术发展和设备的成熟状况，几所相关高校共同选择了当时比较成熟的网络产品——DEC公司的FDDI网络设备。

1994年6月底，校网信中心主任张月琳和其他相关高校专家在北京清华大学分别就利用世行贷款采购FDDI网络设备签署了供货合同。

1994年10月，信息中心在四牌楼校区的新图书馆—老图书馆—中心楼之间以同轴电缆互连方式，采用UNIX TCP/IP通信协议，实现了几座建筑物内的计算机网络互联，网内计算机可以连接中心楼内的计算机系网络室，通过网络室实现与德国的Email通信。

1994年末，位于老图书馆二楼的学校第一个校园网络中心机房建成。

1994年11—12月，四牌楼校区完成多模光缆敷设工程。多模光缆连接的建筑物包括老图书馆、中心楼、南高院、江南院、逸夫科技馆、新图书馆等。

1995年1月下旬，利用世行贷款项目余款订购的DEC公司的FDDI设备到货，信息中心开始组织安装、调试。采用网桥技术的FDDI环状主干网有三个主干节点，分别位于老图书馆、中心楼以及江南院；在主干节点之下，通过细同轴电缆方式连接所在楼宇内的计算机网络。老图书馆网络中心机房购置的两台DEC服务器安装UNIX操作系统，分别配置了提供互联网系统与应用服务的DNS、Email、FTP、WWW网络服务。1995年6月，东南大学在江苏省高校中率先向互联网提供Web服务，成为当时省内建设校园网高校了解、学习互联网应用服务的样板。

1995年4月，网络与信息中心向教育部立项申报了中国教育和科研计算机网示范工程项目："东南大学校情信息服务系统"（经费5万元）、"华东（北）三省省情信息服务系统"（经费5万元）、"中国民间美术信息服务系统"（经费3万元）。1995年底，三个项目同时完成，并通过中国教育和科研计算机网专家委员会网上验收。

1995年底，网络与信息中心向江苏省科委申报"东南大学校园网及其应用系统"项目建设成果。1996年5月，"东南大学校园网及其应用系统"项目获得江苏省科技进步二等奖。

1996年1月，DEC公司的FDDI网桥节点设备升级为具有路由能力的节点，校园网开始启用申请到的 32 个 C 类地址；8 月，校园网增设一个逸夫科技馆 FDDI 节点设备，使四牌楼校区的校园网络拥有四个主节点，网络基本覆盖了各主要教学科研单位。

1998 年 3 月，四牌楼校本部榴园宾馆最高楼层与浦口校区成贤院和金坛院之间水塔最高端建立了微波信道，用以传输有线电视信号。信息中心联合电教中心对原设计的两校区间的一条 2 Mbps 微波信道进行扩容，使其扩展为三条 2 Mbps 微波信道。三条信道中，两条分别为电教中心的电视信道和电话总机房的电话信道，另外一条作为两校区间计算机网络互联信道。这条 2 Mbps 微波网络信道尽管速率不高，但对当时跨越长江的两个校区图书馆的图书借阅管理发挥了很好的作用。[1]

1998 年 5 月 3 日，《新华日报》对校园网建设进行了报道。报道说："东南大学在整个校园的计算机管理方面有得天独厚的条件。它已经建立了校园网。今年，他们实现了通过自己筹建的远程教育系统及数字微波通信网，同步地把会议实况传送到距离本部几十公里外的浦口校区，让那里的师生同时收看到本部的直播。而在此之前的交互式电子教室和远程教室的建设工作已经进行了近 2 年时间，在电子教室里也尝试了上课，其实验室范围内的功能已得到初步实现。"

1999 年，学校投入 300 万元实现了对校园网络的升级。7 月，校园网安装千兆网络设备，一周内完成从 FDDI 切换到千兆校园网的工作；8 月，学校学生处通过校园网实现了江苏省网上招生试点工作。

2000 年 1 月，浦口校区与四牌楼校区之间实施光缆工程，其后连接两校区的千兆网络互连开通。同年 5 月，四牌楼校本部与丁家桥校区（原铁道医学院）之间借用社会公司的光缆，实现了校区间的千兆网络互连；8 月，四牌楼校本部与进香河校区（原地质学校）之间光缆连接的千兆网络互连开通。这一年，实现了几大校区的千兆网络互连，网络与信息中心搬迁至进香河校区。

2001 年 9 月，东南大学与中国药科大学、南京晓庄学院共同筹建晓庄地区—市区光缆工程。光缆工程于 2001 年 10 月完工并互连开通，实现了当时东南大学所有校区（四牌楼、丁家桥、浦口、长江后街、晓庄等校区）的光缆互联。

2002 年 8 月，学校千兆校园网络实现新的升级。校园网络在四牌楼校区老图书馆、进香河校区、浦口西校区拥有 256 Gbps 背板带宽的思科 6509 交换机；四牌楼校区的中心楼、健雄院，丁家桥校区拥有 32 Gbps 背板带宽的思科 6506 交换机。

2003 年 9 月，原有 1999 年购置的 5505 交换机移至晓庄校区，晓庄校区网络实现新的升级。东大职教院搬迁至晓庄校区后，依托网络的教学得到了保障。

2003 年下半年，学校对占地 3700 余亩的江宁九龙湖新校区开始了规划和筹建工作，九龙湖校区至四牌楼校区间的光缆工程同步筹划和实施。

---

[1] 《东南大学 1997 年行政工作总结和 1998 年行政工作纲要》（1998 年 3 月 9 日），《东南大学年鉴》1997 年，第 40 页。

2004年5月下旬，四牌楼本部与九龙湖新校区之间的32芯光缆工程完工。6月，九龙湖新校区建设指挥部内的局域网与四牌楼校本部校园网实现千兆速率的连通。在江宁建设新校区的指挥部人员可以进入学校校园网，实现网上办公、访问互联网。这条跨越市区几十公里的光缆也为两年后建成的九龙湖新校区校园网奠定了基础。

2005年，在四牌楼校区的图书馆、中山院开通了无线网络（共17台AP点），作为校园有线网络的延伸和补充。

九龙湖新校区建设过程中，新校区校园网建设的三项重点工作是：网络综合布线工程、新校区网络中心机房建设、校园网络设备招标。

2005年10月9日，九龙湖新校区综合布线工程开标，院系组团布线工程及校区光缆工程（第一标段）由江苏东大金智建筑智能化系统工程有限公司中标；学生宿舍区布线工程（第二标段）由浙大中控信息技术有限公司中标。新校区综合布线工程于2005年12月10日开工，2006年12月21日两标段综合布线工程通过验收。

九龙湖新校区综合布线工程范围包括：本科生公寓、研究生公寓、本科生公共教学楼、材料学院、经管学院、化学化工学院、环境学院、交通实验平台、人文学院、土木实验平台、电工电子中心、计算中心、工培中心、计算机学院、软件学院、数学系、物理系、校行政大楼，以及青年教工公寓等等。[①]

新校区综合布线工程中，教学区数据点约1.9万个，语音点约0.44万个；宿舍区数据点约1.68万个，语音点约0.53万个。新校区的校园网以万兆为核心，千兆到楼，从布线间到用户桌面为100兆速率。新校区校园网有830台各类交换机设备，是原有几个校区交换机数量的3倍。

2006年3月29日，九龙湖新校区网络中心机房工程开标。网络中心机房工程于2006年5月11日开工，2006年8月中旬初步建成；经过试运行阶段后，2006年12月20日通过验收。

2006年4月下旬，九龙湖新校区校园网络设备招标，5月下旬签订设备采购合同，设备包括1台思科12 810万兆路由器、2台思科6509核心交换机、5台思科4506汇聚交换机，以及755台接入交换机。

2006年8月下旬，九龙湖新校区（除在建的图书馆）建成了万兆主干的新校区校园网，新校区核心路由器（思科12 810）与四牌楼校区老图书馆思科6509核心交换机实现了远距离的万兆互联。

2006年8月，大批院系单位进驻九龙湖新校区，面临机关办公迁移、新生报到、老生开课、网上办公等大量工作。学校要求，新学期开学时，九龙湖新校区的校园网络设备必须安装到位并实现连通运行；同时要求，九龙湖新校区建成的网络与四牌楼老校区的网络必须实现万兆互

[①] 《网络与信息管理工作综述》，《东南大学年鉴》2004年，第321–323页。

联接通，并提供网络办公服务环境。工作任务重、责任大，网络与信息中心的专家和员工骑着三轮货车，拖着沉重的网络设备，冒着酷暑高温，汗流浃背、加班加点，根据时间节点安排，分片区逐个楼宇安装和调试网络设备。新校区开学之后，校园网络比电话网先行开通运转，为新校区的建设和运行做出了突出贡献。

新校区的网络中心机房安装了校园网络运行的路由器、核心交换机和网络服务器，中心机房同时也是学校"一卡通"系统、学校财务系统、学校数据中心和新校区各单位托管服务器的主机房。[①]

2007年，利用通往各个校区的校园网光纤资源，网信中心对"一卡通"专网、医疗专网、财务专网等三大专用网进行了线路和设备的调整，使得三个专用网在物理上相互独立，确保了各个专网内数据的独立与安全。针对"一卡通"业务的不断拓展，及时完成了校园"一卡通"专网的拓展和维护工作。

2007年，配合学校本科教学评估工作的环境建设要求，网信中心对四牌楼校区的中心楼、五四楼、动力楼以及老图书馆楼内的弱电布线进行整理，将单位的自行布线整理入线槽，同时对老校区楼外电缆、光缆进行了整理。

2007年6月完成了校园内的无线网络覆盖工程。覆盖范围包括：九龙湖校区的图书馆，四牌楼校区的图书馆，丁家桥校区的图书馆，九龙湖校区本科1号、2号教学楼和研究生教学楼，四牌楼校区的中山院和前工院等。[②]

在九龙湖新校区学生宿舍网络建设与服务方面，学校与南京市电信公司签署了服务协议。2006年10月，由市电信公司提供学生宿舍宽带服务的宿舍网络开通，九龙湖新校区学生宿舍陆续开通网络服务。

2007年4月，学校采购了校园无线网设备，采用Aruba设备；2007年下半年，在三大校区的图书馆，九龙湖校区的1号和2号教学楼、研究生教学楼，四牌楼校区的东南院、中山院等建筑物内，开通了校园无线网服务。

2007年10月，东南大学网络与信息中心作为教育部"CNGI高校驻地网建设项目"参加单位，按教育部要求采购了支持IPv6服务的相关设备。

2008年9月底，配合CERNET，学校网信中心完成了"CNGI高校驻地网建设项目"的验收工作，为其后继续参加CERNET网络中心组织的百所高校"下一代互联网业务试商用及设备产业化专项"——"教育科研基础设施IPv6技术升级和应用示范（校园网IPv6技术升级）项目"奠定了基础。

2008年12月，网信中心申报了"教育科研基础设施IPv6技术升级和应用示范（校园网

[①] 《网信管理工作综述》，《东南大学年鉴》2006年，第425-426页。
[②] 《网信管理工作综述》，《东南大学年鉴》2007年，第388-390页。

IPv6技术升级）项目"，与教育部科技司、CERNET 网络中心签署了"东南大学校园网 IPv6 技术升级子项目"合同，获得校园网 IPv6 升级设备经费 300 万元。

2008 年底至 2009 年 5 月，按照"东南大学校园网 IPv6 技术升级子项目"合同中的要求，对四牌楼老校区校园网各个片区的光缆进行了"扁平化"改造。

2009 年 6 月，根据 CERNET 网络中心集中招标采购的结果，学校利用项目国拨经费 250 万元，分别与锐捷公司、H3C 公司签订了交换机供货合同，一共采购了 650 台接入交换机；9—10 月，两家公司分别交货，网信中心及时组织进行了接入交换机的验收和安装工作。

2009 年，学校为全校在籍本科生和研究生开通了免费 VPN 服务，学生在校外互联网上可以同教师一样，使用 VPN 服务访问校园网信息门户，访问校园网内提供的电子图书资源。①与南京市电信公司相互沟通配合，对电信提供宽带服务的四牌楼及丁家桥校区学生宿舍网实现与校园网的互联，学生用户在宿舍区可以免费访问校园网资源。

2010 年，学校完成了三大校区（四牌楼校区、丁家桥校区、九龙湖校区）第二路由的光缆建设工程。6 月下旬，跨校区第二路由光缆工程竣工，校园网启用从四牌楼（进香河）校区到九龙湖校区的第二路由万兆链路连接。②

2010年,学校实施教育部"教育科研基础设施IPv6技术升级项目",四牌楼校区校园网络"扁平化"完成改造，网络支持用户访问 IPv6 资源。5 月，完成了四牌楼校区（包括进香河片区）网络接入的"扁平化"改造，新部署交换机 300 多台。2010 年上半年，完成学生宿舍宽带网支持学生用户以 IPv6 访问校园网的工作。2010 年底，在九龙湖校区梅园宿舍区部署了纯 IPv6 试验网，部署交换机 160 台，信息接入点约 2000 个，覆盖 8000 名学生，进一步推广了 IPv6 的应用，提供了 IPv6 访问校园网以及互联网的服务。所有学生都可以在宿舍区免费访问校园网以及互联网上的 IPv6 网络资源。③

2010 年 4 月中旬，四牌楼校区老网络中心一楼机房改造完成；4 月 30 日，校园网出口处安装了 LP3020 网络链路负载均衡设备；5 月 14 日，将七楼老机房一台思科 6509 核心交换机搬迁到改造后的一楼机房。其后陆续开始对四牌楼老校区的校园网进行"扁平化"改造，至 9 月底，四牌楼校区网络"扁平化"改造工程完成。

2010 年 4 月 14 日，学校对跨越四牌楼、九龙湖、丁家桥三校区的第二路由光缆建设进行了招标；7 月，跨越市区几十公里的三大校区网络第二路由光缆建成并通过验收，多校区之间的万兆校园网、千兆一卡通专网、千兆财务专网以及千兆医疗专网均实现了双物理光缆路由互联。

---

① 《网络与信息管理工作综述》，《东南大学年鉴》2009 年，第 433-434 页。
② 《网络与信息中心管理工作综述》，《东南大学年鉴》2010 年，第 459-461 页。
③ IPv6 是 Internet Protocol Version 6 的缩写，其中 Internet Protocol 译为"互联网协议"。IPv6 是 IETF（Internet Engineering Task Force，互联网工程任务组）设计的用于替代 IPv4 的下一代 IP 协议，号称可以为全世界的每一粒沙子编上一个网址。由于 IPv4 最大的问题在于网络地址资源有限，严重制约了互联网的应用和发展。IPv6 的使用，不仅解决网络地址资源数量有限的问题，而且也解决了多种接入设备连入互联网的障碍。

2010年下半年，网络与信息中心部署了Citrix桌面虚拟化和应用虚拟化试验系统，进行了现有应用系统和应用软件的虚拟化部署测试工作，并召开了在宁高校基于桌面虚拟化和应用虚拟化的Citrix云服务解决方案研讨会，为在校园网环境下提供云服务开始了积极的尝试。①

截至2011年，校园网络的基本数据是：（1）校园网主干带宽万兆，桌面百兆接入；（2）校园网带宽出口总带宽3000兆，其中CERNET出口带宽1000兆，ChinaNet（中国电信）出口带宽1000兆，CERNET2出口带宽1000兆（IPv6）；（3）网络信息点数约50 000个，其中无线接入AP220个；（4）电子邮件系统用户账号52 000个，教师500兆邮箱容量，学生50兆；（5）数字化校园管理信息系统数据总量1287.5GB；（6）CERNET分配IP地址数为180个，C类地址46 080个，ChinaNet分配IP地址数80个。②

校园网建设是个没有终点、不断更新升级的过程。针对校园网出口三个环节存在性能和稳定性方面的问题，在"985工程"建设经费的支持下，2011年，学校对校园网络基础设施开展了新一轮优化和升级。在出口方面，对出口流量负载均衡策略进行精细化和调整，结合流控设备的使用，使得在出口带宽资源不变的情况下，用户访问互联网的体验有了相当程度的改善；确定了网络以精细化管理为目标、多业务全路由设备为核心的校园网核心升级方案，并在下半年完成了设备采购、安装、调试等工作。

二、校园网应用和信息资源建设

校园网的基础设施建设为校园网应用与服务奠定了基础。东南大学在进行校园网基础设施建设的同时，十分重视校园网的应用和服务，注重学校投资效益的充分发挥。

（一）校园电子化办公系统

2002年，为了进一步推动校园网应用和办公自动化工作，学校启动了校园电子化办公系统项目。校园电子化办公系统事关学校管理的科学化、现代化。胡凌云书记亲任组长，党政各部门主要负责人任小组成员，各业务单位出专人组成工作小组做具体工作。③在学校年鉴中，第一次把网络信息工作列入专题进行报告。④

2002年初，校办、党办和网信中心一道，通过招投标选择了金智公司开展校园电子化办

---

① Citrix即美国思杰公司，是一家致力于云计算虚拟化、虚拟桌面和远程接入技术领域的高科技企业。1997年Citrix确立的发展愿景"让信息的获取就像打电话一样简洁方便，让任何人在任何时间、任何地方都可以随时获取"，就是以后移动办公的雏形，随着互联网技术的快速发展，通过基于云计算技术的虚拟桌面，人们可以在任何时间、任何地点使用任何设备接入自己的工作环境，在各种不同的场景间无缝切换，使办公无处不在，轻松易行。
② 《网络与信息化工作综述》，《东南大学年鉴》2011年，第525-527页。
③ 《关于成立东南大学校园电子化办公系统领导小组的通知》，校通知〔2002〕18号，东南大学档案馆馆藏档案。
④ 《网络与信息工作综述》，《东南大学年鉴》2002年，第297-299页。

公系统的开发工作。网信中心与学校相关部门共同组成了校园电子化办公系统项目组。项目组每周召开工作例会，与公司专家一道不断对原型系统提出改进意见，改进意见由各单位领导签字认可，最终形成全校电子化办公系统的功能需求。暑假之后，各部门对新系统进行集体试用、上机培训，经过多次修改完善，逐步满足了实际应用的要求。为了能够在2003年实际应用该系统，学校组织校内各部门各二级单位的秘书进行培训考核，其间还派人前往其他大学进行实地调研，尽可能吸收好的想法和做法，以完善系统。

2003年1月23日，校党委办公室、校长办公室联合发布《关于举办校园电子化办公系统培训的通知》（校办通知〔2003〕1号），分批对中层干部、公文处理秘书及有关人员进行了校园电子化办公系统操作培训。

学校举办校园电子化办公系统操作培训班

2003年2月26日，学校党政联合发出《关于启用东南大学校园电子化办公系统的通知》（东大委〔2003〕10号），宣布2003年3月1日起正式启用东南大学校园电子化办公系统。2003年3月1日至2003年4月30日为双轨制。双轨制期间允许纸质版与电子版同时运行，以电子版为主，遇特殊情况可以纸质版先行，但事后必须及时按要求补上电子版。

学校各个部门、学校各级领导进入办公系统处理公文，校园网内的师生可以看到公文流转后发布的学校发文、通知，以及学校会议情况。为解决位于校外的校内用户使用校园电子化办公系统的安全问题，校园网采用基于VPN技术的接入方案，提供从公网访问学校校园电子化办公系统的安全、高效的通道。①

2005年，校园电子化办公系统容纳的各级行政、党务、团体、部门用户的数量已经达到

---

① 《网络与信息工作综述》，《东南大学年鉴》2003年，第303-305页。

943个。①

校园电子化办公系统的运用，改变了传统的办公方式，转变了人们的观念，促进了机关人员学习、掌握计算机知识和操作技能。

校园电子化办公系统有效地解决多校区办学、异地环境下的办公等问题，推动了学校管理的现代化。它在使用中不断升级和拓展，成为维持学校正常运转的基础性平台。

（二）校园网络视频系统

2002年5月底，学校利用覆盖多校区的校园网实时转播了百年校庆的实况，四牌楼、浦口、丁家桥、晓庄等校区的师生在网络多媒体教室里同步收看了百年校庆的现场直播。

2003年5月，恰逢SARS疫情蔓延之际，学校在短期内建立起包括三个校区（四牌楼、丁家桥、浦口校区）的四个视频会议室（四牌楼本部、丁家桥校区、浦口校区、中大医院）以及各机关部门、院系共80个联网计算机在内的网络视频会议系统。网络视频会议系统建成后被多次使用，为学校应对SARS疫情的管理提供了有力的工具。

（三）校园内三个专用网

1998年，学校初期建设的校园"一卡通"主要应用在师生员工的食堂餐饮消费中，尚未真正达到校园"一卡通"的程度，不过当时在国内高校中已具有领先优势和特色，"比较上海交大的键盘式查询系统，东大采用的触摸屏式，更富有创意，也更方便，外校同行纷纷前来调研取经"。②

伴随着2005年学校启动九龙湖新校区建设，真正意义上的校园"一卡通"建设迈出了实质性的步伐。2005年11月29日，学校成立"一卡通"建设领导小组、"一卡通"项目专家组以及"一卡通"项目工作组。2006年下半年，随着九龙湖新校区校园网建成运行，基于三校区（四牌楼、丁家桥、九龙湖校区）的独立运行的"一卡通"专用网也随即建成，并投入使用。东南大学"校园一卡通"是由两张卡组成的套卡，一张为校园非接触式射频卡（简称"校园卡"），另一张为绑定校园卡的银行磁条卡。校园"一卡通"服务系统可以方便地将银行卡内的存款转账到校园卡的电子钱包内，用以支持东南大学校园内各个校区的消费、服务。实现"多卡合一、一卡通用、一卡多用"的校园"一卡通"系统提供的服务包括：身份识别、食堂就餐、校区医疗、宿舍洗浴热水器水控、宿舍水电费收取等。校园"一卡通"系统还在各个校区的公共场所提供了大量的各类自助服务设备，以满足师生员工的自助查询和充值服务需求。

在校园"一卡通"专用网建设的同时，网络与信息中心帮助学校财务处建立起三大校区

---

① 《网络与信息管理工作综述》，《东南大学年鉴》2005年，第376-378页。
② 秦红：《"数字化"潮头涌进东南大学校园》，《新华日报》1998年5月3日。

独立的财务专用网，位于丁家桥、四牌楼、九龙湖三大校区的财务处工作人员可使用独立、安全的财务专用网管理学校的财务系统。

另外，校园专网建设还包括了连接三大校区校医院在物理上独立的医疗专用网建设。

（四）网上招生

东大的网上招生及录取工作开展得比较早。1995 年，学生处已经全面实施计算机网上招生的信息管理。[1] 到 2000 年，学校计算机远程录取涉及 10 个省、市，录取新生 4000 多人，占总录取数的 73% 以上。[2] 2001 年，学校计算机远程录取涉及近 20 个省、市，录取新生 3566 人，占总录取数的 87% 以上。[3]

（五）网上远程教育

1999 年，江苏省教委决定实施远程教育试点工程，东大作为江苏网上大学的主办学校之一，招收了 220 名计算机科学与技术专业的学生。南京邮电学院作为另一个主办学校，招收了 200 名通信专业的学生。学生分布在南京、镇江、常州、无锡、苏州五个城市的六个站点，分别由江苏理工大学、常州石化学院、无锡轻工大学、苏州大学四所院校协办，共同负责 420 名本科学生的教学、辅导、实验、管理等工作，探索网络环境下的教学模式。

其后的若干年，学校继续探索基于互联网的网上教学活动。

2002—2004 年，学校远程教育学院（网络与信息中心）牵头申报和负责的国家"十五"重大科技攻关"网络教育关键技术及示范工程"——"网络学院示范工程"（南方组）项目，获项目经费 300 万元，开展基于校园网和 Internet 网络教学的研究探索。项目包括网络教学的全过程，包括网上实时教学、网上非实时教学、网上答疑辅导、网上讨论、网上作业、网上实时答疑、网上实验、网上考试等，探索具有中国特色的网络环境下的新的教育模式。该项目于 2004 年 12 月通过验收专家组的验收。

（六）数字化校园

到 2007 年下半年，学校信息化工作取得了很大进展，建设了多校区互联的校园网、"一卡通"专用网、医疗专用网、财务专用网，教学、科研、管理需要的各种应用系统分别建成运行；"一卡通"系统的业务不断拓展，各个校区内的超市、校医院已经使用"一卡通"系统进行服务；"一卡通"系统已与电信服务系统对接，实现了宿舍宽带网用户网上充值；学校的校园网主页

---

[1] 《学生管理》，《东南大学年鉴》1995 年，第 309 页。
[2] 《学生管理》，《东南大学年鉴》2000 年，第 249 页。这是"远程录取"概念第一次在《东南大学年鉴》中出现。
[3] 《学生管理》，《东南大学年鉴》2001 年，第 364 页。

更新，校内绝大多数二级单位设计制作了自己的主页；校园网络拥有1200多台各类网络交换机、VPN认证设备、无线网络设备、BRAS设备、IPS入侵防御设备等，几十台网络公用服务器以及部分部处托管服务器都在安全、稳定、有效地运行。①

在校园网和信息化发展的基础上，学校适时提出了"数字化校园"建设目标，以提升校园信息化建设水平。2007年初，学校与江苏金智公司签署了共同搭建东南大学"数字化校园"的信息门户、统一身份认证实验平台的合作协议。2007年8月下旬，学校决定启动"数字化校园"建设工程。2007年11月底，信息门户实验平台试运转，为学校全面启动"数字化校园"工作奠定了技术基础。网信中心在建立共享数据平台、人事管理系统、科研管理系统、学生管理系统、迎新系统以及其他若干子系统与共享数据平台的接口方面进行了大量的前期工作。2008年初，网信中心的"网络自助服务系统"投入运行，并实现了与"数字化校园"信息门户、统一身份认证实验平台的对接。

2008年上半年，学校正式启动"数字化校园"建设工程，落实各单位共同做好"数字化校园"建设的工作人员，多次召开工作会议，在开展前期应用需求调研工作的基础上，除构建学校"数字化校园"共享数据库、信息门户、统一身份认证平台之外，同时决定启动人事管理系统、科研管理系统、学生工作管理系统和后勤管理系统等四大业务管理系统的建设工作。2008年夏季，"数字化校园"硬件设备到货后，在安装、调试、运行后，搭建起"数字化校园"的硬件平台，建立了东南大学"数字化校园"信息门户、统一身份认证平台。与校园网络应用相关的包括网络自助服务系统、VPN、WLAN等各个系统，陆续实现了与"数字化校园"平台的集成。"数字化校园"相关的四大业务系统（人事管理、后勤管理、科研管理、学工管理）在2008年进入试运行测试阶段。

配合"数字化校园"中的后勤管理系统、离校系统以及迎新系统应用需求，网信中心在2008年还完成了三大校区学生宿舍管理员上网的交换机安装以及联网工作。"数字化校园"各部处的业务系统开发工作也全面展开，包括本科教务选课系统、军工及社科科研管理系统、档案管理系统、新生体检系统、保卫管理系统、后勤集团管理系统、非学历培训管理系统等等。

2009年5月，"教务管理系统"建设取得了阶段性进展，排课、选课功能模块上线，经过测试、试运行、正式选课等阶段，相关功能模块基本满足了高并发量用户环境下的选课性能。2009年3月，"迎新系统"接待了2009年春季入学的博士生；6月，2009届本科生离校采用新的电子离校系统，大大简化了毕业生离校的手续；8月，升级完善后的迎新系统接待了2009年入学的本科以及硕士新生；9月，硕士生、博士生也开始采用电子离校系统办理离校手续。"学生工作系统"在2—3月份完成了本科生基本信息网上采集及确认工作，同时对全校辅导员进行学工系统应用培训。科研、人事、学工、后勤等业务系统都完成了与共享数据库的集成。

---

① 《网络与信息管理工作综述》，《东南大学年鉴》2008年，第430-432页。

"数字化校园"中的大容量邮件系统也于 2009 年 3 月建立起来,为全校在册师生员工每人提供了一个免费邮箱。

2010 年"数字化校园"建设工作的主要进展有:在稳定教务系统选课功能的基础上,健全和增加教务系统的功能;建立军工及社科科研管理系统;启动大型仪器共享、设备资产管理、实验室管理等系统建设;开发档案管理系统、组织管理系统、新生体检系统;开发国际合作事务管理系统、学科办"985"/"211"管理系统等软件;国际合作事务管理系统、学科建设管理系统开始实施,后勤管理系统、研究生培养管理系统升级进入论证阶段。随着这些任务的完成,越来越多的系统相继投入运行,信息孤岛逐步减少,部门管理服务水平显著提高。

2011 年,"数字化校园"建设工作的进展主要有:(1)开展专业技术职称评审网上直接申报工作,申报材料直接由多个业务系统数据自动生成,"数字化校园"的数据深度集成,数据质量提高,方便了教师职称申报和院系部门的职称评审工作。(2)从管理和技术两方面进一步理顺了各类人员的电子身份生成入口,明确了各类人员电子身份管理的责任部门和管理流程,促进了学校各类人员管理与服务的规范化和科学化。(3)教务、档案、组织、统战、大型仪器共享管理、学科建设和国际合作等子系统的开发和应用取得新进展,进一步完善了全校电子校务平台,其在学校运行、管理中发挥的作用进一步显现。(4)经过充分论证和深入需求分析,地理信息服务平台在 2011 年迎新工作中受到了新生和新生家长的普遍关注和好评。(5)实验室管理系统经过充分论证进入开发阶段。(6)综合查询系统一期上线使用,为校领导快速、准确地了解学校各类基础数据,提高决策响应速度和水平提供了技术支持。根据新的需求对保卫系统、研究生系统和本科生毕业设计系统做了完善,使相关部门的信息化应用水平得到了进一步提升。(7)东南大学网站群建设有了新进展,学校全部机关、业务部门的 49 个网站,院系的 12 个网站迁移到学校数据中心,统一到学校网站群,使得各级网站的安全性、可监管性得到了较好的保证,同时也节省了大量硬件资源和机房资源;对办公系统邮箱进行了扩容,从 50 兆、200 兆扩至 500 兆,方便了干部和管理人员通过办公系统邮件处理管理业务。

学校的信息化建设,一方面源于自身的需求,随着学校事业的发展、规模的扩大以及管理工作的日趋复杂,信息量增长迅速,数据依靠人工整理、汇总、传递的方式和效率已经远远不能满足学校管理的需要;另一方面,技术进步提供了满足需求的可能性,计算机运用范围的不断拓展和互联网、移动通信的不断升级,为信息化建设迅猛发展提供了技术支撑。

信息化是当代世界方兴未艾的巨大浪潮,它仍在不断进步,快速发展。校园网基础设施建设水平仍在不断提升。基于校园网的电子化办公系统、数字化校园,以及财务、一卡通、医疗专用网等各方面的服务和应用,仍在不断提升和改进。

第五节　图书、档案和实验室建设

图书、档案、实验室，都是办好一所大学不可或缺的重要支撑条件。20 世纪 80 年代以后，由于计算机运用的兴起、互联网的发展和数字化浪潮的出现，新观念、新设备、新手段被引入学校，给学校图书、档案、实验室建设提出了新的课题、新的任务，也提供了新的发展契机。

一、图书建设

（一）馆舍及设施建设

1992—2012 年间，东南大学的图书馆馆舍有几次大的变动。1999 年之前，馆舍建筑面积为 12 141 平方米，主要馆舍是四牌楼校区的新、老两个图书馆和设置在浦口校区金坛院的阅览室。2000 年四校合并，图书馆馆舍总面积发生比较大的变化，2001 年达 26 423 平方米。此后几年校区功能调整，院系整合，楼宇使用时有变动。2003 年，浦口校区西区新图书馆建成开馆，全校图书馆馆舍面积增加到 36 973 平方米。2007 年，九龙湖新校区李文正图书馆建成并投入使用，全校馆舍面积达到 60 575 平方米，阅览室座位从 3717 席增加到 6369 席。2011 年，全校图书馆馆舍面积为 69 916 平方米（不包括成贤学院图书馆，也不包括无锡分校等外地办学场所的图书馆或阅览室）。

图书馆的设施在 20 年中发生了质的变化。传统上图书馆的设施主要服务于纸质图书的安置和利用。随着信息化建设的展开，图书馆设施建设逐渐转向围绕信息化而展开。东大对于图书情报的信息化是敏感的，图书情报的信息化多数时候走在学校信息化工作的前面。[1]1997 年，图书馆对读者服务部、采编部、期刊部及浦口校区分馆等业务部门进行了重点考察，听取了馆内外各方面的意见，对图书的流通量、利用率等项业务工作，进行了深入的调查研究和细致的分析。根据国家教委和省教委的有关精神，结合学校"211 工程"中有关图书文献保障系统建设的要求，学校制定了《东南大学文献信息自动化系统建设方案》。当年资金到位后，便购置了主服务器和不间断电源等设备，并进行安装调试。图书馆派出骨干力量，参加江苏省教委统一组织的图书馆自动化集成系统的研究开发，为图书馆自动化线路的铺设、各种配套设备的选购、规范化书目数据库的建设等项工作的开展进行了细致的准备，最终完成了图书馆自动化系

---

[1] 1984 年，学校图书馆明确以"图书情报一体化和服务手段现代化"为建设目标，建成了国际联机检索终端，通过国际通信卫星与美国戴洛克情报检索系统联机，成为教育部直属高校中首先建立该终端的学校。该检索系统拥有 80 多个国家和地区的各种情报资料，通过它可以迅速、准确地找到和索取所需资料。联机开通后，为全校及校外单位在教学、科研、专利文献检索等方面，提供了有效服务。《东南大学史（第二卷）》，第 325 页。

统的更新。①

1998年，学校投入140万元，江苏省教委投入90万元，建成"东南大学图书馆书目数据库和查阅平台"。该平台面积400平方米，是设有70台586微机的电子阅览室，这在当年都属"先进设施"。书目数据回溯建库工作持续推进，新的图书馆管理软件投入运行，图书馆的现代化管理服务水平跨上一个新的台阶。②

1999年1月，由东南大学图书馆与南京大学图书馆联合开发的代表国内先进水平的图书馆自动化集成管理系统在东大图书馆开始投入使用。这个系统实现了总馆与分馆系统的连接，全校师生通过一卡通借阅，提高了图书馆的管理水平和服务水平。基本完成了在一线流通的中外文书目、刊目数据库。同年3月，学校与"江苏省高校工学文献信息保障系统"建设项目联合筹建的"江苏省工学文献中心"和"江苏省高校西文图书采编中心"由省教育厅正式挂牌，各项服务工作在江苏省乃至全国高校产生了较大的影响。③

在"211工程"的支持下，学校着手学术资源网和教育信息化建设。引进并适时扩充对教学科研有重要价值的外文文献数据库，特别是一次文献数据库，有针对性地建设满足学科发展和人才培养需求的特色数据库，如教学课程参考书数据库、学位论文全文数据库、历年试题库、建筑成果数据库等。完善电子阅览室功能，并增建素质教育阅览室、师生成果资源（书、画等其他成果）阅览室等。收集、整合网上其他资源（包括国外的网上免费的教育资源），为教学科研服务的同时，为网上大学、一校多校区的文献资源要求以及继续教育提供了强有力的文献信息保障。在已有文献资源服务工作的基础上，特别是电子资源利用方面，进一步加强师生对国内外电子资源应用的宣传与培训，帮助师生迅速掌握查询最新科技成果的手段，以跟踪世界科技发展的潮流。

学校争取到教育部的CALIS（中国高等教育文献保障系统）及江苏省教育厅的JALIS（江苏省高等教育文献保障系统）的支持，在学校图书馆建立了江苏省和全国的数字图书馆基地，建设了若干对学科发展起决定性影响的特色数据库。组织研究与数字图书馆有关的关键技术（如文本摘引、图像特征抽取等），研究并开发与数字图书馆相关的软件以及与之相适应的服务。④

2009年，学校图书馆完成新版网站的需求拟定、网页设计、改版与测试。电子阅览室和多媒体阅览室进行了多次整体系统升级和改版，包括：多媒体阅览室更换了新保护卡，使得系统更为稳定可靠；在不影响正常服务的前提下，完成了存储设备（两大品牌设备）的扩容和升

---

① "图书馆自动化"侧重硬件设施方面的建设，是图书馆信息化建设早期的一个说法。后来逐步明确为网络化建设、信息化建设、数字化建设等。这一年，图书馆增建了"中国学术期刊（光盘版）一级咨询检索站"，负责江苏省学术期刊光盘的使用协调工作；完成多项"网络信息增值服务"；开展了国家"九五"课题"信息新技术在图书馆情报工作中的应用与评估"等研究工作，并完成了全校"信息检索和利用"课程的教学任务。《图书馆工作综述》，《东南大学年鉴》1997年，第354-355页。
② 《图书馆工作综述》，《东南大学年鉴》1998年，第418页。
③ 《图书馆工作综述》，《东南大学年鉴》1999年，第410-411页。
④ 《东南大学"振兴行动计划"公共服务体系建设项目"数字图书馆及学科文献中心"总结报告》，东南大学档案馆馆藏档案。

级，并按既定方案进行了大规模数据迁移。成功架构了 NAS（网络附属存储）服务机制，测试数据归档软件 DiskXtender 并获得成功。压缩完成近 2T 的多媒体数字化资源。①

2011 年完成已有存储设备的扩容和升级，存储容量达到 110T（裸容量 170T）。

2012 年，调整和改造新版图书馆门户网站中涉及各类型资源一站式检索的相关功能，完成资源发现系统 Summon 的调研、购买、配置等工作，提升了文献数据库的检索功能。完成了移动数字图书馆测试并上线提供服务，实现移动信息门户、移动数字资源访问、个性化设置、短信服务等移动服务的聚合。完成自助借还机、读报机、阅览室座位系统的安装、使用与维护，解决了考试期间阅览室占座的现象。积极开展外国教材中心工作，向教育部外国教材中心联合网站上传书目信息 1234 条和课程信息 2605 条，试点实现了清华大学、复旦大学和东南大学外教中心返还式馆际互借。完成"东南大学图书馆受赠文献管理系统"和"查新管理系统"的开发，并通过测试，实现良好运行，获得兄弟院校图书馆的好评。

（二）藏书、数据资源的增长及结构优化

图书信息资源在学校各类办学条件中有特殊的地位，它是开展教学、科研工作特别重要的资源。传统上人们看一个大学的图书馆资源，主要看它的纸本藏书数量。随着信息资源建设的发展，除了纸本图书数量以外，电子图书数量、各类数据库、电子资源下载量等，也成为评价图书馆建设水平日益重要的新标准。

东大一直重视图书信息资源建设。在学校"211 工程"建设总体规划中，图书信息资源建设就被单列为其中的一个子系统，在经费上有较大切块投入。在"985 工程"建设中，图书信息资源建设也获得了有力支持。

2001 年，根据"五年行动计划"建设项目，学校启动了数字化图书馆和学科文献中心建设项目。在资源采购上，集中选择一批对学校学科发展起关键作用的网络数据库，购置了大量的中文电子期刊，并全部在校园网上提供检索、查询和下载功能。2001 年，博士、硕士论文（包括之前毕业的）摘要数据库建设完成并提供网上检索功能。②

学校积极参加 CALIS 一期、二期的建设，是"中国高等学校数字图书馆联盟"的发起馆之一，建设了一批较有影响的全文数据库。③

以往由于经费不足，读者的信息需求和图书馆的文献信息保障之间存在较大的缺口。把"数字图书馆及学科文献中心"建设项目作为学校"985 工程"公共服务体系建设的重要项目，

---

① 《图书馆工作综述》，《东南大学年鉴》2009 年，第 423-424 页。
② 《东南大学年鉴》2001 年，第 466-467 页。
③ 《关于我校图书馆加入 CADLIS 数字图书馆基地的请示》，东大图〔2002〕395 号，东南大学档案馆馆藏档案。

为缩小缺口创造了条件。[①] 在"985工程"的支持下，完成的建设任务有：（1）引进了一大批符合学校学科特色的全文数据库和索引数据库，如 IEL、SpringerLink、SDOS、EBSCOhost、John Wiley and Sons、ACM、WOS 等，中外文电子期刊的数量达到10 000多种。（2）自建"东南大学博士硕士论文全文数据库"，并对校内开放使用。（3）添置了 EMC 海量存储设备，存储容量达 4T（2004年），加载万方数据公司的博硕士论文数据库、会议论文全文数据库及部分中文报纸数据库、超星公司的电子图书、Apabi 公司的电子图书。（4）建设学科文献中心。在已建设的工学文献中心的基础上，补强了其他学科或基地文献资源建设。在丁家桥校区建设了医学学科文献中心，在浦口校区建设了基础教育文献中心，在晓庄校区建设了职业教育文献中心（九龙湖校区建成投入使用后又做了重新布局和调整）。（5）加快数字图书馆建设。图书馆成立了数字图书馆领导小组和数字化资源建设部，全面负责和领导数字图书馆建设。建设了数字图书馆的综合服务平台及其相关的功能模块，如 VRD、Mylibrary 等。

东南大学1992—2012年图书信息资源概况表

	图书（万册）		数字资源量			中外文数据库（种）	电子资源下载量（万篇次）	计算机数（台）		语音实验室座位数（个）	多媒体教室座位数（个）	上网课程数（门）	网络信息点数（个）	校园网出口总带宽（Mbps）	管理信息系统数据总量（GB）	电子邮件系统用户数（个）	信息化工作人员数（人）	信息化培训人次（人次）
	计	当年新增	计	电子图书（GB）	电子图书（万册）			计	教学用（台）									
1992	140																	
1993	130																	
1994	135						0.14											
1995	140						0.19											
1996	144						0.212											
1997	148						0.2314											
1998	151						0.3318											
1999	152.3						0.6030											
2000	222.86						2.5205			2347	864							
2001	226						2.4613	2										
2002	234.73	8.68	15 330			2.4740	54			8612	954	15 425	0					
2003	247.7	6.7		4100（片）		2.4957	45			13 000	968	14 710						
2004	246.99	10.09		29.5		2.5821	52			11 721	725	14 000	200					
2005	246.99	10.09		29.5		67.2812	51			13 159	502	20 108	200					
2006	284.34	17.25		64.64		123.6464	56	384.2957		14 702	1460	33 970	200					
2007	293.79	13.27		66.06		132.9343	56			19 591	1399	29 316	200					
2008	316.91	23.12		76.27		144.4336	70			22 122	1323	34 476	201					
2009	332.02	15.11	32 256	7680		149.3356	81		27 899	23 565	5313	35 817	380	50 000	2000	1000	48 000	30	120
2010	346.26	14.24	35 635.2	9011.2		217.9281	95	1217	29 715	25 128	5403	42 905	600	50 000	2000	1012	48 000	30	320
2011	357.75	11.48	51 200	13 107.2		249.55	104	1060	31 303	24 867	5517	46 664	1120	50 000	2000	1287.5	52 000	70	220
2012	371.25	13.5	57 344	14 131.2		257.0476	78	1362.5	33 005	27 358	4517	46 644	2869	50 000	2000	3204.5	62 000	31	214

[①] 《东南大学"振兴行动计划"公共服务体系建设项目"数字图书馆及学科文献中心"总结报告》，东南大学档案馆馆藏档案。

截至 2012 年，学校纸质藏书达到 371.25 万册；电子图书从无到有，2012 年达到约 257 万册；中外文数据库自 2001 年建立、购买使用权以后，2008 年达到 70 种，2009 年为 81 种，2010 年为 95 种，2011 年为 104 种，2012 年为 78 种；2012 年电子资源下载量达 1362.5 万篇次。数据资源的大量建设及其结构的不断优化，不仅减少了校区、院系、教研室及科研团队在这方面的人力物力的重复投入，也大大减少了教师和研究人员订购文献资料的费用和查阅时间。

（三）图书馆服务质量的提升和服务理念的进步

1999 年 8 月和 2000 年 5 月，学校图书馆两次进行人事和管理制度改革。改革旨在实现人员结构的优化重组，以先进的自动化系统为管理运行基础，以虚拟资源的开发及网络化信息化服务为龙头，以优质的文献信息的主动式服务和互动式服务为中心，建设具有一流综合性大学的工程文献信息服务系统。通过"全员卧倒"、评聘分开、强化岗位、德勤能青（指年轻化）优先、绩效优先、部门间形成监督机制和约束机制、完善规章制度、全面对业务质量和岗位进行考核等一系列操作，实现全员聘任。根据既满足对文献管理的需要，又满足对读者服务的需要，重新设置了馆内的部门，将原有的 11 个部门整合为 7 个部门。通过部门集成、人员重组、干部队伍年轻化这些改革，强化了馆员的服务意识和岗位意识。①

2007 年，图书馆以九龙湖校区建设为契机，形成以九龙湖校区李文正图书馆为总馆，四牌楼和丁家桥校区图书馆为分馆的新格局。根据各校区院系、学科及读者分布，调整资源布局和服务格局。

2007 年落成的九龙湖校区李文正图书馆

---

① 《图书馆工作综述》，《东南大学年鉴》1999 年，第 410—411 页；《图书馆工作综述》，《东南大学年鉴》2000 年，第 333—334 页。

经过两次改革和一系列调整，图书馆明确了"有特色、开放式、数字化、研究型的国内一流大学图书馆"的建设目标，形成了新的办馆理念：一是把扩大服务内涵，提高服务质量作为工作的重点。根据各校区功能设置，合理地调整总馆与各分馆之间的文献资源布局，更好地为提高教学科研水平、培养高层次人才提供支持。跟踪数字化图书馆发展方向，及时扩充文献信息服务的内涵。不断深入细致地检查各部门的业务流程、管理规范、服务项目、存在的问题等等，持续开展优质文明服务活动。充分利用已引进和已建立的数据库，开展主动服务和个性化服务，提高读者满意度。二是创新深入学科和专业的服务方式。2005年，图书馆开始设立学科馆员制度。通过学科馆员制度的设立，加强与院系专家、学者的联系，深化参考和信息咨询服务，拓展工作内容，为文献资源建设和合理布局提供依据。

二、档案建设

（一）档案管理机构的调整和制度建设

学校历来重视档案工作和档案组织机构建设，是全国最早成立档案馆的几所高校之一。1984年将文书档案室与科技档案科合并，成立了隶属于校长办公室的综合档案室。1986年10月，在综合档案室的基础上成立了独立建制的档案馆。1999年，学校教职工人事档案和学生档案工作分别由学校人事处和学生处转归档案馆负责，实行全校档案的集成管理。东大是实行此种管理体制的少数高校之一。

2002年以后，档案馆同时负责学校校史展览馆和吴健雄纪念馆的工作。校史展览馆和吴健雄纪念馆是学校为2002年百年校庆而建设的两个重要校园文化项目。其中吴健雄纪念馆是1999年经中共中央、国务院批准建立的中国首个华人科学家纪念馆，投资2000余万元，建筑面积2000余平方米。

在档案工作规章制度建设方面，1987年结合宣传贯彻《中华人民共和国档案法》，制定了二十多项档案管理规章制度，1990年结集为《东南大学现行规章制度汇编（档案管理分册）》，2000年学校又专门发文，集中发布了一批档案管理工作规章制度。随着国家档案事业的发展和学校各项工作的进步，与档案工作有关的规章制度亦不断修订完善。

（二）档案资源建设

东南大学档案馆的馆藏包括三江师范学堂、两江师范学堂、南京高等师范学校、国立东南大学、国立中央大学、南京工学院、东南大学等各主要历史时期的档案，还包括因为学校合并而接收的原南京能源学院、南京铁道医学院、南京交通高等专科学校和南京地质学校的档案。

在档案资源建设方面，1986年建馆之初馆藏档案1.6万卷（其中文书档案和科技档案各3000余卷，财务档案万余卷）。至2012年底，馆藏档案约16.6234万卷（不包括财务档案）。

档案馆从 2005 年 3 月开始用了近一年半时间，投入 16 万元专项经费，对全校在职人员的人事档案重新进行审核、分类、编目和人员信息计算机化，使用标准装具对档案进行加工装订，按人员姓名的汉语拼音顺序统一排放。2008 年 11 月，以 94.7 分（满分 100 分）通过中央组织部对干部档案管理的考评。

档案馆还负责全校数万份学生档案的管理和转递工作。学生在校期间形成的各类档案材料，按照干部人事档案标准收集，归入学生个人案卷。学生在毕业离校后，其档案按国家制度转投到所到单位有权限管理档案的机构，学生通过档案馆网站可查询自己档案的去处和机要编号。

东南大学 1994—2012 年间档案信息资源统计表

年份	案卷数（卷）	案卷排架长度（米）	音像档案（盒）	照片档案（张）	底图（张）	光盘（张）
1994	36 542	547.22	304	10 098		
1995	37 768	579.23	315	11 055		
1996	39 919	625.43	335	14 060		
1997	42 316	678.42	369	14 520		
1998	45 071	715.47	409	15 687		
1999	47 600	747.59	409	15 687		
2000	82 757	1417	409	16 560	2465	
2001	84 583	1449	409	19 760	2465	
2002	88 978	1481.9	454	22 073		104
2003	93 720	1551.5	454	23 262		247
2004	97 934	1623	454	36 766		284
2005	100 972	1727	616	43 654		350
2006	107 371	1839	621	61 318		400
2007	113 875	1963	627	81 589		430
2008	122 701	2134	627	86 589		460
2009	131 967	2408	637	101 265		472
2010	140 805	2508	637	114 924		480
2011	158 281	2930	639	159 701		512
2012	166 234		照片电子文件 72.5 GB，28 393 张，视频录像 212 G			

（三）档案一体化管理与服务

档案是学校管理的重要工具，也是学校历史文化保存、积累的载体，对学校的工作查考、编史修志、学术研究、经济建设、宣传教育等，都有不可或缺的作用。档案的收集、整理、保管、利用水平，是一所大学建设管理成熟程度的重要标志。东大档案馆在做好各项服务和档案资源开发利用方面，取得了比较显著的成绩。

1989 年，学校开始利用微机管理案卷目录和检索工作。1992 年，在高校中率先开展了学生成绩英文翻译制作及证明工作。1994 年，研发了"图书档案数字处理计算机光盘管理系统"

（通过江苏省科委组织的鉴定）。1996 年，研制了学生成绩证明中英文翻译系统。1998 年建立了档案馆局域网，并与校园网相连，建立了档案馆主页，开始提供档案信息网络化查询服务。1999 年，"东南大学档案信息管理系统"（单机版）投入使用。

2003 年，学校网络版"声像档案管理系统"投入使用，可对声像和名人档案按不同的界面分类著录，能够直接浏览检索出的照片、录像，并打印出相应的照片、略图、案卷和卷内目录、脊背标签等，以卷为单位将声像档案刻录至光盘。同年，学校电子办公系统开始试运行，档案馆向学校有关部门提出了《办公自动化系统与档案管理系统接口需求》，在《东南大学电子公文处理试行规定》中，对电子公文的归档、管理和利用等作出了规定和要求。

2005 年，学校取消纸质文件，仅以电子公文的方式在校园办公自动化系统进行文件信息处理。将校园办公自动化系统与网络版档案管理系统无缝链接，实现了电子公文实时归档，办公系统中电子公文的元数据自动转换到档案管理系统数据库。同时，根据国家档案局令第 6 号《电子公文归档管理暂行办法》，对传统档案管理办法进行改革，提出纸质档案与电子档案一体化管理新思路，并付诸实践。

2005 年，"学位论文归档管理系统"投入使用，实现了电子版学位论文与纸质版论文一体化管理，研究生通过网络将电子版学位论文和背景信息上传到档案馆，一经档案馆工作人员审核通过，相应的信息即实时传入学校学生工作管理系统，研究生无须再到档案馆即可办理离校手续。

2007 年 12 月，档案馆创建和维护的网上校史馆（http://history.seu.edu.cn/）正式对外发布。在数字化校园建设中，档案馆按照数字化校园建设的要求，实施"东南大学综合档案管理平台"项目，其目标是将档案馆现有的多个管理和服务应用系统整合为统一的管理平台，解决应用软件多头分散，用户查询、系统管理、日常维护不便的问题，使办公系统、数字化校园及各部门产生的各类有用信息实时归档，实现一体化管理与服务。①

东大的档案工作得到了国内同行的肯定。在中文权威期刊《档案学通讯》2009 年第 1 期刊登的《我国 20 年来电子文件管理的实践探索与理论研究及其发展趋势》专稿中，对东大的档案工作评价是："东南大学已初步形成了具有自己特色的文书档案管理模式。成为高校电子校务环境下电子文件前端控制与全程管理的示范。"

三、实验室建设

实验室是现代大学硬实力的重要组成部分。实验室的装备水平、管理水平、使用效率，实验室建设和工作人员的状况，实验室在学校人才培养和科学研究中协同支撑的程度，都是现

---

① 《档案工作综述》，《东南大学年鉴》2010 年，第 453 页。

代大学评估中的重要指标。1992—2012 年间，东大投入了巨大的财力、物力和人力，对实验室进行全方位的改革和建设，取得了长足的进步。

（一）实验室房屋面积、仪器、设备情况

1995 年，全校实验室房屋面积 3.3 万平方米，到 2012 年底，全校实验室房屋面积有 14.67 万平方米。各类科研仪器、设备、装备，1995 年为 16 346 台件，价值约 1.2 亿元；至 2012 年底已达 78 262 台件，价值约 16.4 亿元。

东南大学 1995—2012 年历年教学科研仪器、设备统计表[①]

年份	合计		单价5万元及以上设备		单价10万元以上（2009年后此栏为10万元以下数）		单价10万~40万元（含10万元）		单价40万元及以上	
	台（件）数	金额（万元）	台（件）数	金额（万元）	台（件）数	金额（万元）	台（件）数	金额（万元）	台（件）数	金额（万元）
1995	16 346	12 410.77	276	5708.88						
1996	17 193	12 935	301	5522						
1997	14 940	13 326	307	5530						
1998	16 192	15 138	379	6502						
1999	17 446	18 927	488	9131						
2000	27 562	30 753			369	12361				
2001	30 548	35 465			437	14185				
2002	33 137	39 026			485	15519				
2003	37 577	45 870.63			582	19 043.35				
2004	41 185	63 309.62			691	33 528.12				
2005	44 102	72 216.51			812	39 616.78				
2006	50 408	82 642.05			948	45 687.76				
2007	55 326	88 220			1021	47953				
2008	59 707	99 020			1183	55286				
2009	65 696	116 538			64253	48119	1073	21 779	370	46 640
2010	71 537	128 179.01			69944	52 590.5	1183	24 024.49	410	51 564.02
2011	71 653	140 107.47			69875	53 817.14	1303	26 839.21	475	59 451.12
2012	78 262	164 041.06			76190	59 509.45	1497	31 105.78	575	73 425.83

---

① 此表及下表的数据根据历年统计数据整理而成。2009 年之前，价值 10 万元以上设备很少，因而没有记录。

东南大学 2012 年底教学科研仪器、设备在院系存量分布统计表

相关单位	台件数	金额（万元）	单价 10 万元以下		单价 10 万~40 万元（含 10 万元）		单价 40 万元及以上	
			台件数	金额（万元）	台件数	金额（万元）	台件数	金额（万元）
全校总计	78 262	164 041.06	76 190	59 509.45	1497	31 105.78	575	73 425.83
建筑学院	1400	3220.59	1348	1343.76	43	1048.37	9	828.46
机械工程学院	2981	6642.22	2895	2697.63	65	1378.36	21	2566.23
能源与环境学院	4838	9568.27	4695	4323.29	106	2114.98	37	3130
信息科学与工程学院	6315	23 955.34	5917	6200.69	269	5814.31	129	11 940.34
土木工程学院	3535	7035.82	3460	2681.19	57	1198.25	18	3156.38
电子科学与工程学院	2846	23 099.73	2643	2776.9	128	2764.83	75	17 558
数学系	841	464.61	840	440.41	1	24.2	0	0
自动化学院	2032	2638.89	1992	1552.87	32	568.5	8	517.52
计算机科学与工程学院	5959	8300.49	5868	4206.66	72	1487.42	19	2606.41
物理系	2950	3050.98	2929	1685.5	13	251.14	8	1114.34
生物科学与医学工程学院	3089	10 175.17	2931	2769.26	112	2544.65	46	4861.26
材料科学与工程学院	2085	5531.79	2009	1581.68	56	1083.21	20	2866.9
电工电子实验中心	3396	1272.83	3394	1244.14	2	28.69	0	0
经济管理学院	1032	858.76	1025	745.44	7	113.32	0	0
电气工程学院	1950	3587.45	1899	1722.97	39	717.29	12	1147.19
外国语学院	2345	1240.35	2334	1016.02	10	181.85	1	42.48
体育系	588	320.55	588	320.55	0	0	0	0
化学化工学院	2351	4235.85	2290	1615.61	42	796.85	19	1823.39
交通学院	5082	8361.41	4965	4123.97	91	1872.7	26	2364.74
仪器科学与工程学院	2069	3776.37	2008	1867.28	53	1058.72	8	850.37
人文学院	611	486.88	607	387.99	4	98.89	0	0
继续教育学院	453	468.75	447	327.32	5	81.51	1	59.92
教育技术中心（电教）	2699	2720.78	2667	1732.86	25	478.69	7	509.23
网络与信息中心	2107	5367.02	2037	1502.15	44	870.04	26	2994.83
建筑研究所	210	206.49	210	206.49	0	0	0	0
无锡分校	1636	2346.25	1598	974.15	26	500.85	12	871.25
图书馆	1626	2361.94	1595	1050.26	22	419.39	9	892.29
工业培训中心	1474	1982.68	1445	1274.52	27	607.48	2	100.68
软件学院	1059	632.57	1058	621.33	1	11.24	0	0
AMS 实验室	257	308.72	255	266.8	2	41.92	0	0
吴健雄学院	84	46.79	84	46.79	0	0	0	0
集成电路学院	386	239.23	385	206.44	1	32.79	0	0
学习科学研究中心	845	1464.05	829	714.95	10	199.15	6	549.95
生命科学研究院	1121	2683.86	1073	1069.99	42	879.97	6	733.9
医学院	4904	13 257.56	4799	3408.21	63	1266.34	42	8583.01
公共卫生学院	904	1933.47	872	716.13	25	548.08	7	669.26
其他教学部门	202	196.55	199	87.25	2	21.8	1	87.5

（二）实验系列队伍建设和提升

1994年，东南大学实验技术系列人员在教职工统计中列在"教辅人员"项上[①]，共计433人，其中副高职称23人，中级职称135人，初级职称87人，无职称188人[②]，具有高级职称职务的占比很小，仅为全系列人员的5.3%，没有一个正高职称。经过十多年建设，这一状况逐步改善，至2012年，全校在岗实验技术人员344名（含工勤人员61人，不含流动助教），其中有正高职称2人，副高职称66人，具有研究生学历及以上75人。除了在编在岗专职实验技术人员，2005年以后，学校通过研究课题和项目，吸引了大量教学科研人员，常年有200多位教授和300多位副教授参加实验教学的改革和建设，建立了50多个实验教学创新团队，形成了由高水平带头人、"双师型"核心骨干、精干的技术保障人员共同组成，固定与流动编制相结合的实验教学队伍。

在实验人员数量增长的同时，队伍的文化素质和专业技能也日益提高。在计算机技术的推广和使用、网络技术的推广和使用、办公自动化技术的推广和使用、数字化校园建设等一系列技术进步环节上，实验系列人员都及时参与，专业技能得到不断提升。从2003年起，学校开展了实验教学授课竞赛，各专业方向的实验技术和管理人员还要结合专业实验室的需要，不断学习新的知识和技能，如在全校开展"大型仪器操作培训班"，在医学院、生命科学研究院、化学化工学院、材料科学与工程学院等单位的部分实验技术人员和学生中开展"扫描电子显微镜的应用"理论指导和上机操作培训等。[③]

2008年11月，东大成功举办了第二届全国高等学校实验室工作论坛暨国家级实验教学示范中心建设系列报告会，近700人参加了会议，包括清华大学、北京大学、复旦大学、浙江大学、上海交通大学等300多所高校有关专家来校参观考察各实验教学中心，全校各实验中心及教务处相关负责人在高校实验室工作论坛、实验室管理干部研修班、实验教学骨干教师研修班等全国性活动中，做了多方面的建设经验的交流。[④] 东大多年来的实验教学改革成果和实验室建设经验在全国高校同行中产生广泛影响，仅2009年，就有来自全国各地的60余所高校的约1500人次来校进行考察交流。

（三）实验室从分散落后到集成优化的改革

1996年，根据"大电工"教学改革的需要，学校将分散在有关院系的电类和非电类的电工电子实验室重组成校"电工电子实验中心"，同时筹备组建校级"物理实验中心""化学实验中心"和"力学实验中心"，目的是促进基础教学实验室的建设，使实验室资源配置更加合

---

① 教辅人员不全是实验室工作人员。其时在学校年鉴上分类统计中相对的项目有"专任教师""行政人员""工勤人员"。
② 《东南大学年鉴》1994年，第214页。
③ 《东南大学年鉴》2012年，第493页。
④ 《东南大学年鉴》2008年，第376—377页。

理,逐步改变原来实验室分散落后的局面。学校要求各院系对基础教学实验室和专业基础教学实验室进行改造、合并、重组,在组织机构、人员配置、设备更新、场所落实等方面要有新的面貌和生机。①

1997年,是学校确定的"实验室建设年"。从这一年起,学校全面推进校级实验中心建设,浦口校区新建的电工电子实验中心是第一项重要成果,也是全国高校首次建立的集中的电工电子实验中心。东大有很多电类专业,如电力电气、信息通信、电子器件、自动控制、计算机及精密仪器等,原先它们都有一个自己的与电工电子教学有关的实验室,建设水平和使用效率较低,现在学校把它们集中建成一个中心,来为全校各相关专业和学科服务,实行统一建设、统一管理、共同使用,大大提高了管理水平和设备利用率,也有利于适应技术发展和人才培养的需要。校电工电子实验中心于1997年2月对学生开放,在一个学期的试运行中获得了良好反响。中心从组织结构、人才配置、设备投入、实验环境、教材建设,以及新的教学思想导入等方面,体现了基础实验室由分散走向集中的诸多优越性。电工电子实验中心于1997年底顺利通过了国家教委高教司的验收,获得较高评价。除了电工电子实验中心,学校还对"计算机硬件应用中心"和"CAI实验室"进行了二期建设,对物理、化学、力学实验中心的建设投入了专项资金。在校级实验中心建设全面铺开的同时,校主管部门积极推进院系级实验中心的改革与建设工作,在有关院系的支持和配合下,机械工程系实验中心、动力工程系实验中心及仿真实验室、土木工程学院实验中心、材料科学与工程系实验中心相继建立。②

实验室建设在1998年仍然是学校的工作重点之一。在上一年度"实验室建设年"的基础上,1998年被学校定为本科教学"实践性教学建设年",物理实验中心、力学实验中心、化学化工实验中心、工业发展与培训中心、微机实验室全部投入运行。结合"211工程"建设,1998年学校投入教学实验设备费311万元,常规设备费180万元,实验实习费30万元,共计521万元人民币。至此,实验室建设总体思路的第一步顺利完成。全校建成并顺利运行的有7个校级实验中心和5个院系级实验中心。③到1999年,学校实验室建设总体构想中的第一期工程已基本实现,构建了面向21世纪的"基础教学实验大平台"。

2000年四校合并后,学校的实验室数量由原来的66个增加到81个,全校500元以上仪器设备资产总额由24 008.03万元增加到32 740.82万元,台件数由22 181件增加到30 984件。

2001年,学校实验室建设的重点,由基础教学实验室建设转为专业基础实验教学平台建设。学校集中建设多媒体教室15间,增加多媒体教室座位2346个,提高了现代教学手段在课堂教学应用中的比例。同时,对新并入学校的实验室管理体制进行了改革,如将原南铁医的三个实

---

① 《实验室管理》,《东南大学年鉴》1996年,第294—295页。
② 《实验室管理》,《东南大学年鉴》1997年,第304—305页。
③ 《实验室管理》,《东南大学年鉴》1998年,第367—368页。

验中心合并组建为一个校级实验中心——"东南大学基础医学实验中心"。对四校合并后实验室与设备管理制度进行了全面修订、整理、汇编。制定了《东南大学实验教学考试、考核办法》。应国家教委高教司的要求，牵头组织上海交通大学、中国矿业大学、青岛海洋大学等四所高校专家制定了《国家级电工电子教学实验示范中心建设标准》。①

通过"十五"项目、"211工程"、"985工程"、世界银行贷款"高等教育发展项目"等一系列重大项目的实施，到2005年，学校的电工电子实验中心、物理实验中心、机械基础实验中心、力学实验中心、基础医学实验中心等五个实验中心，成功申报成为江苏省实验教学示范中心建设点，东大拥有的省级实验教学示范中心建设点数居全省第一（并列），电工电子实验中心被评为首批国家实验教学示范中心。完成了"大型仪器设备共享平台"的建设任务，初步建成了由电子信息、土木交通、机械动力、材料分析4个学科大类的大型仪器设备共享网络管理平台，实现了大型仪器设备的信息发布、用户预约、时间安排、财务结算、效益考核、信息统计等方面的网络化管理，提高了大型仪器设备的使用效益。在这些成绩的支撑下，"985工程"二期公共基础与教学创新平台教学实验室的项目建设方案顺利通过专家论证。该方案结合九龙湖新校区的建设，进一步完善由数学、物理、力学、化学、电工电子、计算机、外语、图学、医学公共基础、工程训练等实验中心构成的全校共享的公共基础实验教学平台，进一步建设由机械动力、土木交通、电子信息、材料化工环境、现代医学基础、人文社科、经济管理、建筑艺术等大类学科共享的专业基础实验平台，并试点建设机电控制、电子信息、建筑学等与学科建设接轨的本科生和研究生学科专业实验共享平台。②

2006年及其后几年，伴随着九龙湖校区的启用，各校区功能调整，实验室各项建设项目顺利推进，学校的公共基础平台、专业基础实验平台和部分专业实验室的硬件与管理水平走到了国内一流高校的前列，部分实验室站到了我国同类高校实验教学改革与实验室建设领域的前沿。数学、物理、力学、化学、电工电子、计算机、外语、图学、医学公共基础、工程训练等实验中心构成的全校共享的公共基础学科实验平台得到了进一步完善，各学科共享的专业基础实验平台得到了进一步充实。结合品牌专业与特色专业建设，实现了专业基础实验室与专业实验室的对接，试点建设了土木交通、机械及机电控制、电能系统、电子信息、计算机网络、临床技能与培训等几个与学科建设接轨、本科生和研究生学科专业实验共享平台，为本科生和研究生专业技能以及创新能力训练提供了良好的实验环境。③

至2012年底，学校有各类教学、科研建制实验中心（室）77个，分属三个大类，其中教学实验室33个，科研实验室33个，教学科研并重实验室11个。形成了国家实验室（筹）、国家重点实验室和工程研究中心、省部级重点实验室和工程研究中心、本硕共享专业实验室、

---

① 《实验室管理》，《东南大学年鉴》2001年，第371-373页。
② 《实验室管理》，《东南大学年鉴》2005年，第295-296页。
③ 《实验室管理》，《东南大学年鉴》2006年，第341-343页。

学科大类或多学科共享的专业基础实验室和公共基础实验室6个层次的实验平台。① 除了"力争建成一个国家实验室"② 这个目标仍在继续努力中，其余各项建设规划的目标都得到了很好的实现。

除了实验室，学校还有大量的校外实习基地。③ 其中医科有数十个医院和防疫中心是长期固定的学生实习基地，能够满足学生实习安排需求。

东南大学2012年33个教学实验室基本情况表

实验室编号	实验室名称	建立年份	房屋使用面积（平方米）	实验室类型
0010100	建筑物理实验室	1981	750	教学为主
0010200	建筑运算与应用实验室	1955	800	教学为主
0020200	机电基础实验分中心	2006	3000	教学为主
0020300	机电综合实验分中心	2006	1000	教学为主
0020400	工业发展与培训中心	1992	10 000	教学为主
0030100	能源与环境学院实验中心	2006	4800	教学为主
0040100	信息科学与工程学院实验中心	1998	850	教学为主
0050100	力学实验中心	1952	1800	教学为主
0050200	土木工程实验中心	2002	3580	教学为主
0060100	电子科学与工程学院实验中心	1980	500	教学为主
0070100	数学实验室	2007	400	教学为主
0080100	自动化学院教学实验中心	1958	890	教学为主
0090200	计算中心	1980	5000	教学为主
0090300	计算机科学与工程学院实验中心	2004	420	教学为主
0100100	物理实验中心	1997	4500	教学为主
0110500	生物技术与材料实验中心	2008	300	教学为主
0110100	医用电子技术实验中心	2000	200	教学为主
0120100	材料科学与工程学院实验中心	1994	3400	教学为主
0130100	人文学院实验中心	2006	1000	教学为主
0140100	经济管理学院实验中心	2006	800	教学为主
0160100	电力工程实验中心	1986	630	教学为主
0170100	外语学习中心	2006	4500	教学为主

---

① 《实验室建设与设备管理》，《东南大学年鉴》2012年，第492页。
② 《东南大学2006—2010年五年发展规划纲要》，《东南大学年鉴》2005年，第47页。
③ 有关实习基地的情况在部门的工作总结和学校年鉴中没有连贯的记录。年鉴记录的数据是到2007年底，学校拥有校外实习基地473家，其中签约基地160家。《实验室管理》，《东南大学年鉴》2007年，第326—327页。

（续表）

实验室编号	实验室名称	建立年份	房屋使用面积（平方米）	实验室类型
0190100	化学化工实验中心	1998	4000	教学为主
0210100	交通学院实验中心	2006	7100	教学为主
0240100	艺术学院实验中心	2003	256	教学为主
0250100	模拟法庭	2007	100	教学为主
0410100	基础医学实验教学中心	2006	3450	教学为主
0430100	临床技能训练中心	2007	650	教学为主
0430200	临床医学实验中心	2007	890	教学为主
0420100	公共卫生学院实验中心	2001	684	教学为主
0710100	软件学院实验中心	2003	720	教学为主
0990100	电工电子实验中心	1997	8000	教学为主
0990200	实验动物中心	2006	2000	教学为主

东南大学2012年33个科研实验室基本情况表

实验室编号	实验室名称	建立年份	房屋使用面积（平方米）	实验室类型
0010300	CAAD国家专业实验室	1985	300	科研为主
0010400	城市与建筑遗产教育部重点实验室	2009	1500	科研为主
0030200	洁净煤燃烧与发电技术教育部重点实验室	2012	2800	科研为主
0030300	火电机组振动国家工程研究中心	1994	2100	科研为主
0040200	移动通信国家重点实验室	1990	4000	科研为主
0040300	毫米波国家重点实验室	1991	2000	科研为主
0040500	江苏省数码技术工程研究中心	2000	120	科研为主
0050300	混凝土及预应力混凝土结构教育部重点实验室	2000	11 700	科研为主
0060200	先进光子学中心	2003	2400	科研为主
0060300	江苏省信息显示工程技术研究中心	2000	3700	科研为主
0060400	MEMS教育部重点实验室	2001	3350	科研为主
0060500	国家专用集成电路系统工程技术研究中心	1992	1400	科研为主
0060600	江苏省光传媒通信与网络技术工程研究中心	2009	800	科研为主
0060700	太赫兹科学研究所	2008	500	科研为主
0080300	复杂工程系统测量与控制教育部重点实验室	2007	2500	科研为主
0090400	计算机网络和信息集成教育部重点实验室	1993	450	科研为主
0090500	江苏省网络与信息安全高技术研究重点实验室	2003	400	科研为主
0090600	江苏省计算机网络技术重点实验室	1997	400	科研为主

（续表）

实验室编号	实验室名称	建立年份	房屋使用面积（平方米）	实验室类型
0090700	江苏省软件质量研究所	2001	350	科研为主
0090800	影像技术实验室	2001	300	科研为主
0110300	江苏省生物材料与器件重点实验室	2004	1000	科研为主
0110400	生物电子学国家重点实验室	1985	5000	科研为主
0120300	江苏省土木工程材料重点实验室	2006	2200	科研为主
0120400	江苏省先进金属材料重点实验室	2007	2400	科研为主
0210200	江苏省交通规划与管理重点实验室	2002	1500	科研为主
0260100	儿童发展与学习科学教育部重点实验室	2005	2300	科研为主
0410200	感染与免疫实验室	2007	400	科研为主
0410300	分子病理实验室	2002	320	科研为主
0410400	神经生物学实验室	1995	100	科研为主
0410500	心脑血管疾病行为与功能实验室	1995	80	科研为主
0430400	江苏省分子影像与功能影像重点实验室	1996	400	科研为主
0420200	环境医学工程教育部重点实验室	2007	3200	科研为主
0410600	发育与疾病相关基因教育部重点实验室	2003	3216	科研为主

东南大学 2012 年 11 个教学科研并重实验室基本情况表

实验室编号	实验室名称	建立年份	房屋使用面积（平方米）	实验室类型
0040400	射频集成电路与系统教育部工程研究中心	2008	2000	教学科研并重
0040600	信息处理实验室	2002	4300	教学科研并重
0040700	信息安全研究中心实验室	2001	6000	教学科研并重
0080200	计算机硬件应用实验中心	1998	300	教学科研并重
0090100	计算机教学实验中心	2004	5500	教学科研并重
0110200	医学电子学实验室	1992	240	教学科研并重
0120200	东南大学分析测试中心	1983	1120	教学科研并重
0160200	RockWell 自动化实验中心	1998	110	教学科研并重
0220100	测控技术与仪器实验室	1962	800	教学科研并重
0220200	远程测控技术实验室	2007	3000	教学科研并重
0430300	临床科学研究中心	2007	880	教学科研并重

第六章

国际及港澳台交流合作

改革开放以来,东南大学始终把开放办学和国际合作交流作为学校发展的重要动力源,持续向前推进。从最初的"恢复交流、扩大范围",发展到"提高层次、加深合作",逐步走上"国际化强校之路",初步形成了开放式办学格局。东南大学在高层次国际交流、学生国际化培养、海外高水平创新人才引进、国际重大科技项目合作,以及与国际知名高水平大学合作办学等方面实现了诸多突破,由此推动了人才培养、队伍建设、科学研究、社会服务等方面国际化水平的不断提高,提升了学校的国际声誉,加快了向世界一流大学迈进的步伐。

第一节 国际合作交流发展历程

一、恢复交流,扩大范围

两江师范学堂创办之初,学校即开始了早期的国际交流,掌校者缪荃孙、李瑞清等先后赴日考察,学习课程专业设置,聘请日本教习,仿效日本办学模式建立了不同于传统书院的新型学堂规制,教员也由中日双方教师共同组成。

辛亥革命后,在两江旧址成立的南京高等师范学校,以"调和文理,沟通中外"为办学宏旨,不仅聘有外籍教授,还邀请了许多著名国际学者来校讲学。如1920年春,美国实用主义哲学创始人杜威在南高进行了"教育哲学""新人生观""科学与民主"等多场演讲;10月,英国著名哲学家罗素也到访南高作了关于哲学的演讲,都在当时引发了热烈反响。

1921年,国立东南大学成立后,郭秉文校长提出了"四个平衡"的办学方针,其中之一便是国内与国际的平衡,"博取百家之长,广求知识于世。既要成为研究之中心,又要成为国内外学术交流中心"。在此思想指引下,学校的国际交流十分活跃。1921年至1922年,美国哥伦比亚大学师范学院院长孟禄多次来校访问,并称赞东南大学是"中国最有希望的大学"。1924年,诺贝尔奖获得者泰戈尔曾在徐志摩的陪同下来校演讲,轰动一时。郭秉文校长曾以中国首席代表的身份参加世界教育会议,被推选为世界教育会副主席兼亚洲地区主席,后又连任两届。当时的东大,毫无疑义是中国国际合作交流最活跃的大学之一。

国立中央大学建立以后,许多师生也先后走出国门,外出考察,留学深造,探求新知。1929年4月7日至5月3日,工学院机械、电机四年级学生一行十四人,在教授陆志鸿、薛绍清、钱祥标的带领下赴日本外务省、东京帝国大学、理化研究所等地参观考察,研究日本工业兴盛之原因。① 中央大学物理系1934届毕业生吴健雄于1936年前往加州大学伯克利分校攻读博士学位,1958年当选为美国科学院院士。国际会议上也开始出现学校资深教授的身影,如1948

---

① 《春光明媚中,本校学生旅行参观讯》,《中央大学日刊》1929年4月3日。

年医学院院长戚寿南出席国际卫生会议。中国教授的学术水平逐渐得到国外学术界的认可。抗战期间，教育学院艺术系徐悲鸿、张书旂教授在南洋、欧美等地举办了多场筹赈画展，将中国文化带到了世界各地，其画作也为众多国家博物馆收藏，张书旂教授的旷世巨作《百鸽图》更是作为国礼相赠美国政府，长期悬于白宫之中。1946年，中大教务长胡焕庸曾应美国马里兰大学之聘，担任地理系研究教授。

1949年以后，冷战的大幕在世界拉开，由于帝国主义阵营的封锁，中国高校与西方大学的交流停顿，主要是面向苏联、东欧等社会主义国家开展交流合作。南京工学院顺应时势，派出留学生的同时，在办学上全面学习"苏联模式"，并得到了苏联专家的大力帮助。1954年，学校开始招收少量留学生，开展留学生教育。1960年代，中苏交恶以后，南工与国外高校的合作与交流几近断绝。在非常困难的情况下，当时的南工领导人依然关注国际高等教育发展动态，在"三抓三步五带动"的教学改革中，仍然强调教师"专业外文水平"的提升，为探究国际学术前沿做准备。"文革"期间，学校的正常办学秩序停摆，国际交流也经历了很长一段时间的空白期。

1977年以后，学校恢复了中断多年的国际交流活动。杨廷宝、钱钟韩、管致中、王荣年等学校领导相继率团出访，前往美国、西德、日本、澳大利亚等发达国家考察教育，陈章教授一行还专门赴美考察高等工程教育。早期学校经费十分拮据，外出考察的学校领导与资深教师珍惜来之不易的机会，认真细致地考察学习，不仅了解到国际高等教育的发展趋势，也切实看到了学校与世界一流高校间的差距。

新时期，学校实质性的对外合作交流是从派出留学生开始的。在邓小平同志的倡导和直接支持下，中国在20世纪70年代末开始恢复向国外大学派出留学生。经过严格考试和遴选，南京工学院也派出了改革开放后的第一批留学生和访问学者，韦钰、钟训正、孙伟、陈笃信、童林夙、陈珩、邓学钧、陈荣生等是其中的优秀代表。特别是韦钰，1978年，她通过选拔作为改革开放后全国首批赴德国留学的50名留学生之一，经过短期德语培训，于次年赴西德亚琛工业大学进修，1981年获博士学位，成为新中国第一个电子学女博士。韦钰归国后回到母校南京工学院，于1986年在国内率先设立"生物电子学"二级学科，在人才培养和科学研究中取得突出成绩，先后当选为全国人大代表和全国三八红旗手，其先进事迹得到广泛宣传并产生很大社会影响。1986年12月，韦钰出任南京工学院院长，1988年成为更名东南大学后的首任校长，她勇于探索、锐意改革，任内大力推进学校各项事业发展，成绩卓著。1993年，韦钰调任国家教委副主任，并成为中国工程院首批院士之一。她还担任过全国妇联副主席、中国科协副主席、全国政协外事委员会副主任等多个重要社会职务，为中国教育科技事业做出重要贡献。

这一时期，东南大学与各国高校的联系和交流合作也日趋活跃和深入。其中，东大与日本爱知工业大学之间的合作最早、持续时间最长、往来也最为亲密。1980年代初，江苏省与日本爱知县结为友好省县①，在双方政府牵线下，日本爱知工业大学与南京工学院正式签约，成为联系紧密的"姊妹学校"，这也是学校与国外高校签订的第一个正式合作交流协定。时任爱知工业大学校长的后藤淳先生是开创中日乒乓外交、为中日友好事业做出重大贡献的后藤甲二先生的女婿，他对两校合作极为热忱。在他的推动下，东大许多青年教师获资助得以赴日进修，日后成为学校教学和科研的骨干，一些人还走上了学校和院系的领导岗位。为促进中日友好，1991年，后藤淳先生代表爱知工业大学捐款5000万日元与东大在浦口校区共建了"后藤体育馆"，并亲临奠基剪彩。至1993年底，东南大学已和德国亚琛工业大学、瑞士苏黎世高工、加拿大康戈迪尔大学、美国纽约市立大学、法国雷恩国立应用科学学院、香港理工大学等30多所国（境）外高校签订协议，建立了多形式、多层次的交流合作关系。

除了想方设法"走出去"，学校还千方百计"引进来"，邀请国外专家学者来校讲学，举办各种学术会议，国际交往日渐增多，每年来校参观访问及讲学的外宾从数十人增至数百人。自1986年起，学校接连举办了"国际物理教育学术讨论会""钢筋混凝土及预应力混凝土基本理论国际学术讨论会""城镇住宅规划设计国际学术讨论会"等高水平的国际会议，提升了学校的知名度。

学校与国外高校的科技合作也不断增加和深入，开展了一批国际合作科研项目，如中加"先进制造技术"项目、中英"工业发展与培训"项目、中荷美"内偏转显示器件与高清晰度显示技术系统"项目、中澳"机器设备状态监控与故障诊断"等。至1997年，学校已与51所国外高校建立了校际科技合作交流。② 许多跨国公司也结合科研合作为学校提供设备援助，如LG.飞利浦公司一次性转赠了价值约8000万元的等离子平板显示方面的关键设备；楷登电子（Cadence Design Systems）公司向移动通信国家重点实验室捐赠了价值约3000万美元的电子设计自动化（EDA）软件等。

复更名东南大学后，许多海外校友也纷纷返校致庆，或设立奖学金，或捐款兴筑，支持学校发展。如1994年，在台湾的校友余纪忠先生捐资107万美元③修葺大礼堂，后又设立"华英文教基金"；虞兆中先生捐资100万人民币助建群贤楼，并出资设立了纪念其恩师的"刘树勋奖学金"。其他热心人士设立的奖学金还有：美国"钢铁之王"、美籍华人实业家唐仲英先生在我校设立的"唐仲英德育奖学金"；台湾华新丽华创始人焦廷标先生捐资500万元设立奖学金；台湾润泰集团总裁尹衍樑先生发起的光华教育基金会捐资200万元人民币设立奖学金；香港何耀光慈善基金有限公司捐赠200万港元设立的"何耀光助学金"；以及美国安捷伦公司、德国罗德施瓦茨公司、加拿大黑梅公司等设立的奖学金等。1996年邹祖焜校友捐资20万美元

---

① 日本的县相当于中国的省一级建制。
② 许大信：《抓住机遇，提高水平，开创国际合作与交流新局面》，东南大学档案馆馆藏档案。
③ 当场捐资104.75万美元，后又追加到107万美元。

与东南大学在浦口校区共建了科技活动中心"真知馆";印尼力宝集团董事局主席李文正校友捐资 300 万美元先后助建了四牌楼校区李文正楼和九龙湖校区李文正图书馆;焦廷标先生捐资 2000 万元助建九龙湖校区焦廷标馆;台湾《中国时报》余蔡玉辉女士捐赠 100 万美元助建九龙湖校区纪忠楼;香港著名企业家田家炳先生捐赠 300 万元助建九龙湖校区田家炳楼……

这些海外校友、友好人士和企业捐赠建的资金、楼宇、设施和科研设备,在学校经费比较困难的时候帮助改善了办学条件,促进了学校发展,雪中送炭、情谊深长,对此东大师生是不会忘记的。

为适应国际交流合作的需要,1994 年 1 月 4 日,东南大学发布 1 号文,将原外事办公室更名为国际合作处,其职能和工作范围进一步扩大。学校在 1995 年制定的《东南大学改革和发展规划》中,明确指出国际交流合作的指导思想是:"扩大对外开放、加强国际交流合作,提高东南大学在国际上的影响力和知名度。"①

二、提高层次,加深合作

1997 年,顾冠群校长上任后,总结以往的成功经验,根据形势变化,针对存在问题,提出了"全方位、多层次、有重点、讲实效"地开展国际合作与交流的新思路。除继续巩固和发展已有的国际交流与合作,如进一步加强与瑞士苏黎世高工、日本爱知工业大学、澳大利亚蒙纳士大学等友好学校的密切关系外,还致力于拓宽新的合作交流领域,有计划、有选择地积极寻求与世界一流大学、研究机构、跨国公司等建立长期、稳定的强强合作关系。同时,学校也不再满足于一般性的校际交流互访,而是与国际惯例接轨,着眼项目合作,将合作交流的主体从学校下沉到院系、学科和教授身上,开展更加积极务实的国际交流合作。

1998 年,学校立足解决科研难题和建设重点学科与学术梯队,着眼项目合作,提出努力推动务实的国际合作与交流,支持各院系以不同形式开展有实质性的国际项目合作,鼓励和支持开展教授与教授之间的合作、课题组与课题组间的合作,重点支持在国际合作上成效显著的单位和教授。当年,学校共邀请 158 名各学科外籍专家来校讲学、合作科研,并从教育部和外专局争取到外专经费 54 万元、专项外专经费 31.5 万元。②经多年努力,学校聘有杨振宁、丁肇中、黑川纪章、克劳德·科恩·坦诺奇(Claude Cohen-Tannoudji)、艾尔伯·费尔(Albert Fert)等一批著名的国际学者担任东南大学名誉教授或兼职教授,在外聘工作方面受到了教育部的发文表扬。顾冠群校长在 2000 年全国教育外事工作会议上还专门作了题为《突出重点促效益,开拓创新争一流》的报告,就东大的聘专工作进行了经验交流。

---

① 《东南大学改革和发展规划》(1995 年),东南大学档案馆馆藏档案。
② 《1998 年外事工作总结》,东南大学档案馆馆藏档案。

2000年2月14日，学校召开"东南大学2000—2010年发展战略研讨会"，提出未来十年的发展思路：一是面向未来，要坚定不移地建设世界高水平大学；二是要面向现代化，坚持规模、结构、质量和效益协调发展；三是面向全球经济一体化和社会信息化，加快办学国际化进程；四是面向经济建设主战场，走出具有东大特色的发展道路。①2000年为东南大学—爱知工业大学建立校际交流关系二十周年，两校还举行了隆重的庆典活动。在维持原有校际关系基础上，学校开拓了许多新的合作渠道。学校有针对性地围绕建筑、计算机等优势学科领域，加强了与瑞士苏黎世高工、加拿大康戈迪尔大学、美国马里兰大学、麻省理工学院、杜克大学、法国雷恩一大、德国乌尔姆大学、日本东北大学等高校的强强合作。与此同时，学校加强了与国际科学组织和学会的联系，支持相关学科和知名教授积极主动地参与国际合作，扩大学术影响。如东大在通信和微电子技术等领域的研究处于国内先进地位，在国际上享有较高的知名度，有一批知名教授成为电气与电子工程师协会（IEEE）会员，尤肖虎、洪伟、崔铁军教授等更是因学术上的成就当选为Fellow。2001年11月，东大与国际光学工程协会（SPIE）、中国光学会光电子协会联合主办了国际光电子和微电子学术会议，产生了很大的国际影响。

2002年，东南大学迎来了百年校庆，国际合作交流也迎来了小高潮。在时任国际合作处处长黄大卫等人的积极联系下，德国亚琛工业大学校长劳胡特（Burkhard Rauhut）教授、美国马里兰大学校长牟德（Mote）教授等12所境外大学校长亲临庆贺，跨国公司荷兰飞利浦公司执行副总裁万德坡（Rene Penning de Vries）先生、LG.飞利浦公司执行副总裁兼首席执行官文安德（Andreas Wente）先生也到访祝贺。校庆期间，学校与德国亚琛工业大学、马里兰大学、IBM公司等9家单位签署或续签了合作协议书，主办了"国际工程教育研讨会"，并举行了十多场高水平的学术报告会。德国乌尔姆大学校长伍尔夫（Wolff）、美国马里兰大学校长牟德（Mote）、美国罗杰斯大学科勒（Koller）教授、飞利浦公司执行副总裁万德坡（Rene Penning de Vries）纷纷登上讲台，给予学校师生以全新的国际前沿体验。尤值一提的是，2002年5月31日，诺贝尔物理学奖获得者丁肇中教授专赴东南大学签订了"东南大学与国际空间站上的AMS（O2）实验合作协议"，东南大学也成为大陆首家参与国际学术最前沿的AMS实验国际合作项目的高校。②

随着对外交往的日益频繁，东南大学的知名度不断提高。至2005年"十五"收官之年，东南大学已与70余所境外高校建立了战略伙伴关系，特别是与苏黎世高工等6所著名大学建立或加强了战略伙伴关系，提升了交流层次。学校的国际合作也开始向纵深发展，以AMS项目为龙头，带动了一些院系主动参与境外大型科研合作项目，如与瑞典皇家理工学院联合成立了"中瑞生态建筑研究中心"，与意大利都灵理工大学合作成立了"伽利略欧亚教育与应用开

---

① 参见《大事记》，《东南大学年鉴》2000年，第503页。
② 参见《国际交流合作与港澳台工作综述》，《东南大学年鉴》2002年，第250、251页。

发中心"。① 同时，与微软、飞利浦等 10 多家著名跨国公司及港澳台地区知名企业建立了务实的合作关系。

三、走国际化强校之路

2005 年 6 月，东南大学第十二次党代会报告提出，要加快推进"三大兴校战略"②，持续增强学校发展动力。"三大兴校战略"其中之一便是"加快实施开放办学战略，进一步增强国际竞争力"。

"开放式办学"的概念在东南大学提出很早，早期还主要着眼于国家、区域经济建设的范围内。2002 年东南大学百年校庆之际，教育部副部长周济曾在庆祝大会上发表讲话，希望东南大学树立开放式办学理念，通过为社会尤其是为江苏提供全方位高水平的服务来赢得支持，开拓学校改革与发展的空间。③ 随着时间的推移和形势的变化，"开放式办学"的外延不断拓展，从国内走向国际。到了 2005 年，国际合作与交流已成为开放式办学的重要组成部分，胡凌云书记在第十二次党代会报告中指出：

> 开放式办学是推动学校发展的重要途径。以建立有国际影响的学术中心为方向，加快自主办学与国际高等教育发展的对接，加速向更深层次的开放式办学转变。把一般性国际交流提升为战略性合作，以推动教授对教授、团队对团队、学科对学科的交流合作等为着力点，以具有重大影响的国际学术会议、科研合作项目、人才培养项目等为依托，加强与世界高水平大学、世界知名跨国公司和研究机构的强强合作和强项合作，建立一批稳定的、高层次的战略合作伙伴。积极争取国际教育合作项目，努力扩大留学生规模。重视外部办学资源与内部办学资源的有机结合，增强在全球高等教育竞争格局下持续发展的能力，在国际竞争中提高办学水平和办学效益。④

2006 年，《东南大学 2006—2010 五年发展规划纲要》中正式提出实施"开放办学战略，大力提高学校与社会的契合度和交互能力，加强国际交流与合作，大力引进社会资源办学，开

---

① 参见《国际交流合作与港澳台工作综述》，《东南大学年鉴》2005 年，第 317、319 页。
② "三大兴校战略"指人才强国战略、开放办学战略和制度创新战略。
③ 参见《大事记》，《东南大学年鉴》2002 年，第 419 页。
④ 胡凌云：《以科学发展观统领全局，努力提高办学治校能力，不断开创国内外知名高水平研究型大学建设的新局面》，《东南大学年鉴》2005 年，第 87 页。

展高水平科技合作，增强自我发展的动力和活力"①。上述提法变化显示，学校已经把国际化办学提升到更高的战略层次。

实际上学校早在1997年就提出要"全方位、多层次、有重点、讲实效"地开展务实的国际交流，并根据自身条件在建筑、计算机、生医等几个优势学科领域实现较为深入的合作。2006年，易红接任东南大学校长后，提出要"开拓创新、争先进位，确保实现学校发展战略目标"，在国际合作交流方面，要紧紧围绕建设世界一流大学的目标，全校每一个院系学科，每一项工作都要对标先进，扬长补短，坚持改革，开拓进取，勇于争先。国际交流合作的任务也由学校层面向下延伸，落实到了每一个院系学科身上，国际交流合作迎来了百花盛开的春天。

为进一步扩大教育对外开放，教育部自2001年起开始分批授予部分教育部直属院校一定的外事审批权，促进国际交流合作。2007年，根据教外综〔2007〕74号及教港澳台〔2007〕65号文件精神，教育部授予了东南大学一定的派遣人员因公临时出国（境）审批权，除党委书记和校长出国（境）须报教育部审批外，其他人员出国由学校自行审批。学校立刻抓住机遇，制定《东南大学因公出国（境）审批管理条例》，有序管理公派出国（境）审批工作，简化出国（境）手续，有效解决了因公出国手续繁杂、办理时间周期长和教学科研人员"出国难"的问题，大大促进了教师出国出境开展合作交流。

为了检验"985工程"建设十年来的办学水平和综合实力的提高程度，衡量学校是否具备向世界一流大学冲击的基础，2009年4月29日，东南大学召开与美国一流大学伊利诺伊大学香槟分校的对比分析报告会。浦跃朴副校长作了《树立参照坐标 明确发展方向——与美国伊利诺伊大学香槟分校的对比分析报告》，从基本情况、历史沿革、办学理念、学科特色、学生就业、杰出人才、社会服务、综合实力、国际影响力到未来发展态势等十个方面逐项对标，分析情势，寻找不足，以期扬长补短，提升办学水平。同时，学校也要求各院系要将国际化办学作为学院和学科建设的重要任务，瞄准世界一流大学建设目标，在国际和国内分别对标一所先进大学，认真学习，找出差距，提出改进措施，提升各项指标。

在学校一系列政策措施支持和推动下，许多教授和教授团队与海外高校或研究机构的教授或团队建立了稳定的交流与合作关系，取得了许多科研成果，并由此推动了学校层面的交流与合作。例如：崔铁军教授与美国杜克大学史密斯（Smith）教授团队合作，在 Science 上联合发表了重要论文；崔一平教授与美国纽约州立大学 Baffullol 教授合作、顾忠泽教授与日本东京工业大学合作、熊仁根教授与日本北海道大学合作、罗立民教授和舒华忠教授与法国雷恩一大合作，在高水平论文的发表和人才培养、队伍建设等方面取得了显著成绩；信息学院以尤肖虎教授、洪伟教授、王志功教授为核心的团队在高水平人才引进，与国际著名企业合作科研及国际科研合作经费的取得等方面取得了突出成绩；王保平教授和雷威教授团队在与英国剑桥大学、

---

① 《东南大学2006—2010五年发展规划纲要》，东南大学档案馆馆藏档案。

荷兰代尔夫特大学、荷兰飞利浦公司等的合作中不仅在人才培养、队伍建设、高水平论文发表方面收效极大，而且在实验室设备的获得方面也取得骄人成绩。①

2010年1月21日，东南大学召开国际化建设研讨会，这是东南大学国际合作交流史上的一次重要会议。这次会上，进一步明确了"国际化办学是创建世界一流大学的必由之路"。易红校长指出："国际化办学，是创建世界一流大学的主要途径之一，是适应高等教育国际化发展趋势的必然选择。推进国际化办学，借鉴国际上先进的教育理念和办学经验，引进优质的教育资源，吸引海外高层次人才，特别是世界一流的领军人物和专家学者，建立高水平的国际化科研教学合作平台，能够有效提升大学的人才培养、科学研究和社会服务水平，提升学校综合实力和核心竞争力。"② 易红校长还对学校今后的国际化建设提出了必须建立健全科学规范、适应高等教育国际化发展规律的体制机制等八条建议。浦跃朴副校长在会上作了题为《坚持国际化建设，走开放式办学之路，努力把东南大学建设成世界一流大学》的主旨报告，对学校的国际化建设提出了具体举措和基本要求。国际合作处处长史兰新则以《开拓进取，加强国际化建设，为学校的发展服务——东南大学国际化建设情况汇报》为题，详细介绍了学校近年来在国际化建设中所取得的业绩，指出了存在的问题、困难和面临的难得发展机遇。一些学院和教授团队在会上介绍了他们在国际化建设中的做法经验，如：建筑学院与苏黎世高工、瑞典KTH、美国MIT等的合作，电子学院与飞利浦公司的合作，崔铁军教授团队与杜克大学史密斯（Smith）教授团队的合作，洪伟教授团队与安捷伦、波音、三菱、罗德与施瓦次等国际知名企业的合作，罗立民、舒华忠教授团队与法国雷恩第一大学的合作等。

2010年1月21日，东南大学召开国际化建设研讨会

---

① 史兰新：《开拓进取，加强国际化建设，为学校的发展服务——东南大学国际化建设情况汇报》，国际合作处：《东南大学"国际化建设"研讨会材料汇编》，2010年。
② 《坚持开放，重点突破，我校隆重举行国际化建设研讨会》，《东南大学报》2010年3月10日。

经过这次研讨会，学校进一步细化了对各院系学科在国际交流合作方面的"四个一"要求，切实地推进国际合作交流：第一，每个学院起码要和一个以上的国际知名大学的学院有实质性合作关系，交流必须有实质内容；第二，每个院系一定要有一定数量的外国留学生，特别是留学研究生；第三，每个学院都应有学生国际交流项目，每年有一定数量的学生到海外学习交流，包括公派博士生；第四，每位青年教师至少要有一年以上的海外学习（留学）进修经历，每个教授至少有一个以上比较稳定的国际合作伙伴，从而建立起国际化办学中院系的主体地位，形成立体化对外开放格局。①

2010年9月15日，东南大学第十三次党代会召开，面对全球化发展趋势和国际高等教育竞争态势，学校根据世界一流大学的发展定位，正式提出了国际化办学战略，将原来"两个坚定不移"的发展战略扩展为"三个坚定不移"，即：坚定不移地走以创新为主导的研究型大学发展道路、坚定不移地走与国家和区域经济社会发展相结合的建设道路、坚定不移地走国际化办学的强校之路。胡凌云书记在十三大报告中指出：

> 按照"拓宽国际视野、增强国际理念、掌握国际标准、加强国际交流、深化国际合作、参与国际竞争、实现国际知名"的思路，在高层次国际交流、国际重大科技项目合作、与国际知名大学合作办学和具有国际影响力的海外高水平创新人才引进等方面实现重大突破，引领队伍建设、科学研究、人才培养等各方面的国际化水平实现质的飞跃。②

2012年，学校颁布《东南大学"十二五"改革和发展规划纲要》，进一步明确了加强国际合作是推动学校更好更快发展的核心举措：

> 坚定不移地走国际化办学的强校道路，把加强国际交流与合作摆到各项工作的重要位置，积极借鉴世界一流大学先进的办学经验，推动学校的人才培养、科技创新、队伍建设、学科建设、管理和服务等国际化水平大幅度提升，使全校师生员工的国际视野更加宽阔，国际理念更加明晰，国际标准更加通晓；使学校的国际交流更加充分，国际合作更加深入，国际竞争力显著增强，为早日建成国际知名高水平研究型大学和世界一流大学提供强大的支撑。③

---

① 石鼎、嵇宏、丛婕：《国际化：创建世界一流大学的必由之路——专访浦跃朴副校长》，《东南大学报》2009年12月20日。
② 胡凌云：《深入贯彻落实科学发展观，为建设国际知名高水平研究型大学而团结奋斗——在中国共产党东南大学第十三次代表大会上的报告》。
③ 《东南大学"十二五"改革和发展规划纲要》，东南大学档案馆藏档案。

东南大学紧密围绕创办世界一流大学总目标,学习和借鉴国内外知名大学国际化建设的经验,坚持全方位、多层次、宽领域的对外开放格局,不断开拓创新,成效显著。至2012年,各学院已与多所世界一流大学的对口学科建立了长期友好合作关系,如建筑学院与美国MIT、瑞士苏黎世高工,信息科学与工程学院与加州大学圣迭戈分校、杜克大学,电子科学与工程学院与英国剑桥大学、纽约州立大学布法罗分校、荷兰代尔夫特大学,计算机科学与工程学院与法国雷恩第一大学,能源与环境学院与日本北海道大学、日本东北大学、意大利罗马大学,生物科学与工程学院、基础医学院与日本东京工业大学,化学化工学院与日本北海道大学,临床医学院与德国乌尔姆大学,经济管理学院与日本东北大学等建立了长期稳定的合作关系,在教师往来、项目合作、研究生联合培养等方面的交流合作十分频繁密切,扩大了与一批国际知名大学合作的广度和深度。

在向世界一流大学不断迈进的同时,东南大学还根据国家外交工作的需要,借助自身学科优势,主动参与国家项目实施,服务国家外交战略。改革开放以后,学校开始招收非洲留学生。80年代中期向非洲的纳米比亚大学和赞比亚大学派遣教师。1990年,陈笃信副校长在教育部的委托下率团访问非洲,与肯尼亚莫伊大学、坦桑尼亚达累斯萨拉姆大学、赞比亚大学和津巴布韦大学四所大学签署校际交流协议,之后陆续为这四所学校培养了十数名研究生。1994年开始执行智力援非项目"援助纳米比亚计划"和"援助赞比亚计划",物理系曹恕老师还因工作出色成为我国执行援外任务获得受援国表彰的首位教师,得到国家教委通报表彰。受教育部委托,东南大学自2001年开始承办"非洲国家高级计算机人员培训班",为纳米比亚、乌干达、莱索托、津巴布韦、坦桑尼亚、赞比亚、肯尼亚、埃塞俄比亚8个国家的近200名政府部门的管理人员、公务员、高等院校的教师及软件开发员、网络运行专家进行了精心的培训。自2008年起,学校又开始为阿尔及利亚培训交通方面的管理人员。各类援非培训班的成功举办,密切了学校与非洲地区高校及相关机构的交流与合作,增进了我国与非洲国家人民之间的传统友谊,为推动我国外交工作的开展做出了贡献。

孔子学院是中外合作建立的非营利性教育机构,致力于适应世界各国(地区)人民对汉语学习的需要,增进世界各国(地区)人民对中国语言文化的了解,加强中国与世界各国教育文化交流合作,发展中国与外国的友好关系。自2010年12月第一次全国孔子学院工作会议之后,东南大学即将孔子学院建设工作纳入了《东南大学"十二五"改革和发展规划纲要》。在国家汉办/孔子学院总部的领导和大力支持下,学校的孔子学院建设工作取得一定成效。2011年9月,东南大学与白俄罗斯明斯克国立语言大学合作建立了学校首个"孔子学院"。2012年7月学校还为来自白俄罗斯明斯克国立语言大学的师生们成功举办了暑期汉语言文化体验夏令营,获得了普遍赞誉。2012年6月、10月,学校又分别与美国田纳西大学和得克萨斯大学达拉斯分校建立了2所"孔子学院"。东南大学十分重视孔子学院的建设,不仅在语言教学上取得佳绩,还促进了文化的双向交流,扩大了学校的国际影响力。

第二节　推进开放式办学

东南大学的"十一五"规划将"实施开放办学战略,加强国际合作交流"作为学校的重要发展战略之一。学校按照"高低并举、系统规划、形式多样、注重实效"的发展思路分层次推进国际化办学进程①,经多年实践,在学生的国际化培养、国际化师资队伍建设、国际学术交流及科研合作方面取得了长足的进步和发展。

一、加强学生的国际化培养

东南大学对学生的国际化培养主要分为两种形式,早期主要是选派学生外出交流访问与学习深造,起步于20世纪90年代,丰富于2000年以后。2001年,学校进入"985"重点高校建设行列后,有了比较充裕的经费支持进行学生的国际化培养,探索双语教学,扩大学生出国出境交流,通过专业课程建设,构建国际化的教学体系,将顶级大师和一流学术成果引入校内,使得全体学生都有机会拓展国际视野。2006年学校提出开放办学战略以后,更加重视学生的国际化培养。2008年学校在本科教学评估报告中首次将国际化融入到人才培养目标中,明确提出国际化是研究型大学人才培养主动适应全球化要求的战略选择,把培养具有宽广国际视野的创新人才作为重要目标之一。2011年,学校正式确立了"卓越化、国际化、创新型、复合型、多样性"的人才培养目标,国际化培养成为人才培养的应有之义。

(一)交流访问与学习深造

为增强学生的国际竞争力,东南大学积极与国外知名大学联系,加大派遣各类学生出国(境)交流访问和学习深造的力度,不断丰富学生交流渠道,采用交换生培养、暑期游学、暑期学校、参加国际会议、海外实习(实训)等多种形式选派优秀学生赴海外学习。

早年由于经费所限,学生在学校的国际交流中长期处于缺席状态,但学校还是想方设法为学生的国际交流创造机会。1987年,在韦钰校长的努力下,学校与加拿大康戈迪亚大学建立了校际合作关系,并通过与该校的合作,加入了加拿大和国家教委的"CIDA"计划,开展了联合培养博士生项目。学校从无线电系、电子工程系和自动化系选拔了十数名在读博士生赴加拿大蒙特利尔开展联合博士生的培养。后来在这批联合培养的博士生中涌现出了华为公司

---

① 所谓"高低并举"就是指东南大学的国际化办学既要与国际上发达国家和地区的国际知名大学、国际领先学科和专业进行交流,也不放弃与一般国家和地区的普通大学进行合作的机会。"系统规划"是把国际化办学作为一个系统工程由全校统一规划,由各院系与相关职能部门通力合作进行落实。"形式多样"就是多途径、多层次、多形式的交流与合作,合作方式的多样化,合作的国家多样化,合作的成果多样化。"注重实效"是在国际化办学过程中始终把培养具有宽广国际视野的创新人才和建设一支高水平的师资队伍作为最终目标。

无线 CTO 兼 5G 首席科学家童文博士和东南大学原副校长邹采荣博士等优秀科学家和高校管理者。20 世纪 90 年代中期，东南大学成为"211"工程重点建设高校，综合实力有所增强，学生参与国际交流的机会越来越多。1995 年，东南大学与姊妹学校日本爱知工业大学达成协议，自该年起每年各推荐 10 名优秀学生前往对方学校参观访问，以增进两国学生的相互了解。1999 年，国家对派出工作做出了两次重大改革，东南大学的派出工作也呈现出了新特点，学生公派出国（境）从事学术活动的人数显著增加，1999 年达到了 54 人次。江苏省与日本福冈县是友好省县，自 2000 年起，学校每年都派学生参加江苏省友协组织的"江苏省高校优秀日专学生访日团"，对日本福冈县进行友好访问。2001 年，德国乌尔姆大学代表团来校访问，给予学校通信专业两个奖学金交流生名额，交流时间为一学年；2003 年，该校主动将交流生的名额扩大到 6 人，涉及通信和先进材料两个专业；2006 年，又扩大到金融专业，人数增至 9 人。2002 年下半年，学校启动了与香港理工大学的交流生项目，遴选本科生赴该校学习一个学期，以此推动了本科生的学分转换与本科生境外交流的开展。自 2005 年起，建筑学院与世界一流的国立新加坡大学开展了本科生交流项目，每年选派 3 名学生去该校进行为期一个学期的交流。[1]

东南大学还与法国巴黎高科、法国雷恩第一大学、德国乌尔姆大学、瑞典皇家理工学院、法国"N+i 工程师学院网络"、德国埃斯林根科学应用大学、韩国庆熙大学等海外知名高校合作开展硕士培养项目。自 2001 年始，学校与巴黎高科共同开展了"50 名中国工程师"项目（9+9 项目），除每年派请教授来校访问外，自 2006 年起每年派 5 名以上的学生赴对方学校攻读硕士学位。与德国乌尔姆大学的硕士项目始于 2003 年，涉及通信与先进材料、金融等专业。法国"N+i 工程师学院网络"成立于 1998 年，是由法国教育国际署、法国教育部和法国外交部主管的国家级项目，汇集了法国 60 所不同领域的高等工程师学校，包括信息、电子、电信材料、环境、生物技术、机械工程、化学工程、民用建筑等多个领域的 200 多个专业。2003 年 11 月，东南大学与法国"N+i 工程师学院网络"正式签署教育合作协议，在学生交流层面达成了合作意向，从 2005 年起遴选学生进入该项目的相关学校学习。[2]

2007 年起，教育部开始在全国重点大学中实施国家建设高水平大学公派研究生项目。学校十分重视，为此专门成立了"公派留学研究生领导小组""公派留学研究生工作组"，设立了"公派研究生管理办公室"，由易红校长任公派留学研究生领导小组组长。易校长明确指出：做好国家建设高水平大学公派研究生项目有利于提高研究生的培养质量、有利于高水平师资队伍建设、有利于加强与国外高水平大学的合作、有利于扩大东南大学的声誉和影响。[3] 学校的派出联系工作实行学校、导师、学生三结合的原则，在个人申请、院系推荐、专家评审、结果

---

[1] 参见《东南大学本科学生交流项目及联合培养情况简介》，东南大学档案馆馆藏档案。
[2] 参见《大力发展本科学生交流项目，促进学生素质全面提高》，东南大学档案馆馆藏档案。
[3] 《国家建设高水平大学公派研究生项目工作情况交流》，国际合作处：《东南大学"国际化建设"研讨会材料汇编》，2010 年。

公示等各个环节坚持"公正、公平、公开"的原则。在学校层面，东南大学出台了《东南大学建设高水平大学公派研究生项目实施办法》《东南大学公派研究生出国留学年度工作进程》《东南大学公派出国留学研究生管理办法（试行）》等规章制度；研究生院还正式开通了"国家建设高水平大学公派研究生项目"网站，完成了公派研究生信息库的建设。导师作为联系、确定国外学校的主体，在公派研究生尤其是联合培养博士研究生的派出工作中起到了关键作用。学生是公派研究生项目的主要参与者，为了让他们充分了解公派项目，2008年学校特意邀请国家留学基金委杨新育副秘书长开设专题讲座。为保证科研工作的连续性，学校还实行预备班制，在本科应届毕业推免生、硕士研究生各年级选拔了一批具有科研潜力的优秀学生作为公派预备生，为其申请公派项目提供各种条件支持和途径，如提供免费外语培训，向具有校际合作关系的知名院校、教授进行推荐，定期跟踪提供留学指导，协调校内培养环节等等。根据项目实施方案，2007—2011年，国家计划每年选派5000名研究生出国留学，其中攻读博士学位研究生和联合培养博士研究生各占50%，由留学基金委与高校以签署协议的形式确定各校年度选派计划，全国首批签约院校共49所，2010年签约院校增至60所。2007年度东南大学的签约名额为100名，该年实际派出68人，自2008年起学校公派研究生出国人数有了显著的增长，实际获批的公派名额均超出100名。至2012年，学校公派研究生总数已达690名，其中攻读博士学位294人、联合培养396人。①

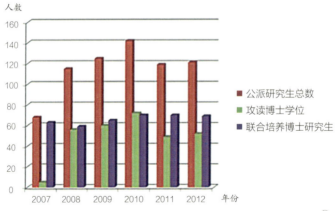

东南大学国家建设高水平大学公派研究生项目录取情况②

学生也日渐活跃地参加到国际学术会议之中。2002年，教育部预备启动"研究生教育创新工程"，提出"资助部分博士生和少量的优秀硕士生出境参加所攻读学科领域的重要国际学术会议，促进博士生与国际上同行专家、学者、世界名校博士生的直接交流和沟通，了解所攻读学科领域内最新国际研究动态，拓宽学术视野，提高学术水平和创新研究能力，增强参与国

---

① 数据来源于东南大学国际合作处。
② 数据来源于东南大学国际合作处。

际竞争意识，并扩大我国研究生教育尤其是博士生教育的国际影响"[①]。2004年，东南大学虽有5名博士生入选德国DAAD奖学金项目接受中德联合培养，但博士生参加国际学术会议的人数相对较少。有鉴于此，学校于2005年专门设立了基金资助博士生参加国际学术会议，鼓励博士生携自身科研成果到国际舞台上交流展示。基金的设立给予了博士生极大的激励和支持，当年就有13名博士生获该基金资助赴境外参加国际学术会议。至2012年，东南大学资助博士生参加国际学术会议的人数已累计达到449人。

海外实习也是学生参与国际交流的重要途径之一。1999年，中国与欧盟合作首次实施"欧亚实习生项目"，从全国22所高校中选拔50名大三学生赴欧盟国家的50所大公司实习两个月，由于学校所荐学生表现优异，仅东南大学即有5名学生入围，占了全部名额的1/10。2005年4月初，学校接国家留学基金委文件[②]，推荐了18名软件学院的学生申请印度印孚瑟斯（Infosys）公司实习项目，该项目全国共100个名额，东南大学即有15名学生被录取，列该项目全国第一。2006年第二次选拔，东南大学被录取学生数仍为15名，又列全国第一。通过该实习项目，软件学院的本科学生得到了很大锻炼，熟悉了国际规范。

东南大学的学生出国交流学习工作已成为江苏省高校的标杆。至2012年，学校已经与海外50余所大学建立了稳定合作关系，每年约有400名本科生和研究生出国（境）攻读学位、短期学习，参加国际学术会议、交流、游学等项目，极大地开阔了国际视野。

（二）创建国际化教学体系

虽然学生参与国际交流的积极性大大提高，但在全校范围而言，能有机会出国者仍属少数。为使全体学生都能在国际化的环境中成长，除鼓励学生走出去交流学习外，东南大学还树立国际化教学理念，致力构建与国际接轨的现代教学体系与内容，如加大英文授课和双语授课课程的比例，创建全英文授课专业，开设高水平讲座，将跨文化理解、国际合作精神等融入其中，取得了显著成效。

"双语教学"，是指对部分课程采用国外具有代表性和先进性的原版教材或国内出版的英文教材，并采用英语授课的一种教学方式。东南大学推进双语教学的思路起始于2001年，其时教育部颁布教高〔2001〕4号文《关于加强本科教学工作提高教学质量的若干意见》提出了双语教学的要求。学校按照"教育面向现代化、面向世界、面向未来"的要求，在人才培养方案里提出：从2002—2003学年开始，本科每个专业必须安排至少4门课程使用原版教材进行双语授课，并对电子信息类、经管类的专业提出了更高的要求。本科双语或外语教学分为三种形式：外文教材、外文讲授、外文板书；外文教材、中文讲授、外文板书；外文教材、部分

---

① 《教育部"研究生教育创新工程"即将启动》，《东南大学研究生院工作简报》2002年10月。
② 《关于2005年度印度印孚瑟斯有限公司实习项目遴选函》（国家留学基金委留金秘项〔2005〕6015号）。

内容用中文讲述、外文板书。虽然教学过程及形式因各院系、专业特点不同而各有不同，但学校在出口严格把关，要求学生作业及考试均需采用外文完成。学校还设立双语教学课程建设基金、奖励课程建设基金，鼓励教学效果好、外语水平高的教师承担双语或外语教学工作。[①]2003年，学校制定《东南大学研究生课程双语教学管理实施细则》，研究生双语教学工作也随之推展开来。研究生课程双语教学实行申报制，每年6月5日至20日集中受理下一学年双语教学课程的申请，每年设立5~10门课程，教学任务完成期为一年。获准立项并能完成规定教学时数的课程，学校将对每门课程予以3000~5000元的资助，用于课程建设（包括教材建设、多媒体课件制作等）和双语教学材料消耗。研究生课程双语教学采用"英文教材、中文讲授""英文教材、英语讲授"等方式。[②]经过多年耕耘建设，至2012年，学校已建成500余门英文/双语课程[③]，有效地提高了学生专业英语学习与运用能力。

通过自建与合作办学，学校还建成了建筑学、信息工程、给水排水工程、软件工程、国际经济与贸易、化学、临床医学7个本科生英文授课专业，动力工程与工程热物理、建筑与土木工程、电子科学与技术、计算机技术控制工程、生物医学工程、国际经济与贸易、国际商务、电气工程、交通运输工程、仪器科学与技术、艺术学、工业设计工程、临床医学、公共卫生、外国语言学及应用语言学16个研究生全英文专业[④]，加快了东南大学与国际接轨的步伐。

在课堂学习之外，东南大学还通过华英文化教育基金、吴健雄袁家骝科学讲座基金等奖助项目邀请国际学术权威来校讲学，将世界最前沿的学术成果呈现于师生面前。华英文化教育基金会是由杰出校友、台湾《中国时报》董事长余纪忠先生生前捐资700万美元创办的，旨在协助创办人之母校东南大学、南京大学培养人才，加强国际及两岸学术交流，提升学术水平。华英文化教育基金自1999年起执行，除奖助"华英学者"出国研究、补助教师或研究生出国参加国际学术研讨会外，基金还奖助"华英访问学人"来校教学，并设立"华英自然科学讲座"与"华英人文社会科学讲座"，2006年又设立"华英文化系列讲座"，在加强国际学术交流、激励青年学者成长、提高学生人文素质方面贡献良多。

通过各类基金奖助项目，学校邀请了一大批人文、社会、艺术领域的知名学者来校演讲，如2001年邀请世界著名桥梁设计大师林同炎院士来校举行"大师讲座"。2005年，著名历史学家、美国匹兹堡大学教授许倬云先生应邀来校做了《新世运与新问题》和《从历史看管理》的演讲，次年又在第二届华英文华系列讲座圆满结束之际做了《我为何写〈万古江河〉》的闭幕演讲。杨振宁、丁肇中、巴里·马歇尔（Barry J. Marshall）等多位诺贝尔奖获得者也登上东大讲台，介绍科学发展前沿动态。诺贝尔物理学奖获得者杨振宁教授曾于2002年、2008年两

[①] 参见《关于推进本科双语教学的几点意见》（征求意见稿），东南大学档案馆馆藏档案。
[②] 参见《东南大学研究生程双语教学管理实施细则》，《东南大学研究生院工作简报》2003年6月。
[③] 参见教务处：《追求卓越 止于至善——打造一流的本科教育，努力培养拔尖创新人才》，《东南大学报》2012年6月2日。
[④] 《东南大学"985工程"（2010—2013）建设情况的报告》（2013年10月），东南大学档案馆馆藏档案。

华英文化教育基金会第一次董事会议
（左起刘遵义、刘兆汉、许倬云、余纪忠、余蔡玉辉、余范英、陈懿、陈笃信）

次应邀来校在大礼堂分别做了题为《相位因子、对称、量子化——20世纪理论物理的主旋律》《物理学的诱惑》的精彩演讲。诺贝尔物理学奖获得者丁肇中教授更是多次到访东南大学，并于2002年、2011年、2012年为学校师生做了《寻找宇宙中的基本粒子》《国际空间站上的AMS实验研究进展》《我所经历的实验物理》的三场主题报告。2008年，诺贝尔医学奖获得者巴里·马歇尔（Barry J. Marshall）教授跟随西澳大学来校访问，受聘为东南大学名誉教授并在逸夫科技馆报告厅进行了精彩演讲。2009年，诺贝尔物理学奖获得者克劳德·科恩·坦诺奇教授（Claude Cohen-Tannoudji）来到东南大学，做了《光与物质》的演讲并受聘为我校名誉教授。2012年，东南大学迎来110周年校庆，多名诺贝尔奖获得者欣临盛会，群星璀璨。特别是三位诺贝尔经济学奖获得者埃德蒙德·菲尔普斯（Edmund S. Phelps）、詹姆斯·莫里斯（James Mirrlees）和爱德华·普雷斯科特（Edward C. Prescott）同时出席校庆大会，并同台围绕"创新与中国经济发展"的主题共同论道，在社会上产生很大反响。诺贝尔医学奖获得者巴里·马歇尔（Barry J. Marshall）也再次来到东南大学做了《人类与螺旋杆菌之争》的学术报告。①

除邀请学术权威来校讲学，学校还邀请各界名流人士来校与师生交流。2007年在丁肇中先生的推荐下，美国著名宇航员张福林（Franklin Chang-Diaz）博士应邀访问东南大学，并做了《太空探索的挑战》的精彩演讲。同年，在浦跃朴副校长的积极推动下，学校启动了国外著名跨国企业CEO演讲计划，当年9月即邀请荷兰飞利浦公司总裁柯兹雷（Gerard Kleisterlee）先生来校为学生讲述《品牌定位和商业发展》。10月，美国安捷伦科技公司总裁邵律文[William P. (Bill) Sullivan]先生来校，代表安捷伦与东南大学成立联合实验室签署长期战略合作协议，同时为

---

① 参见《大事记》，《东南大学年鉴》，2001年、2002年、2005年、2008年、2011年、2012年。

2012年，三位诺贝尔奖获得者菲尔普斯、莫里斯和普雷斯科特受邀在110周年校庆报告会上共同论道中国经济

学校师生带来了《安捷伦至道：价值创造 科技创新》[①]的演讲。德国罗德与施瓦茨公司总裁、美国波音公司两位副总裁、日本三菱公司（中国）总裁亦接踵而至，为师生奉献精彩演讲。2008年，瑞典东约特兰省省长比杨·艾立克森（Bjorn Eriksson）在江苏省人民政府外事办公室相关领导的陪同下访问我校，做了《国际视野下的瑞典发展之路》的演讲。

借由学术报告及讲座，高端的国际学术交流源源不断地进入校园，营造了浓郁的学术氛围，使得更多的学生能有机会得见一流大师、接触学科前沿、感受科学技术与异域文化的魅力。

二、建设国际化的师资队伍

建设世界一流大学需要一流的学科、一流的教学、一流的科研，这些都离不开一流的师资队伍作为支撑。随着世界一流大学建设进程的深入，高端人才不足已成为制约东南大学迈上新台阶的瓶颈之一。2005年，东南大学在十二次党代会报告中提出了"三大兴校战略"，以人才强校战略、开放式办学战略和制度创新战略作为推动学校新一轮持续快速发展的动力。结合人才强校和开放式办学两大战略，学校调整师资队伍建设的方向，提出了"稳步扩大规模、加快提高层次、着力加强海外引进，进行人才队伍结构的战略性调整，形成一手抓海外引进、一手抓自主培养的'双轮驱动'的国际化师资队伍建设模式"。

（一）积极引进海外高层次人才

为打造一支具备国际视野的高水平师资队伍，东南大学出台多项政策文件，引进了一批具有海外学术背景的中青年学科带头人。2007年学校通过《东南大学高水平人才引进暂行办法》，进一步明确了引进人才的原则、类别、应聘条件、岗位职责、待遇、考核以及审批录用

[①] 参见《安捷伦与东南大学成立联合实验室签署长期战略合作协议》，《电子测量技术》2007年第10期，第201页。

手续，加强了引进力度，简化了手续，提高了吸引人才的条件。2008年学校又通过《东南大学人才引进工作办法》《东南大学引进人才高级专业技术职务评审暂行办法》《东南大学岗位设置与聘用暂行办法》等条例，进一步解放思想、改革创新，为高水平人才特别是海外高层次人才的引进打开一条绿色通道。

"十一五"期间，东南大学的海外人才引进工作取得较大进展，仅2006—2008年，即引进海外高层次人才82名。在各类人才中，学校尤其注重海外名校博士学位获得者的引进，在制订进人计划和引进工作上实行"333"原则，即：每年新进具有博士学位的青年教师中，1/3为本校，1/3为外校，1/3为海外高校，使学历水平不断提高，学缘结构不断优化。同时，学校高度重视引进高水平学术带头人，如从海外全职引进的长江学者特聘教授就有电路与系统学科带头人王志功教授、医学院遗传学科带头人谢维教授、毫米波国家重点实验室副主任崔铁军教授、教育部分子与生物分子电子学重点实验室主任顾忠泽教授等。

2006年教育部、国家外国专家局联合实施了"高等学校学科创新引智计划"，简称"111计划"。"111计划"是以建设学科创新引智基地为手段，通过加大成建制引进海外人才的力度，进而提升高等学校引进国外智力的层次，促进引进海外人才与国内科研骨干的融合。努力创造具有国际影响的科技成果，提升学科的国际竞争力，提高高等学校的整体水平和国际地位。"111计划"的总体目标，与学校"努力推进我校综合性、研究型、开放式的知名高水平大学建设，力争在本世纪中叶建设成为世界一流大学"的办学目标不谋而合。借"111计划"契机，学校在重点学科中选择了一批有着良好国际合作基础和实力的学科申报立项，先后于2007年、2008年立项建设了"显示科学与技术""学习科学和工程""新型人工电磁材料"三个引智基地。

2007年立项建设的"显示科学与技术创新引智基地"，具有引进国外智力、开展国际合作、促进科技发展的优良传统，堪称我国高校国际合作的典范。基地聘有海外专家10人，外籍客座教授10人，包括海外学术大师英国剑桥大学工程院光子学教授、剑桥大学工程院高级光子学和电子学中心（CAPE）指导委员会主席威廉·奥尔登·克罗斯兰（William Alden Crossland）教授等多名海外学术骨干。在"111计划"的推动下，基地先后邀请了英国剑桥大学、新加坡南洋理工大学、荷兰飞利浦CL、荷兰飞利浦研究院、台湾川奇光电、日本早稻田大学、法国雷恩大学和美国ANYSY公司等单位的专家来访，进行合作研究、学术交流，并制定、实施了博士生联合培养计划。基地多名研究人员及研究生分别赴荷兰、新加坡、意大利、日本、韩国等国，从事合作研究、短期访问、参加国际学术会议、攻读博士学位、接受联合培养、培训等，进一步提高了引进国外智力的层次，促进了海外人才与国内科研骨干的融合。[①]

"学习科学和工程创新引智基地"是2008年在韦钰院士2002年创建的学习科学研究中心的基础上建立起来的，学科领域覆盖理、工、文、医等多个一级学科。"111计划"强有力

---

① 参见国际合作处：《以创新引智基地建设 促重点学科发展》，国际合作处：《东南大学"国际化建设"研讨会材料汇编》，2010年。

的介入，使基地能够派遣一批优秀的青年学术骨干到海外从事合作研究，选拔一批优秀的博士研究生去海外联合培养，从而建立起了一个更坚实的高层次多学科交叉的研究团队。基地还云集了海外学术大师美国哈佛大学教育学院院长、国际认知和情绪发展、学习科学领域的著名专家库特·费舍尔（Kurt W. Fischer）教授，美国科学院院士、著名神经科学家安东尼奥·达马西奥（Antonio R. Damasio）教授，纽约大学应用心理学系凯瑟琳·塔米斯·勒蒙达（Catherine Tamis-Le Monda）教授、尼俄伯·韦（Niobe Way）教授等海外学术骨干。

"新型人工电磁材料创新引智基地"是依托学校毫米波国家重点实验室建设起来的。基地聘有海外专家12人，与国内人员进行合作研究，举办学术讲座，交流指导工作。2008年，海外专家在基地举办学术讲座40多次，授课40课时，指导博士研究生5名，硕士研究生7名，联合发表高水平论文12篇。同年还在南京召开了"2008年人工电磁材料国际学术研讨会"，来自美国、英国、新加坡等多个国家和中国香港地区的200多名专家学者与会交流。2009年基地邀请了7名分别来自美国、德国、荷兰及我国台湾地区的专家来校访问交流，做了10余场高水平的学术报告，促进了学术交流，增强了基地的综合科研能力。[1]

2008年中共中央办公厅转发了《中央人才工作协调小组关于实施海外高层次人才引进计划的意见》。东南大学积极响应国家的海外高层次人才引进计划，按照国家要求，围绕国家发展战略目标，在国家重点创新项目、重点学科和重点实验室，引进并有重点地支持一批能够突破关键技术、发展高新产业、带动新兴学科的战略科学家和领军人才回国（来校）创新创业，整合、提高各类重点科研平台，建立海外高层次人才创新创业基地，推进产学研紧密结合，有目标、有重点地集聚一批海外高层次创新创业人才和团队。[2] 为推动"千人计划"国家特聘专家来校工作，学校出台了《东南大学关于"千人计划"的实施细则》《东南大学学术特区建设实施意见》等政策文件，引进了一批海外优秀的中青年学科带头人。2009年至2012年，学校引进的海外高层次人才中有7名入选"千人计划"国家特聘专家。东南大学还对一些学术性的高级岗位实行全球招聘。如2010年学校颁布《东南大学学术特区建设实施意见》，向全球公开招聘，引进全球性相关领域杰出人才。至2012年，学校所聘的"长江学者奖励计划"特聘教授、讲座教授已达33人，延聘的"千人计划"国家特聘专家达14人。

在国际交流合作中，学校还引进国外智力，聘请了许多国际知名专家担任名誉教授、客座教授，如诺贝尔物理学奖获得者丁肇中（1992），美国电视评论学会主席、法律专家弗林克（1995），美国鹿特丹大学刘瑞文（1995），法国路易·帕斯卡大学超分子化学实验室主任、诺贝尔化学奖获得者杰马里·莱恩（Jean-Marie Lehn，1998），世界著名建筑大师、日本艺术院院士黑川纪章（1999），美籍华人科学家田长霖（2000），美国匹兹堡大学历史学系教授许

---

[1] 参见国际合作处：《以创新引智基地建设 促重点学科发展》，国际合作处：《东南大学"国际化建设"研讨会材料汇编》，2010年。
[2] 参见郭小明：《东南大学师资队伍国际化建设的若干思考》，国际合作处：《东南大学"国际化建设"研讨会材料汇编》，2010年。

倬云（2000），生物医学专家让·路易·科阿特里耀（2001），预应力大师林同炎（2001），世界著名桥梁专家、中国工程院外籍院士、美国工程院院士邓文中（2001），世界著名光通信专家厉鼎毅（2006），诺贝尔奖医学奖获得者巴里·马歇尔（Barry J. Marshall，2008），美国加州大学圣地亚哥分校弗雷德·塞泊（Frieder Seible，2008），诺贝尔物理学奖获得者克劳德·科恩·坦诺奇（Claude Cohen-Tannoudji，2009），诺贝尔物理学奖得主、法国科学院院士艾尔伯·费尔（Albert Fert，2010），碳纳米管发现人饭岛澄男（2010），普利兹克奖获得者、葡萄牙建筑大师阿尔瓦罗·西扎（Alvaro Siza，2010），日本建筑大师安藤忠雄（2011），罗马尼亚技术科学院荣誉院士丹·弗朗戈波尔（Dan M. Frangopol，2011），诺贝尔奖获得者詹姆斯·莫里斯（James Mirrlees，2012），诺贝尔经济学奖获得者爱德华·普雷斯科特（Edward C. Prescott，2012）等。[①]

东南大学聘请外国专家工作的特点是"落脚在院系，教授是主体"，重点借助申请教育部重点聘请专家项目经费的支持，以学校、院系和教授本人项目经费的支持为补充，结合国家"863""973"及自然科学基金等项目的研究，结合学科建设的需求和教学工作的需要，以聘请外国专家来支持和推进教学和科研的开展。聘专工作立足于科研难题的攻克，立足于重点学科的持续发展及学术梯队建设，服务于学校学科建设、科学研究和人才培养，经多年发展完善，呈现出了新的特点：长期专业任课外国专家呈增长态势；专家的聘请更切合实际需要，目标明确；项目聘专合作形式趋多元化，努力创造具国际影响力的科研成果。[②]

除聘专引智外，学校还出台和修订了《东南大学博士后研究人员管理办法实施细则》《东南大学博士后工作期满考核条例》，实施了《东南大学博士后科研资助计划实施办法》，吸引外籍博士后人员来校从事科学研究。学校博士后人员国际化进程还处于刚刚起步阶段，在站的外籍博士后人员较少，主要分布在建筑学院、信息学院、交通学院和艺术学院，分别来自伊拉克、韩国和美国。

（二）教师出国访学、进修深造

在大力引进海外高层次人才的同时，东南大学还着眼培养校内师资，创造条件资助教师出国访学、进修深造。

20世纪90年代，东南大学教师外出访问考察、进修培训虽已较为频繁，但缺少统一规划、周详计划，不能充分结合学科发展需要，能够赴世界一流大学访学深造者更是凤毛麟角。2000年四校合并后，师资规模虽得到显著扩充，但博士学位占比和硕士学位占比反较以前有所下降。

[①] 参见《大事记》，《东南大学年鉴》，1995年、1998年、1999年、2000年、2001年、2006年、2008年、2009年、2010年、2011年、2012年。
[②] 参见国际合作处：《加大聘专力度，促跨越式发展——2005—2009聘专工作汇报》，国际合作处：《东南大学"国际化建设"研讨会材料汇编》，2010年。

为改善教师的学历结构，学校制定了《东南大学教师在职进修的若干规定》，鼓励教学科研第一线的专任教师在职攻读硕士博士学位，进修提高。为改善青年骨干教师学缘结构，加大对世界一流大学先进学科的学习力度，学校积极参加国家基金委"面向21世纪振兴行动计划"，选派高层次人员出国进修，同时制定实施《东南大学青年骨干教师公派出国培养计划实施方案》，从2008年起，每年资助100名青年骨干教师按照"三个一流原则"——到国外一流大学一流学科的一流导师下开展工作，连续支持5年，到2012年公派出国进修3个月以上的青年骨干教师已达337名。

2009年，学校组织110多名教师申报国家留学基金管理委员会全额资助出国项目，其中32人被录取为2009年国家公派高级研究学者、访问学者（含博士后研究）项目留学人员，30人被录取为2009年青年骨干教师出国研修项目（1：1配套资助项目）留学人员，另外有10多人被国家留学基金委专项出国计划录取（包括：法中科学应用及基金会博士后项目，中美富布赖特项目研究学者子项目中美富布赖特项目外语助教子项目，高校学生工作者出国研修项目，国家公派赴莫斯科大学留学项目，杰出青年高级研究学者赴国外研修数学物理项目，笹川医学奖学金项目等）。①

为学习国际先进教学理念和教学方法，培养双语、英文和研讨型授课师资，2011、2012年，学校先后选派了66名青年教师，到美国本科教学水平突出的里海大学和伍斯特理工学院，进行全英文教学培训和有针对性的教学方法学习。里海大学的以"学生为主体、教师为主导"的新生研讨课，伍斯特理工学院的基于项目式教学，为加快学校由知识型教学模式向研究型教学模式转变提供了很好的借鉴。

为汲取国外高校办学的管理经验，提升管理干部的管理能力和服务水平，东南大学在"十一五"规划中专门作出了开展中层干部海外培训的决定。根据"十一五"规划的要求，学校自2007年暑期开始，与美国加州富乐敦州立大学合作，开展中层领导干部的海外培训。培训为时三周，每次安排10多个讲座，包括美国高等教育概况、大学后勤与校园服务、大学的设立及其组织结构、美国大学人力资源管理、大学财务管理和资源分配、学院的组成与院长的职责、美国高等教育的现状与大学的责任、科研和技术的转化、大学的学生事务及社团活动等专题讲座，安排参观访问加州理工、加州大学洛杉矶分校等美国名校。参加培训的中层干部都带着课题有针对性地学习，并书写报告进行交流，吸取国外教育的先进管理经验。

二十年来，虽然学校在大力引进海外优秀人才、积极推进中青年骨干教师出国进修访学，努力提升师资队伍的层次结构，持续推动开放办学等方面做了许多工作，取得了长足进步，但同国内一些领先的兄弟院校相比，还有一定差距，在优化人才集聚环境，改善人才成长条件，增强高层次人才尤其是大师级人才引进力度方面还有较大的提升空间。东南大学在国际化强校

---

① 参见郭小明：《东南大学师资队伍国际化建设的若干思考》，国际合作处：《东南大学"国际化建设"研讨会材料汇编》，2010年。

道路上还任重道远。

三、推动国际科技交流合作

20世纪80年代，是学校开始恢复国际科技交流合作的起步阶段。要追赶世界先进科学技术，提高学校科研水平，必须知己知彼，了解国际学术标准，熟悉国际交流规则，增强国际合作理念。在《南京工学院1990年前发展规划（讨论稿）》中，学校提出科学研究要"跟踪世界高技术研究发展趋势，着重抓经济建设中有重大效益的关键性技术课题"。这一时期的国际科技交流合作，主要是通过派教师出国留学、访问进修、参加国际会议等方式与国外高校建立交流合作关系。随着学校事业发展，科研水平提高，东南大学国际科技交流合作的形式更加多样，追赶世界先进科技的步伐也逐步加快。

（一）开展多种形式的国际科研交流合作

东南大学主办国际会议次数统计图①

参加、主办高水平国际会议是国际科技交流的主要途径。通过参加或主办国际学术交流大会，可以与外国学者、教授相互交流、探讨最新的科学研究，寻找合作的切入点。早年，学校多以参加为主，随着自身学科的发展和科研实力的增强，也开始以东道主的身份主办国际会议。1986年，学校受国家教委、国际物理教育委员会委托，与北京大学、大连工学院在南京联合举办了"国际物理教育学术讨论会"。此后，学校又接连举办了"城镇住宅规划设计国际学会讨论会"（1987）、"大学基础物理教学国际研讨会"（1992）、"第三届国际天线与电磁理论会议"（1993）、"国际现象学研讨会"（1994）等国际会议。1995年东南大学主办了6场国际会议，有了新突破，其中一些还是学校首次倡办，如1995年4月10日至13日，

---

① 数据参见《东南大学年鉴》（1992—2012）。

由东南大学、中国测试学会、冶金部自动化研究所发起组织的首届"国际多相流测试技术会议"。2007年,学校主办的国际会议达12个,涉及电子科学与工程学院、交通学院、建筑学院、自动化学院、生物科学与医学工程学院、中大医院、人文学院、土木学院、数学系等多个院系。2008年,学校举办的国际会议增至21个,此后一直保持在每年14~20个,至2012年达至新高,举办的国际会议多达25个,涵盖多个学科。①

国际科技交流合作的开展促进了科研水平的提高。东南大学的一些科研成果也开始踏入国际先进行列,在学术界产生较大影响。如1994年电子工程系研制的"GDW—I型光电式微弱力传感器",1995年电子工程系杨祥林教授等研制成功的"掺光纤放大器""光弧子源"和"高灵敏度超脉冲宽检测系统"等多项成果,2002年由交通学院院长王炜教授主持的国家杰出青年科学基金项目"城市交通管理规划理论体系"等。有些科研成果还获得了国际奖项,破解了世界性难题,如1996年东南大学的CIMS学科群与北京第一机床厂合作攻关"北京第一机床厂CIMS应用工程(第一期)",不仅获得了1996年国家科技进步二等奖,还获得了美国制造工程师学会颁发的"工业领先奖"②。2006年,韦钰院士负责的"做中学"探究式科学教育项目,获得了2006年度国际儿童科普教育奖(PURKWA)。③2011年,尤肖虎教授团队的"新一代宽带移动通信技术与系统"攻克宽带移动通信容量逼近传输技术世界性难题,荣获2011年度国家技术发明一等奖。④

东南大学积极鼓励科研人员在国际学术刊物上发表高水平文章,介绍自身科研成果,引起国外同行对东南大学研究工作的关注,从而进一步加深联系,促进合作。如:2009年,信息工程学院崔铁军教授与美国杜克大学电子与计算机工程系史密斯(Smith)教授研究小组联合研究的隐身地毯项目取得了重大进展,引起了学术界的广泛关注。经学术计量指标综合评定,崔铁军教授等完成的论文 Broadband Ground-Plane Cloak,荣获2009年度"中国百篇最具影响国际学术论文"。相关研究成果发表在2010年6月 New Journal of Physics 上。许多国际期刊,如 Nature、New Scientist、Discover Magazine、MIT Technology Review、Scientific American、Nano Times 等都对这项工作做了详细报道。2010年学校又在 Nature 上发表了3篇文章,加权因子位列全国高校和研究机构第8名。2011年科技部公布"2010年度中国科学十大进展",

---

① 分别是:"中日先进功能材料研讨会""国际钢结构进展会议""血管生物力学国际研讨会""中日传感技术研讨会""国际高速智能通信研讨会""信号处理国际会议""第九届近代声学国际研讨会""第三届国际沥青路面协会专题讨论会""建筑结构抗震技术国际论坛""现代科学与大学教育国际研讨会""图像与表演国际学术研讨会""马克思主义、后现代主义和当代社会发展国际会议""神经发育、功能和疾病国际研讨会""第六届亚太地区传感器与微纳米技术会议""现代无线通信论坛""AS第三届当代建筑理论国际论坛""国际微波会议——毫米波无线技术与应用""中英欧毫米波与太赫兹技术研讨会""中外智能科学和智能数据工程学术研讨会""国际先进计算智能会议""国际反问题会议""国际无线通信与信号处理会议""国际栓塞会议""新型人工电磁材料国际研讨会""首届东南大学—京东大学学术研讨会"。参见《2012年东南大学举办国际会议情况》,《东南大学年鉴》2012年,第392页。
② 这是美国制造工程师学会第一次授予非美国企业国际奖项。
③ 2006年10月18日,法国科学院举行第二届国际儿童科普教育奖"PURKWA"奖颁奖仪式,韦钰院士还荣获国际儿童科普教育奖,成为该院此年度的两个获奖人之一。
④ 参见《大事记》,《东南大学年鉴》2011年,第767页。

崔铁军教授研究组因在"基于超材料实现微波段三维隐身"和"电磁黑洞"两个方面取得的系列研究成果，在国际学术界引起广泛影响而成功入选。

与此同时，学校"三大论文检索"和表现不俗论文在全国高校中的排名持续提升。2010年，东南大学SCI论文收录1171篇，同比增长41%，列第18位，排名上升了4位；EI论文收录1 468篇，同比增长15%，列第9位，排名上升3位；ISTP会议录引文索引695篇，列第12位，较前一年排名提升了3位。表现不俗论文在全国高校排名第13，表现不俗论文占本机构论文比例位列全国高校第4位。[①]

随着科研水平的提升，越来越多专家学者的学术水平得到了国外同行的认可，学校鼓励并支持知名教授积极参加国际学术组织和担任一定的职务，以扩大学科影响，掌握国际标准话语权。2011年9月22日，"国际电工委员会平板显示器件技术委员会（IEC／TC110）年会暨2011全球平板显示标准及技术发展高峰论坛"在南京召开，东南大学王保平教授当选国际电工委员会平板显示器件技术委员会主席，为我国首次在电子信息领域国际标准化组织中担任主席这一重要职务。[②]

（二）与知名高校、科研机构开展科研合作

随着交流的深入，国际科研合作也在不断加深。早期学校以交流为主，合作较少且多为浅层次参与性的。有鉴于此，1997年顾冠群校长上任后，提出努力推动务实的国际合作与交流，鼓励和支持开展教授与教授之间的合作、课题组与课题组之间的合作。顾冠群校长是我国计算机网络领域的第一位院士，牵头研制出了国内第一台具有通信控制功能的计算机、高级数据链路通信控制器及规程软件，编著了我国第一本《计算机网络》统编教材。顾冠群常讲"只有在世界冠军教练的指导下，才有可能去争取获得世界冠军"[③]，为推动国际交流合作，他经常奔波海外，以质朴严谨的学人气质受到海外专家学者的敬重。在东大校友、著名物理学家吴健雄的牵线下，顾冠群与诺贝尔物理学奖获得者丁肇中结为好友。

丁肇中1976年获诺贝尔物理学奖，1994年当选为中国科学院外籍院士。他所领导的AMS实验是国际空间站上唯一的大型物理实验，也是人类第一次在太空中精密地测量高能量带电原子和粒子的实验。其目的在于：寻找由反物质所组成的宇宙，寻找暗物质的来源、测量宇宙线的来源。围绕AMS测量仪器的制作，丁肇中教授牵头成立了由美国、俄罗斯、德国、中国等16个国家(地区)著名大学、权威机构的专家组成的研究队伍。[④]

---

① 参见《大事记》，《东南大学年鉴》2010年，第688页。
② 参见《大事记》，《东南大学年鉴》2011年，第764页。
③ 冯应明：《顾冠群校长论大学》，郑立琪主编：《百年回望话精神》，南京：东南大学出版社，2008年，第55页。
④ 参见《东南大学建立AMS空间科学中心》，江苏省科技情报所编：《江苏科技年鉴2003》，北京：科学技术文献出版社，2003年，第187页。

1992年丁肇中就曾受邀到访过东南大学,对东大的科研进展十分关注。2000年11月5日,丁肇中应"吴健雄袁家骝科学讲座基金会"的邀请来到东南大学作了题为《寻找宇宙中的基本粒子》的演讲。2002年,东南大学百年校庆之际,丁肇中再次受邀来校,于5月20日与机械系、动力系、无线电系、电子系、自控系、物理系、计算机系等系主任及专家30余人商谈合作问题。经过深入交流,5月31日,丁肇中与东南大学正式签订了"东南大学与国际空间站上的AMS(02)实验合作协议",在东南大学建立"AMS空间科学中心"。2002年6月,学校成立了以校长顾冠群院士为组长的AMS项目领导小组,主管科研的副校长邹采荣教授任AMS研究中心主任,罗军舟教授任中心副主任,同时成立了以原自动控制系主任李奇为组长的AMS专家组,建立了兼跨无线电、电子、计算机、自动控制、机械、物理、仪器、电气等学科的科研队伍。

丁肇中多次莅临东南大学与AMS专家组专家交流科研进展

新百年,新起点,参与AMS实验是东南大学一次跨国、跨学科开展高水平科研合作的成功尝试,也是与世界顶尖学校、科研机构的学者、科学家进行国际合作研究的良好开端。谈及为什么邀请东南大学作为国内首家参加AMS实验的高校,丁肇中曾回答道:"一是AMS课题组是由世界上多所理工大学所组成的,包括美国麻省理工学院和马里兰大学、德国亚琛工业大学、瑞士日内瓦大学、意大利罗马大学和佩鲁贾大学等,因此我与参加AMS的其他大学希望能邀请中国的大学参加;二是历年来诺贝尔奖获得者多数来自大学,大学具有学科综合优势和充分的学术自由,对实验的研究能发挥更大的作用;三是经东南大学杰出校友吴健雄教授介绍,我和东南大学交往多年,知道东南大学有良好的学术氛围以及包含许多优秀年轻教师在内的学术队伍;四是东南大学有许多教师很有兴趣,也有能力参加这项研究,并且有部分老师已经参加了该实验的研究,为AMS实验作出了重要贡献。"[①]

---

① 参见宋业春:《寻找暗物质的东大人——东南大学参加AMS实验15周年纪实》,《东南大学报》2017年6月3日。

东南大学在该项目中发挥了重要作用,主要承担了 AMS-02 实验中的 AMS-C、AIS 和 SOC 三个任务,机械、电子、热能、计算机、控制、仪器等多个学科参与,为 AMS 实验做了大量的科研工作,先后研制了探测器系统和计算机系统,显示出参与高水平国际科研合作的强大实力。2011 年 5 月 16 日,AMS 随美国"奋进"号航天飞机发射升空,AMS 研究中心取得了标志性成果:国内唯一、具有国际最先进水准的 AMS-02(第二代阿尔法磁谱仪)数据处理与分析中心建成,其海量数据为中外科学家共同探索宇宙的起源提供了支持,AMS-02 实验也成为世界首个被批准在国际空间站上进行的大型科学实验。

AMS 实验极大地促进了东南大学计算机学科在云计算、大数据等前沿方向的发展,AMS 实验的数据处理平台也为东南大学物理、化学、生物、机械等相关学科提供有效服务和支撑作用,提升其作为基础支撑平台的通用性、开放性和共享性,提高了东大在大数据处理及人工智能领域的研究水平。2012 年 12 月,"东南大学—IBM 云计算联合研究中心"成立,成为 IBM 在全球范围内第一所、与中国高校合作建立的唯一一所云计算领域的联合研究中心。在参与 AMS 合作研制和开发的过程中,一批东大青年教师"走出去",与国际顶尖科研团队合作,与多个国家的技术人员交流,"零距离"与科学大师在一起共同奋斗,大大提升了科研能力,培养出了诸多电子学、计算机科学、高能物理等方面的优秀专业人才。

党和国家领导人以及江苏省政府十分关心和支持东南大学参与 AMS 科学实验。项目进行期间,中共中央总书记、国家主席胡锦涛,国务院总理温家宝还曾亲自接见丁肇中教授、顾冠群院士及有关专家。

随着科技创新工程的大力实施,学校以"顶天立地"为方针,瞄准国际学术前沿和国家目标开展基础研究和高新技术研究,密切开展国际科研合作,科技创新能力和社会辐射能力大幅提升,尤其是在世界级科研合作项目 AMS 的带动下,东南大学的科研合作开始迈向新台阶。"十一五"期间,东南大学与一批国际知名大学开展了联合研究,包括与美国杜克大学合作开展"隐身衣"的基础研究,与英国诺丁汉大学开展的"燃煤高密度循环流化床化学链燃烧分离 CO_2 技术合作研究"中英联合创新项目的研究,与瑞典皇家工学院开展绿色建筑的研究等。信息科学与工程学院"信号与信息处理学科"联合了国内七所著名大学、科研院所,与苏格兰四所著名大学建立了"中国—苏格兰信号图像处理研究院"。2012 年,东南大学还与剑桥大学工程学系签署协议,建设联合设计研究中心。

(三)与跨国企业开展科研合作

在不断深化与国际知名高校及机构科研合作的同时,学校还与许多著名跨国企业建立了长期而广泛的合作关系,这也成为东南大学国际化建设的一大特色。在与跨国企业合作时,学校尤其重视国际科研合作载体建设,建设有研究中心和联合实验室两种载体类型。

东南大学建设的第一个国际联合研究中心是"东飞显示研究中心",系在"875 工程"研究室的基础上创建而成。1987年5月，在东大校友、著名美籍华人科学家张可南博士的指导帮助下，国务院引进国外智力领导小组办公室（现外国专家局）、电子工业部、江苏省政府联合下文在原南京工学院电子工程系电子束技术教研室的基础上建立了"875工程"研究室。自1988年起，"875工程"研究室在童林夙教授的带领下开展国家重点攻关项目"内偏转单色显示管"研究，并于1991年成功研制出世界上第一只内偏转单色显示管，1992年研制出了第一只荫罩式内偏转彩色显像管。飞利浦公司了解到东南大学在内偏转CRT方面的技术创新，遂起合作之念。1994年1月，东南大学与飞利浦（亚太）组件公司签署为期15年的合同，共同开展CRT显示技术研究，"东飞显示管技术研究开发中心"成立。中心平均每年承担4~5项研究课题，获得飞利浦公司每年20多万美元的酬金以及计算机工作站、测试设备、电子光学系统分析计算程序等合作研究必需的硬、软件设施，这样的支持力度在当时是非常大的，东飞中心也在CRT技术领域取得了丰硕的研究成果，成为中国高校国际合作的典范。2002年，中心更名为"金东飞显示技术研究开发中心"，2004年后又先后更名"东飞显示研究开发中心""东飞研究开发中心"。1994—2004年，东飞中心主要从事CRT（内偏转CRT）和FED（HOPFED）技术研究。2000年起，荷兰飞利浦研究实验室的英格里德·海德里克斯（Ingrid Heynderickx）博士将视觉感知研究引入东飞中心。2009年合约又续签了5年，东飞中心的研究方向从显示技术拓展到视觉感知、电视应用、人机交互等多个领域。[①] 东飞中心在CRT和FED技术、测试技术、电视应用技术、视觉感知研究等领域成绩斐然，在国内显示技术领域位居前列，是国内显示系统视觉感知研究的先行者。

　　国家友谊奖是中国政府为表彰在中国现代化建设和改革开放事业中做出突出贡献的外国专家而设立的最高奖项。东南大学聘任的外国专家中有四位获此殊荣，分别是张可南（1993）、威姆·彼得·布劳尔（Willem Pieter Brouwer）（2004）、英格里德·海德里克斯（Ingrid Heynderickx）（2009）、沙赫·曼兹（Sacha Menz）（2012），除建筑学家沙赫·曼兹外，其他三位均来自原"875工程研究室"、现"东飞研究开发中心"。

　　早期学校对国际标准不甚了解，对自主知识产权的保护不足，随着合作的深入，学校的专家学者开始重视专利申请，在深化合作和科研产出方面有了长足的进步。2005年6月12日，东南大学基于在导航系统研究、天线、射频、数据传输、数据处理等方面的学科优势，联合建立了中国高校第一个伽利略系统教育与应用开发中心——"东南大学伽利略系统欧亚（中国）教育与应用开发中心"。[②] 2006年6月7日，东南大学计算机科学与工程学院"影像科学与技术实验室"和法国雷恩第一大学"信号与图像处理实验室"共同建设成立了"中法生物医学信息联合研究中心"。联合中心致力于完善计算机辅助诊断与治疗的方法与技术研究，其目的在

---

① 《东飞中心国际合作历史回顾》，国际合作处：《东南大学"国际化建设"研讨会材料汇编》，2010年。
② 郑立琪：《东大伽利略系统欧亚（中国）教育与应用开发中心揭牌》，东南大学《校友通讯》30期。

于拓展研究领域、开发新技术、提升人才培养环境。该中心是法国国家健康与医学研究院与国外合作成立的第七个国际性研究中心，也是在生物医学影像研究领域首个国际性研究中心。[1]2009年11月，东南大学与加州仪器集团共同成立了"东南大学—加州仪器（中国）光电子材料与器件联合研发中心"，依托先进光子学中心的学科优势，从事光电子材料与器件研发。[2]

东南大学还与知名跨国公司合作建立了许多联合实验室，作为推进国际化进程、提升科研能力和国际影响力的重要途径。2007年10月16日，东南大学与全球领先的测量公司安捷伦科技共同揭牌成立了"东南大学—安捷伦联合实验室"。实验室面向射频和无线通信领域，双方在联合研发、奖学金项目以及学术交流等多方面进行合作。除依托东南大学的学科优势联合研发项目外，从2008年起，安捷伦科技每年出资15 000美金资助20名电子和信息科学领域的本科生和研究生，东南大学教授则不定期为安捷伦中国的工程师和开发人员开展技术讲座。2008年9月2日，三菱电机全球射频微波研发部部长吉田（Yoshida）先生等一行到访东南大学，联合成立了"东南大学—三菱电机联合实验室"。为更好地开展联合研究，三菱电机向实验室捐赠了价值近125万人民币的FA设备，包括Q系列PLC、人机界面、CC-Link现场总线产品、先进的网络系统和热备冗余系统，并在东南大学设立了奖学金。2009年11月，东南大学与罗德与施瓦茨公司共同成立了"东南大学—罗德与施瓦茨联合实验室"，罗德与施瓦茨公司还提供了约2400万人民币的设备及软件支持，并设立"罗德与施瓦茨研究生奖学金"。2010年学校合作成立了"东南大学—澳大利亚ATN纳米科学联合实验室"。2012年学校与罗克韦尔自动化（中国）有限公司签署战略合作协议，建立了联合实验室。

在推进开放式办学的过程中，东南大学在人才培养、团队建设、学术交流、科研合作等方面取得了长足进步。许多师生走出国门，到世界知名大学、跨国公司访学交流、实习培训、联合科研，开阔了眼界，提升了科研能力。双语教学体系的建立，使学生能在国际化的氛围中成长进步，近距离接触国际学术权威。通过开展高水平的国际学术交流与合作研究，东南大学获取了大量的科技信息，密切跟踪国际科技发展前沿，利用国际科技资源，提高研究水平，有效增强了学校的自主创新能力和科技竞争力。通过加强国际学术交流合作，促进了相关学科的建设发展，培养了一批国际型科技人才，进一步提升了东南大学的知名度和影响力，拓宽了国际化办学之路。

---

[1] 《"中法生物医学信息研究中心"成立揭牌仪式在东南大学举行》，中华人民共和国科学技术部网站：http://www.most.gov.cn/dfkjgznew/200606/t20060623_34433.htm。
[2] 参见 https://v.youku.com/v_show/id_XMzYwMjkwNDI4。

第三节　发展留学生教育

一、起步恢复与规范发展

（一）留学生教育的起步

东南大学是国内较早开展留学生教育的高校之一。1949 年中华人民共和国成立，社会主义和资本主义两大阵营形成对峙局面，国际局势很不安宁，国际交流合作受到很大影响。为扩大和加强社会主义国家间的交流合作，1950 年底，中国接收了首批 33 名东欧社会主义国家的留学生。1954 年万隆会议以后，中国提出和平共处五项原则，与亚非等发展中国家的交往不断加强，亚非拉国家的留学生陆续来华留学。在中央的统一分配下，1954 年南京工学院接受了来自越南的两名留学生阮文午、武文桑，安排在无线电工程系学习。① 1955 年，学校又接受了 5 名越南籍留学生，安排在土木工程系公路与城市道路专业就读。1956 年，又有两名越南留学生来校就学，学习建筑与筑路机械及装备专业。

当时教育部对外国留学生实行统一管理，出台了《各人民民主国家来华留学生暂行管理办法》，要求接受外国留学生的院校定期上报外国留学生工作情况。学校按国家统一部署，实行"精选少收，分别对待"的方针，对不同国家的留学生制定不同的思想教育及生活补助方案，关心其健康状况，解决其实际困难，生活上适当照顾，学习上一视同仁。教育部还提出严格把住四关："首先是接受关，要求派遣留学生的国家和单位，选派符合我国接受条件和具有长期在华学习的思想准备的学生来华留学；其次是预备学校关，要求留学生在预备学校学好汉语，补足文化以后，再入专业学校；第三是进入专业学校关，入学时对留学生进行编班测验，根据他们的实际水平安排教学；第四是升级和毕业关，严格执行考勤考绩制度，不迁就。"② 在完成汉语班的学习后，部分外国留学生被分配到南京工学院进入专业学习。为搞好教学工作，学校从留学生的实际水平出发安排学习：在教学的各个环节根据留学生的特点安排落实，加强辅导，认真帮助；有计划有步骤地开设汉语课；妥善安排好留学生的生产实习。如 1960 年，南京工学院城市桥梁公路专业毕业的越南留学生丁日标、陈文碧、阮恺、邓英俊即在学校的协助下继续留华 3 个月在南京市城市建设局、上海城市建设局规划设计院等地进行实习。③

1950、1960 年代，南京工学院接收的外国留学生均为越南籍，学校在学业上对他们严格

---

① 参见《中央分配至你校的兄弟国家留学生名额专业特再转知你校希望作各项准备工作》，东南大学档案馆馆藏档案。
② 《关于外国留学生工作的报告》（1963 年 8 月 21 日），东南大学档案馆馆藏档案。
③ 参见《关于安排应届毕业生的越南留学生继续留华实习、进修事的补充通知》《请学校即安排部分应届毕业生越南留学生继续留华进修实习事》，东南大学档案馆馆藏档案。

要求、在生活上给予关心帮助,培养出了如阮文午这样出类拔萃的英才。据1955年南京工学院《关于留学生工作情况的报告》记载,阮文午"学习基础较好,考试成绩全部五分,本学期以来,除随一年级俄文上课外,并在指定的俄文教师的帮助下,利用每周二小时的课余时间,学完了第二年俄文"①。阮文午在专业课学习上十分用功,得到了陈章、钱凤章、何振亚等几位著名教授的悉心指导。1958年,阮文午学成归国,不久后入职河内工业大学,参与创办了该校的无线电工程系,并担任系主任。1960年12月,阮文午等六名南京工学院越南毕业生还先后两次以中文致信母校表达新年祝贺,南京工学院时任党委书记杨德和亲自复信,勉励他们在建设越南的事业中取得伟大的成就。②后来,阮文午担任了河内国立大学高级教授、越南无线电电子学会主席,先后获得多项越南国家级荣誉奖,如:越南总理授予的最高奖"荣誉教师奖"、抗战一等奖、劳动三等奖、胜利一等奖章、科学技术事业奖章、反导弹军事奖章等。阮文午致力于促进中越友谊,怀着对母校的深厚感情,为母校与越南高校间的合作,以及推荐越南优秀学生来母校留学做出了很大贡献。2010年,东南大学代表团赴越南访问,阮文午亲自带领越南无线电电子学会成员赶到机场迎接,他深情地说:"母校东南大学不仅教书,还教人(育人),留学生活终身难忘。自己能为国家服务,都是母校培养了我。"③

1966年9月22日,教育部下发了《关于1966—1967学年度外国留学生停止上课的通知》,原计划所有外国留学生休学一年后再返校继续学习,但由于国内风波不止,1970年2月27日外交部、教育部军管小组不得不提交《关于回国休假的外国留学生不再复学的请示》,得周总理批准,外国留学生不再返校,由各自高校将其私人物品寄回。因之,1966年至1977年间,南京工学院的留学生教育实际处于中断状态。

(二)恢复留学生教育

1976年,十年"文革"结束,各高校逐步恢复了正常的教学秩序,在此情形下,教育部下发了《关于征求有关院校接受留学生规模的意见》,鼓励有条件的高校恢复接受外国留学生。南京工学院经过认真研究,认为当前师资比较缺乏、学生宿舍等生活用房不足,预备从1978年起开始接受来华留学生。为此,学校于1977年12月在六朝松南侧动工兴建留学生楼,次年8月落成使用。④1978年5月,学校专门成立了留学生办公室(后更名外事办公室),正式恢复招收外国留学生。9月,来自尼泊尔、苏丹、巴勒斯坦等8个国家的12名外国留学生进入无线电工程系和交通运输工程系学习。1983年,学校开始接受短期留学生,来自美国明尼苏

---

① 《关于留学生工作情况的报告》(1955年2月至7月),东南大学档案馆馆藏档案。
② 《越南留学生的来信和我院的复信》,东南大学档案馆馆藏档案。
③ 《朱建设副会长拜访越南无线电电子学会主席阮文午老校友》,《东南大学校友通讯》第40期,网址:https://yzb.seu.edu.cn/_s30/6b/53/c1761a27475/page.psp。
④ 留学生楼后为东南大学出版社使用。

达大学的 10 名留学生来校学习建筑。学校接收外国留学生的院系逐步扩展至建筑、无线电、土木、电子、计算机和电气 6 个系。

1986 年，学校提升留学教育的层次，开始接收外国硕士研究生，来自尼泊尔的马拉进入交通运输工程系学习。1990 年 9 月，学校开始招收用英语授课的硕士研究生。1991 年 3 月，根据与非洲四国的协议，学校接受了来自肯尼亚的第一批研究生。1993 年 3 月，东南大学开始面向留学生招收博士研究生，由此形成了博士、硕士、本科和进修生等各层次留学生培养的教学与管理体制。建筑、机械、无线电、土木、电子、计算机、自动控制、生物医学、电气、交通运输等 11 个系以及管理学院等先后接受和招收了外国留学生。

但自 1978 年恢复招收留学生至 2005 年海外教育学院成立以前，东南大学的留学生规模长期处于较低水平，特别是与国内其他知名高校相比，差距甚大。2005 年以前，在校留学生总数（包括学历生、进修生）不及百人，而在校学历生的规模始终在 60 人以下，2002 年更是低至 22 人。2005 年，学校在校外国留学生为 162 人，其中进修生 125 人（含普通进修生 103 人、高级进修生 22 人），学历生 37 人（含本科生 21 人、硕士生 10 人、博士生 6 人），分别来自埃塞俄比亚、巴勒斯坦、布隆迪、赤道几内亚、津巴布韦、肯尼亚、利比里亚、莫桑比克、纳米比亚、坦桑尼亚、乌干达、叙利亚、也门、伊拉克、尼泊尔、泰国、马来西亚、美国、德国、英国、法国、俄罗斯、芬兰、韩国、加拿大、瑞典、瑞士、日本、希腊和新加坡 30 个国家。

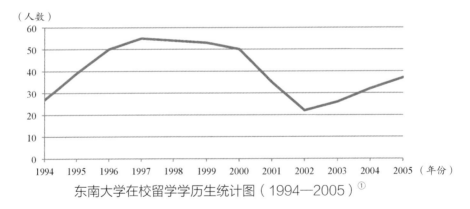

东南大学在校留学学历生统计图（1994—2005）①

除了规模较小，这一时期东南大学的留学生工作还存在层次不高、专业偏少和招生渠道不畅等问题。早期学校的留学生教育主要有两种形式：一种是包含本科、硕士、博士的三层次的学历教育；一种是短期进修培训，分普通进修生、高级进修生两种。2001 年以前留学生中的学历生占比大体仍能保持在 60% 左右的水平，2002 年以后，留学进修生的数量有了显著增长，学历生的规模虽然也呈增长趋势，但增长幅度远远不及进修生，学历生占比也从 2002 年的 40.74% 下降到 2005 年的 22.84%。

---

① 数据参见东南大学历年上报教育部的《高等教育基层统计报表》。

东南大学在校留学生人数统计（1994—2005）[1]　　　　（单位：人）

年份	合计	本科生	硕士生	博士生	普通进修生	高级进修生
1994	43	16	7	4	14	2
1995	69	23	12	4	27	3
1996	74	30	15	5	22	2
1997	79	33	16	6	24	0
1998	89	30	17	7	35	0
1999	80	29	17	7	27	0
2000	72	26	15	9	22	0
2001	58	16	14	5	23	0
2002	54	7	7	8	31	1
2003	61	14	7	5	34	1
2004	93	16	9	7	60	1
2005	162	21	10	6	103	22

2005年以前，东南大学外国留学生的生源国以亚洲、非洲、欧洲、北美洲为主，其中又以亚洲欠发达地区为主要生源地，并以政府公派生和校级交流生为主要形式。在外国留学生资助方面，留学生本国政府资助很少，多半是由中国政府资助，且自费生的人数不多，这也成为学校留学生规模始终难以扩大的原因之一。再加上宣传不足，东南大学在国际教育领域的影响力很小，许多有意来华留学的外国学生及家长不了解东南大学的优势学科，不把东南大学作为第一选择。这些都成为新时期国际化战略下发展留学生教育亟待解决的问题。

（三）以教学为中心的管理

学校恢复招收留学生之初，由于人数较少且均为本科生，故未成立专门的教学和教育管理机构，而是将留学生的培养和管理纳入学校的正常教学管理体制之中。到了1984年，在校留学生的人数已增长至40余人。1984年7月7日，经院长办公会议决定，学校对外国留学生实行院、系两级管理体制。外事办公室[2]负责接收留学生和处理涉外事宜，协调各职能部门之间的管理工作，并协同学校各职能部门做好留学生的管理工作。接受外国留学生的院、系则负责留学生的教学培养工作。各教学系按照学校的管理制度和规章办法，严格管理、严格考核留学生。教师在课堂内外对中外学生亦是统一要求。

从1990年开始，我国对接受第三世界国家的留学生的办法实行重大改革，实行"高层次、短学制、高效益"的培养方针，除文科和医科专业外，主要接受大学毕业后来华攻读硕士、博

---

[1] 数据参见1994年至2005年年鉴数据。由于数据截止日期不同，年鉴数据与上报教育部的基层数据不完全一致。
[2] 1994年以前称"外事办公室"，1994年1月4日，学校发布校决定〔1994〕1号文，决定将校外事办公室更名为"国际合作处"。

士和进修的高层次留学生,缩短培养时间,提高办学效益。1990年9月7日,东南大学制定了《东南大学关于来华留学研究生管理工作暂行办法》,对留学生的管理进一步规范化。该《办法》在外国研究生培养方面明确以下四点:

1. 培养目标:根据派遣国科研教学及经济建设的需要,培养能较好地掌握本学科的基础理论、专业知识和基本技能,具有从事本学科领域内的科学研究,担负专门技术或教学能力的科研人才。
2. 培养方式:外国研究生的培养方式原则上与中国研究生相同,考虑到外国研究生的实际情况,采取以课程学习和撰写专题报告的方式为主;对基础好、有培养前途的少数学生,也可以采取课程学习和论文工作并重的方式进行培养。
3. 教学管理:外国研究生的有关教学管理规定均参照《东南大学研究生手册》执行。
4. 教材:外国研究生使用的专业教材和专业基础教材由所在系负责,基础课教材由有关系负责。目前以选用国外的教材进行复印为主,鼓励导师能与派出任教相结合编写一些具有特色的教材。[1]

早期留学生规模较小,学校把管理留学生的工作纳入学校的正常管理体制之中,强调培养的重要性和管理的统一性,实行中外学生趋同管理:中外学生同班上课,共同参加所有的教学实习环节和教学实践活动,一起参加学校统一的各项考试;任课教师利用课余时间,适当地给予必要的指导和辅导。

中外学生同班上课,共同参加所有的教学实习环节和教学实践活动,有利于帮助外国留学生在较短的时间内提高语言能力,适应教师上课时的语言速度,更多地接受和掌握教师的授课内容,达到课堂学习的基本要求。对外国留学生在课堂学习过程中遇到的难点和难以掌握的问题,不少任课教师还利用课余时间对他们进行辅导,有效地解决了课堂上无法解决的问题。

最初,来南工留学的外国留学生多先在南京大学、南京师范大学等高校进行汉语学习,后分配来校进行专业学习。1993年6月10日,为承担留学生的汉语预备教育,同时招收申请来校学习汉语的留学生,学校成立了"对外汉语培训中心",自行开展汉语预备教育。

学校以奖学金为杠杆,建立竞争机制,激励留学生专注学业,提高其学习积极性。学校给自费生获得奖学金的机会。如自费生学习成绩特别突出,且对华友好,可以享受奖学金,部分优秀奖学金生也有机会申请到全额奖学金;反之,如奖学金生学习不努力,有违法乱纪等行为,将失去继续享受全额奖学金的资格,被学校裁定试读甚至退学。

---

[1] 《东南大学关于来华留学研究生管理工作暂行办法》,东南大学档案馆藏档案。

尽管培养规模不大，但由于学校在培养过程中严格要求和趋同管理，不少外国留学生刻苦努力，学有所成。如马里共和国留学生巴巴·科纳特，1988年毕业于南京工学院无线电工程系，回国后参加有英国、法国、德国和中国四国留学归国人员参加的招聘人员考试，因其考试成绩最为优秀，被马里全国无线电工作部所聘用，后来成为该部副部长。孟加拉国的留学生弗尔哈德，1991年从东大本科毕业，参加全国研究生入学考试，被清华大学录取。1990年，马里共和国留学生乌苏比·佐古（Oussouby SACKO）进入东南大学建筑系，1994年毕业后赴京都大学学习，2001年到日本京都精华大学任教，2018年被任命为校长。1991年，玻利维亚研究生马可·泰朗进入东南大学电气工程系学习。

二、国际化战略推动下的快速发展

2001年，东南大学进入"985"重点建设高校行列，教学、科研、经费节节攀升、稳步增长。与之形成鲜明对比的是，在校留学生规模却不增反减，甚至退回至1995年以前的水平。随着学校奋斗目标和发展战略的演进，体量如此之小的留学生教育规模已经远远落后于国内其他知名高校，无法跟上东大建设"研究型综合性开放式的国内外知名高水平大学"的步伐。2005年以后，学校进一步明确了"建设世界一流大学"的目标。当时，"国际上评价一个大学的国际化程度，其中一个重要的指标就是外国留学生的数量"[①]，留学生教育规模小已经成为制约东南大学建设"世界一流大学"的重要因素之一。

2005年6月14日，东南大学在第十二次党代会报告中提出了"加快实施开放办学战略，进一步增强国际竞争力"，将留学生教育首次列入学校党代会报告，明确提出要"积极争取国际教育合作项目，努力扩大留学生规模"。2005年12月，东南大学成立海外教育学院，易红校长亲自兼任院长，并抽调了有海外学习经历和丰富外事工作经验的经管学院教授黄凯任常务副院长，学院下设招生办公室、留学生管理办公室、对外汉语教学中心等机构，使留学生培养和管理工作大大加强。2006年6月海外教育学院正式开展工作，主要负责全校来华外国留学生的招生、培养、管理、汉语教学、国际合作办学等工作，兼顾在校港澳台地区学生的学籍管理和服务工作。海外教育学院成立后，有效地调集整合了全校资源，开发培育出新的留学生培养项目，广开招生渠道，加强了留学生管理，东南大学的留学生教育进入了快速发展阶段。

（一）规模的急剧扩大

2002年东南大学迎来百年校庆，各项事业蒸蒸日上，但外国留学生招生规模却极小，至

---

① 石鼎、嵇宏、丛婕：《国际化：创建世界一流大学的必由之路——专访浦跃朴副校长》，《东南大学报》2009年12月20日。

2005 年，本、硕、博三个层次的年招生总数甚至还达不到 10 人。① 为改变这一状况，学校成立海外教育学院，充分调动全校各方面的力量和资源，发挥自身优势，多渠道、多层次及多形式地拓宽招生渠道，改进培养方式，进一步扩大留学生规模，特别是学历留学生的规模和比例。

2005 年以前，东南大学外国留学生的生源国主要分布在亚洲、非洲、欧洲及北美洲，但招生规模都非常小。2006 年学校开辟了澳洲，作为生源国，2007 年又新增了南美洲，至 2012 年初，生源国已达 106 个国家和地区。② 自 2006 年起，东南大学的留学生招生人数③ 实现了起飞式的增长，从 2006 年的 70 人，迅速增长至 2012 年的 753 人，是 2006 年的 10 倍之多。在校留学生的数量④ 则从 2006 年的 86 人增长到 2012 年的 1389 人，规模增长接近 16 倍。

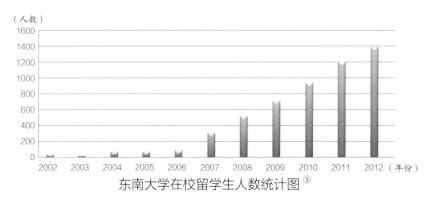

东南大学在校留学生人数统计图⑤

随着外国留学生规模的扩大，学校也在着力优化留学生结构，提高高层次留学生的比例，并以学历生⑥、研究生、自费生为重点，构建起了以政府奖学金、高层次为主，自费生、进修生为辅的合理的留学生结构模式。

根据国际现有大学评价标准，国际化程度与排名呈明显正相关关系，国际化程度越高，排名往往越靠前。评价方法虽众说纷纭、莫衷一是，但一个学校对外国留学生的吸引力的确也反映其国际化办学程度和国际知名度。扩大留学生规模，特别是学历生的规模，是提升知名度、竞争力和影响力的重要指标。为推进中国高等教育的国际化进程，教育部对进入"985 工程"重点建设高校提出了更高的国际化要求——研究型大学留学学历生规模应达到在校生 10% 左右的目标。为此，2009 年，东大制定了两个留学生工作的发展指标：一是以学历生为主体的

---

① 2002 年招收本硕博外国留学生 4 名（博士 3 名，硕士 1 名）；2003 年招收 2 名（硕士 1 名、本科 1 名）；2004 年招收 5 名（博士 3 名、硕士 1 名、本科 1 名）；2005 年招收 8 名（硕士 3 名、本科 5 名）。参见历年东南大学上报教育部的《普通高等学校基层数据报表》。
② 《海外教育学院：筚路蓝缕踏征程，海纳百川谱华章》，《东南大学报》2012 年 6 月 2 日。
③ 招生人数含博士、硕士、本科、专科、培训。
④ 在校留学生数量含博士、硕士、本科、专科、培训。
⑤ 数据参见东南大学历年上报教育部的《高等教育基层统计报表》。
⑥ 学历生（博士、硕士、本科），不含专科生。

1000人规模的近期目标,二是外国留学生占在校学生总数10%的远期目标。①

2006年东大外国留学生中在校学历生为28人,至2012年,学历生的数量已猛增到1021人,为2006年的36倍之多,学历生占比达到73.5%,已经达到此前预定的近期目标。学历生中研究生的规模也有了较大的增长,2006年外国留学生中的研究生仅有12人,2012年发展到289人,为2006年人数的24倍。至2012年,东南大学硕士、博士留学生的人数在江苏省各高校中的排名已上升至第一位;学历生的规模在江苏省各高校中的排名上升至第二位。②2012年东南大学在校生总人数为31 159人,其中外国留学生人数1389人,约占在校生比例的4.5%,距离10%的远期目标还有不小的差距。③海外留学生分布在学校的20多个院系,其中比较集中的学院是医学院、经济管理学院、海外教育学院(汉语进修生)和建筑学院。此外,信息科学与工程学院、土木工程学院、计算机科学与工程学院的留学生新生人数亦有显著增长,且以研究生层次为主,国际化办学已初现成效。

外国留学生在校人数统计(2006—2012)④

年份	总计	层次					
		博士	硕士	本科	专科	培训	进修生
2006	86	6	6	16	0	58	0
2007	310	6	15	250	0	39	0
2008	518	10	61	387	0	60	0
2009	710	19	109	364	0	218	0
2010	938	36	153	438	85	226	0
2011	1202	52	178	632	114	226	0
2012	1389	77	212	732	235	133	0

围绕《东南大学"十二五"改革和发展规划纲要》和《海外教育学院"十二五"发展规划纲要实施细则》中提出的目标,东南大学在完成国家计划的前提下,调整招收自费生和部分奖学金生之间的比例,尽可能增加自费生的比例。学校在国际交流的过程中十分注重英文招生宣传,多方利用校内外资源和互联网开拓招生渠道,吸引外国留学生选择东南大学就读。学校还充分利用校内资源,将留学生交流纳入校际交流,直接赴国外宣传招生,通过本校出外访问进修的教师建立招生网点,通过海外校友会等组织协助招生,凭借在校留学生的口碑言传提高

---

① 石鼎、嵇宏、丛婕:《国际化:创建世界一流大学的必由之路——专访浦跃朴副校长》,《东南大学报》2009年12月20日。
② 参见《海外教育学院:筚路蓝缕踏征程,海纳百川谱华章》,《东南大学报》2012年6月2日。
③ 数据参见历年东南大学上报教育部的《普通高等学校基层数据报表》。
④ 数据参见历年东南大学上报教育部的《普通高等学校基层数据报表》。

东南大学的知名度等。同时积极利用各种校外资源,如通过国外的中介机构或民间团体组织招生;利用国家交流、省际交流、友好城市交流的时机推动留学生招生宣传,每年学校都会积极参加教育部在海外举办的中国高等教育展,积极宣传,扩大学校的影响力。步入信息时代,互联网已成为重要的招生渠道,2008年学校上线了海外教育学院网站,发布学校历史、办学特色、招生简章等招生信息,同时利用电子邮件与申请者直接联系,有力地加强了招生宣传,吸引了大批自费来校求学的外国留学生。2006年至2012年的短短七年间,东南大学外国留学生中自费在校生的数量由32人增长至2012年的641人,增长了19倍。

(二)开发整建制的留学生项目

东南大学外国留学生规模的迅速扩大、层次和结构的提升,主要得益于留学生项目的开发。学校要求各院系的研究生项目尽可能招收国际留学生,鼓励多元文化融合和多学科发展,利用自身在工科、医科和管理等学科方面的优势,积极探索和开发有特色的办学项目,在临床医学、建筑学、电子工程和经济管理等专业开设了全英文授课项目。至2012年,东南大学已成功开发了4个整建制的学历留学生培养项目。

2006年,学校以医学院为依托,成功开发出了全英文授课"临床医学"专业本科项目,自此东南大学成为教育部批准的首批可以开设该专业并招收外国留学生的国内24所高校之一。至2012年,临床医学专业在校留学生已逾300人,首届外国留学生于2012年3月顺利毕业。

2008年,海外教育学院与经济管理学院合作开办了全英文"国际贸易/国际商务"硕士项目,东南大学由此成为该专业领域全国第一个由国家留学基金委批准的全英文教学公费留学研究生培养点。项目最初是国家留学基金委的公费留学项目,但因切合时需,吸引了包括法国、尼泊尔、土耳其等国家的自费学生申请加入。至2012年,"国际贸易"专业已有三届学生顺利完成专业课程的学习和社会考察,通过论文答辩,获得学位。

2007年3月,应越南无线电电子学会邀请,东南大学组团访问越南,并与越南的四所高校开展交流。在学校知名校友、越南无线电电子学会主席阮文午先生的大力支持及双方的共同努力下,2008年学校与越方签署了每年选送20至30名学生来东大攻读研究生工科专业学位的协议。2009年6月,首批学生完成为期一年的汉语预科学习,进入信息科学与工程学院攻读工程硕士学位。2010年6月,东大代表团再次应邀访问越南,访问了河内文化大学、岘港科技大学、顺化科学大学,并与越南国际教育发展局局长洽谈了接受越南政府奖学金学生等事宜。2011年,首届"信息工程"专业越南硕士班通过考核答辩,顺利毕业。

2009年,学校依托建筑学院的学科优势,启动了全英文授课"建筑学"本科项目,首批学生于2009年10月报到入学,至2012年已培养了四届留学生。

此外,海外教育学院还定期为国外高校和机构开办短期培训、游学项目和研修班。自2007年起,学校为美国得克萨斯大学(University of Texas System)、美国日内瓦学院

（Geneva College）、德国拉芬斯堡—魏恩加腾应用技术大学（Ravensburg—Weingarten FH: Hochschule Ravensburg—Weingarten）等学校的学生开办了汉语言文化暑期班和中国文化研修班。2009年8月至9月，成功开发了韩国忠清南道公务员汉语短期研修项目。2010年起举办了德国拉芬斯堡—魏恩加腾应用技术大学、德国巴登—符腾堡双元制大学（Duale Hochschule Baden—Württemberg）MBA短期游学班。这些项目多应需求开发，效果良好，深受留学生欢迎，因此多发展成为定期项目，得以持续开展。

学校积极推动英语（双语）课程建设，促进课程标准、考核及讲授方式与国际接轨，加强英文授课师资建设，建立起了国际化的课程体系。以医学院的留学生教育为例：学校从2006年起开始招收印度及东南亚国家的医学本科留学生，虽然当时国内多所高校已经开展了医学留学生教育，但还未形成一套完善的医学全英文教材。为加强实验教学，医学院组建团队编写了一本 *Experiments of Cell biology* 实验指导，并根据学生反馈，多次修订，适当增加研究型、设计型实验内容，注重学生科研思维能力和动手操作能力的培养，收效甚佳。在制定教学大纲时，医学院充分考虑国际留学生的授课特点并结合本校医学留学生的教育现状，制定了详细的大纲和教案，对课程性质、特点，授课内容的重点、难点，授课进度以及考核方式等方面进行了详细描述，增强了教学的针对性和规范性。2010年医学院汇编了全英文授课"临床医学"本科专业的临床实习大纲和《临床实习手册》，落实了本科留学生的临床实习医院。2012年又制定了《东南大学临床医学（英文授课）留学生手册》。留学生教育对师资的要求很高，医学院建立起了"主讲教师—助讲教师—助学教师—教辅人员"相结合的教学团队，以具有多年海外留学背景的教师作为课程负责人，组织新型的教学形式，以传帮带的方式培养了一批高素质的教学师资队伍。在课件制作中，教学团队充分利用网络平台，从一些国外英文原版教材和精品课程中下载素材，精心设计了集文字、图片和动画于一体的多媒体教学课件，增加了不少互动性内容，增强了教学过程的知识性和趣味性。[①]

为提升外国留学生的汉语能力，更好地学习专业课程，2012年，学校开设了25门汉语文化相关课程，除基础汉语教学外，另行开设了科技汉语班、春季短期进修班、HSK辅导班等。新来的外国留学生在参加学习后大多能通过考核，达到各专业的入学要求。东南大学还参与了全国留学生教材的编审工作。2008年，东南大学对外汉语教学中心参编审定的专供全国高校"内外全科医学学士"专业留学生使用的《医学汉语（语言篇）》《医学汉语（基础篇）》及《医学汉语（临床篇）》教材，由外语教学与研究出版社正式出版发行。

在开设专业课的同时，学校还针对200余名汉语言文化进修生常年开设中国书法、太极拳等文化选修课，介绍中国传统艺术，以增强留学生对中国文化的了解和兴趣；学校还开展了

---

① 部分参见刘加彬、王立新：《留学生〈细胞生物学〉的教学体会》，国际合作处：《东南大学"国际化建设"研讨会材料汇编》，2010年。

"锦绣江苏"——"非遗"系列推广活动,通过对江苏境内绚丽多姿、璀璨耀眼的"人类非物质文化遗产"的认识与考察,使留学生真切感受江苏的独特魅力。此外,学校还为留学生安排了丰富多彩的语言实习、文化研讨活动,带领学生走出课堂,实地体验各地风土人情。如:春季,组团赴中国最美丽的竹乡安吉参观考察,使留学生深刻感受中国竹文化的悠远魅力;秋季,带领学生赴安徽实习,让学生感受徽派建筑及安徽的风土人情。

(三)有温度的科学管理

东南大学对海外留学生进行科学管理。对于成建制的专业学生,专业教学培养以开课院系为主,学生日常管理则以海外学院为主;对于跟班留学生,专业教学培养在学校教务和研究生管理统一体制下,与同班中国学生实行趋同管理;日常班级活动海外留学生多跟随同班中国同学一同参与,奖惩管理则由海外学院负责。2009年,学校借鉴兄弟院校的相关经验,进一步修订完善了留学生管理制度和工作流程,制定了《东南大学外国留学生新生入学手册》。2010年,学校在《东南大学授予来华留学生我国学位的工作细则(试行)》的基础上,制定了《东南大学授予来华留学生学士、硕士、博士学位暂行实施办法》;2011年学校制定了全英文授课来华留学生学籍管理暂行规定;2012年学校制定了《东南大学留学生管理规定》,为进一步推动学校国际化的发展,保证授予来华留学生我国学位的质量提供了政策支持。

2010年,学校针对博士、硕士留学生首次设立了东南大学留学生奖学金,以吸引更多优秀留学生。为加强对留学生的管理,学校还就安全教育、专业学习、在校生活等方面集中组织新生入学教育,并邀请南京市公安局有关人员参加新生教育,为留学生提供咨询,解决其实际问题。学校还明确了留学生《居留许可延期申请》的工作流程,由原来被动地让学生到期自行前来办理,变为先通过《来华留学生信息管理系统》的预警,再通过各校区宿舍管理员与学生核实,最后通知本人前来开具《延期证明》的流程。协助南京市公安局外管支队、玄武区公安分局,成立了"东南大学外国人服务站",使东南大学成为首批"南京市优秀外国人管理单位"的试点基地。为了打造平安校园,2011年,学校还在三个校区实施了"禁摩",通过宣传教育和强制手段,杜绝了在校园内驾驶摩托车的情况。为保障留学生的人身安全,学校还为每位留学生办理了平安保险卡。

除了制定规章制度,开展科学管理之外,学校还一张一弛,组织了丰富多彩的文娱活动,满足海外留学生的精神文化生活。如2010年举办了"Hand in hand 我们都是东大人"校庆文艺晚会,鼓励留学生参加2010"同乐江苏——外国人歌唱才艺大赛"和建校110周年校庆系列活动,举办"东南大学110周年校庆中外学生联欢晚会",积极动员留学生参加学校每年举行的校运动会等。学校还积极组织留学生参加在华留学生汉语大赛。2010年在华留学生汉语大赛启动,5月初,海外教育学院就面向全校留学生举办了"东南大学首届留学生汉语大赛",经过笔试初选,江苏赛区预赛后有25名选手晋级面试环节,其中东南大学就占据11席。8月

28日，第三届"汉语桥"在华留学生汉语大赛总决赛落下帷幕，在张志凌老师的指导下，来自尼日利亚的东南大学临床医学专业的大四学生波西娅获得季军，为东南大学争得殊荣。赛后，波西娅在接受采访时激动地说："感谢东南大学对我的培养，平日里东大就很注重培养留学生的汉语能力。……医学比语言难学，不过我会加倍努力的！"①

2010年8月28日，东南大学留学生波西娅在第三届"汉语桥"在华留学生汉语大赛总决赛中荣获季军

---

① 参见唐瑭：《"波西娅，你最棒！"——我校才女波西娅勇夺央视"汉语桥"留学生汉语大赛第三名》，《东南大学报》2010年9月10日。

第四节　开拓合作办学新模式

一、与国际知名大学开展联合办学

（一）建筑学院的联合教学

随着国际交流合作的深入，联合教学作为对外交流、与国际接轨的一种方式越来越得到学校的重视，其中最具代表性、影响最大的当属建筑学院开展的联合教学。

2001年，建筑系王建国、董卫教授团队创造性地提出了以"整合与开放"为重点的建筑教育新理念"3+2"办学模式。该模式以"开放·交叉·融合"为特色，全方位与世界先进建筑院校接轨，旨在培养具有国际化和本土化双重视野的专业人才。2002年起，建筑系开始探索将联合教学融入到教学框架之中，并逐步形成了专门的联合教学课程制度。联合教学的思路是开办联合教学工作室，不同学校的师生同做一个设计，训练学生在跨文化交往中的敏感性，在地区性限制条件下的创造力，使其在国际化的氛围中开展互动、进行思想碰撞，从而迅速成长。建筑学院采取不同的联合教学方式因材施教，如低年级大班授课、分组改图、高年级教授工作室制、工作坊制度等。在教学模式上，提倡"双方互动吸收、专人全程跟踪"，安排1~2名教师全程参加，更新观念及教学手段，并介入课题选择、辅导讨论、专题讲座、结束评图等环节，保证教学顺利进行。在教学方法上，强调研究性学习，使学生在研究型的设计实践过程中理解、掌握和运用具体的设计原理和理论，培养其创造力；采用"Seminar"合作讨论式的课题教学方式，同时开展小组讨论、师生讨论、中期答辩等多种形式的问题研讨；利用数字信息技术平台，实现动态、多维、实时及复合型的研究，提高知识传授的效率。联合教学是对常规课程设置的有效补充，不仅引发了教师教学改革的动力，激发了学生的学习热情和潜力，也引发国外高校同行的浓厚兴趣，推动建筑学教育国际合作进程。

东大建筑学院开展联合教学的国际合作对象范围广、层次高，多为世界一流大学的顶尖建筑学科，如瑞士苏黎世高工、荷兰戴尔夫特大学、维也纳工业大学、挪威理工大学、美国麻省理工学院、加州大学伯克利分校、伍得堡大学、澳大利亚新南威尔士大学、国立新加坡大学、香港大学、香港中文大学、韩国成均馆大学等校的建筑学科。[①]

国际联合教学从最初单纯的建筑学专业"建筑设计"课程逐渐扩展到其他专业方向，如城市规划、建筑技术、CAAD和景观建筑学等设计及研究课程。在课题设计时还强调学科的交叉与融合，强调课题的多样化和研究性，如2006年以来持续开展的与新南威尔士大学建筑

---

① 此外，在国内则与清华大学、同济大学、天津大学等合作，建立起实质性的学分互认的教学合作关系。

系合作的"工业遗存适应性再利用"的建筑与景观建筑学设计工作坊；2009 年开始与麻省理工学院合作的"面向当代中国生活模式的住宅设计"则着眼于城市规划与建筑设计的研究；与苏黎世联邦工业大学合作开展的"CAAD 联合设计"引进并拓展了最新的计算机生成设计技术；2009 年与挪威理工大学合作开展的"建筑与人类学研究"则吸收人文学科的研究方法，大大拓展了学生的视野和思维方法。①

依据联合教学不同对象、任务和目标，建筑学院采用了多样化的合作模式，以期达到最好的成效。按时间可分为长学时（一学期）和短学时（1~4 周）。按课程主题可分为理论课、教学研究和联合设计工作室三种模式。理论课模式如本科生课程"建筑环境与设计"聘请美国建筑师讲座授课；研究生课程"日本现代建筑与建造"与日本建筑家共同完成。教学研究模式如一年级设计基础的教学改革即是以和香港中文大学共同修订教案为起点展开并不断推进的。联合设计工作室模式是开展最早、最多的合作模式，课题由中外教师共同商定并进行授课和评图。常态多轮次的设计工作室模式为周期性开展的联合教学，被纳入正常教学安排之中，如东南大学 / 伍得堡大学"城市设计"等；短期主题性研讨会模式，如东南大学 / 麻省理工学院"面向当代中国生活模式的住宅设计"等。

在开展联合教学的过程中还衍生出了许多专题系列化的学术成果，为进一步深化科研合作提供了可能。2007 年建筑学院汇集历年联合教学成果出版了《东南大学建筑学院联合教学成果展》②。结合联合教学，建筑学院 2007 年和澳大利亚新南威尔士大学建筑环境学院联合举办了"跨文化跨学科设计教学国际研讨会"，2009 年与麻省理工学院及苏宁环球等房地产开发公司共同举办了"面向当代中国生活模式的住宅设计国际论坛"，取得了很好的反响，开启了将联合教学设计与实际项目相结合的先河。

东大建筑学院的联合教学营造了一个开放包容的教学环境，兼容并蓄世界优秀建筑教育和人才培养经验，极大地丰富了建筑教育的内涵，扩大学科的国际影响。③

（二）联合开展双学位项目

进入新世纪后，东南大学与德国乌尔姆大学、法国雷恩一大、美国华盛顿州立大学、澳大利亚蒙纳士大学等海外知名大学探索联合开展双学位项目有了新的突破，参与双学位项目的学生在完成规定的培养计划后，可在同一学科同时取得东南大学和外方高校的学位。

1. 与德国乌尔姆大学合作开展硕士双学位项目

---

① 参见《他山之石，可以攻玉——东南大学建筑学院联合教学工作总结》，国际合作处：《东南大学"国际化建设"研讨会材料汇编》，2010 年。
② 龚恺主编：《东南大学建筑学院联合教学成果展》，中国建筑工业出版社，2007 年。
③ 参见《他山之石，可以攻玉——东南大学建筑学院联合教学工作总结》，国际合作处：《东南大学"国际化建设"研讨会材料汇编》，2010 年。

德国乌尔姆大学（Universität Ulm）是德国著名的综合性大学，经济数学专业在全德排名第一，光电、集成电路设计、微电子等学科实力强劲，在电子工程和计算机领域位于德国大学前5位，在该领域有较大的国际影响力。

1995年，原南京铁道医学院即与德国乌尔姆大学签订合作协议，在医学领域开展合作。四校合并后，东南大学与该校的交流合作更加全面深入，特别是2005年德国乌尔姆大学校长访问东南大学后，双方的合作领域不断拓展，开展了十多个交流项目，涉及医学、通讯、能源、金融、信息等多个学科。从2001年开始，两校开始进行交流生项目的合作。2001、2002年，除原来的医学学科外，学校每年派2名通信技术专业学生赴德学习；自2003年起，交流生的人数增加到每年6人，涉及通信、先进材料两专业；2006年新增金融专业，2008年新增能源专业，赴乌尔姆大学的交流生人数为每年9名（先进材料、金融、能源各3名）。硕士生项目自2003年开始遴选，涉及通信与先进材料专业，2003年至2005年参加人数为23人。2006年新增金融硕士项目，2008年新增能源硕士项目。①

2006年，根据教育部国际司教外司有关文件精神，东南大学与乌尔姆大学开始了联合培养研究生的合作。经过多轮磋商，两校决定在双方的强势专业"通信技术"和"先进材料"领域中分别推荐10名学生，尝试进行双硕士项目的合作。②2012年，双方又签订备忘录，将生物医学领域纳入双硕士项目的合作范围，两校合作开展的双硕士项目主要在生物医学与工程学院、信息科学与工程学院进行。

2. 与法国雷恩一大合作开办双硕士学位项目

雷恩第一大学（Université de Rennes 1）是法国著名的公立综合性大学，该校综合实力在法国高校中排名前十位左右，其优势学科为数学、化学、物理、水资源工程、通信工程、医学技术、电子电力工程等。

自1995年东南大学与法国雷恩一大签署第一个合作协议以后，两校在科研领域逐步建立起了良好而深入的合作关系。2006年4月，双方以"东南大学影像科学与技术实验室"和"雷恩一大信号与图像处理实验室"为基础，共同成立了"中法生物医学信息研究中心"（CRIBs），这是东南大学历史上第一个国际合作研究中心，也是法国国家健康与医学研究院在世界上建立的第七个海外实验室。由于双方的精诚合作，中心在法国国家健康与医学研究院2008年12月中旬的评估中获评"A"级，成为中法学校合作的成功案例。③

自2007年起，东南大学与法国雷恩一大多次协商在东南大学实施联合培养硕士研究生的计划，经过双方商讨，决定在东南大学计算机学院和电子科学与工程学院，首先开展"微电子

---

① 参见《强强联合，以全面合作促共同发展——我校与乌尔姆大学国际交流情况介绍》，国际合作处：《东南大学"国际化建设"研讨会材料汇编》，2010年。
② 参见《东南大学关于与德国乌尔姆大学启动双硕士项目的报告》，东南大学档案馆馆藏档案。
③ 参见《与法国雷恩一大合作情况汇报》，国际合作处：《东南大学"国际化建设"研讨会材料汇编》，2010年。

与固体电子学"和"图像处理与科学可视化"两个专业的"1+1"硕士班。2008年9月首批招收17名学生,学生共享两校的培养计划,部分课程由法方专家来东大授课。2009年两个专业共有35名学生报名参加"1+1项目"的学习。鉴于前期联合办学的成功实践,2012年,两校进一步加深了在联合培养领域的合作,签订了经济与金融工程双硕士学位协议。

3. 与美国华盛顿州立大学合作双博士学位项目

美国华盛顿州立大学(Washington State University)是一所公立研究型大学,其酒店管理、兽医学、犯罪学、生物工程与农业工程、经济学、国际商务、材料工程、土木工程、药剂学等专业排在全美前列。在2012年U.S.News美国大学工程学专业本科排名(提供博士课程)中位列第66名。

2012年3月6日,东南大学交通学院与美国华盛顿州立大学工程和建筑学院签订了双博士学位培养协议。协议规定:具有良好的学术能力并满足原就读院校博士生第一年的课程与研究要求的双方学校的学生都可以申请双学位联合培养。申请学生需满足双方学校博士生录取条件,持原就读院校推荐信在博士阶段第一学年提出申请,择优选拔;双方共同就联合培养生的学习时间作出要求。华盛顿州立大学规定:联合培养生至少要在华盛顿州立大学修完37个学分(至少8个学位课程学分并获B或更好成绩;20个研究性学分,需符合要求成绩),联合培养生最后答辩学期必须在华盛顿州立大学参加并取得至少2个学分。东南大学则规定:联合培养生至少要在东南大学注册二个学期。东南大学博士研究生需要修完至少16个学分,而联合培养生至少要在东南大学修完16个学分。16个学分包括:至少8个学位核心课程学分(获得B或更好的成绩),至少5个选修课程学分(获得B或更好的成绩)以及3个研究性学分(获得符合要求的成绩)。双方还对学分抵免作了详细规定。完成联合资格考试和学位论文答辩的联合培养博士生将获得双方合作院校的博士学位。①

二、成立"东南大学—蒙纳士大学苏州联合研究生院"

东大与国际知名大学联合办学的典范,当属2012年与澳大利亚蒙纳士大学联合申请建立的"东南大学—蒙纳士大学苏州联合研究生院",它是中国第一所获教育部正式批准成立的研究生教育层次的中外合作办学机构。

蒙纳士大学建立于1958年,是澳大利亚规模最大的国立大学之一,学科门类齐全,化学、计算机科学、工程学和经济学等专业享誉澳洲及全球,被评为澳大利亚五星级大学,在国际上久负盛名。

---

① 《中国东南大学交通学院与美国华盛顿州立大学工程和建筑学院双博士学位培养协议》,东南大学档案馆馆藏档案。

2009年2月18日，蒙纳士大学校董、维多利亚州总督府秘书长兼政府办公室主任查尔斯·科温①先生访问东南大学，在与浦跃朴副校长会谈中表示，希望东大有更多的教授和学生到澳大利亚进行学术交流和访问，愿为促进东南大学与澳大利亚的大学，特别是蒙纳士大学的交流与合作而努力。

蒙纳士大学所在的维多利亚州是江苏省与澳大利亚缔结的第一个友好省州，双方的友好关系长达30余年，双方政府都很重视教育，一直有选取本地两所重点高校开展高水平国际合作的打算。2009年12月，江苏省委书记梁保华在访问蒙纳士大学期间，向随访的胡凌云书记提出，东南大学应与国际著名大学开展高层次的合作，应该为江苏的高层次人才培养做出更大贡献，并特别希望东南大学与蒙纳士大学在合作办学和联合科研等领域开展合作。回国后，胡凌云立即召开常委会，启动了与蒙纳士大学合作办学的工作。2010年3月，梁保华书记在会见蒙纳士大学代表团时，提出了东南大学与蒙纳士大学在苏州进行高层次联合办学的意愿。

蒙纳士大学的国际化办学水平居于世界高校前列，学生中有三分之一是国际生，具有丰富的国际化办学经验。而东南大学以工科见长，在产学研方面取得了良好的成效。双方各有所长，各有所需，对联合办学的合作设想都非常重视。经过充分协商，2010年3月8日，东南大学易红校长与蒙纳士大学拜恩校长签署两校合作备忘录，决定选择研究生教育和产学研合作作为突破口开展合作。②2010年，蒙纳士大学先后8次组织高层代表团来华访问考察，就两校在苏州独墅湖高教园区合作建立联合研究生院进行深入商讨。同年5月，维州总督克莱瑟先生也亲赴苏州考察，推动两校合作进程。江苏省政府和苏州市政府对此给予全力支持，江苏省政府决定拨项目启动经费5000万元人民币，苏州工业园区承诺将提供6万平方米用于办学、科研场地和后勤保障。在双方政府的大力支持下，2010年9月21日，两校签署了关于建立联合研究院和研究生院的《谅解备忘录》。

2010年9月25日，东南大学向教育部国际合作与交流司提交了《东南大学关于申请与澳大利亚蒙纳士大学建立联合研究生院的请示》，请求批准建立东南大学—蒙纳士大学联合研究生院。同时还向江苏省教育厅提请《东南大学关于请求批准成立东南大学—蒙纳士大学联合办学机构的请示》③。2010年11月2日，东南大学与蒙纳士大学共同签署了《东南大学—蒙纳士大学联合研究生院协议》。12月20日，东南大学再次向教育部国际合作与交流司提交了《东南大学关于与澳大利亚蒙纳士大学建立联合研究生院的请示》④及申报材料。

---

① 查尔斯·科温生于1945年，曾获英国皇家维多利亚女王勋章、不列颠帝国勋章。查尔斯·科温为促进澳大利亚维多利亚州与我国教育部及江苏省的合作和交流，促成东南大学与蒙纳士大学联合设立联合研究生院做出了突出贡献。
② 参见郑立琪、唐瑭：《"走出产学研结合的国际化新路子"——就两校合办研究生院访我校浦跃朴副校长》，《东南大学报》2013年10月30日。
③ 《东南大学关于请求批准成立东南大学—蒙纳士大学联合办学机构的请示》，东南大学档案馆馆藏档案。
④ 《东南大学关于与澳大利亚蒙纳士大学建立联合研究生院的请示》，东南大学档案馆馆藏档案。

教育部对首个中外联合研究生院的建立十分重视，2011年7月27日，教育部专家组一行15人在组长、中国政法大学黄进校长的率领下赴苏州独墅湖高教园区现场考察，评估东南大学—蒙纳士大学建立联合研究生学院项目。在项目评估及汇报大会上，江苏省教育厅丁晓昌副厅长介绍了江苏省中外合作办学的情况，对两校合作表示大力支持。易红校长代表东南大学向专家组作了项目介绍，浦跃朴副校长对双方洽谈经过及合作内容做了详尽汇报。① 在意见交流会上，专家组认为：东南大学与蒙纳士大学在苏州独墅湖高教园区联合建立不具有独立法人资格的中外合作办学机构"东南大学—蒙纳士大学联合研究生院"，符合国家中长期发展规划。合作双方强强联合，治理结构合理，设置的学科专业符合当地经济发展需要，具有较好的合作基础。10月20日，教育部发出《教育部办公厅关于申请设立东南大学蒙纳士联合研究生院的意见》，对申报材料和培养方案的不足之处提出了中肯的意见和建议。②

2011年11月8日，东南大学与蒙纳士大学签订了新的合作协议和章程。双方按专家组意见重新细化修改合作文件，修订了培养方案。随后，学校向江苏省教育厅报送申报文件，请其审核后报教育部审批。③ 11月9日，学校第三次向教育部国际合作与交流司请示：1. 请予批准建立合作办学机构。名称为"东南大学—蒙纳士大学苏州联合研究生院"，英文名称为Southeast University-Monash University Joint Graduate School（Suzhou）。2. 请予批准给予联合研究生院国家统招研究生招生指标首期（前5年）每年500名，其中每年350名硕士、150名博士，为保证精英式教育，需要50%的免试研究生指标。④

12月23日，教育部专家组在苏州研究院举行了东南大学—蒙纳士大学苏州联合研究生院考察汇报会。易红校长首先介绍了近期东南大学的发展情况。浦跃朴副校长汇报了东南大学—蒙纳士大学苏州联合研究生院的筹备情况和中澳双方在合作文本、名称、优化课程设置、实践教学等方面的相关举措。专家组认真审阅材料并提出问题和建议，校领导一一作答。黄进代表专家组发言，对申报工作给予了充分肯定：东南大学—蒙纳士大学苏州联合研究生院的申报是国内高校中外合作研究生教育的率先之举，申报工作成效显著，措施有力，有针对性。⑤

2012年3月27日，教育部下发了同意设立东南大学—蒙纳士大学苏州联合研究生院的批复。⑥ 至此，东南大学—蒙纳士大学苏州联合研究生院成为教育部批准的第一个也是唯一一个中外联合研究生院。

2012年6月，蒙纳士大学校长爱德华·拜恩（Edward Byrne）、维多利亚州总督府秘书长

---

① 参见《教育部专家组莅临苏州考察评估东南大学与蒙纳士大学联合办学项目》，《东南大学报》2011年8月20日。
② 参见《教育部办公厅关于申请设立东南大学蒙纳士联合研究生院的意见》，东南大学档案馆馆藏档案。
③ 参见《东南大学关于报送"东南大学—蒙纳士大学苏州联合研究生院"申报材料的函》，东南大学档案馆馆藏档案。
④ 参见《东南大学关于与澳大利亚蒙纳士大学建立联合研究生院的请示》，东南大学档案馆馆藏档案。
⑤ 参见沙舟：《东南大学—蒙纳士大学苏州联合研究生院教育部专家组考察汇报会在苏州研究院举行》，《东南大学报》2012年1月1日。
⑥ 《教育部关于同意设立东南大学—澳大利亚蒙纳士大学苏州联合研究生院的批复》，东南大学档案馆馆藏档案。

兼政府办公室主任查尔斯·科温（Charles Roderick Curwen）等受邀来校出席了东南大学110周年庆典。7月10日至11日，易红校长率团访问蒙纳士大学，11日出席东南大学—蒙纳士大学联合研究生院联合管理委员会第一次会议，并与蒙纳士大学拜恩校长共同签署了两校双硕士协议。① 在商谈的一年多中，双方先后互派了16个校长代表团，各有十几个院系的院长和教授介入协商、谈判、教学计划的制订。

2012年9月7日，东南大学—蒙纳士大学苏州联合研究生院2012级硕士研究生开学典礼在东南大学苏州研究院隆重举行。东南大学副校长沈炯、蒙纳士大学副校长Tam Sridhar以及参与办学的相关院系领导以及首届86名研究生新生参加了开学典礼。② 9月19日，东南大学—蒙纳士大学苏州联合研究生院正式揭牌成立。10月24日，举行成立仪式，澳大利亚总理阿博特（Tony Abbott）专门发来贺信。江苏省原省委书记梁保华、江苏省副省长曹卫星、教育部国际合作与交流司司长张秀琴，澳大利亚商贸部部长和驻上海总领馆总领事及来自澳大利亚维多利亚州和蒙纳士大学的60余位代表，以及江苏省、苏州市相关部门领导和东南大学100余名师生代表参加了成立仪式。

2012年，东南大学—蒙纳士大学苏州联合研究生院揭牌仪式

东南大学—蒙纳士大学苏州联合研究生院位于独墅湖科教创新区公共学院7、8号楼，地上建筑面积约4.3万平方米，可容纳师生人数约1600名，并配备了最先进的研究设施和设备。联合研究生院实施硕士、博士研究生教育，发展总规模为1450人，国家统招硕士研究生和博

---

① 参见丁捷：《易红校长率团访问澳大利亚蒙纳士大学》，《东南大学报》2012年8月30日。
② 参见张宁沭、王文宁：《东南大学—蒙纳士大学联合研究生院举行开学典礼》，《东南大学报》2012年9月20日。

士研究生指标分别为每年 350 名和 150 名。①

东南大学—蒙纳士大学苏州联合研究生院采取我国高校的招生方式，报考学生参加全国研究生统一招生考试，复试分为笔试和面试，由两校相关专业老师组成的面试小组对考生进行英文面试考核，全程英语口试。苏州联合研究生院建立了高层次的合作平台，实现了强强联合，现已开设计算机技术、工业设计、交通工程 3 个专业，其专业设置结合了中澳双方院校的"龙头专业"，集聚了计算机、交通等优势学科。专业设置十分注重应用性，如工业设计专业与企业的关系极为密切，学校还将企业培训课程纳入课程框架之下，通过实习实训培养学生的应用能力。联合研究生院采取全英文培养模式，课程由两校教师共同讲授，使学生置身于多元文化之中。蒙纳士大学的教师担任一半的研究生教学任务，在授课内容、授课形式、考核评价等方面均基本与蒙纳士大学本部保持一致。苏州联合研究生院还专门开设了为期十周的 MEB（蒙纳士英语桥）培训，达到澳大利亚教育部规定的英语要求的学生如在蒙纳士大学本部完成部分学业，毕业时则可获得东南大学授予的专业硕士学位和蒙纳士大学授予的课程硕士学位。苏州联合研究生院的教学呈现三大特征：一是注重理论与实践的结合，大量引进课题研究、实验教学和模拟练习的学习方法；二是体验式、互动式和整体性的学习方式，强调重点案例研究和实地体验；三是注重培养学生的学习自主性和交互性，在课程授课中设置 tutorial 环节，授课前由学生提出见解和困惑，共同讨论和总结。②

东南大学—蒙纳士大学苏州联合研究生院的成立是东大国际化办学征程上一个重要时点，标志着东南大学在建设世界一流大学的进程中向前迈出了重要一步。

---

① 参见许启彬：《东南大学—蒙纳士大学苏州联合研究生院揭牌仪式在苏州举行》，《东南大学报》2012 年 9 月 30 日。
② 部分参见陈红红：《中外联合研究生培养模式研究——基于东南大学—蒙纳士大学苏州联合研究生院的个案研究》，硕士学位论文，2016 年。

第七章

党的领导与党的建设

"高校在国家经济社会发展全局中居于重要地位,坚持党对高校的领导,加强和改进高校党的建设,是促进高等教育科学发展,建设教育强国的根本保证,是培养社会主义事业建设者和接班人的必然要求"[①]。在本卷讲述的二十年发展历程中,东南大学党委始终是学校改革、建设、发展的领导核心。学校党委紧紧围绕坚持党的领导和加强党的建设这一中心工作,把方向、定战略、建队伍,认真抓好组织建设、思想建设、作风建设和党风廉政建设,不断提升治校理政能力,团结带领全校广大师生员工努力创建社会主义和谐校园,为建设世界一流大学提供可靠的思想保证和组织保证。

第一节 坚持党的领导,不断提升治校理政能力

一、承前启后的五次党代会

党代会作为体现党对高校领导的主要形式之一,在学校改革发展进程中起着重要作用。从1991年到2012年,东南大学共召开了五次党代会,这五次党代会是在我国改革开放、经济建设和社会发展的不同时期,以及高等教育发展的不同形势和背景下召开的,每一次党代会的重点和提出的目标任务也有所不同。在此期间,东大经历了"校长负责制"(试点)和"党委领导下的校长负责制"两个阶段,并于1997年根据中央决定顺利实现了领导体制的平稳转变。需要指出的是,无论体制如何变更,坚持党对学校的领导,坚持社会主义办学方向,紧紧围绕学校根本任务努力创建一流大学的目标和历史使命丝毫没有动摇,党政领导集体密切配合,勠力同心,共同团结带领全校师生员工坚持改革、长期奋斗的局面和精神状态始终没有改变,这是对东南大学在这一时期党的工作的基本评价。

(一)第九次党代会 在探索中拉开改革的大幕

20世纪80年代末到90年代初,东南大学进入一个新的历史转折期。1987年初,在学校召开的战略研讨会上,第一次明确提出建设"国内第一流、国际有影响的大学",为学校发展确立了奋斗目标;1988年6月,南京工学院复更名为东南大学,迈出由单一的工科院校向综合性大学转变的第一步。这两个影响深远的战略决策,为学校未来发展奠定了基础,具有里程碑的意义。

---

① 《习近平在全国高校第十九次党建工作会前接见代表时的讲话》(2010年12月14日)。

20世纪80年代中期以来，在国家改革开放和教育发展的大背景下，东南大学进行了一系列的改革，取得了一定的成效，在全国高校和社会上产生了较大影响。但由于当时社会处于转型时期，来自外部的经济社会问题对学校冲击较大；学校前期进行的一些单项改革虽然取得一定成效，但因其局限性，一些深层次的矛盾和问题依然无法解决。"南工要发展，要前进，只有坚持改革；学校要办出特色，创第一流，就必须走自己的路"①。在强烈的改革意识驱使下，学校启动了探索体制机制改革新路子的尝试。这一举动得到了国家教委的支持，学校于1991年被列为全国高校校内管理体制改革试点单位，进入国家教育改革的总体规划中。

　　在这样的背景下，东南大学第九次党代会于1991年1月10日在四牌楼大礼堂召开。②

　　第九次党代会共有正式代表318人。这次大会的任务是：（1）落实全国高校党建工作会议精神，加强党对高校的领导；（2）总结过去工作成绩及存在问题，统一思想，进一步推进各项改革；（3）研究制定"八五计划"，提出下一阶段学校的工作目标。大会由上届党委书记陈万年做《加强党的领导，坚持社会主义办学方向，团结和依靠全校师生员工为把我校建成一流大学而奋斗》的报告。校长韦钰做《关于学校"七五"工作回顾和"八五"事业计划、十年规划设想的报告》的报告。纪委书记仲伟涛做纪委工作报告。

　　这次党代会，是在全国高校党建工作会议不久后召开的。1990年4月，中组部、中宣部、国家教委党组联合召开了新中国成立以来第一次高校党建工作会议，就加强高校党的建设问题作出了重要决定。根据中央精神，高等院校的管理体制为"党委领导下的校长负责制"。这次会议之后，国内试行的"校长负责制"学校从130余所锐减至不足40所，且将有计划地继续转变，东大是暂时保留校长负责制试点的学校之一。

　　陈万年在党代会报告中列举了自上次党代会以来学校各项工作取得的成绩，分析了存在的困难和问题，提出了今后一个时期的工作目标和努力方向。他在报告中特别指出："我们强调学校工作中必须坚持社会主义办学方向，但不能把坚持方向和深化改革对立起来，改革的意识不能淡化。在坚持社会主义办学方向的前提下，学校的很多问题和矛盾还是要靠深化教育改革才能解决，因此，学校的改革必须继续进行，看准的事情要坚持不懈地做下去。"党委对待改革的态度和坚定不移的支持，对学校的改革发展起到了重要作用。改革过程中各种利益的调整，不断出现的思想问题和工作矛盾，都通过多种形式的思想教育工作得到了一定程度的化解，党组织的战斗堡垒作用和党员的先锋模范作用得到了较好的体现。

---

① 韦钰：《在建校83周年大会上的讲话》，《南京工学院报》1987年10月24日。
② 东南大学（南京工学院）从1956年到1962年之间，共召开过三次党员大会，并产生了三届党委会。1962年以后，由于党员人数逐渐增多，党员大会已经不适合当时的形势，因此，从1962年10月召开第一次党代表大会开始，党委会的"届"仍从1956年第一次党员大会算起，而党代会的"次"则从1962年开始依次排序，从而形成了"届"与"次"的不统一。1993年，根据《中共东南大学组织史料》的编写需要及上级有关文件规定，编写组提出建议，将"党员大会"和"党员代表大会"统一排序，以体现历史的延续性和统一性。1995年3月，校党委全会经研究后决定，从即将召开的党员代表大会开始，使用新的排序方法。由此，1995年5月24日召开的会议则定名为"中共东南大学第十次党员代表大会"，以后依此类推。本卷根据新的排序原则，将历史上记载的"第六次党代会"变更为"第九次党代会"。参见施畅、李冬梅：《东南大学历次党代会（党员大会）情况简介》，《东南大学报》2010年9月10日。

第九次党代会在肯定成绩的基础上，认真讨论和制定了学校"八五计划"和十年发展规划，提出了"坚持方向、深化改革、发挥优势、突出重点、提高质量、办出特色"的指导思想，并明确了教学、科研、后勤、管理以及党建方面改革发展的主要任务和具体目标。大会一致通过了陈万年的工作报告和韦钰的工作报告，并选举产生了新一届党委会和纪律检查委员会。第九届党委会由29人组成，陈万年当选为书记，柏国柱、吴明英、胡凌云当选为副书记。纪委会由13人组成，潘瑞民当选为副书记（主持工作）。

东大第九次党代会是在邓小平视察南方重要讲话发表之前召开的，虽然在党代会报告中，"治理整顿"和保持稳定仍占较多篇幅，但大会充分肯定了学校前一时期改革的方向和取得的成绩，把深化改革、加快发展确定为大会的主基调，进一步确立了"建设国内第一流、国际有影响的大学"的奋斗目标，拉开了东南大学向一流大学进军和新一轮改革发展的序幕，成为学校在新时期锐意改革的肇始之年。

第六（九）次党代会代表合影

（二）第十次党代会　稳步推进改革和事业发展

第九次党代会之后，东南大学拉开了全方位改革的大幕，一系列改革举措陆续出台，并在攻坚克难、经受阵痛中不断向广度和深度发展。在这一过程中，"党委始终把握改革的方向，与行政同心协力，共同制定改革的目标、任务、步骤和政策，依靠各级党组织和广大党员，认真做好发展和改革中的宣传思想工作，努力调动师生员工投身改革的积极性，克服前进中的困难，保证了我校各项改革的顺利进行"①。通过几年的改革，学校各项事业有了很大发展，在全

---

① 朱万福：《加强和改进党的建设　加快学校改革发展　为实现我校"211工程"建设规划而努力奋斗——在第十次党代会上的工作报告》（1995年5月24日）。

国高校优秀教学成果评奖中，获奖数位于全国高校第五名，工科院校第三名；科研经费连年增长，科研成果显著，连续四年进入国内高校前十名的行列；党的建设成绩突出，1993年获得"江苏省普通高校党的建设和思想政治工作先进集体"称号，学校的综合实力和社会影响力有了明显增强。

1993年5月，学校的领导班子发生了重要变更，韦钰出任国家教委副主任、党组成员，且继续兼任东南大学校长，由副校长陈笃信继任代校长（陈笃信于当年11月任校长）；已经担任省高教工委书记的陈万年不再兼任东南大学党委书记，由常务副书记朱万福继任。两位主要领导人几乎在同一时间调走，给东南大学留下了新的课题。

在头绪繁多的改革任务面前，刚刚上任的陈笃信校长有针对性地提出了"改革不能停，螺丝要慢慢拧"的工作思路。改革不能停，就是已确定的改革目标不能改变，已进行的改革举措不能停步；慢慢拧，不是停下来，而是改革要张弛有度、循序渐进，稳扎稳打，不搞急功近利，就是要像拧螺丝钉一样保持一种坚定不移向前推进，不懈怠、不回头的韧劲，把已经制定的改革方案逐一落到实处。在这一思路指导下，党委与行政密切配合，共同制定目标、任务和政策，有步骤地推进改革和事业发展。在顺利完成招生及奖学金制度改革后，学校进一步拓宽办学思路，开创了国内颇具影响的"金坛模式"；努力改善办学条件和教职工生活条件，在浦口校区建起了"金坛院"，新建了龙江、中保的教师宿舍楼；以"211工程"建设为龙头，推动教学、科研、后勤、管理工作的全面发展；顺利通过了国家教委组织的本科教学优秀学校评估等。"改革促进了学校事业的发展，改革给学校带来了巨大的变化"，朱万福书记对光明日报记者说，"随着改革的逐步深入，力度一次比一次大，尽管遇到许多困难和矛盾，有时要承担较多风险，但大家都能从积极探索，建设有中国特色社会主义大学的办学道路，维护学校改革的大局出发，上下同心，团结奋进，共闯难关。这是学校宝贵的精神财富，也是继续深化改革的思想基础"[1]。

在改革初见成效的形势下，东南大学第十次党代会于1995年5月24日召开。参加会议的正式代表有300人，部分老领导、民主党派负责人、教师代表列席了会议，总人数达1000余人。大会由朱万福代表上届党委做《加强和改进党的建设，加快学校改革和发展，为实现我校"211工程"建设规划而努力奋斗》的报告。潘瑞民代表上届纪委做纪委工作报告。

这次党代会召开的背景是：1992年初邓小平视察南方重要谈话发表；10月，党的十四大召开，掀起新一轮改革开放大潮，开始了由计划经济体制向社会主义市场经济体制的转型；1993年3月《中国教育改革和发展纲要》颁布；1993年7月中央推出《关于重点建设一批高等学校和重点学科点的若干意见》（"211工程"）；1995年9月我国第一部《教育法》开始实施等。这一系列重要转变和重大举措，对东南大学来讲，既是新的挑战和考验，也是难得的

---

[1] 朱庆、袁久红、顾永红：《改革弄潮看东大——东南大学教育改革与发展纪实（一）》，《光明日报》1998年12月14日。

发展机遇，既有着巨大压力，也是前行的积极动力。东南大学党委抓住机遇，团结和带领全校师生员工勇敢地迎接了挑战，在改革和建设中取得了可喜成绩。

这次大会的一个重要变化是对东南大学总的奋斗目标进行了调整：

> 到2012年建校110周年时，把东南大学建成以工为主，理工结合，文理渗透，工理文管协调发展，有自己特色的居于国内一流大学前列，有较大国际影响的大学，成为我国高层次人才培养、科学研究和高新技术辐射的重要基地，在教学质量、科学研究和管理等方面处于国内领先地位，学校的教育质量和重点学科接近或达到世界先进水平。[1]

这个目标与第九次党代会提出的目标相比，增加了"一流大学前列""有较大国际影响"等定语，其标准有了一定提高。陈笃信校长解释说，由于东南大学与世界一流大学在各方面有差距，用短短十年的时间把东南大学建设成"达到或接近世界先进水平"是不大现实的，但是，"如果仅仅提出国内先进水平，有一定国际影响，又不能体现跳一跳才能达到规划目标要求的原则。因此我们感到把东南大学的建设目标定在'居于国内一流大学前列，有较大国际影响的大学'，既是实事求是的，又是先进的"[2]。

本次大会选举产生了东南大学新一届党委和纪委，朱万福当选为党委书记，胡凌云、李延保当选为党委副书记；潘瑞民当选为纪委书记，贾瑞萍当选为纪委副书记。

这次党代会有三个特点值得注意：一是在党代会报告中，明确提出了"'党要管党'，但不能'党只管党'"的观点。朱万福在报告中指出，"如果把'党要管党'理解为'党只管党'，将党的建设游离于学校的中心工作之外，党的建设就必将失去活力乃至生命力"，这个观点的提出，对仍在校长负责制试点期间的东大有着现实和深刻的意义，是党委对自身职责的更深理解和清晰把握；二是修订了学校总的奋斗目标，适时提升了标准，体现了稳健、务实的工作风格；三是确定了以"211工程"建设为抓手，全面推动学校各项改革和发展的工作思路，提出了"到本世纪末，使东南大学稳定地居于国内重点工科高校前列"的目标，强化了"211工程"建设对学校发展的引领和促进作用。

（三）第十一次党代会 跨入新世纪、迎接新百年

第十次党代会之后，东南大学进入一个成绩与困难并存的时期。一方面，改革不断向深度和广度发展，一些已经铺开的项目逐步得到落实和完善。校内综合管理改革、招生及奖学金制度改

---

[1] 朱万福：《加强和改进党的建设 加快学校改革和发展 为实现我校"211工程"建设规划而努力奋斗——在第十次党代会上的报告》，《东南大学报》1995年5月30日。
[2] 陈笃信：《在东南大学"211工程"部门预审会上的报告》（1995年10月12日），《东南大学年鉴》1995年。

革、干部选拔任用制度改革、与地方政府合作共建等一系列改革项目都取得了明显效果,在社会上引起了广泛的关注和好评。国家教委对东南大学的改革也给予充分肯定,1996年4月,国家教委主任朱开轩来校考察,他在听取领导班子汇报之后说:"我管高教8年,看到东大的几届班子都是在前几年工作的基础上有所前进,校长换了三任,书记换了两届,但是都取得了不错的成绩。你们的改革还是很有成效的,班子很有生气,很团结,很有思路,很有对策,这不容易。"①

但是,在学校快速发展,改革取得明显成效的同时,学校也遇到严重困难,经费十分短缺、人才大量流失、教职工住房极度困难成为严重制约和影响学校发展"三大难题"。面对重重压力,用改革来解决前进中的困难是唯一出路。因此,学校推出了住房制度、公费医疗、水电通信、后勤服务社会化等一系列改革,积极开源节流;书记和校长四处化缘,积极争取社会各界和海内外校友的捐助;与金坛、溧水、启东等地方政府合作共建,拓展办学空间,多渠道增加办学经费;通过"211工程"建设和部省共建,争取国家和省政府的资金支持等,在艰难的情况下,东南大学的领导和教职工咬紧牙关、埋头苦干。在此期间,东南大学的师生员工也承受了经济困难的压力,一直是"勒紧裤腰带过日子",做出了一定的牺牲。

1997年10月,东南大学行政领导班子任期届满。经过民主推荐和上级批准,计算机专家顾冠群出任东南大学校长。与此同时,教育部党组明确东南大学的领导体制由"校长负责制"转变为"党委领导下的校长负责制"。

1999年6月22日,东南大学第十一次党代会召开。大会由朱万福做《面向新世纪 创造新辉煌》的党委工作报告,潘瑞民做纪委工作报告。朱万福在报告中指出:"这次大会,是在世纪之交、即将迎来东南大学百年诞辰的重要历史时刻召开的,如何规划我校跨世纪大战的宏伟蓝图,把一个什么样的东南大学带入21世纪,这是大家普遍关注,需要我们认真回答的问题。"

在此次党代会召开之前,国务院刚刚批转了教育部《面向21世纪教育振兴行动计划》("985工程"),这个具有战略意义的行动计划,给学校的发展带来了机遇,也带来了挑战。因此,大会的主题是"落实科教兴国宏伟战略,面向新的世纪,创造东南大学新的辉煌"。朱万福在报告中总结了几年来取得的成绩,分析查找了存在的问题,提出了今后一个时期学校的工作目标和主要任务。他向全校广大党员干部和师生员工发出号召:"二十世纪即将过去,新的世纪就要来临。再过三年,我们将迎来东南大学百年华诞。在本世纪里,几代东大人励精图治,艰苦奋斗,创造了辉煌的业绩。在迈向新世纪的征程中,让我们以顽强拼搏的精神和争创世界一流的意识,抓住机遇,深化改革,齐心协力,乘势而上,努力实现我校跨世纪的宏伟目标,再创东南大学新的辉煌!"②

---

① 《时巨涛笔记》(1996年4月26日)。
② 朱万福:《面向新世纪,创造新辉煌——在东南大学第十一次党代会上的报告》(1999年6月22日)。

第十一次党代会选举胡凌云为党委书记，林萍华、王卓君、杨树林为副书记；选举杨树林为纪委书记，贾瑞萍为副书记。

第十一次党代会是在"跨世纪、迎百年"的关键节点召开的一次十分重要的会议，是在东南大学改革建设取得显著成绩与发展面临诸多困难的新形势下召开的，起到了统一思想、振奋精神、鼓舞士气的作用。这次大会有以下特点：一是，1997年10月，国家教委决定东南大学实行"党委领导下的校长负责制"，由此，试行12年的"校长负责制"宣告结束，并实现了平稳转变，开始了党委集体领导的新体制；二是提出了"集成创新"的新理念，强调"集成与创新是我们事业加快发展、综合实力上台阶的加速器"，这一理念在未来的工作中不断得到强化和完善；三是选举产生了年轻化的新一届领导班子，平稳实现了新老交替，为创造东南大学新的百年辉煌提供了组织保证。

第十一次党代会是背负着成绩、困难、责任和期望站在新世纪门槛上的一次会议。

（四）第十二次党代会　实现重大转型与跨越式发展

第十一次党代会召开以后，东南大学走出了一条负重前行、努力拼搏、走出困境、实现跨越的道路。从1999年到2005年第十二次党代会召开的五年，是东大党政领导集体团结带领广大师生员工上下同心，克服种种困难和矛盾，"聚精会神抓教育，一心一意谋发展"的五年。经过五年的坚韧奋斗，学校完成了四校合并组建新的东南大学、进入"985工程"国家重点建设大学行列和建设九龙湖主校区等重大任务和工程，在教学科研、学科建设等各方面取得了可喜的成绩，成功实现了学校重要转型与跨越式发展。1999年10月，李岚清副总理第三次来校视察时充分肯定了东大改革发展取得的成绩，指出东大应该有信心走出一条有自己特色、与其他大学不同的发展道路，走精而强的道路。①

在此期间，学校确定了"苦练内功，扬长补短"，努力实现"弯道超车"的指导思想，坚持从实际出发，埋头苦干，在主要依靠自己艰苦奋斗的同时，积极争取外部各方支持。在各项工作中，始终围绕建设"以创新为主导的研究型大学"这一目标，瞄准"政府最关心的是什么，企业最感兴趣的是什么，老百姓最需要的是什么"这三个"最"，来明确学校目标任务、配置资源力量、突出工作重点，走出了一条具有东大特色、富有成效的改革建设发展之路。

正确的思路和坚韧奋斗使学校在激烈竞争中站稳了脚跟，逐步走出困境，实现了特色发展。在实践中形成的"集成创新"工作思路和"两个坚定不移"发展战略，使发展路径更加清晰，而抓住了"985工程"建设这一重要机遇，更使学校走上快速发展之路。在短短五年的时间里，学校各项工作呈现出良好发展势头，取得了令人瞩目的成绩。

2005年6月14日，东南大学召开第十二次党代会。胡凌云代表党委做了《以科学发展观

---

① 郑立琪：《李岚清副总理来我校视察》，《东南大学报》1999年10月20日。

统领全局 努力提高办学治校能力 不断开创国内外知名高水平研究型大学建设的新局面》的工作报告，杨树林做了纪委工作报告。胡凌云在报告中重点阐述了五年来学校工作的主要做法和经验，他指出，"第十一次党代会以来的实践，使我们加深了对'建设什么样的东大，怎样建设东大'的认识，积累了许多宝贵的经验"。这些经验包括：必须坚持科学发展观不动摇；必须坚持"两个坚定不移"不动摇；必须坚持以人为本不动摇；必须坚持"两个常抓不懈"不动摇；必须坚持加强和改进党的建设不动摇。他说，"以上五条是全校师生员工经过多年探索得出的重要结论，也是我们当前和今后一个时期创建国内外知名高水平研究型大学过程中必须坚持的基本原则"。胡凌云在报告中还就今后一个时期办学的主要目标和总体思路进行了阐述，提出了实施"三大重点工程"、推进"三大兴校战略"、建设"三项基础工程"等设想，并就推进党的先进性建设，切实提高办学治校能力提出了具体意见。[①]

大会选举产生了新一届党委，选举胡凌云为书记，杨树林、左惟、刘波为副书记；选举杨树林为纪委书记，张学泳为副书记。

第十二次党代会"是一次总结经验，规划未来，凝聚人心，振奋精神，促进发展，推动改革的大会"[②]。这次大会的意义和特点在于：一是以进入"985工程"国家重点建设大学行列、进入中央直管干部高校行列为标志，东南大学在困难中奋力拼搏，实现了跨越式发展，巩固了国家高校第一梯队的位置；二是在实践中审时度势，谋篇布局，形成了"三步走"的发展战略，路径更加清晰，任务更加明确；三是形成了一套比较系统的办学治校理政思路，并在实践中得到了检验，为东南大学的科学发展提供了理论依据和实践经验，同时也显示了党政领导班子在实践中不断提高的思想水平和治校理政能力。

（五）第十三次党代会 加快向世界一流大学迈进的步伐

2006年到2010年，是东南大学"十一五规划"实施阶段，在国家提出全面建设小康社会，江苏省提出实现"两个率先"、建设创新型省份的大背景下，学校迎来了一个难得的发展机遇。为抓住这个机遇，实现学校发展的新跨越，从2005年上半年开始，以胡凌云、顾冠群为组长的"十一五"规划领导小组和工作班子就开始着手规划的制定工作。经过一年多的努力，初步形成了"十一五"期间引领学校发展的指导思想、战略目标和主要任务，为第十二次党代会的召开做了扎实的准备，提供了理论依据和比较清晰的发展思路。

2006年5月9日，东南大学第十二届二次全委会召开。这次会议的主题是审议《东南大学2006—2010发展规划纲要（草案）》，明确未来五年学校发展的指导思想、奋斗目标和主要任务。会上，常务副校长易红对纲要（草案）的起草过程、规划思路和纲要重点做了说明，

---

① 胡凌云：《以科学发展观统领全局 努力提高办学治校能力 不断开创国内外知名高水平研究型大学建设的新局面——在第十二次党代会上的工作报告》（2005年6月14日）。
② 胡凌云：《在第十二次党代会筹备会议上的讲话》，《东南大学报》2005年4月10日。

胡凌云书记做了《以学科进位为着力点，实现学校发展的新跨越》的报告。胡凌云指出："当前，我们面临的是一个前有猛虎，后有追兵的发展环境。能否迎难而上，争先进位，关系到今后若干年学校的地位。因此，对我校来说，'十一五'是一个发展的关键时期，更是一个需要我们大有作为的时期"①。经过全体委员的认真审议，全委会一致通过了学校"十一五"规划，并作出了颁布和实施《纲要（草案）》的决议。

2006年6月，担任东大校长近十年的顾冠群院士到期卸任，经中共中央批准，常务副校长易红继任东南大学校长。快速发展、竞争激烈的大形势和学校"十一五"规划的开局，使新上任的易红校长深感"压力空前，责任重大，使命艰巨"②。2006年8月10日，学校召开发展战略研讨会。易红做了《开拓创新，争先进位，确保实现学校发展战略目标》的主题发言。他针对实现学校"十一五"发展战略目标的指导思想、发展途径，加强学科建设、深化人事制度（师资队伍建设）改革以及学校整体排名等问题进行了深入分析，并就相关问题提出了自己的看法和发展思路。他强调，"东南大学必须树立成为中国最好大学的抱负和信心，要实现跨越发展，必须坚持改革，开拓创新、争先进位"。这一发展方略成为全校共识，并在学校下一步改革发展及各项工作中起到了积极促进作用。

"十一五"开局以来，东南大学进入了一个稳步快速上升的发展期。2010年9月15日，东南大学第十三次党代会召开。胡凌云在大会上做了《深入贯彻科学发展观，为建设国际知名高水平研究型大学而团结奋斗》的工作报告，刘京南做纪委工作报告。胡凌云的报告分为三个部分，即：第十二次党代会以来的工作、今后的奋斗目标与主要任务、以改革创新精神全面加强和改进党的建设。其中主要内容包括：（1）总结回顾了过去五年学校工作"取得的令人瞩目的成就"；（2）肯定了党的建设"为学校改革发展提供了坚强有力的政治保证"；（3）系统总结了五年来的经验和启示，提出"四个坚持"是"推动学校改革发展稳定的重要指导原则"；（4）对今后一个时期做出了"机遇与挑战并存，但机遇大于挑战"的形势判断，提出了深化改革、加快发展的总要求；（5）提出了今后五年学校发展的6项主要任务；（6）明确了加强党的建设的6大措施。"这次大会是在党和国家实施教育优先发展战略，加快建设人力资源强国，学校即将迈入'十二五'发展新阶段的关键时期召开的一次重要的大会。"胡凌云在报告中指出，"回顾过去，我们为东南大学的发展倍感自豪；展望未来，我们深感任重道远。"他号召广大党员和全体师生员工："继续解放思想，加快改革创新，推动重点突破，不断争先进位，为建设国际知名高水平研究型大学而团结奋斗！"

第十三次党代会选举胡凌云为书记，左惟、刘京南、刘波为副书记；选举刘京南为纪委书记，孟新为副书记。

---

① 胡凌云：《以学科进位为着力点，实现学校发展的新跨越——在十二届二次全委会上的讲话》，《东南大学报》2006年5月22日。
② 易红：《在校长任免大会上的讲话》，《东南大学报》2006年6月13日。

第十三次党代会是在东南大学快速发展的上升阶段召开的一次重要会议，它显示了"东南大学必须在高等教育大发展的进程中有重要作为；必须在建设国际知名高水平研究型大学和世界一流大学中占有突出位置；必须在推进人力资源强国和创新型国家建设中做出积极贡献"的雄心壮志。① 这次党代会有如下鲜明特征：

第一，加快了向世界一流大学迈进的步伐，提出了"新三步走"的奋斗目标，其最大的变化是把东大建设成为世界一流大学目标的时间，由本世纪中叶提前到2035年左右，即："第一步，从2011年到2015年左右，作为我校创建世界一流大学的加快建设期；第二步，从2016年到2020年左右，作为我校创建世界一流大学的初见成效期；第三步，从2021年到2035年左右，作为我校创建世界一流大学的整体跨越期。"

第二，把目光瞄准世界一流大学，强化国际化办学意识，在原有的"两个坚定不移"基础上增加了"坚定不移地走国际化办学的强校道路"，成为推动东南大学快速稳定发展的"三个坚定不移"发展战略。

第三，在实践中检验了"开拓创新，争先进位"发展方略的有效性和引领性，并作为成功经验列入即将实施的"十二五"规划中，成为激励和推动全校各项发展的有效方式。

第四，提出了"四个发展"的要求，即快速发展、特色发展、内涵发展、和谐发展。

第十三次党代会是东南大学发展进程中的一次重要会议，为东南大学未来发展提出了新的奋斗目标，规划了宏伟蓝图，为"十二五规划"的制定和实施提出了明确的思路，也标志着学校领导集体战略思维和治校理政能力的显著提升，办学指导思想的日益成熟。

东南大学的五次党代会，是实现党对高校领导的重要形式，是20年来学校持续稳定快速发展的思想保证和组织保证，它的意义主要体现在以下几个方面：

第一，高校党的代表大会制度，是党对高校进行全面领导的重要形式。它以集中智慧、统一思想、总结经验、部署工作、确立目标、落实任务和选举领导班子等多种形式，体现了党对高校领导的不可替代的作用。多年来，东南大学坚持这一基本制度，定期召开党代会，使党代会成为推动学校各项事业发展的重要形式，为保证东南大学的社会主义办学方向，完成党和国家赋予的光荣使命发挥了重要作用。

第二，选举出一个合格的、有威信、有干劲、团结实干的领导班子，是党代会一项重要任务。从东大二十年间的五次党代会看，每一次产生的党委领导班子成员，基本上都具备良好的政治素质、朴实的工作作风、丰富的实践经验、在群众中有较高的认可度。他们思想上认识一致，工作中团结协作，带领全校师生员工坚持改革、艰苦奋斗，认真贯彻执行党的路线方针，切实担负起党组织和全体党员赋予的职责，比较好地完成了党代会所制定的各项工作任务。党代会的顺利召

---

① 《东南大学"十二五"改革和发展规划纲要》，《东南大学年鉴》2012年，第1页。

开和领导班子的平稳过渡，为东南大学 20 年的稳步发展提供了良好的政治环境和组织保证。

第三，每一次党代会都是一个统一思想认识，总结经验教训，确立奋斗目标和制定行动计划的过程，都为推动学校改革和事业发展提供了坚实有力的思想保证和组织保证。从前期进行的院系党组织换届，到党代会报告的起草，从党代会代表的产生，到新一届党委班子的选举，都经过了多次自上而下、自下而上的酝酿与讨论，集中了大多数党员的智慧和思想，广泛听取了民主党派和党外群众的意见，发扬了党内民主，充分体现了民主集中制原则，成为推动学校事业发展和工作进步的强大力量。

第四，东南大学党代会全方位展示了学校这一阶段走过的道路，是一条囊括全部、又贯穿始终的主线，它以会议的形式体现着党对高校的领导，发挥着党委的政治核心作用，记录着学校事业发展的每一个步骤和取得的成就，引领着学校发展的方向，在东南大学办学史上占据着重要地位。

二、团结奋进的领导班子

"政治路线确定之后，干部就是决定的因素。"[①] 在 1992—2012 年的二十年间，东南大学抓住了每一次重要的发展机遇，没有出现大的决策失误，没有出现无谓的内耗和争斗，各项事业基本做到了快速、稳定、健康发展，这与领导班子的志向高远、勤勉工作、团结奋进是分不开的；历届党政主要领导人以身作则、顾全大局、恪尽职守、精诚合作，是其中的重要原因。这一时期，东大前后经历了四任党委书记和四位校长，党政主要领导搭档情况如下：韦钰与陈万年（1986—1993），陈笃信与朱万福（1993—1997），朱万福与顾冠群（1997—1999），胡凌云与顾冠群（1999—2006），胡凌云与易红（2006—2011），郭广银与易红（2011— ），此外，还有 23 位在不同阶段任职的副校级领导干部，他们以良好的政治素质、朴实的工作作风和扎实的工作业绩得到了广大师生员工的认可，形成了东大党政团结合作的优良传统，成为学校改革建设发展的坚强核心。

东大的领导班子有几个比较显著的特点：一是党政之间团结合作，分工不分家，工作中内耗较少；二是目标清晰，勤勉务实，能力互补，可以形成合力；三是具有较强的改革意识，坚持问题导向，坚持通过改革和发展解决前进中遇到的困难和问题，持之以恒地推进改革和事业发展。这几个特征贯穿了整个二十年，构成了东大领导班子的优良传统和工作风格。

（一）团结合作、分工不分家

领导班子的团结是保证学校改革建设和事业顺利发展最基本的条件，也是东大领导集体

---

① 毛泽东：《中国共产党在民族战争中的地位》，《毛泽东选集》第二卷，人民出版社，1991 年，第 526 页。

的一个优良传统。①1992年至2012年间，东南大学经历了"校长负责制"（试点）和"党委领导下的校长负责制"两个阶段。这两种不同管理体制的主要区别是，谁是学校发展的主要责任者，谁是重大决策的最后定夺者。而无论实行哪种体制，如何处理好党政之间的关系，尤其是党政主要负责人之间的关系，就成为领导班子是否团结，能否有效合作做好工作的关键。二十年来，东大领导班子的团结问题经受了长期的时间检验，得到了上级领导部门的充分肯定，在社会上和群众中赢得了良好口碑。无论实行什么领导体制，党政团结，相互尊重，主动配合，分工不分家的传统一以贯之，没有出现党政对立，各吹各的调的现象。在实际工作中，主要领导能够自觉坚持民主集中制原则，凡是学校的重大决策、重要改革举措的出台，中层以上领导干部的任免、调整，都由党政领导班子成员参加的党委常委会和校务会上作出。对于重大问题的决策，"任何一把手，也只能是一票，不能独断专行"②。为保证决策的科学性、民主性，学校相继出台了《中共东南大学委员会议事规则》《中共东南大学党委常委会议事规则》《东南大学校长办公会议事规则》《东南大学执行"三重一大"制度的暂行规定》等，明确规定了党委会、常委会、校长办公会的议事范围、议事程序、决策方式和纪律要求等等，规定凡属重大事项决策、重要干部任免、重要项目安排和大额度资金的使用，都必须经集体讨论作出决定。并规定在重大事项的决策中，一律实行"少数服从多数"的原则，以票决的方式决定。这些制度为党政领导班子讨论问题，制定方案，决定事项做出了明确具体的规定，避免了"一言堂"和"独断专行"现象的发生，保证了民主集中制的良好运行。这也是近二十年里，东大没有出现重大决策失误，没有丧失重要发展机遇，没有发生主要领导人因违法违纪错误受到处分的重要原因。

1993年，时任校长韦钰调任国家教委副主任，在任免大会上，她总结了三条经验，说明"东南大学是很有希望的"，其中第一条就是，"大家都很团结，特别是领导班子很团结，这是我们的整体优势"③。

1997年，江苏省高校工委对东大党建工作进行了全面评估，专家组在反馈意见中指出，"学校党委在试行校长负责制的情况下，党政紧密配合，始终把握学校工作的大局""认真贯彻民主集中制原则，坚持集体领导和个人分工相结合，领导班子分工明确，团结协作，做到互相信任，互相尊重，互相支持"④。

1997年东大实行党委领导下的校长负责制后，党委在学校工作中的核心作用进一步加强。

---

① 杨树林从1980年代初就在学校党委部门工作，先后担任团委副书记、党办副主任、主任，校长助理兼浦口校区管委会主任、党委副书记兼纪委书记、党委常务副书记等职，据他长期观察和实际体验，认为东大党政领导班子比较团结一直是一个非常明显的特征。历届党政"一把手"都能做到顾全大局、团结合作、相忍为公，"不翻烧饼"，一茬接着一茬干，从来没有出现班子成员公开对立冲突的现象，这是非常不容易的。而这个优良传统应该是从刘忠德、管致中时代开始的，后来一直传承下来。东南大学校史研究室整理：《杨树林访谈录》（2020年10月）。
② 朱万福：《高校党务干部素质刍论》，《实践与创新——东南大学党务工作五年》，东南大学出版社，1997年，第151页。
③ 《韦钰校长出任国家教委副主任》，《东南大学报》1993年5月15日。
④ 《关于东南大学党委工作评估的反馈意见》，《实践与创新》，东南大学出版社，1997年，第368页。

在认真贯彻党的教育方针，把握学校发展方向，决定学校重大问题，监督重大决议执行和履行管党治党、办学治校主体责任的同时，积极支持校长依法独立负责行使职权，全面负责教学、科研、学科建设和各项行政管理工作，形成了比较好的党政分工合作，工作中主动协调配合，行动力较强的工作机制。由于领导班子比较团结，目标一致，因此，在重大问题的决策上，班子内部比较容易形成共识，共同谋划，共同努力，共同担责。虽然在一些具体问题上，班子内部会出现意见不统一，甚至有较大分歧的现象，但大家都能以大局为重，求同存异，相忍为公，没有出现因为意见不统一而产生严重矛盾冲突，影响学校事业发展的情况。

1996年时的东大校领导班子

（二）目标清晰、勤勉务实、不尚空谈

目标清晰，勤勉务实，不尚空谈是东大领导班子的良好作风。二十年来，历任校领导都紧紧围绕一流大学建设这个总目标，坚持发展是硬道理，不动摇、不偏移、同心协力、接续奋斗，一任接着一任干。东大从20世纪80年代后期就开始实施目标管理和绩效考核，每年都根据学校发展目标和工作重点，列出近期要推进的改革项目和要完成的工作任务。到年底，分管校领导分别向教代会和党代会年会述职，接受全校干部群众考核评议。这项制度坚持多年，从未间断。在此期间，虽然目标、任务、考核方式会随着学校发展和情况变化而不断调整，但强调实干、重视业绩的评价导向始终未变。领导班子的工作作风影响着整个干部队伍，在推进一些重要改革或决策等一些重大事项时，尽管班子内部和中层干部中也会有一些不同观点和意见，但在充分发表意见，经过研究论证后，一旦常委会做出决定，大家都能从党性和大局出发，服从党委和学校决议，上下同欲，步调一致，显示出较高的一致性和较强的执行力。

在二十年的时间里，东大党政领导班子几经换届，有几十位同志先后走上校级领导岗位。这些同志年龄不一、性格各异，管理能力和学术水平各有所长，但都具备良好的综合素质，都能做到相互尊重，相互支持。主要领导敢于拍板决策，担当责任；副手能够积极主动，尽职尽责，做到了能力互补，齐心协力。学校领导班子在上级部门考核和多次大范围的群众测评中都得到了较好的评价，为广大师生员工所认可支持。

（三）坚持改革、持之以恒

改革是东南大学二十年发展的主旋律，是学校事业进步的主要推动力。持之以恒地坚持改革、通过改革推进学校各项事业持续快速发展，是东大党政领导班子的一个鲜明特点。主要表现在：

一是，领导班子成员特别是主要负责人具有较强的改革意识，能够坚持从学校实际出发，坚持问题导向，针对发展中遇到的突出困难和矛盾，大胆主动进行改革，许多改革走在国内高校前列。如20世纪90年代初进行的校内综合改革（"三大块"改革）、招生与奖学金制度改革，90年代后期进行的干部制度改革和财务制度改革，新世纪初推进的以高水平师资队伍建设为核心的人事制度改革和以高水平学科建设为核心的科研及学科管理体制改革等，都收到了比较明显的成效，有力地推动了学校各项事业发展。

二是，把握高等教育发展趋势、持之以恒推进改革，并在实践中逐步完善。在二十年里，东大的许多项改革推行得比较早，持续时间长，其中也遇到不少困难，经历一些波折，承受很大压力，但只要方向是正确的，符合学校长远发展和师生根本利益的，校领导集体都态度坚决，长期坚持。同时也做到实事求是，根据形势环境变化和学校发展的不同阶段、不同情况适时调整，逐步完善。

三是，在改革中努力做到统筹兼顾、注重制度建设。东大改革的一个鲜明的特点是，许多改革的发生常常是从着眼解决某一具体问题，化解某个突出矛盾的单项改革起步的，后来逐步发展成为涉及全局和长远的综合性改革及系统性改革。党委在领导改革进程中把握方向、控制节奏、着眼长远、统筹兼顾，起到了重要作用。同时，及时总结改革的经验教训和成果，用制度确定下来并长期坚持下去。

二十年来，东大的几届领导班子殚精竭力，团结奋进，形成了这一时期鲜明的工作特色和优良的传统。这个领导集体抓住机遇、锐意改革，创造条件、加快发展，不等不靠、积极进取，在实践中不断成熟，不断提高治校理政能力和驾驭复杂局面的能力，使学校的办学方向始终沿着正确的方向发展，为东南大学建设发展做出了重要贡献。

附：五次党代会党委委员、纪委委员及校行政领导班子组成名录

（一）历届党委委员、常委、书记、副书记；纪委委员、书记、副书记名单

1. 第九届党委会、纪委会人员名单（1991年第九次党代会选举产生）

党委委员：（29人，按姓氏笔画为序）

王芝林　王志苏　韦　钰　毛恒才　左　惟　朱万福　刘道镛　李延保　李默声
杨树林　吴介一　吴明英　邱成悌　张开荣　张纪福　张有焕　张玲珍　陈万年
陈为宇　陈明法　陈笃信　柏国柱　胡凌云　姚自君　顾冠群　钱一呈　黄　健
黄大海　潘端民

党委常委：（8人，按姓氏笔画为序）

韦　钰　朱万福　刘道镛　吴明英　陈万年　陈笃信　柏国柱　胡凌云

党委书记：陈万年

副 书 记：柏国柱　吴明英　胡凌云

纪委委员：（13人，按姓氏笔画为序）

孔庆熙　仲伟涛　李乃弘　李素珍　吴　杰　沈克诚　陆永铭　陈爱华　邹宗柏
黄德富　戚焕林　满保林　潘瑞民

纪委副书记：潘瑞民（主持工作）

2. 第十届党委会、纪委会人员名单（1995年第十次党代会选举产生）

党委委员：（25人，按姓氏笔画为序）

王芝林　王志苏　王卓君　王增宁　毛恒才　尹莲英　左　惟　朱万福　孙小菡
李延保　杨树林　时巨涛　吴介一　吴克坚　何立权　张玲珍　陈笃信　林萍华
赵启满　胡凌云　钟秉林　顾冠群　盛昭瀚　满保林　潘端民

党委常委：（9人，按姓氏笔画为序）

毛恒才　朱万福　李延保　杨树林　陈笃信　胡凌云　钟秉林　盛昭瀚　满保林

党委书记：朱万福

副 书 记：胡凌云　李延保

纪委委员：（11人，按姓氏笔画为序）

安　宁　李乃弘　吴　杰　邹宗柏　沈再福　张家宽　陆永铭　袁国秋　贾瑞萍
钱勤元　潘瑞民

纪委书记：潘瑞民

副 书 记：贾瑞萍

3. 第十一届党委会、纪委会人员名单（1999年第十一次党代会选举产生）

党委委员：（25人，按姓氏笔画为序）

王芝林　王志功　王卓君　王增宁　左　惟　朱建设　孙小菡　杨树林　时巨涛　吴介一　邹采荣　陆祖宏　陈　怡　林萍华　易　红　赵启满　胡凌云　袁国秋　顾冠群　钱勤元　高建国　郭宏定　黄　卫　程明山　谢伟江

党委常委：（9人，按姓氏笔画排序）

王卓君　杨树林　吴介一　邹采荣　林萍华　胡凌云　顾冠群　钱勤元　黄　卫

党委书记：胡凌云

副 书 记：林萍华　王卓君　杨树林

纪委委员：（11人，按姓氏笔画为序）

支海坤　叶树理　冯佩霞　刘福章　杨树林　吴　杰　沈　炯　宋　涛　张家宽　张锡昌　贾瑞萍

纪委书记：杨树林

副 书 记：贾瑞萍

4. 第十二届党委会、纪委会人员名单（2005年第十二次党代会选举产生）

党委委员：（25人，按姓氏笔画为序）

王志功　王保平　左　惟　朱建设　刘　波（女）　刘乃丰　刘京南　刘鸿健　杨树林　时巨涛　吴应宇　邹采荣　陆祖宏　易　红　郑家茂　赵启满　胡凌云　胡敏强　袁久红　顾冠群　高建国　浦跃朴　谢伟江　谢建明　管　平

党委常委：（11人，按姓氏笔画为序）

左　惟　刘　波（女）　刘京南　杨树林　邹采荣　易　红　胡凌云　胡敏强　顾冠群　高建国　浦跃朴

党委书记：胡凌云

副 书 记：杨树林　左　惟　刘　波（女）

纪委委员：（13人 按姓氏笔画排序）

支海坤　史兰新　刘光荣　刘福章　杨树林　宋　涛　沈　炯　张凤兵　张学泳　张锡昌　孟　新（女）　孟怀义　黄安永

纪委书记：杨树林

副 书 记：张学泳

5. 第十三届党委会、纪委会人员名单（2011年第十三次党代会选举产生）

党委委员：（25人，按姓氏笔画为序）

王 炜　王志功　王保平　左 惟　仲伟俊　刘 波（女）　刘乃丰　刘京南
刘鸿健　李建清　吴应宇　时巨涛　沈 炯　陆祖宏　易 红　郑家茂　赵启满
胡汉辉　胡凌云　胡敏强　高建国　浦跃朴　黄大卫　管 平　樊和平

党委常委：（11人，按姓氏笔画为序）

王保平　左 惟　刘 波（女）　刘京南　刘鸿健　沈 炯　易 红　郑家茂
胡凌云　胡敏强　浦跃朴

党委书记：胡凌云

副 书 记：左 惟　刘京南　刘 波（女）

纪委委员：（13人，按姓氏笔画为序）

史兰新　朱小良　任祖平　刘京南　李久贤　李和渝　张 星　陈宝安　孟 新（女）
孟怀义　施建宁　秦 霞（女）　郭小明

纪委书记：刘京南

副 书 记：孟 新（女）

（二）1992—2012年学校党政领导班子组成及任职情况

党委书记	副书记	校长	副校长
陈万年（1986.12—1993.5）	柏国柱（—1992.7） 胡凌云（1991.1—） 吴明英（1991.1—） 朱万福（1992.7—1993.5）	韦钰（1986.12—1993.11）	朱万福（—1992.7） 陈笃信（—1993.11） 毛恒才 胡凌云（兼1991.3—） 何立权（1991.3—） 钱明权（1992.7—） 李延保（1993.2—）
朱万福（1993.5—1999.6）	胡凌云（—1999.6） 吴明英（—1995.6） 李延保（1995.6—1999.2） 王卓君（1998.5—） 林萍华（1998.5—）	陈笃信（1993.11—1997.10）	毛恒才 胡凌云（兼） 钱明权 李延保 何立权 钟秉林（1994.11—1996.11） 盛昭瀚（1994.11—）
胡凌云（1999.6—2011.1）	林萍华（—2000.4） 王卓君（—2001.11） 杨树林 （1999.6—2006.6） 杨树林 （常务2006.6—2009.12） 左惟 （2001.11—2010.11） 左惟（常务2010.11—） 刘波（2005.6—） 刘京南（2008.1—）	顾冠群（1997.10—2006.5）	毛恒才（—1998.5） 胡凌云（兼—1998.5） 何立权（—1998.5） 钱明权（—2000.4） 李延保（—1999.2） 盛昭瀚（—2000.4） 黄卫 （1998.5—2000.4） 王卓君 （1998.5—2001.11） 孙载阳 （2000.4—2005.6） 林萍华 （2000.4—2001.11） 邹采荣（1999.2—） 吴介一 （1999.2—2002.9） 易红 （2001.11—2005.6） 易红 （常务2005.6—2006.5） 浦跃朴（2000.4—） 赵启满（2000.5—） 左惟 （兼2001.11—2005.10） 刘京南（2002.9—） 胡敏强（2005.6—） 刘波（兼2005.10—）
郭广银（2011.1—）	左惟（常务） 刘波 刘京南	易红（2006.5—2015.11）	浦跃朴 赵启满（—2011.7） 刘京南（—2008.1） 胡敏强（—2010.11） 胡敏强 （常务2010.11—） 郑家茂（2006.8—） 刘波（兼） 沈炯（2006.8—） 王保平（2008.12—） 邹采荣（—2006.6） 丁辉（2012.4—）

第二节　加强党的建设，认真履行主体责任

二十年来，东南大学党委较好地履行对学校工作实行全面领导，对全校党的工作全面负责，管党治党、办学治校的主体责任，坚持用改革精神探索党建工作的新思路、新方法，在思想建设、组织建设、作风建设、党风廉政建设等方面做了大量扎实有效的工作，取得了可喜的成果。通过加强党的自身建设，认真履行主体责任，提高了党在群众中的影响力、感召力和凝聚力，推动了学校各项事业的发展。

一、党建工作的基本情况

1992—2012年，随着学校办学规模的不断扩大、教育事业的不断发展，党的基层组织和党员队伍也发生了较大变化，党员的数量和质量都有了显著的提升，主要表现在以下几个方面：

第一，党的队伍不断壮大，党员人数有了大幅度增加。1992年，全校共有教职工党员2118人（含退离休党员），占全校教职工总数的44%左右；截至2012年底，在岗教职工党员已有3384人，占全校在岗人员总数的59.16%；专任教师中有党员1352人，其中具有正高职称的317人，占正高总数的45%；具有副高职称的454人，占副高总数的44%。1992年，学生中党员人数不详，但据1991年党代会报告记载，当时学生党员人数占比仅为0.71%。到2012年底，全日制在校学生中党员人数已达到10 767人，占比达到27.64%；其中，博士生中有党员1275人，硕士生中5638人，本科生中3854人。在大学生中发展党员工作也呈健康发展态势，1992年时，全年共发展学生党员700余名；2012年全年发展学生党员达2987人。据2012年底统计，全校党员总数已达15 820人。

第二，建设了一个团结奋进、勤勉务实的领导班子，统领全局的能力不断提高，治校理政能力日益成熟。20年来，学校党委把领导班子建设摆在重要位置，坚持党委领导下的校长负责制，坚持民主集中制原则，坚持学习型党组织建设，按照"社会主义政治家和教育家"的标准不断提高自身的思想水平和工作能力，为准确贯彻党和国家的方针政策奠定了良好的基础。多年来的实践证明，东大在改革发展大计的确立、战略思想的形成、机遇与挑战的应对，以及推进学校各项事业发展等方面，没有出现重大失误，没有丢失重要机遇，都与有一个日益成熟、团结实干的领导班子分不开。

第三，选拔培养了一批学历高、业务强、懂管理的中层领导干部。20年来，学校党委坚持党管干部的原则，建立健全干部选拔任用的体制机制，通过民主推荐、公开招聘、竞争上岗、绩效考核、干部轮岗、定期换届等多种途径加强干部队伍建设，使学校中层干部队伍的整体状况有了明显的变化。1992年时，全校共有中层领导干部240人左右（不含非领导职务），

存在年龄偏大、学历偏低、来源单一的现象。经过 20 年的努力，干部队伍状况有了较大改善，截至 2012 年底，全校共有中层干部 389 人，其中领导干部 321 人；在 97 名正职中层干部中，具有博士学位的占 52.58%，具有硕士学位的占 20.62%，副高级及以上职称的占 95.88%；在 224 名中层副职干部中，具有博士学位的占 48.66%，具有硕士学位的占 23.66%，副高级及以上职称的占 72.77%。中层干部的平均年龄也明显下降。

第四，党的工作部门得到改善和加强，党的基层组织有了较大发展。1992 年时，党委下设办公室、组织部、宣传部、统战部、老干部处、保卫部（与保卫处合署）、武装部 7 个职能部门；设党校、马克思主义理论与教育研究室 2 个非独立设置的直属机构；学校工会、团委等群团组织归属党委直接领导。1992 年 5 月，为加强纪委工作力量，学校成立"纪律检查委员会办公室"。1993 年 3 月，纪委与监察处合署办公。为提高党委决策的科学性，1995 年 9 月，增设"党委调查研究室"，为非独立设置的研究咨询机构。为加强研究生思想教育与管理工作，1998 年 9 月，成立"研究生工作部"（与研究生管理处合署）。1999 年 9 月，党委统战部不再独立设置，与党委办公室合署办公，进一步加强了党委与民主党派和党外知识分子的联系。1999 年 9 月，成立学生工作部（与学生工作处合署）。1999 年 9 月，撤销"党委调研室""马克思主义理论与教育研究所"，成立"党委政策研究与发展规划办公室"。2000 年 6 月，成立"社会主义学院"（与党校合署）。2003 年，重新建立"研究生工作部"并与研究生院合署办公。2008 年 3 月，成立"党委发展规划部"，与其职责相同的"党委政策研究与发展规划办公室"同时撤销。20 年来，党委职能部门随着形势和任务的需要进行了适当的调整，这些职能部门在党委领导下认真履行职责，较好完成了党委下达的工作任务。与此同时，学校基层党组织建设有了较大发展。1992 年，全校共有 1 个分党委（浦口校区）、16 个党总支、15 个直属党支部。到 2012 年，随着学校规模的扩大和党员人数的增多，全校已有党工委 2 个，基层党委 30 个，党总支 6 个，直属党支部 2 个，基层党支部 781 个。

此外，学校党委重视对群团工作的领导，充分发挥工会、团委、学生会、研究生会等群团组织的作用，为党的建设提供了良好的群众基础、行动响应和后备力量。

第五，在实践中探索和总结出一套行之有效的党建工作方法，并形成了科学化、制度化的管理体系。在干部队伍建设、党风廉政建设等方面产生了多项开创性的成果，在教育系统内有较大影响。2006 年 12 月，省教育工委对学校进行了为期两天的党建工作考核，对东大党建工作作出高度评价。专家组认为，东大党委"努力探索党建工作新机制，富有特色地开展工作。一是解放思想，与时俱进，不断推进干部人事制度改革与创新。二是以党建工作为龙头，全面推进学生思想政治教育工作。三是以构建教育、制度、监督并重的预防和惩治腐败体系为着力点，加强党风廉政建设""东南大学在基层党组织建设方面的丰富经验和丰硕成果对全省乃至全国高校的党建工作都具有典型意义和示范作用"[①]。

---

① 《江苏省教工委基层党组织建设考核专家组对我校党建工作予以高度评价》，《东南大学报》2007 年 1 月 1 日。

第六，涌现出一大批党建工作先进集体和优秀共产党员。据统计，自1992年到2012年，全校共有29个党组织和71人（次）优秀共产党员受到省级以上奖励与表彰，其中有10人次获得国家级荣誉称号。校内评选出165个先进党总支、党支部，286名先进党员和党务工作者。在这些先进人物中有中国工程院院士、全国模范教师吕志涛教授，全国"侨界十杰""五一劳动奖章"获得者王志功教授，全国"防非"工作优秀共产党员、全国师德模范、医德标兵邱海波教授，江苏省十大优秀共产党员标兵王炜教授，江苏省优秀党员孙伟院士，全省高校优秀共产党员王保平教授，空间科学与技术研究院副院长、因公殉职的优秀共产党员郝英立教授等。除此以外，在其他领域获得荣誉称号和在"三育人"活动中作出优异成绩的共产党员更是不计其数。这些优秀共产党员的先锋模范作用不仅在全校师生员工中产生了较大的影响，也为提升学校的知名度发挥了重要作用。

20年来，在党委的领导下，东大的党建工作扎扎实实，稳步推进，经历了多次严格的检查评估，都取得了良好成绩，并多次受到上级机关的表彰和奖励。1997、2005、2006、2008年东南大学分别获得"江苏省高等学校思想政治教育工作先进集体"称号；2003年获得"2001—2003年度江苏省红旗基层党校"称号；2006年获"江苏省高校先进基层党组织"称号；2012年获"江苏省创先争优先进基层党组织""全国组织系统先进集体"称号。①

二、干部选拔任用制度改革

1995年5月，东南大学第十次党代会召开。在党代会报告中，朱万福书记代表党委提出了今后一个时期主要的工作任务，其中有针对性地提出，"要全面正确地贯彻干部队伍'四化'方针和德才兼备原则，大力培养和选拔那些素质好、实绩突出、群众信任的优秀中青年干部进入各级领导班子，形成梯次合理的班子结构。争取经过四年左右的努力，使中层领导班子平均年龄不超过45岁，最高任职年龄一般不超过58岁，系级班子中至少应有一名35岁以下的干部。要积极推进党政领导干部选拔任用制度改革，加强对干部的考核和监督"。

为进一步落实党委决议，切实做好干部选拔任用工作，党委责成分管干部工作的李延保副书记对干部队伍情况进行全面调查、分析并提出改革建议。通过调查发现，全校干部队伍的状况很不理想，比较突出地表现在年龄老化、学历层次偏低、选拔路径单一和知识能力难以胜任新形势下学校改革建设发展要求等几个方面。如当时全校在职的92名正处级干部平均年龄为53.4岁，58岁以上的就有30多人，其中包括12位职能部门的正职领导和13位系主任。根据预测，在两三年内，"文革"前毕业的大学生将集中退休，一大批同志将退出各级领导岗位，学校将面临着改革开放以来干部队伍的大幅度调整，年龄断层、后继乏人的情况十分严重。当

---

① 本目所列数据均来源于《东南大学年鉴》。

时,学校"211工程"建设已经启动,建设"居于国内一流大学前列、国际上有较大影响的大学"的目标已定,如果没有一支能胜任这一艰巨任务的干部队伍,是无法实现这一目标的。因此,及时推进干部制度改革,选拔出大批德才兼备、年龄较轻的优秀同志充实到党政管理和教学、科研领导干部岗位,是关系到学校管理队伍稳定和事业健康发展的重大问题,也是摆在学校党委面前事关全局、事关未来的大事。

东大党委认为,学校的发展"要求我们选拔一批素质好、水平高、思想解放、勇于开拓,具有群众基础的德才兼备的同志进入领导班子,他们应当是有较高的学历层次和相当的业务素养,熟悉教学、科研和高等教育发展规律,严于律己、具有奉献精神的优秀人才。其中,教学、科研行政岗位主要领导人,除在学术上应有较高造诣外,也要有一定的组织管理能力"[①]。而要在较短时间内妥善完成大批干部的新老交替,只能用改革的思路,在做好干部调整工作的同时,着眼于建立一种新的选拔任用机制,让人才脱颖而出,从而把东南大学干部队伍建设工作提高到一个新水平。

在充分调研和反复征求意见的基础上,党委制定了《东南大学中层领导干部选拔任用工作暂行条例》(简称《暂行条例》),提出了党委在干部队伍建设上的基本思路、基本原则;明确了各级各类干部的选拔任用标准;制定了群众参与民主推荐、选拔的办法;规范了干部选拔任用的程序和监督制度。此外,对干部的任期、聘任、交流和离任审计等事项也做了具体规定。

《暂行条例》的制定是东南大学干部队伍建设中的一件大事,走出了干部队伍建设科学化、民主化、法制化的第一步。《暂行条例》出台后,学校先后召开了多次座谈会,并通过各种形式进行广泛宣传,为即将开始的大范围干部调整工作作了舆论准备和提供了参照标准。在此基础上,学校党委下发了《关于民主推荐部分单位副处级以上干部的通知》,并召开全校中层干部会进行了动员和部署。1995年8月,学校以《暂行条例》为依据进行干部选拔任用制度改革的工作正式展开。学校采取"两公开,一推荐"的办法(即公开岗位职务、公开任职条件,民主推荐人选),对全校17个单位、23个中层领导岗位进行公开招聘,其中包括研究生院常务副院长、人事处长、科研处长、国际合作处处长等重要领导岗位。在4次"两公开,一推荐"中,有329人被推荐(其中自荐39人次),经审议,公布了44名提名候选人。在推选过程中,组织部门和分管领导听取了39个单位450余人的意见,系所拟任岗位人选经过教师投票确定,最后经党委常委会投票做出决定。通过一个半月时间的工作,圆满完成了第一次用新机制选拔新任干部的工作。在这批新任命的17名干部中,有正处级5人,副处级12人,平均年龄41岁;其中中共党员15人、民主党派1人;具有硕士以上学位的11人,具有高级职称的15人。

第一次采用新方法、新机制进行的大规模干部调整,在全校引起很大反响。在提名人选

---

① 李延保:《关于高校干部队伍建设的实践与思考》,《实践与创新——东南大学党务工作五年》,东南大学出版社,1998年,第179页。

公布后就有人找到校领导或组织部门反映意见，有的是希望自己推选的人能被选上，有的是希望某某人不要离开现任岗位，还有的是反映某某人不适合当领导等等，但在所有意见中，都表达了对这次干部选拔任用制度改革的拥护和支持。[①] 通过民主推荐、群众评议、组织决定这种形式，不仅开阔了选拔视野，扩大了群众参与，发现和储备了一批优秀人才，加强了后备干部队伍的建设，也为新时期干部队伍建设进行了有益探索。同时，由于增强了干部选拔任用的透明度，打破了论资排辈和路径单一的方式，也激发了一批有才华、有能力的青年教师的参与意识。

1996年1月至6月，学校对24个院系（所）行政领导班子进行换届。换届工作仍以《东南大学中层领导干部选拔任用工作暂行条例》为依据，在坚持党管干部原则的前提下，进一步强化民主程序，增强群众参与意识，对系所领导班子年轻化提出要求，把换届过程变成群众和候选人共同研究本单位建设和发展的过程。通过这次换届，有22人担任了新一届院长（系主任、所长），18人担任了副职，即使没有担任职务的也感受到领导和群众的信任，心境十分平静。此次换届共任命101名院、系（所）领导班子成员，平均年龄42岁，比换届前下降6.8岁。其中正职平均年龄44.8岁，比换届前下降了10岁。这是在东大历次换届工作中进行比较顺利、影响较大和群众认同度较高的一次。

东大干部选拔任用制度的改革是一次大胆的尝试，它改变了过去只在小圈子里物色人选的不足，扩大了视野，打破了论资排辈，推动了干部轮岗交流，使干部队伍的结构和年龄得到明显优化。由于一些做法在当时还没有先例，所以在推进改革的过程中也遇到一些阻碍和争议。党委在坚持既定方针的情况下，做了大量的宣传和思想工作，力求使广大干部统一认识，顾全大局，服从学校发展需要。此后，这个《条例》随着时代的需要经过多次补充和完善，成为东南大学长期以来干部选拔任用工作的重要依据和工作指南。

2002年3月，胡凌云在贯彻十五届六中全会精神的全委扩大会上的讲话中指出，"进入新世纪，我校的发展面临新机遇和新挑战，干部的更替会不断加快。事业的发展和干部队伍的新老更替，都需要建设一支高素质的干部队伍。我们要按照六中全会要求，坚持'四化'方针，进一步推进干部人事制度改革，完善制度，健全机制，坚持用好的作风选人、选作风好的人""德才兼备是选拔干部的重要依据。要按照中央精神，把那些认真贯彻执行党的路线方针政策、开拓进取、实绩突出、作风正派、清正廉洁、群众拥护的同志，选拔到各级领导岗位上来。全校中层以上领导干部要提高识才育才荐才聚才的能力和水平，知人善任，广纳群贤。党政主要领导要关心年轻干部的成长，给他们压担子，经受考验。要根据学校事业发展的需要，培养党政管理干部、学术专业干部和熟悉医疗、企业运作的经营型干部，努力形成各类人才百舸争流、

---

① 满保林：《实行"两公开，一推荐"，加快选拔优秀年轻干部的步伐》，《实践与创新——东南大学党务工作五年》，东南大学出版社，1998年，第223页。

各显其能的局面"①。在这一思路指导下,学校党委不断完善领导干部选人用人机制,进一步修订了《东南大学中层领导干部选拔任用工作暂行条例》,陆续出台了《东南大学中层领导干部考核试行办法》《东南大学兼职干部选聘工作试行办法》《东南大学中层领导后备干部选拔培养暂行办法》《东南大学领导职务任期及轮岗交流暂行规定》等制度,对干部选拔任用制度进行了一系列补充完善和改革创新。为了培养和锻炼干部,学校党委实行了干部岗位轮换制度,根据干部的业务能力、性格特点与工作经历,对一部分中层干部进行跨度较大的岗位调整,既丰富了他们的工作阅历,又为他们创造了在新的岗位上经受磨炼、显示才能的机会。一些中层干部通过换岗锻炼走上了校级领导岗位,这也成为后备干部选拔任用的一条重要渠道。

2001年,东南大学进行了历史上最大规模的干部队伍调整。由于2000年四校合并,干部的安排调整成为最难处理的问题之一。除校级领导干部由上级统一考虑以外,中层干部人数大大超编,尤其是机关中层正职岗位安排问题突出。在此情况下,学校采取临时措施,将原南京铁道医学院、南京交通高等专科学校、南京地质学校的所有处以上干部,根据原有工作部门或工作性质,划归东南大学相应部处(单位),中层正职保留原级别待遇,改任相应副职,原中层副职仍保留原职务,待一年以后,全体机关干部一律竞聘上岗。2001年,学校根据原有部署,除选举产生的院(系)相关岗位以外,全体机关干部一律"卧倒",重新竞聘工作岗位。党委确定了"以工作需要为主,兼顾个人志愿,坚持德才兼备,群众公认,竞争择优"的原则,"努力做到人尽其才,才尽其用"②。学校成立了由校领导、院系领导和专家组成的面试考核小组,对所有申请岗位职务的干部进行了面试答辩。经过严格考核、民主测评和党委常委会审议、票决,一批干部竞聘成功,走上新的领导岗位,用较短的时间顺利完成了干部队伍调整工作。

这一次干部竞聘上岗涉及范围广、平衡难度大,但由于学校有一套比较完善的选人用人制度,坚持干部选拔任用的标准和程序,公开性强、透明度高,方法公正公平,使这次规模很大的干部调整工作进行得比较顺利有序,无论是竞聘成功还是不成功的干部,在情绪上都没有出现大的波动,在群众中也没有出现不良反响。

干部选拔任用是一个组织政治生态和工作氛围的晴雨表、风向标。选什么人,用什么人,不仅影响工作绩效,而且关系人心向背,也体现着领导者的政治素质和用人导向。东大党委坚持党管干部的原则,不断完善民主、公开、竞争、择优的机制,使干部选拔任用工作始终在科学有序、风清气正的环境下运行。多年来,学校党委形成了一套行之有效的干部选拔任用方法,即:坚持"两公开,一推荐"选拔任用制度;走好选拔岗位、推荐范围、岗位职责、任职条件的"四公开"程序;紧扣考察预告、个别谈话、征求意见、民主测评的"四个环节";做好拟任人选、拟任岗位、举报电话、公示期限的"四个公布"。除此以外,党委还加强了纪检部门

---

① 胡凌云:《加强党的作风建设 深入实践"三个代表"全面建设国内外知名的高水平大学——在贯彻党的十五届六中全会精神党委全委扩大会上的讲话》,《东南大学报》2002年3月1日。
② 《努力建立一支精干高效廉洁的机关干部队伍——胡凌云书记谈机关干部分流与调整》,《东南大学报》2001年4月10日。

对干部选拔任用工作的全过程监督，建立了拟任人廉政情况向常委会报告制度。这些在实践中形成的宝贵经验，为东大干部选拔任用工作提供了重要的指导原则和制度规范。20年来，学校中层以上领导干部历经多次换届和调整，涉及几千人次①，从整体上来看，这支队伍政治素质较高，在群众中有一定的威信，有良好的工作作风和较强的工作能力，能够胜任工作要求，经受住了时间的检验。

三、三次重要的党内集中教育活动

党内集中教育活动是我们党进行思想建设、组织建设的优良传统和重要方式，无论在战争年代还是社会主义建设时期，都发挥过重要作用。改革开放以来，在全党范围也进行过多次，如1983年10月开始的大规模整党活动，90年代初期的党员重新登记工作，坚持数年的党员民主评议活动等。进入新世纪以来，党中央根据形势和任务的需要，针对党内存在的实际问题，在全党范围内开展了多次重要的集中教育活动，每次聚焦一个主题，紧扣一条主线，通过学习调研、查找问题、落实整改措施等环节，达到统一思想和整顿作风的目的。在中央统一部署下，东南大学党委根据上级要求开展了"三讲"教育、共产党员先进性教育、学习实践科学发展观教育等多次党内集中教育活动，围绕学校中心工作，联系实际解决问题，取得了较好效果，成为党委加强党的自身建设的重要途径。

（一）"三讲"教育活动

2000年10月，改革开放以来一次规模最大的党内教育活动在高校展开。这次教育活动是党中央为加强党的自身建设而进行的一次创造性探索。从1998年11月中共中央下发《关于在县级以上领导班子、领导干部中深入开展以"讲学习、讲政治、讲正气"为主要内容的党性党风教育的意见》开始，全国分期、分批开展了以县级以上领导班子和领导干部为主要对象的"三讲"教育活动。根据教育部党组和江苏省委统一部署，东大于2000年10月起进入"三讲"学习教育阶段。10月17日，学校召开动员大会，"三讲"教育领导小组组长胡凌云主持大会，江苏省委"三讲"教育巡视组组长、省人大常委会副主任洪锦炘，副组长、南开大学纪委书记张式琪以及学校有关方面人员共200多人参加了大会。胡凌云就如何搞好学校"三讲"教育提出四点意见。洪锦炘组长在会上发表了重要讲话。10月18日下午，由学校党委副书记王卓君主持，以中层领导干部为对象的"三讲"教育动员大会也错时召开。

为了搞好这次学习教育活动，学校成立了"三讲"教育领导小组和工作班子，制定了《中

---

① 据统计，从第十一次到十二次党代会的五年间，东大公开选拔、竞争上岗77个岗位（次），调整（交流）中层干部1039人次。参见《2000—2004东南大学改革与发展回眸》，《东南大学报》2005年6月2日。

共东南大学委员会关于在领导班子、领导干部中深入开展"三讲"教育的实施意见》，并先后召开六次座谈会，就如何增强"三讲"教育的针对性和实效性广泛征求意见。根据统一部署，"三讲"教育活动分四个阶段进行：即"思想发动、学习提高"阶段、"自我剖析，听取意见"阶段、"交流思想、开展批评"阶段、"认真整改，巩固成果"阶段。在这四个阶段中，学校党委采用封闭式学习、查找自身存在问题、开好民主生活会、制定整改措施等方式，历时 2 个多月，认真完成了规定任务，学习教育活动圆满结束。2000 年 12 月 10 日，学校召开"三讲"教育总结大会，胡凌云在会上表示："此次'三讲'教育是在新形势下加强党性党风教育的成功实践，是促进学校事业跨世纪发展的重要动力，是在我校即将进入新时期的关键时刻进行的，非常及时，非常必要。"[1]"三讲"教育在师生员工中也激起强烈反响，许多老师认为，目前国内高校间的竞争日趋激烈，东南大学的改革和发展正面临着前所未有的挑战，在这个时候开展"三讲"教育很有必要，领导干部和领导班子素质是否过得硬，直接关系到东南大学建设世界高水平大学的目标能否实现。[2]

省委巡视组也对东大"三讲"教育活动给予了高度评价。洪锦炘组长在总结大会上表示，"东南大学领导班子，广大党员干部能够以高度的政治责任，饱满的政治热情，积极主动的精神和求真务实的作风，积极投入'三讲'教育，高标准严要求，不走过场、注重实效，较好完成每个阶段的工作""通过'三讲'教育，领导班子和领导干部经受了一次深刻的马克思主义教育，提高了讲学习，讲政治，讲正气的自觉性，找准了自身在党性党风方面存在的突出问题，明确了今后的努力方向，密切了党群、干群关系，增强了领导班子解决自身问题的能力，进一步推动了学校改革发展和稳定的各项工作，实现了中央和省委的要求，达到了预期的目的"[3]。

"三讲"教育是改革开放以来第一次以领导干部为重点的大规模集中教育活动，也是第一次在群众监督下，以开门整风的精神解决领导干部存在的思想问题、作风问题。这次教育活动有几个显著的特点：一是党委率先垂范，采用全封闭式学习的形式，严格考勤，端正学风，保证了学习时间和质量；二是校领导班子成员紧扣世界观、人生观和价值观的主题，对自身存在的突出问题进行了深入剖析，查摆了在理想信念、改革意识、贯彻民主集中制、教育教学改革、干部的教育管理和党风廉政建设并且联系群众 6 个方面存在的突出问题，进行了比较深刻的反思；三是群众对领导班子和领导干部进行了认真的评议，在全校范围内征集对学校党委领导班子的意见，派出 16 个工作组指导和组织院（系）党员群众测评工作，梳理了群众对领导干部在思想上、作风上存在问题的意见和建议，向干部本人进行了反馈，有些意见十分尖锐，对领导干部产生了较大的触动。

---

[1] 《胡凌云在东南大学"三讲"教育总结大会上的讲话》，《东南大学报》2000 年 12 月 10 日。
[2] 《"三讲"教育在师生员工中激起强烈反响》，《东南大学报》2000 年 10 月 30 日。
[3] 《洪锦炘在东南大学"三讲"教育总结大会上的讲话》，《东南大学报》2000 年 12 月 10 日。

"三讲"教育活动为学校带来了一个难得的契机。此时，四校合并仅有半年多，新的校级领导班子组建不久，中层领导干部还在磨合时期，干部之间不熟悉，工作内容相对陌生，工作习惯各不相同，最重要的是一些干部对学校未来走向和个人发展尚不明了，思想问题较多。学校党委利用这次教育活动，在"三讲"的基础上，结合学校实际，强调"讲大局、讲团结、讲发展"，努力创造良好的工作氛围。在干部谈心活动和民主生活会中，通过深入思想交流，加深了干部之间的了解和理解，不仅熟悉了个人情况，也增进了干部间的感情，保证了并校过程的"人心不散，工作不断，秩序不乱"。诚然，党的建设是一个长期的任务，不可能靠一次思想教育活动解决所有问题，但是这次"三讲"教育活动对新东大的干部进行了一次深刻而有效的思想整顿，教育活动中形成的好作风、好思路、好做法为今后的党建工作提供了宝贵的经验。胡凌云在总结大会上表示，"三讲"集中教育结束了，"但是'三讲'的目标不能改，'三讲'的要求不能变，'三讲'的精神不能丢"①。

"三讲"教育活动中的校领导民主生活会情况通报会

（二）共产党员先进性教育

　　2005年8月，根据中央部署，又一次大规模的集中教育活动在学校展开。这次教育活动被称为"保持共产党员先进性"教育，其对象是全体共产党员。2005年8月19日，学校召开动员大会，胡凌云书记做动员报告，省委督导组组长马大庆发表讲话。胡凌云在动员报告中指出，我校党员队伍总体状况是好的，但是也必须看到存在的问题和差距，党员队伍中不符合"三

---

① 《胡凌云在"三讲"教育总结大会上的讲话》，《东南大学报》2000年12月10日。

个代表"重要思想要求、不适应国内外知名高水平研究型大学建设需要的问题依然存在。"因此,集中一段时间和精力开展先进性教育,对于我校解决上述存在的问题,推进战略转变,实现建设目标,大力提高人才培养、知识创新、服务社会的水平,具有十分重大的意义。"① 胡凌云代表党委对活动提出要求:"以'保持先进促发展,争先进位创一流'为主题,着眼于增强党员队伍和党组织的创造力、凝聚力、战斗力,着眼于提高办学治校能力。通过开展先进性教育活动,使党员素质明显提高、组织建设明显加强、干部作风明显改进、师德校风明显改善、师生员工的满意度明显提高,为实现国内外知名高水平研究型大学的奋斗目标、促进教育强省建设、推进'两个率先'提供强有力的思想、政治和组织保证。"② 动员大会以后,左惟副书记围绕《东南大学开展保持共产党员先进性教育实施方案》,就如何深刻认识先进性教育的重要性和必要性、教育活动的背景、指导思想、目的要求和基本原则,以及先进性教育活动的总体安排、计划、步骤,对各基层党组织负责人进行了专题培训。他指出:"我们一定要以高度的政治责任感,良好的精神状态,求真务实的作风,扎扎实实地抓好这次先进性教育活动。"③

先进性教育活动分学习动员、分析评议、整改提高三个阶段,这三个阶段也被称为"规定动作"。动员大会以后,学校先进性教育活动进入有计划、有步骤的实施阶段。在此期间,学校举办了理论报告会、知识竞赛、两级中心组学习交流、"东南大学党员先进性基本要求及分类具体标准"讨论等多种活动,把先进性教育推向高潮。

为开好校级领导班子民主生活会,校党委组织召开了17个座谈会,发放了1200份征求意见表,征得群众意见1492条,梳理归纳为12个方面126条意见和建议。校级领导班子成员认真对照群众意见深入查找存在的突出问题,撰写党性分析材料。同时,班子主要负责人还与其他成员谈心沟通,交流思想,互相查找问题,为开好专题民主生活会作了充分准备。省委督导组对东大民主生活会的质量和效果给予了充分肯定。

10月26日,先进性教育活动进入整改提高阶段。11月2日,校党委召开常委(扩大)会议,专题研究制定先进性教育活动校领导班子整改方案,并明确了七大方面的整改方向。同时,针对分析评议阶段群众所提的126条意见和建议,提出了34大项整改任务,整改方案充分考虑了问题的轻重缓急和难易程度,既有近期目标,又有中长期安排。

11月12日上午,以中共中央委员、全国人大常委、国务院经济发展研究中心党组书记张玉台为组长的中央巡回检查组来校检查保持共产党员先进性教育活动开展情况。胡凌云向中央巡回检查组汇报了东大先进性教育活动各个阶段的工作,以及如何结合学校的实际,努力提高先进性教育活动的针对性和有效性的六大特色做法。中央巡回检查组对东大先进性教育活动取

---

① 胡凌云:《在保持共产党员先进性教育动员大会上的讲话》,《东南大学报》2005年8月22日。
② 胡凌云:《在保持共产党员先进性教育动员大会上的讲话》,《东南大学报》2005年8月22日。
③ 《我校召开保持共产党员先进性教育活动动员大会》,《东南大学报》2005年8月22日。

得的成效表示了充分肯定,认为东南大学根据中央开展先进性教育的部署,"活动准备充分、周密部署、扎实推进,收到了良好的成效"①。

从 2005 年 8 月 19 日开始,历时三个多月的时间,东南大学保持共产党员先进性教育活动顺利结束。11 月 25 日下午,总结大会在大礼堂隆重举行。省委督导组组长马大庆及督导组全体成员、全体校领导、中层干部以及各方面代表一千多人出席了会议。胡凌云在总结大会上宣布:"通过各级党组织和广大党员的共同努力,我们完成了学习动员、分析评议、整改提高三个阶段的工作任务,达到了中央提出的'提高党员素质,加强基层组织,服务人民群众,促进各项工作'的目标要求,取得了预期的成效。"②督导组组长马大庆在讲话中指出,东南大学全体党员"以积极饱满的政治热情、昂扬向上的精神状态参加到先进性教育活动中来。整个活动领导重视、组织有力、发展健康、特色鲜明、成效显著。群众满意率和基本满意率达到 95%"③。

保持共产党员先进性教育,是我党在新时期进行的一次覆盖面最广、规模最大、持续时间最长的一次党内教育活动。学校党委认真组织实施,圆满完成了"规定动作",展示了多项"自选动作","许多工作富有创意和特色,在全省高校有示范作用"④。在学习教育活动中,党委提出了一系列重要的指导思想和工作方法,如:"四个一"的工作要领,"六个贯穿始终"和"六查"的工作要求,"五个坚持"的基本原则,"四个注重"的工作方法,严格执行的"六项制度"等等,"一步一个脚印去实施,一环紧扣一环去落实,一项一项去改进"⑤。党委针对不同阶段的学习教育提出了明确要求:既不能撇开学校正常工作孤立地搞先进性教育活动,也不能借口业务工作忙而敷衍先进性教育活动。要把先进性教育活动的成效体现到促进本职工作、解决突出问题上。党委还要求,要确保先进性教育活动不走过场、不出偏差,该走的步骤一步都不缺,该履行的程序一环都不乱,"规定动作"不走样,"自选动作"有特色,确保先进性教育活动取得实实在在的效果,并真正地成为群众满意工程。

在党委的领导和全体党员的努力下,党的先进性教育活动取得了明显成效:一是对全体党员进行了一次深刻的思想教育,党员政治素质有了新提高;二是各级党组织树立了新形象,创造力、凝聚力和战斗力进一步提高;三是党群干群关系呈现新气象,服务基层、服务师生的工作机制进一步完善;四是制定整改措施 681 项,并边整边改,大部分问题得到落实,初步实现了"党员受教育,群众得实惠"的目的。这次集中教育活动是学校党建工作的一项重要工程,不仅对党员进行了深刻的教育,也在全校师生员工中产生了广泛的影响。

---

① 《中央巡回检查组来我校检查先进性教育活动》,《东南大学报》2005 年 11 月 20 日。
② 胡凌云:《在保持共产党员先进性教育活动总结大会上的讲话》,《东南大学报》2005 年 11 月 25 日。
③ 马大庆:《在保持共产党员先进性教育活动总结大会上的讲话》,《东南大学报》,2005 年 11 月 25 日。
④ 马大庆:《在保持共产党员先进性教育活动总结大会上的讲话》,《东南大学报》,2005 年 11 月 25 日。
⑤ 胡凌云:《在保持共产党员先进性教育活动总结大会上的讲话》,《东南大学报》2005 年 11 月 25 日。

（三）学习实践科学发展观教育

2007年10月，胡锦涛总书记在党的十七大报告中提出："要在全党开展深入学习实践科学发展观活动，坚持用发展着的马克思主义指导客观世界和主观世界的改造，进一步把握共产党执政规律、社会主义建设规律、人类社会发展规律，提高运用科学理论分析和解决实际问题的能力"。[①]2008年9月，胡锦涛总书记又在全党深入学习实践科学发展观活动动员大会上强调"开展学习实践活动，是用中国特色社会主义理论武装全党的重大举措"。根据中央统一部署和教育部党组的要求，学校制定了《东南大学开展深入学习实践科学发展观活动实施方案》，并于2009年3月18日召开了开展深入学习实践科学发展观活动动员大会，由此，又一次党内集中教育活动正式展开。

这次活动与以往不同的是，"用科学的思想武装头脑，用科学的方法指导实践"是教育活动的主要目的。从全党来说，是提高党的执政能力和执政水平的重要举措；从学校来说，是树立科学发展理念，形成科学发展共识，创新科学发展思路的有效途径。东南大学第十二次党代会召开以后，进一步明确了创建世界一流大学的"三步走"战略安排，但是，"从实际情况来看，学校发展的质量和速度与既定的目标还有一定的差距，其中既有我国高校建设高水平大学过程中普遍存在的问题，也有学校自身发展中存在的实际问题和矛盾"[②]，一些党员干部的思想水平和工作能力还不能适应形势和任务的需要。在高等教育处于快速发展的情况下，谁能抓住机遇，谁就会有大发展；谁错过了这个机遇，谁就会落后甚至被淘汰。学习实践科学发展观，正是为学校的发展提供了一个良好的契机。

2009年3月18日下午，东大在大礼堂召开"深入学习实践科学发展观"活动动员大会，教育部指导检查组第八工作组组长、上海交通大学原党委书记王宗光，副组长、华中农业大学原校长张端品，校全体中层以上领导干部以及有关方面人员参加了动员大会。动员大会由易红校长主持，胡凌云书记做了《科学发展力促和谐，开拓创新争创一流》的动员报告。胡凌云在报告中强调："把握好指导思想是开展好学习实践活动的前提和关键，要真正把握和贯彻好学习实践活动的指导思想，关键是要'高举一面旗帜，把握一个总要求，突出一个主题，抓住一个重点'。"[③]

这次学习实践科学发展观教育活动分为三个阶段、六个环节：一是学习调研阶段，重点抓好学习调研，解放思想讨论环节；二是分析检查阶段，重点抓好召开民主生活会，形成班子分析检查报告两个环节；三是整改落实阶段，重点抓好制定整改落实方案、集中解决突出问题

[①] 胡锦涛：《高举中国特色社会主义伟大旗帜 为夺取全面建设小康社会新胜利而奋斗——在中国共产党第十七次全国代表大会上的工作报告》（2007年10月15日）。
[②] 胡凌云：《科学发展力促和谐，开拓创新争创一流——在开展深入学习实践科学发展观活动动员会上的讲话》，《东南大学报》2009年3月20日。
[③] 胡凌云：《科学发展力促和谐，开拓创新争创一流——在开展深入学习实践科学发展观活动动员会上的讲话》，《东南大学报》2009年3月20日。

两个环节。在学校党委统一领导下,学习实践科学发展观活动全面铺开。

这次学习教育活动的显著特点是以提升办学理政能力为出发点,兴调查研究之风,提高思想认识水平,科学判断形势,科学拟定发展规划,科学指导工作实践。校领导班子根据学校改革发展的实际,拟定了高水平大学建设、体制机制创新、和谐校园建设和党的建设4个调研主题,并分解为18个专题,每位领导班子成员根据调研主题和专题分工,结合分管工作,主持1个以上的专题调研。自3月24日起,校党政领导亲自带队,分别深入到基层单位和师生员工中,通过座谈访谈、问卷调查、设置意见箱等多种形式开展调研,发现问题,了解情况,听取意见。全校共召开座谈会40余场,发放调查问卷1000余份,整理汇总出有代表性的意见和建议200余条。校领导先后2次召开常委会,交流研讨调研情况,梳理分析存在的问题,最后凝练形成了13篇专题调研报告。各院(系)和单位领导班子也结合实际,围绕制约本单位、本部门科学发展的主要矛盾和师生员工反映强烈的突出问题确立了调研课题,深入开展调研。调查研究之风的兴起,不仅为深入查找突出问题,深刻分析原因奠定了基础,也为科学治校、科学发展提供了可靠的依据和思路。

在充分调研的基础上,校领导班子认真对照科学发展观的要求,结合师生员工反映的意见和建议,召开专题民主生活会,认真研究分析检查报告的撰写工作,将分析检查报告的形成过程作为进一步深化学习、把握形势、统一思想、找准问题、理清思路、寻求对策的过程,努力形成一份既符合规范要求,又切合学校实际的分析检查报告。2009年6月7日至9日,师生员工对领导班子分析检查报告进行了评议,全校共发出评议表5875张,回收5681张,参与评议的教职工占全校教职工总数的68.6%。评议结果表明,东南大学校级领导班子的分析检查报告得到了广大师生员工的充分认可。

经过近半年的努力,学习实践科学发展观活动完成了学习调研、分析检查、整改落实三个阶段的规定任务,取得了比较明显的成效。2009年8月28日,学校召开总结大会。胡凌云做总结报告。他指出:"在全校广大党员干部和师生员工的共同努力下,我校学习实践活动取得了明显成效,具体表现在'四个新'上:一是对科学发展观有了新认识,全校广大党员特别是中层以上干部普遍接受了一次马克思主义中国化最新成果的深刻教育;二是推进学校科学发展形成了新思路,进一步明确了'三步走'的发展战略;三是在解决突出问题上推出了新举措,提出了解决问题的新办法;四是在推进学校科学发展上取得新成效,坚持把学习实践活动与日常工作结合起来,推动了各项工作的进展。"①

三次大规模的党内集中教育活动是学校党的建设工作的一个缩影,它从思想建设、组织建设、制度建设、作风建设等方面着手,努力解决新时期党内存在的主要矛盾和问题,解决学校发展过程中党委的执政能力和水平问题、领导干部的思想作风问题以及共产党员如何发挥先

---

① 胡凌云:《在学习实践科学发展观活动总结大会上的讲话》,《东南大学报》2009年9月1日。

锋模范作用的问题，是新时期"党要管党"的具体体现。学校党委以三次学习教育活动为契机，充分利用难得的学习教育机遇，联系实际，不走过场，不搞形式主义，认真完成了每一项学习教育任务，把东南大学党的建设工作不断向前推进。

四、党风廉政建设

党风廉政建设是党建的重要组成部分，建设一支群众拥护、纪律严明、廉洁奉公的党员队伍，管理好一个有能力、有权力、有影响的领导干部集体，营造一个风清气正、和谐健康的政治环境，是学校各项事业顺利发展的重要保证。东南大学党委历来重视党风廉政建设，把反腐倡廉作为党建工作的重中之重来抓，始终不曾懈怠。党委始终坚持"标本兼治、综合治理、惩防并举、注重预防的方针，把握教育、制度、监督、纠风、惩处等关键环节，着力构建惩治与预防腐败工作体系，努力发挥纪委组织协调和监督检查作用，为形成风清气正的校园环境，推进学校改革发展和干部队伍的健康成长提供了有力支撑和保证"①。

20世纪80年代末90年代初，是国内外政治经济形势发生激烈动荡和重大变革的时期，苏联解体，东欧剧变，给社会主义发展进程带来了强烈的冲击。国内社会思潮的多元化，民众对腐败现象的深恶痛绝，"六四"政治风波的冲击，以及从计划经济到社会主义市场经济的重大转变，这一系列复杂多变的内外环境形势，都使我们党面临着严峻的执政考验。在这样的大背景下，党风与廉政建设成为关系党和国家命运的重大课题。早在1980年，陈云在中纪委的座谈会上就提出"执政党的党风问题是有关党的生死存亡的问题"；1989年6月，邓小平在同几位中央负责同志谈话时指出："要整好我们的党，实现我们的战略目标，不惩治腐败，特别是党内的高层的腐败现象，确实有失败的危险""要聚精会神地抓党的建设，这个党该抓了，不抓不行了"。老一辈革命家的谆谆告诫，把党风廉政建设上升到关系党和国家生死存亡的高度，振聋发聩，令人警醒。在这样的形势下，学校的党风廉政建设也摆上了重要的议事日程。从1989年开始，党委就建立了各级党政干部抓党风责任制制度；每年一次以党员领导干部为重点推进党风廉政监察制度；积极推行"两公开、一监督"制度；对党委管理的干部实行了党风、党纪登记建卡制度；制定了《东南大学党政干部保持廉洁的几项规定》；对党员违反党的政治纪律、贪污、严重失职、以权谋私等案件，严肃认真地进行了查处这些制度，为学校的党风廉政建设奠定了良好的基础。

从1991年第九次党代会到1999年第十一次党代会，是我校党风廉政建设的体制机制建立期。在这一时期，高校的政治环境相对较好，社会上一些腐败现象还没有对高校产生更大的影响，其中一个重要因素是教育领域还处于恢复、调整、蓄势待发的阶段，在经济体制改革的大潮中，高校与市场经济的关系还略显疏远，计划经济的模式还占主导地位。在"穷国

---

① 东南大学校史研究室整理：《杨树林访谈录》（2020年10月20日）。

办大教育"的背景下，高校经费投入不足，收入来源单一，因此在一个时期内被人们称为"清水衙门"，高校中贪污腐败现象还不突显。在此期间，学校党风廉政建设的重点主要在于思想教育和制度建设方面。从1989年首次出台《东南大学党政干部保持廉洁的几项规定》开始，尤其在1991年的党代会上，把"加强党风和廉政建设，严格党的纪律"明确为重要的工作任务；1992年以后，陆续制定和修订了《关于实行党政领导干部抓党风廉政责任制的规定》《关于进一步健全内部管理制度，强化监督制约机制的决议》等制度，初步建立起以党员领导干部为主要对象的预防腐败制度体系。与此同时，学校建立了"党委统一领导，党政齐抓共管，主要领导亲自抓，纪委组织协调、部门各负其责、依靠群众的支持和参与"的反腐倡廉领导体制，形成了思想教育和制度建设并举的基本态势。在这一时期，学校在建立反腐倡廉体制机制方面取得了一定的成绩，党风廉政建设工作多次得到上级好评。1993年，学校纪委监察处被省委、省政府授予"先进纪检监察组织"称号；1995年，纪委监察处被评为"全省教育系统纪检监察工作先进集体"。

进入新世纪之后，我国教育事业进入了一个大变革、大重组、大扩张的高速发展阶段，学校规模不断扩大，招生人数不断增加，教育投入迅速增长，前所未有的教育发展形势，给高校党风廉政建设带来了一系列新的课题。在深刻复杂的社会转型过程中，高校中发生的不正之风与贪污腐败问题开始引起社会的关注。大规模的基本建设，大宗商品的采购，自主招生等环节，也为一部分人的腐败提供了滋生的土壤和条件，高校中的腐败案件呈现多发态势。一些高校的个别领导干部利用职权，贪污腐败，走上犯罪道路，不仅给国家造成财产损失，更重要的是败坏了党的声誉，败坏了社会风尚，影响了高等教育事业发展，特别是巨额的资金投入和大规模的基本建设，在为学校发展带来难得机遇的同时，也潜藏着巨大的腐败风险。很多高校的腐败案件就是在工程建设领域发生的。因此，党风廉政建设面临的新情况、新问题，使"从严治党"的任务日益加重。

2008年9月，中纪委、教育部、监察部联合下发了《关于加强高等学校反腐倡廉建设的意见》，指出："高校党委是反腐倡廉建设的责任主体，担负着全面领导反腐倡廉建设的政治责任。要把反腐倡廉建设作为一项重大政治任务，放在更加突出的位置，列入党委重要议事日程，纳入学校发展总体规划，融入学校各项中心任务。"东大党委认真落实中央精神，更加重视党风廉政建设，加大反腐倡廉力度。

从总体情况上看，东大的绝大多数党员干部是廉洁的，群众对领导干部的评价也基本上是满意的。但是，党委清醒地认识到，高校绝不是一块净土，学校面临的反腐败形势非常严峻；一些领导干部的思想作风和工作作风与党和师生员工的期望还有较大的差距；违规收费办班、失职渎职、形式主义、官僚主义等问题，在一些部门和领导干部身上依然有不同程度的存在，甚至有个别干部经不住金钱利益的诱惑，走上犯罪道路。这些现象的存在，"既反映了反腐败工作的难度和复杂性，也暴露出学校在反腐倡廉制度建设和制度执行方面还有漏洞，尤其对于重点领域、重点部门、重点岗位的监管还存在问题"[1]。如果不能通过加强党风廉政建设来加以解决，将会严重影响干部在师生员工心目中的形象，严重影响学校事业的发展。在学校党委的领导和支持下，东大纪委抓住几个主要环节，大力推进党风廉政建设，取得了一定的成效。

一是搭建起一个"大宣教"的平台，把反腐倡廉纳入学校宣传教育的总体部署。纪检、宣传、组织、党校等部门密切配合，通力协作，形成一个深入宣传、齐抓共管的党风廉政教育工作格局。把"大宣教"作为党风廉政建设首要环节，达到了教育在先，警钟长鸣，从源头上预防腐败的效果。同时，也积极营造"不想腐，不敢腐，不能腐"的舆论环境。学校纪委是"大宣教"工作的主要组织者和推动者，在这项工作中，校纪委先后组织了"树立正确的权力观、预防职务犯罪"报告会、"廉政文化周"系列活动、"增强纪律观念，自觉接受监督"主题教育活动；举办反腐展览和播放反腐案例纪录片，组织参观监狱，用干部犯罪的典型人物、典型案例进行警示教育的活动等等，为反腐倡廉建立起第一道思想防线。

二是始终把校中层以上领导干部作为教育的重点，坚持把理想信念、党性、党纪、党风，廉洁从政作为必修课列入校、院（系）两级中心组学习的重要内容，并结合新形势、新精神和学校实际，开展教育活动。重视对新任中层干部的教育，通过集体廉政教育或廉政谈话，使他们增强自律意识和责任意识。在党委常委会专题学习讨论《教育部党组关于领导干部廉洁自律的若干规定》会上，胡凌云书记把领导干部廉洁自律的若干规定概括为"七个坚持、十六个不准"，要求班子成员要"从现在开始做起，从小节抓起，严格遵守规定"[2]。

从2000年起，学校设立了"党风廉政宣传教育活动月"，每年利用一个月时间，围绕一个教育主题，集中开展宣传教育活动。同时，不断创新宣传教育的方式方法，"坚持日常教育与主题教育相结合，正面教育与警示教育相结合，传统教育与新媒体教育形式相结合"，努力提高教育的针对性和有效性。

三是不断完善反腐倡廉制度建设。先后制定了"第一责任人负责"的党风廉政责任制度、中层以上领导干部签订"廉政承诺书"制度、领导干部述职述廉制度、教代会民主测评制度、校内巡视检查制度、各级单位严格执行"三重一大"制度、新任和离任干部廉政谈话制度和新任干部到纪委挂职制度等一系列制度，编织了一张约束行为、制约腐败的制度防护网。

四是加强对学校重点部门和岗位的监督检查。学校纪委坚持在参与中监督，在监督中服务，不包办代替，不错位越位。不少单位部门从开始不理解、不太配合到自觉并主动接受监督。多年来，纪委着重对干部选任工作、招生工作、财务工作、专项治理工作、招标工作、审计工作、新校区建设工作等进行严格的监督，把住了容易滋生腐败的关口。在九龙湖新校区建设中，学校高度重视预防腐败问题，提出"要把九龙湖校区工程建设成为优质精品工程和阳光廉洁工程"。

---

[1] 胡凌云：《领导干部要坚守信念观 廉洁观 法纪观——在领导干部警示大会上的讲话》，《东南大学报》2010年3月10日。
[2] 《校党委常委会学习讨论领导干部廉洁自律若干规定》，《东南大学报》2010年1月10日。

学校成立了以胡凌云书记、顾冠群校长为组长的新校区建设工作领导小组，成立了与新校区建设指挥部并立的监察审计部，纪委书记杨树林任建设领导小组副组长兼监审部主任，并聘请原纪委书记潘瑞民为特约纪检监察员，参与新校区建设全过程、全方位监察审计工作。胡凌云对新校区建设指挥部的干部反复强调"要廉洁自律，绝不能大楼建起来，干部倒下去"。他多次在各种场合强调"任何人、包括校领导都不得打招呼，干部亲属不得干预招标工作"，旗帜鲜明地支持纪委办案和责任追究。学校党委的鲜明态度和有力措施，使九龙湖校区的建设者们始终绷紧了"廉政"这根弦，忠于职守，上下同心，通过认真监察审计为新区建设节省约1亿元费用，九龙湖校区建设期间没有发现一个领导干部在工程建设中出现贪污腐败问题，做到了"阳光廉洁工程"。

纪委对新任中层干部进行集体廉政谈话

五是严肃查处违纪违法行为。据统计，从1999至2010年，学校纪委共立案38件，涉及违反政治纪律案件，在工程建设、教材图书、药品、设备采购等领域的商业贿赂案件，乱办班、乱收费等侵害群众利益的违纪案件，学术弄虚作假行为，违反社会治安管理以及教学科研管理和社会服务中的不作为、乱作为的失职、渎职行为等多个方面，对涉案人员给予了严肃处理，其中受到党纪处分的20人次，政纪处分的37人次，实行责任追究的73人次。20年来，学校纪委配合、协助司法部门认真查处案件，有3名处级干部因收受贿赂受到了法律制裁。学校利用身边的典型事例对全校干部进行警示教育，达到了"查处一案，教育一片"的目的。

党委重视和加强领导是学校反腐倡廉工作的重要保证。据统计，从2000年至2010年，校党委常委会有29次会议议题涉及党风廉政建设和纪检监察工作，研究部署工作计划，听取和讨论纪检监察工作情况，研究决定对违纪违法党员干部的处理意见等。2005年党委在《贯彻落实＜建立健全教育、制度、监督并重的惩治和预防腐败体系实施纲要＞的具体办法》报告中提出了 84 项具体工作任务，其中有 40 多项是反腐倡廉的内容。2007 年 11 月，学校纪委召开"学习贯彻十七大精神"全委会，纪委书记杨树林提出了学校反腐倡廉建设的总体思路和主要任务，并把它们归纳为"坚持一个方针，把握两个重点，注重三个方面"。杨树林强调："完善惩治和预防腐败体系是一项艰巨的工作，更是一项系统工程，必须通过加强教育、完善制度、强化监督、深化改革、严厉查处，做到全面部署、整体推进、协调发展。要经过扎实工作和不懈努力，使拒腐防变的教育长效机制初步形成，反腐倡廉制度体系基本形成，权力运行的监控机制得以完善，从源头上防治腐败的各项改革不断深化，对腐败行为的惩处更加有力，惩治和预防腐败的框架基本建成，全面提高我校反腐倡廉建设科学化、系统化和法制化水平。"①

2010 年 9 月 15 日召开的第十三次党代会上，党委副书记兼纪委书记刘京南总结了几年来所做的六大方面的工作：

一是认真落实党风廉政建设责任制，努力构建反腐倡廉责任体系。协助校党委完成了对 26 个院(系)第二轮责任制巡视检查工作，对群众满意度偏低的领导班子及其成员，由联系校领导进行了专门教育谈话。五年间，共对 21 起违纪违法案件和责任事件、37 人次实施了责任追究。

二是狠抓制度建设，完善体制机制，从源头上防治腐败。五年间，校党委先后制定和修订了《东南大学贯彻落实中央推进反腐倡廉建设实施办法》等 57 项相关规章制度，促进了学校规范管理，深化了源头防腐工作。

三是深入开展反腐倡廉教育，提高领导干部拒腐防变的自觉性。坚持反腐倡廉宣传教育联席会议制度及大宣教工作格局，深入开展理想信念、廉洁从政、党性党风党纪教育，形成了具有我校特色的反腐倡廉教育机制。

四是加强重点部位监督检查，规范学校内部管理。加强了对干部选任工作、招标工作、招生工作、财务运行、专项治理工作的监督。

五是严肃查处违纪违法行为，发挥查办案件的治本功能。五年间，纪委监察处共受理来信来访 448 件，立案 17 件，对违纪人员分别给予了党纪政纪处分，并配合检察机关对违法人员进行了调查取证工作。

六是注重纪检监察队伍自身建设，提高纪律检查工作水平。纪检监察机关以"做党的忠诚卫士、当群众的贴心人"主题实践活动为载体，深入院(系)、部门听取意见和建议，研究新情况、解决新问题，纪检监察队伍自身建设取得了可喜的进步。②

由于党委高度重视，纪检部门和各级党组织常抓不懈，东大党风廉政建设取得了比较好的成绩，多次得到上级表彰。2009 年 12 月，中纪委、教育部、监察部考核组在听取东大贯彻落实三委部《意见》及整改情况后指出，"学校反腐倡廉建设领导体制健全，工作机制落实，

---

① 杨树林：《以十七大精神为指导推进我校反腐倡廉建设》，《东南大学报》2007 年 11 月 30 日。
② 刘京南：《围绕中心 服务大局 不断开创反腐倡廉建设新局面——在十三次党代会上的报告》，《东南大学报》2010 年 9 月 20 日。

内部管理规范；学校在执行党风廉政建设责任制、干部人事管理监督、领导干部反腐倡廉教育等方面工作有创新、有特色，党风廉政建设取得了明显成效"①。2010年5月，中央纪委驻教育部纪检组组长王立英，副组长、监察局局长李胜利等一行4人来校检查指导工作，王立英同志对东大认真抓好党风廉政建设责任制，不断推进惩治和预防腐败体系建设，切实抓好关键环节和重要领域的监督检查表示满意，认为"学校管理制度健全，程序规范，特别是涉及人财物的重点部门形成了一套制度和规定，作出了很好的探索和实践"②。2011年9月，教育部对直属高校贯彻落实《关于实行党风廉政建设责任制的规定》进行专项检查，检查组对我校反腐倡廉工作给予充分肯定，指出"东南大学在贯彻落实两项法规、深入进行反腐倡廉建设方面，工作抓得紧、抓得实，成效显著，教职员工对学校领导班子和党员领导干部认可度高，学校风清气正，干事创业的氛围好，为学校事业科学发展提供了有力保证"③。

20年来，东南大学党委坚持"从严治党"的原则，抓住党风廉政建设不放松，为营造一个公开公平，清正廉洁的校园环境作出了辛勤努力，党风廉政建设取得了实实在在的效果，为学校改革开放提供了强有力的支撑。通过建立和完善反腐倡廉的有效机制，教育与惩防并举，用制度管人、管事的工作机制基本形成；建设了一支作风正派，忠于职守，敢于执纪的专兼职纪检干部队伍，为从严治党提供可靠的组织保证；绝大多数党员干部经受住了考验，全校没有出现大的贪污腐败案件和严重违纪违规现象。学校纪检监察部门多次受到上级表彰，称东南大学纪委"许多工作走在前头，纪检监察工作起到了示范作用""是全国高校纪检监察的排头兵，是一面旗帜"④；2003年被教育部表彰为"全国教育系统纪检监察先进集体"；2006年被江苏省委、省政府表彰为"全省纪检监察先进集体"；2006年获得"江苏省纪检监察宣传教育创新奖"。

从干部选拔任用、党内集中教育、党风廉政建设这三项工作，可以勾画出东南大学党建的基本脉络，也有着比较鲜明的东大特色。邓小平曾经说过，"办好中国的事情，关键在党，关键在人"。同理，办好东南大学的事情，关键也在党，也在人。20年来学校发展的实践表明，占学校教职工总数50%以上的党员、干部队伍，是一支有战斗力、有凝聚力的队伍，在教学、科研、后勤、管理岗位上充分发挥了党组织的战斗堡垒作用和共产党员的先锋模范作用。党委着力抓好党的自身建设，切实管好这支队伍，为实现建设世界一流大学的奋斗目标提供了强有力的思想和组织保证。东南大学党建工作曾多次经历检查评估，均得到了上级部门和专家领导的高度评价。1997年获得"江苏省党的建设和思想政治工作先进高校"称号，2004获得"江苏省红旗党校"称号，1997至2008年多次获得"江苏高校思想政治教育工作先进集体"称号。

---

① 《我校贯彻落实三部委〈意见〉工作接受中央纪委、教育部、监察部检查》，《东南大学报》2010年1月1日。
② 《深入推进反腐倡廉建设 保障高校各项事业科学发展》，《东南大学报》2010年6月6日。
③ 《我校贯彻落实三部委〈意见〉工作接受中央纪委、教育部、监察部检查》，《东南大学报》2010年1月1日。
④ 《我校贯彻落实三部委〈意见〉工作接受中央纪委、教育部、监察部检查》，《东南大学报》2010年1月1日。

第三节　推进五大校园建设，努力营造和谐校园

"五大校园建设"包括文化校园建设、民主校园建设、法治校园建设、平安校园建设和温馨校园建设，其总的目标是建设"和谐校园"。在 20 年的发展历程中，东南大学党委围绕"建设什么样的大学""怎样建设大学"这两大主题进行探索和实践，对如何办好社会主义大学不断深入思考和加深认识，从初步设想到逐渐成熟，从单项改善到系统谋划，从注重硬指标提升到关注软环境优化，从重视物质条件改善到加强精神文化建设，走过了一条循序渐进，不断求新发展的办学之路，逐步形成了以"五大校园建设"为基本内容的"和谐校园"建设思路。这个思路的形成和逐步发展完善，是多年办学实践经验的总结，是党委治校理政能力不断提升的结果。

2006 年 10 月，党的十六届六中全会首次提出了"建设社会主义和谐社会"的战略任务，并发布了《中共中央关于构建社会主义和谐社会若干重大问题的决定》。这一具有深远意义的重大决策，确定了"中国特色社会主义的本质属性"，成为"国家富强、民族振兴、人民幸福的重要保证"。全会要求，要"把构建社会主义和谐社会摆在更加突出的地位""各级党委要把和谐社会建设放在全局工作的突出位置，把握方向，制定政策，整合力量，营造环境，切实担负起领导责任"。中央的重要决定和明确要求，为东大推动学校科学发展和建设和谐校园提供了重要的理论依据和指导方向。

学校党委认识到，大学校园是社会的重要组成部分，校园和谐是社会和谐的缩影。"和谐校园是以内顺外和的高校校园生活实践为载体，以精神凝练与文化提升，民主活力与法治规范，安定有序与温馨愉悦为特征，以学生发展、教师发展、学校发展'三位一体'为宗旨的校园存在和发展状态"[①]。根据十六届六中全会精神，东大党委于 2007 年制定了《东南大学建设社会主义和谐校园的意见》，明确了和谐校园建设的主要目标、基本要求和具体措施。在 2010 年 9 月召开的第十三次党代会上，胡凌云进一步提出了建设和谐校园的目标和任务："把和谐校园建设作为世界一流大学建设的基本前提和重要保证，纳入党建工作的重要内容，加快推进文化校园、民主校园、法治校园、平安校园建设，进一步增强师生员工的凝聚力、归属感、责任感，把我们的共同家园建设得更加美好。"[②] 这是学校党委通过多年工作实践，对社会主义大学的模式与形态在认识上的升华。由此，和谐校园建设成为东南大学建设世界一流大学的基础性工程，纳入了党委的中心工作和学校发展的总体规划中。

---

① 胡凌云：《和谐校园建设的实践和思考》，中央党校省部级干部进修班"党的建设科学化"研究课题，2013 年。
② 胡凌云：《深入贯彻落实科学发展观　为建设国际知名高水平研究型大学而努力奋斗——在十三次党代会上的报告》，《东南大学报》2010 年 9 月 15 日。

一、文化校园建设

文化校园是和谐校园的灵魂。文化校园集中体现着和谐校园的基本理念，是和谐校园建设中最深层、最核心的层面，对和谐校园建设的基本方向发挥引领作用。

（一）"东大精神"的探寻与优良办学传统的传承发展

"学校精神"是一个学校成员认同并共同追求的一种信念，是由一个学校历史和文化传承所凝结的核心价值观体系和行为规范，是学校文化的基本内核，也是学校文化建设的重中之重。如果一所学校形成了共同的价值取向、共同的信念，有了一种长期积累、普遍认同且独具特色的学校精神，就会凝聚成一股强大的文化力量，促进师生的认同感、归属感和荣誉感，支撑着学校的发展方向。

早在20世纪80年代后期，东大就开始了关于大学精神的探寻。1989年1月，学校在江都召开校长系主任工作研讨会，学校党政领导、院系及学校党政部门主要负责人参加了会议。会议讨论十分热烈，认为学校正处于一个重要的历史发展阶段，在新旧体制转换过程中，各种矛盾困难交织；在激烈的竞争中，各种挑战与机遇并存。因此，全校师生要有一种强烈的危机感、紧迫感、责任感，进一步解放思想、振奋精神、坚持改革、奋力拼搏，扎扎实实地做好各项工作，争取学校奋斗目标早日实现。同时，与会者也感到，过去几年在排除"左"的干扰，重视物质激励的同时，一定程度上忽视了精神的作用，利益调整、社会转型，以及一些错误的舆论导向亦造成人们思想上的困惑。因此，在部分干部、师生中存在着精神懈怠，缺乏事业心、责任感和奋斗精神，以及在物质利益上互相攀比的现象。因此，一个学校要有凝聚力，必须要有它的精神追求和价值取向。韦钰校长在主旨发言中指出，人是要有一点精神的，一个国家、一个民族、一个学校也要有自己的精神。我们要办一流学校、培养一流人才，必须确立一流意识，形成与奋斗目标一致的"东大精神"，要在学校开展一次关于"东大精神"的讨论，理直气壮地宣传责任、拼搏、奋斗精神，使它成为凝聚师生员工的精神力量。[①] 那么，什么是东大精神？应该倡导怎样的东大精神？如何在继承传统的同时形成和塑造新的东大精神？由此，一场深入广泛的"东大精神"讨论活动在校园内兴起，广大师生员工纷纷投入到讨论中来，形成了探讨"东大精神"的热潮。此项活动持续良久，在其后的几年时间里，探讨"东大精神"的文章还不时见诸报端。从那时起，"东大精神"的探寻和传承发展就成为东大文化建设持续不断的主题之一。

1996年4月27日，学校党委、行政发出《关于开展向杨廷宝、钱钟韩教授学习活动的决定》，号召全校广大师生员"认真学习杨廷宝、钱钟韩教授忠诚党的教育事业，对祖国的社会

---

① 参见朱斐：《东南大学史》第二卷，东南大学出版社，1997年，第412页；《东南大学校长系主任研讨会纪要》（"江都会议"）（1989年1月），东南大学档案馆馆藏档案。

主义建设热情满怀的献身精神；学习他们崇尚科学、追求真理、艰苦奋斗、严谨踏实、开拓创新的敬业精神；学习他们严谨治学、厚积薄发、言传身教、诲人不倦、无私奉献的师长风范；学习他们清廉正直、胸襟开阔、严于律己、宽以待人、淡泊名利的优秀品格"[①]。这是继1989年江都会议"东大精神"讨论以来又一次大规模的学习教育活动，是从老一辈教育家身上探寻"东大精神"的一次尝试。1996年5月22日，学校举行学习杨廷宝、钱钟韩教授报告会，齐康、冯纯伯院士分别登上讲台，深情回忆了两位老教授的高尚品质和道德情操；刘先觉等老教授在报上发表了纪念文章；各院（系）纷纷召开座谈会，畅谈学习"二老"的心得体会，教育活动产生了良好的效果。在探寻东大精神的过程中，学校党委充分利用校报、广播、网络、橱窗等宣传阵地，大力宣传各条战线上涌现出来的先进集体和优秀人物。继"二老"学习活动之后，又开展了"向管致中、陈景尧、单柄梓三名师学习"的活动，学习他们辛勤耕耘、孜孜不倦、精益求精的精神和做人、做事、做学问的优秀品质。

1997年，旅居国外13年的王志功教授放弃国外优厚的学习生活条件，放弃已经取得的荣誉和发展前途，毅然举家回国，在母校东南大学建立了"射频与光电集成电路研究所"，在较短的时间里取得了一系列重要科研成果，他的关于我国集成电路发展的一些建议，受到国家领导人和有关部门的高度重视。王志功返回母校任教，报效祖国的先进事迹在全校以及社会上引起强烈反响，国内多家媒体报道了他的事迹，他也先后获得"全国五一劳动奖章""全国侨界十杰""全国师德标兵""江苏省劳动模范"等多项荣誉称号，并受到了胡锦涛总书记等党和国家领导人的亲切接见。

2003年，一场突如其来的重大疫情——SARS病毒感染席卷中国大地，其传染性强，患者病情恶化迅速，造成了大量人员染病和死亡。在疫情肆虐之际，我国著名重症医学专家、东南大学附属中大医院副院长邱海波教授挺身而出，主动请缨到最危险的疫情区，不顾个人安危，冒着随时被感染甚至付出生命代价的危险，奋力开展救治工作，成功挽救了一个又一个生命。他的感人事迹赢得了社会广泛赞誉，中央媒体多次报道。2003年，《东南大学报》以《新时期最可爱的人》为题报道了他抗击非典的事迹，学校党委授予他"东南大学优秀共产党员"称号，并作出《关于向优秀共产党员邱海波同志学习》的决定。此后，在汶川大地震、玉树地震、甬温动车事故、甲型H1N1流感疫情等国家重大灾害面前，哪里危险，哪里就有邱海波的身影，他以精湛的医术和忘我的精神，为国家抗击灾难，救治生命做出重大贡献，先后荣获"全国防非工作优秀共产党员""全国抗震救灾模范""全国医德标兵""全国优秀科技工作者""江苏省五一劳动奖章"获得者以及"江苏省新长征突击手标兵"等一系列光荣称号。

---

① 《关于开展向杨廷宝、钱钟韩教授学习活动的决定》（东大委〔1996〕23号）。

2003年6月,江苏省委副书记任彦申看望为抗击"非典"做出突出贡献的邱海波教授

多年来,像王志功、邱海波这样不断涌现的先进人物,已成为激励东大师生积极进取、奋力前行的榜样力量和精神动力。学校工会和教代会长期坚持开展"三育人"活动,宣传部在校报开辟了"榜样就在我身边"固定栏目,积极宣传学校各条线上的先进模范人物,如:为我国南极科考做出重要贡献,在西藏的观测站上因公殉职的郝英立教授;我国移动通讯领域的领军人物之一、带领团队在移动通讯领域取得一项又一项重大科技成果、多次受到党和国家领导人接见的尤肖虎教授;国内交通工程专家、全国五一劳动奖章获得者、国家级教学名师王炜教授等一批先进模范人物。通过各种不同形式传播着积极向上的正能量,在校园内形成了强大的舆论导向作用。以校团委为主力军的群团组织积极配合党委中心工作,以爱国主义为主旋律,通过各种形式开展丰富多彩的校园文化活动,积极倡导"爱党、爱国、爱校"的情怀,进一步丰富了"东大精神"的内涵。

2007年11月10日,东南大学报发表评论员文章《大学精神的巨大社会辐射作用》,又一次引发"东大精神"大讨论。文章提出:以求真、务实、创新、宽容、奉献、团结感染人、启发人;以理工科之"科学严谨"辅以"人文与科学精神的共融",实现"以人为本"的人文精神和"学术独立、思想自由"的知识灵魂的创造;以科技推动社会物质生产、以教育创造国家与人民福祉——这是105年历史中东大前后相继、与时俱进、可持续发展赖以成功的传统,这也就是东大百年历史不断积淀下的"东大精神"的深厚内涵。① 不少校内专家也纷纷在校报上撰文,从不同角度对"东大精神"进行诠释。如王步高教授提出,东大之精神,比较全面的

---

① 《大学精神的巨大社会辐射作用》,《东南大学报》2007年11月10日。

可用"诚朴求实，止于至善"八个字来概括。徐康宁教授认为，东大精神最重要的就是"求真"，这是东大精神的核心价值所在，其次，"严谨务实"也是东大精神的重要方面。李霄翔教授指出，"止于至善"已成为东大所有人心中的一种无形理念标识和一种普遍的精神认同。

2011年，党委书记郭广银在第十三届党代会年会上指出，"东大精神"是我们建设世界一流大学的宝贵精神财富和不竭力量源泉。正是因为有了"嚼得菜根、做得大事"的艰苦奋斗、刚健有为精神，有"视教育若性命、视学校若家庭、视学生若子弟"的敬业乐教和大爱精神，有"倡明国粹、融化新知"的文化自信和开放精神，有"建立有机体的民族文化"的独立自强精神，有"诚朴求实、止于至善"的立地品格和追求卓越精神，才有了各个时期东大在中国高等教育史上的辉煌成就。①

关于"东大精神"的讨论以及在实践中的不断探寻，在东大历史上产生了深远的影响，成为凝聚全校师生员工求真务实、追求卓越、开放进取、长期奋斗的强大精神力量。

（二）校训、校歌、校标

1. 校训

校训，是一所学校精神的集中体现。一般说来是由办学者有意识倡导的一种办学理念或者期待，它更多地体现了一个学校的特色或者追求，有着鲜明的时代特色，是全校师生员工在学校发展的历史进程中普遍认同、遵循和劝勉的座右铭，也是校园文化的核心内容之一。

据史料记载，在东南大学百余年的发展史上，曾经产生过五个校训②，分别是：

（1）"嚼得菜根，做得大事"。它是1906年两江师范学堂（东南大学前身）学监（校长）李瑞清为两江师范定下的校训，语出《菜根谭》，意为但凡能干出一番事业者，多须吃苦耐劳，只有经过艰苦磨砺，才能成就大事。"嚼得菜根"体现的是一种精神品质，"做得大事"指的是一种志向追求。

（2）"诚"。它是江谦在任南高师校长时制定的校训。他在1915年8月《关于南京高等师范学校开办状况报告书》中提出："本校校训所用'诚'字，诚者自成，所以成务；先圣至言，实为教育精神之根本。演言之诚，则有信心、有信力。有信心，乃知非教育不足以救民；有信力，乃知非实行教育不足以救国。期望学生以信心为体，以信力为用。此本校训之主旨也。"江谦立"诚"为南高校训，是希望学生做到道德上的自我完善和知识上的明达物理，从而达到救国救民之目的。

郭秉文主校后继承和发展了江谦"以诚为训"的教育主张。认为以"诚"为训育之本，也应以"诚"为智育之本。诚可以让人明白事理，择善而守；诚也应该让人诚朴求实，追求知

---

① 郭广银：《实施文化引领 建设先进大学文化 加快推进我校国际知名高水平研究型大学建设——在东南大学十三届党代会2011年年会上的报告》，《东南大学报》2011年12月20日。
② 有专家认为有的提法并不能称之为"校训"，而是当时学校领导人倡导的"校风"，但涵义和出发点应是相同的。

识、坚持真理。同时他进一步丰富了校训中"诚"的内涵，提出"诚涵知、仁、勇，诚育德、智、体；以诚为训，即以诚植身、以诚修业、以诚健体、以诚处世、以诚待人"。

（3）"诚、朴、雄、伟"。它是时任国立中央大学校长罗家伦在1937年提出的，有着鲜明的历史传承和时代特色。当时国家正面临日寇侵略，是抗日救亡图存的危急时刻，罗家伦提出"诚、朴、雄、伟"的学风，其中"诚、朴"二字，可以说是两江、南高、东大以来，多年校风传统的基本内涵；"雄、伟"，则是希望东大师生要有"大雄无畏"之精神和追求"伟大崇高"之志向。

（4）"严谨求实，团结奋进"。新中国成立后，学校没有继续沿用老的校训，也没有提出新的校训。到20世纪80年代，学校将"严谨求实、团结奋进"作为校风建设的目标和要求正式提出来，实际上起到校训的作用，带有鲜明的工科特色和时代色彩。在90年代初，学校对这一校风（校训）做了具体诠释，即"严密审慎实事求是的科学态度，同心同德自强不息的奋斗精神"。

（5）"止于至善"。2002年百年校庆前夕，学校领导根据学校发展实际和许多师生的意见，感到"东南大学当前使用的'严谨求实，团结奋进'的校风作为校训带有明显的时代烙印，内涵不够丰富，没有鲜明的学校特色，不能满足一所历史悠久、文化积淀深厚的百年老校的要求"，因此决定重新提出和确定新东大的校训。很多专家学者参与这项工作，提出多种意见。在广泛征求意见和反复斟酌之后，党委常委（扩大）会于2002年3月29日作出决定，启用"止于至善"四个字作为新东大的校训，这一决定得到了全校师生的普遍认同。

"止于至善"出自《礼记·大学》："大学之道，在明明德，在亲民，在止于至善。"把"止于至善"作为新时期东南大学的校训，不是简单的复古之举，而是旧辞新用，赋予新的涵义。文学院教授董群在释文中阐述说，"止于至善"校训的确立，是老训新用，是继承历史传统，丰富文化内涵，增添时代新意的体现。归结起来，就是不断地"完善自我以立德，服务人类以立业，坚持真理以立信，追求卓越以立境"①。

纵观东南大学历史上的五个校训，可以清晰地勾勒出一条以"诚朴"为基础，以"求实"为特质，以"止于至善"为理想目标而持正坚守、不懈追求的发展演进轨迹。②

2. 校歌

校歌，是学校文化中最为灵动、最具感染力的成分。歌以言志，歌以载道，歌以化人，历史悠久的大学，都有传唱不息的校歌，影响着一代又一代莘莘学子，营造着大学校园里浓郁的人文气息。

在东大历史上曾有过三首老校歌，一为江谦作词、李叔同作曲的《南京高等师范学校校

---

① 董群：《校训新解》。
② 参见时巨涛：《诚朴求实、止于至善——东大精神的历史传承和演进》，《东南大学报》。

歌》；二为汪东作词、程懋筠作曲的《中央大学校歌》；三为罗家伦作词、唐学咏作曲的《中央大学校歌》，歌词表达了对大学使命的理解和对大学精神的颂扬，在历史上都产生过一定的影响。但是，随着时代的发展，这几首老校歌已经不适应时代的要求。1992年东南大学90年大庆前夕，学校曾有过创作新校歌的动议，但在全校征集作品之后，没有发现理想的作品，因此新校歌被暂时搁置。2000年2月，东南大学百年校庆筹备办公室在《东南大学报》上刊登启事，再次向广大师生员工、海内外校友及关心与支持东大发展的社会各界人士征集东大校歌歌词和曲谱。为保证歌词作品的质量，校庆筹备办公室还有针对性地向著名专家、学者征集稿件。最后，文学院教授、知名词学家王步高教授承担重任，根据"古风与现代气息兼备，旋律简洁，节奏明快激昂，易唱易传"的原则，历时九个多月，无数次修改，听取几十位诗词专家的意见和建议，前后八易其稿，并在网上广泛征求意见，终于瓜熟蒂落。歌词写道：

东揽钟山紫气，北拥扬子银涛，六朝松下听箫韶，齐梁遗韵在，太学令名标。
百载文枢江左，东南辈出英豪。海涵地负展宏韬。日新臻化境，四海领风骚。

歌词高度概括学校历史和志向，气魄宏大，语言凝练，有着深厚的文化底蕴。2002年3月29日，校党政联席会一致通过了王步高教授的歌词创作，正式确定为《东南大学校歌》，并请国家一级作曲家、原总政歌舞团团长、中国音乐家协会副主席印青为校歌谱曲。①

东南大学校歌曲谱

---

① 印青，国家一级作曲家，曾任总政歌舞团团长，中国音乐家协会副主席。

3. 校标

东南大学的校标是由著名民俗及工艺美术专家、东大艺术学系主任张道一教授设计的。张道一教授是艺术大师陈之佛先生的亲传弟子,原国立中央大学的校标即为陈之佛先生所设计。张道一教授所设计的校标采用通行的圆形,主体部分继承了陈之佛所设计的原中央大学校徽的精髓:原中大校徽的倒三角处于新校标中央,寓今天的东南大学是继承了中央大学的历史;大礼堂的圆顶覆盖学校正门,其下方为四牌楼校区大门,此门历经风霜,朴素敦厚之风一以贯之;校标三角形外围内容丰富,同心圆外框标明学校英文名称和"止于至善";内圈以三角形自然分割成三个区间,分别标明"东南大学"校名、1902 年建校、南京为学校所在地。张道一教授设计的校标,不但涵盖了原中央大学校徽之特色,体现了学校历史的传承关系,而且内容更为丰富,中英文校名、创办时间、所在地点、校训一应俱全,整体布局错落有致,实乃校徽(标)设计中的上乘之作。①

校标图案

(三)校园文化景观建设与吴健雄纪念馆

一所历史悠久的大学,除了它深厚的文化积淀以外,那些饱含岁月沧桑的历史建筑和景观也是重要的文化标识。2006 年,国务院公布第六批全国重点文物保护单位,东南大学四牌楼校区作为"中央大学旧址"位列其中。学校继承了中央大学留下的宝贵物质财富,从而使每一座建筑,每一棵树木,每一处景点,都蕴含着值得述说的故事。

位于梅庵前方的六朝松(学名桧柏)已经有 1500 多年历史,是六朝宫苑遗存,也是南京市最古老的名树,它见证了这所百年老校的文脉相传,世代兴衰,是东大人心目中母校的象征,每逢海内外校友回到学校,都要到六朝松下摄影留念,它已成为每一个东大人的精神图腾。

东大校园中许多富有民国风情的建筑,不仅呈现丰厚的历史底蕴,而且具有很高的文物价值,从为纪念老校长李瑞清(号"梅庵")所建的梅庵(后重建),到中国大学中第一座现

---

① 陈怡、梅汉成:《东南大学文化读本》,东南大学出版社,2009 年。

代化的体育馆,从巍峨宏丽的大礼堂、老图书馆,到众多著名科学家、教育家曾经工作过的中大院、建雄院、南高院等,这些历史建筑和人文景观是东南大学历史文化宝库中的重要组成部分,是一代代学子得以熏陶、滋养的沃土。它默默地感染着每一个东大人,发挥着潜移默化、润物无声的教化作用。

进入20世纪90年代以后,随着学校事业的稳步发展,社会声誉的不断提高,东南大学的文化设施建设也同时进入一个兴盛时期。1999年5月,一代宗师杨廷宝、钱钟韩先生的塑像在老图书馆前落成。而后,李瑞清、郭秉文、陶行知、陈章、萧㷫焘等一代先贤名师雕像也相继落成。百年校庆前夕,大礼堂前新建了由高明全教授设计的"百年校庆纪念碑"和寓意"对父母养育之恩、母校培育之恩、社会携助之恩当涌泉相报"的"涌泉池"。此外,在群贤楼新建校史馆,在六朝松西侧新建六朝苑、行知园等等,校园内文化气息日见浓郁。

在学校新的文化景观建设中,最具代表性的是吴健雄纪念馆的建立。

吴健雄是我校杰出校友,世界著名的物理学家,被誉为"中国的居里夫人"。吴健雄先生1997年2月辞世后,为纪念她伟大的一生及辉煌的科学业绩,我校报请中共中央、国务院,拟在东南大学校园内建造吴健雄纪念馆。1999年11月,中央批准了这一申请,这是我国政府批准的第一个华人科学家纪念馆。纪念馆建设项目由时任江苏省长季允石担任主任委员,东南大学负责具体设计建造事宜。建设项目启动后,学校一边着手纪念馆的规划设计,一边广泛征集吴健雄遗物及有关资料。经过多方努力,吴健雄先生的遗物分两批运抵东南大学。在美国举行的纪念物交接仪式上,吴健雄的丈夫袁家骝先生说:"把健雄的纪念物送回祖国,由她的母校保存,是我的最大的心愿"[1]。吴健雄纪念馆的选址、设计方案均由袁家骝先生最后确定。经过2年多的努力,吴健雄纪念馆于2002年5月31日东南大学百年校庆之际举行开馆仪式,教育部领导和海内外著名科学家纷纷发来贺电,江苏卫视向全世界进行了现场直播。

吴健雄纪念馆位于学校大礼堂西南侧,建筑面积为2129平方米。馆内陈列了吴健雄先生的大批遗物,包括她生前所获得的奖章、奖状、证书、聘书、有关文件、书籍,友人赠送的书画、物品等等。一楼主厅集中反映吴健雄获得的荣誉和产生的社会影响;二楼展厅介绍她的科学活动和科学精神;三楼主厅是"从童年到回归",介绍吴健雄的生命历程;在二、三层弧形走廊上,展示了吴健雄从事学术交流、社会活动、人际交往、家庭生活等内容的若干照片,向世人展示了这位杰出女性的风采与魅力。吴健雄纪念馆的建立为东南大学增添了一座新的文化地标,也成为追忆先贤、激励后辈、砥砺奋进、薪火相传的教育基地。建馆以来,前来瞻仰学习的东大学子、国内高校及各界人士络绎不绝,在海内外产生了广泛的影响。

---

[1] 姜平波:《吴健雄与东南大学的一世情缘(下)》,《东南大学报》2001年12月10日。

（四）从"校园文化建设"到"建设文化校园"

"校园文化建设"与"建设文化校园"是两个既有联系又不完全相同的概念。"校园文化建设"是一种渐进式的积累，在积累中逐步成型与成熟。而"建设文化校园"则是在具备了完整而明确的目标构想前提下，有计划、有步骤地进行丰富和主动创建的过程。从某种意义上来讲，"校园文化建设"是战术层面，"建设文化校园"则上升到学校发展的战略层面。

进入新世纪以后，东南大学逐渐摆脱了经费紧张的困扰，办学条件明显改善，各项工作突飞猛进，教学科研成果累累，呈现快速发展的良好势头。但与此同时，学校也出现了重硬件建设，轻软实力提升的倾向。此时，高校已经进入一个新的、更高层级的竞争——文化竞争的阶段。对于已经明确"建设世界一流大学"奋斗目标的东南大学来说，这是新形势下的新挑战。学校领导清醒地认识到，一流的大学必须有一流的文化，一个科技强悍而文化贫瘠的学校，将永远无法跻身世界一流大学的行列。胡凌云书记提出，要重视大学文化建设，将其上升到文化层面和理念层面，大力实施文化强校战略，内生性地推动我们的大学文化建设。没有文化不成其为大学，没有高品位的文化就不能建设高水平的大学，没有人文与科学交融的文化就不能培养创新型人才。大学发展到世界一流的地步，拼的不仅仅是教育质量、科研水平，更重要的是大学精神。我们不仅要珍视传统，更要弘扬光大，创造新时期的东大精神和东大文化。要改变学校过多注重硬实力比拼的思路，把建设文化校园纳入学校总体发展规划中。由此，东大"文化强校"的整体战略逐步形成。[1]

2005年6月，学校第十二次党代会提出"健康向上的校园文化，是大学保持新活力的文化根基"[2]；2007年学校成立了校园文化建设领导小组；2008年制定了《东南大学校园文化建设纲要》，成立了东大视觉识别系统建设与实施工作领导小组和专家组；2010年确立了文化引领战略，初步完成"十二五"规划文化校园子规划的制定；2011年12月，学校召开第十三届党代会年会，专门就"实施文化引领战略，着力建设先进大学文化，加快推进我校国际知名高水平研究型大学建设"进行了动员和部署，学校的文化建设呈现出高层次、高标准、高速度的态势。

二、民主校园建设

推进民主校园建设是东大构建和谐校园的重要组成部分和活力所在，在学校改革建设发展中发挥着不可替代的作用。其主要任务是，进一步探索民主管理的形式和方法，切实发挥校、

---

[1] 引自胡凌云关于"文化校园建设"的多次讲话。
[2] 胡凌云：《以科学发展观统领全局 努力提高办学治校能力 不断开创国内外知名高水平研究型大学建设的新局面——在中共东南大学第十二次党代会上的工作报告》（2005年6月14日）。

院（系）两级教职工代表大会的民主管理和民主监督作用。继续完善党务、校务、院（系）务、处（部）务公开制度，建立重大决策前广泛征询意见制度，落实师生员工在学校管理中的知情权、参与权、表达权、监督权。支持工会和共青团工作，发挥学生会、研究生会、退离休协会在民主校园建设中的积极作用。充分发挥各级人大代表、政协委员、民主党派和党外知识分子的作用，深入健全党委统一领导，有关职能部门各司其职的"大统战"工作机制。①

东大民主校园建设有着良好的传统。汪海粟、刘雪初、吴觉等老一辈领导人礼贤下士、尊重知识、尊重人才，依靠广大师生员工办学的事例至今仍为人所称道。但是由于当时的历史背景和人们认识上的局限性，校园民主的氛围不浓且缺乏制度保证，主要还是凭藉领导者的个人品格和领导能力来体现。改革开放以后，东大的发展进入一个新的历史时期，在延续比较好的校园民主氛围同时，学校领导更加重视管理的科学化、民主化，更加重视制度建设，依靠群众、发扬民主始终是办学的重要原则之一。早在20世纪80年代中期，学校就制定了《党委常委会议事规则》《校长办公会议事规则》《校长负责制试行办法》等一系列决策议事制度；成立了"东南大学校务委员会""东南大学学术委员会""东南大学学位委员会"等校务审议咨询机构与学术管理机构；建立了以工会、教代会为主要渠道的民主管理、民主监督机制，形成了较好的民主氛围和工作基础。从1992年到2012年，东大的民主校园建设有了进一步发展和完善，无论是形式还是质量都有明显提升。

20年来，学校党委努力推进民主校园建设进程，优化民主决策机制，拓展民主管理渠道，加大民主监督力度，使民主校园建设在不断稳固、完善和创新中向前发展。

（一）不断完善科学民主决策机制

在领导和管理学校过程中，切实做到科学决策、民主决策是需要制度保证和师生员工广泛参与的。东南大学在不断完善科学民主决策的体制和机制上有比较好的传统，在领导层面，建立了"决定重大事项之前党政主要领导沟通"制度，避免在决策过程中出现严重分歧意见；在重大改革出台前，建立了"事先征求专家及有关部门意见"制度，通过每年一度的战略研讨会等形式，充分研讨和论证学校重要改革事项和重大决策的可行性；在重要决策时，坚持"党政联席会"制度、"重大决策票决"制度，不断修订和完善《党委常委会议事规则》《校长办公会议事规则》，并于2004年出台了《东南大学执行"三重一大"制度的暂行规定》等，使学校推行各项改革和重大决策之前，都做到广泛征求各方意见，上下沟通、反复酝酿、形成共识，为重大举措出台做了比较充分的思想准备和条件准备，保证了改革顺利实施。在校园民主建设过程中，学校坚持"教授治学"理念，加强校内各级学术委员会、学位委员会、职称评审委员

---

① 胡凌云：《深入贯彻科学发展观，为建设国际知名高水平研究型大学而团结奋斗——在中国共产党第十三次代表大会上的讲话》（2010年9月15日）。

会以及各类管理委员会、领导小组的建设，理顺行政权力与学术权力的关系，发挥了各级各类委员会及专家教授在决策中参谋、咨询、评议作用。20年来，学校制定的奋斗目标、发展战略，提出的一系列改革举措，出台的各项政策，总体上符合国家大政方针，顺应了教育科技发展规律，得到了广大师生员工的理解和支持，没有发生重大失误和偏差，是与不断完善的科学民主决策机制有着密切关系的。

（二）进一步加强与四大群体的沟通联系

以民主党派、侨联和党外知识分子为主体的统战群体，以广大教职员工为主体的工会组织，以广大学生为主体的学生会、研究生会，以离退休教职工为主体的退离休协会，是参与学校民主管理的四个主要群体。在党委领导下，他们充分发挥各自优势，积极参与学校管理，为学校改革发展做出重要贡献。

在统战群体中，东大有中国国民党革命委员会、民主同盟、民主建国会、民主促进会、九三学社、致公党、农工民主党7个党派组织和1个社会团体——侨联，总人数在千人以上（侨联与民主党派人员互有交叉），此外还有一大批党外知识分子。这个群体是政治协商、参政议政的主要成员，是学校民主管理的重要力量。校工会（教代会）代表广大教职工的利益，反映他们的意见诉求，从初始的维护职工合法权益、活跃职工文化生活、增加职工生活福利为主要职能，到积极参与学校管理，实行民主监督，其职能和作用有了较大提升，尤其是教代会成立以来，"两会合一"的体制更进一步强化了工会在学校民主管理中的重要地位。学生会、研究生会是学生的群众组织，是学校与学生沟通，听取学生意见诉求，学生参与学校管理和事业发展的主要渠道。1992年，学校共有在校生8300余人，到2012年，全日制在校生人数已达29 000余人，是校园民主建设的重要群体。退离休协会始建于20世纪80年代，是学校退离休人员自愿参加、自我管理的民间团体组织，由省民政厅批准成立，省教育厅主管。2005年11月，根据需要，学校对退离休教师中原先比较分散的社团组织进行了调整、合并，统一组建了"东南大学退离休教育工作者协会"，各院（系）也相继成立了二级协会，代表着全校4000余名退离休人员。学校党委通过校情通报会、校领导分工联系民主党派制度、校长信箱、人大政协委员接待日、重要会议邀请各方面代表列席、重要政策出台事先征求意见等多种形式，建立了与四大群体的密切联系，充分发挥四大群体在学校民主建设中的积极作用，形成了"接触有机会，信息有来源，建言有平台，监督有保障，维权有渠道"的民主管理模式。

（三）发挥民主治校的五大功能

这五大功能分别是：（1）与群众利益有关的重要政策制定功能。如职工住房分配、公费医疗、大病互助、岗位津贴等政策的出台，均由教代会讨论通过后经校长办公会批准颁布实行，并主要由工会、教代会行使职能或监督执行。（2）与学校改革建设发展有关的审议功能。在每年的教代会年会上，教代会代表均要听取校长工作报告、学校财务工作报告，对学校工作和重大改革举措进行审议并提出建设性意见；在学校发展规划、工作计划、学科建设等方面，充分发挥校学术委员会、学位委员会、各民主党派等专家学者的咨询评议作用；在新校区建设、"211工程""985工程"建设、学校远景规划和奋斗目标等各方面重大事项决策和建设过程中都充分听取各方代表的意见并接受审议。（3）与师生员工合法权益有关的维护功能。以教代会"岗位聘用与考核申诉委员会""专业技术职务评审工作申诉审议委员会""学生处理申诉委员会"为主要标志，接受处理相关申诉和纠纷，维护师生员工合法权益。（4）与领导干部作风和勤政廉政有关的监督评议功能。在每年的教代会上，学校领导班子成员均需要向全体代表做述职述廉报告，接受群众的监督。教代会执委会每年均要对校级领导干部进行测评，测评结果作为领导班子民主生活会的重要参考。（5）与学校事务有关的参与管理功能。通过教代会提案的收集与处理，督促有关职能部门及时解决学校发展中存在的问题和群众反映强烈的问题，并坚持每年进行一次提案工作推进会，发挥提案工作的实效性。同时，在教职工住房分配、医疗制度改革、收入分配制度改革等工作中，工会教代会都作为主要角色，较好地发挥了沟通上下、处理难题、化解矛盾的作用，成为行政管理工作的重要补充。

（四）强化教代会在学校民主管理和民主建设中的地位与作用

在民主校园建设中，教职工代表大会制度是重要载体和基本形式。1984年，学校教代会成立并召开第一次代表大会。根据《高等学校教职工代表大会暂行条例》规定，教代会是在学校党委领导下"行使民主权利、民主管理学校的重要形式"。1988年，鉴于"教代会"与"工代会"的职能、作用、代表来源基本相同，东大开始实行工代会与教代会"两会合一"制度，两会同时召开，同时换届，其组织机构、代表人选和领导人选也同为一体。学校教代会选举产生"执行委员会"，为教代会闭幕期间的常设工作机构，主持教代会日常工作。根据我校教职工代表大会规定，教代会在学校民主管理与民主监督方面具有四项权力，即"审议建议权、审议通过权、审议决定权、评议监督权"。

2006年6月，学校党委下发《关于进一步健全和完善教职工代表大会制度的意见》，指出："党委领导下的教代会是学校民主管理和监督的重要形式，是学校管理体制的有机组成部分。进一步健全和完善教代会制度，是依法保证教职工对学校重大事项决策的知情权和民主参与权，维护教职工根本利益的具体体现；是坚持和完善党委领导下的校长负责制，探索建立现代大学制度，推进依法办学、民主治校、科学决策的重要内容；是全心全意依靠教职工、充分调动广大教职工的积极性、主动性和创造性，顺利推进学校的改革和发展，维护学校稳定的必然要求；是加强对权力运行的制约和监督，促进党风廉政建设，密切党群干群关系的有效途径。"[①]

---

① 《关于进一步健全和完善教职工代表大会制度的意见》（东大委〔2006〕28号）（2006年6月9日）。

学校党委在民主校园建设方面有着清醒的认识。胡凌云在 2005 年 1 月召开的党委全委扩大会上指出:"高校是知识分子云集的地方,广大师生的民主意识比较浓厚,民主参与能力相对较高。发展校园民主政治,促进师生员工当家做主,是办好社会主义大学,建设社会主义政治文明的本质要求。……一个不顾民意,群众意愿无处表达,只凭领导拍脑袋决策的单位,是很难做出正确的科学决策的,其决策也很难获得广大师生员工的支持。……我们必须进一步发挥教代会和学术委员会在民主治校中的重要作用,继续加大校务公开、院(系)务公开的力度,提高决策和管理的透明度,让广大教职员工充分享受到知情权、参与权、选择权和监督权"①。

在学校党委领导下,东大的民主校园建设不断得到加强和发展,党委领导、校长负责、教授治学、师生员工广泛参与的学校民主管理体制逐步形成和完善,校园民主建设取得了较大的成绩和可喜的变化。

东南大学召开工会/教职工代表大会

---

① 胡凌云:《全面贯彻落实党的十七大精神 开创东南大学改革发展新局面——在党委十二届四次全会上的讲话》,《东南大学报》2008 年 1 月 10 日。

附：1992—2012 年教代会讨论、审议、通过的主要事项

序号	内容	日期	形式	备注
1	校长工作报告		讨论、审议	
2	财务工作报告		讨论、审议	
3	教代会工作报告		审议、通过	
4	提案处理工作报告		审议、通过	
5	《东南大学住房分配暂行条例》	1997.3		
6	《东南大学精神文明建设五年规划实施要点》	1997.3	讨论、审议	
7	《东南大学公费医疗管理办法》	1997.3	审议	
8	《东南大学先进集体、先进个人奖励（暂行）办法》	1998.11	审议	
9	《东南大学"三育人"积极分子奖励（暂行）办法》	1998.11	审议	
10	《东南大学 2001—2005 五年行动计划纲要》	2000	讨论、审议	
11	《东南大学住房分配货币化暂行办法》	2000	讨论	通过
12	《东南大学院（系）教职工代表大会暂行条例》	2001	讨论、通过	2001.12
13	《东南大学教职工大病医疗互助管理暂行办法》		讨论、通过	
14	《东南大学关于开展校务公开工作的实施意见》		讨论、审议	2002 年执行
15	《东南大学岗位津贴实施办法》	2002.12	讨论、审议	
16	《东南大学教师岗位考核积分办法（草案）》	2002.12	讨论、审议	
17	《东南大学 2001—2003 年重点投资建设规划》	2002.12	讨论、审议	
18	《东南大学江宁住宅区 2002 年度集资购房暂行办法》	2002.12	原则通过	
19	《东南大学学科和队伍建设规划》	2003	讨论	
20	《东南大学校园建设规划》	2003	讨论	
21	《东南大学 2003 年度出售公有住房暂行办法》	2004	讨论通过	
22	《东南大学剩余公有住房出售办法》	2004	讨论通过	
23	《东南大学新聘用教职工住房货币补贴暂行办法》	2004	讨论通过	
24	第十二次党代会两委工作报告征求意见稿	2005	听取意见	
25	《东南大学 2005 年住房货币化补贴实施细则》	2005.10	原则通过	
26	《东南大学教职工集体宿舍管理暂行办法》	2005.10	原则通过	
27	《博士后公寓管理办法》	2005.10	原则通过	
28	《东南大学 2006—2010 五年发展规划纲要》	2006	讨论	
29	《东南大学教职工行政纪律处分暂行规定（讨论稿）》	2007	听取意见	
30	《东南大学突出成果奖励暂行条例》	2007	征求意见	
31	《东南大学科技基金资助计划暂行管理办法》	2007	征求意见	
32	《东南大学待岗人员管理办法（讨论稿）》	2007	征求意见	
33	《东南大学岗位设置与聘任暂行办法》	2007	征求意见	
34	《东南大学 2007 年专业技术正高级岗位推荐条件》	2007	征求意见	
35	《东南大学教师教学工作规范》	2008	征求意见	
36	《东南大学职称评审条例（修订稿）》	2008	征求意见	
37	《东南大学实验教学与技术工作岗位聘用聘期考核暂行办法》	2010	征求意见	
38	《东南大学实验教学与技术工作考核积分暂行办法》	2010	征求意见	
39	《东南大学实验教学与技术人员定编管理暂行办法》	2010	征求意见	
40	《东南大学章程》	2011	讨论、审议	
41	《东南大学教职工校内岗位绩效津贴调整方案》	2012	讨论、审议	

三、法治校园建设

法治校园建设是和谐校园建设的基础，是东南大学"五大校园"建设的重要组成部分。20年来，法治校园建设经历了一个循序渐进的过程，从初期普及法律知识开始，到各项制度初步建立，从干部群众法治观念、法治意识不断增强，到各项制度举措不断完善，经过多年的努力，学校逐步走上依法治校、科学发展的道路，成绩是明显的。

20世纪90年代初期，随着社会主义市场经济的建立，法治建设成为党和国家不断探索和逐步确立的社会治理模式的重要领域。但是从实际情况看，广大公民法治意识模糊、法律知识欠缺的问题还比较突出。为解决这一问题，1986年国家开始在全国范围内实施"普法教育"工作，并制定了普法工作的五年规划，旨在提高全体公民的法律意识，以满足社会主义市场经济的需要。在这样的背景下，从1992年起，学校根据上级部署，陆续开展了"二五普法""三五普法"《中华人民共和国宪法》《教育法》《教师法》等国家大法的学习活动，通过橱窗、校报、广播、开办讲座等多种途径宣传法律知识，并多次组织法律知识竞赛，认真完成了上级规定的普法教育任务。但是，这种由政府主导的、自上而下的宣传教育活动，还处于法治建设的初期，往往侧重于"守法"教育，还没有上升到依法治校、建设法治校园的高度，广大教职员工懂法、信法、用法的观念和习惯尚未形成，这一阶段的主要成果在于"扫盲"和"唤醒"了人们的法治意识，同时，为下一步的法治校园建设打下了一定的思想基础。

1997年9月，党的十五大将"依法治国"确立为治国基本方略，将"建设社会主义法治国家"确定为社会主义现代化的重要目标，并提出了建设中国特色社会主义法律体系的重大任务。按照中央要求，东大党委也把"依法治校"纳入党委工作议程。1999年第十一次党代会上，朱万福书记所做的党代会报告中，明确提出"推进学校的民主化进程，加强规章制度建设，强化依法治校"是"今后的奋斗目标和主要任务"之一，要"健全与完善校规校纪，使学校管理法制化"，要"深入开展法制教育，增强师生员工的法律意识和法制观念，自觉地以法规与制度规范工作，约束行为"[1]。这次党代会适逢九届全国人大二次会议召开不久，"建设社会主义法治国家"刚刚载入宪法，学校党委把"依法治校"列为今后一个时期的重要的工作内容，标志着我校"法治校园"建设的意识逐步提高，指导思想和奋斗目标逐步清晰，法制校园建设开始起步。

2003年7月，教育部下发《教育部关于加强依法治校工作的若干意见》，对高校法治校园建设提出了具体要求："各级各类学校要转变管理理念，明确依法治校的基本原则，制定推进依法治校的工作规划和目标；明确校内职能机构、工作岗位的职责与任务，形成各司其职，各负其责，全方位推进依法治校的工作格局，不断提高学校管理水平，促进学校发展。"[2] 根

---

[1] 朱万福：《面向新世纪 创造新辉煌——在东南大学第十一次党代会上的报告》，《东南大学报》1999年6月30日。
[2] 教育部：《教育部关于加强依法治校工作的若干意见》（教政法〔2003〕3号）（2003年7月17日）。

据教育部的要求,东大从建立机构、加强教育、理顺关系、建立健全规章制度、推进校务公开等方面入手,并于2004年在全国高校中较早成立法制办公室,在依法治校,维护学校权益方面,进行了一系列开创性工作。

在法治校园建设中,一是加强依法治校的教育,重点是党员领导干部。在2005年1月召开的党委全委扩大会上,胡凌云在《贯彻落实科学发展观 推进科学民主依法治校 努力构建社会主义和谐校园》报告中指出:"高校党的各级组织和党员干部是代表和领导师生员工管理学校各项事务的主体,是全心全意依靠师生员工办学和治校的中坚力量。……依法治校的核心是依法治权,我们的各级党组织和党员领导干部,要带头遵守国家的各项法律法规,在法律许可的范围内开展办学和治校活动。"① 学校党委通过党政领导班子民主集中制建设、机关干部作风考核、领导干部民主测评等多种途径,加强对党员领导干部的法治教育,反复强调"依法治官,依法治权""让权力在阳光下运行"。学校党委加强了对校内规章制度的宣传和执行力度,增强广大干部职工的法规意识,提高依法依规办学行政的自觉性。制定了《反腐倡廉宣传教育联席会议制度》,在抓好领导干部教育的同时,把重点部门、重点岗位人员的法治教育也列入其中,形成知法、懂法、守法的舆论氛围。2005年8月,学校专门召开了"依法治校,民主办学"院长和系主任工作研讨会,进一步提高院(系)领导班子和领导干部的法治意识,不断推进基层依法治校的进程。

二是建立、健全、修订、完善各类校内法规文件。党委把2006年定为"制度建设年",根据规范管理的要求,针对工作中出现的新情况、新问题,研究和制定了一系列管理制度,涉及学校教学科研、学科建设、人事管理、财务管理、后勤管理、安全保卫等各个方面。同时,学校集中力量对全校原有的规章制度进行了较为系统的梳理,对过期和不合时宜的相关制度规定予以废止,对一些不完善的规章制度进行修订。通过制定新的管理规定和对原有规定的修订完善,学校制度建设得到明显加强。

三是进一步理顺政治权力、行政权力、学术权力、监督权力的关系。《教育部关于加强依法治校工作的若干意见》中指出:"要依法健全校内管理体制,国家举办的高等学校要依法实行党委领导下的校长负责制,明确学校党委、校长、校务委员会、学术委员会等各种机构的职责权限和议事规则,做到相互配合,权责统一,依法办事。"东大在多年的工作实践中已经形成了"党委领导、校长负责、教授治学、民主管理"的管理模式,但是在执行过程中还存在"权"与"法"的界限不够清楚,校、院、系、各职能部门分工和责权划分不够明晰,制度建设和民主监督作用发挥不够明显等问题。学校党委对上述问题进行了深入思考,对彼此的权责关系、分工权限、工作程序、监督过程等做了界定,健全了相应组织,适时调整和规范党政关

---

① 胡凌云:《贯彻落实科学发展观 推进科学民主依法治校 努力构建社会主义和谐校园——在党委全委扩大会上的讲话》,《东南大学报》2005年2月18日。

系、行政与学术关系、学校与院（系）关系，使学校的一切权力在法治的轨道上运行。

四是强化法治的权威性和严肃性，加强对权力的制约和监督。建立由纪检监察部门牵头，对重点部门、重要环节进行检查监督的制度，对违规行为及时进行纠正。学校还制定了领导干部追责制度，对违法违纪的案件，除坚持严肃追究当事人相关责任外，还要对立案查实、符合责任追究规定范围的案件，在界清当事人与责任人各自责任的基础上，追究相关责任人的领导责任。

2008年，学校根据教育部部署启动《东南大学章程》的制定工作，这标志着法治校园建设上升到一个更高的层面——构建科学的大学制度体系。"大学章程"被认为是具有"基本法"意义的文件，被喻为"校内的基本法"。这项工作启动以来，学校成立了《东南大学章程》起草小组，组织专家进行了长时间的调研和思考，广泛听取意见和建议。校党委对此非常重视，易红校长在2008年12月召开的第六届教代会第三次全体会议上提出要求，要"加快依法治校进程，不断探索符合学校特色的现代大学制度，着手起草《东南大学章程》"，要"尽快完成《东南大学章程》的制定工作，明确学校法律地位，明晰学校、教师和学生间的法律关系，平衡行政权力与学术权力关系，确定学校内部管理体制和运行机制"[①]。经过两年多的努力，《东南大学章程（草案）》于2011年基本成型，学校召开第四次教代会执委会会议，对草案进行了讨论和审议，提出了部分修改意见。2012年，《东南大学章程》起草工作基本结束，党委全会讨论通过，上报教育部待批。[②]《东南大学章程》是学校法治建设顶层设计的重要组成部分，标志着学校法治建设进入了一个新阶段。

四、平安校园建设

平安校园是和谐校园建设的前提。20年来，东南大学党政一手抓稳定，一手抓治理，逐步建立和完善平安校园建设的领导体制和工作机制，努力打造一个让广大师生员工安全放心满意的校园环境，保证了学校各项工作的顺利进行。

东南大学一直非常重视学校维稳和安全保卫工作，通常是领导亲自挂帅，各有关部门通力配合。早在1988年，学校就成立了综合治理领导小组，主要任务是组织、协调和指挥学校安全稳定与治安保卫工作，领导小组由党委副书记柏国柱担任组长，毛恒才副校长担任副组长。1992年9月，在综合治理小组基础上成立"东南大学综合治理委员会"，党委副书记吴明英任主任，毛恒才、胡凌云、潘瑞民、陆永铭任副主任。新世纪以来，根据形势要求和工作需要，学校陆续成立了相应的组织领导机构：2002年成立防火安全委员会，由顾冠群校长任主任；

---

① 易红：《以科学发展观为指导 以制度建设为抓手 持续加大改革力度 促进学校各项事业又好又快发展——在第六届教代会第三次全体会议上的讲话》，《东南大学报》2008年12月20日。
② 《东南大学章程》于2013年经教育部核准生效，见《关于转发〈中华人民共和国教育部高等学校章程核准书〉的通知》（东大委〔2013〕57号）（2013年12月23日）。

2005 年 11 月成立"突发事件应急处置工作领导小组",由胡凌云书记任组长、易红常务副校长任第一副组长(2007 年任校长后与胡凌云同任组长),副校长浦跃朴、刘波、赵启满任副组长;2007 年 7 月成立"东南大学稳定工作领导小组",胡凌云书记任组长,左惟、刘京南、刘波任副组长;2007 年 10 月成立"安全防火工作委员会",由校长易红任主任,左惟、赵启满任副主任。

20 世纪 90 年代初期,国家改革剧烈密集,社会思潮多元,各种冲突矛盾较多,维稳是各级政府和单位领导的重要责任。大学生关注社会热点,思想活跃,情绪易受外界感染,社会上的许多问题和矛盾必然会反映到高校中来。因此,做好大学生的稳定工作是学校党委和学工部门的重点工作之一。学校发挥党团组织和学生骨干作用,在坚持做好思想教育工作的同时,积极改善学生学习生活条件,努力解决同学们反映强烈的问题和要求,使绝大多数学生思想稳定,情绪稳定,多年来没有发生影响学校正常工作的重大事件。学校及时掌握思想动态,加强值班制度,落实各项应急预案,努力把同学们的注意力引导到学习上来。在生活条件上,学校抓住食堂问题这一敏感点,与大学生建立了良好的沟通关系,成立以学生为主体的伙食管理委员会,加强与大学生的沟通与理解。在市场物价上涨较大期间,学校拿出资金予以补贴以保持饭菜价格的稳定。

进入 21 世纪以后,国家的政经形势和社会环境发生了很大变化,外来社会思潮对学校的影响有所弱化,大学生的关注热点也有所转移,学校维稳工作的重点也发生明显变化。针对这一变化,学校加强引导,创造条件,使学生更加关心国家经济社会发展,关心学校建设,把精力更多集中到学习和自身能力提升上。通过校园网络论坛、"我与校长面对面"、金秋恳谈会等形式,完善校领导、学校各职能部门与学生沟通交流渠道,听取同学们意见要求,增进了互相理解和支持,解决了一系列学生关心的问题和困难,使大学生学习生活条件不断改善,校园环境氛围也更加稳定和谐。

在抓好大学生稳定工作的同时,校园治安环境治理是平安校园建设的另一个重点。保卫处(部)是学校党政共同领导的职能部门。1992 年时,保卫处下设四个科室,即治安保卫科、政治保卫科、浦口校区保卫科、综合治理办公室,其中综合治理办公室为学校"治安综合治理委员会"的常设办事机构。1997 年保卫处增设防火科。2000 年并校以后,丁家桥设保卫办公室,接受校区管委会和保卫处的双重领导。除职能科室外,尚有 20 人编制的校卫队,负责夜间巡逻、门卫管理、校园安全保卫等工作。1991 年 12 月,学生自发成立"学生会治保部",在保卫处指导下参与校内治安保卫工作;1998 年组建"大学生巡逻队",配合保卫部门参加安全巡逻、保卫值班、信息收集、重大活动执勤等工作。由此,形成了"学校党政统一领导、组织机构专项指挥、职能部门贯彻执行、群众组织参与配合"的管理模式。

多年来,学校领导把校园安全放在重要位置,通过一系列措施加强平安校园建设,建立了有效的工作机制。

第一,宣传教育工作机制。在学校常年开展安全教育工作,加强防火、防盗、防诈骗知识的宣传。据 2008 年数字统计，在这一年里，保卫部门对全校各部门 439 名义务消防员进行了培训，印发了 43 600 份防火安全资料，更新制作了 13 000 册《校园安全警示录》，印发了 5000 份"友情提醒"，制作了 26 块宣传展板，这样的数字每年都相差无几。多年来，保卫处坚持开展专题教育活动，多次邀请省、市公安部门和法律部门领导来校讲课，举办消防演练，组织社会治安综合治理知识竞赛等，提高了广大师生员工防范危险的意识。

第二，突发事件应急处置机制。为了有效预防和及时处置影响安全稳定的突发事件和公共卫生事件，学校于 2003 年 10 月制定了《东南大学安全稳定突发事件应急处理预案》和《东南大学突发公共卫生事件应急预案》，成立学校应对紧急突发事件领导小组，编印《东南大学应急电话簿》，强化信息预警机制，主动开展各类"不稳定、不安定、不安全"因素排查，尽可能做到早发现、早治理，将可能影响学校安全稳定的突发事件解决在萌芽状态。

第三，快速反应机制。学校保卫处于 2002 年建立"校园 110"报警中心，24 小时值守电话，确保一旦发生紧急情况可立即赶到事发现场，为师生员工提供救助或及时处理紧急情况。据 2007 年统计，在一年时间里，"校园 110"共接警 1600 余起，出动人员 5000 余人次，处理各类事件 182 起，抓获各类犯罪嫌疑人 63 人，救助伤病师生 1450 人次。

第四，群体事件防范机制。在学校改革发展过程中，由于一些历史遗留问题和新的改革所带来的利益调整等问题，社会矛盾与冲突不可避免，很容易形成不良的群体性事件。学校各级组织和保卫部门做到坚守岗位，招之即来，大胆处理，妥善解决矛盾冲突。如后勤集团 700 余名非编制人员劳动关系转换问题，非法居住在校园内的人员清理问题，校外人员上访问题，各类债务纠纷问题等，都得到比较及时稳妥的处置，维护了校园正常的工作生活秩序。

第五，人身财产安全保障机制。在校内广泛开展安全教育，加大对内盗、外盗的打击力度，清除校园周边抢劫、盗窃团伙。在公安机关的协助下，多次抓获流窜至校内和家属区内盗窃钱财、自行车、电脑等物品的盗窃团伙，有效遏制了违法犯罪案件的发生，为师生员工创造了安全放心的学习工作环境。

第六，群防群治工作机制。建立学校党政主要领导和部门主要负责人为第一责任人的制度，坚持两手抓、两手硬，以防火、防盗、防重大灾害事故为重点，签订校、院（系）、部门安全责任书，二级单位治安保卫责任书签字率达 100%，三级单位责任书签字率达 90% 以上。

20 年来，东大的校园安全稳定工作一直做得比较好，学校内部治安稳定，周边环境不断改善，连续多年没有发生重大恶性案件和灾害事件，校内违纪事件逐年减少，为促进学校的改革发展、构建和谐校园创造了良好的环境。

五、温馨校园建设

温馨校园建设是和谐校园建设的标志。温馨校园是全体师生员工的共同家园，它既表现为功能完善、美观舒适的有形物质家园,也表现为温暖温馨、愉悦幸福的无形精神家园。20年来,东大党委关注温馨校园建设,努力为师生员工创造良好的学习工作生活条件,坚持以人为本的管理与服务理念,注重为个人成长和发展提供宽松的空间,着力营造良好的人际关系,努力让每一个为东大发展建设做出贡献的东大人都得到承认、受到尊重;让每一个热爱学校的东大人都有归属感和心情舒畅的工作生活环境。围绕这一目标,主要做了以下五个方面的工作:

(一)坚持以人为本,为东大人提供良好的发展空间

创建一个良好的、有利于事业发展和个人成长的空间,是以知识分子为主体的高校中最为人们看重的基础条件之一。多年来,学校党委坚持以人为本,通过一系列切实有效的政策和措施,努力为广大教职工的成长和发展拓展空间、创造条件、排忧解难,营造一个温馨和谐、有利于健康成长的校园环境。从20世纪90年代初期起,学校就启动了"跨世纪人才培养"工程,在全国高校中率先推出"特批教授"政策,一大批青年教师被破格晋升为教授、副教授,其中最年轻的教授年仅29岁。此外,学校坚持在工资、住房、分配等方面向一线倾斜,向有突出成就的中青年教师倾斜,努力帮助青年教师解决住房问题、夫妻分居问题、子女入学问题等,为稳定队伍,吸引留住人才做了大量工作。进入新世纪以后,学校进一步提出了"人才强校"战略,努力"构建重视人才、珍惜人才的环境,形成人人争做贡献、个个都能成才的氛围,完善有利于优秀人才脱颖而出、各展其能的机制"[1]。在学校第十二次党代会上,党委提出今后一个时期的工作任务,要"通过学习、宣传、教育,在全校形成'尊重知识、尊重人才、尊重创造'的氛围,为每一位愿为东大发展作出贡献的教职工提供事业发展的空间,做到用当适任、用当其时、用当尽才。破除论资排辈和求全责备,使优秀人才特别是青年才俊脱颖而出。通过分配制度改革使每位为东大作出贡献的教职工,享有与其贡献相称的待遇"[2]。在第十三次党代会上,更明确提出,要使"东大成为优秀人才的向往之地、集聚之所。注重把师生员工的根本利益维护好、实现好、发展好,使每一位为东大发展作出贡献的人都能得到相应的回报和发展,使广大师生员工都以自己是东大人而感到自豪,都能自觉地为实现东大的发展目标努力工作"[3]。理想的成长环境、开阔的发展空间和宽松的学术氛围,为东南大学和谐校园建设奠定了良好的工作环境和感情基础,使东大不断集聚优秀人才,推动着学校事业的发展。

---

[1] 胡凌云:《以科学发展观统领全局 努力提高办学治校能力 不断开创国内外知名高水平研究型大学建设的新局面——在中国共产党东南大学第十二次代表大会上的报告》(2005年6月14日)。
[2] 胡凌云:《以科学发展观统领全局 努力提高办学治校能力 不断开创国内外知名高水平研究型大学建设的新局面——在中国共产党东南大学第十二次代表大会上的报告》(2005年6月14日)。
[3] 胡凌云:《深入贯彻落实科学发展观 为建设国际知名高水平研究型大学而团结奋斗——在中国共产党东南大学第十三次代表大会上的报告》(2010年9月15日)。

（二）营造温馨和谐的人际环境

多年来，东大一直保持着一个良好的传统，就是通过各种方式关心慰问师生，努力营造温馨和谐的人际环境。每逢节假日，校领导必定兵分几路，下到基层慰问节日期间坚守岗位的教职工。每个元旦、春节，校长、书记及有关部门领导都会到各个校区跟学生们一起"守岁"，共同辞旧迎新；与留校的同学们同吃年夜饭，共度新春佳节；走进老领导、老干部、老教授家中，看望为学校发展建设做出贡献的老前辈。每一个教师节、重阳节，学校工会都会走访慰问劳动模范、先进人物代表，送上学校的一份心意；大学生们会为老师寄上祝福语，送去康乃馨，用各种形式表达对老师的祝福与感恩。每逢老同志退休，老先生寿辰，学校及院系都要组织庆祝会、祝寿会；学校每年迎春茶话会和重要活动，都会邀请老领导和已经退休的老教师参加，向他们汇报学校建设发展情况，与他们共度节日。这些看似简单的形式和活动，拉近了领导与师生员工的距离，增进了人与人之间的感情，使校园内充满了人情味。这些节日慰问活动几十年如一日，已成为学校的优良传统。

庆三八妇女节健美操比赛

开展丰富多彩的校园文化体育活动，也是营造欢乐祥和学校环境的主要形式。多年来，以校工会、团委、退离休协会为主体，开展教职工运动会、书法绘画摄影展、歌咏比赛、旅游疗养和各种联谊活动等，大大丰富了校园文化生活，增强了师生员工对学校的亲切感和归属感。特别是工会和退离休协会，组织了大量老年活动，使老同志老有所学、老有所乐。一大批老干部、老教师担任党风廉政监督员、教学督导员等重要工作，为学校改革建设继续发挥余热。丰富多彩的校园文化生活，不仅为学校增添生机与活力，也在很大程度上增进了人与人之间的感情，是温馨校园建设的有机组成部分。

（三）真诚关爱师生员工，切实解决实际困难

多年来，学校把关爱师生员工放在心上，努力为师生员工排忧解难，使人们感受到学校

的关心和温暖。每年一度的新生入学，贫困生问题是学校最为关注的重点。自大学收费制度改革之初，东大就向社会和每一个学生做出庄重承诺："绝不让一名学生因经济困难而失学。"学校开通绿色通道，拓宽奖优、扶贫、助困渠道，使许多来自贫困家庭的学生得以顺利完成学业。仅据2007年数字统计，东大获得各类奖学金、助学金的同学就有13 300多人次，占全校学生总数的50%以上，资助金额达1375.6万元。同年，学校对家乡受灾的50多名困难学生给予了500~1000元不等的一次性临时困难补助，总金额近30 000元；为6300人次提供了勤工助学机会，发放勤工助学款126万元；还为8120人次发放了总额达162万余元的生活补助。

此外，通过校友会、校友基金会的努力，学校还努力争取外部支持，推动学校发展。截至2012年底，学校已设立161项奖学金、奖教金，总金额达2850万元。[①]其中有一些是关爱学生的老领导、老教授和社会上的企业家设立的奖学金，专门指定发给那些品学兼优、家庭困难的同学。

学校关心师生员工的身体健康，坚持教职工体检制度，把国家规定的教职工体检由两年一次缩短为一年一次。坚持职工住院探望制度，对行动不便的老领导、老教授实行上门巡诊制度。关心大学生的生活，关注他们的身体健康和心理健康，努力改善居住条件和食堂伙食。在学校经费紧张的情况下，多次自筹资金提高教职工工资和岗位津贴，调整退休人员生活补贴，提高离休人员生活待遇。坚持每年一次的"送温暖"活动，为遇到特殊困难的教职工送去补助金，以解其燃眉之急。

（四）发扬互助精神，建立互助渠道

2001年，东大"大病互助"工作正式启动，这是学校推出的一项重大惠民措施，在江苏高校尚属首次。按照规定，凡东南大学工会会员，每月只需缴纳10元互助费，连续交满一年，即可获得大病互助补助资格。学校每年拨出一定经费作为扶助金，并开通校外资助渠道，以保证大病互助工作的持续发展。从2001年到2011年，学校不断降低补助基数，调整补助比例，加大补助力度，享受大病互助的教职工已达2370人，其中个人最高补助款达28.7万元。10年间，全校累计发放补助款1355万元。2002年，一位退休后移居上海的老教师需要接受肝移植，由于大病互助政策刚刚开始实行，这位教师还不了解，因此四处筹钱，甚至想到了卖房子。校医院领导得知消息，专程赶到上海向他介绍了大病医疗互助政策，并给予补助，使他感动不已。经过数次手术，老教师转危为安。在两年的时间里，这位老教师一共得到了28万元的资助，他的妻子在座谈会上泣不成声地说："有了大病互助，许老师保住了性命，我们的家还是完整的，孩子还有爸爸"[②]。还有一位老师患乳腺癌，巨额的医疗费用曾让她产生放弃治疗的悲观念头。

---

① 数据来源于《东南大学年鉴》。
② 李冬梅：《大病互助爱心聚 十年谱写东大情》，《东南大学报》2011年4月30日。

正是大病医疗互助,使她得以康复,她深有感触地说:"我体验到了东大这个和谐大家庭的温暖与牵挂。"一位离休老干部说:"我连续缴了10年费,尽管没用过互助基金里的一分钱,但我感到非常欣慰。当我知道缴出的钱用到了那些真正需要帮助的教职工身上,我从内心深处感到快乐和满足"①。大病互助政策惠及了一大批需要帮助的人,它树立了东南大学互助友爱的精神,形成了"我为人人,人人为我"的良好风尚,成为教职工普遍赞誉的"温暖工程"和"民心工程"。

(五)改进工作作风,提供周到的服务

为广大师生员工提供周到细致的服务,让大家处处感到方便、快捷,是学校对机关管理部门和后勤服务部门提出的要求。2002年,为创建"学习型、研究型、服务型"机关,学校启动了机关作风建设考评工作,提出"向师生学习,为师生办事,请师生监督,让师生满意"等四条转变机关作风的具体目标,让全校师生员工来监督和评判机关的工作作风。这项工作启动以来,学校党委提出"考评体系要进一步规范,服务态度要有明显改善,办事效率要有明显提高"的阶段性要求,并梳理了群众进机关办事的"九个难",针对这些存在的问题制定了"机关首问责任制",明确了对前来机关办事的师生员工要有"一张笑脸,一杯热水,一把椅子"。这些要求和举措有效促进了机关工作质量的提升和服务态度的好转,如人事处为做好工资晋升工作,组织人员到基层现场答疑,力争把好事办实,实事办好;党委办公室、统战部走访39个基层党委和7个民主党派,听取他们的意见和建议,为基层排忧解难,当好领导的参谋助手;教务处开通"网上意见箱",为学生释疑解惑,交流思想,化解矛盾;保卫处专门抽出人员帮助新生解决报到时户口迁移所遇到的困难,帮助青年教师、集体户口教师解决户口方面长期遗留的难题;学生处结合贫困生档案建立工作,积极争取社会资助,拓宽勤工助学的渠道,进一步规范助困体系,为每一位贫困学生制定了相应的资助措施;后勤管理部门设立了处长意见箱,及时回复和处理师生反映的问题,对师生员工的意见和合理化建议认真加以解决和落实。通过改进工作作风,提升工作实效,教职工和学生对机关工作的满意度不断提高。

离休干部是学校的一个特殊群体,在全国高校中,东南大学的离休干部数量、级别均名列前茅。在2000年四校合并时,总人数达340人,其中有9名老红军,110名左右的厅局级干部。学校极为重视对这批老干部的服务工作,建立了党委书记亲自抓、副书记协管、各相关职能部门全力协作的领导体制和工作机制,其工作质量和水平在全省高校中都有较大影响。在老干部工作中,学校积极落实国家和地方政府出台的各项政策,为老同志办实事,解决实际问题,使东南大学在落实各项政策中信息透明、行动迅速、不打折扣,在政策允许范围内就高不就低,这些做法赢得了老同志的普遍赞许,也成为省内高校纷纷效仿的榜样。在医疗方面,学校对离

---

① 李冬梅:《大病互助爱心聚 十年谱写东大情》,《东南大学报》2011年4月30日。

休干部制定了相对宽松的医疗政策，除了国家规定的标准，学校在用药范围、病床标准、重病补贴等方面都有所突破，为离休干部提供了更好的医疗服务。学校常年坚持巡诊制度，派出有经验的医生，对老红军、老领导、行动不便的老病号定期巡诊，送医送药上门，帮助他们报销医药费；学校每年为离休老同志组织一次健康检查，为每一个老同志印制了挂在身上的救急卡片。2003年，南京市政府推出一项惠民措施，为市内贫困、孤寡老人提供一款应急服务设备——电子保姆"安康通"。这是一款用于孤寡老人在紧急情况下寻求救助的电子设备，连接市内救助平台，为孤寡老人提供紧急救助。"安康通"是市政府为南京市民推出的一项惠民措施，高校并不在其中。学校为了提供更优质的服务，与相关社区和鼓楼区、玄武区老龄委进行多次联系和磋商，争取到了政府的支持，为学校57名老红军、独居和空巢的离休干部安装了"安康通"，得到了离休老同志和家属的普遍欢迎。

建校一百多年来，历代校友情系母校，感念东南，为学校发展建设积极贡献力量。东大校友会、校友基金会作为联系校友的桥梁和纽带，通过多种渠道广联海内外校友，用温馨细致的工作穿连起校友与母校之间的联系，增进了广大校友对母校的真挚情怀，激发了他们回报母校、为母校发展建设做贡献的热情。大礼堂的修葺，群贤楼、真知馆、纪忠馆、金智楼、李文正图书馆等一批馆舍建设，校友们设立的各类奖学金、奖教金，以及在学校发展建设中给予各种捐赠和支持，无不蕴含了他们对母校的深挚热爱，体现了他们对母校培育的真情回报。据不完全统计，自东南大学教育基金会2005年正式注册以来，到2012年5月110周年校庆前，学校得到校友及社会各界捐赠合计约6.08亿元。校友是学校最引以为自豪的荣誉，最宝贵的资源之一，校友及校友会工作也是温馨校园建设的重要组成部分。

温馨和谐的校园环境，增强了全校师生员工的归属感和凝聚力，是多年来东大校园比较宽松和谐，推进改革和各项工作能得到大多数群众的信任和支持，师生能够心情比较舒畅、努力工作学习的重要情感基础。

建设和谐校园——五大校园建设是一项内涵丰富的系统工程，是建设世界一流大学重要的制度和环境条件，是提升学校"软实力"的重要举措。建设和谐校园的实质，就是充分发挥高校党组织的领导核心作用，正确处理高校发展过程中面临的各种问题和矛盾，实现学校事业发展与人的发展动态平衡，物质文明建设与精神文明建设共同推进的科学发展的过程。在这一过程中，学校党委牢牢把握"以党的建设推进和谐校园建设"的原则，以党建强根基，以党建促发展，通过20年的努力，使东南大学"五大校园建设"从构想逐步成为学校建设的一项系统谋划的重要工作并取得了可喜成效。

建设和谐校园是一个不断追求的美好愿景，而和谐校园建设也是一条需要不断探索、发展的求新之路。

结束语

1992年，当本卷开始的时候，适逢邓小平同志南方讲话如一股春风吹遍神州大地。党的十四大确定我国经济体制改革的目标是建立社会主义市场经济体制，提出用邓小平同志建设有中国特色社会主义理论武装全党。中国的改革开放、建设发展进入一个新时期。东南大学也遇到"天时、地利、人和"，进入了发展快车道。

二十年来，在前辈打下的基础上，东大人接续奋斗、发愤图强，实现了改革建设发展的历史性进步，学校发生巨大变化，基本达到了"到2012年建校110周年前后，基本实现东南大学'三步走'战略的第一步目标，若干学科达到或接近世界先进水平，建成综合实力位居国内一流大学前列、有一定国际影响的研究型大学"的预期目标。[①]

2012年，当本卷结束的时候，党的十八大胜利召开，以习近平同志为核心的新一代中央领导集体，引领中国进入新时代。习近平总书记提出了实现"两个一百年"奋斗目标的"中国梦"，即到2020年，中国将全面建成小康社会，实现第一个百年目标；到2049年，中华人民共和国成立一百年时，全面建成社会主义现代化强国。从2020年到2035年，中国在全面建成小康社会的基础上，再奋斗15年，将基本实现社会主义现代化。其中主要目标包括，全面实现教育科技现代化，国民受教育程度达到世界先进水平，到2035年跃升至创新型国家前列。这些激动人心的宏伟目标给了全中国人民坚定的信心和无穷的力量，也与东南大学肩负的历史使命，与学校建设世界一流大学新"三步走"战略及目标相契合：

从2021年到2035年左右，作为我校创建世界一流大学的整体跨越期。主要任务是全面提升、整体跨越，拥有一批具有世界级水平的科学家和学术团队，建成若干个具有世界先进水平的科研基地。主要目标是学科建设水平、人才培养质量、科研创新能力等主要办学指标达到国际一流水平，学校迈入世界一流大学行列。[②]

[①] 胡凌云：《以科学发展观统领全局，努力提高办学治校能力，不断开创国内外知名高水平研究型大学建设的新局面》，东南大学第十二次党代会报告，2005年6月14日。
[②] 《东南大学"十二五"改革和发展规划纲要》，2011年1月，中共东大第十三届委员会第三次全体会议审议通过。

这是一个极具雄心的奋斗目标和十分艰巨的历史重任，但已经不再是遥不可及了。从1992年到2012年，回顾这二十年的历程，在党的领导下，东南大学开拓创新、争先进位，取得了辉煌的成就；东大人励精图治、艰苦奋斗，把许多不可能变为了可能。

2012，只是一个新的起点，东南大学有着新的更高追求。再过十年、二十年、三十年，到建校130周年、150周年的时候，那时的东南大学会是怎样？实在难以想象，又令人充满无尽的遐想。但有一点是可以肯定的，就是随着中国全面建成现代化强国，随着中华民族实现伟大复兴的目标，中国的高等教育一定会走在世界最前列，中国一定有一批大学成为世界一流大学，东南大学作为中国高校"国家队"成员，一定会自豪地位列其中。

对此，我们充满信心！

附图表

表1 东南大学各类学生数据统计表（1992—2012）[①]　　单位：人

年份	本科生数			专科生数		
	毕业生数	招生数	在校生数	毕业生数	招生数	在校生数
1992	1603	1714	6526	164	316	623
1993	1331	1708	6834	172	612	1004
1994	1494	1751	6945	202	501	1321
1995	1721	1863	7211	350	347	1305
1996	1726	2166	7669	500	114	892
1997	1707	2351	8330	401	120	579
1998	1768	2362	8936	333	225	464
1999	1874	2949	9991	111	34	381
2000	2442	4014	14 554	1025	1148	2866
2001	2702	4103	15 592	825	420	2674
2002	2739	4030	16 676	953	515	2108
2003	3344	3968	17 059	1119	491	1425
2004	3850	3957	16 978	628	333	1051
2005	4280	3953	16 526	294	149	870
2006	3848	3961	16 523	383	0	477
2007	3785	3928	16 383	317	0	146
2008	3860	3803	16 175	142	0	0
2009	3696	3827	16 110	0	0	0
2010	3818	4001	16 196	0	0	0
2011	3850	3986	16 233	0	0	0
2012	3678	4023	16 310	0	0	0

---

① 数据来源于东南大学历年上报教育部的《高等教育基层统计报表》。

年份	研究生数			博士研究生数			硕士研究生数		
	毕业生数	招生数	在校生数	毕业生数	招生数	在校生数	毕业生数	招生数	在校生数
1992	294	399	1156	20	80	244	274	319	912
1993	339	467	1269	42	90	285	297	377	984
1994	346	619	1482	50	112	301	296	507	1181
1995	368	599	1681	61	112	348	307	487	1333
1996	450	677	1895	48	146	442	402	531	1453
1997	536	695	2031	87	157	507	449	538	1524
1998	537	797	2258	83	176	586	454	621	1672
1999	577	959	2529	77	227	706	500	732	1823
2000	658	1398	3421	87	300	903	571	1098	2518
2001	697	1879	4381	112	382	1061	585	1497	3320
2002	863	2300	5965	151	440	1437	712	1860	4528
2003	1366	2617	7378	287	514	1789	1079	2103	5589
2004	1570	2895	8569	199	549	2105	1371	2346	6464
2005	1797	2957	9636	196	509	2322	1601	2448	7314
2006	2623	3263	9996	409	537	2418	2214	2726	7578
2007	2609	3414	10 578	348	579	2619	2261	2835	7959
2008	2679	3526	11 436	318	567	2832	2361	2959	8604
2009	3107	3798	11 862	497	561	2908	2610	3237	8954
2010	3329	3924	12 553	478	595	2978	2851	3329	9575
2011	3430	4095	13 150	503	613	3067	2927	3482	10083
2012	3813	4107	13 460	492	630	3210	3321	3477	10250

年份	留学生数			成人高等教育学生数		
	毕业生数	招生数	在校生数	毕业生数	招生数	在校生数
1992	15	10	48	990	713	2294
1993	23	16	41	841	859	2903
1994	22	30	46	490	1148	3388
1995	6	30	55	1103	1303	3528
1996	15	26	63	1092	1354	3825
1997	24	33	36	993	1543	4179
1998	19	24	69	1122	1641	4666
1999	28	11	58	1595	2038	5034
2000	23	—	55	1912	3145	8379
2001	33	15	30	2196	3548	9571
2002	21	21	35	2650	4562	11356
2003	23	24	36	3398	3269	10975
2004	24	52	69	3913	3269	6501
2005	33	44	70	3005	3103	6558
2006	53	70	86	1223	3101	8140
2007	40	215	310	2385	3282	8468
2008	34	231	518	2714	3093	8500
2009	182	435	710	2075	3301	9431
2010	245	544	938	2493	2928	9303
2011	320	712	1202	2967	3541	9578
2012	204	753	1389	2741	3343	9492

表2　东南大学获江苏省高等教育教学成果奖（1990—2011）[①]

年度	等级	成果名称	成果完成人			单位
1990	一等奖	建筑设计造形力开发的新途径——建立建筑设计基础教育的新体系	顾大庆	单踊	满志	建筑系
		"机械原理"课程改革	郑星河	吴克坚	张融甫	机械工程系
		"工程流体力学"优化教学模式	王文琪	于荣宪	蔡体菁	动力工程系
		博士生培养方法的研究与实践	何振亚			无线电工程系
		建立激励机制，加强能力培养——"混凝土结构学"课程改革	蒋永生	邱洪兴	曹双寅	土木工程系
		"公路与城市道路工程"专业的改造	郭永琛	黄卫	叶见曙	交通运输工程系
		"情报检索"课程的创新与实践	张厚生	江孝感	朱志坚	图书馆
1993	一等奖	教学管理机制建设的研究与实践	李延保 姚灼云	高辉 范旨福	黄祖瑁	教务处
		"数据结构"课程建设	孙志挥 董逸生	陈钢 朱静华	金远平	计算机科学与工程系
1996	一等奖	建筑学专业教学体系的研究与实践	王国梁 刘先觉	黎志涛 赵军	单踊	建筑系
		按系招生、加强工程基础性教学、建设新的课程体系	沈永朝 彭沛	孙崇洲 黄正瑾	邹家禄	无线电工程系
		工科数学内容与体系改革的探索与实践	罗庆来 黄骏	宋柏生 毛惠良	俞南雁	数学力学系
		潜心研究 锐意改革 扎实建设 科学管理 不断提高教育质量	陈怡 潘久松	黄祖瑁 钱梅珍	姚灼云	教务处
2000	特等奖	建设一流的工程基础训练基地	张文锦 马萍相	万玉纲 冯志鸿	赵贵才	工业发展与培训中心
		计算机硬件应用系统实验教学改革的研究与实践	戴先中 孟正大	马旭东 顾群	李久贤	自动控制系
		大学素质教育的研究与实践	陈怡 陆挺	黄祖瑁 宋其丰	赵晴	教务处
		《美术鉴赏》（教材）	张道一 胡平	万书元 奚传绩	刘道广	艺术学系
2000	一等奖	电气电子信息类专业人才培养方案、教学内容和课程体系改革的研究与实践	陈笃信 沈永朝	陈怡 黄正瑾	邹家禄	无线电工程系
		创新实践，构建工科大学物理（含实验）课程新体系	叶善专 解希顺	钱锋 马文蔚	熊宏齐	物理系
		建设优秀学科梯队，培养高质量的研究生	陆祖宏 鲍旭东	罗立民 袁春伟	李玉成	生物科学与医学工程系
		《城市交通规划理论及其应用》（教材）	王炜 李旭宏	徐吉谦 李峻利	杨涛	交通学院
		对理工科大学生全面推行文学素质教育	王步高 邵文实	张天来 徐子方	朱国华	文学院
		东南大学旅游专业本科生培养目标与考评指标体系	喻学才 马民华	毛桃青 王金池	储九志	文学院

[①] 表格所列为江苏省高等教育教学成果奖一等奖及以上成果。1990年奖项名称为"江苏省普通高校优秀教学质量奖"，1993年改名为"江苏省普通高校优秀教学成果奖"，1996年改名为"江苏省普通高校教学成果奖"，2000年以后奖项名称为"江苏省高等教育教学成果奖"。

(续表)

年度	等级	成果名称	成果完成人			单位
2000	一等奖	VLSI设计教育和EDA实践教学的研究	田　良 宋继亮	高礼忠 黄　颋	冯　军	无线电工程系
		面向21世纪医学影像学专业课程体系和教学内容改革的研究	杨小庆 常芝兰	陈祖培 陈　俭	滕皋军	医学院
		《多维数字信号处理》（教材）	何振亚			无线电工程系
		《数据压缩的原理与应用》（教材）	吴乐南			无线电工程系
2004	特等奖	国家工科基础课程电工电子教学基地的建设	陈　怡 孟　桥	吴镇扬 吴乃陵	胡仁杰	电工电子基础课程教学基地
		交通规划教学体系的建设与实践	王　炜 陈　峻	陈学武 过秀成	陆　建	交通学院
		创建立体化、网络化、精品化的大学物理教学新体系	叶善专 解希顺	钱　锋 殷　实	马文蔚	物理系
		深化机械设计课程体系改革，强化学生实践能力培养	吴克坚 黄　克	钱瑞明 姚　华	许映秋	机械工程系
	一等奖	改革创新 提高大学英语教学的整体效益与效率	李霄翔 石　玲	施培芳 蒯劲超	陈美华	外国语言系
		开展数学建模活动 推进理工科数学课程体系改革	朱道元 杨振华 陈恩水	倪　勤 张兴永	俞　军 孙志忠	数学系
		测控技术与仪器本科专业人才培养体系的构建和培养方案的改革	宋爱国 黄曙萍	陈建元 朱欣华	祝学云	仪器科学与工程系
		本科教学质量监控与保障体系的建立与探索	郑家茂 单炳梓	潘晓卉 邱文教	黄祖瑚	教务处
		创建特色专业，培养医学影像学创新人才	杨小庆 靳激扬	滕皋军 陈祖培	储成凤	医学院
		大学语文教学改革的理论与实践	王步高 邵义实	丁　帆 乔光辉	张天来	人文学院
		发挥建筑教育的示范作用 培养建筑学学科优秀人才	王建国 陈　薇	黎志涛 龚　恺	韩冬青	建筑学院
		工科数学系列课程教学改革的研究与实践	宋柏生 罗庆来	管　平 俞南雁	董梅芳	数学系
		机电系统质量工程系列课程的研究与实践	贾民平 胡建中	钟秉林 黄　仁	许飞云	机械工程系
		理工科教育创新人才成长环境的研究与实践	易　红 熊宏齐 薛澄歧	卢冠忠 黄　婕	汤崇熙 孟　新	东南大学
		面向理工科学生"经济管理基础"课程的教学改革与创新研究	徐康宁 孙晓林	李　东	朱志坚	经济管理学院
		土建类专业工程素质和实践能力培养的研究与实践	蒋永生 郭正兴 何敏娟	邱洪兴 黄晓明	陈以一 单　建	土木工程学院
		营造培养电子信息类创新人才的综合实践环境	胡仁杰 赵　扬	徐莹隽 常　春	王凤华	电工电子实验中心

（续表）

年度	等级	成果名称	成果完成人			单位
2004	一等奖	注重整体优化建设、突出能力培养与训练——自动化专业主干技术类课程改革与实践	周杏鹏 王 勤	马旭东 陈夕松	孟正大	自动控制系
		思想政治理论课的教学研究与教学改革	江德兴 潘梅村	许苏明 何 苗	刘云虹	人文学院
2007	特等奖	示范性国家大学生文化素质教育基地的理论与实践研究	易 红 蒋建清	陈 怡 徐 悦	陆 挺	文化素质教育基地
	一等奖	现代大学体育课程模式的构建与实践	陈 瑜 方信荣	徐南强 蔡晓波	章 迅	体育系
		研究型"双语物理导论"课程的教学模式创新	恽 瑛 李久贤	朱 明 孙荣玲	张 勇	物理系、吴健雄学院
		机械工程创新人才培养模式的研究与实践	许映秋 张远明	钱瑞明 郁建平	贾民平	机械工程学院
		高等学校构建开放式创新性实验（实践）教学体系的研究与实践	郑家茂 方 霞	熊宏齐 戴玉蓉	张远明	东南大学
		自动化学科（专业）知识与课程体系的研究与实践	戴先中 周杏鹏	孟正大 谈英姿	马旭东	自动化学院
		电子信息系列课程的改革与建设	吴镇扬 毛卫宁	孟 桥 张树林	吴乐南	信息科学与工程学院
2009	特等奖	开放·交叉·融合——以设计创新为核心的建筑学专业本科教学新体系	王建国 韩冬青	钱 强 陈 薇	龚 恺	建筑学院
		建立科研与教学相结合、学习与研究一体化的创新人才培养模式	宋爱国 祝学云	况迎辉 崔建伟	陈建元	仪器科学与工程学院
	一等奖	经济管理专业人才培养模式的研究与创新实践	徐康宁 陈良华	李 东 孙晓林	朱志坚	经济管理学院
		基于计算机TA的物理实验"多重交互"教学新模式的创建与实践	钱 锋 孔祥翔	熊宏齐 孙贵宁	叶善专	物理系
		土木工程优质教学资源体系创新建设与实践	邱洪兴 童小东	李爱群 吴 京	冯 健	土木工程学院
		基于高层次学科平台的道路交通类高素质人才培养模式	王 炜 陈一梅	黄晓明 陈 峻	秦 霞	交通学院
		基于现代工程理念的软件人才培养模式创新与实践	邓建明 吴跃全	方宁生 顾 芳	吉 逸	软件学院
		网络环境下应用型《大学英语》教学模式优化与实践	李霄翔 朱善华	陈美华 吴之昕	莫锦国	外国语学院
2011	特等奖	基于全体学生参与的大学生自主研学体系的创建与实践	郑家茂 徐 悦	熊宏齐 张继文	方 霞	东南大学
	一等奖	将前沿科技融入通信工程专业教学的改革与实践	沈连丰 夏玮玮 胡 静	孟 桥 张在琛 刘 云	宋铁成 仲 文 张圣清	信息科学与工程学院
		大学生数学建模能力与创新人才培养的探索与实践	朱道元 陈恩水 王丽艳	刘继军 王 峰 贺 丹	孙志忠 贾新刚 杜 睿	数学系
		面向现代交通建设的多层次实践教学模式的改革与创新	黄晓明 陈 峻 刘 敏	程建川 高 英 陈学武	陈 怡 陆 建 黄 侨	交通学院

表3　东南大学国家级、省部级获奖教材（1987—2011）①

序号	年度	获奖名称	教材名称	获奖人
1	1987	全国高等学校优秀教材特等奖	中国古代建筑史	刘敦桢
2	1987	全国高等学校优秀教材优秀奖	机械原理	黄锡恺　郑文纬
3	1987	全国高等学校优秀教材优秀奖	信号与线性系统（上、下）	管致中　夏恭恪
4	1987	全国高等学校优秀教材优秀奖	微波元件原理与设计	李嗣范
5	1987	全国高等学校优秀教材优秀奖	数字信号处理的理论与应用（上、下）	何振亚
6	1987	部委一等奖	电子工业专用机械设备设计	叶琪根　徐祥和　钱一呈　汪乃钰
7	1987	部委一等奖	机械设计基础	杨可桢　程光蕴
8	1987	部委一等奖	热工过程自动调节原理和应用	陈来九
9	1992	全国高等学校优秀教材优秀奖	工程结构可靠性设计	黄兴棣
10	1992	全国高等学校优秀教材优秀奖	物理电子技术中的材料与工艺	莫纯昌　倪明生
11	1992	全国高等学校优秀教材优秀奖	电力系统稳态分析	陈珩
12	1992	全国高等学校优秀教材优秀奖	理论力学（上、下）（第二版）	南京工学院
13	1992	建设部特别荣誉奖	近百年西方建筑史	童寯
14	1992	电机部特等奖	物理电子技术中的材料与工艺	莫纯昌　倪明生
15	1992	部委一等奖	电子设备结构设计原理（第二册）	鲁守来　卢世济　邱成悌
16	1992	部委一等奖	工程热力学	庞麓鸣　汪孟乐　冯海仙
17	1992	部委一等奖	锅炉原理	范从振
18	1992	部委一等奖	锅炉动态特性及其数学模型	章臣樾
19	1992	部委一等奖	毫米波传输线	杨铨让
20	1992	部委一等奖	电子线路（第四版）线性部分、非线性部分	谢嘉奎　谢洪勋　金宝琴　宣月清
21	1992	部委一等奖	工程结构可靠性设计	黄兴棣
22	1992	部委一等奖	电磁场的数值计算和微波的计算机辅助设计	曹世昌
23	1992	部委一等奖	自适应控制	冯纯伯　史维
24	1992	部委一等奖	专家系统导论	黄可鸣

① 表格展示国家级二等奖以上获奖教材，省部级一等奖以上获奖教材。1987年至2012年，全国性的高等学校优秀教材评奖共有六次（1987年、1992年、1997年、2002年、2007年、2011年）。前两次奖项名称为全国高等学校优秀教材奖（分特等奖和优秀奖），1997年第三届国家级教材评奖与国家级教学成果奖并轨公布，称普通高等学校国家级教学成果奖（分一等奖、二等奖）。前三次的评选方式是先由各部委先行评选，一等奖择优推荐为国家级优秀教材奖。2002年奖项名称为全国普通高等学校优秀教材（分一等奖、二等奖），由高等学校和出版社择优申报，再行评选。2007年、2011年奖项名称为普通高等教育精品教材，从已出版的"十一五"国家级规划教材中评选精品作为国家级精品教材（不再分等级）。

(续表)

序号	年度	获奖名称	教材名称	获奖人
25	1992	部委一等奖	计算机网络	顾冠群　龚俭
26	1992	部委一等奖	系统辨识导论	徐南荣
27	1992	部委一等奖	电力系统稳态分析	陈珩
28	1992	部委一等奖	路面工程	方福森
29	1995	部委一等奖	建筑制图	钟训正　孙钟阳　王文卿
30	1995	部委一等奖	建筑物理	柳孝图
31	1995	部委一等奖	中国建筑史	潘谷西
32	1995	部委一等奖	汽轮机变工况特性	曹祖庆
33	1995	部委一等奖	优化方法与电路优化设计	鲍顺光
34	1995	部委一等奖	砌体结构	丁大钧
35	1995	部委一等奖	混凝土结构（上、下）	程文瀼（三校主编之一）
36	1995	部委一等奖	激光物理	钱梅珍　崔一平　杨正名
37	1995	部委一等奖	光纤传输系统	杨祥林　张明德　许大信
38	1995	部委一等奖	高等数学习题课教程	王文蔚　张华富　史玉清　黄炳生
39	1995	部委一等奖	数据库设计与实现	王能斌　董逸生
40	1995	部委一等奖	物理学（上、中、下）（第三版）	马文蔚　柯景凤
41	1995	部委一等奖	交通工程总论	徐吉谦
42	1997	普通高等学校国家级教学成果二等奖	汽轮机变工况特性	曹祖庆
43	1997	普通高等学校国家级教学成果二等奖	机械原理	黄锡恺　郑文纬　吴克坚　张融甫　郑星河
44	1997	普通高等学校国家级教学成果二等奖	电力系统稳态分析	陈珩
45	2000	中国高校科学技术奖（科技进步一等奖）	物理学（上、中、下）（第四版）	马文蔚　解希顺　谈漱梅　柯景凤　陈小平　张思挚　胡凯飞
46	2000	江苏省优秀教学成果特等奖	美术鉴赏	张道一　万书元　刘道广　胡平　奚传绩
47	2000	江苏省优秀教学成果一等奖	城市交通规划理论及其应用	王炜　徐吉谦　杨涛　李旭宏　李峻利
48	2000	江苏省优秀教学成果一等奖	多维数字信号处理	何振亚
49	2000	江苏省优秀教学成果一等奖	数据压缩的原理与应用	吴乐南
50	2001	普通高等学校国家级教学成果二等奖	多维数字信号处理	何振亚
51	2002	全国普通高等学校优秀教材一等奖	电子线路（第四版）线性部分、非线性部分	谢嘉奎　宣月清　冯军
52	2002	全国普通高等学校优秀教材二等奖	物理学（上、中、下）（第四版）	马文蔚
53	2002	全国普通高等学校优秀教材二等奖	计算机网络安全导论	龚俭　陆晟　王倩

(续表)

序号	年度	获奖名称	教材名称	获奖人
54	2002	全国普通高等学校优秀教材二等奖	数据库系统原理	王能斌
55	2002	全国普通高等学校优秀教材二等奖	交通工程学	王 炜 过秀成等
56	2002	全国普通高等学校优秀教材二等奖	土木工程测量	胡伍生 潘庆林
57	2002	全国普通高等学校优秀教材二等奖	大学语文	王步高 丁 帆
58	2002	全国普通高等学校优秀教材二等奖	液压与气压传动	章宏甲 黄 谊 王积伟
59	2005	江苏省精品教材	大学语文系列教材	王步高 丁 帆
60	2005	江苏省精品教材	物理学系列教材（二）	马文蔚
61	2005	江苏省精品教材	机械设计	吴克坚 于晓红 钱瑞明
62	2005	江苏省精品教材	土木工程测量	胡伍生
63	2005	江苏省精品教材	数字信号处理	吴镇扬
64	2005	江苏省精品教材	现代检测技术	周杏鹏
65	2007	江苏省精品教材	刑法学（总论、各论）（第二版）	刘艳红
66	2007	江苏省精品教材	唐诗宋词鉴赏立体化系列教材	王步高
67	2007	江苏省精品教材	环境与可持续发展导论（第二版）	马 光 吕锡武
68	2007	江苏省精品教材	液压与气压传动（第二版）	王积伟 章宏甲
69	2007	江苏省精品教材	微特电机及系统	程 明
70	2007	江苏省精品教材	自动控制原理（第二版）	田玉平
71	2007	普通高等教育精品教材	大学体验英语综合教程1、2（第二版）	《大学体验英语》项目组
72	2007	普通高等教育精品教材	物理学教程（第二版）（上、下册）	马文蔚 周雨青
73	2007	普通高等教育精品教材	机械设计基础（第五版）	杨可桢 程光蕴 李仲生
74	2007	普通高等教育精品教材	C++程序设计（第二版）	吴乃陵 况迎辉
75	2007	普通高等教育精品教材	房屋建筑学（第四版）	同济大学 西安建筑科技大学 东南大学 重庆大学
76	2007	普通高等教育精品教材	土木工程测量	胡伍生 潘庆林
77	2007	普通高等教育精品教材	环境与可持续发展导论（第二版）	马 光等
78	2008	普通高等教育精品教材	大学体验英语 听说教程1-4（第二版）	李霄翔 王海啸
79	2008	普通高等教育精品教材	集成电路设计技术与工具	王志功 景为平 孙 玲
80	2008	普通高等教育精品教材	高等数学（上、下册）	黄 骏 董梅芳
81	2009	江苏省精品教材	建筑结构设计	邱洪兴
82	2009	江苏省精品教材	传感器技术大学物理实验（修订版）	贾伯年
83	2009	江苏省精品教材	大学物理实验（修订版）	钱 锋 潘人培
84	2009	江苏省精品教材	数据压缩（第二版）	吴乐南

（续表）

序号	年度	获奖名称	教材名称	获奖人
85	2009	江苏省精品教材	线性代数	陈建龙
86	2009	江苏省精品教材	工程材料及机械制造基础（1）—工程材料	戴枝荣　张远明
87	2011	江苏省精品教材	行政法与行政诉讼法学	孟鸿志
88	2011	江苏省精品教材	数学物理方法（第二版）	管　平　刘继军　计国君
89	2011	江苏省精品教材	大学物理引论（双语多媒体教材）（第二版）	恽　瑛
90	2011	江苏省精品教材	工程力学	郭应征　周志红
91	2011	江苏省精品教材	测试技术（第二版）	贾民平　张洪亭
92	2011	江苏省精品教材	数字信号处理（第二版）	吴镇扬
93	2011	江苏省精品教材	电子线路(线性、非线性部分)(第五版)	冯　军　谢嘉奎
94	2011	江苏省精品教材	建筑物理（第三版）	柳孝图
95	2011	江苏省精品教材	土木工程施工	郭正兴
96	2011	江苏省精品教材	交通规划	王　炜
97	2011	江苏省精品教材	会计学（第二版）	陈菊花　陈良华
98	2011	江苏省精品教材	21世纪高等院校化学实验教学改革示范系列教材（分析化学实验）	马全红　邱凤仙
99	2011	江苏省精品教材	21世纪高等院校化学实验教学改革示范系列教材（有机化学实验）	郭玲香　曹　健
100	2011	普通高等教育精品教材	定向运动与野外生存（第二版）	张惠红　陶　于
101	2011	普通高等教育精品教材	控制工程基础（第二版）	王积伟　吴振顺
102	2011	普通高等教育精品教材	数字信号处理（第二版）	吴镇扬
103	2011	普通高等教育精品教材	现代检测技术（第二版）	周杏鹏
104	2011	普通高等教育精品教材	建筑物理（第三版）	柳孝图
105	2011	普通高等教育精品教材	砌体结构（第二版）	丁大钧　蓝宗建
106	2011	普通高等教育精品教材	土木工程概论（第二版）	丁大钧　蒋永生
107	2011	普通高等教育精品教材	外国建筑简史	刘先觉　汪晓茜

表4　东南大学获国家科学技术奖（1992—2012）

获奖年份	项目名称	主要完成人	获奖等级	单位
1992	钢纤维混凝土路面性能设计与施工技术	孙　伟　陈荣生　黄　熙 高建明　金志强　符冠华	国家发明奖三等奖	江苏省交通厅 东南大学
	一种流化表面干燥制粉装置	范　铭　李大骥　葛士福 刘同增	国家发明奖四等奖	动力工程系 热能工程研究所
	节能复合铝铁锅	孔宪中　陈邦仪等	国家发明奖四等奖	材料科学与工程系
	大城市综合交通体系规划模式研究	徐吉谦	国家科技进步奖二等奖（合作）	交通运输工程系
	H/SQC-552型侦察声呐	陆佶人　朱滋浩	国家科技进步奖三等奖	无线电工程系
	微机数据采集和处理专用装置的研制	林中达	国家科技进步奖三等奖（合作）	动力工程系
1993	IT-1智能电视跟踪系统	夏良正	国家科技进步奖二等奖（合作）	自动控制系
1995	鱼雷脱靶量及末弹道测量系统	陆佶人　朱滋浩　钱振德 刘清旺　黄建人　孟　桥 毕光国　万德钧　孟庆济	国家科技进步奖二等奖	无线电工程系 仪器科学与工程系
	多层工业厂房预应力结构体系及相应性能研究	陈惠玲　杨宗放　吕志涛 张忠利　姚伟忠	国家科技进步奖三等奖（合作）	土木工程系
	异种中大型计算机远程OSI网络	顾冠群　龚　俭　严秉樟 吴国新　李　俊	国家科技进步奖三等奖	计算机科学与工程系
1996	北京第一机床厂CIMS工程	杨楚保　吴锡英　杨景宜 周伯鑫　李　林　杨振声 焦小澄　刘宇凌　王　茜	国家科技进步奖二等奖（合作）	机械工程系 自动控制系 计算机科学与工程系 经济管理学院
	基于EDI的单证交换系统	顾冠群　李　俊　吴国新 方宁生　李　维	国家科技进步奖三等奖	计算机科学工程系
	新型空间结构的强度稳定性和动力性能的研究	董石麟　沈祖炎　严　慧 钱若军　赵惠麟	国家科技进步奖三等奖（合作）	土木工程系
	高科技知识丛书	顾冠群　周强泰　李大骥 董逸生	国家科技进步奖三等奖	计算机科学与工程系 动力工程系
1997	中国教育和科研计算机网CERNET示范工程	吴建平　张　凌　雷维礼 李　星　龚　俭　张德运 汪为农　石冰心　马　严	国家科技进步奖二等奖	计算机科学与工程系
1998	NTY-300型超声手术装置	吴　巍　章庆国　汪国雄等	国家科技进步奖三等奖	南京铁道医学院
	PVDF-压电薄膜水听器（换能器）系列	袁易全　时炳文　邵耀梅 王克里　商国华	国家发明奖四等奖	无线电工程系
	钢和铸铁件无熔盐覆盖剂热浸镀铝新技术	吴元康　郭　军　梅建平	国家发明奖四等奖	材料科学与工程系
	广东华宝空调器厂CIMS应用工程	陈少民　刘文煌　颜永年 夏安邦　董逸生　杜建军 顾冠群　严隽薇　郑荆陵	国家科技进步奖二等奖（合作）	电气工程系 计算机科学与工程系

（续表）

获奖年份	项目名称	主要完成人	获奖等级	单位
1998	预应力混凝土结构设计基本问题的研究	陶学康 吕志涛 卫纪德 王正霖 余志武 孟少平 白生翔 赵国藩 侯建国	国家科技进步奖二等奖（合作）	土木工程学院
1998	提高徐州电厂国产200MW汽轮发电机组运行稳定性、可靠性综合研究	高 杨建明 周福和 傅行军 黄根泉	国家科技进步奖三等奖	动力工程系
	WFBZ-01型微机发电机变压器组保护装置	陆于平 吴济安 史世文 李 莉 周振安	国家科技进步奖三等奖	电气工程系
1999	沪宁高速公路江苏段工程技术和建设管理	徐华强 蔡家范 许道化 柯弘生 徐泽中 邓学钧 陈小桐	国家科技进步奖一等奖（合作）	交通学院
	专用集成电路系统设计及工程技术产业化实施	孙大有 宋岳明 时龙兴 胡 晨 孟绍锋	国家科技进步奖三等奖	电子工程系
2002	自旋输运和巨磁电阻理论	邢定钰 盛 利 顾若愚 刘 楣 董锦明	国家自然科学二等奖（合作）	物理系
2003	公路通行能力研究的装备与技术	周荣贵 王 炜 刘小明 安旗林 邢惠臣 赵同安 李 强 方 靖 周 刚 邓 卫	国家科学技术进步奖二等奖（合作）	交通学院
2004	道路交通系统规划的成套技术及仿真设备开发	王 炜 徐吉谦 邓 卫 杨 钧 陈学武 陆 健 陈 峻 李旭宏 李文权	国家科学技术进步奖二等奖	交通学院
	中国第三代移动通信系统研究开发项目	尤肖虎 曹淑敏 王 京 卫 国 胡捍英 张 平 杨峰义 李 军 王志勤 赵春明	国家科学技术进步奖二等奖	无线电工程系
2005	OUR－QGD型立体定向伽玛射线全身治疗系统（全身伽玛刀）	段正澄 罗立民 夏廷毅 惠小兵 朱国力 吕凤华 黄 禹 李小平 苏以翔 孙逸华	国家科学技术进步奖二等奖（合作）	计算机科学与工程系
	大跨径钢箱梁斜拉桥关键技术研究	陈明宪 戴永宁 黄 卫 曾宪武 陈 新 刘晓东 崔 冰 娄学全 史永吉 强士中	国家科学技术进步奖二等奖（合作）	交通学院
	略	徐晓苏	国家科学技术进步奖二等奖（合作）	仪器科学与工程系
2006	略	何德坪 尚金堂 戴 戈 何思渊 杨东辉 郑明军	国家技术发明奖二等奖	材料科学与工程学院
2007	国道205线滨州黄河公路大桥工程综合技术研究	杨永顺 李 惠 张西斌 高雪池 黄晓明 孙献国 叶见曙 安长军 石名磊 王化冰	国家科学技术进步奖二等奖（合作）	交通学院

(续表)

获奖年份	项目名称	主要完成人	获奖等级	单位
2007	现代化体育场施工技术的研究	肖绪文 杨中源 陈桥生 戈祥林 李维滨 赵 俭 陆德宝 郝晨钧 马荣全 程建军	国家科学技术进步奖二等奖（合作）	土木工程学院
	生态型高与超高性能结构混凝土材料的研究与应用	孙 伟 缪昌文 翟建平 余红发 刘加平 张云升 周伟玲 陈惠苏 慕 儒 田 倩	国家科学技术进步奖二等奖	材料科学与工程学院
	城市交通系统管理控制的关键技术 设备开发及工程应用	王 炜 陆 建 蔡先华 任 刚	国家科学技术进步奖二等奖（合作）	交通学院
	中国下一代互联网示范工程CNGI示范网络核心网CNGI-CERNET2/6IX	吴建平 李 星 张 凌 汪为农 龚 俭 马 严 李芝棠 张 蓓 汪文勇 李 卫	国家科学技术进步奖二等奖（合作）	计算机科学与工程学院
2008	润扬长江公路大桥建设关键技术研究	吉 林 孙 钧 钟建驰 黄 卫 冯兆祥 林 鸣 孙 伟 吴胜东 周志芳 缪昌文 李爱群	国家科学技术进步奖二等奖（合作）	交通学院 材料科学与工程学院
	建筑结构减振防灾关键技术与应用	贾洪洪 李爱群 闫维明 周锡元 纪金豹 程文瀼 徐茂义 李振宝 张志强 姜大力	国家科学技术进步奖二等奖（合作）	土木工程学院
	静脉系统梗阻－高压性疾病（VOH）综合性介入治疗的应用研究	徐 克 滕皋军 祖茂衡 张曦彤 徐 浩 苏洪英 肖 亮 李 红 钟红珊 卢 勤	国家科学技术进步奖二等奖（合作）	中大医院
2009	硅基集成型功率MOS器件及高低压集成技术与应用	时龙兴 孙伟锋 陆生礼 苏 巍 易扬波 宋慧滨	国家技术发明奖二等奖	电子科学与工程学院
	基于神经网络逆的软测量与控制技术及其应用	戴先中 孙玉坤 刘国海 马旭东 张凯峰 朱湘临	国家技术发明奖二等奖	自动化学院
	公路在用桥梁检测评定与维修加固成套技术	张劲泉 李万恒 周建庭 徐 岳 任红伟 何玉珊 叶见曙 张建仁 周志祥 宿 健	国家科学技术进步奖二等奖（合作）	交通学院
2010	网络教育关键技术及示范工程	顾冠群 罗军舟 曹玖新 郑庆华 史元春 虞维平 吉 逸 刘彭芝 于 斌 王 杉	国家科学技术进步奖二等奖	计算机科学与工程学院
	大跨空间钢结构预应力施工技术研究与应用	郭正兴 肖绪文 罗 斌 吴聚龙 张 琨 王玉岭 王存贵 李景芳 张成林 王 宏	国家科学技术进步奖二等奖	土木工程学院

(续表)

获奖年份	项目名称	主要完成人	获奖等级	单位
	稠密多相流动与化学反应耦合体系的节能减排关键技术及应用	肖　睿　钟文琪　孙克勤　金保昇　卫　达　廖东海　孟令杰　陆　勇　束长好　章名耀	国家科学技术进步奖二等奖	能源与环境学院
	千米级斜拉桥结构体系、设计及施工控制关键技术	张喜刚　游庆仲　张　鸿　陈艾荣　袁　洪　吴寿昌　欧阳效勇　丁　峰　刘先鹏　裴岷山　罗承斌　任回兴　李　乔　龚维明　刘玉擎	国家科学技术进步奖一等奖（合作）	土木工程学院
	高品质中高碳特殊钢棒线材连续生产技术与工艺开发	张文基　蒋建清　李国忠　阮小江　许晓红　耿　克　涂益友　傅金明　张剑锋　李　英	国家科学技术进步奖二等奖（合作）	材料科学与工程学院
2011	宽带移动通信容量逼近传输技术及产业化应用	尤肖虎　高西奇　赵春明　潘志文　孙立新　罗　毅	国家技术发明奖一等奖	信息科学与工程学院
	大跨径桥梁钢桥面铺装成套关键技术及工程应用	黄　卫　陈志明　钱振东　胡汉舟　黄　融　程　刚　王建伟　朱建设　罗　桑　过震文　王　晓　吴秉军　邵　利　应　军　闵召辉	国家科学技术进步奖二等奖	交通学院 化学化工学院
	新型消化道支架的研发与应用	滕皋军　郭金和　郭圣荣　茅爱武　冷德嵘　王忠敏　刘春俊　朱光宇　刘诗义　何仕诚	国家科学技术进步奖二等奖	中大医院
2012	纤维增强复合材料的高性能化及结构性能提升关键技术与应用	吴智深　吴　刚　崔　毅　吴宇飞　赵启林　潘金龙　万　水　曹双寅　梁坚凝　杨才千	国家科学技术进步奖二等奖	土木工程学院
	钉形双向搅拌桩和排水粉喷桩复合地基技术与应用	刘松玉　朱志铎　杜广印　章定文　储海岩　杜延军	国家技术发明奖二等奖	交通学院
	略	王　炜　顾怀中　陆　建　胡小翔　陈学武　李洪武　陈淑燕　王锦尧　朱志星　蔡健臣	国家科学技术进步奖二等奖	交通学院
	纳米材料若干新功能的发现及应用	阎锡蕴　梁　伟　汪尔康　顾　宁　杨东玲	国家自然科学奖二等奖（合作）	生物科学与医学工程学院

表5 东南大学获高等学校人文社会科学研究优秀成果奖（1998—2009）

序号	届次	成果名称	奖项类型	奖项级别	姓名	单位
1	第二届（1998年）	《科学认识史论》	著作奖	三等奖	萧焜焘	文学院
2	第三届（2003年）	《中国伦理精神的现代建构》	著作奖	三等奖	樊和平	人文学院
3	第四届（2006年）	《艺术辩证法》	著作奖	二等奖	姜耕玉	艺术学院
4		《当代西方建筑美学》	著作奖	三等奖	万书元	艺术学院
5		《文明与繁荣——中外城市经济发展环境比较研究》	著作奖	三等奖	徐康宁等	经济管理学院
6	第五届（2009年）	《道德形而上学体系的精神哲学基础》	著作奖	二等奖	樊和平	人文学院
7		《裁量基准的正当性问题研究》	论文奖	二等奖	周佑勇	法学院
8		《中国艺术史纲（上、下）》	著作奖	二等奖	张 燕	艺术学院
9		《自然资源丰裕程度与经济发展水平关系的研究》	论文奖	三等奖	徐康宁 王 剑	经济管理学院
10		《冲突与协调——科学合理性新论》	著作奖	三等奖	马 雷	人文学院

表6 东南大学获江苏省哲学社会科学优秀成果奖（1997—2012）①

序号	届次	成果名称	成果类型	等级	获奖者	单位
1	第五届（1997年）	《道德与自我》	著作	一	樊和平	人文学院
2		《科学认识史论》	著作	一	萧焜焘	人文学院
3	第六届（2000年）	《中国伦理精神的现代建构》	著作	一	樊和平	人文学院
4		《中国镇物》	著作	一	陶思炎	人文学院
5	第八届（2004年）	《文明与繁荣——中外城市经济发展环境比较研究》	著作	一	徐康宁	经济管理学院
6	第九届（2006年）	《中国传统人才思想》（上、下册）	著作	一	张祥浩	人文学院
7	第十届（2007年）	《道德形而上学体系的精神哲学基础》	著作	一	樊和平	人文学院
8	第十二届（2012年）	《中国伦理道德报告》	著作	一	樊和平等	人文学院
9		《论正犯理论的客观实质化》	论文	一	刘艳红	法学院
10		《第一资源——科学人才观简明读本》	著作	一（合作）	沈 炯	东南大学

① 表格所列为江苏省哲学社会科学优秀成果奖一等奖。

表7 东南大学获省部级科学技术奖（1992—2012）[①]

序号	授奖年份	成果名称	获奖名称	等级	主要完成人	单位
1	1992	IT-1智能电视跟踪系统[②]	机电部	一（合作）	夏良正	自动控制系
2	1992	H/SQC-552型侦察声纳[③]	中船总公司科技成果奖	一	陆佶人　朱滋浩[④]	无线电工程系
3	1993	电磁场边值问题泛函解法的研究	国家教委科技进步奖	一	章文勋　洪伟　薄亚明　祝雷　陈小安	无线电工程系
4	1993	多孔介质热湿迁移特性和自然对流换热的研究	国家教委科技进步奖	一（合作）	虞维平	动力工程系
5	1993	我国水泥混凝土路面发展对策及修筑技术研究[⑤]	交通部	一	陈荣升	交通运输工程系
6	1994	四川330MW火电机组全仿真机	四川省科技进步奖	一（合作）	葛斌	动力工程系
7	1995	直线法原理及其应用研究[⑥]	国家教委科技进步奖	一	洪伟　陈忆元　蒋晓红　徐金平　朱晓维　何立权　李嗣范	无线电工程系
8	1995	鱼雷脱靶量及末弹道测量系统[⑦]	国家教委科技进步奖	一	陆佶人　朱滋浩　钱振德　刘清旺　黄建人　孟桥　毕光国　万德钧　孟庆济　杨期鹤　姚治国　钱进　方世良　孙长柏　陈晓曙　郭延芬　毛卫宁　朱建戈　陈励军　庄国奋　隋绍昆　施雪松　王玉泉　刘强　周伯令　于世民　贡淑怡　周刚临　安琪　杨琳　刘富兴	无线电工程系　仪器科学与工程系
9	1995	北京第一机床厂CIMS工程	机械工业部科技进步奖	特等（合作）	杨楚保　吴锡英　杨景宣　李林　周伯鑫　杨振声　刘宇凌　焦小澄　王茜　魏而巍　达庆利　梁建忠　文扇林　盛昭瀚　梁木养　陈别　孙志挥　丁伟　等	计算机科学与工程系

① 表格所列为省部级科学技术奖一等奖及以上。
② 数据引自《东南大学科技信息》,1993年科技专辑二,东南大学科研处编。
③ 数据引自《东南大学科技信息》,1993年科技专辑二,东南大学科研处编。
④ 数据引自《东南大学科技信息》,1993年科技专辑二,1992年东南大学获国家级奖项及获奖者,东南大学科研处编。
⑤ 数据引自《东南大学科技信息》,1993年第一期,东南大学科研处编。
⑥ 数据引自《国家教育委员会一九九四年度科技进步奖授奖项目公告》,甲类。
⑦ 数据引自《国家教育委员会一九九四年度科技进步奖授奖项目公告》,乙类。

(续表)

序号	授奖年份	成果名称	获奖名称	等级	主要完成人			单位
10	1995	北京第一机床厂CIMS工程研究课题和突破口项目	江苏省科技进步奖	一	吴锡英 盛昭瀚 何建敏 易 红 吴广谋 胡晚霞 张国庆	周伯鑫 孙志挥 丁 伟 仲伟俊 冯建华 周 晶 吴福元	焦小澄 顾冠群 王 茜 周 俊 龚 俭 诸锡祺	机械工程系 自动控制系 自动化研究所 经济管理学院 计算机科学与工程系
11	1995	东南大学逸夫科技馆	国家教委优秀设计奖	一	沈国尧	周 宁	杨德安	建筑设计研究院
12	1996	WFBZ-01型微机发电机变压器组保护装置	国家教委科技进步奖	一	陆于平 李 莉	吴济安 周振安	史世文 陶月明	电气工程系
13	1996	机械结构振动、噪声控制技术研究	国家教委科技进步奖	一	孙庆鸿 张建润 吴国梁 温任林	张启军 孙蓓蓓 崔 黎 王志新	姚慧珠 程 序 杨 莉	机械工程系
14	1996	NTY-300型多功能超声手术装置	铁道部科技进步奖	一	吴 巍 张志升 冷永成	章庆国 杨德同 陈怀仁	汪国雄 杨天明	南京铁道医学院
15	1996	专用集成电路系统设计及其工程技术研究	江苏省科技进步奖	一	孙大有 孟绍锋 孟江生 茆邦琴	李素珍 胡 晨 邓松亮	时龙兴 陆生礼 桑爱兵	电子工程系
16	1997	中国教育和科研计算机网CERNET示范工程	国家教委科技进步奖	一（合作）	吴建平 李 星 汪为农 赵 宏 有 悦 梁尤能	张 凌 龚 俭 石冰心 张兴华 杨家海 袁成琛	雷维礼 张德运 马 严 王 岩 朱 爽 何立权	计算机科学与工程系
17	1997	预应力混凝土结构设计基本问题的研究	建设部科技进步奖	一（合作）	陶学康 王正霖 白生翔	吕志涛 余志武 赵国藩	卫纪德 孟少平 侯建国	土木工程系
18	1997	提高国产200MW汽轮发电机组运行稳定性、可靠性综合研究	江苏省科技进步奖	一	高 瞻 杨建明 杨建刚	周福和 黄根泉 臧朝平	傅行军 方秋华 陆颂元	动力工程系
19	1997	半导体热电子输运的非平衡统计理论	江苏省科技进步奖	一（合作）	邢定钰	刘 楣		物理系
20	1998	沪宁高速公路（江苏段）工程	江苏省科技进步奖	特等（合作）	徐华强 柯弘生 陈小桐 谢家全 邱增煌	蔡家范 徐泽中 吴赞平 张全庚 游庆仲	许道化 邓学钧 华 斌 易 敏 刘 伟	交通学院

（续表）

序号	授奖年份	成果名称	获奖名称	等级	主要完成人	单位
21	1998	高强混凝土结构变形及设计方法的研究	江苏省科技进步奖	一	蒋永生 梁书亭 陈德文 秦鸿根 吕清芳 李 进 卢建峰 姜宁辉 庞同和	土木工程学院
22	1999	神经网络理论及其智能信息处理应用基础	教育部科技进步奖	一	何振亚 李衍达 迟惠生 何永保 母国光 陈天平 张延忻 杨绿溪 戚飞虎 胡光锐 张立明 阎平凡 陈国良 余英林 靳 蕃 何明一 孙雅明 陈 珂 顾凡及 罗发龙 王太君 邹采荣 高西奇 姚苏苏 吴承武	无线电工程系
23	1999	计算机网络协议形式技术及其应用研究	教育部科技进步奖	一	顾冠群 罗军舟 吴介一 吴国新 汪 芸 丁 伟 沈苏彬 费 翔 沈 俊	计算机科学与工程系
24	1999	钢纤维混凝土结构设计与施工规程 (CECS38: 92)	教育部科技进步奖	一（合作）	赵国藩 黄承逵 樊承谋 赵景海 素文纲 王璋水 孙 伟 张春漪 徐蕴贤 彭少民 金芷生 卢良浩	材料科学与工程系
25	1999	FMS-500 柔性制造系统	航空工业总公司科技进步奖	一（合作）	李 奇	自动控制系
26	1999	面向 CIMS 并行工程集成框架关键技术	国防科工委科技进步奖	一（合作）	金春来 李伯虎 顾冠群 张中生 刘 嘉 金建涛 汪 芸	计算机科学与工程系
27	1999	高层建筑预应力厚板转换层的研究与应用	江苏省科技进步奖	一（合作）	吕志涛 汪 凯 舒精平 盛小微 郭正兴 韩 源 苍重光 龚兴沪 杨尚伟	土木工程学院
28	1999	调频广播副载波信息服务系统	江苏省科技进步奖	一	孙大有 时龙兴 宋岳明 胡 晨 孟绍锋 陆生礼 夏 勇 徐建宇 吴建辉	电子工程系
29	2000	盲信号处理理论与应用	江苏省科技进步奖	一	何振亚 刘 琚 杨绿溪 邹采荣	无线电工程系
30	2000	桩承载力自平衡测试方法的研究	江苏省科技进步奖	一	龚维明 郭正兴 蒋永生 刁爱国 李金根 薛国亚 梁书亭 毛龙泉 高乔明	土木工程学院
31	2000	公路交叉口通行能力分析方法研究	江苏省科技进步奖	一	王 炜 邓 卫 高海龙 李文权 项乔君 徐吉谦 常 华 陆 健 陈学武	交通学院

(续表)

序号	授奖年份	成果名称	获奖名称	等级	主要完成人	单位
32	2001	计算机信息网络及其应用关键技术研究	中国高校科学技术奖（科技进步奖）	一（合作）	吴建平 李 星 张 凌 雷维礼 龚 俭 张德运 张兴华 赵 宏 汪为农 马 严 石冰心 徐明伟 曹 争 董守斌 杨家海 张 俐 毛玉明 李 卫 郝瑞兵 朱 爽 吴剑章 张 平 段海新 李信满 李家滨 宁国宁 胡道元 丁 伟 杨 宁 郑卫斌 毕 军 段 景 张 勇 邹 玲 尹 霞	计算机科学与工程系
33	2001	《物理学》（上、中、下）（第四版）	中国高校科学技术奖（科技进步奖）	一	马文蔚 解希顺 谈淑梅 柯景凤 陈小平 张思挚 胡凯飞	物理系
34	2001	大型汽轮发电机组异常振动诊断及治理技术	江苏省科技进步奖	一	傅行军 杨建刚 朱晓东 沈德明 高 璺 田新启 石江陵 刘振祥 方秋华	动力工程系
35	2001	江阴长江公路大桥建设关键技术研究	江苏省科技进步奖	一（合作）	周世忠 项海帆 吴胜东 钟建驰 游庆仲 吉 林 范立础 冯兆祥 王敬民	交通学院
36	2002	南京长江第二大桥钢桥面环氧沥青混凝土铺装技术应用	中国高校科学技术奖（科技进步奖）	一	黄 卫 戴永宁 李淞泉 杨 军 程 刚 娄全学 王 晓 王建伟 钱振东 孙 斌	交通学院
37	2002	自旋输运和巨磁电阻理论	中国高校科学技术奖（自然科学奖）	一（合作）	邢定钰 盛 利 刘 楣 董锦明 汪子丹 顾惹愚 郑之明 吕 品 蒋 杰 齐雨农	物理系
38	2002	应急管理技术、方法及其应用	中国高校科学技术奖（科技进步奖）	一（合作）	盛昭瀚 何建敏 赵林度 周 晶 王长君 陆卫东 邹小龙 刘 春 赵卫东 于跃海 李录书 翟晓敏 花长春 李春雨 谈晓洁	经济管理学院
39	2002	混沌神经信息处理的几个重要问题研究	江苏省科技进步奖	一	何振亚 裴文江 张毅锋 蔚承建 杨绿溪	无线电工程系
40	2003	半导体场致电子工程系发射研究	教育部提名国家科学技术奖（自然科学奖）	一	黄庆安 秦 明 张会珍 章 彬 陈军宁	电子工程系

(续表)

序号	授奖年份	成果名称	获奖名称	等级	主要完成人			单位
41	2003	土木工程结构的振动控制理论	教育部提名国家科学技术奖（自然科学奖）	一（合作）	瞿伟廉 李桂青	李爱群 程文瀼	徐幼麟	土木工程学院
42	2003	江苏金融网络综合业务处理系统	江苏省科技进步奖	一	罗军舟 潘晓东 沈秋祥 赵春明	王银烈 游庆富 麻德琼 赵达根	陆培祥 顾龙宝 王志勤	计算机科学与工程系
43	2003	1860MPa级PC钢绞线用小方坯连铸连轧盘条的产业化研究	江苏省科技进步奖	一（合作）	蒋建清 方　峰 江静华	倪根来 陈少慧 胡显军	朱希圣 王启炯 徐向东	材料科学与工程系
44	2004	现代城市设计理论及其方法	教育部提名国家科学技术奖（自然科学奖）	一	齐　康 董　卫	王建国 阳建强	韩冬青 郑　炘	建筑学院
45	2004	基于多径能量窗的CDMA移动通信接收技术	江苏省科技进步奖	一	尤肖虎 程时昕 傅学群	赵春明 王　玲 刘郁蓉	蒋良成 缪开济 陈　明	无线电工程系
46	2004	低功率无线接入系列设备的研制及产业化	江苏省科技进步奖	一	沈连丰 夏玮玮 刘　彤	宋铁成 施　荣 蔡洪涛	叶芝慧 张宏泽 徐平平	无线电工程系
47	2004	土木工程结构减振防灾新技术研究与应用	江苏省科技进步奖	一	李爱群 徐赵东 蔡丹绎	瞿伟廉 张志强 叶正强	程文瀼 陈忠范 黄　镇	土木工程学院
48	2004	32位嵌入式微处理器芯片	江苏省科技进步奖	一	时龙兴 凌　明 宋慧滨	陆生礼 刘　昊 王学香	胡　晨 杨　军 罗　岚	电子工程系
49	2004	高孔隙率泡沫铝合金的制备及应用研究	江苏省科技进步奖	一	何德坪 戴　戈 杨东辉	蒋家桥 陈裕泽 吴　越	郑明军 尚金堂 邹　毅	材料科学与工程系
50	2004	高耐久混凝土评价与失效机理及寿命预测	江苏省科技进步奖	一（合作）	刘加平 慕　儒 周伟玲	孙　伟 刘建忠 孙　树	缪昌文 邓　敏 何锦华	材料科学与工程系

(续表)

序号	授奖年份	成果名称	获奖名称	等级	主要完成人	单位
51	2005	高等级路面设计理论与方法研究	教育部提名国家科学技术奖（自然科学奖）	一	黄卫 钱振东 程刚 郭宏定 王小林	交通学院
52	2005	软件质量保证支撑系统SQAS	湖北省科技进步奖	一	徐宝文	计算机科学与工程系
53	2006	智能运输系统理论与关键技术研究	教育部提名国家科学技术奖（自然科学奖）	一	黄卫 陆振波 路小波 王庆 陈里得 秦福生 刘斌 河铁军 高朝辉 万德钧	交通学院
54	2006	基于WPAN的短距离无线接入关键技术研究及应用	教育部提名国家科学技术奖（科技进步奖）	一	沈连丰 叶芝慧 宋铁成 夏玮玮 胡静 张锡昌 张宏泽 黄忠虎 徐平平 朱晓荣 刘彤 刘云 张磊 邱晓华 谷金山	无线电工程系
55	2006	土地变更调查现代技术集成应用示范	国土资源部科技进步奖	一（合作）	王慧青 裴凌 关增社	仪器科学与工程系
56	2006	新型住宅结构体系的研究与应用	江苏省科技进步奖	一	吕志涛 冯健 汪凯 俞伟根 刘伟庆 汪杰 荀和生 周建 张晋 王滋军 徐澄 刘军进 高公略	土木工程学院
57	2006	复杂选矿工艺流程的优化控制与综合自动化	江苏省科技进步奖	一	陈夕松 杨念亮 李奇 王志生 薛来文 倪健 王露露 费树岷 杨龙 龚明生 朱雨 王东东 周定勇	自动控制系
58	2007	海洋环境信息获取研究	国防科工委科技进步奖	一（合作）	陆佶人 方世良 陈励军 罗昕炜 毛卫宁	信息科学与工程学院
59	2007	多晶硅电热微执行器模型、制备与表征	高等学校科学技术奖（自然科学奖）	一	黄庆安 李家硕 李伟华 许高斌 戎华 聂萌 黎仁刚	电子科学与工程学院
60	2007	复杂过程变量的神经网络逆软测量与控制技术	高等学校科学技术奖（技术发明奖）	一	戴先中 孙玉坤 马旭东 刘国海	自动化学院

（续表）

序号	授奖年份	成果名称	获奖名称	等级	主要完成人	单位
61	2007	高功率扁平放电管氦氖激光器及其应用	高等学校科学技术奖（技术发明奖）	一	凌一鸣	电子科学与工程学院
62	2007	中国教育科研网格	高等学校科学技术奖（科技进步奖）	一（合作）	罗军舟	计算机科学与工程学院
63	2007	中国下一代互联网示范工程CNGI 示范网络核心网 CNGI-CERNET2/6IX	高等学校科学技术奖（科技进步奖）	一（合作）	吴建平 李星 张凌 汪为农 龚俭 马严 李芝棠 张蓓 汪文勇 李卫 王兴伟 李崇荣 杨家海 崔勇 尹霞 杨寿保 李英壮 葛连升 王宗敏 鲁东明 王康 商少平 黄烟波 闫华 张德生 林强 李廉 鹿凯宁 王德民 董永萍	计算机科学与工程学院
64	2007	新型荫罩式等离子体显示器	江苏省科技进步奖	一	王保平 张雄 李青 汤勇明 屠彦 郑姚生 张浩康 夏军 吴忠	电子科学与工程学院
65	2007	复杂动态系统及非线性系统的分析与鲁棒控制	江苏省科技进步奖	一	冯纯伯 郭雷 费树岷 张侃健 孙长银 宋士吉 吴凌尧	自动化学院
66	2007	高性能水泥基建筑材料的性能及失效机理研究	江苏省科技进步奖	一	孙伟 缪昌文 翟建平 余红发 刘加平 张云升 周伟玲 陈惠苏 慕儒	材料科学与工程学院
67	2007	大粒径沥青混合料柔性基层在老路补墙中的应用研究	山东省科技进步奖	一（合作）	黄晓明 赵永利	交通学院
68	2008	非高斯随机系统的抗干扰控制与估计	高等学校科学技术奖（自然科学奖）	一	郭雷 孙长银 林崇 陈兵 吴淮宁	自动化学院
69	2008	软件分析测试与算法优化的模型、方法与技术	江苏省科技进步奖	一	徐宝文 周毓明 聂长海 许蕾 陈峻 陈汉武 陈林 陈振强 周晓宇	计算机科学与工程学院
70	2009	先进环氧沥青复合材料及其绿色制备与应用成套技术	高等学校科学研究优秀成果奖（技术发明奖）	一	黄卫 陈志明 闵召辉 朱建设 应军 邵利	交通学院
71	2009	宽带移动通信射频、天线与分集技术	江苏省科技进步奖	一	洪伟 周健义 王海明 蒯振起 赵嘉宁 杨广琦 张念祖 余晨 张慧	信息科学与工程学院

（续表）

序号	授奖年份	成果名称	获奖名称	等级	主要完成人	单位
72	2009	功率 MOS 集成电路设计及制备工艺关键技术及应用	江苏省科技进步奖	一	孙伟锋 时龙兴 苏 巍 陆生礼 易扬波 李海松 徐 申 房世林 夏晓娟 邓小社	电子科学与工程学院
73	2009	微纳医疗器械的设计理论与制造	江苏省科技进步奖	一	易 红 陈云飞 倪中华 杨决宽 仇晓黎 王玉娟 幸 研 顾兴中 毕可东	机械工程学院
74	2009	水泥混凝土路面碎石化综合技术研究	山东省科技进步奖	一（合作）	黄晓明 李 昶	交通学院
75	2010	严重精神疾病发病机制和药物治疗研究	高等学校科学研究优秀成果奖（自然科学奖）	一	张志珺 李凌江 张向荣 袁勇贵 马 宁 王从杰 宇 辉 杨建立 张晓斌 王少华	中大医院
76	2010	宽带多载波普适 MIMO 传输与迭代接收技术	高等学校科学研究优秀成果奖（技术发明奖）	一	尤肖虎 高西奇 赵春明 潘志文 王闻今 江 彬	信息科学与工程学院
77	2010	网络教育关键技术及示范工程	高等学校科学研究优秀成果奖（科技进步奖）	一	顾冠群 罗军舟 曹玖新 郑庆华 史元春 虞维平 吉 逸 刘彭芝 于 斌 王 杉 张 震 李福兴 李 伟 刘 波 杨 明	计算机科学与工程学院
78	2010	土地调查与执法设备研制及系统应用	高等学校科学研究优秀成果奖（科技进步奖）	一	王 庆 潘树国 王慧青 吴向阳 李传君 谢俊奇 何 军 于先文 徐玉明 黄克珂 文 宁 马泽忠	仪器科学与工程学院
79	2010	稠密多相流及与热化学反应耦合的大型工业装置优化技术	江苏省科学技术进步奖	一	肖 睿 钟文琪 金保昇 俞德龙 廖东海 章名耀 秦建明 韩守知 张 林	能源与环境学院
80	2010	智能化路面施工机械的开发及应用	江苏省科学技术进步奖	一（合作）	叶 桦	自动化学院
81	2011	基于微纳结构材料的生物医学检测方法研究	高等学校科学研究优秀成果奖（自然科学奖）	一	顾忠泽 赵祥伟 康学军	生物科学与医学工程学院
82	2011	软土地基新型成套加固技术开发研究与工程应用	高等学校科学研究优秀成果奖（科技进步奖）	一	刘松玉 朱志铎 章定文 洪振舜 杜广印 邓永锋 童立元 刘志彬 蔡国军 经 绯 邵 俐 朱宜生 席培胜 吴燕开 易耀林 陈 蕾 储海岩	交通学院
83	2011	复杂网络的动态分析与控制	江苏省科学技术奖	一	曹进德 卢剑权 虞文武 孙永辉 杨永清	数学系

(续表)

序号	授奖年份	成果名称	获奖名称	等级	主要完成人	单位
84	2011	乳腺癌的规范化综合诊治基础及临床应用研究	江苏省科学技术奖	一（合作）	张 晓　唐 洋	公共卫生学院
85	2011	精神疾病认知障碍的发生机制与临床研究	中华医学科技奖	一	张志珺　袁勇贵　柏　峰 滕皋军　闫福岭　任庆国 王少华　张正生	中大医院
86	2012	微波段超材料对电磁波的调控研究	高等学校科学研究优秀成果奖（自然科学奖）	一	崔铁军　蒋卫祥　程　强 马慧锋	信息科学与工程学院
87	2012	微小结构的分形构建及其传热传质机理研究	高等学校科学研究优秀成果奖（自然科学奖）	一	陈永平　施明恒　张程宾	能源与环境学院
88	2012	小型核化探测遥操作机器人	高等学校科学研究优秀成果奖（技术发明奖）	一	宋爱国　韩益利　唐鸿儒 崔建伟　郭　晏　包加桐	仪器科学与工程学院
89	2012	磁共振分子影像和功能影像研究和应用	高等学校科学研究优秀成果奖（科技进步奖）	一	滕皋军　居胜红　王毅翔 顾　宁　李　聪　张　宇 焦　蕴　姚玉宇　柳东芳 邓　钢　陈　峰　梁湛辉	中大医院
90	2012	纤维增强复合材料（FRP）的高性能化及增强结构关键技术与应用	高等学校科学研究优秀成果奖（科技进步奖）	一	吴智深　吴　刚　吕志涛 崔　毅　曹双寅　朱　虹 杨才千　潘金龙　梁坚凝 蒋剑彪　丁汉山　张继文 陈忠范　王　昕　张　敏	土木工程学院
91	2012	服务三农的安全可靠电子交易关键技术研究和应用	江苏省科学技术进步奖	一	杨　军　时龙兴　杨建荣 李　杰　王　超　胡　晨 卜爱国　曹　鹏　单伟伟 田有东　毛建国	电子科学与工程学院
92	2012	弧焊机器人装备关键技术研发与应用	江苏省科学技术进步奖	一	戴先中　钱鲁泓　杨文玉 孟正大　叶　桦　马旭东 朱　伟　邹家生　陈　强 杜　望　甘亚辉	自动化学院
93	2012	XXX	军队科技进步奖	一（合作）	石名磊　滕玉明	交通学院
94	2012	阿尔茨海默病及相关认知障碍的发病机制和诊治的基础与临床	上海市科学技术奖	一（合作）	张志珺	中大医院
95	2012	长大跨桥梁结构状态评估关键技术与应用	江苏省科学技术奖	一	郭　彤　王　浩　张宇峰 王　莹　李爱群　欧庆保 李兆霞　朱文白　梁新政 余　波　李建慧	土木工程学院

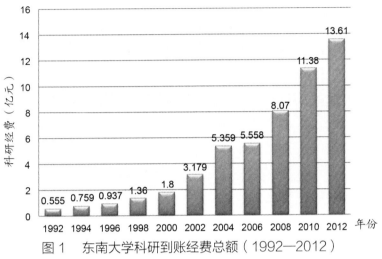

图 1　东南大学科研到账经费总额（1992—2012）

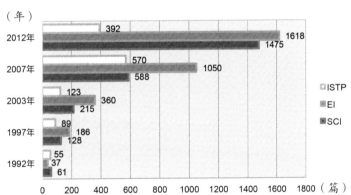

图 2　东南大学论文被 SCI、EI、ISTP 收录的情况（1992—2012）[①]

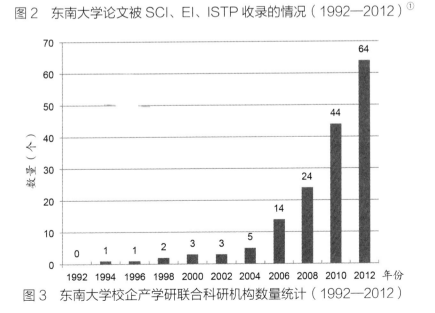

图 3　东南大学校企产学研联合科研机构数量统计（1992—2012）

---

① 因 2002 年论文收录情况数据统计不完整，故选取 2003 年数据。

东南大学两院院士校友名录

1955 年

钱崇澍　梁　希　赵承嘏　秉　志　李四光　竺可桢　陈焕镛　周　仁　戴芳澜　陈　桢
庄长恭　金善宝　张景钺　茅以升　胡经甫　吴有训　汪胡桢　潘　菽　刘敦桢　蔡　翘
周志宏　俞建章　秦仁昌　王家楫　叶企孙　罗宗洛　谢家荣　冯泽芳　恽子强　曾昭抡
向　达　伍献文　张肇骞　严济慈　斯行健　杨廷宝　施汝为　张钰哲　童第周　赵忠尧
吴学周　邓叔群　夏坚白　魏　曦　柳大纲　黄汲清　郑万钧　吕叔湘　侯光炯　袁翰青
陆学善　余瑞璜　钱临照　涂长望　赵九章　王应睐　周同庆　黄文熙　吴学蔺　张文佑
狄超白　盛彤笙　严　恺

1957 年

汤飞凡　赵宗燠　傅承义　张宗燧

1980 年

高济宇　李春昱　方　俊　郑作新　王葆仁　徐克勤　袁见齐　毕德显　朱壬葆　周惠久
高怡生　陈永龄　蔡　旭　钱钟韩　徐芝纶　胡世华　翁文波　侯学煜　黄耀曾　时　钧
杨澄中　吴中伦　任美锷　徐冠仁　张致一　郑国锠　张钟俊　任新民　吴汝康　王世真
鲍文奎　刘东生　业治铮　嵇汝运　王德宝　高　鸿　林同骥　陈学俊　汪闻韶　陶诗言
陈荣悌　陆元九　高由禧　冯　康　朱　夏　刘有成　陈家镛　吴良镛　钱　宁　冯　端
梁晓天　闵恩泽　朱光亚　郭燮贤　张存浩　戴元本　章　综　刘盛纲

1991 年

朱显谟　黄纬禄　薛社普　童宪章　吴传钧　杨立铭　戴念慈　汤定元　颜鸣皋　张广学
黄葆同　胡聿贤　李德生　尹文英　楼南泉　赵仁恺　夏培肃　陆婉珍　王业宁　经福谦
孙曼霁　闵桂荣　孙　枢　袁道先

1993 年

郭令智　陈鉴远　齐　康

1994 年

吴健雄　姜泗长　吴中伟　冯元桢　陆元九　赵仁恺　胡海涛　闵恩泽　朱光亚
文伏波　周　镜　丁衡高　闵桂荣　倪光南　韦　钰

1995 年

严　恺　曾德超　陆孝彭　吴良镛　朱起鹤　任继周　李季伦　胡宏纹　黄熙龄　冯纯伯
伦世仪　唐明述　时铭显　薛禹胜

1996 年
张涤生　王士雯
1997 年
田在艺　王德滋　童秉纲　陆钟武　钟训正　陈清泉　吕志涛　顾冠群　黄其励
1999 年
李　玶　刘大钧　戴复东　陈星弼　李幼平　李德毅
2001 年
徐寿波　张乃通　孙忠良　江东亮　张耀明
2005 年
黄培康　孙　伟　程泰宁　贺　林
2007 年
杨焕明　黄　卫
2009 年
莫宣学　于俊崇
2011 年
缪昌文　赖远明　魏炳波
2013 年
张广军
2015 年
王建国　常　青　孟建民　房建成　黄　如
2017 年
樊　嘉　陆　军
2019 年
段　进　崔铁军
2021 年
林　鸣　滕皋军　顾　宁　史生才　刘加平

主要参考资料

一、档案
东南大学档案馆馆藏档案 (1990—2012)

二、图书
1. 东南大学党委办公室. 实践与创新 东南大学党务工作五年 1994—1998[M]. 南京：东南大学出版社，1998.
2. 东南大学校史研究室. "211 工程"总结报告（1-3 期）
3. 东南大学校史研究室. "985 工程"总结报告（1-3 期）
4. 东南大学校史研究室. 东南大学第九至十三次党代会工作报告（1991—2011）
5. 东南大学校史研究室. 东南大学党委工作总结和工作纲要（1991—2015）
6. 东南大学校史研究室. 东南大学发展规划一览（1991—2012 年间的四个"五年规划"）
7. 东南大学校史研究室. 东南大学工作总结和工作纲要（1991—2012）
8. 东南大学校史研究室. 普通高等学校基层报表（1992—2012 年）
9. 东南大学校长办公室. 东南大学年鉴（1995—2012）[M]. 南京：东南大学出版社.
10. 蒋建清. 东南大学国家级省级教学成果汇编[M]. 南京：东南大学出版社，2008.
11. 蒋建清. 东南大学国家级省级教学改革项目集锦[M]. 南京：东南大学出版社，2008.
12.《江苏科技年鉴》编辑部. 江苏科技年鉴[M]. 北京：科学技术文献出版社.
13. 徐悦. 东南大学教材建设成果选编[M]. 南京：东南大学出版社，2008.
14. 杨树林，时巨涛. 改革中奋进 东南大学改革实践与探索[M]. 南京：东南大学出版社，1994.
15. 朱一雄，郑姚铭. 东南大学校史研究 第 3 辑[M]. 南京：东南大学出版社.1998.
16. 郑家茂，单炳梓，蒋建清. 东南大学本科教学督导创新 18 年[M]. 南京：东南大学出版社，2008.
17. 郑立琪. 史乘千期记东南[M]. 南京：东南大学出版社，2006.
18. 郑立琪. 百年回望话精神[M]. 南京：东南大学出版社，2008.
19. 中共中央党史和文献研究院. 改革开放四十年大事记[M]，北京：人民出版社，2018.
20. 左惟. 大学之道：东南大学的一个世纪[M]. 南京：东南大学出版社，2002.
21. 朱斐. 东南大学史 第二卷（1949—1992）[M]，南京：东南大学出版社，1997.

三、报纸期刊

1. 东南大学报（1992—2012）
2. 东南大学研究生工作简报（1991—1999）
3. 东南大学研究生院工作简报（2002—2013）

四、网站

1. 中国工程院官网，中国科学院官网
2. 中华人民共和国科技部官网
3. 中华人民共和国教育部官网

五、访谈录、笔记

1. 东南大学校史研究室：《校史访谈录》（2015—2021）
2. 时巨涛：《时巨涛笔记》（1986—1996）
3. 杨树林：《杨树林笔记》（节录）

后记

《东南大学史》第三卷（1992—2012）是根据学校党委决定组织撰写的，也是2015年校史研究室成立时，学校明确要求在2022年东南大学120周年校庆前须完成的一项主要任务。2022年3月，东南大学党委常委会审议并批准本书出版。

2019年2月，校党委批准成立东南大学校史编撰委员会，作为学校党委、行政在开展校史研究、编撰及相关工作中提供咨询、顾问、组织、规划的议事协调机构，胡凌云任主任委员，黄大卫、时巨涛、顾永红任副主任委员，刘云虹任秘书长。2019年4月，经党委同意成立《东南大学史》第三卷编写组，编写组成员为时巨涛、刘云虹、肖太桃、王向渤、郭淑文、徐源，时巨涛任主编，胡凌云任主审。至此，校史第三卷编撰工作正式展开。2020年年底，编写组完成初稿，在分别送请熟悉情况的老领导老同志审阅，广泛征求意见和多次修改的基础上，于2021年5月形成《东南大学史》第三卷（征求意见稿）提交给校史编撰委员会评审，同时将送审稿（纸质本和电子版）分送现任校领导、部分离任老领导、有关专家和各院系部处负责同志审阅和听取意见。根据评审专家和各方反馈意见，编写组对全书进行了认真修改和核查，进一步提高了稿件质量。东南大学出版社也调集力量，按照出版程序要求对本书进行了各项编辑和出版准备工作。2021年10月，在基本完成本书定稿后，我们向学校党委提交了《关于建议出版〈东南大学史〉第三卷暨再版第一、二卷的报告》，由于新冠疫情等特殊原因，虽然常委会的审议批准时间有所延宕，但有关本书修改、编辑、出版的各项工作一直正常进行。

校史第三卷记述的是东南大学1992—2012年的历史，在时间上与1990年出版的《东南大学史》第一卷（1902—1949）、1997年出版的《东南大学史》第二卷（1949—1992）相衔接。这一时期，是东南大学一百二十年历史中一段比较特殊和重要的时期，学校抓住了几次重要发展机遇，保持了持续稳定发展的态势，办学规模不断扩大，办学条件大为改善，办学水平明显提升，在历史上第一次真正做到了"聚精会神搞建设、一心一意谋发展"，实现了长达二十年并仍在延续的快速稳定发展，这在此前是从来没有过的。这二十年的历史用一句话概括就是：在党的领导下，东南大学师生员工在改革中探索一流大学建设发展之路的奋斗历史。

我们在本书编写过程中努力遵循三条基本原则：一是，真实、客观、可信。即能够真实反映二十年来学校改革发展建设历程，说清楚学校历史发展的来龙去脉、重要节点，如实褒扬取得的进步和成绩，同时也不回避存在的问题和经历的困难，努力做到实事求是。书中所述事件、人物、数据、言论及评价尽可能引用一手档案文献及（经验证的）当事人回忆，力求做到真实可信并具有权威性。二是，本书内容涉及二十年学校历史的方方面面，编写过程中努力做到大事不遗漏，小事有特色及价值，重大事件写全写透。三是，尽量搜集、梳理、编制、保留学校二十年来建设发展的一些重要成果、数据、图表等，一方面是为留下学校发展奋斗的足迹，肯定那些为东大事业发展做出贡献的东大人；另一方面也可以为后来的校史研究者、使用者提供比较全面可信的史料，减少重复研究和查找检索数据之烦。

校史第三卷的编写工作自始至终是在学校党委领导和校史编撰委员会的指导下进行的，始终得到学校各级领导、各有关部门单位和许多老领导、老同志及专家们的关心、支持和帮助。在编写过程中，校档案馆提供了大量原始档案及丰富馆藏，使我们的工作能够建立在扎实的史料基础上。我们先后访谈了数十位熟悉那段历史的现任及前任学校领导和部处负责同志，他们的鲜活回忆、丰富经验和深刻认识，对我们深入了解那段历史，理解学校发展的关键节点和决策过程，把握叙述重点和评价尺度起到了不可替代的作用。本卷初稿完成后，我们将有关章节分送有关领导和专家审阅把关，反馈回来意见的主要有陈笃信、李延保、杨树林、沈炯、刘京南、黄大卫、归柯庭、陈怡、李智敏、张星、史兰新、张月琳、郭小明、罗庆来、单踊等同志，他们提出的重要和宝贵的意见，对书稿史实和观点的准确提供了基本保证；他们的鼓励和肯定，增强了我们的信心。本书主审，即我校原党委书记胡凌云同志在编撰过程中多次接受编写组的访谈、听取汇报和指导我们的工作。在初稿和定稿阶段，两次对全书进行了全面认真审读，提出了许多重要意见和修改要求。学校党委书记左惟同志一直关注和支持我们的工作，他对校史编撰工作的期望和要求，对编写组同志的信任和鼓励，给了我们很大的激励、启示和宽松的工作环境。这里，我们谨向所有关心和支持校史第三卷编写出版工作的同志表示深切的感谢。

本书各章分工执笔如下：时巨涛，第一章、引言、结束语；郭淑文，第二、六章；刘云虹，第三章；徐源，第四章；肖太桃，第五章；王向渤，第七章；时巨涛负责全书统稿工作。纪晓群负责全书档案文献查询和资料数据整理工作。郑立琪参与了书稿讨论和修改工作。本书图片主要由学校党委宣传部和档案馆提供，其中学校重要活动图片主要由徐兵拍摄。

编撰校史是一件十分严肃和艰巨的工作，"事非经历不知难"。在近三年的时间里，尽管编写组的全体同志付出了极大艰辛努力，但限于学识水平，书中不足和疏漏之处在所难免。我们恳切希望广大读者予以批评指正，以便在将来适当时候修订再版，使之更加完善。

《东南大学史》第三卷编写组

2022 年 3 月

图书在版编目（CIP）数据

东南大学史. 第三卷, 1992—2012 / 时巨涛主编.
— 南京：东南大学出版社, 2022.4
ISBN 978-7-5766-0064-3

Ⅰ.①东… Ⅱ.①时… Ⅲ.①东南大学-校史-1992-2012 Ⅳ.① G649.285.31

中国版本图书馆CIP数据核字（2022）第050895号

| 责任编辑 | 戴丽 陈淑 | 责任校对 | 张万莹 | 装帧设计 | 皮志伟 | 责任印制 | 周荣虎 |

东南大学史 第三卷（1992—2012）
Dongnandaxue Shi Disanjuan (1992—2012)

主　　编	时巨涛
出版发行	东南大学出版社
社　　址	南京四牌楼2号
邮　　编	210096
电　　话	025-83793330
网　　址	http://www.seupress.com
电子邮件	press@seupress.com
经　　销	全国各地新华书店
印　　刷	上海雅昌艺术印刷有限公司
开　　本	787 mm × 1092 mm　1/16
印　　张	36.75
字　　数	861千
版　　次	2022年4月第1版
印　　次	2022年4月第1次印刷
书　　号	ISBN 978-7-5766-0064-3
定　　价	390.00元

本社图书若有印装质量问题，请直接与营销部调换。电话（传真）：025-83791830